Citim.
Știm.

Despre autoare

Ida Alexandrescu, coautoare de manuale de limba germană (*Deutsche Sprache – schwere Sprache*, manualul şcolar de clasa a IX-a), autoarea unor articole de specialitate şi a numeroase traduceri din literatura germană (Christa Wolf, *Cassandra*; Reiner Kunze, *Nume conspirativ* ş.a.) este preşedinta Asociaţiei profesorilor de limba germană din România şi face parte din Colegiul redacţiei revistei „Deutsch aktuell".

Christiane Cosmatu, director în cadrul Direcţiei generale pentru învăţământ în limbile minorităţilor naţionale şi accesul la educaţie din Ministerul Educaţiei şi Cercetării, profesor de gradul I cu o bogată experienţă didactică, autoare a unor articole de specialitate în diferite publicaţii şi coautoare de manuale de limba germană, a prezentat între 1990–1997 cursurile de limba germană la TVR. Este vice-preşedintă a Asociaţiei profesorilor de limba germană din România.

Marion Haase din Frankfurt, fostă directoare adjunctă a Institutului Goethe din Bucureşti (1986–1989), în prezent directoare la Institutul Goethe din Paris, a fost responsabilă cu perfecţionarea profesorilor de limba germană şi a susţinut numeroase seminarii de perfecţionare pentru profesori în Germania şi România, având o experienţă îndelungată în predarea limbii germane pentru străini la toate nivelele.

Kristine Lazăr, profesoară la Institutul Goethe, cu o bogată experienţă didactică, predă limba germană la toate nivelele în ţară şi străinătate, este autoarea unei culegeri de exerciţii pentru limba germană, a unui *Ghid de conversaţie român-german* (apărut la Editura Niculescu) şi coautoare a mai multor lucrări (printre care *Deutsch mit Phantasie*) şi a unor articole de specialitate; este redactor-şef al revistei „Deutsch aktuell".

Maria Ileana Moise, doctor în filologie, lector universitar la Universitatea Bucureşti, Facultatea de Limbi şi Literaturi Germanice, are o îndelungată experienţă didactică în predarea limbii germane ca limbă străină, este coautoare a mai multor lucrări privind metodica predării limbii germane la diferite nivele (*Deutsch mit Phantasie; Deutsch kreativ*), a unor culegeri de texte referitoare la cultura şi civilizaţia ţărilor vorbitoare de limba germană în ţară şi străinătate (*Deutschlandkunde; Deutsch für Sie*), precum şi a numeroase articole despre fonetica germană şi română, în ţară (*Akzent und Rhytmus im Deutschen und Rumänischen; Einführung in die Phonetik und Phonologie, Vergleich Deutsch – Rumänisch*) şi străinătate (*Rumänisch*).

Kristine Lazăr
Marion Haase
Christiane Cosmatu
Ida Alexandrescu
Ileana Moise

LIMBA GERMANĂ
FĂRĂ PROFESOR

DEUTSCH ALLEIN
& CD audio

Coordonator:
Petra Matusche – Institutul Goethe

NICULESCU

Descrierea CIP a Bibliotecii Naționale a României
Limba germană fără profesor & CD audio / Kristine Lazăr, Christiane Cosmatu, Marion Haase, ... – Bucureşti: Editura NICULESCU, 2006
ISBN 973-748-029-5

I. Lazăr, Kristine
II. Cosmatu, Christiane
III. Haase, Marion

811.112.2(075.4)

Adresa: Bd. Regiei 6D
060204 – Bucureşti, România
Tel: (+40)21-312.97.82
(+40)21-312.97.84
Tel/Fax: (+40)21-312.97.83
Call Center: (+40)21-314.88.55
E-mail: club@niculescu.ro
Internet: www.niculescu.ro

Redactor: *Adriana Rotaru*
Ilustrația: *Dinu Dumbrăvician*
Voci pe CD audio: *Iolanda Saviuc, Alexandru Sterescu*
Procesare computerizată: *S.C. TOP GAL S.R.L.*

Tipărit în România

ISBN 973-748-029-5

Cuvânt înainte

Deutsch allein se adresează cititorilor români adulţi şi tineri, fiind destinat studiului individual al limbii germane.

Obiectivul de bază urmărit este studiul perseverent şi sistematic al limbii, care să conducă în principal la înţelegerea textelor autentice din cele mai diverse domenii de activitate. Astfel se realizează o informare lexicală şi gramaticală corespunzătoare, dar se transmit şi tehnicile de descifrare a diverselor tipuri de text.

Folosirea limbii în situaţii uzuale, prin învăţarea de structuri orale scurte, este un alt obiectiv, ca şi acela al înţelegerii limbii vorbite, prin exersarea unor exerciţii auditive.

Textele din manual cuprind informaţii de cultură şi civilizaţie din spaţiul de limbă germană. Ele au fost culese din diverse surse autentice şi prezintă o mare varietate: articole din reviste, titluri din ziare, tabele, statistici, prospecte turistice, precum şi texte literare.

Metoda ce stă la baza predării lexicului este analogia, pornind de la cunoscut către necunoscut prin alcătuirea unor cercuri concentrice de cunoaştere. Dar nu numai asemănările dintre cele două limbi fac obiectul manualului, ci şi dificultăţile specifice pe care le întâmpină vorbitorul român în abordarea limbii germane. Tratarea contrastivă a celor două limbi este prezentă în domeniul lexicului, dar şi al gramaticii ori foneticii.

Predarea noţiunilor de gramatică se face în mai multe etape. Prima fază, cea receptivă, este cea în care studentul întâlneşte fenomenul gramatical într-o lecţie, unde îi sunt acordate sumare explicaţii în sprijinul înţelegerii textului. Într-o lecţie viitoare acesta va reîntâlni fenomenul: de această dată, bazându-se pe metoda inductivă, va descoperi singur regulile gramaticale care îl guvernează. Faza productivă îşi propune să exerseze şi să fixeze fenomenul gramatical în exerciţii şi contexte diverse.

Pe parcursul manualului, cel care învaţă este însoţit de îndrumările metodice ale autoarelor, transmiţându-i-se astfel tehnici de lucru specifice învăţării unei limbi străine: recapitularea lexicului prin asociograme; formarea de unităţi semantice în timpul citirii; formarea de supoziţii asupra conţinutului textului prin ilustraţii sau prin aranjarea lui grafică, supoziţii infirmate sau confirmate apoi prin lectură; etapele însuşirii structurilor orale; autoevaluarea, în absenţa unui profesor, a propriilor cunoştinţe la sfârşitul unei lecţii sau complex de lecţii etc. Tehnicile de audiere fac parte şi ele din acest ansamblu, fiind concepute în vederea surprinderii de către student a informaţiilor esenţiale dintr-un text vorbit.

Problemele de fonetică au fost evidenţiate în măsura în care prezintă o dificultate pentru vorbitorul român, oferindu-i-se atât un minim de semne fonetice, cât şi formule de pronunţare.

Multitudinea şi varietatea de exerciţii întâlnită în **Deutsch allein** îşi propune stimularea disponibilităţii de a forma corelări situaţionale pe baza experienţei cotidiene, obţinându-se astfel maxima eficienţă în învăţare. Autoarele au ales modul de adresare cel mai apropiat de cel care învaţă, în intenţia de a crea o relaţie afectivă faţă de prietenul său, manualul.

Deutsch allein este rezultatul consultării ultimelor cercetări în domeniul metodicii predării limbii germane apărute în spaţiul de limbă germană.

Pe această cale aducem calde mulţumiri domnului prof. dr. Gerhard Neuner de la Gesamthochschule din Kassel, pentru încurajarea eforturilor noastre în abordarea acestui proiect îndrăzneţ. Mulţumim domnului Michael König de la aceeaşi instituţie pentru preţioasele îndrumări, stimulente permanente în căutarea celor mai adecvate structuri de lecţie. De asemenea, mulţumim doamnei Petra Matusche de la Goethe-Institut din München pentru competenţa şi răbdarea în coordonarea acestui proiect dificil. Suntem recunoscătoare Institutului Goethe din München pentru încrederea acordată echipei de autoare pe toată durata muncii şi pentru susţinerea apariţiei acestui manual pentru autodidacţi în România.

Autoarele

Introducere

Manualul se adresează tuturor celor care vor să înveţe singuri limba germană. El se deosebeşte de manualele cunoscute până acum (şcoală, liceu etc.), unde învăţarea se făcea sub îndrumarea unui profesor. În acest manual eşti pus în situaţia de a învăţa şi de a te verifica tu însuţi. Manualul este alcătuit din grupaje de câte nouă lecţii, după care este prevăzută o lecţie de control tip test.

Cu excepţia primelor două lecţii, lecţia este structurată astfel:

■ **Introducerea.** Ea te familiarizează cu tematica textului. Spre uşurarea înţelegerii unui text autentic, ea mai cuprinde explicarea unor probleme, care vor fi exersate într-o lecţie ulterioară. Vei mai găsi transcrierea fonetică a unor cuvinte cu pronunţie mai deosebită, astfel încât citirea să fie cât mai apropiată de pronunţia corectă.

■ **Textul.** Înainte de citirea textului, concentrează-ţi atenţia asupra organizării grafice a acestuia. Ea îţi va arăta dacă este vorba de un prospect sau o listă de bucate etc. Cunoscând aceasta poţi să presupui în mare măsură conţinutul textului, înainte de a-l fi citit. Citeşte textul şi rezolvă exerciţiile aferente înţelegerii lui. Ai la dispoziţie un CD pe care sunt înregistrate textele. Ascultă în final CD-ul, concentrându-te acum asupra pronunţiei, intonaţiei etc. Alături de text vei mai găsi şi traducerea unor cuvinte, care va facilita înţelegerea acestora. Exerciţiile legate de text încep cu cele destinate orientării în text, iar apoi trec treptat de la citirea selectivă la citirea detaliată. Ele te familiarizează cu tehnici de citire noi, menite să prevină citirea cuvânt cu cuvânt şi momentul de blocaj în faţa unui cuvânt necunoscut. Ele sunt concepute astfel, încât să conducă la înţelegerea progresivă a unui text autentic, fără ajutorul dicţionarului şi fără a fi obligat să înţelegi toate cuvintele. Aceste tehnici urmăresc extragerea mai întâi a informaţiilor principale, metodă care îţi permite pe viitor să abordezi orice tip de text în limba germană. Este instrumentul tău principal de lucru. Primul exerciţiu de înţelegere a textului îţi asigură din conţinutul de informaţii poate numai o mică parte. Al doilea mai mult şi al treilea şi mai mult, ajungând, după exersarea gramaticii, să-l înţelegi aproape în întregime. Acest lucru este posibil numai dacă parcurgi integral exerciţiile în ordinea prevăzută în manual. De mare importanţă este înţelegerea corectă a enunţului.

■ **Gramatica.** Un exerciţiu de gramatică este destinat descoperirii fenomenului gramatical conţinut în lecţie şi sistemului său de funcţionare. Observaţiile tale vor fi confirmate sau detaliate de explicaţiile de gramatică şi fixate prin exerciţii. Exerciţiile conţinute în manual au o cheie a soluţiilor, care trebuie consultată abia după rezolvare şi nicidecum înainte. Uneori exerciţiile sunt urmate de îndrumări referitoare la corectarea unor greşeli tipice sau la recapitularea unor aspecte mai dificile. Între aceste exerciţii de gramatică sunt incluse şi exerciţii lexicale. Ele presupun notarea vocabularului pe un caiet separat. Lucrul cu acest caiet vocabular îţi asigură însuşirea cât mai temeinică a cuvintelor şi expresiilor. Nu considera această muncă inutilă, ci acordă-i importanţa şi timpul cuvenit. Nu uita că şansa de a reţine un cuvânt, apoi de a-l putea folosi productiv, creşte proporţional cu frecvenţa utilizării acelui cuvânt în contexte diferite.

■ **Fonetica şi ortografia.** În afară de materialul audio care însoţeşte manualul, vei întâlni şi explicaţii referitoare la pronunţie, intonaţie, accent etc. Descrierea acestor fenomene nu este posibilă fără cunoaşterea semnelor alfabetului fonetic internaţional, care îţi este prezentat în prima lecţie (L O). Limba germană cuprinde în sistemul său fonetic multe sunete identice cu cele din limba română; prin urmare ele nu vor prezenta nici o dificultate. Dar conţine şi sunete specifice, pe care trebuie să le exersezi cu aceeaşi seriozitate, sensibilizându-ţi auzul şi corectându-ţi pronunţia. Aceasta este unica posibilitate ca într-o fază viitoare să poţi articula corect cuvintele în limba germană.

Uneori găseşti printre acestea şi exerciţii de ortografie, pentru că aceasta este o problemă care nu trebuie neglijată (spre exemplu, scrierea cu majuscule a substantivelor etc).

■ **Modelul oral** îţi oferă un model de exprimare orală în situaţii cotidiene. Asupra acestui model oral ar trebui să insişti pînă la învăţarea pe dinafară a structurilor. Etapele însuşirii modelului sunt următoarele:

1. ascultarea de pe CD a modelului fără suport vizual,
2. ascultarea şi citirea concomitentă,
3. ascultarea şi marcarea pe text a accentului în propoziţie şi a curbei de intonaţie, marcarea pauzelor etc.,
4. citirea cu voce tare a modelului până la redarea lui cât mai corectă.

Exerciţiile care vor urma nu sunt destinate numai scrierii, ci mai ales fixării orale a structurilor. Uneori vei întâlni variante pentru structurile anterioare, reţinerea lor fiind facultativă.

■ **Audierea unui text.** Lecţiile mai cuprind uneori exerciţii pentru audierea unui text imprimat pe CD. Textul fiind prezentat de un vorbitor nativ, trebuie să-l asculţi de mai multe ori pentru a putea rezolva exerciţiile aferente.

Este recomandabil să parcurgi compact, fără întrerupere, o unitate a lecţiei, spre exemplu, textul şi exerciţiile pentru înţelegerea acestuia. O altă unitate o reprezintă gramatica şi exerciţiile de fixare a acesteia ş.a.m.d. În manual se folosesc următoarele simboluri:

 textul sau exerciţiul este înregistrat pe CD

 exerciţiu pentru înţelegerea unui text ascultat

 exerciţiu de înţelegere a textului citit

GR explicaţii de gramatică

F explicaţii de fonetică şi ortografie

 exerciţiu oral de fonetică sau de structuri şi dialoguri

Ü exerciţii

LEKTION 0

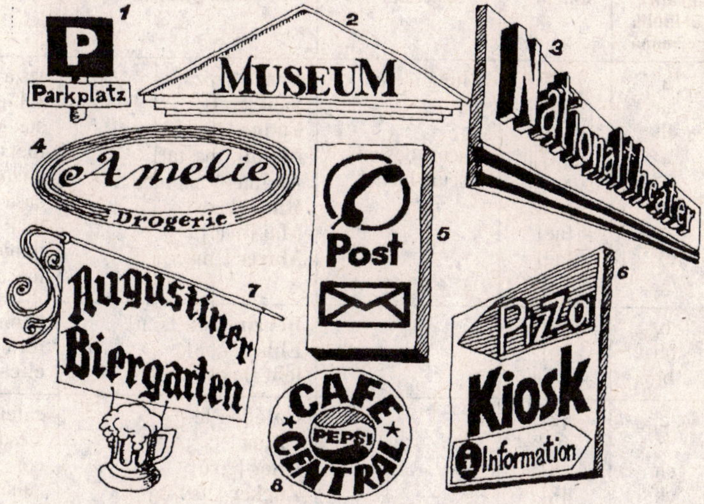

1. *Dragă cititorule, hai să facem o mică plimbare prin oraş. Ne vom opri în faţa mai multor clădiri. Încearcă să identifici clădirea după firma ei din desenul de mai sus, notându-i numărul în spaţiul gol din textul ce urmează.*

Astăzi ai timp. Îţi propunem să mergem mai întâi la muzeu ( ). Lăsăm maşina la parcare ( ). După ce vizităm muzeul, trecem pe lângă Teatrul Naţional ( ) în căutarea unui chioşc ( ). Dacă eşti fumător, îţi cumperi ţigări, sau poate vrei să cumperi ziare sau vederi. Mergem apoi împreună într-o cafenea ( ). Sau poate vrei să bei o bere? Dacă-i aşa, ne aşezăm într-o grădină-restaurant ( ). Poate vrei să trimiţi familiei tale vederile cumpărate. Trebuie să trecem pe la poştă ( ) ca să le expediezi. În drum, ne oprim puţin la drogheria din colţ ( ). Mai ai nevoie de ceva? Dacă nu, ne întoarcem la parcare.

Completarea cu cifrele corespunzătoare sigur nu a fost o problemă pentru tine. Dacă însă ai fi auzit doar denumirile de Museum, Post etc., ar fi fost ceva mai greu, deoarece, adesea, pronunţia diferă mult de cuvintele scrise.

De exemplu: **Bier** [bi:r] = bere
Post [pɔst] = poştă

În dorinţa de a-ţi uşura cât mai mult munca, am întocmit o listă de cuvinte pe care le poţi înţelege, comparându-le cu cele din limba română (Elefant = *elefant*). *Este greu de crezut, dar cunoşti deja aproximativ 1200 de cuvinte. Înseamnă că nu mai eşti începător, nu-i aşa?*

2. *Alfabetul german şi transcrierea fonetică, o comparaţie cu limba română:*

F

Semne grafice în limba română	Semne grafice în limba germană	Semn fonetic	Denumirea sunetului	Exemple în limba germană	Exemple în limba română
a	a	[ɑ:]	**a** lung închis	**Vase** [ˈvɑ:zə]	vază
	aa	[ɑ:]		**Saal** [zɑ:l]	sală
	ah	[ɑ:]		**Fahne** [ˈfɑ:nə]	steag
	a	[a]	**a** scurt deschis	**Metall** [mɛˈtal]	metal
	a	[ɑ]	**a** scurt închis	**Ananas** [ˈanɑnas]	ananas
au	au	[ao]		**Haus** [haos]	casă
ai	ai	[ae]		**Mai** [mae]	mai
	ay	[ae]		**Mayer** [ˈmaeɐ]	nume de familie
ă	-	[ə]		-	masă
b	b	[b]		**Benzin** [bɛnˈtsi:n]	benzină
	bb	[b]		**Ebbe** [ˈɛbə]	reflux
	bt	[pt]		**lebt** [le:pt]	el/ea trăieşte
c	c	[k]		**Café** [cɑˈfe:]	cafenea
	c	[ts]		**Cäsar** [ˈtsɛ:zɑ:ɐ]	Cesar
	ch	[k]		**Chor** [co:ɐ]	cor
	ck	[k]		**Zucker** [ˈtsʊkɐ]	zahăr
	ch	[ç]		**ich** [ɪç]	eu
	ch	[χ]		**machen** [ˈmaχən]	a face
	chs	[ks]		**Fuchs** [fʊks]	vulpe
d	d	[d]		**Diamant** [diɑˈmant]	diamant
d	dd	[d]		**Edda** [ˈɛda]	Edda (prenume)
	d	[t]		**Grad** [grɑ:t]	grad
	dt	[t]		**lädt** [lɛ:t]	el/ea încarcă
e	e	[e:]	**e** lung închis	**Weg** [ve:k]	drum
	ee	[e:]		**Beet** [be:t]	strat (de flori)
	eh	[e:]		**sehr** [ze: ɐ]	foarte
-	ä	[ɛ:]	**e** lung deschis	**Bär** [bɛ:ɐ]	urs
	äh	[ɛ:]		**Ähre** [ˈɛ:rə]	spic
-	e	[ɛ]	**e** scurt deschis	**hell** [hɛl]	luminos
-	ä	[ɛ]		**März** [mɛrts]	martie
-	e	[ə]	**e** redus	**Grotte** [ˈgrɔtə]	grotă
-	e	[e]	**e** scurt închis	**elegant** [eleˈgant]	elegant
ei	ei	[ae]		**Ei** [ae]	ou
	ey	[ae]		**Meyer** [ˈmaeɐ]	nume de familie
eu	eu	[ɔø]		**heute** [ˈhɔøtə]	azi
f	f	[f]		**Flotte** [ˈflɔtə]	flotă
	ff	[f]		**hoffen** [ˈhɔfən]	a spera
g	g	[g]		**Grad** [grɑ:t]	grad
	gg	[g]		**Egge** [ˈɛgə]	grapă
	gt	[kt]		**legt** [le:kt]	el/ea aşază

h	h	[h] semn de lungime		**Harfe** [ˈharfə] **gehen** [ˈge:ən]	harfă a merge
i î â	i ie ih ieh i i - -	[i:] [i:] [i:] [i:] [ɪ] [i] [ɨ] [ɨ]	**i** lung închis **i** scurt deschis **i** scurt închis	**Tiger** [ˈti:gɐ] **Tier** [ti:ɐ] **ihr** [i: ɐ] **Vieh** [fi:] **Licht** [lɪçt] **vital** [viˈta:l] - -	tigru animal voi vite lumină vital înger a mânca
j	j j ge	[j] [ʒ] [ʒ]		**Jod** [jo:t] **Journalist** [jurnaˈlɪst] **Garage** [gaˈra:ʒə]	iod jurnalist garaj
k	k ks	[k] [ks]		**Kloster** [ˈklo:stɐ] **links** [lɪŋks]	mănăstire stânga
l	l ll	[l] [l]		**Lampe** [ˈlampə] **Halle** [ˈhalə]	lampă hală
m	m mm	[m] [m]		**Marmor** [marˈmo:r] **kommen** [ˈkɔmən]	marmură a veni
n	n nn	[n] [n]		**Natur** [naˈtu:ɐ] **können** [ˈkœnən]	natură a putea
ng	ng nk	[ŋ] [ŋk]		**singen** [ˈzɪŋən] **sinken** [ˈzɪŋkən]	a cânta a coborî
o - 	o oo oh o o ö öh ö ö	[o:] [o:] [o:] [ɔ] [o] [ø:] [ø:] [œ] [ø]	**o** lung închis **o** scurt deschis **o** scurt închis **ö** lung închis **ö** scurt deschis **ö** scurt închis	**Chor** [ko:ɐ] **Moor** [mo:ɐ] **Sohn** [zo:n] **sollen** [ˈzɔlən] **Moral** [moˈra:l] **Öl** [ø:l] **Möhre** [ˈmø:rə] **können** [ˈkœnən] **möblieren** [møˈbli:rən]	cor mlaştină fiu a trebui morală ulei morcov a putea a mobila
p	p pp ph	[p] [p] [f]		**Punkt** [pʊnkt] **Kappe** [ˈkapə] **Phase** [ˈfa:zə]	punct şapcă fază
q	qu	[kv]		**Quartal** [kvartˈa:l]	cvartal

r	r r rr rh	[r] [ɐ] [r] [r]	fricativ **r** vocalizat fricativ	**Rucksack** [ʻrʊkzak] **Tor** [to:ɐ] **Torr** [tɔr] **Rhythmus** [ʻrʏtmʊs]	rucsac poartă nebun ritm
s ş	s ss s ß sch sk -	[s] [s] [z] [s] [ʃ] [sk] -		**Gras** [grɑ:s] **lassen** [ʻlasən] **Sonne** [ʻzɔnə] **Maß** [mɑ:s] **Schal** [ʃɑ:l] **Skelett** [skɛʼlɛt] -	iarbă a lăsa soare măsură şal schelet şorţ
t ţ	t tt th ts -	[t] [t] [t] [ts]		**Tango** [ʻtaŋgo] **Mutter** [ʻmʊtɐ] **Theater** [teʼɑ:tɐ] **rechts** [rɛçts]	tangou mamă teatru dreapta ţară
u -	u uh u u ü üh ü ü	[u:] [u:] [ʊ] [u] [y:] [y:] [ʏ] [y]	**u** lung închis **u** scurt deschis **u** scurt închis **ü** lung închis **ü** scurt deschis **ü** scurt închis	**Bluse** [ʻblu:zə] **Uhr** [u:ɐ] Mutter [ʻmʊtɐ] **Kubismus** [kuʼbɪsmʊs] **üben** [ʼy:bən] **kühl** [ky:l] **müssen** [ʻmʏsən] **Physik** [fyʼzi:k]	bluză ceas mamă cubism a exersa răcoare a trebui fizică
v	v -	[v] [f]		**Vulkan** [vʊlʼkɑ:n] **Vater** [ʻfɑ:tɐ]	vúlcan tată
w	-	[v]		**Walzer** [ʻvaltsɐ]	vals
x	x	[ks]		**Xerocopie** [kseroʼkɔpi:]	copie xerox
y	y y y	[y:] [ʏ] [y]	**ü** lung închis **ü** scurt deschis **ü** scurt închis	**Analyse** [ɑnɑʼly:zə] **sympatisch** [zʏmʼpɑ:tiʃ] **Symbol** [zymʼbo:l]	analiză simpatic simbol
z	z zz tz	[ts] [ts] [ts]		**Zucker** [ʻtsʊkɐ] **Skizze** [ʻskɪtsə] **Fritz** [frɪts]	zahăr schiţă prenume

În următoarele exerciţii te vei familiariza cu alfabetul fonetic. Încearcă să asociezi sunetele cu semnele fonetice. Cu cât vei face exerciţiul mai bine, cu atât vei putea pronunţa mai corect cuvintele noi.

3. **Ü** *Citeşte cu voce tare fiecare cuvânt, aşa cum apare în transcrierea fonetică. Când asculţi CD-ul, încearcă să imiţi cât mai fidel pronunţia model:*

[b]	Bass [bas]	Bar [ba:r]	Benzin [bɛn'tsi:n]
[p]	Puls [pʊls]	Pol [po:l]	Park [park]
[d]	Disko ['dɪsko]	Datum ['dɑ:tʊm]	Doktor ['dɔkto:ɐ]
[t]	Tante ['tantə]	Test [tɛst]	Taxi ['taksi]
[g]	Gas [ga:s]	Gramm [gram]	Gruppe ['grʊpə]
[k]	Kasse ['kasə]	Klub [klʊp]	Klima ['kli:ma]
[q]	Quartal [kvar'ta:l]	Quartett [kvar'tɛt]	quitt [kvɪt]
[z]	Salat [za'la:t]	Soße ['zo:sə]	Suppe ['zʊpə]
[ʃ]	Schal [ʃa:l]	Scheck [ʃɛk]	Schokolade [ʃoko'la:də]
[ʃ]	Strudel ['ʃtru:dəl]	Stil [ʃti:l]	Strand [ʃtrant]
[ts]	Zoo [tso:]	Zebra ['tse:bra]	Zentrum ['tsɛntrʊm]

4. **F** *Spre deosebire de limba română, în limba germană lungimea vocalelor este foarte importantă. Ea poate modifica sensul cuvintelor şi îngreuna comunicarea. De aceea, trebuie să te obişnuieşti să deosebeşti vocalele lungi de cele scurte şi să le pronunţi corect.*

5. **Ü** *Citeşte cu voce tare următoarele cuvinte şi încearcă să numeri în gând până la doi înainte de a pronunţa consoana care urmează după o vocală lungă:*

[a:]	Gala [ga:la]	Uranium [u 'ra:niʊm]	Schal [ʃa:l]
[a]	As [as]	Halle ['halə]	Watte ['vatə]
[e:]	Zebra ['tse:bra]	Kamel [kɑme:l]	Trompete [trɔm'pe:tə]
[e]	Elefant [ele'fant]	elegant [ele'gant]	elastisch [e'lastɪʃ]
[i:]	Musik [mu'zi:k]	Margarine [margɑri:nə]	Elite [e'li:tə]
[i]	Taxi ['taksi]	Finale [fi'nɑ:lə]	Diplom [di'plo:m]
[o:]	Jod [jo:t]	Foto ['fo:to]	Mode ['modə]
[o]	Solist [zo'lɪst]	Schokolade [ʃoko'la:də]	Olymp [o'lymp]
[u:]	Natur [na'tu:r]	Tribut [tri'bu:t]	Tube [tu:bə]
[u]	kulant [ku'lant]	Musik [mu'zi:k]	Tourist [tu'rIst]

Acest exerciţiu îţi oferă posibilitatea să repeţi cuvintele din exerciţiile precedente. De data aceasta însă este importantă ortografia, cu care trebuie să te familiarizezi.

Te-ai întrebat, desigur, ce înseamnă acest **Ü** *dinaintea fiecărui exerciţiu. El vine chiar de la cuvântul* **Übung**, *care în limba germană înseamnă* **exerciţiu**.

6. **Ü** *Tradu următoarele cuvinte în limba germană. Caută corespondentul german în exerciţiile precedente sau în lista fonetică:*

as – benzină – cafenea – dată – elită – final – gaz – hală – industrie – iod – climă – lampă – muzică – natură – orchestră – parc – cvartet – rucsac – salată – tub – uraniu – vulcan – vată – zebră

A	wie	A	S							
B	wie									
C	wie									
D	wie									
E	wie									
F	wie									
G	wie									
H	wie									
I	wie									
J	wie									
K	wie									
L	wie									
M	wie									

N	wie									
O	wie									
P	wie									
Q	wie									
R	wie									
S	wie									
T	wie									
U	wie									
V	wie									
W	wie									
X	wie	X								
Y	wie	Y								
Z	wie									

7. **Ü** *Despre ce sport este vorba? Caută în dicţionar corespondentul său în limba germană:*

1. Fußball
2. ____________________
3. ____________________
4. ____________________
5. ____________________
6. ____________________
7. ____________________
8. ____________________

8. *Pe pagina următoare sunt câteva tăieturi din ziare. Încearcă să combini titlurile cu categoriile supraordonate.*

Ü

Lasă la o parte dicţionarul! Aici nu este important să înţelegi fiecare cuvânt, ci să reuşeşti, cu puţinul pe care îl ştii, să rezolvi acest exerciţiu.

Film	Transportmittel	Sport	Technisierung	Medizin	Foto	Musik	Tourismus
4							

1. Busse und Bahnen laufen Autos den Rang ab
Experten fordern höhere staatliche Subventionen / Grünes Licht für die Tram

2. Wenn die Roboter Schafe scheren und die Computer Traktoren lenken
Automatisierung und Informatik in der Agrarwirtschaft

3. fotomagazin-Aktion
Die neuen Konica-Filme: tolerant, aber auch brillant?

4. „Paris, Texas", der neue Kultfilm, ist eine Schule des Sehens.
Seit Mai 1984 begeistert der Film von Wim Wenders Millionen Zuschauer in Paris

5. UdSSR wieder Eishockey-Europameister
Morgen beginnt die WM-Medaillenrunde Spiele und Turniere

8. Experimente mit Keimen und Genen
Eine Allianz von moderner Medizin und Gentechnik eröffnet Dimensionen

6. Schwierige Talentsuche
Zwei englische Überraschungssieger beim 6. Arthur-Rubinstein-Pianistenwettbewerb

7. Donaudelta mit Neuigkeiten
Die touristische Saison soll Anfang Mai eröffnet werden

9. Ü *În exerciţiul următor îţi verifici cunoştinţele generale. Cine a inventat, de pildă, teoria relativităţii? Bineînţeles că ştii: Albert Einstein.*

Încearcă să combini în cazul fiecărui grup cifra şi litera corespunzătoare:

I.

1. der Revolver	**a.** Nicéphor Niépce	
2. das Thermometer	**b.** Alexander Bell	
3. die Lokomotive	**c.** George Stephenson	**I.** 1 2 3 4 5 6
4. das Telefon	**d.** Galileo Galilei	
5. die Fotografie	**e.** Samuel Colt	
6. das Dynamit	**f.** Alfred Nobel	

II.

1. das Penicillin	**a.** V.N. de Balboa	
2. der Grippevirus	**b.** R.E Peary	
3. die Relativitätstheorie	**c.** Laidlow/Dumkin	**II.** 1 2 3 4 5
4. der Nordpol	**d.** A. Fleming	
5. der Pazifische Ozean	**e.** A. Einstein	

III.

1. der Herderpreis	**a.** Musik	
2. der Davispokal	**b.** Film	
3. die Brahmsmedaille	**c.** Fotografie	**III.** 1 2 3 4 5
4. der Kodakpreis	**d.** Literatur	
5. die Goldene Palme	**e.** Sport	

IV.

1. der Kreml	**a.** Mailand	
2. der Eiffelturm	**b.** Washington	
3. die Scala	**c.** Paris	**IV.** 1 2 3 4 5 6
4. das Weiße Haus	**d.** Athen	
5. der Prater	**e.** Moskau	
6. der Parthenon	**f.** Wien	

(I. 1e; 2d; 3c; 4b; 5f; 6a - II. 1d; 2c; 3e; 4b; 5a; - III. 1d; 2e; 3a; 4c; 5b; - IV. 1e; 2c; 3a; 4b; 5f; 6d)

10. GR *Ai rezolvat corect? Te-ai întrebat, desigur, la ce-ţi foloseşte acest exerciţiu. Ai remarcat, probabil, cel puţin două fenomene: substantivele se scriu în limba germană cu majusculă; ele sunt precedate de trei „cuvinţele". Este vorba de articolul hotărât.*

der – masculin **die** – feminin **das** – neutru

Articolul hotărât precedă substantivul şi îi indică genul. El trebuie învăţat împreună cu substantivul, pentru că genul substantivelor în română şi germană diferă destul de mult.

Vom folosi în manualul nostru următoarele prescurtări:

der – r masculin – **m**
das – s neutru – **n**
die – e feminin – **f**

11. Ü *Completează articolul hotărât la fiecare substantiv. Notează în paranteză genul substantivului în limba germană, ştiind că* **der** *corespunde substantivelor masculine,* **das** *celor neutre şi* **die** *celor feminine. Subliniază substantivele de acelaşi gen în ambele limbi:*

drogherie *f.*	=*die*	Drogerie	gaz *n.*	=____	Gas
frizură *f.*	=____	Frisur	moment *n.*	=____	Moment
jachetă *f.*	=____	Jacke	viză *f.*	=____	Visum
opoziţie *f.*	=____	Opposition	modă *f.*	=____	Mode
zahăr *n.*	=____	Zucker	ţel *n.*	=____	Ziel
regizor *m.*	=____	Regisseur	dictatură *f.*	=____	Diktatur
climă *f.*	=____	Klima	ordine *f.*	=____	Ordnung
nailon *n.*	=____	Nylon	expres *n.*	=____	Express
gumă *f.*	=____	Gummi	reclamă *f.*	=____	Reklame
maşină *f.*	=____	Maschine	pilot *m.*	=____	Pilot
energie *f.*	=____	Energie	atom *m.*	=____	Atom
lift *n.*	=____	Lift	idee *f.*	=____	Idee
tempo *n.*	=____	Tempo	conflict *n.*	=____	Konflikt
dată *f.*	=____	Datum	hobby *n.*	=____	Hobby
compromis *n.*	=____	Kompromiss	protest *n.*	=____	Protest
cufăr *n.*	=____	Koffer	concurenţă *f.*	=____	Konkurrenz
piper *m.*	=____	Pfeffer			

das Atom, die Frisur, das Nylon, das Gas, die Reklame, der Pilot, der Pfeffer, der Protest, die Idee, das Datum, das Hobby, die Maschine, die Energie, der Lift, die Jacke, das Klima, das Visum, die Ordnung, der Moment, der Koffer, der Kompromiss, die Mode, der Gummi, das Tempo, die Diktatur, das Ziel, die Opposition, der Zucker, der Regisseur, der Konflikt, die Konkurrenz.

12. Ü *Ce se poate combina?*

1. der Präsident, das Parlament, der Premierminister, der Staat, der Politiker, die Koalition, der Kommunismus, das Konsulat, die Reform, die Partei

a. Militär

2. der Wein, das Bier, der Kognak, der Wermut, der Rum	**b.** Doktor
3. der Beton, das Metall, das Porzellan, die Keramik, der Marmor, das Linoleum, das Plastik, der Stoff	**c.** Politik
4. der Scheck, der Kurs, die Kasse, das Konto, die Billanz, das Kapital, die Aktie, die Devise, der Rabatt, der Profit	**d.** Post
5. das Museum, das Konzert, die Oper, das Theater, das Ballett, das Kino, die Galerie	**e.** Alkohol
6. der Fußball, das Stadion, der Start, der Rucksack, der Ski, die Gymnastik, der Handball, der Golf, der Hockey, der Billard	**f.** Kultur
7. das Telefon, das Telegramm, die Post, die Antenne, das Radio	**g.** Bank
8. der Soldat, die Armee, die Disziplin, die Front, das Regiment, das Manöver, der Offizier, der Sold, die Alarm	**h.** Sport
9. die Dusche, die Toilette, die Terasse, der Block, die Garage, die Adresse, der Balkon, die Etage, der Komfort, das Parterre	**i.** Materialien
10. die Temperatur, die Tablette, die Ambulanz, der Grad, die Grippe, die Injektion, das Rezept, die Klinik, die Operation, das Medikament, der Patient	**j.** Architektur

1	2	3	4	5	6	7	8	9	10
c									

13. **Ü** *Grupează cuvintele în funcţie de diferite teme:*

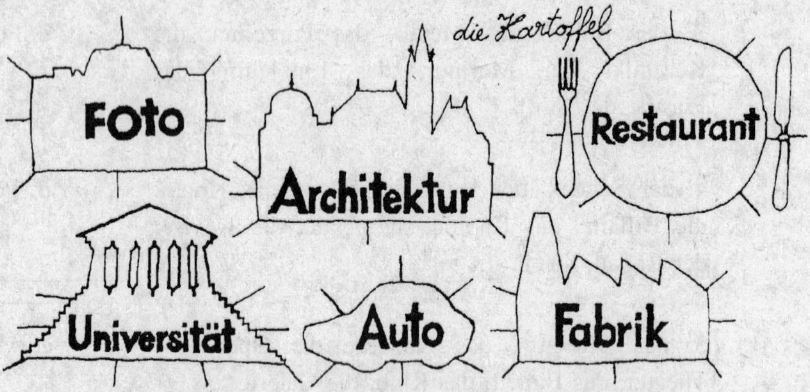

die Kartoffel	das Büro	das Bier	die Klasse
die Kassette	der Schinken	die Garage	das Parterre
der Alkohol	der Test	die Oper	der Kellner
die Bar	die Limonade	das Diplom	das Lied
die Straße	der Balkon	die Schokolade	das Benzin
die Bibliothek	der Musiker	der Student	die Etage
der Likör	der Apparat	der Block	das Festival
das Examen	die Suppe	das Gymnasium	der Spezialist
die Garderobe	der Import	der Turm	die Klinik
die Kathedrale	das Menü	das Studium	die Batterie
der Autostop	das Appartement	der Motor	der Export
der Professor	der Film	das Konzert	der Dom
der Salat	die Reparatur	der Beton	das Hotel
der Chef	die Gruppe	der Fotograf	der Schnaps
das Orchester	die Portion	das Taxi	das Zentrum
das Semester	die Wurst	das Zertifikat	das Dessert
der Solist	der Kollege	der Direktor	die Kamera

Nu-i aşa că ai combinat substantivul **Kamera** cu **Architektur**? *Dar în limba germană înseamnă „cameră de luat vederi, aparat de fotografiat"!*

14. **Ü** *Ai scris vreodată poezii? Cunoşti acum destule cuvinte pentru a face acest lucru! Iată prima strofă a unei eventuale poezii. Cum ar arăta următoarele două? Foloseşte-te de vocabularul celor două exerciţii precedente sau de lista de cuvinte din vocabular. Ce zici, n-ai vrea să încerci?*

ARTIKEL

maskulin

der Tabak, der Wein, der Fußball,
der Soldat, der Offizier, der Marsch,
der Student, der Professor, der Kurs,
der Meister, der Ingenieur, der Direktor,
der Käfer, der Kapitän, der Mercedes,
der Profit, der Scheck, der Bungalow,
der Chef, der Stress, der Infarkt.

(nach R.O. Wiemer, *Artikelwörter*)

der Käfer = automobil Volkswagen

feminin

die Garderobe, die ______________________, die ________________,
____.

neutrum

das Menü, das ________________________, das __________________,
____.

15. *Eşti probabil surprins de numărul de cuvinte asemănătoare în cele două limbi. Ai constatat însă că pronunţia şi ortografia sunt diferite. Pentru a evita echivalentele greşite ne-am gândit la următorul exerciţiu:*

a. *Caută corespondentul german al cuvintelor din stânga şi notează-l conform modelului dat, în rubrica alăturată.*

b. *Care este echivalentul german al următoarelor semne grafice din limba română?*

1. ştrand *Strand*
2. ştrudel ________
3. ştecher ________
4. şpan ________
şt = _ _
şp = _ _
5. vals ________
6. vată ________
7. vindiac ________
8. vestă ________
v = _
9. cont ________
10. cantină ________
11. club ________
12. chelner ________
13. compot ________
c = _
14. şah ________
15. marş ________
16. manşetă ________
17. broşă ________
ş = _ _ _

16. Ü *Întregeşte cuvintele din limba germană, ştiind că lui* **st** *îi corespunde* **şt**, *lui* **w** *îi corespunde* **v** *şi lui* **sch** – **ş**.
Atenţie! În limba germană substantivele se scriu cu majusculă.

val – Welle; calorie – _alorie; vin – _ein; şal – _al; ştraif – _reifen; concert – _onzert; Viena – _ien; şniţel – _nitzel; Varşovia – _arschau; ştrand – _rand; cosmetică – _osmetik.

17. Ü *Şi între adjectivele din cele două limbi există cuvinte cu aceeaşi semnificaţie, dar care se scriu diferit.*

a. *Combină cuvintele din cele două coloane, ţinând cont de sensul lor.*

b. *Subliniază cuvintele care se scriu la fel.*

1. ideal	**14.** international	**a.** fantastic	**n.** simpatic
2. interessant	**15.** kompliziert	**b.** conservator	**o.** ideal
3. nervös	**16.** pauschal	**c.** garantat	**p.** democratic
4. speziell	**17.** garantiert	**d.** special	**q.** tehnic
5. politisch	**18.** sympatisch	**e.** natural	**r.** pauşal
6. modern	**19.** phantastisch	**f.** eventual	**s.** electric
7. natürlich	**20.** technisch	**g.** gratis	**t.** mobilat
8. möbliert	**21.** demokratisch	**h.** normal	**u.** internaţional
9. gratis	**22.** komisch	**i.** blond	**v.** modern
10. direkt	**23.** eventuell	**j.** obligatoriu	**w.** nervos
11. obligatorisch	**24.** normal	**k.** politic	**x.** punctual
12. pünktlich	**25.** konservativ	**l.** interesant	**y.** comic
13. blond	**26.** elektrisch	**m.** direct	**z.** complicat

18. Ü **a**. *Caută echivalentul românesc al verbelor germane!*

b. *Toate aceste verbe sunt la infinitiv. Oare ce terminaţie are infinitivul în limba germană?*

1. telefonieren	**a.** a parca
2. parken	**b.** a telefona
3. reservieren	**c.** a coafa
4. fotografieren	**d.** a face duş
5. duschen	**e.** a opera
6. filmen	**f.** a filma
7. reparieren	**g.** a planifica
8. studieren	**h.** a repara
9. kosten	**i.** a forma
10. diskutieren	**j.** a costa
11. formen	**k.** a discuta
12. planen	**l.** a studia
13. operieren	**m.** a lua startul
14. frisieren	**n.** a fotografia
15. starten	**o.** a rezerva

19. *Ai avut dreptate: toate verbele din limba germană au terminaţia* **-(e)n** *la infinitiv.*

GR

plan | en

rădăcina verbului — terminaţia verbului la infinitiv

20. **Ü** **a.** *Ştiind că în germană verbele au terminaţia* **-(e)n** *la infinitiv, notează în dreptul fiecărui verb de mai jos forma de infinitiv. Terminaţiile* **-e, -st, -t** *sunt specifice persoanelor I, a II-a şi a III-a singular, ele adăugându-se la rădăcina verbului.*

b. *Caută apoi în dicţionar traducerea verbului la infinitiv şi notează-o în dreptul fiecărui verb.*

	infinitiv	*traducerea în limba română*
1. . . . formuliere . . .	**formulieren**	**a formula**
2. . . . tanzt . . .	___________	___________
3. . . . probierst . . .	___________	___________
4. . . . arbeitest . . .	___________	___________
5. . . . kommt . . .	___________	___________
6. . . . wohne . . .	___________	___________
7. . . . lernt . . .	___________	___________

21. **Ü** *Încă un exerciţiu în care vei întâlni litere sau grupuri de litere care se pronunţă la fel, deşi se scriu diferit.*
La cuvintele care conţin un **p** *în limba română diferă şi pronunţia. Astfel, în limba germană vom avea de cele mai multe ori* **pf**, *iar în limba română* **p**.

a. *Caută în chenarul din dreapta traducerea cuvintelor din română şi notează-o în rubrica alăturată.*

b. *Ce semne grafice din limba germană corespund următoarelor semne grafice din română?*

1. ţel **Ziel**
2. ţigaretă ___________
3. abţibild ___________
4. bolţ ___________
5. ţar ___________
ţ = z
6. cvartet ___________
7. adecvat ___________
8. cvasi ___________
9. cvartal ___________
cv = _ _
10. piper ___________
11. prună ___________
12. cupru ___________
13. piersică ___________
p = _ _

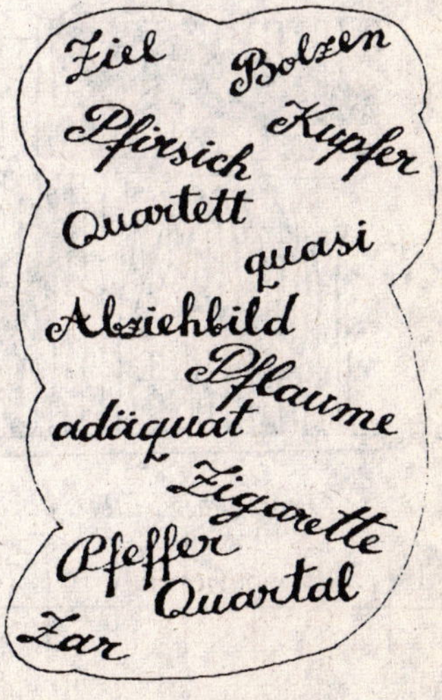

22. **Ü** *Iar acum vei aplica cunoştinţele proaspăt dobândite, completând cuvintele din germană, ştiind deci că* **ţ** *din limba română devine* **z**, *că grupul* **cv** *devine* **qu**, *iar* **p** *devine cel mai adesea* **pf**.

cilindru – Zilinder; cvintă – _int; pipă – _eife; bilanţ – Bilan_; secvenţă – Se_enz; plantă – _lanze; cvintet – _intett; poliţist – Poli_ist.

23. **Ü** *Recunoşti animalele?*

Completează litera corespunzătoare numelui animalului în rasterul de mai jos:

1	2	3	4	5	6	7	8	9	10	11	12	13	14	15	16

a. ein Papagei [papa'gae]
b. ein Kamel [ka'me:l]
c. ein Tiger ['ti:gɐ]
d. ein Zebra ['tse:bra]
e. eine Kobra ['ko:bra]
f. ein Löwe ['lø:və]
g. ein Insekt [ɪn'zɛkt]
h. eine Boa ['bo:a]
i. eine Gazelle [ga'tsɛlə]
j. ein Pinguin ['pɪŋgui:n]
k. eine Antilope [anti'lo:pə]
l. ein Elefant [ele'fant]
m. ein Krokodil [kroko'di:l]
n. eine Viper ['vi:pər]
o. ein Panther ['pantɐ]
p. ein Rhinozeros [ri'no:tserɔs]

24. **GR** *Ai observat, probabil, că aceste substantive sunt precedate de „cuvințele" foarte asemănătoare între ele. Este vorba de articolul nehotărât.*

articolul hotărât	*articolul nehotărât*
der Papagei	ein Papagei
das Krokodil	ein Krokodil
die Gazelle	eine Gazelle

Articolul nehotărât pentru masculin și neutru este **ein**, *iar pentru feminin se mai adaugă un* **e**, *deci* **eine**.

25. **Ü** *Cu câteva exerciții în urmă ți-ai notat vocabularul pentru tema RESTAURANT. Acum completează cu articolul nehotărât corespunzător:*

die Kartoffel - **eine Kartoffel**
der Likör - ____ ________
die Soße - ____ ________
der Salat - ____ ________
der Schinken - ____ ________
die Limonade - ____ ________
die Suppe - ____ ________
das Menü - ____ ________
die Wurst - ____ ________
die Schokolade - ____ ________
die Portion - ____ ________
das Frühstück - ____ ________
der Keller - ____ ________
das Dessert - ____ ________

26. **F** *În exercițiul următor vei întâlni litere sau grupuri de litere care se scriu la fel în cele două limbi, dar se pronunță diferit. Astfel, grupul* **st** *se pronunță în limba română* **st**, *iar în limba germană* [ʃt], *grupul* **sp** *se pronunță în română* **sp**, *iar în germană* [ʃp], *și, în fine,* **z** *se pronunță în română* **z**, *iar în germană* [ts]. *Și pentru* **r** *din limba română există două pronunții diferite. Astfel, după o vocală lungă sau pentru terminația* **-er** *– în cuvintele de origine germană sau în pronunție adaptată –, se pronunță un* **r** *vocalizat* [ɐ], *ca în* Tiger ['ti:gɐ] *sau* Likör [li'kø:ɐ], *în celelalte situații un* **r** *puternic fricatizat, de exemplu* Zebra ['tse:bra].

27. **A.** *Caută în chenarul din dreapta traducerea următoarelor cuvinte germane.*

Ü

B. *Identifică transcrierea lor fonetică şi citeşte cu voce tare cuvintele, apoi notează-o în rubrica alăturată:*

a. Stadion - A 1
b. Start - _____ _____
c. Student - _____ _____
d. Stil - _____ _____
e. Straβe - _____ _____
f. Spinat - _____ _____
g. Spezialist - _____ _____
h. Sportler - _____ _____
i. Spion - _____ _____
j. Spirale - _____ _____
k. Zucker - _____ _____
l. Zebra - _____ _____
m. Zoologe - _____ _____
n. Zeppelin - _____ _____
o. Zink - _____ _____

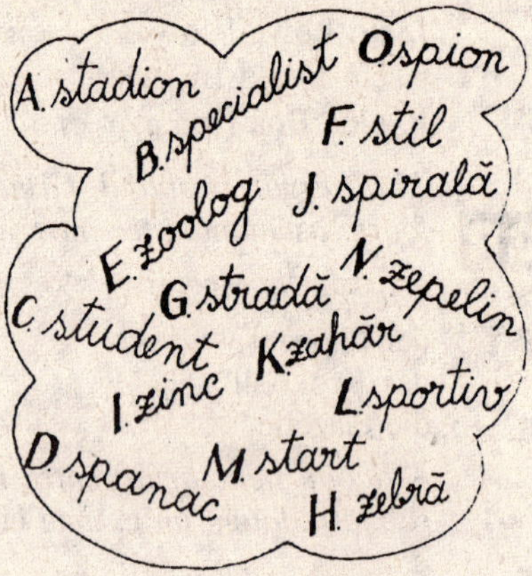

1. [ʃtɑ:diən] 2. [ʃpi'ra:lə]
3. [ʃpetsia'lɪst] 4. [ʃti:l]
5. ['ʃtra:sə] 6. [tsoo'lo:gə]
7. ['tse:bra] 8. [ʃpi'na:t]
9. [ʃtu'dɛnt] 10. [ʃpio:n]
11. ['tsɛpəli:n] 12. [ʃtart]
13. ['tsɪŋk] 14. ['ʃpɔrtlɐ]

C. *Ascultă acum pe CD aceleaşi cuvinte şi repetă pronunţia.*
Îţi mai aminteşti? Spre deosebire de limba română, în germană există trei vocale cu „Umlaut“: **ä – Ära**; **ö – Löwe**; **ü – Büro**. *Ortografic, aceste sunete se redau prin două puncte deasupra vocalelor* **a**, **o**, **u**. *Dacă uiţi să pui punctele, obţii un alt sunet şi rişti să nu te faci înţeles.*

28. *Caută în chenar traducerea următoarelor cuvinte, anulând treptat cuvintele completate:*

Ü

a.		**b.**		**c.**	
eră	Ära	lichior	_______	costum	_______
electricitate	_______	mobilă	_______	manichiură	_______
sabie	_______	comedie	_______	parfum	_______
Egipt	_______	ulei	_______	debut	_______
afacere	_______	economie	_______	perucă	_______
prerie	_______	ecologie	_______	chimen	_______
dietă/regim	_______	birou	_______		

29. F *Pronunţia acestor sunete, inexistente în sistemul fonetic al limbii române, este ceva mai dificilă pentru un vorbitor român.*

ä *se formează deschizând buzele pentru a pronunţa* **a** *din „Ana", pronunţând însă* **e**. *Se obţine astfel un sunet intermediar, un* **e** *deschis, care în alfabetul fonetic se notează prin* [ɛ:] *pentru* **ä** *lung şi* [ɛ] *pentru* **ä** *scurt.*

ö *se formează rotunjind buzele, ca pentru a pronunţa* **o** *de la „omenire", pronunţând însă* **e**. *Sunetul* **ö** *este cel din „bleu". Pentru* **ö** *lung avem în transcrierea fonetică* [ø:], *iar pentru* **ö** *scurt avem* [ø] *şi* [œ] *Atenţie! Sunetul pe care trebuie să-l obţii nu este* **io**, *ci* **ö**!

ü *se formează rotunjind buzele ca pentru a pronunţa* **u** *din „unchi" sau încercând să fluieri, pronunţând în această poziţie* **i**. *În alfabetul fonetic acest sunet se notează prin* [y:] *pentru* **ü** *lung şi* [y] *sau* [Y] *pentru* **ü** *scurt (vezi alfabetul fonetic de la LO).*
Atenţie! *Sunetul pe care trebuie să-l obţii nu este* **iu**, *ci* **ü**!

30. Ü **a.** *Ascultă cu atenţie următoarele vocale-Umlaut de pe materialul audio:*

ä - [ɛ:]: Ära [ɛ:ra]; Elektrizität [elɛktritsi'tɛ:t]; Säbel ['zɛ:bəl]; Diät [di'ɛ:t]
ä - [ɛ]: Geschäft [gə'ʃɛft]; Ägypten [ɛ'gYptən]; Prärie [prɛ'ri:]
ö - [ø:]: Möbel [mø:bəl]; Öl [ø:l]; Komödie [ko'mø:diə]
ö - [ø]: Ökologie [økolo'gi:]; Ökonomie [økono'mi:]
ü - [y:]: Parfüm [par'fy:m]; Debüt [de'by:]; Maniküre [mɑni'ky:rə]; Kostüm [kɔs'ty:m]
ü - [y]: Perücke [pe'rykə]; Kümmel ['kYməl]; Büro [by'ro:]

b. *Ascultă încă o dată şi repetă cu voce tare cuvintele, respectând indicaţiile de mai sus. Înaintea fiecărui* **ü** *trebuie să fluieri, iar apoi să pronunţi cuvântul cu vocala corectă. Nu este o glumă, ci unica modalitate pentru un vorbitor român de a pronunţa corect acest sunet. Îţi urez succes!*

31. *În acest exercițiu este vorba de accentul în cuvintele de origine străină din limba germană. Cele mai multe cuvinte au un sufix monosilabic de exemplu:* **-ist**; **-ur** etc. *În acest caz accentul cade pe ultima silabă:* **-ur** [uːɐ] (Natur); **-eur** [øːɐ] (Friseur) etc. *Dacă sufixul se compune din două silabe și ultima silabă conține* **e** *redus* [ə], **i** *sau* **u** *neaccentuat, accentul cade pe penultima silabă, de exemplu:* **-ismus** [ˈismʊs] (Realismus); **-age** [ˈɑːʒə] (Etage); **-itis** [ˈiːtɪs] (Bronchitis) etc.

F

32. **a.** *Grupează substantivele în funcție de sufixul lor:*

Ü

-ist [ˈɪst]	-tion [tsiˈoːn]	-ade [ˈaːdə]	-ismus [ˈismʊs]	-(t)eur [ˈtøːɐ]	-(t)ur [(t)uːɐ]
Artist					

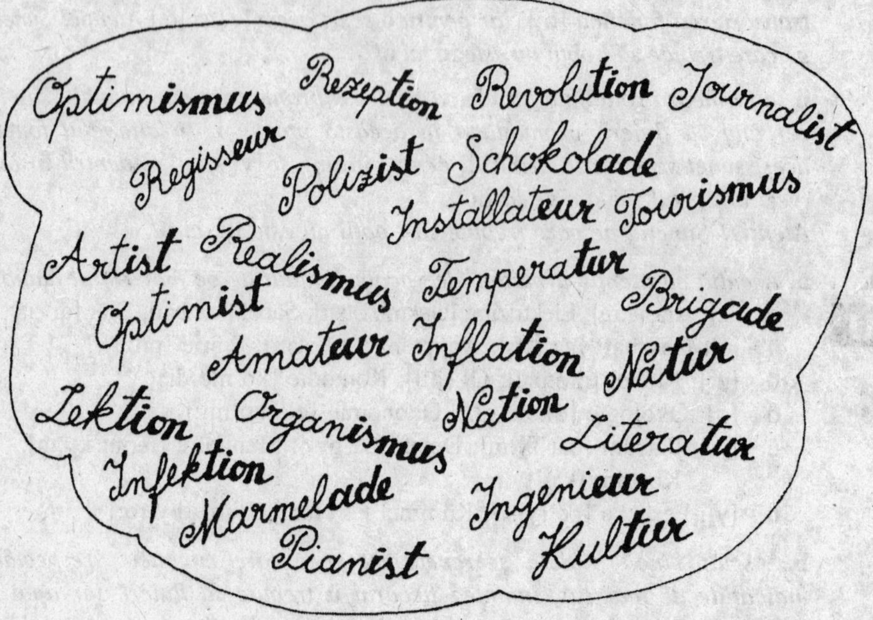

b. *Marchează printr-o săgeată accentul în cuvânt.*

c. *Închide cartea, ascultă din nou pronunția de pe materialul audio și pronunță acum cuvintele cu voce tare.*

33. *Acum, la sfârşit, iată alfabetul limbii germane aşa cum se citeşte el:*

A	a	[a:]	N	n	[ɛn]
B	b	[be:]	O	o	[o:]
C	c	[tse:]	P	p	[pe:]
D	d	[de:]	Q	q	[ku:]
E	e	[e:]	R	r	[ɛr]
F	f	[ɛf]	S	s	[ɛs]
G	g	[ge:]	T	t	[te:]
H	h	[ha:]	U	u	[u:]
I	i	[i:]	V	v	[fao]
J	j	[jɔt]	W	w	[ve:]
K	k	[ka:]	X	x	[Iks]
L	l	[ɛl]	Y	y	['ypsilon]
M	m	[ɛm]	Z	z	[tsɛt]

34. *Să recapitulăm împreună ce ai învăţat în această lecţie. Vei găsi mai jos toate problemele importante care au făcut obiectul acesteia. După ce le revezi, îţi notezi pe caiet tot ceea ce n-ai reuşit să-ţi însuşeşti, pentru a reveni ulterior asupra lor. Aceasta constituie o tehnică de lucru, care te va ajuta să insişti întotdeauna asupra lucrurilor dificile pentru tine.*

LEKTION 1

1. *Numerele pot fi recunoscute de oricine, chiar dacă nu cunoaşte deloc limba germană. Uneori însă trebuie să le scrii în litere sau să le identifici cu auzul. Vei începe cu numerele de la* 1 *la* 20, *numere pe care le vei folosi productiv încă de pe acum, urmând ca pe celelalte să le exersezi mai târziu.*

2. *În limba germană, numerele de la* 1 *la* 12 *sunt* **simple**, *chiar şi* 11 *şi* 12. *Pentru a-ţi corecta pronunţia foloseşte-te de materialul audio, de transcrierea fonetică şi de explicaţiile pentru fonetică. Repetă citirea numerelor şi nu uita de accent, care se află* **pe prima silabă**.

3. *Diftongul* **ei** *se pronunţă* [æ]. ***Atenţie!*** *Nu trebuie să obţii* [ai], *ca în românescul „maistru“, ci* [æ].

F

4. *Diftongul* **eu** *se pronunţă* [ɔø], *şi nu „oi“, ca în cuvântul „oină“.*

5. *Şi acum numerele:*

0 null [nʊl]
1 eins [æns]
2 zwei [tsvæ]
3 drei [dræ]
4 vier [fi:ɐ]
5 fünf [fʏnf]
6 sechs [zɛks]
7 sieben [zi:bən]
8 acht [axt]
9 neun [nɔøn]
10 zehn [tse:n]
11 elf [ɛlf]
12 zwölf [tsvœlf]

6. *Şi mai departe:*

*trei*sprezece	13	*drei*/zehn	*drei*zehn ['dræt̲se:n]
*patru*sprezece	14	*vier*/zehn	*vier*zehn ['fɪrtse:n]
*cinci*sprezece	15	*fünf*/zehn	*fünf*zehn ['fYnftse:n]
*şai*sprezece	16	*sech*/zehn	*sech*zehn ['zɛçtse:n]
*şapte*sprezece	17	*sieb*/zehn	*sieb*zehn ['zi:ptse:n]
*opt*sprezece	18	*acht*/zehn	*acht*zehn ['axtse:n]
*nouă*sprezece	19	*neun*/zehn	*neun*zehn ['nɔøntse:n]
douăzeci	20	zwanzig	zwanzig ['tsvantsɪç]

7. **GR** *Numerele între* 13 *şi* 19 *se formează prin exprimarea unităţii urmate de* **zehn** [tse:n].
Excepţie fac numerele **sechzehn** ['zɛçtse:n] *şi* **siebzehn** ['zi:ptse:n], *în care se* ***accentuează prima silabă.***

8. **F** *Foarte importantă este pronunţarea grupului* **ig** *din* zwanzig, *care se pronunţă ca* **ih** [ɪç] *din „Mihnea“.* ***Atenţie!*** *Silaba finală conţinând acest grup nu este niciodată accentuată!*

9. **Ü** *Şi acum câteva exerciţii cu numerele de la* 1 *la* 20.
Ascultă cu atenţie materialul audio, pentru a putea nota corect numerele auzite. În vederea soluţionării exerciţiului şi a verificării corectitudinii lui, este necesar să reiei ascultarea numerelor cu multă răbdare.

1, 2, 3, 4, 5, 6, 7, 8, 9, 10,
11, 12, 13, 14, 15, 16, 17, 18, 19, 20.

10. **Ü** *Acest exerciţiu urmăreşte corectarea pronunţiei tale. Pronunţia corectă într-o limbă străină este o performanţă spre care trebuie să tinzi, chiar dacă nu ai partener de conversaţie. Este necesar să asculţi cu atenţie numerele de pe materialul audio şi în pauzele acordate să încerci să imiţi cât mai exact modelul. Dacă vei întâmpina greutăţi, reciteşte explicaţiile de la* **3**, **4** *şi* **8**. *Este de dorit să repeţi exerciţiul de mai multe ori.*

1 9 5 17 11 7 19 13 2 8 4 3 6 14 15 16 20

11. **Ü** *Ascultă numerele de pe materialul audio şi uneşte punctele în ordinea indicată aici:*

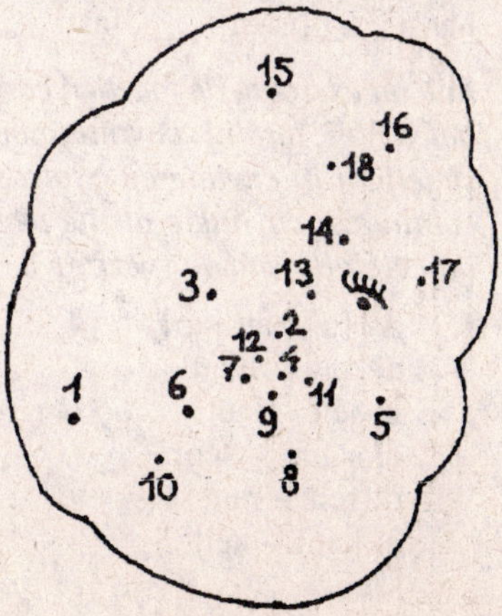

12. *Nici problemele de ortografie nu trebuie neglijate. Transcrie numerele în litere şi compară ortografia cu aceea de la 5 şi 6:*

a. 11, 3, 7, 14 e $\overset{1\ f}{\_\ \_}$, d _ _ _ , s _ _ _ _ _, v _ _ _ _ _ _ _
b. 17, 8, 6, 2 s_ _ _ _ _ _ _ _ , a _ _ _ , s _ _ _ _ , z _ _ _
c. 1, 4, 9, 12 e _ _ _ , v _ _ _ , n _ _ _ , z _ _ _ _
d. 5, 10, 13, 15 f _ _ _ , z _ _ _ , d _ _ _ _ _ _ _ _ , f _ _ _ _ _ _ _
e. 16, 19, 18, 20 s _ _ _ _ _ _ _ , n _ _ _ _ _ _ _ _ , a _ _ _ _ _ _ _ , z _ _ _ _ _ _

13. *Completează spaţiile albe cu numerele corespunzătoare. Scrie-le în litere, reţinând că fiecare liniuţă reprezintă o literă:*

dreizehn	13	elf	___
_ _ _ _ _ _ _ _	18	_ _ _ _ _ _ _ _	14
sieben	___	drei	___
_ _ _ _ _	12	_ _ _ _ _ _ _ _	17
fünfzehn	___	fünf	___
_ _ _ _	9	_ _ _ _ _ _ _ _	16
sechs	___	vier	___

14. *Care sunt oare numerele lipsă din şirurile următoare? Ţi-ai dat seama de înşiruirea lor? Scrie-le în litere:*

a. eins, zwei, _ _ _ _, vier, _ _ _ _, sechs, _ _ _ _ _ _, _ _ _ _, neun, zehn, _ _ _, zwölf, _ _ _ _ _ _ _ _.
b. zwei, vier, _ _ _ _ _, acht, _ _ _ _, zwölf, _ _ _ _ _ _ _ _, sechzehn.
c. eins, drei, _ _ _ _, sieben, _ _ _ _, elf, _ _ _ _ _ _ _ _, fünfzehn, _ _ _ _ _ _ _ _, neunzehn.

15. *Iată transcrierea fonetică a câtorva cuvinte. Oare cum se scriu ele de fapt? Notează-le în dreptul fiecărei transcrieri fonetice:*

[zɛks] sechs, [ɛlf] ___, [tsvœlf] _____, [ˈdrætse:n]________, [fʏnf] ____, [æns] ___, [tse:n] ___, [axt] ___, [fɪrtse:n] ______, [ˈzi:ptse:n] _______.

16. *Iată un exerciţiu de fonetică care pentru exersarea pronunţiei unui grup de sunete. Vei întâlni cuvinte nonsens. Este un exerciţiu de identificare a sunetului în cuvinte cu contrast acustic minim. Ascultă materialul audio şi subliniază cuvintele auzite pe CD. Vei putea deosebi astfel sunetul exersat de celelalte sunete (vezi 3F).*

I. **A.** [æ] sau [ao]
a. mei – mau
b. leit – laut
c. saum – seim
d. reit – raut
e. kaul – keil

B. [æ] sau [ɔø]
a. teu – tei
b. feul – feil
c. reim – reum
d. heul – heil
e. zein – zeun

II. *Ascultă cuvintele de pe materialul audio şi încearcă să imiţi cât mai fidel pronunţia model:*

eins [æns]; drei [dræ]; zwei [tsvæ]; Papagei [pɑpɑ'gæ]; dreizehn ['drætse:n].

17. **Ü** *Încă un exerciţiu de identificare şi exersare a pronunţiei unui grup de sunete, diferit însă de cel precedent (vezi 4F). Ascultă materialul audio şi subliniază cuvintele auzite:*

I. **A.** [ɔø] sau [æ]

a. beule – beile

b. keil – keul

c. reim – reum

d. beum – beim

B. [ɔø] sau [ao]

a. beut – baut

b. teug – taug

c. kaum – keun

d. zeun – zaun

II. *Ascultă cuvintele de pe materialul audio şi încearcă să imiţi cât mai fidel pronunţia model:*

neun [nɔøn]; neunzehn ['nɔøntse:n]; neunzig ['nɔøntsıç]; neunundneunzig ['nɔøn ʊntnɔøntsıç]; hundertneun ['hʊndertnɔøn].

18. **GR** *Zecile, cu excepţia lui* **zehn,** *se formează adăugându-se sufixul* **zig** [tsıç] *la unitate. Se accentuează prima silabă. Numerele* 20, 30, 60, 70 *prezintă unele neregularităţi care uşurează pronunţarea lor.*

Nu uita! Grupul redat prin **ig** *sau* **ich (lich)** *corespunde lui* **h** *românesc din „Mihnea" (vezi 8F).*

20	două	zeci		60	şase	zeci	
	zwan	zig	['tsvantsıç]		sech	zig	['zɛçtsıç]
30	trei	zeci		70	şapte	zeci	
	drei	ßig	['dræsıç]		sieb	zig	['zi:ptsıç]
40	patru	zeci		80	opt	zeci	
	vier	zig	['fırtsıç]		acht	zig	['axtsıç]
50	cinci	zeci		90	nouă	zeci	
	fünf	zig	['fʏnftsıç]		neun	zig	['nɔøntsıç]

100 o sută – hundert ['hʊndərt]

19. *Şi acum, numerele între zeci:*

21

ein|und|zwanzig [ˈænʊntsvantsıç]

22

zwei|und|zwanzig [ˈtsvæʊntsvantsıç]

44

vier|und|vierzig [ˈfi:rʊntfi:rtsıç]

23

drei|und|zwanzig [ˈdræʊntsvantsıç]

55

fünf|und|fünfzig [ˈfʏnfʊntfʏnftsıç]

33

drei|und|dreiβig [ˈdræʊntdræsıç]

76

sechs|und|siebzig [ˈzɛksʊntzi:ptsıç]

20. **GR** *Numerele între zeci se formează din* ***numere urmate*** *şi nu precedate de zeci, ca în limba română. Accentul rămâne pe prima silabă.*

21. **Ü** *Alt exerciţiu de fonetică pentru identificarea şi exersarea grupului* **ig** [ıç] *(vezi 8F). Ascultă materialul audio şi subliniază cuvintele auzite:*

I. **A.** [ç] sau [k]

a. mik – mich
b. kech – kek
c. leich – leik
d. kreik – kreich

B. [ç] sau [ʃ]

a. ich – isch
b. klicha – klischa
c. welsch – welch
d. euch – eusch

II. *Ascultă cuvintele de pe materialul audio şi încearcă să imiţi cât mai fidel pronunţia model. Rosteşte „Mihnea“ înaintea fiecărui cuvânt german. Compară apoi cele două sunete; cel obţinut trebuie să fie cât mai apropiat de cel de pe CD:*

Mihnea – zwanzig [ˈtsvantsıç]; Mihnea – Architektur [arçitɛkˈtu:ɐ]; Mihnea – dreiβig [ˈdræsıç]; Mihnea – pünktlich [ˈpʏnktlıç]

22. *Doreşti să afli numerele de telefon ale unor prieteni. Ascultă cu atenţie numerele dictate de telefonistă şi apoi notează-le. Ca să te verifici, reia ascultarea ori de câte ori consideri necesar:*

a. Müller Elfriede ____________ **d.** Reich Karl ____________
b. Seifert Doris ____________ **e.** Weiss Christa ____________
c. Weisskopf Dagmar ____________ **f.** Lang Richard ____________

23. *Ai telefon? Notează numărul şi pronunţă-l apoi cu voce tare:*

Meine Telefonnummer

24. *Ce numere conţin următoarele silabe? Notează-le barând silabele deja folosite:*

vier – drei – sechs – zehn – sieb – zehn – zehn – zehn – acht – neun – zehn – zehn.

vierzehn

____________ ____________ ____________

____________ ____________ ____________

25. *Îţi plac cuvintele încrucişate? Prin rezolvarea rebusului de mai jos fixezi numerele de la 1 la 20, reamintindu-ţi şi câteva expresii cunoscute din limba română.*

■ *orizontal:*

a. a vorbi între (4) ochi
b. a duce (2) pepeni într-o mână
c. a sta de (6)
d. (13) număr cu ghinion
e. a mânca o duzină (12) de gogoşi
f. a face cât (7)
g. a (8) minune a lumii
h. a (5) roată la căruţă

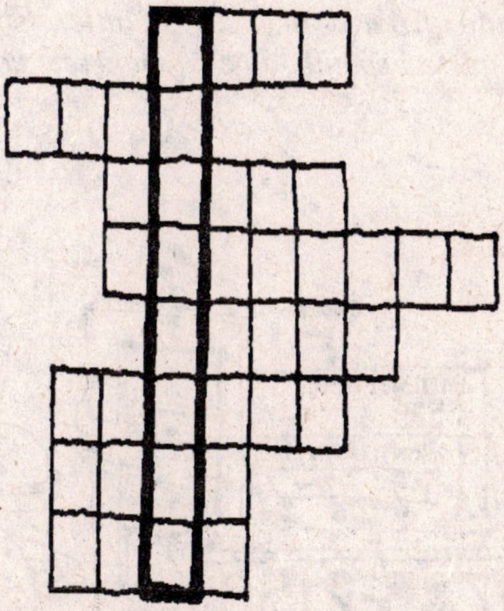

■ *vertical:* (căsuţele îngroşate) - - - - - - - -

***Atenţie!** Pentru* **ö** *vei scrie* **oe**, *iar pentru* **ü**, **ue**.

26. *Soluţionarea corectă a exerciţiilor de până acum te pregăteşte pentru citirea anilor, care este dificilă, deoarece cuvintele sunt lungi. Poate vei fi tentat să citeşti încă de pe acum anii care apar în lecţia următoare şi pe care îi vei exersa de-a lungul mai multor lecţii. Respectarea pauzelor (a barelor dintre numere) este foarte importantă pentru citirea şi pronunţarea corectă a acestor cuvinte compuse:*

1896	achtzehn	– hundert / sechs – und – neunzig
1964	neunzehn	– hundert / vier – und – sechzig
1972	19	– hundert / zwei – und – siebzig
1976	neunzehn	– hundert / sechs – und – siebzig
1984	19	– hundert / vier – und – achtzig
1988	neunzehn	– hundert / acht – und – achtzig
1992	19	– hundert / zwei – und – neunzig

27. *Cunoşti acum numerele de la 1 la 20? Scrie-le în litere, din memorie, în caietul tău.*

Ü

eins, . . .

***Nu uita** să verifici ortografia numerelor 3, 11, 12, 13, 16, 17, 20, comparând-o cu cea de la 5 şi 6.*

28. *Suntem înconjuraţi de un univers de cifre. Viaţa noastră cotidiană nu poate exista fără ele.*
Nu este oare existenţa noastră prea mult determinată de cifre? Iată o poezie care ridiculizează această situaţie. Citeşte poezia cu atenţie şi încearcă să completezi spaţiile albe cu numerele corespunzătoare din desen.

AUSKUNFT ZUR PERSON

(Informaţii despre persoană)

Ich bin
die Hausnummer 74
die Telefonnummer ___________
die Passnummer E 289583
Ich bin
die Kontonummer 069 345 01
die Kursnummer 37
die Bibliotheksnummer 2599
Ich bin
die Zimmernummer ____
die Autonummer _________
die Losnummer A 02474
Ich bin eine Nummer
Eine Nummer bin ich
Bin ich eine Nummer?
(nach Fritz Werf)

e Hausnummer = numărul casei
e Zimmernummer = numărul camerei
ich bin = eu sunt

29. *Încearcă să scrii o poezie asemănătoare, folosind datele tale personale:*

Ü

Ich bin
. . .

30. *Şi acum, câteva expresii uzuale, simple, de care vei avea nevoie foarte des.*

A. *Ascultă materialul audio fără a deschide manualul.*

B. *Mai ascultă o dată CD-ul, citind în paralel textul din manual:*

– Guten Morgen!	– Guten Morgen!
– Guten Tag!	– Guten Tag!
– Guten Abend!	– Guten Abend!
– Bitte!	– Danke!
– bbum...	– Wie bitte? Ich verstehe nicht!
– Au!	– Entschuldigung!
– Auf Wiedersehen!	– Auf Wiedersehen!
– Auf Wiederhören!	– Auf Wiederhören!

C. *Citeşte şi reţine următoarele cuvinte şi expresii:*

Guten Morgen – bună dimineaţa
Guten Tag – bună ziua
Guten Abend – bună seara
Auf Wiedersehen – la revedere
Auf Wiederhören – la revedere
(formula de salut folosită la încheierea unei convorbiri telefonice)

Ich verstehe nicht – nu înţeleg
Entschuldigung, bitte – scuzaţi, vă rog
Bitte – poftiţi
Danke – mulţumesc
Wie bitte? – poftim?

D. *Închide acum cartea şi ascultă materialul audio de mai multe ori până consideri că ai reţinut toate expresiile. Opreşte CD-ul după fiecare expresie şi repetă până cînd pronunţia ta este aproape identică cu aceea de pe CD.*
Ai reuşit să le înveţi?

31. *Acum completează din memorie replicile care lipsesc.* **Nu uita!** Fiecare liniuţă reprezintă o literă!

a. Guten Morgen!	Guten M _ _ _ _ _ !
b. Guten Tag!	G_ _ _ _ T _ _ !
c. Guten Abend!	G_ _ _ _ A_ _ _ _ !
d. Bitte!	D_ _ _ _ !
e. brrr...	W_ _ b_ _ _ _ ?
	I_ _ v_ _ _ _ _ _ _ _ n_ _ _ _ !
f. Au!	E_ _ _ _ _ _ _ _ _ _ _ _ _ _ !
g. Auf Wiedersehen!	A_ _ W_ _ _ _ _ _ _ _ _ _ _ !
h. Auf Wiederhören!	A_ _ W_ _ _ _ _ _ _ _ _ _ _ !

32. *CD-ul cuprinde doar replicile primei persoane.*
Preia rolul celei de-a doua şi răspunde în pauzele acordate.
Repetă exerciţiul de mai multe ori!

33. *Ce ţi s-a părut uşor?*
Ce ţi s-a părut mai dificil?
Ce consideri că trebuie reluat?
Extrage din cele de mai jos ceea ce trebuie să mai revezi!

eins
drei
zwölf
zwanzig
1989
Ich verstehe nicht.
Auf Wiedersehen!
Guten Tag!
Wie Bitte?

LEKTION 2

1. *Eşti încă la început de drum. Iată câteva sfaturi cu privire la învăţat:*

A. *Priveşte cu atenţie forma textului. Ai observat semnalul vizual, podiumul învingătorului? Înţelegi, desigur, titlul. Ce-ar putea trata oare textul? _____________ olimpice?*

B. *Citeşte acum textul. Nu încerca să înţelegi cuvânt cu cuvânt! Subliniază tot ce înţelegi!*

2. **DIE OLYMPIADE**

a. Athen 1896
100 m in 12 Sekunden.
Das ist der Olympiarekord.

b. Tokio 1964
Robert Hayes aus den USA
gewinnt die Goldmedaille mit 10,2 Sekunden.
USA = SUA
Die Silbermedaille gewinnt
Enrique Figuerola aus Cuba, auch 10,2 Sekunden.
Harry Jerome aus Kanada bekommt die Bronzmedaille.
Auch er läuft 100 m in 10,2 Sekunden, aber das Zielfoto entscheidet.

c. Heute zählen auch die Hundertstel hinter dem Komma, aber die Unterschiede sind minimal. Der Olympiarekord von Valeri Borzov aus der Sowjetunion in München 1972 ist 10,14 Sekunden, Silber gewinnt Robert Taylor aus den USA mit 10,24 Sekunden und Bronze Lennox Miller aus Jamaica mit 10,33 Sekunden.

d. 1988 in Seoul laufen alle drei Medaillengewinner unter 10 Sekunden. Carl Lewis aus den USA ist Olympiasieger mit 9,92 Sekunden, Lindford Christie aus Großbritannien bekommt die Silbermedaille mit 9,97 Sekunden und Calvin Smith mit 9,99 Sekunden die Bronzmedaille.

r Olympiasieger = r Olympiagewinner

3. *Din primul text ai înţeles probabil:*

Athen 1896

100 m in 12 Sekunden

____________________ Olympiarekord.

Reciteşte cuvintele pe care le-ai subliniat în textele b, c şi d. Ce reprezintă ele? Sunt nume proprii de oraşe, ____________ şi ____________. Numerele reprezintă fie ______________, fie recorduri sportive, dar şi timpul şi performanţele sportive. Încearcă să combini elementele cunoscute.

4. *Întocmeşte acum un tabel cu informaţiile de bază:*

Ü

anul	locul olimpiadei	sportivul	ţara	medalia	timp: 100 m
1896	Athen	—	—	—	12 Sekunden

5. ▪ *Ai întâmpinat şi unele greutăţi, mai ales în cazul cuvintelor compuse. Să luăm textul despre Robert Hayes. A obţinut* ***Goldmedaille****. Cuvântul* ***...medaille*** *îţi este desigur cunoscut, se aseamănă cu „medalia" din limba română. Ce-ar putea însemna* ***Gold****? Ai reţinut probabil din desen că Robert Hayes se află pe locul I. În consecinţă, unui câştigător al locului I i se cuvine „medalia de aur".*

▪ *Până acum ai înţeles din text: „Robert Hayes din SUA ... medalia de aur." Îţi lipseşte un cuvânt – verbul – care leagă numele câştigătorului de medalie. Prin urmare,* ***gewinnt*** *ar trebui să însemne ____________. Acum nu va fi greu să determini sensul pentru* ***Silbermedaille*** *şi* ***Bronzmedaille*** *din textul b.*

▪ *Există, bineînţeles, şi cuvinte necunoscute ca* ***bekommt, aber*** *etc. Deocamdată nu le acorda importanţă.*

■ *Cu flerul tău încearcă să decodezi şi sensul altor cuvinte compuse, de pildă* ***Zielfoto****. Ce legătură ar putea avea acest cuvânt cu recordurile olimpice? Compară încă o dată timpii din tabel, vei găsi peste tot* ***10,2 Sekunden****. Toţi concurenţii au obţinut acelaşi timp.*

■ *Cum se poate stabili oare câştigătorul? Numai prin fotografia de finiş. Deci* ***Zielfoto*** *înseamnă* ___________.

■ *Încearcă să foloseşti întotdeauna metoda deductivă de mai sus. Nu recurge la citirea cuvânt cu cuvânt. Formează mai întâi grupuri semantice care să alcătuiască unităţi de conţinut, ca* ***gewinnt****,* ***Goldmedaille****,* ***Sekunden****. Metoda te va ajuta foarte mult.*
Desigur, nu vei putea presupune întotdeauna totul. Pentru pasajele mai dificile sunt prevăzute exerciţii care îţi vor asigura înţelegerea.

6. Ü *Reciteşte textele, ţinând seama de câteva indicii fonetice: pronunţia ta să fie cât mai apropiată de lectura model.*
Atenţie! *Cuvântul* **Olympiade** se pronunţă [olʏmpi'a:də], iar **Medaille** [me'daljə] şi **Bronze** ['brõŋ:sə].
Vei întâlni şi al treilea diftong al limbii germane, **au**, care se pronunţă ... şi nu ... . Cea de-a doua vocală este o semivocală şi se percepe mai slab.

7. Ü *Completând spaţiile goale ale exerciţiului vei realiza o traducere integrală a textelor:*

a. Robert Hayes din SUA câştigă medalia de __________ cu 12 secunde.
b. Medalia de __________ o câştigă Enrique Figuerola din ______________ .
c. Harry Jerome din ___________ obţine medalia de _________ .
d. El aleargă ________ m în 10,2 ___________, dar ___________ ________ decide.
e. Astăzi contează şi sutimile de secundă după virgulă, dar diferenţele sunt __________.
f. ____________ ____________ al lui Valeri Borzov din __________ ___________ la München în ________ este de ______ secunde.
g. ____________ obţine Robert Taylor din __________ cu 10,24 ___________ şi ___________ Lennox Miller din _________ cu 10,33 secunde.
h. În ________ la Seoul toţi medaliaţii aleargă sub _____________.
i. Carl Lewis din ______________ este câştigătorul olimpic cu ______ _________, Lindford Christie din ____________ _________ obţine ________ ___ _________ cu 9,97 secunde şi Calvin Smith cu 9,99 secunde _________ ___ _________ .

8. *Un control pentru fixarea corectă a sensurilor cuvintelor. Care este traducerea corectă? Încercuieşte forma corespunzătoare!*

Ü

A. Harry gewinnt eine Medaille.

a. Harry aleargă pentru o medalie.
b. Harry este un medaliat.
c. Harry câştigă o medalie.

B. 1988 laufen drei Medaillengewinner.

a. În 1988 câştigă trei medaliaţi.
b. În 1988 aleargă trei medaliaţi.
c. În 1988 sunt trei medaliaţi.

C. Chr. Lindford bekommt eine Medaille.

a. Chr. Lindford câştigă o medalie.
b. Chr. Lindford este o medaliată.
c. Chr. Lindford obţine o medalie.

D. Das Zielfoto entscheidet.

a. Fotografia de finiş câştigă.
b. Fotografia de finiş decide.
c. Fotografia de finiş obţine o medalie.

9. *Textele conţin multe nume de ţări pe care le-ai şi subliniat. Ele sunt precedate însă de* **aus**, *care înseamnă* ______________ .

GR

Astfel: Lennox Miller *aus Jamaica*
din Jamaica

Înaintea unei denumiri de ţări, **aus** *exprimă provenienţa.*

10. *Extrage toate numele de ţări din textul german împreună cu prepoziţia* **aus**, *care le precedă.*
Ordonează-le în două grupe: prima în care prepoziţia **aus** *precede nemijlocit numele de ţări, iar cea de-a doua în care, între prepoziţia* **aus** *şi numele de ţară, apare şi un articol.*

Ü

aus Cuba	aus den USA
____________	________________

11. *Şi acum numele continentelor şi ale ţărilor.*

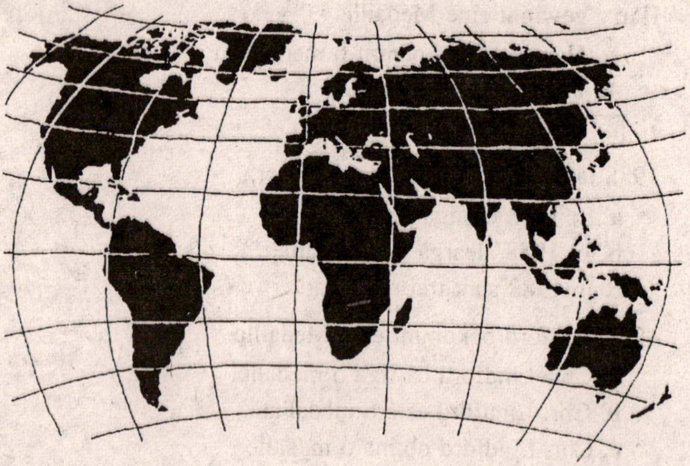

Nordamerika [’nɔrtɑ’me:rikɑ]
Kanada [’kanɑdɑ]
Südamerika [’zy:tɑ’me:rikɑ]
Argentinien [argɛn’ti:niən]
Bolivien [bo’li:viən]
Brasilien [brɑ’zi:liən]
Chile [’tʃi:le]
Kolumbien [ko’lʊmbiən]
Peru [pe’ru:]
Uruguay [u:rugu’ai]
Venezuela [venetsu’e:lɑ]
Asien [’a:ziən]
China [’çi:na]
Israel [’Israe:l]
Indien [’Indiən]
Thailand [’taılant]
Australien [aos’tra:liən]
Afrika [’a:frikɑ]
Ägypten [ɛ’gʏptən]
Ghana [’ga:nɑ]
Kenia [’ke:niɑ]
Nigeria [ni’ge:riɑ]
Tansania [tan’zɑ:niɑ]
Zair [zɑ’i:r]
Europa [ɔØ’ro:pɑ]
Belgien [’bɛlgiən]
Bulgarien [bʊl’ga:riən]
Deutschland [’dɔØtʃlant]
Frankreich [’fraŋkræç]
Griechenland [’gri:çənlant]
Groβbritannien [gro:sbri’taniən]
Holland [’hɔlant]
Italien [I’ta:liən]
Norwegen [’nɔrve:gən]
Polen [’po:lən]
Rumänien [ru’mɛ:niən]
Russland [’rʊslant]
Schweden [’ʃve:dən]
Spanien [’ʃpa:niən]
Ungarn [’ʊŋgarn]

Atenţie! Rumänien = România

12. GR *Numele de continente şi ţări se folosesc în general fără articol. Unele nume de ţări sunt însă însoţite şi de articol:*

die Schweiz [ʃvæts]	Elveţia
die Türkei [tyr'kæ]	Turcia
die Niederlande ['ni:dərlandə]	Ţările de Jos
die Vereinigten Staaten von Amerika [fer'æniktən 'ʃta:tən fɔn ɑ'me:rikɑ]	S.U.A.
die Mongolei [mɔŋgo'læ]	Mongolia
der Sudan ['zu:dan]	Sudan
der Iran [i'ra:n]	Iran
der Irak [i'ra:k]	Irak

13. GR *În cazul numelor de ţări cu articol, pentru exprimarea provenienţei se foloseşte prepoziţia* **aus**, *urmată de articolul* **der** *sau* **den**, *şi apoi ţara.*

aus der	Schweiz Türkei	singular	*aus den*	Niederlanden Vereinigten Staaten (USA)	plural

dar:

aus Deutschland
aus Bulgarien
aus Rumänien

14. Ü *În partea stângă sunt numele unor capitale. Oare cum se numesc ţările? Atenţie! Fiecare liniuţă reprezintă o literă!*

Rom	— I _ _ _ _ _ n	Wien	— Ö _ _ _ _ _ _ _ ch
Paris	— _ _ _ nkr _ _ _ _	Berlin	— D _ _ _ _ _ _ l _ _ _
London	— G _ _ βb _ _ _ _ _ _ _ _ _	Athen	— Gr _ _ _ _ _ _ land
Ankara	— _ _ _ _ ei	Bern	— S _ _ _ _ _ _
Bukarest	— _ _ _ _ _ ien	Sofia	— B _ _ _ _ _ ien

15. Ü *Şi încă un exerciţiu asemănător, dar puţin mai complicat! Nu uita de rolul liniuţelor!*

Capitala	**Ţara**	**Continentul**
T. _ _ _ _	Japan	A _ _ _ _
Berlin	D _ _ _ _ _ _ _ _ _ _	E _ _ _ _ _
_ _ k _ _ _ _	Rumänien	_ _ _ _ _ _
Brasilien	B _ _ _ _ _ _ _ _	_ _ _ _ _ _ _ _ _ _ _
New Delhi	I _ _ _ _ _	A _ _ _ _
Ottawa	K _ _ _ _ _	_ _ _ _ _ _ _ _ _ _ _ _
H _ _ _ _ _ _ _ i	Finnland	E _ _ _ _ _
Kairo	Ä _ _ _ _ _ _	Af _ _ _ _
Sydney		Au _ _ _ _ _ _ _ _

16. *Un joc distractiv, în care trebuie să ghiceşti ţara. În coloana din dreapta se află, amestecate, silabe pe care, ordonându-le, vei afla cum se numeşte ţara de provenienţă a persoanelor:*

Ü

a. Mihai Popescu ist aus Rumänien.	mä-ni-en-Ru-
b. Jaroslav Hasek ist aus der _______.	kei-chos-wa-Tsche-lo
c. Branislav Nusic ist aus __________.	wien-la-gos-Ju-
d. Garcia Lorca ist aus ___________.	en-ni-Spa-
e. John Osborne ist aus ____________.	bri-en-Groβ-tan-ni
f. Peter van Arendonk ist aus den ________.	der-Nie-den-lan-

17. *Completează cu prepoziţia **aus** şi cu articolul **der** sau **den**, după cum este cazul:*

Ü

a. John	ist	aus		Groβbritanien.
b. Halef	....	....		Ägypten.
c. Otto	....	....		Deutschland.
d. Ivan	....	....		Russland.
e. Ibrahim	....	....	der	Türkei.
f. Carlos	....	....		Spanien.
g. Jimmy	....	....	den	USA.
h. Yannis	....	....		Griechenland.
i. Doina	....	....		Rumänien.

18. *Formulează şi tu propoziţii conform modelului. Nu uita de prepoziţii şi de articol!*

Ü

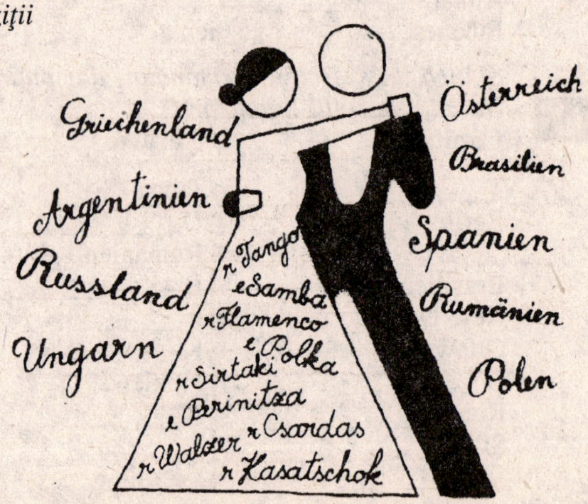

Der Csardas kommt aus Ungarn.

kommt = vine, provine

19. *În aceste ţări, limba germană este limbă naţională (oficială).*

Ü

a. *Care sunt aceste ţări? Completează chenarele de mai jos:*

1.

....
Fläche: 356.803 km^2
Einwohner: 78 Mill.

2.

....
Fläche: 41.288 km^2
Einwohner: 6,3 Mill.

3.

....
Fläche: 83.852 km^2
Einwohner: 7,5 Mill.

e Fläche = suprafaţa
r Einwohner = locuitor

b. *Acum notează în dreptul cerculeţelor oraşele corespunzătoare din chenare:*

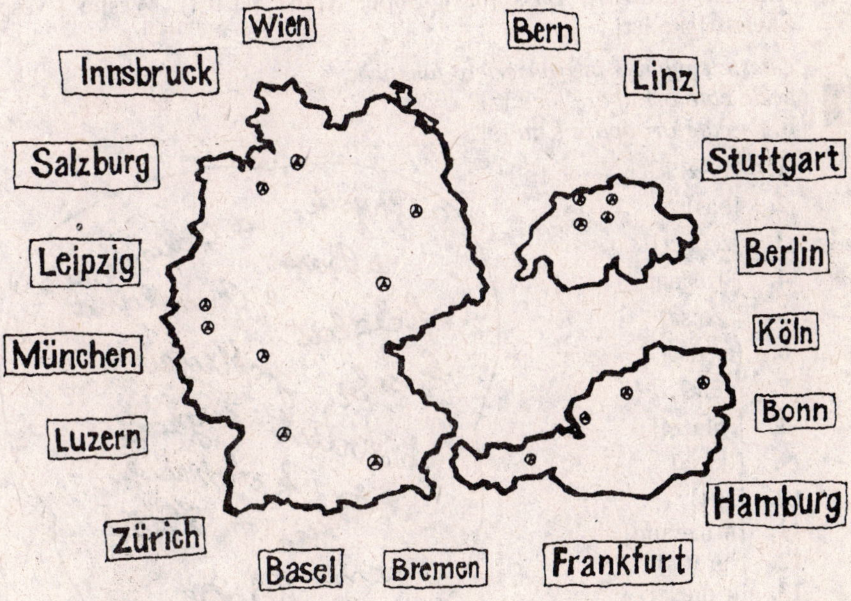

20. **Ü** *Iar acum un exercițiu de identificare a diftongului* **au** *[ao], în cuvinte cu contrast acustic minim. Ascultă materialul audio și subliniază cuvintele auzite. Recitește și explicațiile de la 6.*

I. **A.** [ao] sau [æ]

a. tau - tei
b. raut - reit
c. keim - kaum
d. saut - seit
e. geil - gaul

B. [ao] sau [ɔØ]

a. vau - veu
b. leu - lau
c. maut - meut
d. reul - raul
e. taum - teum

II. *Ascultă cuvintele de pe materialul audio și încearcă să imiți cât mai fidel pronunția model:*
aus [aos], pauschal [pao'ʃa:l], Moskau ['mɔskao], Pflaume ['pflaomə], Warschau ['varʃao], Autor ['aoto:ɐ], Autostop ['aotostɔp], Auto ['aoto].

21. *S la începutul cuvântului devine S sonor, adică [z], ca în românescul „zahăr". De exemplu* **Sudan** ['zu:dan] *(vezi denumirile țărilor 12 GR) sau* **sind** [zɪnt].
Și în interiorul cuvintelor, s se pronunță uneori [z], *când este urmat sau se află între două vocale, ca în:* **Bluse** ['bluzə], **Physik** [fY'zi:k].
Dar **s** *se va citi întotdeauna* [s] *când apare ortografiat după cum urmează:* ss, **ß** *sau în grupul consonantic* **st** *sau* **sp,** *aflat în mijlocul cuvântului, respectiv urmat de consoana* **k**.
Adresse [ɑ'drɛsə], **Bass** [bas], **Soße**, **Artist** [ar'tɪst], **Wespe** ['vɛspə], **Skelett** [ske'lɛt].

22. **Ü** *Citește cuvintele în transcriere fonetică:*
a. *de câte ori apare* **s** *ca* [z]? _ _ _ _ _
b. *de câte ori apare* **s** *ca* [s]? _ _ _ _ _

1. [fy'zi:k]
2. [bas]
3. [zɑ'la:t]
4. ['rʊslant]
5. ['zo:sə]
6. [ar'tɪst]
7. [ze:ɐ]
8. ['blu:zə]
9. ['kasə]
10. [zi:]
11. [muze:um]
12. ['grɑtis]
13. [ɑ'drɛsə]
14. [ɔpti'mɪsmʊs]
15. [zɪnt]

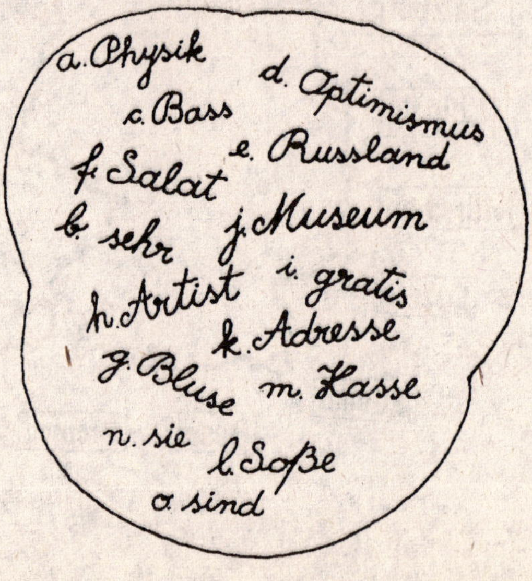

23. Ü *Formulează din următoarele silabe patru cuvinte învăţate în această lecţie. Atenţie la ortografie: substantivele se scriu în limba germană cu majuscule. Cuvântul care rezultă pe verticală din iniţiale este un cuvânt internaţional şi se foloseşte foarte des şi în limba germană.*

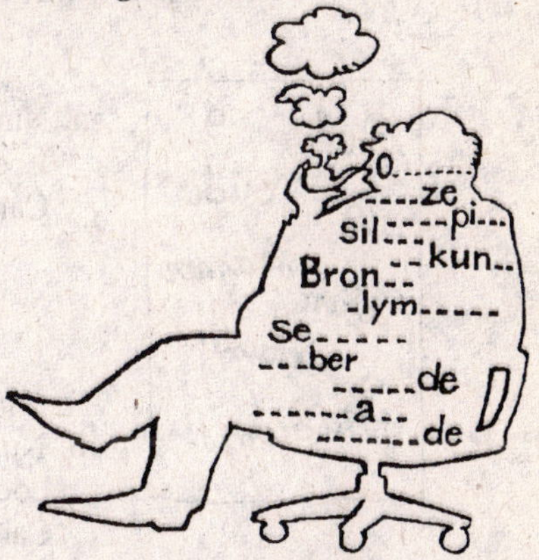

1. bronz ______________
2. olimpiadă ______________
3. argint ______________
4. secundă ______________

24. Ü *Iar acum un rebus pentru fixarea cunoştinţelor lexicale din această lecţie:*

orizontal:

1. Bucureşti
2. medalie
3. record
4. Elveţia
5. sinonim cu „Gewinner"
6. aur
7. obţine
8. România
9. Germania

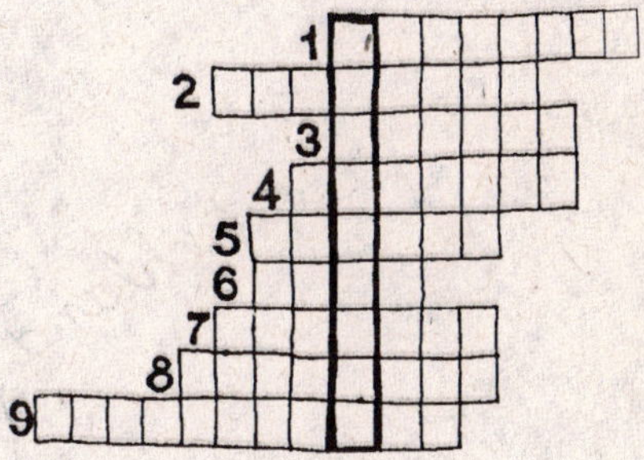

vertical: oraşul în care a avut loc olimpiada în 1992

25. Ü **I.** *Vei auzi la telefon numele a şase persoane. Ascultă cu atenţie materialul audio şi subliniază numele auzite:*

a.	Lohfert —	Seifert —	Oberth
b.	Graf —	Grabbe —	Kraft
c.	Wassberg —	Weiβflog —	Wehling
d.	Ulrich —	Ulbricht —	Erich
e.	Keller —	Müller —	Köhler

Câte nume de sportivi recunoşti?

II. *Te afli într-un hotel şi asişti la două conversaţii între turişti şi angajatul hotelului. Cum se numesc persoanele, de unde vin şi ce număr are camera pe care o primesc? Completează spaţiile albe folosind datele corecte din chenar:*

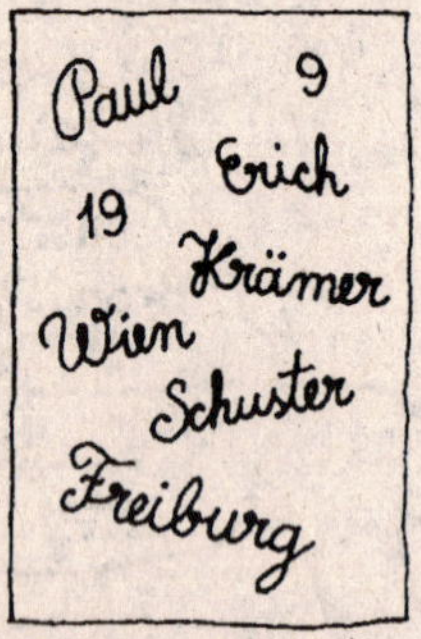

a. Numele:____________
Localitatea: ________
Camera nr.: ________

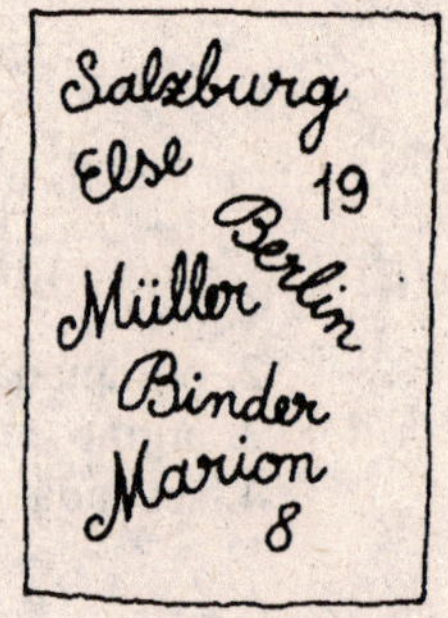

b. Numele:____________
Localitatea:__________
Camera nr.:__________

26. *Ce ţi s-a părut uşor?*
Ce ţi s-a părut mai dificil?
Ce consideri că trebuie reluat?
Extrage din cele de mai jos ceea ce trebuie să revezi!

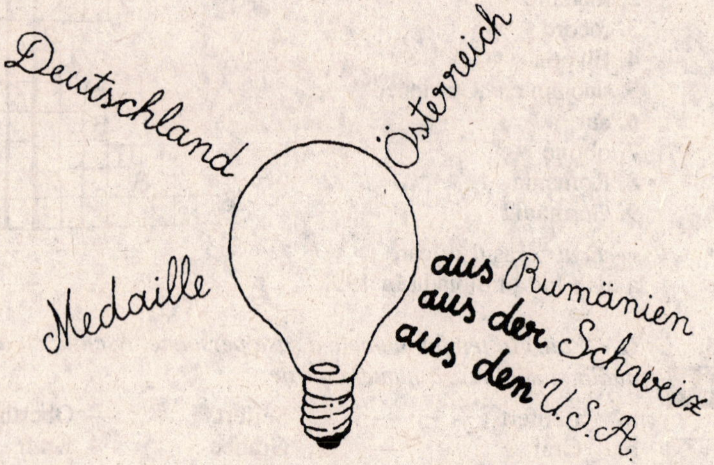

LEKTION 3

1. *Ne menţinem în domeniul sportului. Urmează două texte ceva mai complicate. Trebuie să respecţi întocmai paşii prevăzuţi de autori.*

   A. *Priveşte imaginile şi citeşte textele. Despre ce este vorba în primul text?... Ce presupui în legătură cu al doilea text?...*

   B. *Subliniază lexicul cunoscut: nume proprii, numere, cuvinte scrise cu majusculă (îţi aminteşti că în limba germană substantivele se notează astfel; vezi LO). Ele conţin informaţii de bază ale textului. Construieşte-ţi unităţi de conţinut, foloseşte-te de traducerea cuvintelor. Nu uita semnele de punctuaţie. Textul se află în ghilimele, ceea ce înseamnă că reproduce vorbirea cuiva.*

2. ## ● HANDBALL

Das ist die rumänische Nationalmannschaft mit ihrem Trainer. Bronze für Rumänien 1980 in Moskau: das war ein gutes Resultat. Jetzt trainiert die Mannschaft für die Olympiade 1992 in Barcelona. Die Spieler sind Amateure. Sie wohnen und arbeiten jetzt in Bukarest. Nur Mihai, Bucur und Petru (vorne links) sind noch Studenten.

das ist - aceasta este
das war - aceasta a fost
die Mannschaft trainiert - echipa se antrenează
die Spieler sind - jucătorii sunt
sie wohnen und arbeiten - ei locuiesc şi lucrează

„Ich heiβe Petru. Ich komme aus Suceava, aber ich wohne schon 3 Jahre in Bukarest. Ich studiere Physik. Handball ist mein Hobby. Unser Trainer heiβt Cornel Popescu. Er ist sehr gut. Wir trainieren für die Olympiade. Natürlich ist die Konkurrenz sehr groβ. Vielleicht gewinnen wir eine Medaille."

ich heiβe - eu mă numesc
ich komme - eu vin
der Trainer heiβt - antrenorul se numeşte
ich wohne - eu locuiesc
ich studiere - eu studiez
wir trainieren - noi ne antrenăm
wir gewinnen - noi câştigăm

C. *Nu-i aşa că ai înţeles jumătate din text de la prima lectură?*

***Atenţie** la pronunţarea următoarelor cuvinte:* Nationalmannschaft [nɑtsio'na:l'manʃaft], Amateure [ɑmɑ'tø:rə]; Studenten [ʃtu'dɛntən]; studiere [ʃtu'di:ɐə]; Physik [fy'zi:k]; vielleicht [fi'læçt].

3. Ü

Verifică acum dacă ai înţeles. Răspunde în limba română la următoarele întrebări:

a. A cui echipă naţională este prezentată în imagine? a României
b. Ce medalie a obţinut România în 1980 la Moscova? ____________
c. Cum se numeşte jucătorul din textul II? ____________
d. De unde vine şi unde locuieşte el? ____________
e. Ce studiază? ____________
f. Pentru ce competiţie se antrenează sportivii acum? ____________

4. Ü

Reciteşte cuvintele subliniate. Încearcă să identifici propoziţiile următoare în limba română în textul german. Caută pe cât posibil cuvintele germane corespunzătoare. În acest scop, numerotează textele din 5 în 5 rânduri. Notează apoi în paranteză numărul rândului în care se află informaţia.

(6) Jucătorii sunt amatori.
(...) Aceasta este echipa naţională a României cu antrenorul ei.
(...) Acum echipa se antrenează pentru olimpiada din 1992 de la Barcelona.
(...) România a obţinut la Moscova în 1980 medalia de bronz.
(...) Numai Mihai, Bucur şi Petru (în faţă stânga) sunt încă studenţi.
(...) Acesta a fost un rezultat bun.
(...) Ei locuiesc şi lucrează acum în Bucureşti.
(...) Poate câştigăm o medalie.

5. Ü

O verificare a traducerii. Care este varianta corectă? Încercuieşte-o!

A. Der Trainer heiβt.....
a. *Antrenorul se numeşte........*
b. *Antrenorul locuieşte...........*
c. *Antrenorul vine..................*

B. ... wohnen und arbeiten ....
a. *.... se antrenează şi lucrează.......*
b. *.... locuiesc şi lucrează....:..........*
c. *.... se numesc şi sunt....................*

C. jetzt
a. *acum*
b. *mai demult*
c. *în faţă dreapta*

D. vielleicht
a. *precis*
b. *probabil*
c. *poate*

6. **GR** *Pronumelor personale din limba română: eu, el/ea, noi, ei/ele le corespund în limba germană:* **ich**, **er/sie**, **wir**, **sie**. *Folosirea lor în limba germană este* ***obligatorie.***

7. **Ü** *Poţi identifica verbele din cele două texte? Încercuieşte-le şi notează-le în tabel, în rubrica corespunzătoare. (vezi L3, 4).*

ich	er/sie	wir	sie (pl.)
heiβe	ist (war)		

Subliniază desinenţele pentru fiecare persoană:

a. *Care este desinenţa pentru persoana I singular?* ____________

b. *Care este desinenţa pentru persoana a III-a singular?* ____________

c. *Care este desinenţa pentru persoana I plural?* ____________

d. *Care este desinenţa pentru persoana a III-a plural?* ____________

8. **GR** *Conjugarea verbelor la prezent se face prin adăugarea terminaţiilor de persoană la rădăcina verbului. Ca rădăcină se consideră forma de infinitiv a verbului fără terminaţia* **-en**.

Exemplu: **wohnen**

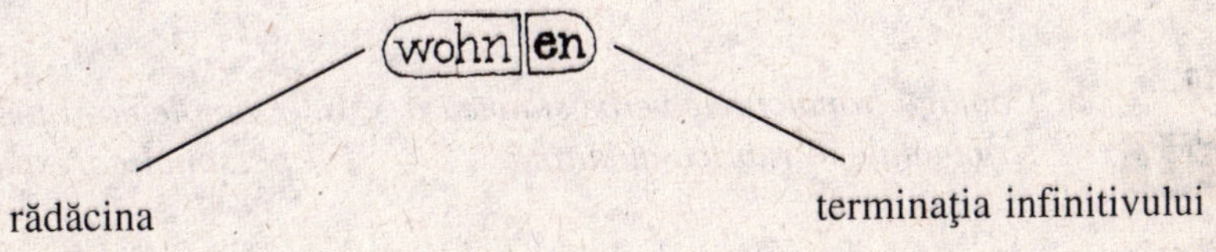

9. **Ü** *Care este rădăcina următoarelor verbe? Subliniază rădăcina şi taie terminaţia infinitivului! (vezi LO, 19)*

gewinnen

kosten	filmen	kritisieren
fotografieren	korrigieren	studieren

10. *Şi acum tabelul cu conjugarea:*

GR

wohnen	**kommen**	**heiβen**	**gewinnen**
ich wohn**e**	komm**e**	heiβ**e**	gewinn**e**
du wohn**st**	komm**st**	heiβ**t**	gewinn**st**
er / sie / es } wohn**t**	komm**t**	heiβ**t**	gewinn**t**
wir wohn**en**	kommm**en**	heiβ**en**	gewinn**en**
ihr wohn**t**	komm**t**	heiβ**t**	gewinn**t**
sie wohn**en**	komm**en**	heiβ**en**	gewinn**en**
Sie wohn**en**	komm**en**	heiβ**en**	gewinn**en**

Es *este pronume personal, persoana a III-a, genul neutru.* **Sie**, *scris cu majusculă, este un pronume de politeţe şi se referă atât la singular, cât şi la plural. Se traduce prin „dumneavoastră".*

Deocamdată vei exersa numai câteva forme personale ale verbelor (**ich** – eu, **er** – el, **sie** – ea, **wir** – noi, **sie** (*pl.*) – ei, ele).

Atenţie! *Toate verbele regulate (care nu-şi modifică rădăcina) urmează acest model de conjugare.*

11.

Ü

a. *Conjugă următoarele verbe şi notează terminaţiile în rubrica alăturată:*

b. *Completează pronumele personal corespunzător:*

ich komm	___	ich wohn	e	ich trainier	e
du komm	st	du wohn	st	du trainier	st
er ____	___	__ wohn	t	__ trainier	t
sie _____	___	__ wohn	t	__ trainier	t
es komm	t	es wohn	t	es trainier	t
wir _____	___	___ wohn	en	___ trainier	en
ihr komm	t	ihr wohn	t	ihr trainier	t
sie _____	___	___ wohn	en	___ trainier	en
Sie komm	en	Sie wohn	en	Sie trainier	en

c. *Caută echivalentele germane:*

ich ___________	___	eu studiez
du studier	st	tu studiezi
__ ___________	___	el studiază
__ ___________	___	ea studiază
__ ___________	___	noi studiem
ihr ___________	t	voi studiaţi
__ ___________	___	ei/ele studiază
Sie studier	en	dvs. studiaţi

d.

____	_________	___	eu câştig
du	gewinn	st	tu câştigi
____	_________	___	el câştigă
____	_________	___	ea câştigă
____	_________	___	noi câştigăm
ihr	gewinn	t	voi câştigaţi
___	_________	___	ei/ele câştigă
Sie	gewinn	en	dvs. câştigaţi

12. Ü *Completează spaţiile albe cu verbele* **kommen**, **gewinnen**, **arbeiten**, **wohnen**, **trainieren** *la forma cerută.* ***Atenţie!*** *Fiecare liniuţă reprezintă o literă.*

A. -e

a. Ich k________ aus der Türkei.
b. Ich w________ in Bukarest.
c. Ich a________ bei Volkswagen. (la)
d. Ich tr________ für die Olympiade.
e. Ich g________ vielleicht eine Medaille.

B. -t

a. Die Mannschaft t ________ für die Goldmedaille.
b. Roland Brückner k________ aus Deutschland.
c. Er g________ 1980 in München die Goldmedaille in Gymnastik.
d. Koji Gushiken w________ in Beijing.
e. Anneliese a________ in Bonn.
f. Sie t________ für die Olympiade 1992 in Barcelona.

C. **-en**

a. Elena Valova und Oleg Vasiliev _____ aus der Sowjetunion.
b. Sie ___________ 1984 in Sarajevo die Goldmedaille.
c. Maria und Helgö ___________ in Stockholm.
d. Sie ___________ bei Volvo.
e. Die Sportler ___________ für die Olympiade.

13. GR *Verbul* **sein** (a fi) *este şi în limba germană un verb neregulat. Conjugarea lui prezintă modificări ale rădăcinii infinitivului:*

sein

ich bin	wir sind
du bist	ihr seid
er } ist	sie sind
sie } ist	Sie sind
es } ist	

Spre deosebire de limba română, verbul **sein** *apare* ***întotdeauna însoţit*** *de un* ***substantiv*** *sau de un* ***pronume***.

14. Ü **bin, ist, sind** – *Foloseşte aceste forme ale verbului* **sein**:

a. Das ist Nadia Comăneci. Sie ______ aus Rumänien.
b. Koji Gushiken und Sawao Kato ____ auch Sportler. Sie _____ aber aus Japan.
c. John ____ Student. Er _____ aus Großbritannien. Er _____auch Sportler.
d. Ich ______ Trainer. Ich ______ aus Rumänien.
e. Der Olympiarekord von Carl Lewis in Seoul 1988 _____ 100 m in 9,92 Sekunden.

15. Ü *Prin exerciţiul următor îţi verifici cunoştinţele de gramatică. Citeşte cu atenţie variantele de răspuns şi încercuieşte-le pe cele corecte.*

A. Anne ____________ in Berlin.
a. heißt
[b.] wohnt
c. gewinnt

B. Andrei und Ioana ____________ für die Olympiade.
a. heißen
b. wohnen
c. trainieren

C. Ich ____________ Bart Conner.
a. arbeite
b. trainiere
c. heiße

D. Li Ning und Peter Vidmar __________ Medaillen.
a. trainieren
b. sind
c. gewinnen

E. Katharina Witt ____________ aus Deutschland.
a. arbeitet
b. kommt
c. gewinnt

F. Ionel ____________ in Bukarest.
a. kommt
b. studiert
c. heißt

16. Ü *Foloseşte formele corecte ale verbelor* **studieren**, **arbeiten**, **wohnen**, **kommen**, **sein**, **gewinnen**, **heißen**, **trainieren**:

a. Johann
- kommt aus Deutschland.
- __________ Student.
- __________ Mathematik.
- __________ bei (la) Familie Müller.

b. Helgö und Frans
- __________ aus den Niederlanden.
- __________ Physik.
- __________ für die Olympiade 1992 in Barcelona.
- __________ Spieler in den Haag.

c. Luigi
- __________ Sportler.
- __________ bei Fiat.
- __________ in Torino.
- __________ vielleicht eine Medaille.

d. „Ich (Mihai)
- __________ Mihai."
- __________ aus Rumänien."
- __________ Student."
- __________ in Bukarest, BatişteiStraße, Nr.3."

„Fußball __________ mein Hobby."

17. F *Spre deosebire de limba română, unde* **ge** *se pronunţă* [dʒe], *ca în* **George**, *în limba germană se pronunţă exact cum se scrie, adică* [gə], *ca în* **gewinnt** [gə'vɪnt] *sau* [ge], *ca în* **Nigeria** [nige:ria]. *Rareori se pronunţă* [ʒə], *ca în* **Garage** [ga'ra:ʒə].

18. *Şi acum exerciţiul de fonetică.* **Nu uita! Ge** *se pronunţă* [ge] *sau* [gə].

Ü

a. *Caută echivalentul în transcriere fonetică al următoarelor cuvinte şi notează rezultatul în tabel:*

1. Gewinner
2. gewinnt
3. Drogerie
4. Kollege
5. Georg
6. Tiger
7. Geschäft
8. Nigeria

1	2	3	4	5	6	7	8
c							

a. [ni'ge:ria] **b.** [gə'vɪnt]
c. [gə'vɪnɐr] **d.** [ko'le:gə]
e. [ge:ɔrk] **f.** [gə'ʃɛft]
h. [drogə'ri:] **g.** ['ti:gɐ]

b. *Ascultă din nou CD-ul şi încearcă să imiţi cât mai fidel pronunţia model.*

19.

Ü

Formulează propoziţii. Numele indicate pot fi folosite de mai multe ori ca subiect. Câte propoziţii ai obţinut?

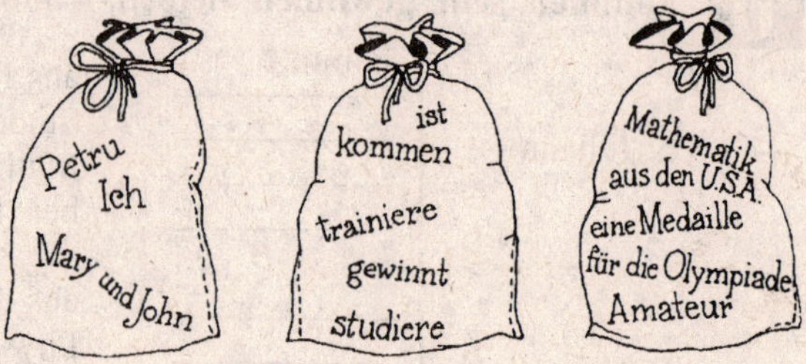

20. *Exerciţii orale*

Ü

Textul de pe CD conţine întrebări şi răspunsuri necesare identificării unei persoane.

A. *Ascultă cu atenţie materialul audio, fără a folosi manualul.*

B. *Citeşte textul ascultând în paralel CD-ul şi încearcă să imiţi cât mai fidel pronunţia model.*

● AUF DEM FLUGHAFEN FRANKFURT

1. *Frau:* Herr Ionescu aus Bukarest, bitte kommen Sie zum Informationsbüro! Herr Ionescu aus Bukarest, bitte kommen Sie zum Informationsbüro!
Mann: Ist hier die Information?

2. *Frau:* Ja.
Mann: Guten Tag! Mein Name ist Ionescu.

3. *Frau:* Entschuldigung, wie heißen Sie bitte?
Mann: Ionescu.

4. *Frau:* So, Herr Ionescu. Hier ist ein Telegramm für Sie.
Mann: Was, ein Telegramm? Vielen Dank. Auf Wiedersehen!

5. *Frau:* Auf Wiedersehen!

C. *Pentru înţelegerea dialogului reţine:*

Ja	– Da
Herr Ionescu	– Domnul Ionescu
Bitte!	– Vă rog!
Wie heißen Sie bitte?	– Cum vă numiţi, vă rog?
Mein Name ist...	– Numele meu este...
hier	– aici
Vielen Dank!	– multe mulţumiri!
Was,...	– Ce,...

D. *Repetă cuvintele până le reţii!*

21. **GR** *În limba germană, ca şi în limba română, există două feluri de întrebări. Prima se referă la predicatul propoziţiei, deci este o* **întrebare totală şi începe cu predicatul**. *Răspunsul poate fi* **da** (ja) *sau* **nu** (nein) *sau o propoziţie întreagă.*
De exemplu:

Ist hier das Informationsbüro? – Ja.
– Nein.
– Ja, hier ist das Informationsbüro.

Cel de-al doilea fel de întrebare se referă la oricare parte de propoziţie, în afară de predicat. Este o întrebare parţială şi ***elementul introductiv este un cuvânt interogativ***.
De exemplu:

Wie heißen Sie?	– **Cum** vă numiţi?
Was ist das?	– **Ce** este acesta/aceasta?

Wer ist das? – **Cine** este acesta/aceasta?
Wo wohnen Sie? – **Unde** locuiţi?
Woher kommen Sie? – **De unde** veniţi?
Wo arbeiten Sie? – **Unde** lucraţi?

Ai citit cu atenţie cuvintele şi expresiile gramaticale?
Ai învăţat cuvintele şi expresiile cuprinse în exerciţiile orale?

22. **Ü** *Răspunde cu voce tare la următoarele întrebări! Completează apoi spaţiile albe:*

a. Wie heißen Sie? I<u>ch</u> h____ ________________ .
b. Woher kommen Sie? I__ k____ a__ ________________ .
c. Sind Sie Student? Ja, i__ b__ ________________ .
Nein, i__ b__ Ingenieur, (Sportler...)
d. Wo wohnen Sie? I__ w____ in ________________ .

23. **Ü** *Completează întrebările la care răspunde persoana de mai jos. Formulează-le mai întâi cu voce tare, apoi notează-le:*

a. _______ heißen Sie? Andreea Niculescu.
b. _______ kommen Sie? Aus Timişoara, Rumänien.
c. _______ Sie Studentin? Ja, ich studiere Physik.
d. _______ ist das? Das ist mein Trainer.
e. _______ er auch Student? Nein, er ist Fotograf.

auch = de asemenea

24. **Ü** *La ce întrebări răspunde oare persoana? Formulează-le mai întâi oral şi apoi notează-le:*

a. ________________________ ? Ionel Ionescu.
b. ________________________ ? Aus Rumänien.
c. ________________ Student ? Nein, ich bin Ingenieur.
d. ______________ in Bukarest ? Ja.
e. ______________ in Bukarest ? Nein, ich arbeite in Ploieşti.
f. ________________________ ? Das ist mein Chef.
g. ________________________ ? Nein, er ist Mathematiker.

25. **Ü** *Încearcă să răspunzi acum la întrebări referitoare la persoana ta. Răspunde mai întâi oral, apoi notează răspunsurile:*

a. Wie heißen Sie? ________________ .
b. Woher kommen Sie? ________________ .
c. Was sind Sie von Beruf ? ________________ .
(Ce profesie aveţi)
d. Wo wohnen Sie? ________________ .
e. Wo arbeiten Sie? ________________ .

26. *Urmează câteva variante ale expresiilor orale exersate. Citeşte-le şi încearcă să le reţii pe cele care ţi se par importante:*

Ü

Frau Ionescu	– Doamna Ionescu
Fräulein Popescu	– Domnişoara Popescu
Woher sind Sie?	– De unde sunteţi? (veniţi)
Wie ist Ihr Name?	– Cum vă numiţi?
Was sind Sie von Beruf?	– Ce profesie aveţi?
Was machen Sie?	– Cu ce vă ocupaţi?

27. *Din ce se compun aceste propoziţii? Separă cuvintele prin bare verticale. Transcrie apoi propoziţiile, ţinând cont şi de scrierea cu majuscule:*

Ü

a. josé | kommt | aus | brasilien. José kommt aus Brasilien.

b. barbarawohntinberlin. ____________________.

c. ioneliststudent. ____________________.

d. eristtrainerinmünchen. ____________________.

e. siestudiertphysik. ____________________.

f. diesportlertrainierenfürdieolympiade ____________________.

28. *Ce ţi s-a părut uşor? Ce ţi s-a părut mai dificil? Ce consideri că trebuie reluat?*

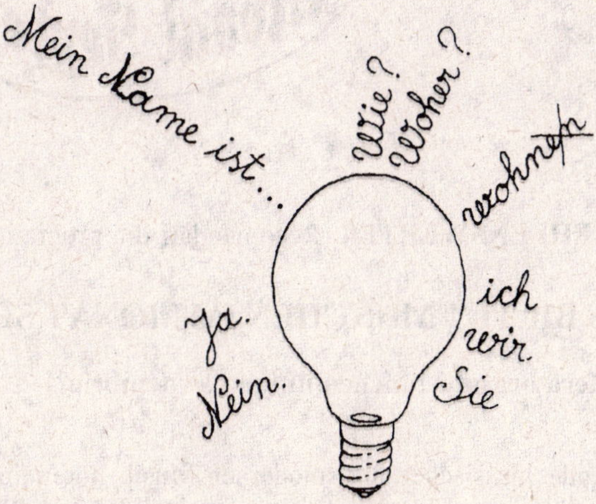

LEKTION 4

1. *Ce oferte culturale ar trebui să prezinte un mare oraş într-o lună de toamnă? Ce ar putea oferi specialiştilor din diferite domenii? Cum şi-ar putea petrece după-amiezele turiştii şi localnicii?*

A. *Cunoşti câte ceva despre München? Poate l-ai şi vizitat? Ce asociaţii ai putea face, ţinând seama de întrebările de mai sus?*

B. *Citeşte textul şi subliniază cuvintele cunoscute. Vei fi plăcut surprins să constaţi cât de multe cunoştinţe lexicale ai dobândit până acum.*

2. **EMPFEHLENSWERTES** (Recomandări din program)

● WAS BIETET MÜNCHEN IM MONAT SEPTEMBER?

(Ce oferă oraşul München în luna septembrie?)

a. Freunde klassischer und moderner Musik hören im September die Münchener Philharmoniker, die Bamberger Symphoniker, die Wiener Philharmoniker unter der Leitung von Lorin Maazel (24.9.). Am 3. September singt Nana Mouskouri in der Alabamahalle.

b. Zu den kulturellen Höhepunkten gehören die Kandinski Ausstellung im Lenbachhaus und vor allem die Eröffnung der großen Kunstausstellung Josef Beuys im Haus der Kunst (23.9.).

c. Nationale und internationale Tagungen gehören auch zum Programm. Laser- und Neutronenspezialisten, Kosmetikexperten, Ärzte und Computerfachleute kommen zu ihren Kongressen.

d. Für die Sportfreunde gibt es ebenfalls eine Attraktion: "Die Weltmeisterschaften der rhythmischen Gymnastik". Es sind 100 Gymnastinnen aus 34 Nationen und 23 Turnerinnen-Gruppen.

e. Die bedeutendsten Modeschöpfer der Welt präsentieren ihre Kollektionen (4-7.9.) auf der traditionellen Fachmesse für Mode.

f. Für lange Abende gibt es Straßencafés, Diskotheken, Restaurants, Bars, und natürlich die Münchener Biergärten, aber auch Theater, Kinos, Konzerte.

e Tagung = r Kongress

C. *Nu-i aşa că am intuit bine? Ai înţeles aproape două treimi din text.*

Atenţie la pronunţia următoarelor cuvinte pentru care îţi oferim şi transcrierea fonetică: Höhepunkt ['hø:ə/pʊŋkt], Lenbachhaus ['le:nbax/haos], Kunstausstellung ['kʊnst/aosʃtɛlʊŋ], Modeschöpfer ['mo:də/ʃœpfɐ], Fachmesse ['fax/mɛsə], Neutronenspezialisten [nɔø'tro:nən/ʃpɛtsɪalɪstən], Straßencafés ['ʃtra:səncafe:s], Sportfreunde ['ʃpɔrt/frɔøndə], Philharmoniker [fɪlar'mo:nɪkɐ], Sinfoniker ['zɪnfo:nɪkɐ].

Nu te speria de lungimea lor. Făcând pauzele necesare, nu vei mai întâmpina greutăţi.

De asemenea, reţine ortografia cuvântului **Philharmoniker**.

3. *Identifică în text domeniile cuprinse în tabel. Căror fragmente de text le corespund?*

1	2	3	4	5	6
a.					

4. *Care informaţii sunt corecte, care nu? Confruntă-le cu textul original şi notează concluziile în tabel, în dreptul rubricii corespunzătoare.*

	R richtig (corect)	F falsch (fals)
a. Amatorii de muzică modernă ascultă în Alabamahalle orchestrele filarmonice din München şi Viena şi orchestra simfonică din Bamberg.		X
b. Expoziţia Kandinski din Lenbachhaus este unul din locurile culturale importante.		
c. Experţi în laser şi neutroni, medici şi specialişti în computere participă la congrese internaţionale.		
d. La campionatele mondiale de gimnastică ritmică participă 30 de naţiuni.		
e. Cei mai importanţi creatori de modă îşi prezintă colecţiile la târgurile de modă.		
f. Mai există cafenele, discoteci, restaurante, baruri şi berării, dar şi teatre, cinematografe şi concerte.		

5. Ü *Urmează verificarea parţială a lexicului nou. Identifică în text cuvintele şi încercuieşte traducerea corectă:*

A. ... sie hören ... (fragment a)	**a.** ei văd;	**b.** ei ascultă;	**c.** ei prezintă
B. ... sie singt ... (fragment a)	**a.** ea prezintă;	**b.** ei cântă;	**c.** ea cântă
C. die Ausstellung (fragment b)	**a.** muzeul;	**b.** expoziţia;	**c.** târgul
D. die Kunstausstellung (fragment b)	**a.** expoziţia de specialitate;	**b.** expoziţia sportivă;	**c.** expoziţia de artă
E. ... es gibt ... (fragment d)	**a.** se organizează;	**b.** se verniseează;	**c.** există
F. der Sportfreund (fragment d)	**a.** sportivul;	**b.** amatorul de sport;	**c.** sportivul de performanţă
G. die Weltmeisterschaft (fragment d)	**a.** olimpiada;	**b.** campionatul naţional;	**c.** campionatul mondial

6. *Completează spaţiile albe folosind cuvintele potrivite din text:*

Ü

a. München bietet im September klassische und moderne Musik, die Münchener und Wiener ________________, die Bamberger ____________ unter der Leitung von ________.

b. Die Kandinski - ____________ im Lenbachhaus ist ein kultureller Höhepunkt.

c. In München gibt es auch viele ____________ für Laser-und Neutronen-spezialisten, Kosmetikexperten, ___________ und Computerfachleute.

d. Gymnastinnen und ____________ trainieren für die ___________ der rhythmischen Gymnastik.

e. Viele Modeschöpfer präsentieren ihre ______________ .

7. *Probabil că ai reţinut abundenţa formelor de plural. Exerciţiul nostru urmăreşte identificarea şi conştientizarea acestor forme. Coloana din stânga conţine formele de singular ale substantivelor întâlnite în textul german.*

Ü

a. *Reciteşte textul lecţiei şi notează formele corespunzătoare de plural:*

singular	**plural**	**terminaţia**
der Freund	die Freunde	-e
der Philharmoniker	die ______________	-_____
der Symphoniker	die ______________	-_____
der Modeschöpfer	die ______________	-_____
die Kollektion	die ______________	-_____
die Tagung	die ______________	-_____
der Spezialist	die ______________	-_____
der Expert	die ______________	-_____
der Arzt	die ______________	-_____
die Weltmeisterschaft	die ______________	-_____
die Gymnastin	die ______________	-_____
die Turnerin	die ______________	-_____
die Gruppe	die ______________	-_____
das Straßencafé	die ______________	-_____
das Konzert	die ______________	-_____
die Diskothek	die ______________	-_____
das Restaurant	die ______________	-_____
die Bar	die ______________	-_____
der Biergarten	die ______________	-_____
das Theater	die ______________	-_____
das Kino	die ______________	-_____

Atenţie! *Substantivele* **die Gymnastin** *şi* **die Turnerin** *dublează pe* **n** *înaintea terminaţiei de plural.*

b. *Compară cele două forme şi subliniază terminaţiile de plural. Notează-le apoi separat în coloana a treia. Nu uita să indici fenomenul de* **Umlaut** ..., *acolo unde este cazul.*

c. *Câte substantive au primit Umlaut la plural?*

8.
GR

Pluralul substantivelor în limba germană se formează în general prin adăugarea terminaţiilor la formele de singular ale substantivelor.
În text ai întâlnit următoarele grupe de plural:

a. fără terminaţie	fără Umlaut	der Sportler - die Sportler
	cu Umlaut	der Biergarten - die Biergärten
b. cu terminaţia **-e**	fără Umlaut	der Freund - die Freunde
	cu Umlaut	der Arzt - die Ärzte
c. cu terminaţia **-en**	fără Umlaut	die Tagung - die Tagungen
d. cu terminaţia **-s**	fără Umlaut	die Bar - die Bars

Atenţie! *Substantivele care primesc la plural terminaţia* **-er** *(grupa III) le vei exersa mai târziu.*

9.
Ü

Urmează o selecţie de substantive, pe teme muzicale. Ordonarea tematică a cuvintelor uşurează mult învăţarea lor. Trebuie să completezi terminaţiile de plural ale substantivelor, ţinând cont de faptul că ele sunt întotdeauna ultimele indicate după substantiv. Nu neglija numărul liniuţelor, fiecare marchează o literă.

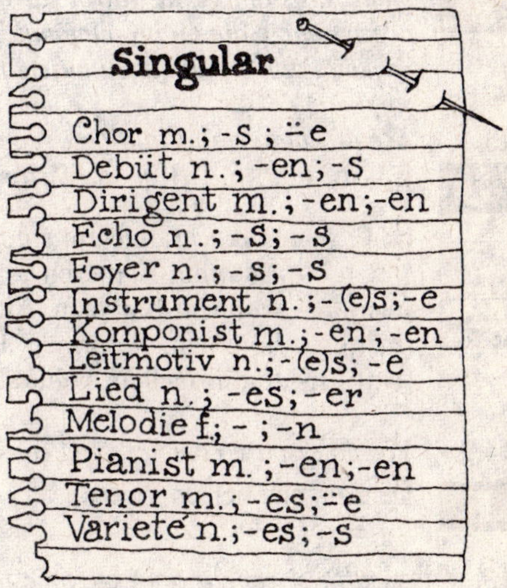

10.
Ü

Urmează să treci propoziţiile următoare la plural. Foloseşte-te şi de lista de la 7.Ü din această lecţie. Nu uita de acordul predicatului cu subiectul:

a. Lorin Maazel wohnt in München.
b. George Gershwin kommt aus den USA.
c. Der Musikfreund hört Konzerte im Radio.
d. Der Pianist spielt gerne eine Sonate von Chopin.
e. Der Tenor debütiert in „Aida“.

11. *Exprimarea lunilor în limba germană* ***nu*** *diferă aproape deloc de limba*
GR *română! Astfel, spunem:*

Januar	Juli
Februar	August
März	September
April	Oktober
Mai	November
Juni	Dezember

accentuându-se diferit de limba română doar **Augúst**.

Ca şi în limba română, substantivele care exprimă lunile sunt de genul masculin.

12. *Ai învăţat că infinitivele verbelor, persoana I şi a III-a plural, precum şi foarte*
F *multe substantive la plural au terminaţia* **-en**. *Această terminaţie este neaccentuată,* **e** *din* **en** *pronunţându-se* [ə], *un* **e** *pierdut, apropiat de* „**ă**“ *din limba română, dar pronunţat cu buzele mai închise, de exemplu*: gehen [’ge:ən].

13. *Ascultă materialul audio şi repetă apoi cu voce tare. După consoanele,*
Ü **j**, **l**, **m**, **n**, **r**, **n**, [ŋ] *în silaba finală neaccentuată, e se pronunţă* [ə].

[rən]: – hören, train*ie*ren, stud*ie*ren, repar*ie*ren, präsent*ie*ren.
– Aut*o*ren, Barb*a*ren.
[nən]: – w*o*hnen, Ban*a*nen, Attrakti*o*nen, Nati*o*nen, Porti*o*nen, Lekti*o*nen.
[mən]: – kommen, Ref*o*rmen, R*a*hmen, D*a*men, Rekl*a*men
[lən]: – tradition*e*llen, kultur*e*llen, H*a*llen.

14. *Vocala dispare complet după consoanele* **d**, **t**, **v**, **s**, **z**, [**ç**], [**x**], [ʃ], [ʒ].
F De exemplu: heißen [’hæsn].

15. *Ascultă şi repetă apoi cu voce tare:*
Ü
[ʃn]: – d*u*schen, Br*o*schen.
[3n]: – Gar*a*gen, G*a*gen, Et*a*gen.
[zn]: – Bl*u*sen, N*a*sen, Dev*i*sen.
[sn]: – heißen, Adr*e*ssen, M*a*ssen, S*o*ßen, Str*a*ßen.
[dn]: – Limon*a*den, Brig*a*den, N*o*rden, S*ü*den.
[tn]: – M*a*nnschaften, B*ie*rgärten, Exp*e*rten, Pati*e*nten, Tabl*e*tten, Zigar*e*tten, *O*sten, W*e*sten.

16. F

a. *Sunetul* **h** *se pronunţă la începutul cuvintelor sau în interiorul cuvântului, la începutul silabei.* De exemplu:

[h] – h*ö*ren, H*a*lle, H*ö*hepunkt, Hot*e*l, H*o*bby.

[h] – geh*ö*ren.

b. *Consoana* **h** *este* h mut:

1. *în grupul de litere* **ph** = [f], **rh** = [r], **th** = [t] *dacă ele fac parte din aceeaşi silabă a anumitor cuvinte de origine negermană.* De exemplu:
[r], [t] – rhythmisch, Diskothek, Bibliothek, Theater, authentisch, Panther, Athen.
[f] - Philharmoniker, Symphoniker, Atmosphäre, Philosophie, Phonetik.

2. Înaintea vocalei reduse ə, de exemplu: sehen [ze:ən], Höhepunkt [ˈhø:ə/pʊŋkt], precum şi înaintea vocalei **e** şi **u** neaccentuate, de exemplu: ruhig [ru:ɪc], Erziehung [ɛrtsi:ʊŋ].

17. Ü

Aplicând cele învăţate, îţi vei da seama uşor când este vorba de un **h** mut *sau de un* **h** *sonor.*

a. *Citeşte următoarele cuvinte şi notează de câte ori apare* **h** sonor *şi de câte ori* **h** mut.

Phantasie, hallo, Rhythmus, Höhepunkt, Theorie, Philharmonie,
↓
h
Handball, wohnen, Bibliothek, authentisch.

b. *Ascultă acum CD-ul şi verifică-ţi pronunţia.*

18. Ü

Textul nostru conţine multe cuvinte compuse, problemă asupra căreia vom reveni în lecţiile viitoare. Deocamdată însă vei exersa cele învăţate aici. Combină silabele astfel încât să obţii cinci cuvinte:

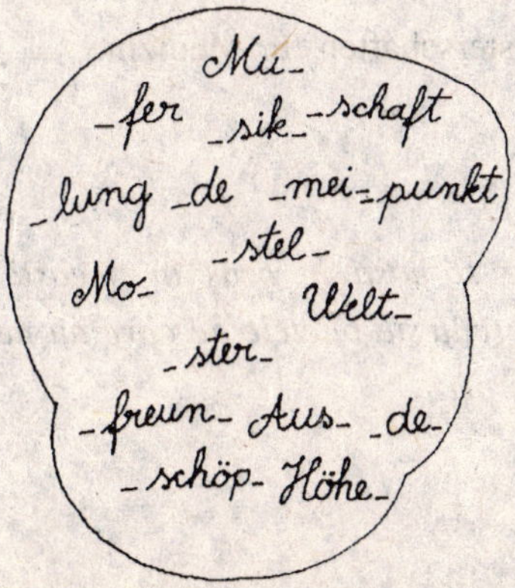

1. creator de modă ____________

2. melomani ____________

3. campionat mondial ____________

4. expoziţie ____________

5. punct culminant ____________

19. Ü *O mică pauză:*

- *orizontal:*
  1. baruri
  2. artă
  3. congrese
  4. teatre
  5. parcuri
  6. muzee
  7. expoziţii
  8. cultură
- *vertical:* numele unei capitale europene

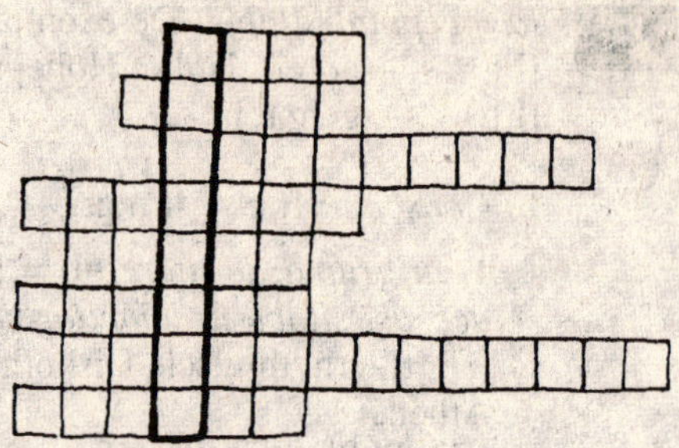

20. Ü *Şi încă un exerciţiu recapitulativ. Închide ochii şi gândeşte-te ce cuvinte poţi asocia cu tema FREIZEIT* (timpul liber). *Ia o foaie de hârtie şi notează în mijlocul ei tema, încercuind-o. Notează apoi de jur împrejur cuvintele (substantive, verbe, adjective) învăţate pînă acum.*

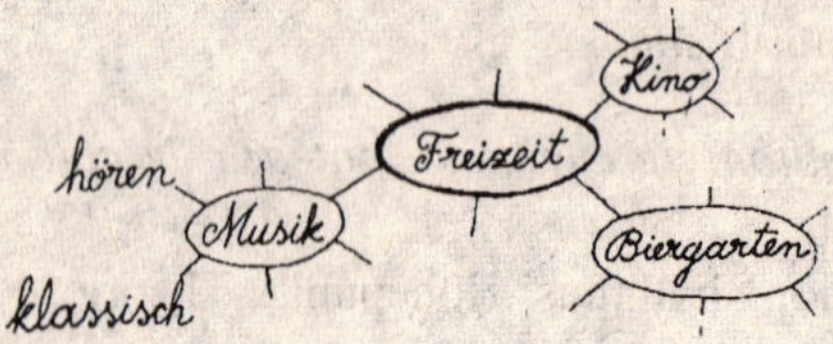

21. Ü *Cineva ne dă informaţii greşite. Le-ai putea îndrepta? Notează răspunsurile corecte în caiet şi compară-le apoi cu textul original.*

a. Theaterfreunde hören die Münchener Philharmoniker.
Musikfreunde ....

b. Zu den kulturellen Höhepunkten gehören die Josef Beuys Ausstellung im Kongresszentrum.

c. Die Modeschöpfer präsentieren ihre Kollektionen auf der traditionellen Messe für Biergärten.

d. Für die Ärzte gibt es die Weltmeisterschaften für Medizin.

e. In München gibt es viele Kinos.

22. **EIN ABEND IN MÜNCHEN**

Kristine şi Sylvia din München vor să iasă în oraş în această seară. Ascultă conversaţia de pe CD şi încercuieşte biletele de care au nevoie. Ascultă eventual CD-ul de mai multe ori.

2 Konzertkarten

2 Theaterkarten

2 Kinokarten

23. *Exerciţii orale*

Dispute în legătură cu petrecerea timpului liber. Doi fraţi nu se înţeleg deloc. Unul are o mulţime de preferinţe, iar celălalt susţine mereu contrariul.

A. *Ascultă cu atenţie replicile.*

B. *Ascultă şi citeşte în paralel replicile. Încearcă să imiţi cât mai fidel pronunţia:*

Ich höre gerne Musik.
Ich sehe gerne Filme.
Ich fotografiere gerne.
Ich laufe gerne.

Ich höre nicht gerne Musik.
Ich sehe nicht gerne Filme.
Ich fotografiere nicht gerne.
Ich laufe nicht gerne.

24. **GR**

Nicht *este o negaţie sintactică, putând nega atât o propoziţie, cât şi orice cuvânt din propoziţie. În cazul nostru,* **nicht** *neagă verbul, deci toată propoziţia.*

Ion kommt **nicht** aus Frankreich.
Ion ***nu*** *vine din Franţa.*

Ca şi în limba română, negaţia **nicht** *este o formă fixă, deci nu se modifică.*

25. **Ü**

Formulează câteva activităţi pe care le faci cu plăcere, respectiv fără plăcere:

+	—
Ich	Ich ....
Ich	Ich ....
....	....

26. **Ü** *Aceste valuri conţin de fapt cuvinte dintr-o propoziţie. Rescrie-le şi nu uita de greşelile de ortografie!*

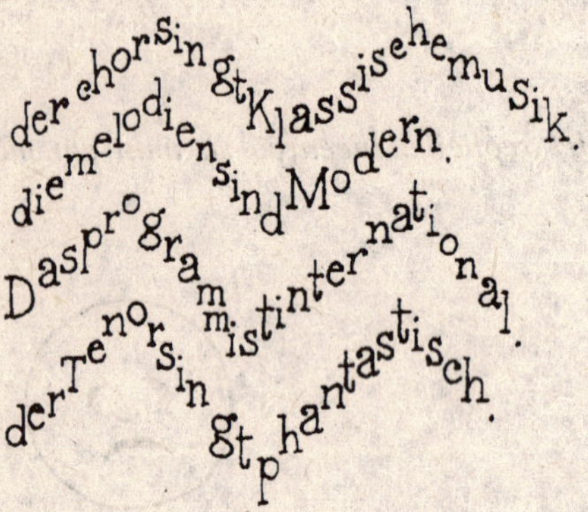

a. Der Chor singt klassische Musik.

b. ______________________

c. ______________________

d. ______________________

27. *Ce ţi s-a părut mai dificil? Reciteşte explicaţiile respective.*

LEKTION 5

1. *Timpul liber poate fi petrecut în mod foarte variat. Unii citesc, alţii vizionează spectacole sau vizitează expoziţii şi muzee. Unii fac sport sau se plimbă în aer liber, alţii muncesc fizic sau intelectual.*

A. *Citeşte titlul. Ai observat, desigur, semnul de întrebare. Ce semnificaţie are oare? Ar putea avea o nuanţă ironică? Dacă te concentrezi puţin asupra desenelor, constaţi că sunt mai mulţi vorbitori. În dreptul lor se află textele între ghilimele, ei exprimându-şi părerile.*

B. *Citeşte acum textele şi subliniază cuvintele cunoscute. Nu uita negaţiile, ele marchează opiniile diferite.* (*vezi L4, 24 GR*)

2. ● FREMDSPRACHEN LERNEN – EIN HOBBY?

(A învăţa limbi străine – un hobby?)

„Mein Englisch ist nicht so gut. Fremdsprachen sind aber in Europa wichtig."

so gut = atât de bine/bună

Monika (22) wohnt in Dresden und studiert Mathematik. Sie hat eine Privatlehrerin für Englisch.

„Meine Freundin ist Spanierin. Sie spricht nicht gut Deutsch. Und außerdem reise ich gerne ins Ausland."

s Ausland, *sg.* = străinătate   **reisen** = a călători

Gerd (25) aus München spricht gut Englisch und Französisch. Jetzt lernt er auch noch Spanisch. Er sieht gerne englische aber auch spanische Filme.

Englisch = limba engleză (substantiv)
englisch = englezesc (adjectiv);   **gut ≠ schlecht**

„Ich spreche schlecht Englisch, aber ich verstehe alles. Englisch ist die Basis für Computertechnik.“

verstehen = a înţelege

Peter (28) aus Wien ist Programmierer. Er liest viel Fachliteratur.

e Fachliteratur, -en = literatură de specialitate

„Die ausländischen Touristen sprechen Englisch, Deutsch oder Französisch. Rumänisch verstehen nicht viele. Ich brauche deshalb eine oder zwei Fremdsprachen.“

brauchen = a avea nevoie

Ioana (27) arbeitet in Constanţa. Sie ist Kellnerin. Deutsch lernt sie privat zu Hause. Sie hat ein modernes Lehrbuch.

s Lehrbuch, ¨-er = manual

„Eine Sprache verstehen, bedeutet auch eine Kultur verstehen! Englisch ist nur der Anfang.“

Walter (62) aus Bern ist pensioniert. Jetzt hat er endlich Zeit. Er fährt gerne nach Frankreich, England und Griechenland. Er besucht einen Sprachkurs für Englisch. Fremdsprachen lernen macht Spaß.

fahren = a călători
er besucht einen Sprachkurs – el frecventează un curs de limbă
Spaß machen = a face plăcere

2. *Ai dedus probabil că este vorba de diferite limbi străine. Ai observat desigur că denumirile lor se termină cel mai adesea în* **-isch**. *Desigur, ai mai observat că la formarea unor substantive feminine se foloseşte sufixul* **-in**. De exemplu: die Freund*in* (prietena).

***Atenţie** la pronunţarea cuvintelor:* wichtig ['vɪçtɪç], Fremdsprache ['frɛmtʃpra:xə], Touristen [tu'rɪstən], pensioniert [pãsio'ni:ɐt], viel [fi:l].

3. *Cum se învaţă o limbă străină?*
Ü *Pentru care persoană sunt valabile propoziţiile următoare?*

Monika	Gerd	Peter	Ioana	Walter	
					besucht einen Sprachkurs.
X					hat eine Privatlehrerin.
					hat ein modernes Lehrbuch.
					reist.
					hat eine Freundin.
					sieht Filme.
					liest Fachliteratur.

4. *Care sunt echivalentele? Reciteşte textele şi notează corespondentul din limba română:*
Ü

A. Monika hat eine Privatlehrerin.
- **a.** *Monika este o profesoară particulară.*
- **b.** *Monika are o profesoară particulară.*
- **c.** *Monika învaţă cu o profesoară particulară.*

B. Gerd spricht Englisch.
- **a.** *Gerd înţelege limba engleză.*
- **b.** *Gerd studiază limba engleză.*
- **c.** *Gerd vorbeşte limba engleză.*

C. Gerd lernt jetzt Spanisch.
- **a.** *Gerd învaţă limba engleză.*
- **b.** *Gerd învaţă acum limba spaniolă.*
- **c.** *Gerd înţelege limba engleză.*

D. Er sieht englische Filme.
- **a.** *El vede multe filme.*
- **b.** *El are filme englezeşti.*
- **c.** *El vede filme englezeşti.*

E. Peter liest viel Fachliteratur.
- **a.** *Peter citeşte literatură de specialitate.*
- **b.** *Peter învaţă din literatura de specialitate.*
- **c.** *Peter citeşte multă literatură de specialitate.*

F. Walter fährt nach Frankreich.
- **a.** *Walter este în Franţa.*
- **b.** *Walter călătoreşte în Franţa.*
- **c.** *Walter vede Franţa.*

5. **Ü** *În coloana din dreapta se află o parte din limbile vorbite pe glob. În care țări sunt ele limbi naționale? Completează-le. Atenție la liniuțe!*

a. In Spanien		Spanisch.
b. In G_ _ _ _ _ _ _ _ _ _ _ _		Griechisch.
c. In R_ _ _ _ _ _ _		Russisch.
d. In der T_ _ _ _ _ _		Türkisch.
e. In _ _ _ _ _		Polnisch.
f. In _ _ _ _ _	spricht man	Japanisch.
g. In _ _ _ _ _ _ _ _ _ _ _ _ _ _, Australien, Kanada und USA		Englisch.
h. In _ _ _ _ _ _		Hindi.
i. In _ _ _ _ _		Chinesisch.
j. In _ _ _ _ _ _ _ _ _ _ _ _, Österreich und der Schweiz		Deutsch.

man spricht – se vorbește

6. **Ü** *Combină propoziții, folosindu-te de cuvintele din cele trei rubrici. Notează-le apoi în caiet:*

a. Renate		Chinesisch.
b. Li Ning		Schwedisch.
c. Natalia		Türkisch.
d. Luigi		Rumänisch.
e. Björn	spricht	Russisch.
f. Ahmed		Ungarisch.
g. Claude		Deutsch.
h. Anca		Italienisch.
i. Ilonka		Französisch.

Ahmed spricht Türkisch.
Renate ...

7. **GR** *Verbul* **sprechen** *se conjugă* ***neregulat****, adică schimbă vocala din rădăcina verbului la persoana a II-a și a III-a singular. Asemănător lui* **sprechen** *se conjugă verbele* **lesen** *și* **sehen**. *Și verbul* **fahren** *prezintă neregularități:*

sprechen	lesen	sehen	fahren
ich spreche	ich lese	ich sehe	ich fahre
du spr**i**chst	du l**ie**st	du s**ie**hst	du f**äh**rst
er	er	er	er
sie spr**i**cht	sie l**ie**st	sie s**ie**ht	sie f**äh**rt
es	es	es	es
wir sprechen	wir lesen	wir sehen	wir fahren
ihr sprecht	ihr lest	ihr seht	ihr fahrt
sie sprechen	sie lesen	sie sehen	sie fahren
Sie sprechen	Sie lesen	Sie sehen	Sie fahren

8. *Atenţie!* **Ie** *din* **liest**, **siehst**, **sieht** *se pronunţă* [i:].

F

9. *Subliniază în textul* **Fremdsprachen lernen – ein Hobby?** *formele verbelor* **fahren**, **sprechen**, **lesen**, **sehen**. *Notează-le apoi în tabel, în dreptul persoanei indicate.*

Ü

	fahren	**sprechen**	**lesen**	**sehen**
pers. I				
pers. a II-a				
pers. a III-a singular				
pers. a III-a plural				

10. *Completează cu formele corecte ale verbelor* **sprechen**, **lesen**, **sehen**, **fahren**.

Ü

I. **a.** Ich spreche Rumänisch und Französisch.
b. Doina ____________ gut Deutsch.
c. __________ du vielleicht Englisch und Spanisch?
d. François ____________ Französisch aber auch Italienisch und Russisch.
e. ___________ du auch andere Fremdsprachen?

andere = alte (pron. nehot.)

II. **a.** ________ du gerne Romane von Th. Mann?
b. Marianne ____________ viele Krimis.
c. Sie ____________ gerne Agatha Christie.
d. Bogdan ____________ Biographien.
e. Und ich, ich ____________ Fachliteratur.

De câte ori ai folosit **liest** pentru persoana a III-a singular? ______

III. **a.** Ich __________ gerne Western.
b. Lore aber ________ nur Dokumentarfilme.
c. Und du, was __________ du gerne?
d. Ich ____________ Komödien.
e. Gerd __________ auch gerne Komödien.

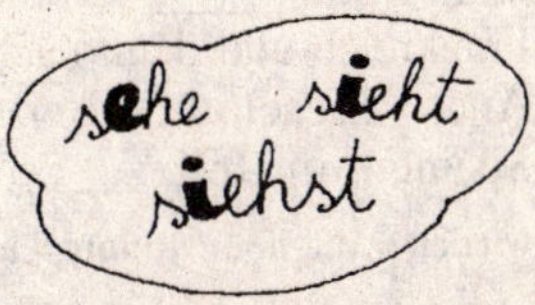

IV. *Prepoziţia* **nach** *se traduce prin „în" sau „la" şi indică localitatea (ţara sau oraşul) de destinaţie.*

a. Andrei ____________ nach Predeal.
b. Aber du ____________ nach Costineşti.
c. Und ich ___________ gerne nach Braşov.
d. Maria ___________ vielleicht nach Spanien.
e. Auch Lore ___________ gerne ins Ausland.

11. **Ü** *Noul şef se interesează de cunoştinţele de limbi străine ale colaboratorilor săi. Completează spaţiile albe cu pronumele corespunzătoare:* **er** (el) sau **sie** (ea), **sie** (ei, ele) *şi* **Sie** (dvs.).

I.

Chef: „Frau Müller, wer spricht hier Englisch?"
Frau M.: „Englisch? Frau Huber ist die Fremdsprachen - Sekretärin. Sie spricht Englisch."
Chef: „Und Spanisch?"
Frau M.: „Spanisch? Herr Meier vom Produktions - Management. _____ spricht gut Spanisch und ______ versteht auch Rumänisch."
Chef: „Spricht hier jemand Italienisch?"
Frau M.: „Italienisch sprechen Luigi und Frederica, die Praktikanten. _____ sind schon drei Monate hier und ____ sprechen jetzt auch gut Deutsch."
Chef: „Und _____, Frau Müller, sprechen _____ auch Fremdsprachen?"
Frau M.: „Nein, leider. Ich spreche nur Deutsch."
Chef: „Nur ..."

jemand = cineva; **leider** = din păcate; **schon** = deja; **nur** = numai; **auch** = şi, de asemenea

II. *Unde călătoresc oare personajele noastre?*

„Frau Müller, fahren ______ wieder nach Spanien?"
„Nein, im Mai fahre ich nach Griechenland. Nach Spanien fahren Ingrid und Ingmar Weiß. _____ fahren dann auch in die Türkei. Und dann Herr Roth. _____ fährt nach Österreich, Frankreich und dann nach Spanien. Auch Lieselotte Weber fährt nach Spanien, im Juli. ______ fährt dann auch nach Bulgarien."

wieder = din nou; **dann** = apoi, în afară de aceasta

De câte ori ai folosit pronumele de politeţe ***Sie****?* _____

III. *Şeful are nevoie de informaţii despre bursa de valori din ziarul „Frankfurter Allgemeine Zeitung" (FAZ) şi întreabă cine citeşte acest ziar.*

Chef: „Frau Müller, lesen _____ die FAZ?"

Fr.M.: „Nein, ich lese die „Frankfurter Rundschau", aber fragen ____ Frau Schultz oder Frau Berger."

Herr Meier: „Nein, _____ lesen nur die „Zeit" und den „Spiegel". Vielleicht Herr Huber. _____ liest viele Zeitungen."

e Zeitung, -en = ziar; **fragen** = a întreba; **aber** = dar

12. **Ü** *Un test de verificare pentru cunoştinţele de gramatică dobândite până acum. Pune verbele din paranteză la forma corectă:*

1. a. Gustave ist Student. (sein) **b**. Er ______ in Bern. (wohnen) **c**. Er _____ Deutsch und Französisch. (sprechen) **d**. Filme ______ sein Hobby. (sein)

2. a. Hannelore und Fritz Wegener _______ aus Dresden. (kommen) **b.** Sie ______ in Berlin. (arbeiten) **c.** Sie ______ Fremdsprachen. (brauchen) **d.** Hannelore und Fritz _______ jetzt Russisch. (lernen)

3. a. Doina ______ Lehrerin. (sein) **b.** Sie _______ viel Literatur und __________ gerne klassische Musik. (lesen, hören) **c.** Sie __________ Englisch und Französisch und _______ jetzt auch Deutsch. (sprechen, lernen) **d.** Fremdsprachen _________ ihr Hobby. (sein)

4. John erzählt:

a. "Ich ____________ vielleicht nach Deutschland. (fahren)

b. Ich ____________ jetzt Deutsch. (lernen)

c. Klassische Musik und moderne Literatur ________ mein Hobby. (sein)

d. Ich ____________ auch gerne Filme von Faßbinder." (sehen)

erzählen = a povesti

13. **Ü** *Deseori ai întâlnit în text verbul* **haben**. *Şi acesta face parte din categoria verbelor neregulate. Iată conjugarea lui:*

haben	
ich habe	wir haben
du hast	ihr habt
er / sie / es } hat	sie haben
	Sie haben

Atenţie! *Ca şi verbul* **sein**, *verbul* **haben** *apare întotdeauna însoţit de un pronume sau de un substantiv.*

14. *Antrenorii echipelor de gimnastică artistică Ion Andreescu din România şi Klaus Markel din Germania comentează în timpul antrenamentelor şansele gimnastelor din echipele lor la campionatul internaţional.*

Ü

Foloseşte formele verbului **haben**.

a. „Alle meine Turnerinnen sind sehr gut. Sie haben gute Chancen. Besonders Erika Machat, die Nummer 1."

besonders = în (mod) special
gut = bine; **sehr gut** = foarte bine/bune

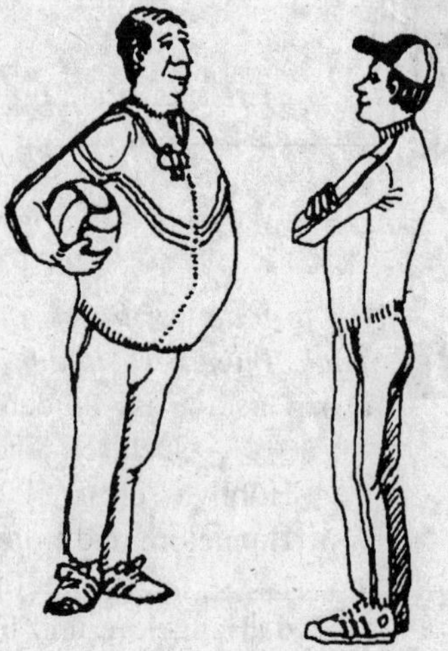

b. „Ich ____________ auch eine sehr gute Gruppe. Zum Beispiel Laura. Sie __________ viel Talent."

zum Beispiel = de exemplu

c. „Na ja und dann ______ Sie Daniela Popescu. Sie ist auch sehr gut. Hoffentlich ____ wir alle Glück."

s Glück, Sg. = noroc; **hoffentlich** = să sperăm
alle = toţi, toate

d. „Ja, die Konkurrenz ist groß. Laura, ________ ihr noch Pause?"

e. „Ja, noch 10 Minuten, dann __________ wir wieder Training."

r Training, -s = antrenament

15. *Reciteşte textele de la* **2.** *şi completează articolele nehotărâte:*

Ü

a. Monika hat eine Privatlehrerin.
b. Ioana braucht ________ oder zwei Fremdsprachen.
c. Sie hat ___________ modernes Lehrbuch.
d. Walter besucht _________ Sprachkurs für Englisch.

1. *Ce gen au substantivele precedate de articolul nehotărât? Verifică în dicţionar:*
e Privatlehrerin (*f*), ____ Fremdsprache ( ), _____ Lehrbuch ( ), ____ Sprachkurs ( ).

2. *Completează acum tabelul, evidenţiind articolul nehotărât cu formă diferită de cea a cazului nominativ:*

	masculin	**neutru**	**feminin**
N. A.	ein ___	ein ___	eine ___

16. GR *Verbele* **haben**, **lernen**, **brauchen**, **verstehen**, **besuchen**, **sehen** *ca şi alte verbe tranzitive, cer cazul* ***acuzativ***. *Acest caz răspunde la întrebarea* **wen?** (pe cine) *sau* **was?** (ce). *În textul nostru fiind vorba de preocupări în general, se foloseşte articolul nehotărât.*

Atenţie! *Ca şi în limba română, articolul nehotărât*
– stă înaintea substantivului;
– are câte o formă pentru fiecare gen, deci trei forme.

Dar în limba germană ***nu are formă*** *de plural.*

Iată tabelul complet de declinare:

	m.		n.		f.	
	sg.	*pl.*	*sg.*	*pl.*	*sg.*	*pl.*
N.	ein Trainer	Trainer	ein Foto	Fotos	eine Kamera	Kameras
A.	ein**en** Trainer	Trainer	ein Foto	Fotos	eine Kamera	Kameras

17. Ü *Completează articolul nehotărât la acuzativ singular:*

a. Erich liest
- einen Prospekt. — r Prospekt
- _____ Annonce. — e Annonce
- _____ interessanten Text. — r Text
- _____ guten Krimi. — r Krimi

b. Ioana braucht
- _____ Lehrer. — r Lehrer
- _____ modernes Lehrbuch. — s Lehrbuch
- _____ Wörterbuch. — s Wörterbuch
- _____ Kassette. — e Kassette

c. Mike gewinnt
- _____ Spiel. — s Spiel
- _____ Medaille. — e Medaille
- _____ Prozess. — r Prozess
- _____ Auto. — s Auto
- _____ Tombola. — e Tombola

d. Hans hat
- _____ schickes Appartement. — s Appartement
- _____ neue Kamera. — e Kamera
- _____ guten Freund. — r Freund
- _____ Chance. — e Chance
- _____ gutes Resultat. — s Resultat

18. *Gerda are multe probleme. Fiecare dintre copiii ei are nevoie de ceva. Helga, prietena ei, este însă de altă părere. Completează replicile prietenei, folosind pluralul.* ***Nu uita!*** *Articolul nehotărât* ***nu*** *are formă de plural. În exercițiul de mai jos,* **doch** *se traduce prin „doar" și exprimă o atitudine contrariată.*

a. „Monika braucht jetzt wieder einen Pullover!" „Sie hat doch genug Pullover! "

b. „Erwin braucht jetzt wieder eine Pfeife!" „______"

c. „Gabriele braucht jetzt wieder ein Kleid!" „______"

d. „Marianne braucht schon wieder eine Windjacke!" „______"

e. „Bernd braucht jetzt wieder eine Videokassette!" „______"

f. „Brigitte braucht schon wieder eine Kamera!" „______"

s Kleid, -er = rochie; **genug** = suficient; **e Windjacke, -n** = vindiac; **schon** = deja

19. Ü *Completează propozițiile cu formele articolului nehotărât.* ***Atenție!*** *Unele substantive sunt la plural. Verifică și în dicționar!*

a. Der Patient hat einen guten Puls.
b. Der Fotograf macht _____ schöne Fotos.
c. Der Komponist braucht _____ Leitmotiv.
d. Die Mannschaft gewinnt _____ Medaillen.
e. Herr Müller sieht gerne _____ Filme.
f. Angela probiert _____ Jacke.
g. Der Mechaniker repariert _____ Autos.

ein
eine
einen

Ai găsit cele patru propoziții cu substantivele la plural?

20. Ü *Verbul* **sein** *cere un substantiv la nominativ, iar verbul* **haben** *un substantiv la acuzativ.*

Formulează propoziții, folosind **ist** *sau* **hat**. *Notează-le în caiet:*

a. Der Student		ein Hobby.
b. Sherlock Holmes	ist	ein Detektiv.
c. Beatrice	hat	einen interessanten Krimi.
d. R.W. Faßbinder		ein Regisseur.
e. Die Mannschaft		einen guten Spieler.

a. Der Student hat ein Hobby.
b. . . . . . .

21. Ü *Tradu următoarele propoziții în limba germană:*

a. *Melomanii ascultă cu plăcere concerte.*
b. *Ion vorbește o limbă străină.*
c. *Paula citește o carte.*
d. *Renate are un prieten.*
e. *Jimmy vede un film.*

a. Die Musikfreunde hören gerne ______________ .
b. Ion spricht ____________ ____________ .
c. Paula ____________ ein Buch.
d. Renate ____________ __________ __________ .
e. Jimmy _________ einen Film.

22. F *În text vei întâlni o consoană care îți este familiară din limba română:* **h** *din* ***șah****, sau în transcriere fonetică* [x]. *O găsești în cuvintele:* **Sprache**, **auch**, **brauchen**, *ea fiind precedată de vocalele* **a**, **o**, **u** *sau de diftongul* **au**.

23. Ü *Ascultă materialul audio și repetă cu voce tare:*

[x] – ach, Sprache, machen, Sprachkurs, Fachliteratur, Schach, Yacht.
– auch, brauchen.
– besuchen, Buch.

24. F *Una din modalitățile de a marca ortografic vocala* **i** *lung* [i:] *este adăugarea unui* ***e*** *mut.*
De exemplu, în cuvântul **Bier** *vocala* **e** *nu se citește, fiind doar un semn grafic pentru lungimea lui* **i** [i:]– (*vezi L5, 8*).
Consoana **r** *după vocale lungi și în terminația* **-er** *se pronunță* [ɐ]. *Este vorba de o vocală asemănătoare cu* **e** *pronunțat mai șters.*

25. *Citeşte cu voce tare următoarele cuvinte ţinând cont de explicaţiile date:*

-ie [i:]: telefonieren, liest, studiert, existieren, reparieren, Programmierer, Symphonie, Garantie, Bier, Diesel, Galerie, kompliziert, viel, vielleicht, pensioniert, sieben, siebzehn.

26. *Îţi mai aminteşti diftongul* **ei** [æ] *(L1, 3)? În exerciţiul acesta trebuie să faci deosebirea între* [i:] *şi* [æ]*:*

Wein oder Wien?

eins – viel – liest – dreizehn – frankieren – Pfeife – Partei – Galerie – Papagei – Symphonie – reservieren – heißen – Sieg.

Verifică-ţi încă o dată pronunţia, ascultând din nou materialul audio.

27. *Ar trebui să repeţi vocabularul învăţat. Notează în dreptul verbelor câteva complemente la acuzativ. Nu uita de articolul nehotărât! Foloseşte caietul!*

lernen	eine	Fremdsprache	sprechen	_____	__________
	_____	__________			
sehen	_____	__________	verstehen	_____	__________
brauchen	_____	__________	lesen	_____	__________
			haben	_____	__________

28. *Exerciţii orale*

Vei lucra din nou cu CD-ul.

Ileana se urcă la Viena în trenul spre Bucureşti. O turistă i se adresează în compartiment.

A. *Ascultă cu atenţie dialogul, fără a folosi manualul.*

B. *Ascultă conversaţia din nou, citind în paralel şi textul.*

● IM ZUG NACH BUKAREST

Touristin: „Fahren Sie weit?“
Ileana: „Ja, ich fahre nach Bukarest.“
Touristin: „Sind Sie Rumänin?“
Ileana: „Ja.“
Touristin: „Sprechen Sie Deutsch?“
Ileana: „Nur ein bisschen. Ich lerne Deutsch.“
Touristin: „Kennen Sie Bukarest?“
Ileana: „Ja, ich wohne in Bukarest.“
Touristin: „Was gibt es dort zu sehen?“
Ileana: „Viele Museen, Ausstellungen, das Athenäum, Theater, das Opernhaus, viele Parks, den Zoo, den Botanischen Garten ... “

29. *Ce este adevărat, ce nu? Notează în tabel:*

a. Die Dame fährt nach Bukarest.
b. Sie kennt Bukarest.
c. Sie ist Touristin.
d. Sie ist Rumänin.
e. Ileana spricht gut Deutsch.

ja	nein	nu se menţionează în text

C. *Reţine cuvintele noi:*
kennen = a cunoaşte; **weit** = departe; **Was gibt es dort zu sehen** - ce e de văzut acolo; **ein bisschen** = puţin

D. *Repetă replicile dialogului până le-ai reţinut.*
a. *Împarte replicile în segmente mai mici şi repetă-le de mai multe ori.*
b. *Ascultă şi citeşte în paralel fiecare unitate.*

30. *Preia acum rolul Ilenei şi răspunde la întrebări:*

a. Fahren Sie weit? — Ja, i_ _ f_ _ _ _ n_ _ _ B_ _ _ _ _ _ _ _.
Nein, i_ _ f_ _ _ _ nur bis_ _ _ _ _ _ _ _ _.
b. Sind Sie Rumänin? — _ _.
N_ _ _.
c. Sprechen Sie Deutsch? — J_.
N_ _ e_ _ b_ _ _ _ _ _ _ _.
I_ _ l_ _ _ _ D_ _ _ _ _ _ _.
d. Kennen Sie Bukarest? — J_, i_ _ w_ _ _ _ _ i_ B_ _ _ _ _ _ _ _.
N_ _ _, leider nicht.
e. Was gibt es dort für Touristen zu sehen? — Viele _

bis = numai până

31. *Numele pentru naţionalităţi se formează în limba germană de regulă prin adăugarea terminaţiei* **-e** [ə] *sau* **-er** [ɐ] *pentru masculin şi a terminaţiei* **-in** *pentru feminin (vezi L4, 7), existând însă excepţii pentru care este necesar să consulţi lista de mai jos:*

ŢARĂ	NAŢIONALITATE	
	m.	*f.*
China	Chinese	Chinesin
Frankreich	Franzose	Frazösin
Griechenland	Grieche	Griechin
Türkei	Türke	Türkin
Italien	Italiener	Italienerin
Spanien	Spanier	Spanierin
USA/Amerika	Amerikaner	Amerikanerin
Deutschland	Deutsche	Deutsche
Ungarn	Ungar	Ungarin

32. *Călătoreşti la München şi ai ocazia să-ţi completezi informaţiile privitoare la acest oraş.*

Ce întrebări ai formula, ţinând seama de răspunsurile de mai jos?

a. ____________________ ? „Ja, ich wohne in München.“

b. ____________________ ? „Ja, natürlich. Die Alte Pinakothek, das Deutsche Museum, aber auch viele kleine Museen, den Englischen Garten, die Theatinerkirche ...“

33. *Imaginează-ţi că ar trebui să dai relaţii despre un alt oraş ori sat din România. Caută în dicţionar echivalentele obiectivelor turistice pe care le-ai recomanda. Notează-ţi mai întâi răspunsurile, răspunde apoi liber, fără a citi din caiet.*

leider nicht viel = din păcate, nu prea mult(e)

34. *Cunoşti şi alte limbi străine? Iată câteva răspunsuri posibile pentru limba engleză.*

A. *Ascultă CD-ul, fără a folosi manualul.*

B. *Ascultă şi citeşte în paralel textul.*

1. *Mann*: „Sprechen Sie Englisch?“
1. *Frau*: „Nein.“
2. *Mann*: „Nein, leider nicht.“
2. *Frau*: „Ja, ein bisschen.“
3. *Mann*: „Nein, aber ich lerne Deutsch.“
3. *Frau*: „Ja, sehr gut.“

C. *Repetă variantele de răspuns până le înveţi.*

35. *Formulează întrebări pentru limba spaniolă (franceză, italiană ...) şi răspunde folosind una din variantele de răspuns.*

Sprechen S__ ________ ? __________ .

36. *Ce ţi s-a părut uşor?*
Ce a fost mai dificil?
Ce consideri că trebuie reluat?

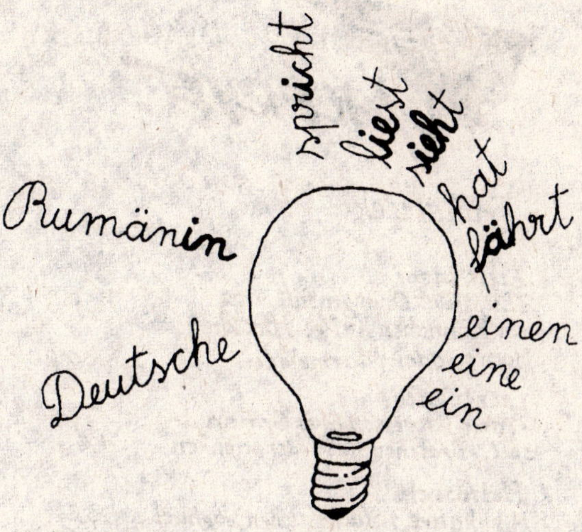

LEKTION 6

1.

CAFÉ GALERIE

Frühstück

Erste Liebe
1 Ei, 1 Glas Orangensaft oder
ein Kännchen Kaffee, 1 Brötchen,
Honig oder Marmelade .... 3.50 €

Letzte Liebe
1 Tasse Espresso, 1 Glas Grapefruit-
saft, 1 Brötchen, Käse oder Schinken ...... 4 €

Heimweh
Mikhkaffee, 1 Stück Kuchen, Joghurt .... 3 €

Fernweh
Milchkaffee, 2 Croissants, 1 Orange ..... 4 €

Schwarz
1 Tasse Espresso, Vollkornbrot,
Pflaumenmus .... 2.50 €

Weiß
1 Glas Milch, Weißbrot oder Toast,
1 Ei, Joghurt mit Honig .... 3.80 €

Grün
Tee, Knäckebrot mit Quark, Ei .... 3 €

Einen guten Morgen wünscht ihr

CAFÉ GALERIE !

2. *Şi acum o temă de larg interes. O vei descoperi cu siguranţă şi singur.*

A. *Citeşte titlul şi corelează-l cu prezentarea grafică a textului. Despre ce poate fi vorba?*

B. *Parcurge acum superficial textul, subliniind totodată cuvintele necunoscute.*

3. Ü *Un ajutor, ca să poţi citi fie şi numai în gând textul care urmează, este transcrierea fonetică a următoarelor cuvinte:*

Orangensaft [ɔ'rã:ʒn'zaft]
Grapefruit ['gre:pfru:t]
Brötchen ['brø:tçən]
Croissants [krwoɑ'sã]
Kännchen ['kɛnçən]
Joghurt ['jo:gʊrt]

4. Ü *Completează acum tabelul de mai jos folosind cuvintele care îţi sunt cunoscute din:*

lecţiile anterioare	alte limbi	asemănarea cu limba română

a. *Ce ţi-a fost de folos în parcurgerea meniului? Numerotează în ordinea importanţei, din punctul tău personal de vedere.*

☐ cuvinte internaţionale

☐ cifre

☐ limba maternă

☐ prezentarea grafică

☐ cunoştinţe din lecţiile anterioare

b. *Ordinea pe care singur ai stabilit-o îţi indică disponibilităţile în abordarea unui text. Foloseşte-te de acest instrument de lucru şi pe viitor.*

5. **Ü** *Imaginile următoare reprezintă alimente şi obiecte obişnuite pentru micul dejun. Confruntă imaginile cu lista de cuvinte şi completeaz-o cu denumirile lipsă:* **die Marmelade, der Joghurt, die Serviette, die Zitrone, der Tee, der Kaffee, die Salami, der Schinken.**

1 – der Käse	10 – der Teller	19 – der Honig
2 – ___ _____	11 – das Messer	20 – ___ _____
3 – die Wurst	12 – die Gabel	21 – die Butter
4 – ___ _____	13 – der Teelöffel	22 – das Brot
5 – der Kuchen	14 – ___ ______	23 – die Milch
6 – die Teekanne	15 – die Tasse	24 – ___ _____
7 – ___ ______	16 – die Untertasse	25 – ___ _____
8 – die Kaffeekanne	17 – das Glas	26 – der Zucker
9 – ___ _____	18 – das Ei	

Verifică-te cu ajutorul cheii exerciţiului şi notează cuvintele în vocabularul personal.

6. Ü *Lista de la cafeneaua „GALERIE“ conţine mai multe sortimente de pâine. Care sunt ele? Reciteşte lista şi completează cuvintele de mai jos. Atenţie la liniuţe!*

a. V_ _ _ _ _ _ _ _ _ _ _t, **b**. W_ _ _ _ _ _t, **c**. K_ _ _ _ _ _ _ _t,
d. T_ _ _t **e**. B_ _ _ _ _ _n

Din limba engleză ştii poate că **Toast** *înseamnă pâine prăjită.*

s **Vollkornbrot, -e** = pâine integrală; s **Weißbrot, -e** = pâine albă
s **Knäckebrot, -e** = pâine nedospită de secară; s **Brötchen, -** = chiflă

7. GR *Diminutivul se formează în limba germană cu ajutorul sufixelor* **-chen** *şi* **-lein**. *Reţine că substantivele diminutivate sunt întotdeauna neutre. Dacă în cuvântul de bază există vocalele* **a**, **o**, **u** *sau diftongul* **au**, *acestea se schimbă în* **ä**, **ö**, **ü**, *sau* **äu**. *De exemplu:*

das Brot + -chen = das Brötchen
die Kanne + -chen = das Kännchen
der Ring + -lein = das Ringlein

der Ring, -e = inel

Teoretic, orice cuvânt poate fi diminutivat atât cu un sufix, cât şi cu celălalt. Practica dovedeşte că în unele situaţii este de preferat unul dintre sufixe (vezi exemplele de mai sus). În cazul substantivului **Brötchen**, *sensul s-a concretizat (pâinişoară, chiflă).*

8. Ü *Ai învăţat cuvintele de la 4. Ce cuvânt nu se potriveşte cu celelalte din şir? Atenţie! Criteriul diferă de fiecare dată!*

a. Butter Milch — Käse — Wurst
b. Toast — Brot — Tee — Brötchen
c. Saft — Ei — Kaffee — Cola
d. Honig — Quark — Marmelade — Pflaumenmus
e. Salami — Käse — Quark — Joghurt
f. Tee — Milch — Kakao — Whisky
g. Brot — Butter — Joghurt — Käse

9. Ü *Citeşte cu atenţie rubricile din tabel şi completează coloanele:*

Milch, Kuchen, Brot, Kaffee, Orangensaft, Schinken, Tee, Kakao, Sekt, Strudel.

ein Stück	eine Tasse	ein Glas

10. **A.** *Lecţia mai cuprinde şi un al doilea text, care îţi prezintă un mic dejun obişnuit.*

B. *Citeşte textul şi subliniază cuvintele deja cunoscute.*
Cuvântul **man** *este un pronume nehotărât. El se traduce în limba română prin „se“. De exemplu:* **man sagt** *– se spune.*

● DAS FRÜHSTÜCK BEI DEN DEUTSCHEN

(Micul dejun la germani)

Das Frühstück ist für die Deutschen sehr wichtig und man frühstückt besonders am Sonntag gerne ausgiebig. Normalerweise ist das Frühstück kalt. Omelett oder Spiegeleier sind eine Ausnahme. Man isst manchmal ein Ei, weich gekocht, das 4-Minuten-Ei, nicht 3 oder 5 Minuten wie in Rumänien. Eine große Rolle spielt das Brot. Außer Brötchen gibt es viele Brotsorten. Die Bäcker haben ihre Geheimrezepte, und vor allem das Schwarzbrot ist beliebt. Es ist dunkel und schmeckt gut. Man sagt, Schwarzbrot ist sehr gesund. Aber Brötchen sind besonders frisch und schmecken prima! Zum Frühstück gibt es Tee, Kaffee und für die Kinder Milch oder Kakao. Anders als in Rumänien trinkt man Kaffee mit Milch und Zucker und er ist nicht so stark.

C. *Nu-i aşa că ai înţeles aproape 70-80% din text? Nu neglija pronunţia. Atenţie la următoarele cuvinte:*

Spiegeleier ['ʃpi:gəl'aeɐ]
Frühstück ['fry:ʃtʏk]
Kaffee ['kɑfe]
ausgiebig [aos'gi:bɪç]
wichtig ['vɪçtɪç]
Kakao [kɑ'kao]

11. *Care propoziţii sunt corecte şi care nu? Ce informaţii nu sunt cuprinse în text?*

Ü

	R	F	?
a. Das Frühstück ist für die Deutschen nicht wichtig.		X	
b. Man frühstückt im Restaurant.			
c. Eine große Rolle spielt das Brot.			
d. Es gibt viele Brotsorten.			
e. Zum Frühstück gibt es nur Tee.			

12. *Cunoşti cuvintele cheie ale textului, prin urmare nu-ţi va fi greu să identifici paragrafele textului în traducere şi să restabileşti ordinea corectă. Atenţie! Câteva spaţii libere trebuie să le completezi singur!*

Ü

a. Un rol important îl joacă pâinea. În afară de ______ există mai multe sortimente de pâine. Brutarii au ________ lor secrete şi înainte de toate pâinea ______ este îndrăgită (preferată). Este închisă la culoare şi are gust foarte bun. Se spune că pâinea neagră este foarte sănătoasă. Chiflele însă sunt deosebit de proaspete şi au un gust excelent.

b. _____ _____ este pentru germani foarte important şi mai ales duminica se ia un mic dejun copios. În mod normal micul dejun este rece. ______ sau ochiurile sunt o excepţie. Uneori se mănâncă cu mai mare plăcere (mai degrabă) un __ fiert moale, „oul de patru minute" şi nu de trei sau cinci minute, ca în România.

c. La micul dejun există (se serveşte) ____, _____, iar pentru copii _____ sau _____. Altfel decât în România, ______ se bea cu lapte şi zahăr şi nu este atât de tare.

13. Ü *Cunoşti acum destul de bine conţinutul textului. Ce cuvânt se potriveşte, din punctul de vedere al sensului, în spaţiul liber din fiecare propoziţie? Dacă ai reţinut şi echivalentul în limba germană, completează-l imediat. Dacă nu, verifică în text.*

a. Das Frühstück ist für die Deutschen sehr wichtig.
1. foarte
2. nu
3. deloc

b. _ _ _ _ _ _ _ _ _ _ _ _ _ _ _ ist das Frühstück kalt.
1. uneori
2. întotdeauna
3. în mod normal

c. Spiegeleier sind eine _ _ _ _ _ _ _ _ _.
1. excepţie
2. regulă
3. deosebire

d. Schwarzbrot ist sehr _ _ _ _ _ _ _ _. Es schmeckt sehr gut.
1. bună
2. rară
3. îndrăgită

e. Brötchen sind besonders _ _ _ _ _ _ _.
1. tari
2. proaspete
3. negre

f. _ _ _ _ _ _ _ _ _ _ _ _ _ gibt es Tee, Kaffee und für die Kinder Milch.
1. la micul dejun
2. înainte de micul dejun
3. după micul dejun

g. In Deutschland _ _ _ _ man Kaffee mit Milch und Zucker.
1. se mănâncă
2. se bea
3. se ia micul dejun

14. GR *Deşi în text este vorba doar de micul dejun, este bine să reţii şi denumirea celorlalte două mese principale:* **das Mittagessen** *– dejunul (prânzul),* **das Abendessen** *– cina. Din text ai observat că „la micul dejun" se spune* **zum Frühstück**. *În mod asemănător se formulează „la dejun"* - **zum Mittagessen**, *„la cină"* – **zum Abendessen**. *Deci:*

das Frühstück	-	zum Frühstück
das Mittagessen	-	zum Mittagessen
das Abendessen	-	zum Abendessen

15. Ü *Ai observat că în text există multe adjective. Completează propoziţiile de mai jos, folosind textul 10:*

a. Das Frühstück ist für die Deutschen sehr wichtig.
b. Normalerweise ist das Frühstück ____.
c. Man sagt, Schwarzbrot ist sehr ______.
d. Aber Brötchen sind besonders ______.
e. Der Kaffee ist nicht so _____.

16. Ü *La hotelul Intercontinental toate produsele oferite la micul dejun sunt proaspete. Completează propoziţiile cu articolul hotărât:*

a. Der Schinken ist frisch.	**b.** ___ Milch ist frisch.
c. ___ Brötchen sind frisch.	**d.** ___ Käse und ___ Quark sind frisch.
e. ___ Eier sind frisch.	**f.** ___ Orangensaft ist frisch.

17. GR *După cum poţi constata, adjectivul folosit predicativ, adică după verbul* **sein** *– a fi, rămâne* ***invariabil****, spre deosebire de limba română. Prin urmare are aceeaşi formă la masculin, feminin şi neutru, singular şi plural. De exemplu:*

Der Schinken ist frisch.	Şunca este proaspătă.
Die Wurst ist frisch.	Salamul este proaspăt.
Das Brot ist frisch.	Pâinea este proaspătă.
Die Eier sind frisch.	Ouăle sunt proaspete.

18. Ü *Ce este sănătos şi ce nu? Completează propoziţiile, folosind verbul* **sein** *şi adjectivul* **gesund** *la formele corespunzătoare. Nu uita! Adjectivul predicativ este invariabil!*

a. Honig ist gesund.
b. Schwarzbrot ____ _______________.
c. Milch, Joghurt und Käse ______ _________.
d. Viele Eier _____ nicht _________.
e. Viel Kaffee _____ nicht _________.

19. **Ü**

A. *S.O.S.! Adjectivele folosite predicativ au fost tipărite greşit. Corectează propoziţiile şi notează-le în caiet:*

a. Das Ei ist theoretisch.
b. Der Trainer ist automatisch.
c. Der Text ist möbliert.
d. Der Motor ist blond.
e. Die Musik ist weich.
f. Das Appartement ist rhythmisch.

B. *Şi acum scrie propoziţiile corectate la plural. Pentru a-ţi uşura munca, sunt date formele de plural ale substantivelor.*

a. Die Eier sind weich gekocht.
b. Die Trainer ____ ____________.
c. Die Texte ____ ____________.
d. Die Motoren ____ ____________.
e. Die Appartements _____ ______.

20. **Ü**

Ce este proaspăt, ce este dulce, ce este acru? Alcătuieşte cât mai multe propoziţii şi scrie-le în caiet!

a. Das Brötchen ist frisch. ....
b. Der Zucker ist süß. ....
c. Die Milch ist sauer. ....

21. **Ü**

Reciteşte textul 10 şi subliniază predicatele. Unde stă subiectul în propoziţie? Nu uita! Pronumele **man** *este întotdeauna subiect, iar predicatul este exprimat printr-un verb la persoana a III-a singular.*
De câte ori subiectul este plasat înaintea predicatului, de câte ori după?
a. *subiect/predicat/alte părţi de propoziţie;*
b. *alte părţi de propoziţie/predicat/subiect/alte părţi de propoziţie.*

22. **GR**

Ai observat, desigur, că în propoziţia enunţiativă predicatul ocupă întotdeauna locul al doilea. El este precedat de obicei de subiect. Dacă propoziţia începe cu o altă parte de propoziţie, formată din unul sau mai multe cuvinte, care formează o unitate, subiectul se află pe locul al treilea, după predicat. Se vorbeşte în acest caz de „inversiune".

Wir	trinken	zum Frühstück	Kaffee.
Zum Frühstück	trinken	**wir**	Kaffee.
Kaffee	trinken	**wir**	zum Frühstück.
Das Frühstück	ist	für die Deutschen	sehr wichtig.
Für die Deutschen	ist	**das Frühstück**	sehr wichtig.
Sehr wichtig	ist	für die Deutschen	**das Frühstück.**
Es	gibt	Tee oder Kaffee	zum Frühstück.
Zum Frühstück	gibt	**es**	Tee oder Kaffee.
Tee oder Kaffee	gibt	**es**	zum Frühstück.

23. Ü *Reformulează propoziţiile de mai jos, începând cu cuvântul sau cuvintele subliniate. Scrie-le în caiet:*

a. Das Frühstück	ist	**normalerweise**	kalt.
Normalerweise	ist	das Frühstück	kalt.
b. Das Schwarzbrot	ist	**sehr beliebt.**	
c. Das Omelett	ist	**eine Ausnahme.**	
d. Man	isst	manchmal	ein Ei.

24. Ü *Chenarele conţin elementele constitutive ale unei propoziţii. Alcătuieşte propoziţii începând cu cuvântul sau cuvintele subliniate şi scrie-le în caiet:*

a.
kalt
normalerweise
ist
das Frühstück

→ Normalerweise ist das Frühstück kalt.

b.
es
ein Ei
gibt,
normalerweise

c.
wir
jetzt
frühstücken

d.
ausgiebig
man
am Sonntag
frühstückt

e.
Omelett
essen
manchmal
sie

f.
sind
die Brötchen
natürlich
frisch

g.
der Kaffee
leider
ist
zu stark

h.
gehen
ins Restaurant
sie
vielleicht

25. Ü *Ce se mănâncă şi ce se bea la micul dejun, la prânz şi la cină? Consultă şi vocabularul din LO!*

a. Zum Frühstück isst man Brot, Butter, ___________.
b. Man trinkt ______________________.
c. Zum Mittagessen isst man ___________________________.
d. Man trinkt ______________________.
e. Zum Abendessen isst man ____________________________.
f. Man trinkt ______________________.

26. **Ü** *Completează lista care urmează, pe cât posibil din memorie. După ce ai scris atât cât îţi aduci aminte în caiet, poţi să răsfoieşti manualul sau vocabularul personal pentru a o completa:*

Milchprodukte (*produse lactate*)	Brotsorten	Fleischprodukte (*produse din carne*)
Joghurt __________	Weißbrot __________	Wurst __________

27. **F** *Adesea întâlnim cuvinte în care consoana* **v** *se pronunţă* [f]. *Ele sunt de cele mai multe ori cuvinte de origine germană, de exemplu* **vier**, **viel**, **Vollkornbrot**, **vor** etc.
Desigur, nu trebuie să uităm că există şi cuvinte în care apare consoana **f**, *pronunţată tot* [f]: **Foto**, **fünf**.

28. **Ü** *Iată un exerciţiu care îţi oferă posibilitatea să recapitulezi vocabularul învăţat şi totodată să exersezi scrierea acestor cuvinte. Completează următoarele cuvinte fie cu* **f**, *fie cu* **v** *şi nu uita că substantivele se scriu în limba germană cu majusculă:*

a. viel; **b.** _risch; **c.** _ünf; **d.** _ier; **e.** _remdsprache; **f.** _or; **g.** _erstehen; **h.** _ahren; **i.** _reund; **j.** _ielleicht; **k.** _rühstück; **l.** _ollkornbrot; **m.** _achliteratur; **n.** _ierzehn; **o.** _ranzösisch; **p.** _ür; **q.** _achmesse.

29. **F** *Poate ai remarcat că în lecţie există destule cuvinte scrise cu consoane duble. Reţine că e vorba de un semn grafic, care semnalează că vocala precedentă este scurtă.*

30. **Ü** *Ce consoană dublă se potriveşte în spaţiile libere?* (**ff**, **ll**, **nn**, **pp**, **ss**, **tt**)

a. Butter **d.** Ka__ee **g.** Ta__e
b. Kä__chen **e.** Espre__o **h.** Wa__er
c. Omele__ **f.** So__tag **i.** Croi__ants

31. **F** *În cuvintele de origine germană, după o vocală scurtă, de regulă accentuată, urmează* **-ck** (**Stück**). *Uneori,* **-ck** *apare şi în cuvintele de origine străină* (**Jacke**). *După o consoană se află, exceptând numele proprii, numai* **k**. *Cele mai multe cuvinte de origine străină se scriu de asemenea cu* **k**, *chiar şi după o vocală scurtă.*

32. *Alege între* **ck** *şi* **k***!*

Ü

a. Zucker
b. star_
c. Ka_ao
d. Ja__e
e. trin_en
f. Frühstü__
g. dun_el
h. a_tuell
i. Bä__er
j. Ru__sa__
k. schme__t
l. Voll _ornbrot
m. glü__licherweise

glücklicherweise = din fericire

33. *Dacă ai parcurs cu atenţie toate etapele lecţiei şi ţi-ai însuşit vocabularul, rescrie textul următor, în care câteva cuvinte au literele inversate:*

Ü

a. Das Frühstück ist für die Deutschen **githciw**.
a. Das Frühstück ist für die Deutschen **wichtig**.
b. Normalerweise ist das Frühstück **tlak**.
c. Am Sonntag frühstückt man **gibeigsua**.
d. Schwarzbrot ist **leknud**, schmeckt sehr **tug** und ist **dnuseg**.
e. Brötchen sind **hcsirf** und schmecken **amirp**.
f. Der Kaffee ist nicht so **krats** wie in Rumänien.

34. *Vei lucra din nou intensiv cu CD-ul. Un cumpărător discută cu vânzătoarea unui bufet.*

Ü

A. *Ascultă cu atenţie dialogul, fără a te folosi de manual.*
B. *Ascultă încă o dată dialogul, citind în paralel şi textul.*

Am Imbiss

Käufer:	Grüß Gott!
Verkäuferin:	Tag! Sie wünschen?
Käufer:	Ich hätte gern eine Portion Würstchen.
Verkäuferin:	Mit Brot?
Käufer:	Ja, bitte.
Verkäuferin:	Bitte sehr. Sonst noch etwas?
Käufer:	Ja, ich möchte ein alkoholfreies Getränk.
Verkäuferin:	Apfelsaft oder Cola?
Käufer:	Cola, bitte.
Verkäuferin:	Ist das alles?
Käufer:	Ja, das wär's. Was macht das alles zusammen?

C. Reţine!

Grüß Gott	*– formulă de salut (textual: Salută-l pe Dumnezeu)*
Tag! Sie wünschen?	*– Bună ziua! Ce doriţi?*
Ich hätte gern / **Ich möchte**	*– aş dori*
Sonst noch etwas?	*– Altceva? (Nimic altceva?)*
ein alkoholfreies Getränk	*– o băutură fără alcool*
Ist das alles?	*– Asta-i tot?*
Ja, das wär's!	*– Da, asta ar fi!*
Was macht das alles zusammen?	*– Cât face? (Ce am de plată?) Cât fac toate acestea împreună?*

D. *Repetă replicile dialogului până le înveţi.*
a. *Ascultă propoziţiile una câte una şi repetă-le de mai multe ori.*
b. *Ascultă şi citeşte în paralel fiecare unitate.*

35. *Preia acum rolul cumpărătorului şi răspunde la întrebările vânzătorului:*

Ü

a. Grüß Gott.	G_ _ _ G_ _ _!
b. Tag! Sie wünschen?	I_ _ h_ _ _ g_ _ _ e_ _ _ P_ _ _ _ _ _ W_ _ _ _ _ _ _ _.
c. Mit Brot?	J_, b_ _ _ _.
d. Apfelsaft oder Cola?	C_ _ _, b_ _ _ _.
e. Ist das alles?	J_, d_ _ w_ _ _ _! W_ _ m_ _ _ _ d_ _ a_ _ _ z_ _ _ _ _ _ _?

36. *Ce este adevărat, ce nu, ce nu se menţionează în text?*
Marchează răspunsul în tabel:

Ü

	R	F	?
a. Der Herr nimmt eine Portion Würstchen.			
b. Er isst viel Brot.			
c. Er trinkt nie Alkohol.			
d. Er nimmt eine Cola.			
e. Er nimmt keinen Apfelsaft.			

37. *Un verb foarte util de reţinut este verbul* **mögen**. *Cu ajutorul conjunctivului II (= condiţional/optativ în limba română) se exprimă o dorinţă. Iată conjugarea verbului:*

GR

mögen	
ich möchte – (eu) aş dori	wir möchten – (noi) am dori
du möchtest – (tu) ai dori	ihr möchtet – (voi) aţi dori
er, sie, es möchte – (el, ea) ar dori	sie möchten – (ei) ar dori
	Sie möchten – (dumneavoastră) aţi dori

38. *Tatăl şi fiul merg la cumpărături. Ei discută cu vânzătorul.*
Completează dialogul cu formele verbului **mögen** *şi scrie-le în caiet:*

Ü

a. Sie wünschen? Was m_ _ _ _ _ _ Sie?
b. Ich m_ _ _ _ _ 10 Eier und 1 Kilo Tomaten.
c. M_ _ _ _ _ _ Sie sonst noch etwas?
d. Klaus, m_ _ _ _ _ _ _ du noch etwas?
e. Was m_ _ _ _ _ ich? Bananen!
f. Also, m_ _ _ _ _ _ wir noch 1 Kilo Bananen.

39. Ü *Imaginează-ţi că pe la ora prânzului te duci la bufet. Notează-ţi mai întâi ce ai vrea să-ţi iei:*

a. Ich möchte zwei Schinkenbrote und _ _ _ _ _ _ _ _ _ _ _ _ _ _ _ _.

b. Ich möchte noch _.

40. Ü *Foloseşte acum rezultatul exerciţiului 39, pentru a răspunde la întrebările vânzătorului.*

41. Ü *Din ce silabe sunt alcătuite următoarele cuvinte? Scrie cuvintele în caiet:*

1. miere **2.** cacao

3. zahăr **4.** omletă

5. pâine integrală **6.** micul dejun

7. ceaşcă **8.** farfurioară

-brot, Früh-, Ho-, Ka-, -korn-, -ker, -kao, -lett, -nig, Ome-, -se, -stück, Tas-, -tas-,

42. Ü *Un rebus pentru verificarea cunoştinţelor. Ce cuvânt rezultă pe verticală?*

1. ceai
2. a mânca
3. grozav, excelent
4. brânză de vaci
5. marmeladă
6. proaspăt
7. sănătos
8. lămâie

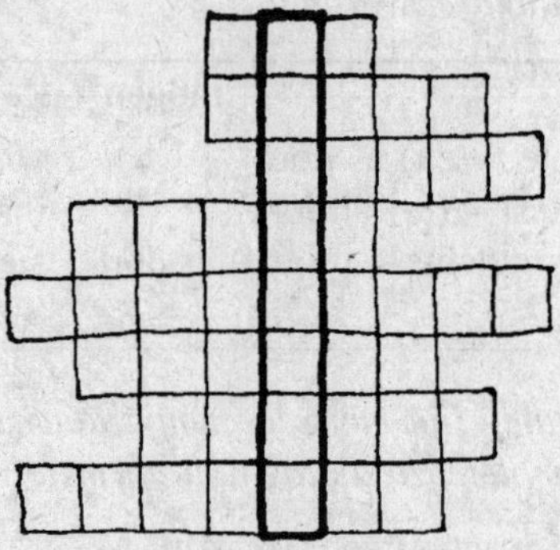

43. Ü *Şi acum, o poezie al cărei vocabular este destul de accesibil. Ce relaţie observi între titlul şi conţinutul poeziei? Citeşte cu atenţie:*

KINDERGEDICHT

(*Poezie pentru copii*)

Honig, Milch
und Knäckebrot
manche Kinder
sind in Not.

Zucker, Ei
und Früchtequark
macht nur manche
Kinder stark.

Götterspeise,
Leibgericht
kennen
manche Kinder nicht.

Wurst und Käse
Vollkornbrot
manche Kinder
sind schon tot.

Jürgen Spohn

e Götterspeise, -n = ambrozie, hrana zeilor; **s Leibgericht, -e** = fel de mâncare preferat;
stark = puternic; **tot** = mort, morţi; **in Not sein** = a fi la ananghie, a fi în dificultate

44. *Ce ţi s-a părut dificil?*

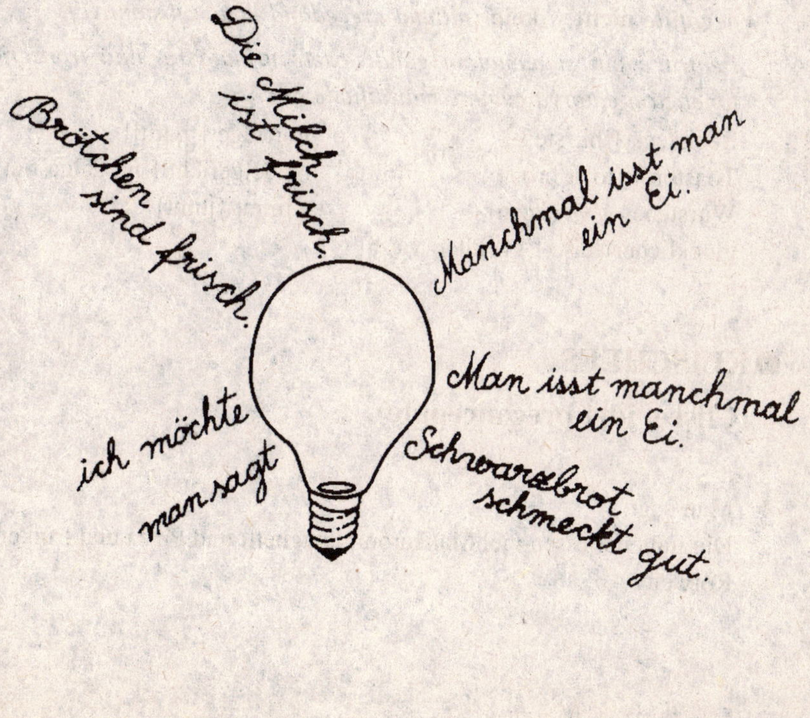

LEKTION 7

1. *Ne menţinem în domeniul culinar. Parcurge cu atenţie următoarele texte.*

A. *Ce îţi sugerează titlul „Klischees“ referitor la tema enunţată? Despre ce fel de „clişee“ poate fi vorba?*

B. *Subliniază cuvintele cunoscute, priveşte imaginile şi încearcă să faci câteva supoziţii. Ai remarcat cum este structurat textul? De trei ori apare* **man sagt**, *urmat de un text extrem de scurt. În continuare se află câte un nume propriu. Notează-le în caiet!*

Scriindu-le, te-ai gândit cumva şi la ţara de provenienţă a celor trei personaje? De unde crezi că vine fiecare dintre ele? Notează şi acest lucru în caiet! Ce gândeşti tu despre obiceiurile culinare ale acestor popoare? Este vorba de informaţii precise sau doar de „clişee“?

Concentrează-ţi atenţia asupra cuvintelor care indică sublinieri, amplificări, generalizări: **sehr** (foarte), **viel** (mult), **alle** (toţi), **oft** (adeseori), **immer** (întotdeauna), **natürlich** (bineînţeles). *Nu neglija nici negaţiile* **nicht** *şi* **kein** *(ultimul precedând doar substantive).*

Pentru a citi şi numai în gând textele următoare, iată transcrierea fonetică a câtorva cuvinte mai dificile:

Beefsteak [’bi:fste:k]
Toastbrot [to:st’bro:t]
Würstchen [’vʏrstçən]
glücklicherweise [’glʏklɪçɐ’væzə]
Porridge [’pɔritʃ]
Nudelgericht [’nu:dəlgə’rɪçt]
stimmt [ʃtɪmt]

● KLISCHEES

(Clişee, idei preconcepute)

I. Man sagt:
Die Italiener essen viel Makkaroni, Spaghetti und Pizza und trinken viel Rotwein.

II. Marina:
„So stimmt das natürlich nicht. Man isst oft eine Pasta, das ist ein Nudelgericht, als Vorspeise oder als Hauptgericht. Pizza isst man oft draußen, es ist mehr ein Imbiss. Ja, und Rotwein. Viele Leute mögen gern Rotwein, aber ich denke man trinkt genauso gerne Bier. Ich trinke aber nur Mineralwasser."

III. Man sagt:
„Die englische Küche ist nicht so interessant. Man isst meistens Beefsteak mit Pommes frites. Alle Engländer trinken Tee mit Milch, aber keinen Kaffee. Und zum Frühstück essen sie Toastbrot mit Butter und Marmelade, Porridge oder Eier mit Schinken".

IV. Jenny:
„Glücklicherweise ist das nicht die Realität. Wir haben viele gute Gerichte, nur sind sie nicht so bekannt. Viele Leute essen zum Frühstück natürlich Toastbrot mit Butter und Marmelade, aber es gibt auch Käse und Schinken. Eine feste Regel gibt es nicht. Ich zum Beispiel esse gern Cornflakes oder Haferflocken mit Milch."

V. Man sagt:
Bier ist für die Deutschen das Getränk Nr.1. Alle Leute essen Würstchen mit Kartoffelsalat.

VI. Peter:
„Ich glaube, so ist das nicht richtig, denn ich mag auch Würstchen mit Kartoffelsalat, aber viele Leute essen Würstchen mit Sauerkraut oder nur mit Brötchen. Und manche Leute essen überhaupt keine Würstchen. Für viele Touristen ist „Würstchen" kein Fremdwort. Ein Bier vom Fass schmeckt immer gut, aber ich trinke gern auch Rotwein."

e Vorspeise, -n = antreu
ich denke - cred, consider
r Imbiss, -sse = gustare
ich glaube - cred
s Hauptgericht, -e = fel de mâncare principal
glücklicherweise = din fericire
e Küche, -n = bucătărie
draußen = afară
s/r Porridge, Sg. = fulgi de ovăz fierţi în lapte
meistens = mai întotdeauna
gern = **gerne** = cu plăcere
e Haferflocken, Pl. = fulgi de ovăz
e Cornflakes, Pl. = fulgi de porumb
s Fremdwort, ⸚er = cuvânt necunoscut
s Sauerkraut, Sg. = varză acră

C. *Ai dedus, probabil, că este vorba de idei preconcepute, clişee, pe de-o parte şi preferinţe personale pe de altă parte.*

2. *Verifică în text ce se spune despre italieni, englezi şi germani; ce mănâncă şi ce beau ei în general? Ce spun Marina, Jenny şi Peter? Care sunt preferinţele lor în materie de mâncare şi băutură? Uneşte prin săgeţi informaţiile corecte:*

Die Engländer Die Italiener Die Deutschen	essen	Makkaroni Spaghetti Würstchen Sauerkraut Pommes frites Beefsteak Toastbrot Butter Marmelade Eier mit Schinken Porridge	trinken	Rotwein Tee Milch Bier
Jenny Marina Peter	isst	Pasta Pizza Würstchen mit Kartoffelsalat Haferflocken Cornflakes	trinkt	Rotwein Milch Bier Mineralwasser

3. *Identifică în text următoarele propoziţii. Indică în care dintre cele şase texte se află:*

a. O bere din butoi este întotdeauna bună.
b. Din fericire, nu aceasta este realitatea.
c. Iar unii oameni nu mănâncă deloc cârnăciori.
d. Pizza se mănâncă deseori în oraş, ea este mai mult o gustare.
e. Eu, de exemplu, mănânc cu plăcere fulgi de porumb.

Deci: a. -VI; b. -; c. -; d. -; e. -.

4. GR *În ultimele trei exemple ale exercițiului 3 întâlnim verbul* **essen** *„a mânca". Iată conjugarea lui:*

essen – a mânca	
ich esse	wir essen
du isst	ihr esst
er / sie / es } isst	sie essen Sie essen

Acest verb își schimbă vocala din rădăcină la persoana a ____ a și a____ a singular.

5. Ü *Alege prin urmare* **s**, **ss** *sau* **ß** *în scrierea următoarelor cuvinte:*

gro_, e_en, So_e, Kongre_, Stra_e, e_t, le_en, Profe_or, Fu_ball, Adre_e, lie_t, au_er, Ba_, wei_, Ka_ette, De_ert, Kla_e, hei_en, i_t (essen).

6. Ü *Cum este corect,* **ist** *sau* **isst**? *Completează cu persoana a III-a singular a verbului* **sein** *sau* **essen**!

a. Mario ___________ Italiener.
b. Er _______ gern Pizza.
c. John ______ Ingenieur.
d. Beefsteak ______ er sehr gern.
e. Peter ______ Student.
f. Am Sonntag ______ er im Restaurant.

7. Ü *Rămânem în domeniul ideilor preconcepute despre obiceiurile culinare ale altor popoare.*
Completează propozițiile cu persoana a III-a, singular sau plural, a verbelor **essen** *sau* **trinken** *(cel din urmă conjugându-se regulat):*

a. Die Italiener essen viel Makkaroni.
b. Marina ______ oft eine Pasta.
c. Die Italiener _______ gerne Rotwein.
d. Sandro ______ oft ein Bier.
e. Zum Frühstück _____ viele Engländer Eier mit Schinken.
f. Jenny ______ Haferflocken.

8. **Ü** *Fără îndoială, doreşti să-ţi îmbogăţeşti cunoştinţele de vocabular pe această temă.*
Privind desenele, completează lista următoare de cuvinte cu cele deja cunoscute din lecţiile anterioare. Străduieşte-te să reţii cât mai multe cuvinte noi!

1 – der _________	9 – das Obst
2 – der Suppenteller	10 – der ___________
3 – der Löffel	11 – der Fisch
4 – das _________	12 – das ___________
5 – die _________	13 – der ___________
6 – die _________	14 – das Eis
7 – der Braten	15 – die Sahne
8 – das Gemüse	16 – das Mineralwasser

9. **GR** *Multe feluri de mâncare şi unele băuturi sunt cuvinte compuse. Articolul cuvântului compus este dat de ultimul substantiv intrat în compunere. În unele cazuri se porneşte de la forma de plural a primului substantiv. Alteori trebuie adăugat un* **s** *sau un* **e** *de legătură.*

10. **Ü** *Ce cuvinte rezultă din compunerea substantivelor de mai jos?*

1. a. der Apfel	+	der Saft	der Apfelsaft
b. der Pfirsich	+	der Saft	der Pfirsich_ _ _ _
c. die Grapefruit	+	der Saft	_______________
d. die Orangen (*pl.*)	+	der Saft	_______________
e. die Zitronen (*pl.*)	+	der Saft	_______________

2. a. das Gemüse	+	die Suppe	die Gemüsesuppe
b. der Kümmel	+	die Suppe	die Kümmel_ _ _ _
c. die Zwiebel	+	die Suppe	_______________
d. die Tomaten (*pl.*)	+	die Suppe	_______________

die Zwiebel, -n = ceapă

3. a. die Kartoffel	+	der Salat	der Kartoffelsalat
b. die Tomaten (*pl.*)	+	der Salat	der Tomaten_ _ _ _
c. die Eier (*pl.*)	+	der Salat	_______________
d. die Auberginen (**pl.**)	+	der Salat	_______________

die Aubergine, -n = vânătă

4. a. das Hähnchen	+	der Braten	der Hähnchenbraten
b. das Kalb (s)	+	der Braten	der Kalbs_ _ _ _ _
c. das Rind (s)	+	der Braten	_______________
d. das Schwein (e)	+	der Braten	_______________

das Hähnchen, - = pui; **das Rind, -er** = vită; **das Kalb, ¨er** = viţel;
das Schwein, -e = porc

5. a. das Brot	+	die Sorten (*pl.*)	die Brotsorten
b. der Käse	+	die Sorten	die Käse_ _ _ _ _ _
c. das Obst	+	die Sorten	________________
d. der Wein	+	die Sorten	________________

11. **Ü** *Ce se poate mânca la antreu, ca fel principal de mâncare, ca garnitură sau la desert?*
*Foloseşte-te de cuvintele de la **11**!*

a. Als Vorspeise isst man Eier mit Mayonnaise oder ________.
b. Als Hauptgericht isst man Schweinebraten oder _________.
c. Als Beilage isst man Kartoffelsalat oder ________.
d. Als Nachspeise isst man Apfelstrudel oder _________.

12. **Ü** *Reciteşte cele trei texte de la **3** şi notează-ţi verbele al căror subiect este* **man***!*
Câte sunt? _____ *Verifică dacă le-ai notat pe toate!*

13. **GR** *Pronumele nehotărât* **man** *are doar o formă de nominativ singular şi este întotdeauna subiect. El se foloseşte cu verbul la persoana a III-a singular. Pronumele* **man** *nu are corespondent în limba română. El corespunde însă exact pronumelui „on" din limba franceză.*
Iată şi câteva exemple:

man sagt - se spune; **man isst** - se mănâncă; **man trinkt** - se bea

14. **Ü** *Idei preconcepute sau nu? Ce crezi? Completează propoziţiile cu formele corecte ale verbelor date!* **Atenţie:** *un verb este în plus!*

a. Nur in England isst man ausgiebig.
b. In Italien _______ man nur Rotwein.
c. Sauerkraut _____ man nur in Deutschland.
d. Zum Studium einer Fremdsprache ______ man einen Lehrer.
e. Man _____ Deutsch ist nicht leicht.
f. Englisch _____ man leicht.
g. In Rumänien _____ man gerne Filme mit Charlie Chaplin und Jean-Paul Belmondo.
h. Man _____ immer mehr Krimis.

15. *Ce este tipic? Reformulează propoziţiile, folosind pronumele* **man**!

Ü

a. Ali trinkt starken Kaffee. Das ist typisch für die Türken.	In der Türkei trinkt man starken Kaffee.
b. Claude trinkt gerne Rotwein. Das ist typisch für die Franzosen.	In Frankreich ______________.
c. Gina und Alberto essen gern Pizza. Das ist typisch für die Italiener.	In Italien ________________.
d. John und Mary essen zum Frühstück Eier und Schinken. Das ist typisch für die Engländer.	In England ________________.
e. Ion und Maria essen gern Sauerkrautrouladen. Das ist typisch für die Rumänen.	In Rumänien ________________.

die Sauerkrautroulade, -n = sarma

16. *Pentru a exprima plăcerea faţa de ceva sau cineva, folosim verbul* **mögen**. *Iată conjugarea verbului la indicativ prezent:*

GR

mögen	
ich mag	wir mögen
du magst	ihr mögt
er / sie / es } mag	sie mögen
	Sie mögen

Ce observi în legătură cu desinenţele personale? La persoana I şi a III-a singular lipseşte desinenţa personală.

17. *Nu toţi oamenii au aceleaşi preferinţe. Completează spaţiile libere cu verbul* **mögen** *la persoana a III-a singular sau plural! Atenţie!* **Kein**, **keine** *şi* **keinen** *sunt forme ale articolului nehotărât negat.*

Ü

a. Ich trinke gern Bier. Manche Leute *mögen* kein Bier.
b. Die Engländer trinken viel Tee. John ______ keinen Tee.
c. Viele Deutsche essen gern Würstchen. Peter _____ keine Würstchen.
d. Die Japaner essen gern Fisch. Herr Tanaka _____ keinen Fisch.
e. Mario trinkt gern Bier. Viele Italiener _____ Rotwein.

18. *Eşti întrebat ce îţi place. Reconstituie întrebările:*

Ü

a. Magst du Kaffee? – Ja, danke.
b. _____ du Pizza? – Natürlich.
c. _____ du die italienische Küche? – Ja, sehr.
d. _____ die Rumänen Sauerkraut? – Ja, viele.
e. _____ Sie Apfelwein? – Apfelwein? Nein.
f. _____ Sie Bier? – Ja, aber auch Wein.

19. *Ce îi place lui Peter şi ce nu? Completează propoziţiile cu verbul* **mögen**:

Ü

a. Peter mag klassische Musik. **b.** Joggen _______ er überhaupt nicht.
c. Er ______ keinen Alkohol. **d.** Das Klima in Berlin _______ er nicht.
e. Peter _____ keine Komplimente. **f.** Er ______ Renate.

20. *Anita şi Klaus au alte preferinţe. Completează propoziţiile cu verbul* **mögen**:

Ü

a. Anita und Klaus ______ Pop-Musik. **b.** Sie ________ auch Jazz.
c. Sie ______ Krimis. **d.** Sie _______ das Klima in Berlin.
e. Sie _____ besonders gern Sekt. **f.** Sie _______ Fremdsprachen.

21. *Pentru a exprima doar preferinţe culinare, se foloseşte verbul* **schmecken** *„a-i plăcea", „a fi bun la gust". Îţi aminteşti ce spune Peter?* „Ein Bier vom Fass **schmeckt** immer gut." *Ai întâlnit verbul şi în L6.* („Aber Brötchen sind besonders frisch und **schmecken** prima.") *Din aceste două propoziţii rezultă că verbul are forme pentru persoana a III-a singular şi plural. Ca şi în limba română, verbul se conjugă cu pronumele personal în cazul dativ. Deci:*

GR

schmecken - a-i plăcea, a fi bun la gust.

sg. *pl.*

mir schmeckt/schmecken = mie îmi place/plac
dir schmeckt/schmecken = ţie îţi place/plac
ihm schmeckt/schmecken = lui îi place/plac
ihr schmeckt/schmecken = ei îi place/plac

22. *Micuţul Hans este foarte mofturos. Nu-i plac foarte multe lucruri. Completează propoziţiile cu verbul* **schmecken** *la singular şi plural:*

Ü

a. Hans mag keine Suppe. Suppe schmeckt ihm nicht.
b. Schwarzbrot mag er nicht. Schwarzbrot _____ ihm nicht.
c. Spinat mag er nicht. Spinat _______ ihm nicht.
d. Eier mag er nicht. Eier _______ ihm nicht.
e. Milch und Quark mag er nicht. Milch und Quark _______ ihm nicht.

23. **Ü** *Karin, surioara lui Hans, este la fel de mofturoasă. Reia propoziţiile, concentrându-ţi atenţia asupra pronumelui personal în dativ:*

a. Karin mag keine Suppe. Suppe schmeckt *ihr* nicht.

Scrie exerciţiul în caiet!

24. **Ü** *Ce gust au următoarele produse? Completează propoziţiile cu* **süß**, **sauer**, **bitter**:

a. Der Honig schmeckt süß. **b.** Der Zucker schmeckt ________.
c. Das Medikament schmeckt _____. **d.** Die Marmelade schmeckt _______.
e. Die Zitrone schmeckt ________. **f.** Der Wermut schmeckt ________.

25. **Ü** *Care substantive se combină cu* **mögen** *şi care numai cu* **schmecken**? *Notează în caiet după modelul următor:*

mögen	**schmecken**
Musik, __________	Schnitzel, ______________
______________	______________

Musik, Schach, Yoga, Schnitzel, Kompott, Croissants, Ray Charles, Handball, Suppe, Tennis, Tomaten, Ananas, Dürer, Strudel, Madonna, Break-Dance, Torte, Eis, Fußball, Kaffee, Thomas Mann, Richard Wagner.

26. **Ü** *Completează cu verbul potrivit:* **essen**, **trinken**, **schmecken**, **frühstücken**.

a. ________ du Kaffee mit Milch? – Ja, sehr gerne.
b. ________ ihm Reis? – Nein, er ________ lieber Kartoffeln.
c. _______ Sie einen Rotwein? – Nein, danke.
d. M_______ Sie Pizza? – Ja, Pizza _______ mir.
e. F_______ Sie am Sonntag ausgiebig? – Ja.
f. ________ Sie Jazz? – Ja, aber auch Rock-Musik.
g. ________ Sie Brahms? – Ja, sehr.

27. **Ü** *Ce răspuns se potriveşte cel mai bine? Marchează-l cu o cruciuliţă:*

a. Nehmen Sie ein Würstchen?
☐ Ja, das habe ich.
☐ Nein, lieber ein Steak.
☐ Ja, das trinke ich.

b. Gibt es heute ein Nudelgericht?
☐ Nein, zum Abendessen.
☐ Nein, Pasta.
☐ Ja, Pizza.

c. Trinken Sie gern Bier?
☐ Ja, aber Rotwein.
☐ Nein, mir schmeckt Bier.
☐ Ja, sehr gerne.

d. Mögen Sie Fisch?
☐ Nein, lieber Fisch.
☐ Ich nehme Fisch.
☐ Fisch schmeckt mir.

e. Was möchten Sie trinken?
☐ Eine Suppe, bitte.
☐ Cola oder Saft.
☐ Ein Eis, bitte.

28. F

În lecţia 1 ai exersat pronunţia unui sunet des întâlnit în germană: ... din „Mihnea". L-ai mai întâlnit în sufixele **-ig (zwanzig, richtig), -lich (natürlich, glücklich)** şi **-chen (Brötchen, Würstchen)**, *dar şi în interiorul cuvintelor* (Küche).

29. Ü

Îţi propunem deci exersarea acestui sunet. Ascultă pronunţia de pe CD şi imită cât mai fidel pronunţia:

– ich – nicht – wichtig – richtig – ausgiebig – glücklich – Honig – Gericht – Nudelgericht – Milch – Brötchen – Würstchen.

30. Ü

Pentru a-ţi sistematiza cunoştinţele de vocabular îţi propunem un exerciţiu, pe care eşti rugat să-l foloseşti ca model pentru a-ţi ordona periodic cunoştinţele. Deci, sub care cuvânt-titlu trebuie trecute următoarele cuvinte? Scrie exerciţiul în caiet. Poţi să mai adaugi şi alte cuvinte cunoscute:

Schnitzel – Banane – Schokoladeeis – Steak – Kartoffel – Kotelett – Ananas – Pudding – Pfeffer – Wurst – Schweinebraten – Aprikose – Torte – Grapefruit – Strudel – Salat – Pflaume – Kraut –Leberwurst – Rindsbraten – Limonade – Cola – Tomaten – Senf – Saft – Kuchen – Spinat – Chateaubriand – Parfait – Karotten – Salami – Sekt – Likör – Wermut – Whisky – Hühnchenbraten

a. Aufschnitt: Schinken, ________, ________
b. Fleischgerichte: Schnitzel, ________, ________
c. Gewürze: Salz, ________, ________, ________, ________
d. Gemüse: Auberginen, ________, ________, ________, ______
e. Getränke: Wasser, ________, ________, ________, ________
f. Nachtisch: Cremeschnitt, ________, ________, ________
g. Obst: Pflaume, ________, ________, ________

r Aufschnitt, -e = mezeluri (tăiate felii)
s Gewürz, -e = condiment
s Fleischgericht, -e = fel de mâncare cu carne
r Nachtisch, -e = das Dessert

31. Ü

Alcătuieşte din felurile de mâncare de la exerciţiile ***11*** *şi* ***32*** *meniul la cantină pentru o săptămână întreagă! Începe astfel:*

a. Am Montag gibt es Tomatensuppe, ________________.
b. Am Dienstag gibt es ____________________.
c. Am Mittwoch ________________________.
d. Am Donnerstag ______________________.

e. Am Freitag ______________________________.
f. Am Samstag ______________________________.
g. Am Sonntag essen wir zu Hause. (Duminică mâncăm acasă).

32. **Ü** *Tot pentru fixarea vocabularului îţi sugerăm să-ţi notezi cuvintele noi, încercând să-ţi aminteşti cum au fost folosite în text. Ulterior ai putea încerca să completezi lista cu expresii şi propoziţii (eventual formulate de tine). Exemplificăm cu câteva verbe:*

frühstücken
- kalt
- ausgiebig
- am Sonntag

essen
- gern
- viel/wenig
- als Vorspeise/als Hauptgericht/als Nachspeise
- zum Frühstück/zum Mittagessen/zum Abendessen
- im Restaurant/zu Hause
- Suppe/Braten/Gemüse

Alcătuieşte liste asemănătoare pentru verbele **trinken**, **mögen** şi **schmecken**.

33. **Ü** *Iată şi o altă posibilitate de ordonare a cuvintelor: aceea de a le nota în funcţie de categoriile gramaticale cărora le aparţin. Căror categorii gramaticale le aparţin cuvintele de mai jos? Scrie-le în caiet într-un tabel, după modelul dat:*

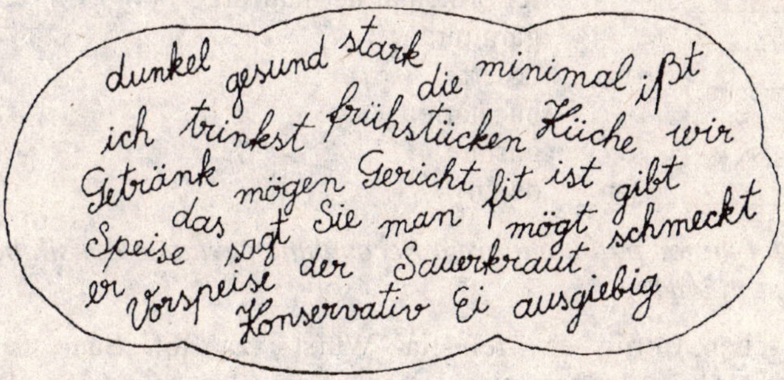

articol	substantiv	pronume	verb	adjectiv
die	Speise	er	ist	gesund

34. **Ü** *Foarte util este şi exerciţiul următor, pe care ţi-l poţi propune şi singur, ori de câte ori vei fi acumulat o cantitate mare de cuvinte noi. Grupează substantivele în funcţie de gen. Scrie-le în caiet în trei rubrici diferite:*

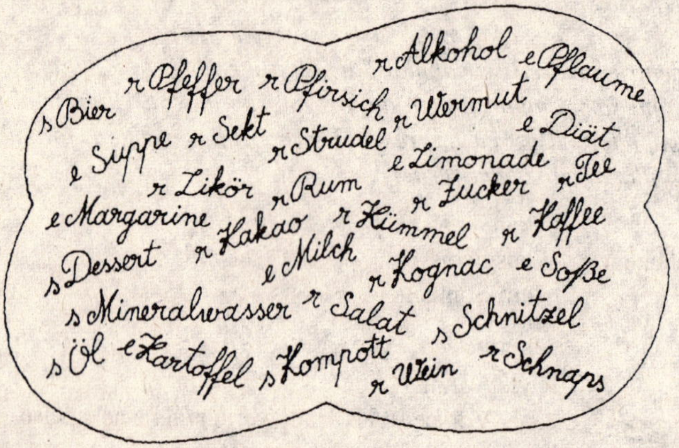

masculin	neutru	feminin
der Pfeffer	das Bier	die Milch

După cum ai observat, majoritatea băuturilor alcoolice sunt de genul _______.
***Nu uita!** Substantivele trebuie învăţate împreună cu articolul hotărât!*

35. **Ü** *În locul cuvintelor încrucişate, un alt „joc". Completează cuvintele! Pentru fiecare literă există câte o liniuţă:*

1. V_______e antreu
2. H__________t fel principal de mâncare
3. B_____e garnitură
4. D_____t desert
5. K___e bucătărie
6. I___ss gustare
7. M_________n dejun

36. **Ü** *Iar acum un joc puţin mai greu. Recompune cuvintele din silabe disparate! Scrie-le în caiet:*

Beef-, -chen, Corn-, -er-, -fel, -fla-, Würst-, -za, -tof-, Sau-, Ge-, Ge-, Ge-, Kar-, -kes, -kraut, -ridge, -steak, -tränk, Sup-, -lat, -müse, Piz-, Por-, -richt, -sa, -pe, Bra-, -ten, -chen, Ku-.

37. **Ü** *Eşti de acord cu conţinutul următoarelor propoziţii? Descifrează mai întâi propoziţiile şi scrie-le în caiet! **Nu uita!** Substantivele se scriu cu majusculă! Verifică dacă ai scris corect:*

a. dieiatlieneressenpizzaundtrinkenrotwein.

b. diedeutschenessenwürstchenmitsauerkrautodermitkartoffelsalat.

c. sietrinkennurbieroderminieralwasser.

d. dieengländeressenbeefsteakmitpommesfritesundtrinkennichts.

e. dieenglischeküchheistnichtsointeressant.

38. Ü *Ce ştii despre obiceiurile culinare ale germanilor, la sfârşitul lecţiei? Completează textul cu cuvintele care lipsesc:*

a. In Deutschland ______ man viel Bier.

b. Man s___: „Die Deutschen sind Weltmeister im Biertrinken."

c. Es ____ viele Biersorten.

d. Ein Bier vom Fass ________ immer gut.

e. Aber viele Deutsche m____ nicht nur Bier.

f. Peter zum B_______ mag auch Rotwein.

39. Ü *Şase persoane vorbesc despre mâncare. Ce le place şi ce nu? Completează desenul! Vei întâlni în dialog imperativul verbului* **nehmen**.

Persoana a II-a singular se formează de la indicativul prezent:
du nimmst – **nimm***!*
Mult mai simplă este forma de politeţe: **Nehmen Sie!**

40. *Ce ţi s-a părut mai dificil?*

LEKTION 8

1. *Unii oameni consideră gloria şi bogăţia esenţiale în viaţă. Alţii au alte preferinţe.*

A. *Citeşte titlul lecţiei şi analizează imaginea. Probabil că textul va aborda tema ______________. Urmăreşte-l cu atenţie. Sunt mai multe persoane care discută. Ce opinii ar putea avea ele faţă de problema în discuţie?*

B. *Citeşte textul după metoda exersată. Nu neglija negaţiile, ele fiindu-ţi de mare ajutor în descifrarea atitudinii vorbitorului.*

C. HELMUT MÜLLER LEBT UNGESUND

(Felul de viaţă nesănătos al lui Helmut Müller)

Helmut Müller ist krank. Am Morgen war er beim Arzt. Die Diagnose lautet:

Er steht kurz vor einem Herzinfarkt. Die Kollegen kommentieren das:

stehen = a se afla; **krank ≠ gesund**;
ungesund ≠ gesund
am Morgen war er beim Arzt – dimineaţă a fost la medic

Monika: „Kein Wunder! 40 Zigaretten täglich, das macht jeden kaputt. Aber er braucht wohl das Nikotin."

pro Tag = täglich; **aber** = dar

Klaus: „Und soviel Kaffee! Mindestens 12-14 Tassen pro Tag. Das ist ja Wahnsinn. Er sagt, er braucht den Kaffee, denn Koffein hält ihn wach."

mindestens = cel puţin, pe puţin

Helmut Müller, 39 Jahre, 1,82 m, 105 kg.

Petra: „Na ja, und am Abend trinkt er immer 2-3 Schnäpse. Und dann nimmt er Schlaftabletten, denn sonst schläft er nicht ein. Der Kollaps ist dann kein Wunder."

am Abend = seara; **dann** = apoi
sonst schläft er nicht ein – altfel nu adoarme

Hans: „Und das Essen! Er isst kein Gemüse und keinen Salat. Er mag nur fetten Schweinebraten mit Pommes frites. Er hat mindestens 25 kg zu viel. Aber er ist selber schuld, denn er isst ungesund.“

r Schweinebraten = friptură de porc; **fett** = gras; **zu viel** = prea mult
er ist selber schuld – el însuşi este vinovat

Susi: „Außerdem arbeitet er zu viel, 50-60 Stunden in der Woche im Büro. Er ist keinen Abend zu Hause. Einen solchen Stress hält doch kein Mensch aus.“

e Stunde, -n = oră;
in der Woche = **pro Woche** = **wöchentlich**;
einen solchen Stress hält kein Mensch aus – nici un om nu suportă un asemenea stres;
außerdem = în afară de aceasta;
zu Hause = acasă

Der arzt sagt: „Rauchen Sie nicht mehr! Nehmen Sie keine Medikamente und trinken Sie keinen Alkohol! Halten Sie Diät! Treiben Sie Sport und machen Sie endlich einmal Urlaub, denn nur so werden Sie wieder gesund!“

r Urlaub, -e = concediu;
Sport treiben = **Sport machen**

Sperăm că ai înţeles discuţia despre felul de viaţă al lui Helmut Müller.

2. *Ai remarcat, probabil, folosirea frecventă a unor particule, ca* **wohl** *(poate),* **dann** *(apoi, atunci),* **doch** *(doar), care se întâlnesc foarte des la vorbitorul de limbă germană. Ele sunt particule modale, necesare unei exprimări nuanţate. Atenţie la pronunţia şi ortografia următoarelor cuvinte:* kommentieren [komɛn’ti:rən], Koffein [kofe’i:n], Kolaps [kə’laps], Kollegen [ko’le:gən], kaputt [ka’pʊt], Schlaftabletten [’ʃla:fta’blɛtən], Pommes frites [pɔm’frɪt].

Textul cuprinde şi trei verbe cu particulă separabilă: **wach***halten (a ţine treaz),* **ein***schlafen (a adormi) şi* **aus***halten (a rezista), asupra cărora vom reveni într-o lecţie viitoare.*

3. *Completează spaţiile albe cu date din text. Exerciţiul rezolvat asigură informaţiile principale ale textului.*

Ü

1. Herr Müller lebt ungesund: 40 Zigaretten

a. täglich ____ Tassen Kaffee, Schlaftabletten und ____ Schnäpse.

b. zu dick: ____ kg zu viel

c. Stress: ____ Stunden Arbeit wöchentlich im Büro.

dick = gras

2. Der Arzt sagt:

a. „Rauchen Sie nicht mehr!" ____________ Sie keinen Kaffee!"

b. „Nehmen Sie keine Medikamente mit__________ zusammen."

c. „Halten Sie _______ und treiben Sie __________!"

d. „Machen Sie endlich ________!"

4. *Care din informaţiile de mai jos este corectă, care nu?*

Ü

	R	F
a. Manchmal braucht Helmut Müller den Kaffee und das Nikotin.		X
b. Normalerweise nimmt er 2-3 Schlaftabletten täglich.		
c. Nur das Nikotin hält ihn wach.		
d. Er isst leider nur Gemüse und Salat.		
e. Er arbeitet zu viel.		

5. *Care dintre personaje rosteşte propoziţiile de mai jos? Completează tabelul:*

Ü

a. 12–14 ceşti de cafea pe zi reprezintă o nebunie.

b. El are cel puţin 25 kg în plus.

c. 40 de ţigări pe zi distrug pe oricine.

d. Seara Helmut Müller bea tărie şi ia somnifere.

e. El lucrează 50-60 ore săptămânal.

f. Medicul îl sfătuieşte să nu ia (consume) medicamente şi să nu bea alcool.

g. Medicul îi recomandă regim.

a	b	c	d	e	f	g
Klaus						

6. *Recitește textul și caută complementele la acuzativ pentru verbele de mai jos.* ***Atenție!*** *Unele verbe pot avea mai multe complemente! Articolul nehotărât se omite în cazul numelor de materii, folosite cu sens general, și al locuțiunilor verbale.*

A. **a.** Gemüse, __________ mögen.
b. ________________, __________ brauchen.
c. ________________, __________ trinken.
d. ________________, __________ nehmen.
e. ________________ essen.
f. ________________, ____________ machen.
g. ________________, rauchen.

B. *Completează expresiile cu verbele corespunzătoare:*

a. Urlaub __________ **c.** Diät ________________
b. Medikamente _______ **d.** (Schlaf)tabletten, _________
e. Zigaretten __________

Atenție! *Ca și în limba română, verbul* **machen** *este des folosit în expresii. Întrucât întrebuințarea lui* **nu** *coincide întotdeauna în cele două limbi, este necesar să reții fiecare expresie ca atare.*

7. *Care sunt echivalentele propozițiilor din limba germană?*

A. Helmut Müller trinkt Schnaps und nimmt Schlaftabletten.
a. Helmut Müller bea țuică și ia medicamente.
b. El ia somnifere și bea câteodată.
c. Helmut Müller bea tărie și ia somnifere.

B. Helmut Müller raucht zu viel.
a. Helmut Müller lucrează prea mult.
b. Helmut Müller fumează prea mult.
c. Helmut Müller mănâncă prea mult.

C. Machen Sie endlich Urlaub!
a. Aveți nevoie de concediu!
b. Luați-vă în sfârșit concediu!
c. Aveți concediu!

8. *Care variantă este corectă?*

A. Er braucht wohl das Nikotin.
a. Er braucht manchmal Nikotin.
b. Normalerweise braucht er Nikotin.
c. Vielleicht braucht er das Nikotin.

B. Herr Müller mag fetten Schweinebraten und Pommes frites.
a. Herr Müller isst nur Schweinebraten und Pommes frites.
b. Schweinebraten und Pommes frites isst Herr Müller sehr gerne.
c. Helmut Müller isst manchmal Schweinebraten und Pommes frites.

C. Am Abend trinkt er 2-3 Schnäpse

a. Manchmal trinkt er am Abend Schnaps.
b. Normalerweise trinkt er am Abend Schnaps.
c. Am Abend trinkt er gern 2-3 Schnäpse.

9. *Din nou spaţii albe. Reciteşte textul şi completează cuvintele lipsă:*

Ü

a. Und dann nimmt er Schlaftabletten, denn sonst schläft er nicht ein.
b. Der Kollaps ist dann ________ Wunder.
c. Er isst __________ Gemüse und __________ Salat.
d. Er ist _________ Abend zu Hause.
e. Einen solchen Stress hält ___________ Mensch aus.
f. Rauchen Sie ___________ mehr!
g. Nehmen Sie _________ Medikamente!
h. Trinken Sie _________ Alkohol!

Ai dedus probabil că ai operat cu două forme ale negaţiei. Care dintre negaţii precedă substantivul? ____________

10. *Spre deosebire de negaţia* **nicht** *(vezi L4, 24), articolul nehotărât negat* **kein, keine, kein,** *la plural* **keine,** *se foloseşte* **numai** *pentru negarea substantivelor. El are forme variabile în funcţie de genul, numărul şi cazul lor. Pentru evidenţierea terminaţiilor comune, tabelul de mai jos cuprinde atât articolul hotărât, cât şi pe cel nehotărât.*

GR

	m.	n.	f.	pl.
N.	der Schnaps **kein** ein	das Büro **kein** ein	die Diät **keine** eine	die Zigaretten **keine** –
A.	den Schnaps keinen einen	das Büro kein ein	die Diät keine eine	die Zigaretten keine –

Ce constaţi în legătură cu formele articolului nehotărât negat şi ale articolului nehotărât? ____________

11. *Ne-am încurcat în sortimentele de băuturi. N-ai vrea să ne dai o mână de ajutor?*

Ü

a. Ist „Moskovskaia" ein Whisky? — r Whisky
Nein, das ist kein Whisky.
Das ist ein Wodka aus Russland. — r Wodka
b. Ist „Borsec" ein Wein? — r Wein
Nein, das ist ________ Wein.
Das ist ________ Mineralwasser aus Rumänien. — s Mineralwasser

c. Ist „Pilsen“ ein Mineralwasser?
Nein, das ist _________ Mineralwasser.
Das ist ______ Bier aus Tschechien. s Bier

d. Ist „Bourbon“ ein Saft? r Saft
Nein, das ist _____ Saft.
Das ist ______ Whisky aus den USA.

e. Ist „Porto“ ein Bier?
Nein, das ist ______ Bier.
Das ist ______ Wein aus Portugal.

f. Ist „Havana Club“ ein Bier?
Nein, das ist _______ Bier.
Das ist ______ Rum aus Cuba. r Rum

g. Ist „Cinzano“ ein Rum?
Nein, das ist _____ Rum.
Das ist _______ Wermut aus Italien. r Wermut

h. Ist „Sherry“ ein Saft?
Nein, das ist __________ Saft.
Das ist _______ Likör. r Likör

i. Ist „Jerez“ ein Likör?
Nein, das ist __________ Likör.
Das ist _______ Wein aus Spanien.

j. Ist „Sake“ ein Rum?
Nein, das ist __________ Rum.
Das ist ___________ Reiswein aus Japan. r Reiswein

k. Ist „Slibowitza“ ein Mineralwasser?
Nein, das ist ____________ Mineralwasser.
Das ist ________ Schnaps aus Jugoslawien.

12. **Ü** *Ce-am putea face cu Antje (5 ani)? Este foarte mofturoasă. Nimic din ceea ce i se oferă la masă nu-i place. Pentru rezolvarea exercițiului, consultă lista de cuvinte de la L6. Nu uita nici articolul nehotărât negat la cazul acuzativ.*

Am Morgen:

A. **a.** Heute trinke ich keinen Tee. Ich möchte Kakao.

b. Ich esse _________ Knäckebrot. Ich möchte Brötchen.

c. Ich möchte _______ Marmelade. Ich esse heute Honig.

d. Schinken! Nein, ich brauche auch __________ Schinken.

Ich bin satt.

satt = sătul(ă)

Zu Mittag:

B. a. Ach, wieder Gemüsesuppe. Ich mag __________ Gemüsesuppe.
b. Schweinebraten? Ich esse _________ Schweinebraten. Der ist zu fett.
c. Spinat? Ich möchte ____________ Spinat. Der ist zu grün.
d. Ich trinke _________ Zitronensaft. Der ist zu sauer.

sauer = acru

13. **Ü** *Helmut Müller nu este de acord cu observaţiile colegilor. Reciteşte explicaţiile de la L4, 24 şi completează propoziţiile de mai jos cu negaţiile corespunzătoare:*

a. Ich rauche nicht zu viel, nur 40 Zigaretten pro Tag.
b. Ich trinke _____ viel Kaffee, nur 12-14 Tassen täglich.
c. Ich trinke auch _____ viel Alkohol, nur 2-3 Schnäpse am Abend.
d. Ich arbeite auch ____ zu viel.
e. Ich lebe gar ____ ungesund.

14. **Ü** *Foloseşte în propoziţiile de mai jos negaţiile* **nicht** *sau* **kein, keine, keinen***:*

a. Essen Sie wirklich kein Fleisch?
b. Und auch _______ Butter?
c. Essen Sie auch _____ Eier?
d. Trinken Sie auch _____ Wein?
e. Und auch _____ Milch?
f. Rauchen Sie auch _____ ?

15. **GR** *Verbul* **nehmen** *face parte din categoria verbelor care îşi modifică vocala din rădăcină la prezent (vezi la L5, 7, verbele* **essen**, **lesen**, **sprechen**, **sehen***). El mai suferă însă şi alte modificări de consoană la persoana a II-a şi a III-a singular. Iată conjugarea acestuia la indicativul prezent:*

nehmen

ich nehme	wir nehmen
du nimmst	ihr nehmt
er / sie / es } nimmt	sie nehmen
	Sie nehmen

Şi verbul **schlafen** *este un verb neregulat. El se conjugă după modelul* **fahren** *(vezi L5, 7). Notează-i conjugarea în caiet.*

16. **Ü** *Monika, Ingrid şi Bernd sărbătoresc aniversarea prietenului lor Jürgen la restaurant. Tocmai sunt pe cale de a alcătui un meniu. Completează dialogul, folosind verbele* **nehmen**, **essen**, **schmecken** *şi* **möchten** *la formele cerute:*

Jürgen: „Was möchtest du, Erika?"
Erika: „Ich n_ _ _ _ einen Hähnchenbraten mit Pommes frites. Das schmeckt doch immer sehr gut."
Jürgen: „Und du, Ingrid, was m_ _ _ _ _ _ _ du?"
Ingrid: „Bernd und ich, wir e_ _ _ _ gerne Beefsteak mit Sauerkraut."
Bernd: „M_ _ _ _ _ _ _ du heute nicht lieber Würstchen mit Reis?"
Ingrid: „Also gut, dann n_ _ _ _ _ wir Currywürstchen mit Reis."
Jürgen: „Prima, ihr n_ _ _ _ Currywürstchen mit Reis und ich n_ _ _ _ Rostbratwürstchen mit Kartoffelsalat. Und was trinken wir?"
Alle: „N_ _ _ _ wir eine Flasche Sekt!"

immer = întotdeauna

17. **GR** *Expresiile* **rauchen Sie, nehmen Sie, machen Sie, treiben Sie** *sunt imperative de politeţe, formă identică verbului conjugat la indicativ prezent persoana a III-a plural, forma de politeţe. Reţine că în această construcţie verbul se află pe primul loc, fiind urmat imediat de subiect (vezi şi L7).*

18. **Ü** *Ce recomandări face medicul unei persoane supraponderale? Nu uita negaţiile! Formulează propoziţiile în caiet:*

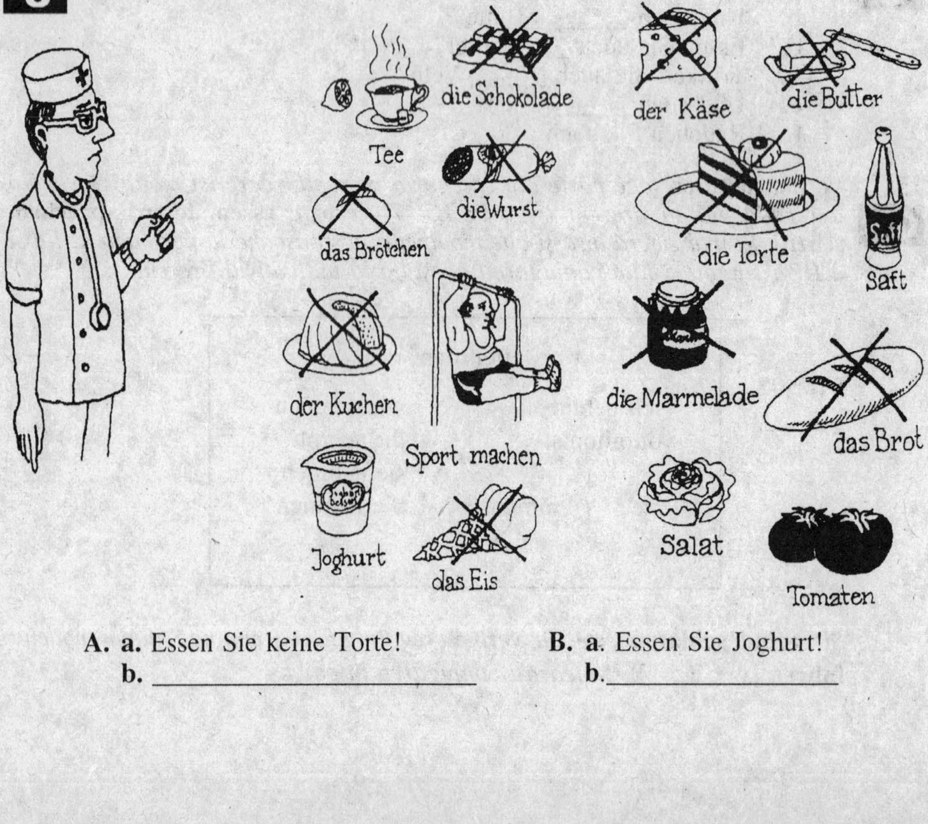

A. a. Essen Sie keine Torte!
b. ____________________

B. a. Essen Sie Joghurt!
b. ____________________

19. *Combină coloanele ţinând seama de text. Completează tabelul:*

Ü

a. Helmut Müller trinkt täglich 12-14 Tassen Kaffee,
b. Er nimmt Schlaftabletten,
c. Er hat 25 kg zu viel,
d. Helmut Müller steht kurz vor einem Herzinfarkt,
e. Er raucht 40 Zigaretten täglich,

denn

1. er lebt ungesund.
2. er braucht das Nikotin.
3. er schläft sonst nicht ein.
4. Koffein hält ihn wach.
5. er isst Schweinebraten mit Pommes frites.

a	b	c	d	e
4				

Ce părţi de propoziţie urmează după conjuncţia **denn***?*

a. subiect – predicat
b. predicat – subiect
c. complement la acuzativ – predicat

20. *Ai observat, desigur, că* **denn** *introduce propoziţii fără a modifica ordinea cuvintelor în propoziţie. Este o propoziţie cauzală, care răspunde la întrebarea* **warum?** - *„de ce?“*

GR

Atenţie! *Propoziţiile cauzale introduse prin* **denn** *sunt* ***întotdeauna postpuse****.*

De exemplu: Herr Müller trinkt 12-14 Tassen Kaffee, denn das Koffein hält ihn wach.

Atenţie! *Conjuncţia coordonatoare* **denn** *introduce o propoziţie (propoziţie principală) sau o recomandare.* **Denn** *mai poate fi şi adverb de mod, traducându-se prin „oare“.*
De exemplu: Wo ist er denn? *(Unde este el oare?)*

21. *Formulează fraze conform modelului; scrie-le în caiet:*

Ü

a. Essen Sie viel Obst. Obst ist sehr gesund.
Essen Sie viel Obst, denn Obst ist sehr gesund.
b. Essen Sie nicht viel Schokolade. Schokolade macht dick.
c. Ich möchte jetzt nicht essen. Ich bin satt.
d. Fremdsprachen lernen ist wichtig. Eine Sprache verstehen bedeutet eine Kultur verstehen.
e. Wiederholen Sie die unregelmäßigen Verben. Sie sind schwer.
f. Ich mag keinen Sport. Sport ist auch Stress.
g. Vielleicht spricht er Spanisch. Er war 10 Jahre in Spanien.

unregelmäßig = neregulat **schwer** = greu

22. *Şi această lecţie conţine multe cuvinte lungi. Pentru exersarea lor îţi recomandăm următorul exerciţiu. Combină silabele astfel încât să obţii cele şapte cuvinte din limba română:*

a. colaps ____________________
b. infarct miocardic ____________
c. somnifere ________________
d. medicament________________
e. cel puţin _________________
f. friptură de porc___________
g. a comenta ________________

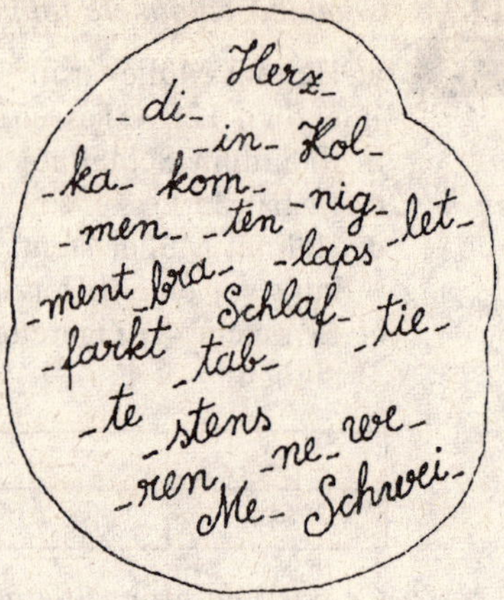

23. *Mai citeşte încă o dată textul şi încearcă să distingi atitudinea vorbitorului faţă de Helmut Müller. Notează în dreptul propoziţiilor + (pozitiv) atitudinea favorabilă, – (negativ) atitudinea nefavorabilă, +/– (pozitiv, negativ) atitudinea înţelegătoare. Numerotează propoziţiile şi apoi transcrie-le.*

1. –; **2.** ...

24. **a.** *Consoanele* **b**, **d**, **g**, *se pronunţă la începutul cuvântului* [b], [d], [g].

De exemplu:

[b]: **B**all, **B**ronze
[d]: **d**u, **D**iät
[g]: **g**ut, **G**rad

Consoanele **p**, **t**, **k** *se pronunţă la începutul cuvântului* [p], [t], [k].

De exemplu:

[p]: **P**ol, **P**ark
[t]: **t**rinken, **t**reiben
[k]: **k**rank, **K**affee

b. *Consoanele* **b**, **d**, **g** *se pronunţă la sfârşitul cuvântului ca şi consoanele* **p**, **t**, **k**. *Prin urmare:*

[p]: Olym**p** — Klu**b**, deshal**b**
[t]: Sala**t**, rauch**t** — gesun**d**, Aben**d**
[k]: Ira**k**, Physi**k**, Dänemar**k** — Ta**g**, ma**g**

25. **A.** *Citeşte următoarele cuvinte verificând dacă* [b], [d], [g] *se pronunţă* [p], [t], [k].

a. Bier, Klu**b**, **B**lock, Urlau**b, b**lond, **B**ar
b. Diamant, Stran**d**, Jo**d**, **d**u, **D**eutsch, Gra**d**
c. Grotte, Ta**g**, **G**ramm, **G**ruppe, ma**g, G**as

B. *Controlează-ţi pronunţia ascultând CD-ul. Apoi citeşte cuvintele cu voce tare, imitând pronunţia model.*

26. *Lecţia ţi-a oferit un vocabular bogat pe tema sănătăţii.*
Ü *Pentru a-l reţine, încearcă să ordonezi expresiile:*

A.

gesundes Leben

nicht zu viel Alkohol trinken
a nu bea prea mult alcool

a nu mânca gras

a nu bea prea multă cafea

a mânca legume şi salată

a dormi 8 ore

a mânca sănătos

a face sport

B.

ungesundes Leben

a mânca gras

a lua multe medicamente

a bea prea multă cafea

a munci foarte mult

a fuma

a fi gras

a nu lua concediu

a consuma mult alcool

● IN DER APOTHEKE
(La farmacie)

27. *Exerciţii orale*
Ü *Aflându-se în străinătate, oricui i se poate întâmpla să aibă nevoie de un medicament sau de sfaturile binevoitoare ale unui farmacist. Urmează două dialoguri.*

I. **A.** *Urmăreşte dialogul cu atenţie, fără a folosi manualul.*
B. *Citeşte cu voce tare dialogul şi încearcă să imiţi cât mai exact modelul. Nu uita să împarţi propoziţiile în unităţi mai mici!*

Mann: „Ich habe heftige Magenschmerzen! Haben Sie bitte eine Tablette gegen Magenschmerzen?"
Frau: „Wo tut es Ihnen weh?"
Mann: „Hier rechts."
Frau: „Also am besten, gehen Sie zum Arzt."

C. *Reţine:*
heftige Magenschmerzen = dureri puternice de stomac
eine Tablette gegen... = o tabletă contra...
rechts = la dreapta
am besten = cel mai bine, de preferat
Wo tut es Ihnen weh? – Unde vă doare?
rechts ≠ links

D. *Repetă replicile dialogului până le reţii!*

II. A. *Ascultă acum al doilea dialog.*

B. *Citeşte-l cu voce tare şi încearcă să imiţi cât mai fidel modelul:*

Frau: „Guten Tag, ich möchte etwas gegen Erkältung."
Mann: „Haben Sie ein Rezept?"
Frau: „Nein."
Mann: „Haben Sie auch Fieber?"
Frau: „Nein. Der Kopf tut mir stark weh und ich habe auch Schnupfen."
Mann: „Da haben Sie Nasentropfen, ein Antibiotikum und Schmerzlinderungsmittel gegen die Kopfschmerzen."
Frau: „Wie oft muss ich die Medikamente nehmen?"
Mann: „3 mal täglich, am Morgen, zu Mittag und am Abend je eine Tablette. 5 mal täglich 2-3 Tropfen in die Nase."
Frau: „Die Tabletten 3 mal und die Tropfen 5 mal."
Mann: „Genau."
Frau: „Und wie muss ich die Tabletten nehmen?"
Mann: „Am besten vor dem Essen mit etwas Wasser."
Frau: „Danke schön! Auf Wiedersehen!"
Mann: „Gerne geschehen!"

C. *Citeşte şi reţine cuvintele şi expresiile:*

e Erkältung, *sg.* = răceală
s Fieber, - = febră
r Schnupfen, - = guturai
der Kopf tut mir weh – mă doare capul
s Schmerzlinderungsmittel, - = calmant
wie oft muss ich ... – cât de des trebuie...
e Nasentropfen = picături pentru nas
vor dem Essen = înainte de masă
gerne geschehen = cu plăcere

D. *Învaţă replicile. Nu uita să le împarţi în unităţi mai mici!*

28. *Ce este adevărat, ce nu? Notează în tabel:*

Ü

a. Die Frau ist in der Apotheke.

b. Die Frau ist nicht krank.

c. Sie möchte Tabletten gegen Magenschmerzen.

d. Sie hat kein Rezept.

e. Der Apotheker gibt ihr keine Medikamente.

f. Die Frau möchte nur ein Antibiotikum.

ihr = ei (*D., pl.*)

R	F
X	

29. *Ai recunoscut, desigur, câteva locuţiuni adverbiale. Ai reţinut că în limba germană ele sunt precedate de prepoziţiile* ***zu*** *sau* ***am****. Se spune:*

GR

am Morgen = dimineaţa; **zu Mittag** = la prânz; **am Abend** = seara

30. *Urmăreşte cu mare atenţie recomandările farmacistului. Convinge-te cu ajutorul întrebărilor că vei lua corect medicamentele. Răspunde mai întâi cu voce tare, completează apoi spaţiile albe:*

Ü

– „Die Tabletten nehmen Sie 2 mal und die Tropfen 4 mal täglich."

–"N____ i__ d__ T________ a_ M_____ und a_ A____?"

–"Ja, richtig."

– „W__ muss i__ d__ T________ n_____?"

– „Am besten mit etwas Wasser."

31. *La ce întrebări ar trebui să răspunzi? Formulează-le cu voce tare şi notează-le apoi în spaţiul acordat:*

Ü

a. „________________________________?" „Hier rechts."

b. „________________________________?" „Nein, ich habe kein Rezept."

c. „___________ auch Kopf ___________?" „Ja, heftige."

32. *Eşti nevoit să faci pe translatorul. Persoana al cărei purtător de cuvânt eşti are febră, dureri puternice de cap şi doreşte un antibiotic, un calmant şi picături pentru nas.*

Ü

33. *Urmează variante la expresiile exersate. Citeşte-le şi încearcă să le reţii pe cele care ţi se par importante:*

Ü

Der Hals		- Mă doare gâtul.
Das Ohr	tut mir weh.	- Mă doare urechea.
Der Zahn		- Mă doare dintele.
	Halsschmerzen.	– Mă doare gâtul. (Am dureri în gât).
Ich habe	Zahnschmerzen	– Mă dor dinţii. (Am dureri de dinţi).
	Bauchschmerzen	– Mă doare burta. (Am dureri de burtă).
	ein Medikament gegen...	– Doresc un medicament contra...
Ich möchte	eine Salbe...	– Doresc o alifie contra...
	Ampullen...	– Doresc injecţii (fiole) contra...

34. *Ce ţi s-a părut uşor? Ce a fost mai dificil? Ce consideri că trebuie reluat?*

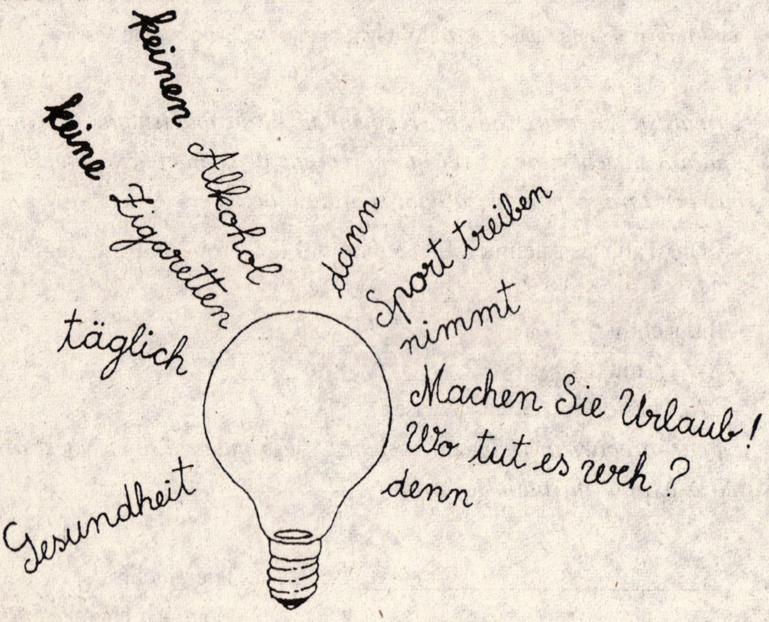

LEKTION 9

1. *Indiscutabil, sănătatea este bunul nostru cel mai de preţ. Dar cum se poate menţine?*

A. *Ce îţi sugerează titlul lecţiei şi semnele de punctuaţie? Priveşte ilustraţiile şi tabelele. Despre ce va fi oare vorba în text?*

B. *Citeşte textul. Vei găsi multe cifre şi cuvinte asemănătoare în multe limbi, deci de circulaţie internaţională. Abordează textul după metoda exersată!*

C. FIT UND GESUND: MIT UND OHNE PROGRAMM?!

(În formă şi sănătos: cu şi fără program?!)

Zu Fuß gehen

Steigen Sie am Morgen 2 Stationen früher aus der U-Bahn!
Gehen Sie zu Fuß ins Büro!
Steigen Sie Treppen! Das fördert Herz und Kreislauf.
Laufen Sie auf der Stelle!

steigen = a urca **e U-Bahn = e Metro**
steigen Sie aus ... – coborâţi din ...
auf der Stelle = pe loc

Laufen

Dauer: 12 Wochen/je 2 Tage pro Woche

1. Woche
2 Minuten schnell gehen, dann 1 Minute laufen, dann wieder 3 Minuten schnell gehen, danach 1 Minute laufen...

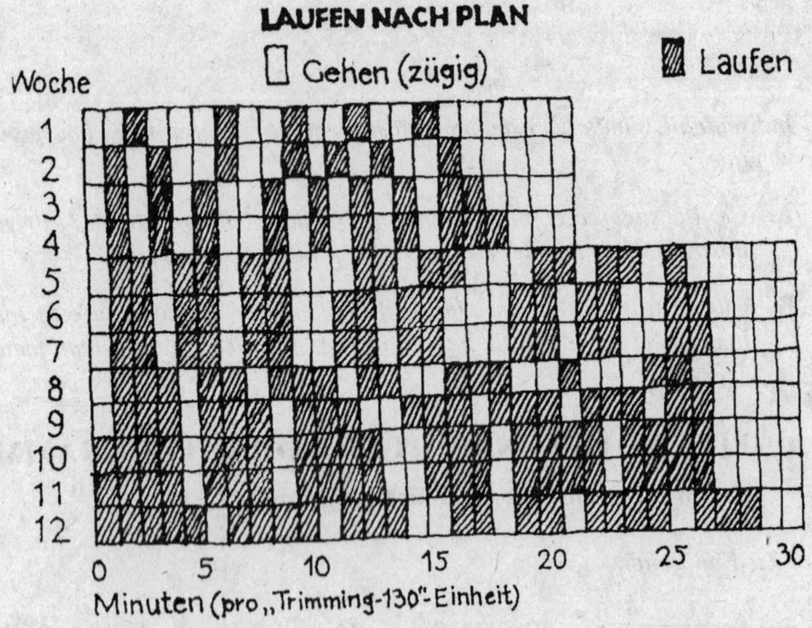

Wichtig:

Kontrollieren Sie den Puls! Schlägt er mehr als 130 pro Minute, reduzieren Sie das Tempo. Ist er tiefer, forcieren Sie die Geschwindigkeit.

e Geschwindigkeit, -en = viteză
tief = coborât
schlagen = a bate
schnell = repede
dann = danach

2. *Woche...*
Radfahren

Dauer: 12 Wochen und mehr, je 2 Tage wöchentlich. Beginnen Sie mit 6-8 km in der ersten Woche. Fahren Sie in der zweiten Woche zwei Einheiten zu je 10 km oder 3 Einheiten zu je 8 km mit Durchschnittspuls 130.

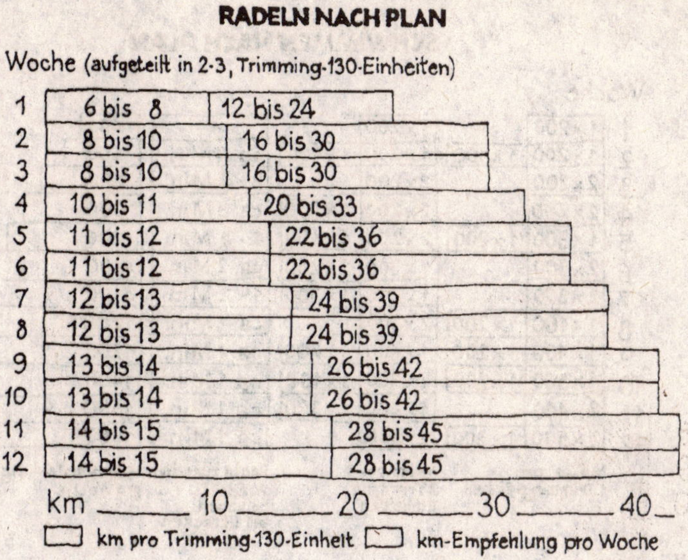

Wichtig:

2-3 Minuten warm-fahren, dann schneller. Messen Sie zwischendurch den Puls!

e Einheit, -en = unitate
beginnen = a începe
r Durchschnittspuls, -e = puls mediu
messen = a măsura
e Empfehlung, -en = recomandare
zu je... km = câte... km
radeln = Rad fahren

Schwimmen

Suchen Sie ruhige Stunden, dann schwimmen Sie ungestört. Beginnen Sie mit 200 m, dann schwimmen Sie je 300, in der 2. Woche!

SCHWIMMEN NACH PLAN

Woche	Meter pro 1 Trimming-Einheit		Meter pro 2 Trimming Einheiten		Pause zwischen Wieder-holungen bei Strecken	Meterempfehlung pro Woche
1	1×200		1×200		–	400
2	1×200	1×100	1×200	1×100	ca. 4 Min.	600
3	2×200		2×200		3-4 Min.	800
4	2×200		2×200	1×100	ca. 3 Min.	900
5	1×300	1×200	2×200	1×100	2-3 Min.	1000
6	2×300		1×300	1×200	ca. 2 Min.	1100
7	2×300		1×200	1×300	1-2 Min.	1100
8	1×400	1×200	2×300		ca. 1 Min.	1200
9	1×400	1×200	1×400	1×200	ca. 1 Min.	1200
10	1×500	1×200	2×300	1×100	ca. 1 Min.	1400
11	2×400		1×400	1×300	ca. 1 Min.	1500
12	1×500	1×300	2×400		ca. 1 Min.	1600

Wichtig:

Vergessen Sie das lockere Ausschwimmen nicht! Ein Partner kann am Beckenrand die Pulsfrequenz messen.

suchen = a căuta

vergessen = a uita

das lockere Ausschwimmen = înotul lin la ieşirea din bazin

Die Trainingspläne können Sie auch mit anderen Sportarten üben.
Wichtig: Langsam beginnen! Pausen machen und später steigern. Das rechte Maß gibt der Puls!

üben = a exersa, a se antrena	**spät** = târziu
steigern = a creşte	**s rechte Maß** = măsura corectă
spät ≠ früh	**langsam ≠ schnell**

2. *Nu-i aşa că n-ai avut probleme deosebite de înţelegere a textului? Poate că te-ai şi gândit în timpul lecturii la un antrenament pentru tine. Ai putut descifra tabelele?*

***Atenţie** la următoarele cuvinte mai dificile:* forcieren [for'si:rən], Durchschnittpuls ['dʊrçʃnɪts'pʊls], zwischendurch [tsvɪʃən'dʊrç], Ausschwimmen [aos'ʃvɪmən], Geschwindigkeit [gə'ʃvɪndɪçkæt] .

3. **Ü** **A.** *Completează tabelul de mai jos, consultând graficul de antrenament pentru alergare.*
Numără cu atenţie unităţile de timp. Scrie apoi tabelul în caiet:

	schnell gehen Minuten insgesamt	laufen Minuten insgesamt
1. Woche	17	5
2. Woche	15	...

B. *Încercuieşte unităţile (distanţele) corecte pentru mersul pe bicicletă; încadrează-te în limitele indicate:*

a. 1. Woche: **<u>2 x 6 km</u>**; 2 x 13 km; 3 x 9 km

b. 5. und 6. Woche: 3 x 14 km; 2 x 11 km; 2 x 25 km

c. 11. und 12. Woche: 3 x 20 km; 3 x 15 km; 2 x 25 km

C. *Încercuieşte răspunsurile corecte pentru înot:*

a. *Când faci pauză de 4 minute în săptămâna a doua?*
nach 200 m; **<u>nach 300 m</u>**; nach 100 m.

b. *De câte ori ar trebui să te antrenezi pe săptămână?*
1 - mal; 2 - mal; 3 - mal.

c. *Câte minute trebuie să te odihneşti în săptămâna a doua şi a treia?*
1 Minute; 4 Minuten; 2 Minuten.

4. *Notează în caiet echivalentele germane ale următoarelor propoziţii:*

Ü **a.** Mergeţi pe jos la birou! **b.** Urcaţi scările! **c.** Alergaţi pe loc! **d.** Dacă pulsul este mai mare de 130, reduceţi ritmul! **e.** Dacă este mai coborât, măriţi viteza! **f.** Faceţi încălzire 2–3 minute! **g.** Căutaţi orele mai liniştite! **h.** Nu uitaţi să reduceţi ritmul de înot la ieşire! **i.** Vă puteţi antrena după plan şi la alte probe sportive!

5. *Ce sfaturi ai da unor amatori de sport? Combină cele două coloane. Scrie apoi propoziţiile complete în caiet:*

a. Steigen Sie
b. Laufen Sie
c. Gehen Sie
d. Kontrollieren Sie
e. Reduzieren Sie
f. Forcieren Sie
g. Beginnen Sie
h. Fahren Sie
i. Messen Sie
j. Suchen Sie
k. Schwimmen Sie
l. Machen Sie

1. den Puls!
2. die Geschwindigkeit!
3. auf der Stelle!
4. 20 km in der 2. Woche!
5. ruhige Stunden!
6. 2 Minuten schnell!
7. das Tempo!
8. Pausen!
9. in der 1. Woche 200 m!
10. mit 6-8 km Radfahren!
11. manchmal den Puls!
12. 2 Stationen früher aus der U-Bahn!

a	b	c	d	e	f	g	h	i	j	k	l
12											

a. Steigen Sie 2 Stationen früher aus der U-Bahn!

6. *Care sunt expresiile complete?*

a. zu Fuß gehen
b. auf der Stelle ___________
c. den Puls ______________
d. Pausen ______________

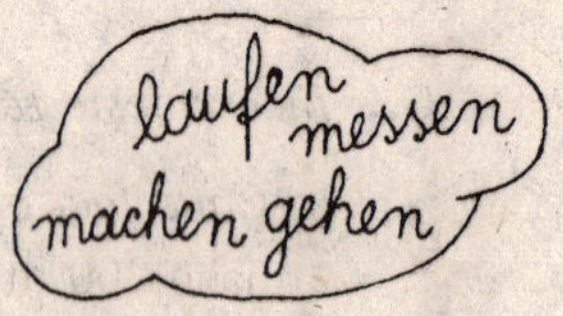

7. *Verbul **laufen** este neregulat la indicativ prezent, schimbând vocala **a** în **ä** la persoanele a II-a şi a III-a singular.*

*Şi verbele **messen** şi **vergessen** sunt verbe neregulate, urmând modelul de conjugare al verbului **essen** (vezi L5, 7). Verbul **schlagen** se conjugă după modelul lui **fahren**. Iată conjugarea verbului **laufen**:*

laufen

ich laufe	wir laufen
du **läufst**	ihr lauft
er, sie, es **läuft**	sie laufen
	Sie laufen

8. *Teme sportive şi medicale. Care sunt formele corecte ale verbului? Subliniază-le:*

Ü

a. Doina Melinte	läufst <u>läuft</u> laufen	täglich mindestens 6 Stunden.
b. Der Chefarzt	messt messe misst	den Puls.
c. Normalerweise	schlagen schlägt schlägst	der Puls 80 pro Minute.
d. Manchmal	läuft lauft laufe	ich auf der Stelle.
e. Mein Freund	messen misst messt	meinen Puls.

9. *Confruntând tabelul şi textul, ai realizat probabil că* **1. Woche** *şi* **erste Woche**, *respectiv* **2. Woche** *şi* **zweite Woche** *sunt sinonime, cifra urmată de un punct exprimând un numeral ordinal. Deci expresiile se traduc prin „prima săptămână", „a doua săptămână".*

GR

Revezi L1, 5 şi compară formele **zwei** *şi* **zweite**. *Vei constata că la numeralul ordinal s-a adăugat terminaţia* **-te**.
Pentru a obţine numerale ordinale, se adaugă terminaţia **-te** *la numeralele cardinale între 1 şi 19, iar de la 20 în sus, terminaţia* **-ste**.

Atenţie! *Excepţie de la regulă fac numeralele* **erste** şi **dritte**.
eins – **erste**; zwei – **zweite**; drei – **dritte**;

În funcţie de genul substantivului, numeralele ordinale sunt de obicei precedate de articolul hotărât.

De exemplu: der zweite Roman; die zweite Novelle; das zweite Bier.

Iată tabelul:

1. der, die, das	erste	11. der, die, das	elfte
2.	zweite	12.	zwölfte
3.	dritte	13.	dreizehnte
4.	vierte	19.	neunzehnte
5.	fünfte	20.	zwanzigste
6.	sechste	23.	dreiundzwazigste
7.	siebente	77.	siebenundsiebzigste
8.	achte	99.	neunundneunzigste
9.	neunte	100.	hundertste
10.	zehnte		

Numeralele ordinale care fac parte din numele împăraţilor, regilor etc. se scriu fie cu cifre romane urmate de punct, fie în litere cu majusculă, folosirea articolului hotărât fiind obligatorie. De exemplu: Heinrich IV – Heinrich **der Vierte**.

10. Ü *Pentru a nu uita semnificaţia punctului după cifră, completează spaţiile albe şi exersează citirea numeralelor.*

1. Woche = die erste Woche	7. Woche = die _____ Woche
2. Woche = die _____ Woche	8. Woche = die _____ Woche
3. Woche = die _____ Woche	9. Woche = die _____ Woche
4. Woche = die _____ Woche	10. Woche = die _____ Woche
5. Woche = die _____ Woche	11. Woche = die _____ Woche
6. Woche = die _____ Woche	12. Woche = die _____ Woche

Ai scris corect numeralele ordinale? Compară ortografia lor cu ***9.*** *din această lecţie.*

11. Ü *În ce zi suntem astăzi? Nu uita că în limba germană lunile sunt de gen masculin.*

Heute ist _____ _______ _________.

12. Ü *Completează ziua şi luna în litere:*

a. 7.1. der siebente Januar

b. 8.2. ____________________

c. 15.8. ____________________

d. 14.7. ____________________

e. 8.9. ____________________

f. 22.12. ____________________

13. Ü *Completează spaţiile albe cu formele corespunzătoare ale adjectivelor din text:*

A. **a.** früh früher **c.** schnell ___________
b. tief _________ **d.** spät ____________

B. *Subliniază terminaţia comună şi notează-o separat:* _____

14. GR *Un program competiţional presupune folosirea comparaţiei. După cum ai observat,* **gradul comparativ** *se formează în limba germană din adjectivul la pozitiv, la care se adaugă terminaţia* **-er** [ɐ].

gradul pozitiv		***gradul comparativ***
früh	+ **er**	= früh**er** [ʼfry:ɐ]
schnell	+ **er**	= schnell**er** [ʃnɛlɐ]

Unele adjective monosilabice, conţinând în rădăcină **a**, **o**, **u**, *primesc la gradul comparativ* **Umlaut**:

alt	+ er =	**ä** lter [ɛltɐ]
groß	+ er =	gr **ö** ßer [grø:sɐ]
kurz	+ er =	k **ü** rzer [ʼkvrts]

alt = vechi, bătrân; **kurz** = scurt; **alt ≠ neu, jung** **kurz ≠ lang**

La comparativul adjectivelor terminate în **-el** *sau* **-er** *se omite întotdeauna vocala intermediară* **-e**:

dunkel	+ er	dunkeler	= dunkler [ʼdʊŋklɐ]
teuer	+ er	teuerer	= teurer [ʼtɔørɐ]

dunkel = întunecat; **teuer** = scump

La compararea unor termeni inegali (comparativ de inegalitate) se foloseşte pe lîngă comparativul adjectivului, şi particula **als**:
Der Saft ist **süßer als** die Limonade.

Câteva din adjectivele cunoscute până acum formează gradele de comparaţie în mod neregulat:

pozitiv	*comparativ*
gut	besser
viel, sehr	mehr
gern(e), lieb	lieber
hoch	höher

Formele **sehr** *şi* **gerne** *se folosesc numai adverbial.*

Hans liest gerne. Helmut Müller arbeitet viel.
Otto hört lieber Musik. Herr Koch arbeitet mehr.

Comparativul poate fi întărit de asemenea prin adverbe ca **viel**, **noch** *ş.a. De exemplu:*

Ioana spricht viel besser Deutsch als Doina.

15. **Ü** *Un test uşor pe teme de geografie. Corelaţia* **so ... wie** *se traduce prin „atât ... cât", „la fel ... ca".*

a. Sind die Alpen so hoch wie der Himalaya?
Nein, der Himalaya ist höher.

b. Ist Afrika so groß wie Südamerika?
Nein, A____________________________.

c. Ist der Atlantik so tief wie der Pazifik?
Nein, der P__________________________.

d. Ist der Rhein so lang wie die Donau?
Nein, die D__________________________.

e. Ist Köln so alt wie Düsseldorf?
Nein, K____________________________.

f. Ist es in Alaska auch so kalt wie in Norwegen?
Nein, in A________ ist es ______________.

g. Ist es in Paris auch so warm wie in Rom?
Nein, in R______ ist es ______________.

h. Ist die Akropolis in Athen so alt wie die Pyramiden?
Nein, die P_________ sind ______________________.

16. **Ü** *Cumpărături cu dispute. Compară datele din tabel şi completează spaţiile albe cu adjective la gradul comparativ.*

	Opel Corsa	Peugeot 215 GR
Preis	13.215 €	13.500 €
Motorleistung KW	40(54) PS	37(50) PS
Höchstgeschwindigkeit km/h	153	144
Verbrauch l/100 km	S 7,6	S 6,9
Gewicht/kg	770	810
Länge/m	3,62	3,70
Kofferraum/l	495	515
Kosten/Monat	415 €	425 €

billig = ieftin **leicht** = uşor
billig ≠ teuer **leicht ≠ schwer**

a. Der Opel fährt schneller als der Peugeot.

b. Der Opelmotor ist auch __________ als der Peugeotmotor.

c. Der Peugeot verbraucht aber __________ Benzin.

d. Der Opel ist auch __________ und __________.

e. Die Karosserie von Peugeot ist __________. Der Kofferraum ist __________.

f. Der Opel ist __________ und __________.

g. Er kostet pro Monat __________.

17. *Din nou comparaţii:*

Ü

A. **a.** Krokodile: der Alligator (+), das Nilkrokodil (++) schwer
a. Das Nilkrokodil ist schwerer als der Alligator.

b. Raubtiere: der Tiger (+), der Leopard (++) schnell

c. Affen: der Schimpanse (+), der Orang-Utan (++) groß

d. Katzen: Die Angorakatze (+), die Siamkatze (++) teuer.

r Affe, -n = maimuţă; **s Raubtier, -e** = animal de pradă;
e Katze, -n = pisică

B. **a.** *Recorduri! Scrie propoziţii conform modelului:*

r Adler, - = vultur
r Steinbock, -e = ţap sălbatic
r Falke, -n = şoim
r Hase, -n = iepure
e Taube, -n = porumbel
e Schildkröte, -n = broască ţestoasă
s Straußenei, -er = ou de struţ
s Hühnerei, -er = ou de găină
s Schwanenei, -er = ou de lebădă
s Nashorn, -er = rinocer
s Faultier, -e = leneş
e Schnecke, -n = melc

a. Das Nashorn ist schwer.
Das Nilpferd ist schwerer als das Nashorn.
Aber der Elefant ist noch schwerer als das Nilpferd.

b. Das Hühnerei ________________.
Das Schwanenei ________________________.

18. **F** *Ai aflat în L 0 că lui „ţ" din „ţurţure" îi corespunde în germană* **z** *din „Zucker", iar acest sunet apare în transcrierea fonetică [ts]. În limba germană vom întâlni acest sunet în mai multe variante ortografice* [v L O].

[ts] la început	la mijloc	la sfârşit	cum scriem
zu, zwei, Zucker	tanzen, Arzt	kurz, Herz	**z**
	Katze	Platz	**tz**
		nichts, rechts	**ts**
	national	Nation	**t**(ion)

19. **Ü** *În fiecare din cuvintele următoare apare [ts], dar de fiecare dată se scrie altfel. Completează aceste cuvinte:*

a. _ehn
b. nich_
c. Sta_ion
d. Ar_t
e. _immer
f. schwar_
g. rech_
h. Schni_el
i. kur_
j. _oo
k. Her_
l. Opera_ion

20. **Ü** *Împrumuturi! Formulează din silabele de mai jos cuvinte de origine străină. Notează-le în dreptul traducerilor. Nu uita să specifici şi articolul hotărât acolo unde este cazul!*

a. controla kontrollieren
b. metrou ____________
c. frecvenţă ____________
d. a forţa ____________
e. puls ____________
f. plan ____________
g. a reduce ____________
h. eventual ____________

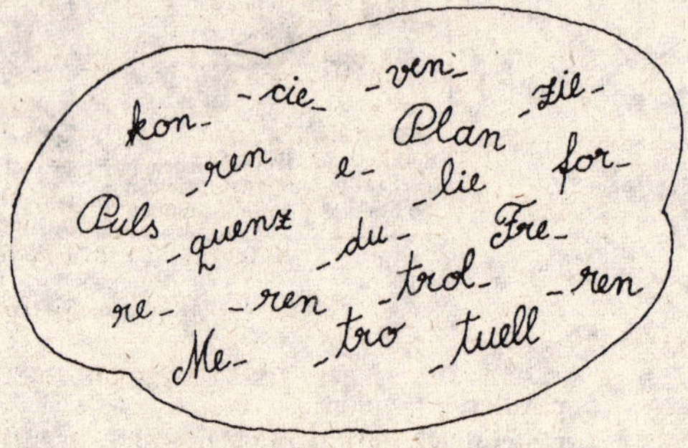

21. *Caută antonimele următoarelor adjective şi completează căsuţele cu câte o literă:*

Ü

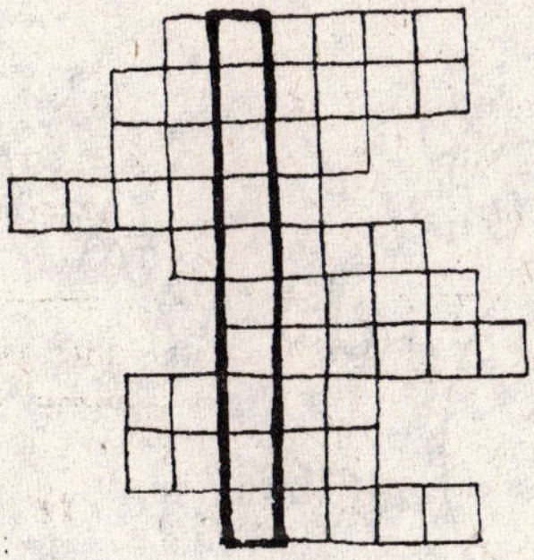

orizontal:

1. demodat
2. încet
3. mult
4. uşor
5. neliniştit
6. gras
7. greu
8. sănătos
9. dulce
10. ieftin

vertical: ____________ (două cuvinte)

22. *Completează poezia cu adjective potrivite:*

Ü

Alt ist älter als jung
Viel ist ______ als wenig
Gut ist _____ als schlecht
Schnell ist ________ als langsam
Stark ist stärker als schwach
_______ ist schwerer als leicht
_______ ist billiger als teuer
_______ ist höher als tief
Jung ist nicht so alt wie alt
Wenig ist nicht so viel wie _______
Schwach ist nicht so ______ wie ________
Langsam ist nicht so _______ wie __________
Wärmer ist schon besser als warm
_____ ist schon besser als billig
______ ist schon besser als gesund
______ ist schon besser als ruhig.

(nach *Volker Erhardt*)

23. *Ce ţi s-a părut mai uşor? Ce a fost mai dificil şi trebuie să revezi?*

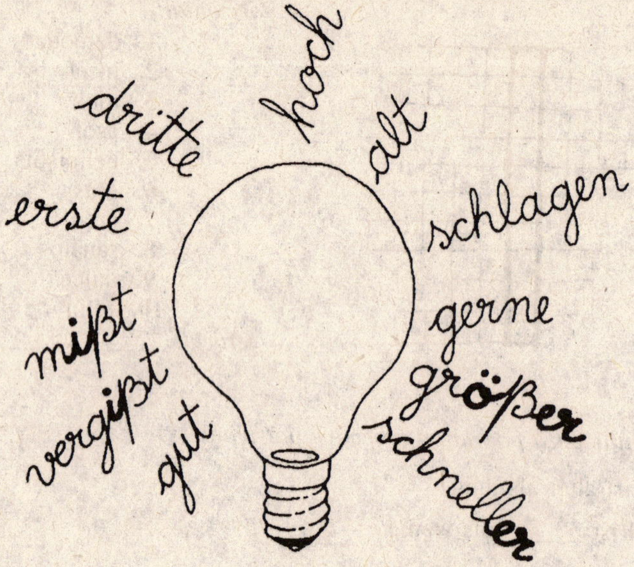

LEKTION 10

1. *Ți-ai însușit o serie de tehnici noi de extragere a informațiilor dintr-un text nou. Îți propunem să-ți verifici deprinderile și cunoștințele dobândite!*

● EMPFEHLENSWERTES

(Lucruri demne de a fi recomandate)

August 1990 - Nürnberg diesen Monat

Im August hören Sie in der Lorenzkirche Orgelkonzerte (Donnerstag 2.8. und 16.8.). Donnerstag (30.8.) gibt es ein Orgelkonzert mit Ilse Maria Reich. Sie spielt Werke von Bach, Bartok, Myriam Marbe und Wilhelm Berger. Im Nürnberger Burgtheater ist am Sonntag (12.8.) ein Klavierabend mit Carla Christine Huber, Temeswar. Im Programm: Rachmaninow, Chopin, Liszt und Beethoven.

Im Serenadenhof sehen Sie das Sankt Petersburger Ballet am Samstag (11.8.). Für Kunstfreunde gibt es im August viele Ausstellungen. Einige Beispiele: Victor Sanovec. Neue Arbeiten. (Institut für moderne Kunst). Aquarelle von Luciana Bartella, Italien (bis 12.9.) – Schmidt Bank Galerie, „800 Jahre Deutscher Orden" (bis 30.9.) – Germanisches National Museum. Das Albrecht Dürer Haus können Sie Dienstag – Sonntag, 10.00–17.00 Uhr besuchen. Tel. 16.22.71.

Nationale und internationale Tagungen gehören auch zum Tagesprogramm. „Umweltradioaktivität" und „Computer" sind hochaktuelle Themen. Am Mittwoch, 1.8. spricht Professeur Holger Scholl über „Osttürkei II, Armenien, Georgien und die Schwarzmeerküste". Haben Sie Zeit und gehen Sie gern spazieren? Gehen Sie doch in den Tiergarten (Zoo). Tel. 59.02.86. Hier gibt es Kamele, Affen und Löwen, einen Kleintierzoo und Deutschlands einziges Delphinarium.

2. Ü *Verifică dacă următoarele afirmaţii sunt corecte în raport cu textul:*

	R	F
a. In der Lorenzkirche hören Sie im August Orgelkonzerte.		X
b. Ilse Maria Reich spielt Trompete.		
c. Aquarelle von Luciana Bartella sehen Sie im Institut für moderne Kunst.		
d. Das Albrecht-Dürer-Haus können Sie außer Montag von 10.00–17.00 Uhr besuchen.		
e. In Nürnberg gibt es Delphinarien.		

3. Ü *La Nürnberg au loc multe evenimente culturale, există o grădină zoologică şi multe altele. Dacă vrei să te informezi suplimentar, trebuie să cunoşti bine acest vocabular. Completează deci forma de singular sau de plural care lipseşte:*

a. Konzert – Konzerte
b. __________ – Tiergärten
c. ________ – Kunstfreunde
d. __________ – Tagungen
e. Klavierabend – __________
f. __________ – Kamele
g. __________ – Löwen
h. Theater – __________
i. __________ – Ausstellungen

4. Ü *Completează acum propoziţiile cu forma corectă a verbului:*

a. Der Spezialist spricht über Computer. (sprecht, spricht, sprichst)
b. Im Serenadenhof _________ du das Leningrader Ballett. (seht, sieht, siehst)
c. Computerfachleute ____________ viel Fachliteratur. (liest, lesen, lest)
d. Carla Christine Huber _________ nach Deutschland. (fahrt, fährt, fahre)
e. Im Zoo ___________ es Kamele, Affen und Löwen. (gebt, gibt, geben)

5. Ü *Mulţi artişti sunt incluşi în programul artistic al lunii august la Nürnberg. Completează propoziţiile cu prepoziţia* **aus**, *urmată sau nu de articol, după cum este cazul:*

a. Oswaldo Parisi kommt aus Argentinien.
b. Carla Christine Huber, Pianistin, kommt ______ Rumänien.
c. Klaus Zeuner spielt Orgel und kommt _____ Deutschland.
d. Jan Hora, Organist kommt _______ Tschechoslowakei.
e. Luciana Bartella kommt _______ Italien.
f. Uwe Kropinski spielt „Acoustic Jazz" und kommt ____ USA.

6. *Mergi uneori la restaurant după un spectacol? Ce crezi despre familia Pichler? Tocmai au fost la spectacol? Citeşte cu atenţie textul!*

Manchmal geht die Familie Pichler am Samstagabend ins Restaurant. Sie mögen das Restaurant „Zum Löwen", denn da gibt es gute Suppen, Fleisch- und Nudelgerichte und die Musik ist nicht zu laut. Herr Pichler beginnt mit einer Tasse Tagessuppe. Dann nimmt er ein Paprika-Schnitzel und eine große Portion Pommes frites. Dazu trinkt er Bier.
Frau Pichler hält Diät. Sie nimmt nur eine Portion Salat, dazu ein kleines Glas Weißwein.
Ilse Pichler (15) möchte ein Rumpsteak, aber Herr Pichler sagt, es ist zu teuer. Sie protestiert, denn sein Essen ist genauso teuer. Also nimmt sie das Rumpsteak und als Nachtisch eine Portion Vanilleeis. Dazu trinkt sie ein Glas Cola, denn Alkohol mag sie nicht.
Familie Pichler ist zufrieden, denn im Restaurant „Zum Löwen" schmeckt das Essen prima und kostet nicht zu viel.

7. Ü *Dacă ai citit cu atenţie textul, poţi spune dacă afirmaţiile de mai jos sunt corecte sau false. Dacă nu eşti sigur, reciteşte textul de câte ori este nevoie.*

	R	F
a. Familie Pichler geht am Abend ins Restaurant.		X
b. Sie mögen das Restaurant „Zum Löwen" nicht.		
c. Herr Pichler nimmt eine Tagessuppe.		
d. Frau Pichler isst nur Salat.		
e. Frau Pichler trinkt keinen Alkohol.		
f. Im Restaurant schmeckt das Essen nicht.		

8. Ü *Ce mănâncă fiecare? Completează cu forma corectă a articolului nehotărât:*

a. Die Deutschen essen gern ______ Suppe. (eine __ einen)
b. Sie trinken oft ______ Bier vom Fass. (__ einen, ein)
c. Mario nimmt eine______ Pizza. (eine, ein, einen)
d. Eis ist in Italien _______ beliebte Nachspeise. (einen, eine, ein)
e. John möchte ______ Beefsteak. (eine, ein, einen)
f. Dazu nimmt er _______ Portion Pommes frites. (ein, eine, einen)

9. **Ü** *Ce bea fiecare? Completează cu forma corectă a articolului nehotărât negat:*

a. Marina trinkt keinen Kaffee, sie trinkt lieber ein Glas Mineralwasser.
b. Peter trinkt heute _________ Alkohol.
c. Jenny trinkt jetzt _________ Tee, sie möchte Orangensaft.
d. Herr Pichler trinkt _________ Wein, er trinkt lieber Bier.
e. Frau Pichler möchte _______ Bier, sie trinkt Weißwein.
f. Karin möchte _______ Cola, sie trinkt Saft.

10. **Ü** *Completează spaţiile libere cu comparativul cuvântului din paranteză:*

a. Am Sonntag isst die Familie (ausgiebig) ausgiebiger als an anderen Tagen.
b. Herr Pichler isst (schnell) ______________ als Frau Pichler und das ist ungesund.
c. Das Restaurant "Al Mafioso" ist (teuer) ____________ als das Restaurant „Zum Löwen".
d. Ilse isst (gern) __________ Vanilleeis als Schokoladeneis.
e. Rumpsteak schmeckt ihr (gut) ____________ als Schnitzel.

11. **Ü** *Test de atenţie. Priveşte imaginea şi notează în litere numerele locurilor libere.*

LEKTION 11

1. **A.** *Priveşte cu atenţie ilustraţiile. Ce au ele în comun? Deduci oare tema lecţiei?*

B. *Ai ghicit, desigur, că este vorba despre daruri. Cu ce prilej facem cadouri prietenilor sau rudelor?*

1.

2.

3.

4.

5.

2. ● KLEINE ABHANDLUNG ÜBER DAS SCHENKEN

(Mică disertaţie despre arta de a face cadouri)

a. Man schenkt zum Namenstag, zum Geburtstag, zur Hochzeit, zum Jubiläum oder zu Weihnachten lieben Freunden ein Geschenk.

b. Geschenke bringen Freude, manchmal auch nicht. Schon in der Geschichte war es so! Zum Beispiel schenkt Eva Adam einen Apfel, und das führt zur Evakuierung aus dem Paradies.

c. Die Frauen schenken meistens Dinge, die keine Investitionen erfordern: ihre Liebe, ihr Herz, ihre Hand etc. Männer aber dürfen den Frauen egal in welchem Monat, das ganze Jahr hindurch einen Blumenstrauß, ein Auto oder eine Dreizimmerwohnung schenken.

d. Schenken ist nicht so einfach. Zuerst kommt die Frage: Was soll ich denn schenken? Dem Großvater eine Pfeife? Oder vielleicht ein Feuerzeug? Der Großmutter einen Schal? Oder vielleicht ein Fotoalbum? Dem Vater eine Krawatte? Ach nein, er hat zu viele! Lieber eine Flasche Rotwein. Dem Freund eine Schallplatte? Lieber ein Buch? Der Freundin schöne Kaffeetassen oder...?

e. Und da kommen natürlich auch die anderen Fragen: Hat er oder sie ein Hobby? Was macht ihm oder ihr Freude? Hört er gern Musik oder liest er lieber Krimis? Gefallen ihm alte Fotos oder gefällt ihm moderne Kunst? Oder...

f. Ja, Schenken ist wirklich eine Kunst. Je kleiner das Budget, desto größer die Kunst. Hat man viel Bargeld, ist es keine Kunst mehr.

g. Aber es gibt Geschenke, die immer Freude machen. Ich meine keine Routinegeschenke, wie zum Beispiel meine „Kollektion" Vasen (30 Stück!) Bringen Sie ihrer Frau ein paar Blumen mit oder schenken Sie Ihrem Gatten eine Schachtel Zigaretten „seiner" Sorte!

h. Schenken ist eine schöne Sache! Also schenkt lustig viel und oft allen euren Lieben und allen, die ihr lieb habt!

(nach Hugo Zein: *Kleine Abhandlung über das Schenken*)

r Geburtstag, -e = zi de naştere
r Blumenstrauß, ⸚e = buchet de flori
r Gatte, -n = soţ
e Hochzeit, -en = nuntă
e Weihnacht, -en = Crăciun
e Geschichte, -n = istorie
e Dreizimmerwohnung, -en = apartament cu trei camere
e Schallplatte, -n = disc
e Kunst, ⸚e = artă
e Freude, -n = bucurie
erfordern = a necesita
dürfen = a avea voie
gefallen = a plăcea
mitbringen = a aduce cu sine
meinen = a fi de părere
einfach = simplu
je... desto = cu cât... cu atât
eine schöne Sache = un lucru frumos

C. *Ai observat, probabil, că în text apar o serie de pronume posesive, de exemplu:* **ihre Liebe** (*dragostea lor*), **ihr Herz** (*inima lor*), **seine Sorte** (*sortimentul său preferat*), **meine Kollektion** (*colecţia mea*) *etc.*
Atenţie la pronunţarea următoarelor cuvinte: Geburtstag [gə'burtsta:k], Geschenk [gə'ʃɛŋk], Jubiläum [jubi'lɛ:um], Budget [by'dʒe:], vielleicht [fi'læçt].

3. *Citeşte textul şi asociază desenele cu paragrafele corespunzătoare:*

1	2	3	4	5
	b			

4. *Ce cadouri primesc următoarele persoane? Citeşte textul cu atenţie:*

a. Adam: einen Apfel
b. Männer: die ______, das ______, die ______ einer Frau
c. Die Frauen: einen ______, ein ______, eine______
d. Der Großvater: eine ______, ein ______
e. Die Großmutter: einen ______, ein ______
f. Der Vater: eine ______, eine ______
g. Der Freund: eine ______, ein ______
h. Ihre Frau: ein paar ______,
i. Ihr Gatte: eine Schachtel ______

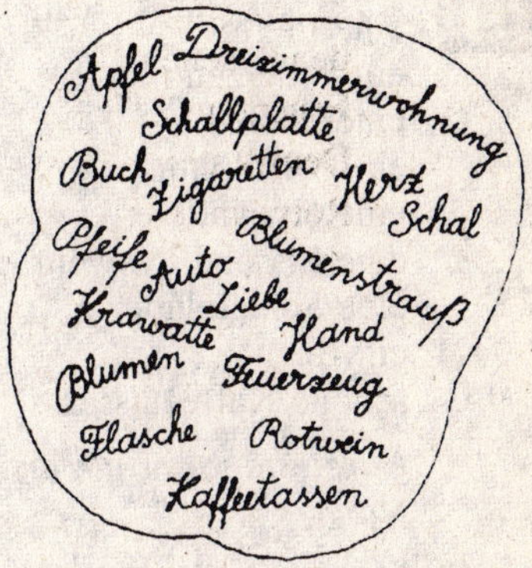

5. *Iată pe scurt paragrafele din text. Căror pasaje le corespund?*

1. Ar trebui să dăruim mai des celor dragi cadouri.
2. Există nenumărate prilejuri fericite în care se pot face cadouri.
3. Femeile dăruiesc altfel decât bărbaţii.
4. Nu este uşor să faci cadouri potrivite.
5. Cu cât ai mai puţini bani, cu atât este mai dificil să găseşti un cadou frumos.
6. Uneori cadourile sunt lipsite de imaginaţie.
7. La începutul istoriei există un dar cu urmări catastrofale.
8. Înainte de a face un cadou trebuie să te gândeşti la persoana căreia vrei să i-l dăruieşti.

1	2	3	4	5	6	7	8
h							

6. *Care sunt echivalentele următoarelor cuvinte?*

Ü

A. die Flasche
a. butoi
b. sticlă
c. cutie

B. die Schachtel
a. cartuş
b. hârtie
c. pachet

C. der Krimi
a. detectiv
b. roman poliţist
c. film poliţist

D. die Kaffeetassen
a. cafea boabe
b. cafetieră
c. ceşti de cafea

E. das Feuerzeug
a. foc
b. brichetă
c. lumânare

F. das Bargeld
a. monedă
b. bani
c. bani gheaţă

7. *Cui i s-ar putea dărui următoarele obiecte? Completează cu forma articolului aşa cum apare în text:*

Ü

eine Pfeife - dem Großvater
ein Feuerzeug - ____ Großvater
einen Schal - ____ Großmutter
ein Fotoalbum - ____ Großmutter
eine Krawatte - ____ Vater
eine Flasche Rotwein - ____ Vater
eine Schallplatte - ____ Freund
ein Buch - ____ Freund
schöne Kaffeetassen - ____ Freundin

Care este forma de articol pentru cazul dativ?
N: der die
D: ____ ____

8. **Cazul dativ** *stabileşte, atunci când depinde de verb, o relaţie de atribuire. Verbe ca* **schenken**, **mitbringen**, **geben** (*a da*) *etc. necesită în limba germană un substantiv care să răspundă la întrebarea* **wem?** (*cui?*). *Semnalul pentru acest caz l-ai aflat în exerciţiul anterior; acest semnal este terminaţia articolului sau pronumelui posesiv care precede substantivul.*

GR

	dativ					
	m.		n.		f.	
sg.	dem einem meinem	Vater	dem einem meinem	Kind	der einer meiner	Frau
pl.	den **Kindern** — meinen					

9. Ü *Iată un exerciţiu pentru exersarea cazului dativ. Ce ai putea să dăruieşti unei anumite persoane? Completează după propoziţia model. Verbul* **sollen** *se traduce în aceste propoziţii interogative prin modul conjunctiv:* **Was soll ich schenken?** – Ce să dăruiesc?

a. Was soll ich dem Großvater schenken? der Großvater
b. Was soll ich ____ _________ schenken? die Mutter
c. Was soll ich ____ _________ __________? das Kind
d. Was soll ___ ____ _________ __________? der Vater
e. Was soll ___ ____ _________ __________? die Freundin
f. Was soll ___ ____ _________ __________? der Freund
g. Was soll ___ ____ _________ __________? die Großmutter

10. Ü *Dacă vorbeşti despre rude sau prieteni este mai bine să foloseşti pronumele posesiv. Reformulează propoziţiile de mai sus după exemplul următor:*
a. Was soll ich mein**em** Großvater schenken?

11. Ü *Dacă terminaţiile* **-m** *în faţa substantivelor masculine şi neutre, iar* **-r** *în faţa substantivelor feminine sunt un semnal pentru cazul dativ singular, poate mai găseşti în primele două paragrafe ale textului şi alte substantive la dativ.* ***Atenţie!*** *Ele nu sunt precedate de articole sau pronume!*

zum Namenstag

___ _________

12. Ü *Iată cum poţi să te verifici:*

m.	n.	f.
zum Namenstag zum Geburtstag zum Jubiläum zum Beispiel	aus dem Paradies	in der Geschichte zur Hochzeit

zum *este o contracţie între prepoziţia* **zu + dem = zum**
zur *este de asemenea o contracţie între* **zu + der = zur**

Trebuie să menţionăm că există anumite prepoziţii care cer cazul dativ, cum ar fi: **zu**, **mit** *etc.*

13. Ü *Precizează prilejul cu care doreşti să faci cuiva un cadou. Completează propoziţiile după cum urmează:*

a. Was soll ich meinem Großvater zum Namenstag schenken? Großvater/Namenstag
b. Was soll ich ______ _______ ____ ________ schenken? Sekretärin/Geburtstag
c. Was soll ich ______ _______ ____ ________ schenken? Chef/Jubiläum
d. Was soll ich ______ _______ ____ ________ schenken? Freund/Hochzeit
e. Was soll ich ______ _______ ____ ________ schenken? Freundin/Examen

14. ***Pronumele personal în cazul dativ***

GR *Pronumele personal în cazul dativ are aceleaşi semnale sau terminaţii ca şi substantivul pe care îl înlocuieşte.*

	m.	n.	f.
sg.	de**m** Vater ih**m**	de**m** Kind ih**m**	de**r** Mutter ih**r**
pl.	de**n** Kinder**n** ih**nen**		

ich – **mir** wir – **uns**
du – **dir** ihr – **euch**
er/es – **ihm** sie – **ihnen**
sie – **ihr** Sie – **Ihnen**

15. *Reia exerciţiul 13 şi înlocuieşte persoanele cu pronumele la cazul dativ după modelul următor:*

Ü **a.** Was soll ich **ihm** zum Namenstag schenken?

16. *Doi prieteni, Emil şi Anton, au un coş de cumpărături. Se apropie Crăciunul şi vor să dăruiască câte ceva prietenilor lor, dar nu-şi mai amintesc exact cui îi este destinat fiecare cadou. Poate îi ajuţi!*

Ü *Notează-ţi propoziţiile pe caiet după cum urmează:*

a. Luise liest gern. Wir schenken		Tennisbälle.
b. Theo fotografiert gern. Wir schenken		ein Kochbuch.
c. Otto spielt gern Tennnis. Wir schenken		ein Bild.
d. Maria malt. Wir schenken	**ihm**	Weingläser.
e. Anne kocht gern. Wir schenken	**ihr**	eine Kamera.
f. Grete liebt Blumen. Wir schenken		Rosen.
g. Fritz hört gern Jazz. Wir schenken		ein Wörterbuch.
h. Bernd trinkt gern Rotwein. Wir schenken		eine Schallplatte.
i. Petra lernt Deutsch. Wir schenken		einen Roman.

a. Luise liest gern. Wir schenken **ihr** einen Roman.

17. *De regulă, aceste cadouri sunt însoţite de felicitări sau de simple urări. Iată câteva exemple:*

gratulieren = a felicita; **wünschen** = a ura; **alles Gute** = toate cele bune

18. Ü **a.** *Compune acum tu însuţi trei felicitări, folosindu-te de combinaţiile de mai jos:*

Fröhliche Weihnachten Frohe Weihnachten	wünscht	Dir	und Deiner Familie. und Deinen Kollegen.
Alles Gute Viel Glück und alles Gute Ein frohes Neues Jahr Ein glückliches Neues Jahr	wünschen	Euch Ihnen	und Eure Kindern. und Euren Eltern. und Ihre Familie. und Ihren Kollegen.

b. *Combină alte trei felicitări, folosindu-te de cea de-a doua combinaţie. Nu uita să te semnezi şi nu uita că în orice propoziţie germană subiectul este obligatoriu.*

Wir	gratulieren	Dir Euch	zum	Geburtstag. Examen. Namenstag.
Ich	gratuliere	Ihnen	zur	Jubiläum. Hochzeit. silbernen Hochzeit.

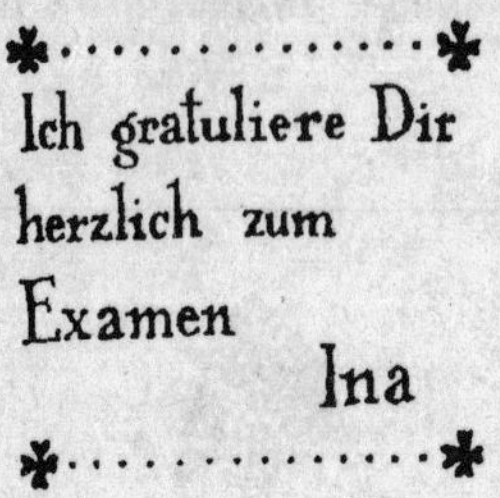

19. ***Exprimarea datei***

GR *Data se exprimă prin numerale ordinale (vezi L9) precedate de* ***am****. Pentru aflarea datei se pun următoarele întrebări:*

Wann hat sie Geburtstag?	**Am** 1.4.
Am wievielten hat sie Geburtstag?	**Am** ersten April.
Am wievielten hat sie Namenstag?	**Am** sechsundzwanzigsten Dezember.

am ersten	am zwanzigsten
am zweiten	am einundzwanzigsten
am dritten	am zweiundzwanzigsten

20. *Scrie următoarele date în litere:*

Ü

a. am 1.1.	am ersten Januar	**g.** am 8.7.	____________
b. am 3.2.	____________	**h.** am 11.8.	____________
c. am 4.3.	____________	**i.** am 12.9.	____________
d. am 5.4.	____________	**j.** am 17.10.	____________
e. am 6.5.	____________	**k.** am 18.11.	____________
f. am 7.6.	____________	**l.** am 27.12.	____________

21. *Iată acum câteva date importante. Scrie-le în litere adăugând de data aceasta şi anul:*

Ü

a. Wann ist Johann Wolfgang von Goethe geboren? – Am 28.8.1749.
b. Wann ist er gestorben? – Am 22.3.1832.
c. Wann ist Heinrich Böll geboren? – Am 21.12.1917.
d. Wann ist er gestorben? – Am 16.7.1985.
e. Wann ist Wolfgang Amadeus Mozart geboren? – Am 27.1.1756.
f. Wann ist er gestorben? – Am 5.12.1791.

Am achtundzwanzigsten August siebzehnhundertneunundvierzig.

ist ... geboren – s-a născut; **ist ... gestorben** – a murit

22. am, im, zum

GR

die Tage	die Monate	die Jahreszeiten
der Montag der Dienstag der Mittwoch der Donnerstag der Freitag der Samstag (=der Sonnabend) der Sonntag	der Januar der Februar der März der April der Mai der Juni der Juli der August der September der Oktober der November der Dezember	der Frühling der Sommer der Herbst der Winter

Tag	**am**	**Am** Montagabend ist ein Konzert.
Monat		**Am** elften Januar habe ich Geburtstag.
Jahreszeit	**im**	**Im** September beginnt das Oktoberfest in München.
Jahr	**im**	**Im** Sommer machen wir viel Sport.
Feier	–	Ich bin 1955 geboren. Ich bin im Jahre 1955 geboren.
	zum	Ich gratuliere dir **zum** Geburtstag. aber: Ich gratuliere dir **zur** Hochzeit. Ich schenke dir **zu** Weihnachten einen Schal.

23. *Completează următoarele propoziţii cu* **am**, **im** *sau* **zum**:

Ü

a. Im Oktober hat meine Mutter Geburtstag.
b. Was sollen wir ihr denn ___ Geburtstag schenken?
c. ____ wievielten Oktober hat sie denn Geburtstag? ___ elften Oktober.
d. ___ Herbst haben auch Inge und Bernd Hochzeitstag. ___ siebenundzwanzigsten Oktober.
e. Ich habe ___ Winter Geburtstag.
f. Ich feiere meinen Namenstag ___ sechsundzwanzigsten Februar.
g. Schenken dir deine Freunde immer etwas ___ Namenstag?
h. Nein, aber sie gratulieren mir immer ___ Namenstag, ___ Geburtstag, ___ Weihnachten und ___ Neujahr.

24. Ü *La masă, musafirii discută vrute şi nevrute. Nu se disting decât nişte frânturi. Reconstruieşte răspunsurile, alegând între verbul* **schmecken** *şi* **gefallen**, *ştiind că* **schmecken** *se referă numai la alimente şi băuturi.*

a. Wie ist der Salat? Er schmeckt mir gut.
b. Wie ist die Schallplatte von Nena? ________________.
c. Wie ist die Torte? ________________.
d. Wie ist der Film von Fellini? ________________.
e. Wie ist der Wein? ________________.
f. Wie ist Ileana Cotrubaş in Aida? ________________.
g. Wie ist die Ausstellung im Haus der Kunst? ________________.
h. Wie ist das Vanilleeis? ________________.

25. Ü *Formulează întrebările adecvate pentru cuvintele scrise cursiv, folosindu-te de* **wem? wen? was? wie? wann? wer?**

a. Martin liebt *Helga*. Wen liebt Martin?
b. Er schenkt ihr *Blumen*. Was ____________?
c. Denn sie hat *heute* Namenstag. ________________?
d. Martin schenkt auch *der Mutter* Blumen. ________________?
e. Denn *er* möchte der Mutter gefallen. ________________?
f. Die Blumen sind sehr *schön*. ________________?
g. *Helga und ihre Mutter* haben Blumen sehr gern. ________________?

26. Ü *Tradu următoarele propoziţii în limba germană:*

a. *Poate îi dăruiesc bunicului o pipă de ziua lui de naştere.*
b. *Îi dăruiesc mamei (mele) un album foto. Acesta îi va aduce o mare bucurie.*
c. *Bărbaţii dăruiesc femeilor un buchet de flori, o maşină sau un apartament de trei camere.*
d. *Prietenul meu ascultă cu plăcere muzică.*
e. *Prietenii mei au nuntă. Ce să le dăruiesc oare?*
f. *Şi cadourile mici aduc bucurie!*

a. Vielleicht ___ ich ___ Großvater eine Pfeife ___ Geburtstag.
b. Ich ___ meiner ___ ein ___. Das macht ___ große ____.
c. Die Männer ___ den Frauen ____ ___, ein Auto oder ___ ___.
d. Mein ___ ____ sehr gern ___.
e. Meine ____ haben ____. Was soll ___ ___ ____?
f. Auch kleine ___ ___ ___.

27. **F** *Consoanei sonore (nazală, palatal-velară) [ŋ] din „lang“ [laŋ] sau „Bank“ [baŋk] îi corespunde numai parţial* **n** *urmat de* **g** *sau* **c** *din românescul* „dangăt“ *sau* „bancă“. *Vorbitorului român îi propunem următorul procedeu pentru a obţine sunetul în cauză. Încearcă să insişti asupra lui* **n**, *pronunţându-l nazal prelung, iar pe* **g** *sau* **k** *următor aproape pierdut.*

dangăt - lang dangăt - langsam dangăt - Länge

Cel mai adesea vom întâlni [ŋ] în combinaţia **ung** *de exemplu:* Ausstellung, Tagung, Abhandlung, *dar şi în alte combinaţii:* eng, bringen etc.

28. **Ü** *Ascultă cuvintele de pe materialul audio şi imită cât mai fidel pronunţia:*

[ŋ] **a.** jung, Tagung, Ausstellung, Eröffnung, Wohnung.

b. Ungarn, bringen, Kongo, Ding.

[ŋk] **c.** krank, schlank, Getränke, schenken, Geschenk, denken, trinken, dunkel, getrunken.

29. **A.** *Urmează un exerciţiu recapitulativ. Notează în bradul de Crăciun toate cadourile care îţi vin în minte (cu articol). Închide ochii şi încearcă să găseşti cât mai multe cuvinte.*

B. *Notează-ţi apoi pe foaia de calendar ocaziile în care se fac diverse cadouri.*

C. *Aminteşte-ţi cât mai multe verbe în legătură cu arta de a dărui.*

D. *Construieşte tu însuţi un text al tău din cuvintele care-ţi plac cel mai mult. Nu uita că dativul are terminaţii specifice!*

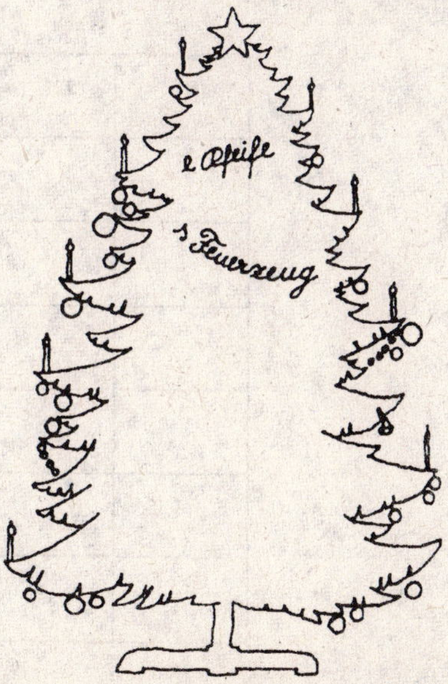

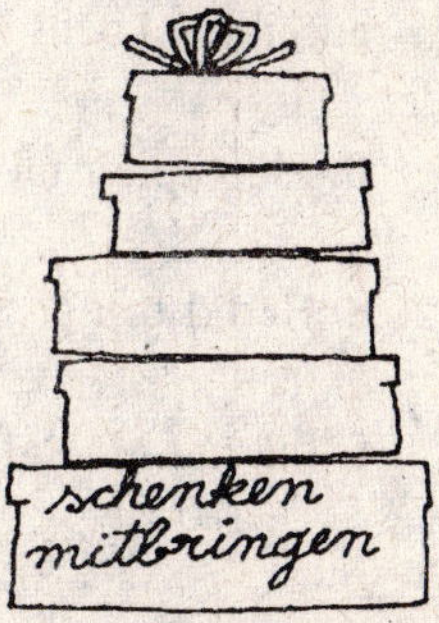

30. *Exercițiul următor cuprinde două dialoguri. Ascultă-l pe cel dintâi și hotărăște care din variantele de mai jos este cea corectă:*

I. 1. Ina hat am _____ Dezember Geburstag.

a. am elften

b. am vierzehnten

c. am fünfzehnten

2. Was schenken die beiden Freundinnen Ina zum Geburtstag?

a. eine Schallplatte

b. ein Wörterbuch

c. einen Blumenstrauß

3. Am vierzehnten Dezember hat Marias Mutter _______.

a. Geburtstag

b. Namenstag

c. freien Tag

Ascultă cel de-al doilea dialog și marchează **richtig** *dacă propoziția corespunde textului audiat și* **falsch**, *dacă propoziția este greșită:*

II.

	R	F
a. Ina feiert ihren Geburtstag am Sonntag.		X
b. Sabine kommt nur mit ihrem Freund.		
c. Sabine kocht für alle.		
d. Udo spielt nicht gern Gitarre.		
e. Bernd bringt Schallplatten mit.		
f. Ina hat eine alte Kamera und fotografiert gern.		

31. *În încheiere un cântec foarte cunoscut, care se cântă în Ajunul Crăciunului.*

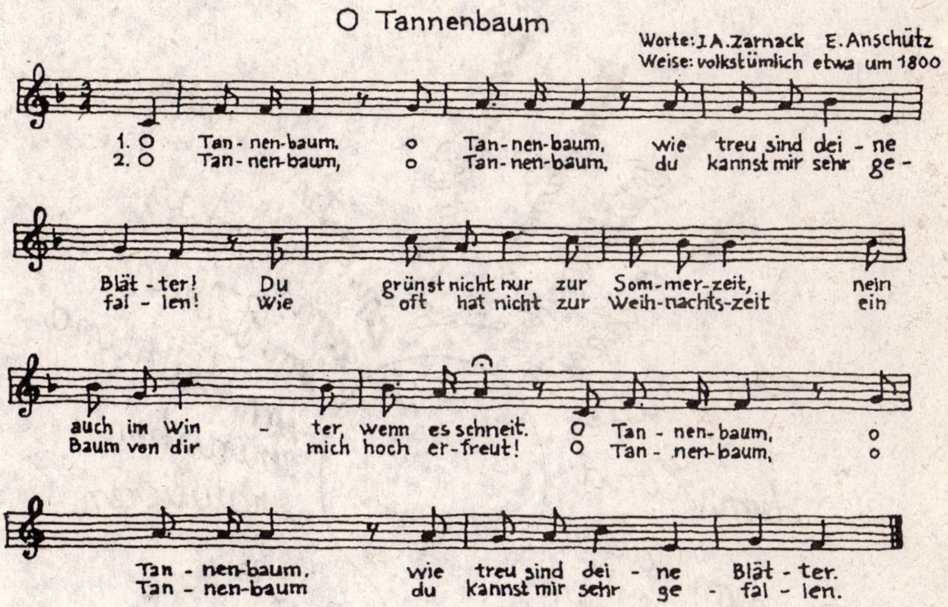

O Tannenbaum, o Tannenbaum
wie treu sind deine Blätter!
Du grünst nicht nur zur Sommerszeit,
nein, auch im Winter, wenn es schneit!
O Tannenbaum, o Tannenbaum,
wie treu sind deine Blätter.

O Tannenbaum, o Tannenbaum,
du kannst mir sehr gefallen.
Wie oft hat nicht zur Weihnachtszeit
ein Gruss von dir mich hoch erfreut.
O Tannenbaum, o Tannenbaum,
du kannst mir sehr gefallen.

O Tannenbaum, o Tannenbaum,
dein Kleid will mich was lehren.
Die Hoffnung und Beständigkeit
gibt Trost und Kraft zu jeder Zeit.
O Tannenbaum, o Tannenbaum,
dein Kleid will mich was lehren.

32. *Extrage din cele de mai jos ce ți s-a părut mai greu și problemele asupra cărora vrei să mai insiști.*

LEKTION 12

1. *Cum se numesc obiectele de îmbrăcăminte? Probabil că ştii. Caută denumirea corectă în următoarea listă de cuvinte:* e Weste, r Regenschirm, r Pullover, r Regenmantel, r Handschuh, e Bluse, r Schal, r Sakko, e Krawatte.

Ü

1. s Kleid	**9.** r Stiefel	**16.** ________
2. ________	**10.** e Halskette	**17.** ________
3. ________	**11.** r Gürtel	**18.** ________
4. r Ohrring	**12.** ________	**19.** e Hose
5. ________	**13.** r Hut	**20.** e Socke
6. e Handtasche	**14.** s Hemd	**21.** r Schuh
7. r Rock	**15.** ________	**22.** ________
8. r Strumpf		

2. *Privind titlul şi imaginile, intuieşti oare despre ce e vorba în text?*

3. ● Einkaufsbummel in Berlin

(Hoinăreală prin magazinele din Berlin)

In Berlin gibt es viele Plattenläden. Gabi und Ray gehen gern zu City-Musik. Hier findet man alles: klassische Musik, Schlager, Rock und Pop, Oper und Operette, Jazz, Volksmusik, Tanzmusik, Chanson usw. Gabi: „Hast du schon die neue Langspielplatte von Michael Jackson?" Ray: „Ich habe sie schon längst. Sie ist nicht schlecht."

Ray und Gabi kaufen ihre Kleider gern in Secondhandläden. Mit ein bisschen Glück findet man gute Sachen für wenig Geld: eine klassische Hose, ein kurzes enges Kleid, einen praktischen Mantel, ein weites Hemd, eine attraktive Bluse, oder eine altmodische Weste. Ray: „Mir gefällt die Weste dort! Dazu passt ein weißes oder ein blaues Hemd. Und wie gefällt dir dieses Kleid?" Gabi: „Ich finde es sehr attraktiv, aber zu extravagant für mich." Fliegende Händler verkaufen in der Innenstadt Gürtel, Taschen, Bilder, Modeschmuck, und, und... Gabi probiert einen Ohrring. Ray: „Du kannst ihn gut tragen."

Fast an jeder Ecke hört man Straßenmusiker. Hier spielt jemand Geige, dort spielt jemand Gitarre und ein bisschen weiter spielt eine Gruppe aus Kolumbien südamerikanische Volkslieder mit viel Rhythmus.

Kunst, Kitsch, Modeschmuck und verrückte Souvenirs kann man in vielen Boutiquen und kleinen Läden finden. Gabi entdeckt eine tolle alte Uhr. Ray: „Nimmst du die? Sie kostet auch nicht viel!".

Cocktails sind in: rot, grün, lila, pink und blau. In allen Cafés gibt es diese Getränke. Gabi und Ray trinken zum Abschied einen Pfefferminzdrink und dann gehen sie nach Haus.

r Secondhandladen = magazin la mâna a doua
weit = larg
kurz = scurt
e Ecke, -n = colţ
e Uhr, -en = ceas
finden = a găsi
tragen = a purta
„in" sein = a fi în ton cu moda

eng = strâmt
r fliegende Händler = vânzător ambulant
lang = lung
verrückt = nebun
toll = grozav, teribil
schon längst = deja de mult
entdecken = a descoperi
suchen = a căuta

4. *În stânga sunt magazinele sau vânzătorii, iar în dreapta obiectele pe care le poți cumpăra. Compară-le cu textul și indică de unde le poți cumpăra:*

a. Plattenladen
b. Secondhandladen
c. Boutiquen, kleine Läden
d. Fliegende Händler

1. alte Uhren
2. Schallplatten
3. Souvenirs
4. Gürtel
5. Modeschmuck
6. Hosen
7. Taschen
8. Westen
9. Kitsch

5. *Iată pe scurt conținutul textului. Dar ce cuvinte lipsesc?*

Ü

a. Gabi und Ray hören gern Musik und suchen die neuesten Schallplatten.
b. Sie mögen auch die ______. Sie spielen oft Volkslieder aus Südamerika mit viel Rhythmus auf der Straße.
c. Gabi und Ray haben nicht viel Geld und kaufen in _____ ein, wo es billiger ist.
d. Bei den Händlern auf der Straße gibt es Modeschmuck, Gürtel, Bilder. Gabi gefällt der ____ und sie probiert ihn.
e. Sie entdeckt später eine ______ in einem kleinen Laden.
f. Zum Abschied gehen die beiden Mädchen in ein Café und trinken einen ________.

6. *Mai jos sunt date câteva cuvinte, pe care cu siguranță le poți deduce din context. Care variantă este cea corectă?*

Ü

A. e Innenstadt
a. metropolă
b. centrul orașului
c. periferie

B. r Pfefferminzdrink
a. băutură cu piper
b. ceai de mentă
c. băutură cu aromă de mentă

C. probiert
a. examinează
b. încearcă
c. analizează

D. r Abschied
a. succes
b. sfârșit
c. rămas bun

7. **Ü** *Caută în text următoarele propoziţii în care substantivele sunt înlocuite prin pronume. Scrie-le în dreptul substantivelor pe care le înlocuiesc:*

a. Ich habe <u>*die Schallplatte*</u> schon längst.
sie
b. Du kannst <u>*den Ohrring*</u> gut tragen.
c. Nimmst du <u>*die alte Uhr*</u>?

În ce caz se află pronumele de mai sus? Nominativ, acuzativ, dativ sau genitiv?

8. **GR** ***Pronumele personal în cazul acuzativ*** *nu are o formă accentuată şi alta neaccentuată ca în limba română, ci una singură. Iată formele lui:*

ich – **mich**
du – **dich**
er – **ihn**
sie – **sie**
es – **es**

wir – **uns**
ihr – **euch**
sie – **sie**
Sie – **Sie**

Pentru o mai bună memorare a persoanei a III-a îţi propunem un tabel în care sunt evidenţiate semnalele specifice ale cazului acuzativ:

	m.	**n.**	**f.**
sg.	de**n** Mantel ih**n**	da**s** Kleid e**s**	di**e** Uhr si**e**
pl.	di**e** Mäntel, Kleider, Uhren si**e**		

Formele cazului acuzativ ale pronumelui personal coincid la feminin, neutru şi plural cu nominativul.

9. **Ü** *Nevrând să aştepte ore întregi până când Gabi se va decide asupra unor cumpărături, Ray o încurajează, spunându-i că lucrurile care o interesează îi vin foarte bine. Înlocuieşte astfel substantivele prin pronumele adecvat la acuzativ:* **ihn**, **es**, **sie**.

a. Du kannst **den Ohrring** gut tragen.
Du kannst **ihn** gut tragen.
b. Du kannst **die Jacke** gut tragen.
c. Du kannst **die Bluse** gut tragen.
d. Du kannst **das Kleid** gut tragen.
e. Du kannst **den Regelmantel** gut tragen.
f. Du kannst **die Tasche** gut tragen.
g. Du kannst **den Gürtel** gut tragen.

10. Ü *Următoarele dialoguri între Gabi şi Ray pot avea loc de asemenea la cumpărături.*

a. Gefällt dir das Kleid dort? Ich finde es schick.	s Kleid
b. Gefällt dir _______ dort? Ich finde _______ schick.	r Pullover
c. Gefällt dir _______ dort? Ich finde _______ attraktiv.	e Handtasche
d. Gefällt dir _______ dort? Ich finde _______ modisch.	e Weste
e. Gefallen dir _______ dort? Ich finde _______ toll.	e Schuhe (*pl.*)
f. Gefällt dir ______ dort? Ich finde _______ elegant.	s Hemd
g. Gefallen dir _______ dort? Ich finde _______ schön.	e Handschuhe (*pl.*)
h. Gefällt dir _______ dort? Ich finde _______ schick.	r Ohrring

11. Ü *Completează următoarele dialoguri cu pronumele personal la acuzativ şi nominativ:*

a. Der Pullover ist toll. Nimmst du ihn? Was kostet er?
b. Das Feuerzeug ist toll. Nimmst du _____? Was kostet _____?
c. Die Uhr ist super. Nimmst du _____? Was kostet _____?
d. Das Parfüm ist gut. Nimmst du _____? Was kostet _____?
e. Das Album ist interessant. Nimmst du _____? Was kostet _____?
f. Der Tabak ist aromatisch. Nimmst du _____? Was kostet _____?
g. Das Bild ist eine Kopie. Nimmst du _____? Was kostet _____?
h. Die Kaffeetassen sind aus Meißner Porzellan. Nimmst du _____? Was kosten _____?
i. Die Brosche ist schön. Nimmst du _____? Was kostet _____?

12. Ü *Ce este corect:* **ihm** *sau* **ihn**, **ihr** *sau* **sie**?

a. Die Bluse ist sehr schön. Ich trage sie gern.
b. Die Weste ist zu kurz für Otto. Sie gefällt ____ sicher nicht.
c. Monika entdeckt in einem kleinen Laden eine alte Schallplatte und kauft ____ Otto zum Geburtstag.

d. Luisa hat Geburtstag. Wir wünschen _____ alles Gute.
e. Dieser Pullover ist sehr schön. Ich nehme _____.
f. Otto findet den Anzug altmodisch. Er gefällt ____ nicht.
g. Luisa mag Michael Jackson. Sie hört _____ gern.

13. Ü *Ray şi Gabi văd o mulţime de lucruri prin magazinele pe care le vizitează. Într-un magazin de mâna a doua văd obiecte de îmbrăcăminte. Ce adjective le însoţesc şi care sunt terminaţiile lor? Extrage-le din text:*

Im Secondhandladen findet man
eine klassische Hose.
einen praktisch ___ Mantel.
ein weit ____ Hemd.
eine attraktiv ___ Bluse.
eine altmodisch ____ Weste.
ein blau ____ Hemd.

A. *Care este poziţia adjectivului în limba germană faţă de substantiv?*

B. *Ce parte de vorbire se află nemijlocit înaintea adjectivului?*

14. GR ***Declinarea adjectivului atributiv*** *precedat de* **ein**, **mein**, **kein**. *După cum ai aflat, spre deosebire de limba română, adjectivul atributiv precede substantivul. El se acordă în gen şi număr cu substantivul pe care îl determină. Declinarea sa diferă însă în funcţie de partea de vorbire care îl precede.*

Dacă adjectivul este precedat de articolul nehotărât **ein**, **eine**, **ein** *sau de cel nehotărât negat*, **kein**, **keine**, **kein** *sau de pronumele posesiv* **mein**, **meine**, **mein**, **dein** *etc., terminaţiile adjectivului sunt următoarele:*

N.	m.	n.	f.
sg.	der Mantel ein alter Mantel	das Kleid ein altes Kleid	die Bluse eine alte Bluse
pl.		die Kleider alte Kleider	

A.	m.	n.	f.
sg.	den Mantel einen alten Mantel	das Kleid ein altes Kleid	die Bluse eine alte Bluse
pl.		die Kleider alte Kleider	

15. Ü *Gabi se află într-un magazin de confecţii şi încearcă foarte multe haine. Completează cu terminaţiile la cazul acuzativ:*

a. Gabi probiert ein rotes Kleid.
b. einen blau__ Pullover.
c. einen weiß__ Damenrock.
d. einen dunkl__ Regenmantel.
e. eine klassisch__ Hose.
f. einen verrückt__ Gürtel.
g. ein schick__ Kleid.

16. Ü *Ray merge la târgul de vechituri şi descoperă tot felul de lucruri. Completează cu articolul nehotărât şi cu adjectivul având terminaţia corespunzătoare. Îţi reamintim: articolul nehotărât nu are formă de plural.*

a. Ray entdeckt	eine tolle Uhr.	toll
b.	___ ____ Souvenir.	klein
c.	___ ____ Schallplatten.	alt
d.	___ ____ Vase.	blau
e.	___ ____ Schal.	schön
f.	___ ____ Taschen.	alt
g.	___ ____ Feuerzeug.	gut

17. Ü *Mătuşa Amelia este o doamnă foarte pofticioasă. Orice băuturică este o încântare pentru ea. De aceea, de multe ori exclamă:*

a. Ein starker Kaffee ist immer gut!	stark
b. Ein ______ Bier ist immer gut!	dunkel
c. Ein ______ Tee ist immer gut!	schwarz
d. Ein ______ Drink ist immer gut!	klein
e. Ein ______ Schnaps ist immer gut!	stark
f. Ein ______ Kognak ist immer gut!	französisch
g. Ein ______ Rum ist immer gut!	kubanisch
h. Ein ______ Wermut ist immer gut!	italienisch

18. Ü *Iată un exerciţiu în care vei exersa alternativ terminaţiile adjectivului la nominativ şi la acuzativ. Peter se află pentru prima oară la o petrecere la care Herbert este întotdeauna prezent. De aceea, Herbert se simte dator să-i descrie puţin pe musafiri. Completează deci spaţiile goale cu adjectivul şi substantivul alăturat:*

a. Der Herr dort ist ein neuer Kollege.	neu, Kollege
Er trägt immer einen blauen Sakko.	blau, Sakko
b. Die Dame dort ist eine ____ _____.	alt, Freundin
Sie trägt immer eine _____ _____.	elegant, Bluse
c. Die Dame dort ist eine ____ _____.	sympathisch, Sekretärin
Sie trägt immer ein _____ ______.	schick, Kleid
d. Der Herr dort ist ein ____ _____.	wichtig, Politiker
Er trägt immer ein ____ ______.	weiß Hemd
e. Der Herr dort ist ein ____ ______.	bedeutend, Künstler
Er trägt immer einen _____ ______.	klein, Ohrring
f. Die Dame dort ist eine ____ ______.	groß, Sportlerin
Sie trägt immer eine _____ ______.	verrückt, Tasche

19. Ü

A. *Întoarce-te la text şi extrage toate adjectivele. Completează lista cu cele învăţate anterior:*

viele, ____

Mai adăugăm câteva adjective: dekorativ, modisch, elegant, topaktuell, sportlich.

B. *La parterul unui hotel luxos are loc o paradă a modei de la Paris. Prezentatoarea comentează modelele. Completează cu adjectivele din lista precedentă. Atenţie la terminaţiile adjectivelor!*

a. Hochaktuell in dieser Saison ist ein ___ Hosenrock, dazu eine ___ Bluse und Sandalen.

b. Dezent und raffiniert: ein ___ Abendkleid, eine ___ Brosche, ___ Handschuhe und eine ___ Tasche.

c. Der Modehit 1992. Eine ___ Hose, eine ___ Jacke und ___ Stiefel.

d. Die große Sensation: ein ___ Rock, eine ___ Bluse und ein ___ Bolero.

e. Diese Kreation ist garantiert konkurrenzlos. Ein ___ Hut, eine ___ Jacke, ein Mantel, eine ___ Tasche und ___ Stiefel.

f. Als nächstes Modell präsentieren wir Ihnen ein ___ Abendkleid, dazu einen ___ Ohrring und ___ Handschuhe.

20. **Ü**

A. *Caută în text partea care lipseşte din următoarele cuvinte compuse:*

a. Einkaufsbummel ________
b. Platten ________
c. Tanz________
d. Langspiel________
e. Innen ________

f. ________musik
g. ________lieder
h. ________ring
i. ________musiker
j. ________drink

B. *Care din cele două părţi ale substantivului compus este cea de bază, prima sau a doua?*

C. *Reia exerciţiul* ***11*** *din L7. Indică apoi care din cele două părţi ale substantivului compus îi dă articolul.*

21. **GR**

Substantivele compuse *sunt foarte numeroase în limba germană. După cum ai constatat, ele se compun din două părţi. Cea din urmă se numeşte* ***cuvânt de bază*** *şi este întotdeauna un substantiv. El se declină şi formează pluralul noului cuvânt compus.*

r Ohr ring

das Ohr (urechea)	cuvânt determinativ	cuvânt de bază
	+ der Ring (inelul)	= der Ohrring
	+ die Ringe	= die Ohrringe

Prin urmare, nu te speria de cuvintele foarte lungi din limba germană. Caută ultimul cuvânt din seria compuşilor şi vei afla cuvântul de bază. Celelalte cuvinte îl vor determina doar pe acesta. Între cuvântul de bază şi cel determinativ se intercalează uneori **-e**, **-s**, **-(e)**, **-(e)r**.

der Einkauf - **s** - bummel
der Straße - **n** - musiker
der Schwein - **e** - braten
der Kind - **er** - garten

Cuvântul determinativ poate fi şi o altă parte de vorbire:

verb + substantiv	Trage | tasche tragen
adjectiv + substantiv	Groß | vater groß

22. *Completează substantivele compuse în următoarele propoziţii, căutând în lista alăturată cuvântul de bază corect:* -braten, -strauß, -ringe, -laden, -lieder, -tasche, -kette, -schirm.

a. Sabine isst gern am Sonntag Schweinebraten mit Kartoffeln.
b. Rolf schenkt seiner Mutter einen Blumen_______ zum Geburtstag.
c. Wir gehen oft in den Platten_______ in der Schillerstraße und suchen neue Platten.
d. Inge trägt sehr gerne Hals________.
e. Ohr______ sind oft aus Silber.
f. Im Herbst trägt man oft einen Regen_______.
g. Gertrud sucht einen passenden Gürtel zu ihrer Hand______.
h. Wir hören im Radio oft Volks_______.

23. ***Consoanei*** *„j" din românescul „jurnalist" îi corespunde semnul* [ʒ] *în transcrierea fonetică. În limba germană, el se realizează fie prin* **j**, *de regulă la cuvintele de origine franceză* (Journalist, Jargon), *fie prin* **ge** (Ingenieur [Inʒeniø:r], Genie [ʒe'ni:]). *Consoana* **j** *mai are încă o realizare fonetică, şi anume,* [j] *ca în „iarbă". De exemplu:* **J**oghurt, **J**odler etc.

24. *Ascultă următoarele cuvinte pe CD, apoi imită cât mai fidel pronunţia:*

[j] **a.** Januar, Jena, Joghurt, Juli, Jacke, Jubiläum, Jodler, Injektion

[ʒ] **b.** Jongleur, Genie, Gelatine, Jargon, Loge, Etage, Garage, Journalist, Montage, Ingenieur

25. *Tradu următoarele propoziţii în limba germană:*

a. *Gabi îşi cumpără o bluză largă şi o fustă strâmtă.*
b. *Vânzătorii ambulanţi vând tablouri vechi, genţi demodate şi bijuterii moderne.*
c. *Într-un magazin mic, Ray descoperă un ceas vechi şi frumos.*
d. *La fiecare colţ de stradă auzim muzicieni de stradă sud-americani.*
e. *În toate cafenelele există un cocktail roşu, verde sau albastru.*

a. Gabi kauft eine ______ Bluse und einen ________ _______.
b. _______ Händler verkaufen ______ Bilder, altmodische _______ und _________ Schmuck.
c. In einem ______ Laden _______ Ray eine ______ und _______ Uhr.
d. An jeder ______ hört man _______ Straßenmusiker.
e. In allen Cafés gibt es einen ______, _______ oder ______ Cocktail.

26. Ü

Urmează un exercițiu de ascultare. Vei auzi cinci dialoguri într-un magazin. Ce părere au femeile despre următoarele obiecte? Notează-le, te rog!

a. zu__

b. zu __

c. zu __

d. zu __

e. zu __

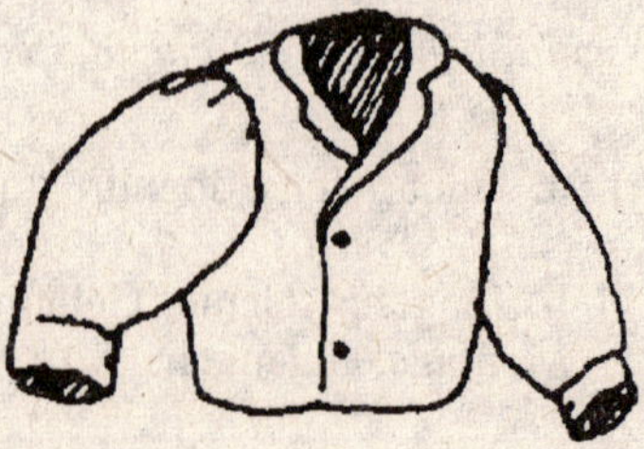

27. Ü

Urmează exercițiile orale. O tânără intră într-un magazin cu intenția de a-și cumpăra un pulover de lână. Ea poartă cu vânzătoarea următorul dialog.

A. *Ascultă cu atenție replicile fără să deschizi manualul.*

B. *Ascultă din nou dialogul, urmărind în paralel textul în manual.*

Verkäuferin: Guten Tag! Sie wünschen bitte?
Käuferin: Ich möchte einen Pullover, Größe 48.
Verkäuferin: Was für einen möchten Sie denn?
Käuferin: Einen blauen Wollpullover.
Verkäuferin: Dieser hier ist sehr modern.
Käuferin: Nein, der ist zu extravagant für mich.
Haben Sie auch andere Modelle?
Verkäuferin: Ja, bitte. Der ist sehr hübsch.
Käuferin: Wieviel kostet er?

Verkäuferin: 48, -€.
Käuferin: Gut. Ich nehme ihn.
Verkäuferin: Sonst noch etwas?
Käuferin: Nein, danke. Auf Wiedersehen.

C. *Citeşte şi reţine următoarele cuvinte şi expresii!*

e Größe, -n = mărime
r Wollpullover, - = pulovăr de lână
was für ein? = ce fel de?
möchte = aş vrea
hübsch = drăguţ
sonst noch etwas? - mai doriţi ceva?

D. *Ascultă din nou discuţia şi repetă cu voce tare fiecare propoziţie până le reţii pe toate.*

28. Ü *Notează-ţi întrebările vânzătoarei. Preia rolul cumpărătoarei şi răspunde la ele.*

29. GR **Was für ein?**

Pronumele interogativ **was für ein?** (*m+n*) **was für eine?** (*f*) *şi* **was für?** (*pl.*) *se referă la calitatea sau însuşirile unei fiinţe sau ale unui obiect. La întrebarea introdusă prin acest pronume se răspunde de obicei cu un adjectiv precedat de articolul nehotărât.*

Was für ein Pullover ist das? - Ein roter.
Was für eine Tasche haben Sie? - Eine moderne.
La acest pronume se declină numai **ein** *(ca articol nehotărât).*
La plural se întrebuinţează numai forma **was für?**, *deoarece* **ein** *nu poate fi folosit decât la singular.*

		m.	n.	f.
sg.	N.	was für ein?	was für ein?	was für eine?
	A.	was für einen?	was für ein?	was für eine?
	D.	was für einem?	was für einem?	was für einer?
pl.	N.	was für?		
	A.	was für?		
	D.	was für?		

30. Ü *Completează întrebările cu forma articolului nehotărât* **ein**, **eine**, **ein**:

a. Was für einen Pullover suchen Sie? – Einen weiten.
b. Was für _____ Tasche suchen Sie? – Eine moderne.
c. Was für _____ Kleid suchen Sie? – Ein elegantes.
d. Was für _____ Mantel möchten Sie? – Einen langen.
e. Was für _____ Anzug möchten Sie? – Einen dunklen.

31. **Ü** *Preia din nou rolul cumpărătoarei şi răspunde în scris la întrebările vânzătoarei, conform propriilor tale dorinţe:*

V: Guten Tag! Sie wünschen, bitte?
F: ____.
V: Was für _______ möchten Sie denn?
F: ____.
V: Dieser/Diese/Dieses hier ist sehr modern.
F: Nein, _________________________________.
Haben _________________________________?
V: Ja, bitte. Der/Die/Das ist sehr hübsch.
F: Was ____________?
V: _______€.
F: Gut ________________.
V: Sonst noch etwas?
F: ______________________.

32. *Ce probleme de lexic sau de gramatică ţi s-au părut mai dificile? Revino asupra lor.*

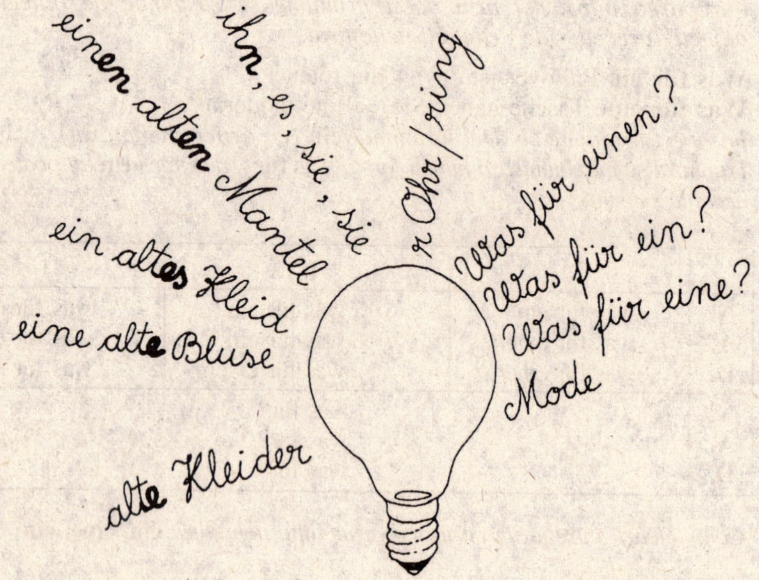

LEKTION 13

1. *Tema lecţiei o vei deduce fără dificultate.*

Ü

A. *Citeşte titlul lecţiei şi studiază cu atenţie desenele. Străduieşte-te să reţii vocabularul nou. Pentru aceasta vei citi de mai multe ori cuvintele cu voce tare. Probabil că îţi şi imaginezi despre ce va fi vorba în text.*

B. *Înainte de a parcurge textul, încearcă să ordonezi activităţile prezentate în imagini, în aşa fel încât să rezulte programul zilnic al unei femei, apoi al unui bărbat. Numerotează desenele cu creionul şi notează în caiet ordinea pe care o consideri firească.*

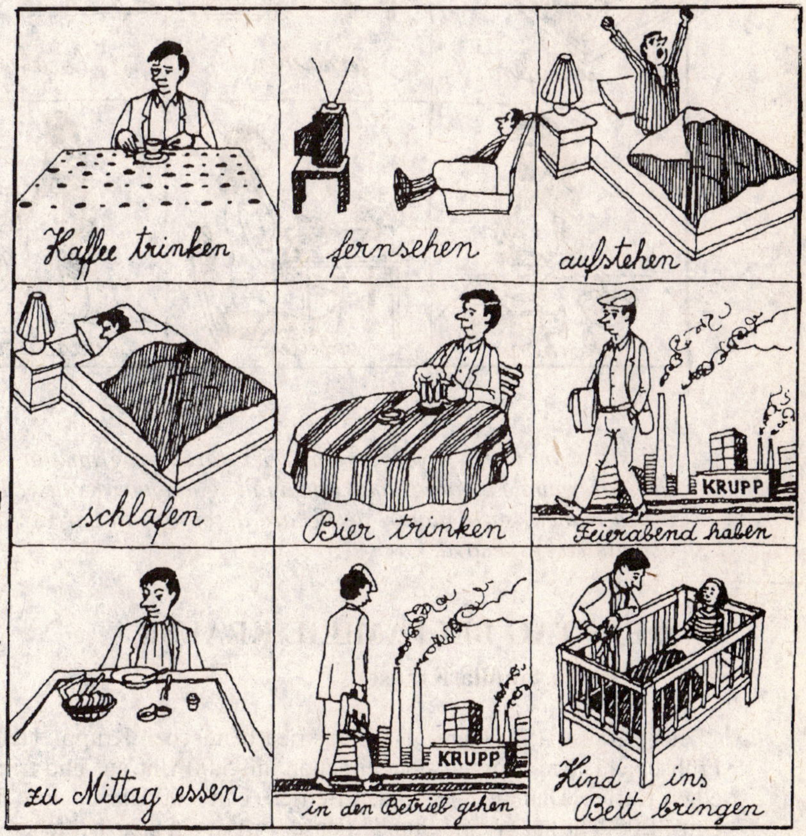

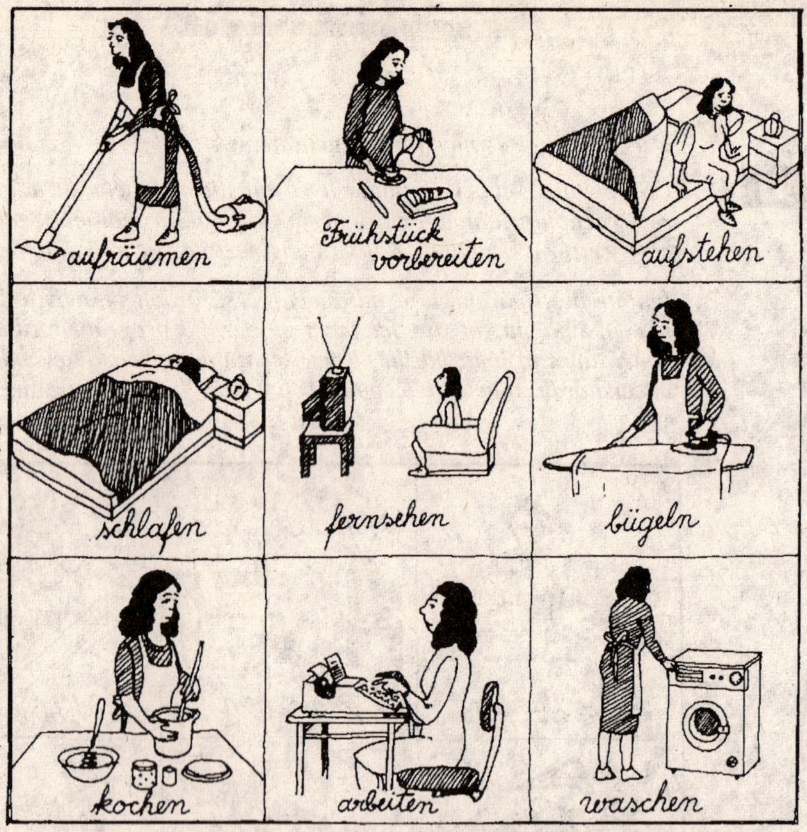

Citeşte acum textul şi verifică dacă derularea programului stabilită de tine corespunde cu programul domnului şi doamnei Krause! Pentru a-ţi uşura munca, scrie alături de fiecare desen ora la care se desfăşoară activitatea respectivă.

C. ●EIN TAG BEI FAMILIE KRAUSE

(O zi la familia Krause)

Peter Krause (31 Jahre) ist Industriearbeiter bei Krupp. Heute hat er Frühschicht. Am Morgen steht er schon um 5.00 Uhr auf und trinkt schnell einen Kaffee. Dann geht er in den Betrieb. Um 6.00 Uhr beginnt die Arbeit. Um 11.00 Uhr hat er eine Stunde Pause. Er isst ein paar Brötchen und trinkt ein Bier. Um 15.00 Uhr macht er Feierabend und geht nach Hause. Er isst zu Mittag und schläft zwei Stunden. Um 19.00 Uhr bringt er Susanne ins

Bett. Dann trinkt er ein Bier und sieht fern. Um 23.00 Uhr geht er schlafen. Hanne Krause (29 Jahre) ist Sekretärin. Sie hat zwei Kinder und arbeitet nur noch halbtags, vier Stunden am Tag von 8.00 bis 12.00 Uhr. Ihr Tag beginnt um 6.00 Uhr morgens, da steht sie auf. Bis um 7.00 Uhr hat sie Zeit. Sie bereitet das Frühstück vor. Um 8.00 Uhr bringt sie Susanne in den Kindergarten und fährt ins Büro. Um 12.00 Uhr holt sie Susanne ab und fährt nach Hause. Dann kocht sie das Mittagessen. Am Nachmittag geht Hanne mit Susanne eine Stunde auf den Spielplatz. Um 15.00 Uhr beginnt dann die Routine: Sie wäscht, bügelt und räumt die Wohnung auf. Um 20.00 Uhr hat sie endlich Feierabend und sieht auch fern.

Marion Krause (9 Jahre) steht um 7.00 Uhr auf. Dann isst sie ihr Frühstück und geht in die Schule. Um 12.00 Uhr kommt sie nach Hause. Um 14.00 Uhr gibt es dann Mittagessen. Dann macht sie Schularbeiten. Am Nachmittag spielt sie noch und um 19.00 Uhr nach dem Abendessen geht sie schlafen.

(aus *Wie wir leben* – gekürzt)

e Frühschicht, -en = schimbul întâi
abholen = a lua pe cineva de undeva
r Betrieb, -e = întreprindere
Feierabend machen = a încheia programul, lucrul
e Schularbeiten, *Pl.* = teme, lecţii
halbtags adv. = jumătate de zi, jumătate de normă
e Uhr, -en = ceas

D. *Ai înţeles că este vorba despre programul zilnic al familiei Krause.*

2. *Verifică în text dacă propoziţiile următoare sunt corecte sau nu:*

Ü

	R	F
a. Peter Krause ist 29 Jahre alt.		X
b. Er ist Arbeiter bei Krupp.		
c. Heute hat er Frühschicht.		
d. Am Morgen frühstückt er ausgiebig.		
e. Um 15.00 Uhr macht er Feierabend.		
f. Am Abend geht er früh schlafen.		
g. Frau Krause arbeitet nicht.		
h. Sie haben ein Kind. Es heißt Marion.		

3. *Reciteşte textul şi corelează corect activităţile cu ora la care se desfăşoară:*

Ü

a. Peter Krause

5.00 Uhr	Feierabend machen/nach Hause gehen
6.00 Uhr	aufstehen
11.00 Uhr	die Arbeit beginnen
15.00 Uhr	Pause machen
19.00 Uhr	Susanne ins Bett bringen
23.00 Uhr	schlafen gehen

b. Marion Krause

7.00 Uhr	nach Hause kommen
12.00 Uhr	aufstehen
14.00 Uhr	schlafen gehen
19.00 Uhr	zu Mittag essen

c. Hanne Krause

6.00 Uhr	das Frühstück vorbereiten
7.00 Uhr	Susanne in den Kindergarten bringen
8.00 Uhr	aufstehen
12.00 Uhr	Feierabend haben
15.00 Uhr	Susanne aus dem Kindergarten abholen
20.00 Uhr	waschen, bügeln, aufräumen

4. *Verifică în text ce cuvânt precedă indicarea orei. Completează propoziţiile:*

Ü

a. Um 5.00 Uhr steht Peter Krause auf.
b. ___ 6.00 Uhr beginnt die Arbeit.
c. ___ 11.00 Uhr hat er eine Stunde Pause.
d. ___ 15.00 Uhr macht er Feierabend.
e. ___ 19.00 Uhr bringt er Susanne ins Bett.
f. ___ 23.00 Uhr geht er schlafen.

5. *Pentru indicarea orei se foloseşte prepoziţia* **um.** *Reţine de asemenea că „la ora 7.00" se spune* **um 7.00 Uhr**, *iar „o oră" se spune* **eine Stunde**.

GR

6. *Reformulează propoziţiile de la* **4.**, *începând cu subiectul:*

Ü

a. Peter Krause steht um 5.00 Uhr auf.
b. Die Arbeit ______________________.
c. Er ______________________________.
d. Er ______________________________.
e. Er bringt _________________________.
f. Er geht ______________________ schlafen.

7. *Completează propoziţiile, conform propriului tău program cotidian:*

Ü

a. Um _____ Uhr stehe ich auf.
b. Die Arbeit beginnt um ____ Uhr.
c. Um ____ Uhr habe ich Feierabend.
d. ___________ gibt es Mittagessen.
e. ___________ mache ich Schularbeiten mit den Kindern.
f. ___________ bringe ich die Kinder ins Bett.
g. ___________ gehe ich schlafen.

8. *Pentru a indica momentul zilei în care se desfăşoară o activitate te poţi folosi de următoarele complemente circumstanţiale de timp:*

GR

9. *Dacă nu doreşti sau nu poţi să indici ora exactă la care se desfăşoară o activitate, indică doar momentul zilei. Completează propoziţiile următoare cu cuvintele de la* **8**:

Ü

a. Am Morgen stehe ich auf, mache mein Frühstück und fahre in die Arbeit.
b. ____________ bin ich in der Arbeit.
c. ____________ esse ich in der Kantine.
d. ____________ treibe ich Sport und gehe mit den Kindern in den Park.
e. ____________ lese ich oder ich sehe fern.
f. Nur am Sonntag isst die ganze Familie __________ Mittag zusammen.

10. **Ü** *Programul doamnei Krause îţi este cunoscut. Recunoaşte, indicând printr-o săgeată, infinitivul corespunzător verbului din propoziţie:*

a. Um 6.00 Uhr **steht** Hanne **auf.**	**fern**sehen
b. Dann **bereitet** sie das Frühstück **vor**.	**ab**holen
c. Um 12.00 Uhr **holt** sie Susanne **ab.**	**auf**räumen
d. Am Nachmittag **räumt** sie die Wohnung **auf**.	**auf**stehen
e. Um 20.00 Uhr **sieht** sie **fern**.	**vor**bereiten

11. **GR** *Care parte a infinitivului verbului „migrează" la sfârşitul propoziţiei în conjugare?*

La verbele compuse cu particulă separabilă, particula, care este şi purtătoarea accentului principal, se separă de verb şi trece pe ultimul loc în propoziţie. Partea conjugabilă a verbului se află în propoziţia afirmativă pe locul al doilea. Împreună cu particula formează „cadrul propoziţiei".

Hanne Krause	holt	ihre Tochter um 12.00 Uhr	ab.
Am Abend	sieht	Herr Krause mit seiner Frau	fern.
LOCUL 1	LOCUL2 ←--	cadrul propoziţiei --→	ULTIMUL LOC

Iată cum se conjugă asemenea verbe:

aufstehen	**vor**bereiten
ich stehe ... auf	ich bereite ... vor
du stehst ... auf	du bereitest ... vor
er, sie, es steht ... auf	er, sie, es bereitet ... vor
wir stehen ... auf	wir bereiten ... vor
ihr steht ... auf	ihr bereitet ... vor
sie stehen ... auf	sie bereiten ... vor
Sie stehen ... auf	Sie bereiten ... vor

La fel se conjugă verbele:

aúfräumen	wégtrimmen
ábholen	férnsehen
zúschauen	spazíeren gehen
mítbringen	schláfen gehen

În limba germană există şi verbe cu particulă inseparabilă. La aceste verbe nu particula, ci rădăcina verbului este accentuată:

be- : besúchen (a vizita)
emp- : empféhlen (a recomanda)
ent- : entdécken (a descoperi)
er- : erfínden (a inventa)
ge- : gefállen (a plăcea)
ver- : verstéhen (a înţelege)
zer- : zerréißen (a rupe)

12. **Ü** *O duminică tipică pentru un celibatar – nu-i aşa? Alege verbul potrivit şi completează propoziţiile:*

a. Um 8.00 Uhr stehe ich **auf**.
b. Dann _______ ich das Zimmer **auf**.
c. Ich _______ das Frühstück **vor**.
d. Dann _______ ich meine Freundin **ab**.
e. Wir _______ zusammen **spazieren**.
f. Am Nachmittag _______ ich **fern**.
g. Am Abend ________ ich früh **schlafen**.

schlafen gehen
aufstehen
aufräumen
fernsehen
abholen
spazieren gehen
vorbereiten

13. **Ü** *Descrie din nou programul zilnic al familiei Krause, evidenţiind ordinea cronologică. Completează propoziţiile conform textului şi ţine cont de faptul că prepoziţia* **nach** *este urmată întotdeauna de un substantiv în cazul dativ. Dacă nu mai eşti foarte sigur de formele articolului în dativ, recapitulează-le! (L7)*

1. Herr Krause

a. Um 5.00 Uhr steht er auf und trinkt schnell einen Kaffee.
Nach **dem** Frühstück geht er in den Betrieb.
b. Um 11.00 Uhr macht Herr Krause eine Pause.
Nach _____ Pause arbeitet er weiter.
c. Nach ______ Arbeit geht er nach Hause und isst zu Mittag.
d. Nach _____ Mittagessen schläft er zwei Stunden.
e. Um 19.00 Uhr gibt es Abendessen.
Nach ______ Abendessen trinkt er ein Bier und geht schlafen.

2. Frau Krause

a. Um 6.00 Uhr steht Frau Krause auf und macht Frühstück.
Nach ______ Frühstück bringt sie Susanne in den Kindergarten.
b. Nach _____ Abendessen sieht sie fern.
c. Nach _____ Arbeit holt sie Susanne ab.

3. Marion Krause

a. Marion steht um 7.00 Uhr auf und frühstückt.
Nach _____ Frühstück geht sie zur Schule.
b. Nach _____ Schule geht sie nach Hause und isst zu Mittag.
c. Nach _____ Mittagessen macht sie Schularbeiten.
d. Nach _____ Schularbeiten (*pl.!*) spielt sie noch und isst dann zu Abend.
e. Nach _____ Abendessen geht sie ins Bett.

14. **Ü** *Poţi să şi inversezi ordinea cronologică, folosind, de exemplu, prepoziţia* **vor***:*

a. Vor der Frühschicht trinkt Herr Krause einen Kaffee.
b. Vor ______ Mittagessen isst er noch ein paar Brötchen in der Arbeit.
c. Vor ______ Fahrt zur Arbeit bringt Frau Krause Susanne in den Kindergarten.
d. Vor ______ Mittagessen holt sie das Kind ab.
e. Vor ______ Abendessen arbeitet sie noch zu Hause.

15. **Ü** *Încearcă să scrii cum decurge programul tău zilnic. Nu neglija să respecţi ordinea cuvintelor în propoziţie, respectiv locul verbului (vezi mai sus 11).*

a. Um ________ stehe ich auf.
b. Nach dem Frühstück ____________ in ____________.
c. Um ________ Mittag.
d. Am Nachmittag __________________.
e. Um _____________ esse ich zu Mittag.
f. Nach dem Abendessen _______________.
g. Um ____________ gehe ich schlafen.

16. **Ü** *Cunoşti foarte bine programul domnului Krause. Completează propoziţiile cu prepoziţiile* **am**, **um**, **von bis**, **vor**, **nach**:

a. Herr Krause hat Frühschicht und beginnt schon um 6.00 Uhr die Arbeit.
b. _____ 6.00 _____ 11.00 Uhr arbeitet er.
c. _____ 11.00 _____ 12.00 Uhr hat er Pause.
d. _____ 12.00 _____ 15.00 Uhr arbeitet er und dann hat er Feierabend.
e. _____ Nachmittag ist er zu Hause.
f. _____ dem Mittagessen schläft er zwei Stunden.
g. _____ dem Abendessen spielt er mit Susanne.
h. _____ 19.00 Uhr bringt er sie ins Bett.
i. _____ Samstag und am Sonntag ist er zu Hause.

17. **GR** *La prepoziţiile cu sens temporal învăţate în L11, 22 se adaugă în această lecţie următoarele prepoziţii:*

um – *se foloseşte pentru exprimarea orei. Se traduce prin „la".*
Wir frühstücken um 7.00 Uhr.

von ... bis – *se foloseşte pentru exprimarea unui interval de timp în care se desfăşoară o acţiune. Se traduce prin „de la ... până la".*
Von 8.00 Uhr bis 9.00 Uhr ist sie im Büro.

vor + D – *se traduce prin „înainte".*
Vor dem Essen sollst du keine Schokolade essen.

nach + D – *se traduce prin „după".*
Nach dem Mittagessen trinken wir Kaffee.

18. **Ü** *Cum îşi petrece familia Krause sfârşitul de săptămână? Completează propoziţiile:*

a. Am Samstag stehen alle um 9.00 Uhr auf.

b. _____ 9.00 _____ 10.00 Uhr frühstücken sie ausgiebig.

c. _____ dem Mittagessen gehen sie spazieren.

d. _____ dem Mittagessen schlafen sie eine Stunde.

e. _____ Nachmittag gehen sie ins Kino.

f. _____ Abend sehen sie fern und trinken ein Glas Bier zusammen.

g. _____ Sonntag machen sie oft Picknick.

19. **GR** *În multe familii nici acest program de duminică nu variază prea mult. Dacă vrei să exprimi repetabilitatea unei acţiuni, poţi folosi adverbele temporale. Ele provin din substantive, la care se adaugă terminaţia* **-s.** *În acest caz, ele nu se mai scriu cu majusculă:*

der Morgen – **morgens**
der Vormittag – **vormittags**
der Sonntag – **sonntags**
der Montag – **montags**

20. **Ü** *Cum se derulează în mod obişnuit un sfârşit de săptămână în familia Krause? Completează propoziţiile cu adverbele temporale potrivite:*

a. Morgens stehen alle spät auf.

b. ________ frühstücken sie ausgiebig und gehen dann in den Park.

c. ________ essen sie zu Hause und schlafen dann eine Stunde.

d. ________ gehen sie ins Kino oder machen einen Besuch.

e. ________ gehen sie früh ins Bett.

21. **Ü** *Care este programul doamnei Schmidt? Când face toate acestea? Completează primul spaţiu liber cu adverbul temporal potrivit! Scrie propoziţiile în caiet, folosind verbele din paranteză la forma corespunzătoare:*

a. ________ (aufstehen, frühstücken, ins Büro gehen)

b. ______________ (arbeiten)

c. ____________ (das Essen kochen, essen)

d. ___________ (aufräumen, waschen, bügeln). Dann _________ (Schach oder Tennis spielen). Manchmal __________ (lesen)

e. ___________ (fernsehen, ins Bett gehen)

f. ___________ (schlafen)

a. Morgens steht sie auf, frühstückt und geht ins Büro.

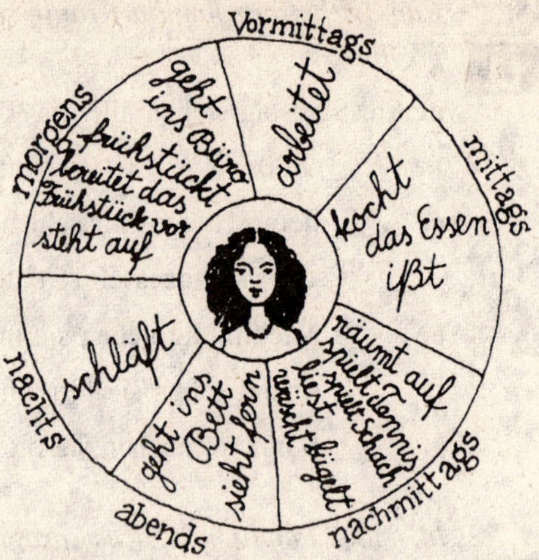

22. **Ü** *Dimineaţa toţi membrii familiei Krause părăsesc casa. Îţi aminteşti încotro se duc? Citeşte încă o dată textul şi completează propoziţiile:*

a. Um 5.30 Uhr geht Herr Krause in den Betrieb ________.
b. Frau Krause fährt um 8.00 Uhr ____________.
c. Susanne geht _________________.
d. Marion geht ____________________.

23. **GR** *După cum constaţi, în toate aceste propoziţii ai completat cu prepoziţia* ***in*** *cu sens local, urmată de cazul acuzativ. Acest complement indică direcţia şi răspunde la întrebarea* **wohin?** *(încotro?). Prin urmare avem următoarele forme:*

Er geht in den Betrieb. (der Betrieb)
Sie geht ins (in + das) Büro. (das Büro)
Marion geht in die Schule. (die Schule)

24. **Ü** *În duminica aceasta, familia Krause nu doreşte să rămână acasă. Cum îşi poate petrece timpul? Formulează propoziţii şi scrie-le în caiet după modelul dat:*

	m.: der	**f.:** die	**n.:** das
Gehen Sie	in den Zoo!	in die Disko!	ins Restaurant!
	. . . .	. . . .	. . . .

Café, Park, Kino, Theater, Oper, Museum, Bibliothek, Schwimmhalle, Klub, Kulturzentrum, Ausstellung, Bar, Weinkeller, Sauna

Dacă nu eşti sigur de articolul substantivului, verifică-l în glosar!

25. GR

*Dacă destinaţia este o persoană sau o activitate, se foloseşte prepoziţia **zu**, urmată de cazul dativ. Dacă este vorba de o persoană, complementul răspunde la întrebarea **zu wem?**, iar în cazul unei activităţi, întrebarea este **wohin?**.*

Zu wem gehst du?	Ich gehe zum (zu + dem) Trainer.
	Ich gehe zur (zu + der) Kollegin.
Wohin gehst du?	Ich gehe zum Frisör/zur Arbeit.

26. Ü

Unde ţi-ai propus să mergi în săptămâna care urmează? Completează propoziţiile după model! Scrie-le în caiet:

	m.: der	**n.**: das	**f.**: die
Ich gehe	zum Frisör	zum Tanzen	zur Arbeit
	....	....	....

Bäcker, Arzt, Tennisplatz, Modenschau, Schule, Lehrer, Turnen

27. Ü

Dacă ţi-ai însuşit prepoziţiile, completează următoarele propoziţii:

a. Hanne Krause arbeitet nur noch vier Stunden pro Tag von 8.00 bis 12.00.
b. Ihr Tag beginnt _____ 6.00 Uhr morgens.
c. ______ 8.00 Uhr bringt sie Susanne ____ den Kindergarten und fährt _____ Büro.
d. _____ 12.00 Uhr holt sie Susanne ab und fährt _____ (!) Hause.
e. _____ Nachmittag geht sie mit Susanne _____(!) Spielplatz.

28. Ü

Completează verbele cu particulă separabilă:

a. Hanne Krause steht um 6.00 Uhr auf.
b. Dann ______ sie das Frühstück _______.
c. Um 12.00 Uhr _________ sie Susanne _______.
d. Am Nachmittag ______ sie die Wohnung __________.
e. Um 20.00 Uhr hat sie endlich Feierabend und __________ auch _______.
f. Um 22.00 Uhr ______ sie ________.

29. Ü

Care este programul tău de duminică? Formulează propoziţii:

a. um 8.00 Uhr – aufstehen, Frühstück vorbereiten
b. um 9.00 Uhr – frühstücken, aufräumen
c. um 10.00 Uhr – Ausstellung gehen
d. um 12.00 Uhr – Restaurant gehen, Mittagessen
e. um 14.00 Uhr – Kino gehen
f. um 17.00 Uhr – Freunde besuchen
g. um 22.00 Uhr – schlafen gehen
a. um 8.00 Uhr – stehe ich auf und bereite das Frühstück vor.

30. *Ai aflat în LO că în limba germană lungimea vocalelor este foarte importantă. Ea poate duce şi la deosebiri de sens. De exemplu:* **Bett** – pat *şi* **Beet** – strat, brazdă de flori

F

Îţi propunem acum o privire de ansamblu asupra vocalelor şi ortografierii lor:

	scurte	**cum scriem**	**lungi**	**cum scriem**
vocale deschise	[a] hat	**a**	[a:] Vase, Zahl, paar	a, ah, aa
	[ɛ] März	**ä**		
	[ɪ] Villa	**i**		
	[ɔ] Onkel	**o**		
	ʊ Mutter	**u**		
	ʊ Journalist	**ou**		
vocale închise	[e] Elefant	**e**	[e:] neben, zehn, Idee, Väter, fährt	e, eh, ee, ä, äh
	[i] Taxi	**i**	[i:] Tiger, sie, ihr, sieht	i, ie, ih, ieh
	[o] Schokolade	**o**	[o:] Chor, Sohn, Boot	o, oh, oo
	[u] Musik	**u**	[u:] Bluse, Uhr, Route	u, uh, ou

31. *Vocalele din următoarele cuvinte sunt lungi, dar cum le scriem:* **a**, **ah**, **o**, **oh**, **i**, **ie**, **ieh**, **u**, **uh***?*

Ü

Completează cu **h**-mut *după* **a**, **e**, **i**, **o**, **u** *sau cu* **e**, **eh** *după* **i**, *de la caz la caz:*

a. Stra-ße, Ja-r; fra-gen; Scha-l, Ba-n; fa-ren

b. Ka-mel; verste-en; ge-en; Trompe-te; me-r; ste-t

c. vi-r; Musi-k; Li-be; si-t; vi-l, Margari-ne

d. gro-ß; Mo-nat; O-rring; Mo-de; Wo-nung; Po-l

e. gu-t; U-r; Schu-; Hu-t; ru-ig; Blu-men

32. Ü *O doamnă telefonează la piscina „Garten“ pentru a obține informații în legătură cu programul de funcționare. Când este deschisă piscina? Notează în agenda personală! Dacă este nevoie, ascultă CD-ul de mai multe ori!*

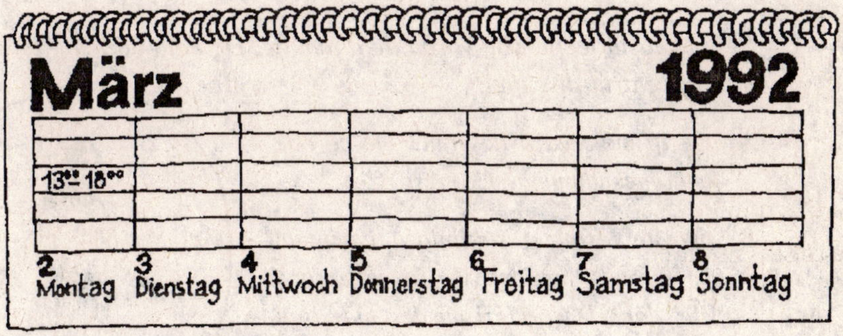

33. *Ce ți s-a părut mai dificil?*

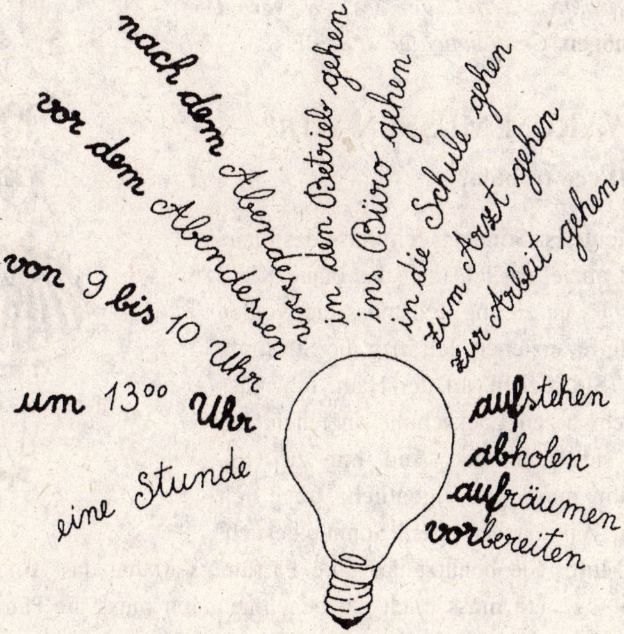

LEKTION 14

1. *Şi în această lecţie este vorba de o familie. De data aceasta, alt aspect se află în centrul discuţiei.*

A. *Ce îţi sugerează desenul? De ce este fetiţa nemulţumită? Ce crezi?*

B. *Citeşte textul şi subliniază cuvintele pe care le cunoşti. Ce îţi sugerează ele, dacă le corelezi cu desenul şi cu titlul lecţiei?*

Verbul **müssen** *(a trebui) apare aproape la fel de des ca verbul* **mögen**. *Ce îţi indică acest lucru?*

● WARUM MÜSSEN WIR?

(De ce trebuie?)

Heute ist Sonntag. Ich muss das blaue Kleid anziehen. Ich mag das blaue Kleid nicht. Es ist zu eng. Ich muss die weißen Strümpfe anziehen. Ich mag die Strümpfe nicht. Sie jucken auf der Haut. Ich muss die schwarzen Lackschuhe anziehen. Ich mag sie nicht. Sie sind mir zu eng. Warum muss ich eigentlich, frage ich Mutti. Wir machen einen Sonntagbesuch, sagt Mutti. Sie benutzt das gute Parfüm. Vati hat das Auto gewaschen. Mutti sagt, ich muss mich gut benehmen. Ich muss die Hand geben. Ich muss einen Knicks machen. Ich muss bitte und danke sagen. Ich muss gerade sitzen. Ich muss still sein.

Im Stiegenhaus der Tante stinkt es nach Klo. Vati klingelt. Die Tante macht auf. Sie ist alt. Ich muss die Hand geben. Ich muss mich küssen lassen. Ich mag nicht. Es graust mir.

Wir gehen ins Wohnzimmer. Es ist dunkel. Es ist muffig. Der Stuhl ist hart. Ich muss mich darauf setzen. Ich mag nicht. Er ist hoch. Ich muss gerade sitzen. Ich mag nicht. Mir tut der Rücken weh. Ich muss den Kuchen essen. Ich mag nicht. Er ist alt und trocken. Der Saft ist zu süß. Ich mag ihn nicht. Ich muss ihn trinken. Die Tante fragt mich aus. Ich muss ihr antworten. Ich mag nicht. Sie fragt so dumm. Ich muss mir die Fotoalben ansehen. Ich mag nicht. Die Tante will es. Es ist so fad! Die Tante redet so viel.

Warum muss ich hier sein?

Wir gehen. Ich muss mich von der Tante küssen lassen. Ich mag nicht. Es graust mir. – Die Tür fällt ins Schloss. Mutti seufzt. Vati sagt, das hätten wir. Warum müssen wir, wenn wir nicht wollen?

Doris Rabel

e Haut, ¨-e = piele
klingeln = a suna
r Besuch, -e = vizită
sich küssen lassen = a se lăsa sărutat
e Hand, ¨-e = mână
***aus*fragen** = a descoase
s Stiegenhaus, ¨-er = casa scărilor
sich (etwas) *an*sehen = a se uita la ceva
s Klo, -s = WC
reden = sprechen
r Rücken, - = spate
seufzen = a ofta
s Fotoalbum, -alben = album foto
(sau: **s Fotoalbum, -alben**)
eigentlich = de fapt
***an*ziehen** = a îmbrăca
gerade = drept
jucken = a mânca (pe piele)
muffig = mucegăit
benutzen = a folosi
dumm = prost (aici: prosteşte)
sich benehmen = a se purta
es graust mir – mi-e groază
sich setzen = a se aşeza
die Tür fällt ins Schloss – uşa se închide, se trânteşte
still sein = a fi liniştit
stinken = a mirosi urât
... das hätten wir – am făcut-o şi pe asta

C. *Desigur, ai înţeles că la baza textului stă opoziţia* **ich muss** (*eu trebuie*) – **ich mag nicht** (*nu-mi place*).
Fără îndoială ai identificat verbele **sich benehmen**, **sich setzen** *şi altele ca fiind reflexive şi ai dedus că pronumele reflexiv de persoana a III-a este* **sich** – *„se“*.

2. *Verifică în text dacă următoarele afirmaţii sunt corecte:*

	R	F
a. Es ist Samstag.		X
b. Die Familie macht einen Besuch.		
c. Das Mädchen mag die Strümpfe.		
d. Das Wohnzimmer ist muffig.		
e. Im Stiegenhaus ist es kalt.		
f. In der Küche stinkt es.		
g. Das Mädchen will sich küssen lassen.		
h. Vati sagt, das hätten wir.		

3. *În text rămân o serie de lucruri neexprimate. Care explicaţie ţi se pare cea mai potrivită, mai aproape de intenţia autoarei?*

A. Die Mutti benützt das gute Parfüm.
a. mama se parfumează de obicei
b. mama se parfumează când merge în vizită
c. mama este cochetă

B. Vati hat das Auto gewaschen.
a. tata spală des maşina
b. tata spală maşina în vederea vizitei
c. tata a spălat în sfârşit maşina

C. Die Tante fragt so dumm.
a. mătuşa este curioasă
b. mătuşa întreabă vrute şi nevrute
c. mătuşa este cam proastă

4. *Extrage din text ceea ce trebuie să facă fetiţa şi completează propoziţiile după model:*

a. das blaue Kleid anziehen
Das Mädchen muss das blaue Kleid anziehen.
b. die weißen Strümpfe ________________
c. die Lackschuhe ________________
d. die Hand ________________
e. einen Knicks ________________
f. bitte und danke ________________

5. Ü *De ce nu-i plac fetiţei anumite lucruri? Completează propoziţiile:*

a. Ich mag das blaue Kleid nicht. Es ist zu eng.
b. Ich mag die Strümpfe nicht. Sie ____________________.
c. Ich mag die Lackschuhe nicht. Sie ____________________.
d. Ich mag den Kuchen nicht. Er ____________________.
e. Ich mag den Saft nicht. Er ____________________.
f. Ich mag das Wohnzimmer nicht. Es ____________________.
g. Ich mag mich nicht auf den Stuhl setzen. Er ____________________.

6. Ü *Reia propoziţiile de la 5., transformând propoziţia a doua într-o cauzală coordonată. Dacă nu îţi mai aminteşti, vezi L8, 20. Scrie-le în caiet după modelul:*

a. Ich **mag** das blaue Kleid nicht, denn es **ist** zu eng.

7. GR *O altă propoziţie cauzală este cea introdusă prin conjuncţia subordonatoare* **weil**. *Ca şi propoziţia cauzală introdusă prin conjuncţia coordonatoare* **denn**, *răspunde la întrebarea* **warum**? – *„de ce". Locul verbului în propoziţia subordonată este însă la sfârşit.*

Exemplu: Das Mädchen **mag** das blaue Kleid nicht, [weil] → es zu eng **ist**.

8. Ü *Reia propoziţiile de la 5., transformând propoziţia a doua într-o cauzală subordonată, introdusă prin* **weil**. *Scrie-le în caiet după modelul:*

a. Ich mag das blaue Kleid nicht, weil es zu eng ist.

9. Ü *Încearcă acum să mergi de la cauză la efect! Completează frazele după modelul dat.*
Atenţie! *Dacă începi fraza cu propoziţia secundară, în propoziţia principală subiectul şi predicatul îşi schimbă locul între ele!*

1. Weil wir einen Sonntagbesuch machen, wäscht der Vater das Auto.
  a. der Vater wäscht das Auto
  b. die Mutter benützt das gute Parfüm
  c. das Mädchen muss sich schön anziehen

2. Weil die Tante alt ist, ____________________.
  a. sie redet viel
  b. sie zeigt ihre Fotoalben gern
  c. sie fragt das Mädchen aus

3. Weil das Mädchen nicht gern zur Tante geht, ____________________.
  a. es graust ihr
  b. sie mag nichts
  c. sie ist unzufrieden

10. F *În L1 ai făcut cunoştinţă cu o consoană întâlnită adesea:* [ç] *din* **ich**. *În L5 ai aflat de existenţa consoanei* [x] *din* **acht**. *Iată un tabel cu vocalele care preced aceste consoane:*

[x] nach:	[a] [a:] a**ch**t	[o:] [ɔ] no**ch**	[u] [u:] Bu**ch**	[ao] au**ch**			
[ç] nach:	[ɛ] spre**ch**en	[i:] [ɪ] ni**ch**t	[ɛ] [ɛ:] Nä**ch**te	[ø:] [œ] wö**ch**entli**ch**	[y:] [Y] Bü**ch**er	[æ] lei**ch**t	[ɔø] eu**ch**

Consoana [ç] *poate fi şi succedată de vocale, după cum urmează:*

[ç] vor:	[e] **Ch**emie	[i:] **Ch**ina

11. Ü *Ascultă următoarele cuvinte pe CD, apoi imită pronunţia:*

[x] **a.** Na**ch**t, ma**ch**t, Scha**ch**tel, dana**ch**, Sa**ch**e
b. ho**ch**, ko**ch**t, Wo**ch**e
c. su**ch**en, Besu**ch**, Ku**ch**en, Bu**ch**
d. rau**ch**en, brau**ch**en

[ç] **a.** spre**ch**en, spre**ch**t, Te**ch**nik
b. i**ch**, eigentli**ch**, zwanzi**g**, mi**ch**, natürli**ch**
c. re**ch**ts, nä**ch**sten, Nä**ch**te
d. lei**ch**t, rei**ch**, glei**ch**, Frankrei**ch**, Österrei**ch**
e. Bröt**ch**en, Stück**ch**en, Mäd**ch**en

12. GR *În exerciţiul* **4.**, *predicatul este format din verbul* **müssen** *situat pe locul al doilea, şi verbul la infinitiv, situat pe ultimul loc. Cele două părţi componente ale predicatului formează paranteza verbală.*

locul I	locul II		ultimul loc
Das Kind	muss	die Hand	geben.
Es	muss	gerade	sitzen.
Es	muss	einen Knicks	machen.

Verbele modale modifică sensul verbului (la infinitiv) cu care formează predicatul compus. Asemenea verbe nu există în limba română. Pentru cei care cunosc limba engleză există posibilitatea comparării cu verbele „can, must, may“.
În limba germană, verbele modale sunt:

können = a putea
müssen = a trebui (obligatoriu)
mögen = a plăcea
ich möchte – aş dori
dürfen = a avea voie
sollen = a trebui (recomandare)
wollen = a vrea

Iată conjugarea acestor verbe:

	müssen	mögen		können	dürfen	wollen	sollen
ich	muss	mag	möchte	kann	darf	will	soll
du	musst	magst	möchtest	kannst	darfst	willst	sollst
er, sie, es	muss	mag	möchte	kann	darf	will	soll
wir	müssen	mögen	möchten	können	dürfen	wollen	sollen
ihr	müsst	mögt	möchtet	könnt	dürft	wollt	sollt
sie/Sie	müssen	mögen	möchten	können	dürfen	wollen	sollen

După cum observi, verbul **mögen** *apare cu două forme conjugate. Ai văzut în L7 că el se poate folosi independent, fără un alt verb la infinitiv.*

Ich mag Harry Belafonte. – Îmi place Harry Belafonte.

Acelaşi verb poate fi însoţit însă de un alt verb la infinitiv, în cazul acesta fiind verb modal.

Ich mag keinen Saft trinken. – Nu-mi place să beau suc.

Forma **möchte** *provine de la acelaşi verb şi este de fapt conjunctivul II al verbului, tradus în limba română prin condiţional-optativ.*

Ich möchte ins Museum gehen. – Aş dori să merg la muzeu.

După cum observi, verbele modale nu au desinenţe personale la persoanele I şi a III-a singular. Toate verbele, cu excepţia formei **möchte** *şi a verbului* **sollen**, *îşi schimbă vocala din rădăcină la singular. Verbul* **können** *poate avea şi sensul de „a şti“.*

Ich kann Englisch. – Ştiu engleza.
Er kann Schach spielen. – El ştie să joace şah.

13. *Ce trebuie să facă Hanne Krause? Îţi mai aminteşti? Completează propoziţiile cu verbul* **müssen**, *urmat în poziţie finală de infinitiv:*

Ü

a. Hanne Krause muss morgens um 6.00 Uhr aufstehen.

b. Sie _______ das Frühstück _____________.

c. Hanne ______ Susanne in den Kindergarten _________.

d. Um 12.00 Uhr ______ sie Susanne aus dem Kindergarten __________.

e. Sie ________ das Mittagessen __________.

f. Dann _______ sie die Wohnung _________.

14. *Chiar dacă în realitate tu nu faci toate acestea, reia propoziţiile de la* **13.** *la persoana I singular!*

Ü

a. Ich **muss** morgens um 6.00 Uhr **aufstehen**.

15. *Ce îţi propui să faci astăzi? Completează propoziţiile după model:*

Ü

Ski fahren

Judo machen

Fußball spielen

Heute will ich Ski fahren.

Gymnastik machen

Tennis spielen

16. *Ce proiecte ai? Transformă propoziţiile după model:*

Ü

a. Ich fahre im Juli nach Österreich.
Ich will im Juli nach Österreich fahren.
b. Ich arbeite heute Nachmittag zu Hause.
c. Wir fahren im August nach Frankreich.
d. Er fährt im Sommer nach Marokko.
e. Sie fahren im September ins Prahova-Tal.

17. *Uneori este bine să iei decizii rapide. Completează propoziţiile după model! Atenţie la sensul propoziţiei imperative!*

Ü

a. Muffige Wohnung! Hier will ich nicht wohnen.
b. Harter Stuhl! Hier ________________ sitzen.
c. Dunkles Hotelzimmer! Hier ______________ bleiben.
d. Miserables Café! Hier ________________ frühstücken.
e. Tolles Restaurant! Hier ______________ essen.

18. *Cunoşti aceste simboluri? Formulează propoziţii după model! Scrie-le în caiet:*

Ü

telefonieren

etwas essen

etwas trinken

rauchen

Informationen bekommen

ein Taxi nehmen

Hier **kann** man **telefonieren**.

19. Ü *Reia propoziţiile de la exerciţiul 18! Foloseşte persoana I singular şi apoi plural!*

Hier **kann** ich **telefonieren**.
Hier **können** wir **telefonieren**.

20. Ü *Ce semnificaţie au următoarele indicatoare? Formulează propoziţii după model! Scrie-le în caiet:*

rauchen

parken

campen

Hier **darf** man nicht **rauchen**.

laut sprechen

Fußball spielen

21. *Reia propoziţiile de la exerciţiul 20! Foloseşte persoana I singular, apoi plural!*

Ü Hier **darf** ich nicht **rauchen**.
Hier **dürfen** wir nicht **rauchen**.

22. Ü *De multe ori nu avem voie să facem ceea ce dorim. Completează propoziţiile cu formele corespunzătoare ale verbelor* **mögen** (möchte) *şi* **dürfen**!

a. Sie möchte kalte Limonade trinken, aber sie darf nicht.
b. Wir ______ Kaffee trinken, aber er _____ nur Tee trinken.
c. Das Mädchen _______ Eis essen, aber es ______ nicht.
d. Wir _______ ein Bier trinken, aber Peter ________ keinen Alkohol trinken.
e. Herr Müller _________ rauchen, aber er _________ nicht mehr.
f. Hans und Karin ________ ins Kino gehen, aber sie _______ jetzt nicht. Sie haben viele Schularbeiten.

23. Ü *Ce recomandă medicul? Completează propoziţiile cu formele corespunzătoare ale verbului* **sollen**:

Der Arzt sagt,

a. sie soll keine kalte Limonade trinken.
b. ihr _____ keinen Kaffee trinken.
c. das Mädchen ______ kein Eis essen.
d. wir _______ keinen Alkohol trinken.
e. Sie _______ nicht mehr rauchen.
f. wer Übergewicht hat, _____ Diät halten.

24. Ü *Câteodată avem nevoie de un imbold pentru a nu amâna unele treburi. Transformă propoziţiile conform modelului:*

a. Ich **mache** die Arbeit morgen.
Kannst du sie nicht heute **machen**?
b. Ich beginne morgen.
c. Ich komme morgen.
d. Ich frage den Chef morgen.
e. Ich lerne die neuen Vokabeln morgen.

25. Ü *Completează propoziţiile conform sensului cu verbele* **müssen**, **können** *sau* **wollen**!

a. Ich will in Paris studieren, aber leider kann ich so wenig Französisch.
b. Wo ________ Sie sitzen? Hier oder hier?
c. Sie _______ zuerst Geld wechseln, wenn Sie telefonieren ________.
d. Sie ________ in der Bundesrepublik studieren? Da _______ Sie zuerst Deutsch lernen. Dann ______ Sie einen Studienplatz bekommen.
e. Die Reise ist zu teuer. Das _____ ich nicht bezahlen.

26. Ü *Cineva doreşte să ştie mai multe despre tine. Răspunde conform modelului:*

a. Können Sie Deutsch? – Natürlich kann ich Deutsch.
b. Können Sie Auto fahren? – Natürlich _______________.
c. Können Sie Gitarre spielen? – Natürlich _______________.
d. Können Sie Englisch? – Natürlich _______________.
e. Können Sie aus der Hand lesen? – Natürlich _______________.

27. Ü *Câteodată este foarte important să facem distincţia dintre ce trebuie să facem şi ce putem face. Nu eşti de aceeaşi părere? Completează propoziţiile cu forma corectă a verbelor* **müssen** *şi* **können**:

a. Sie müssen zum Chef gehen.
b. Wir _________ draußen frühstücken.
c. Sie _________ in die Disck gehen.
d. Marion __________ die Schularbeiten machen.
e. Hanne Krause _________ Susanne abholen.

28. Ü *În sala de aşteptare, doi pacienţi discută despre neplăcerile cauzate de starea sănătăţii. Completează propoziţiile cu verbul modal potrivit:* **dürfen**, **können**, **mögen** (**möchte**), **müssen** sau **wollen**.

A. Herr Müller: „Ich habe Schmerzen im Rücken. Ich ______ nicht richtig laufen. Der Arzt sagt, ich ______ oft schwimmen gehen. Leider ______ ich nicht, denn ich ______ bis 18 Uhr arbeiten. Der Arzt sagt immer, ich _______ nicht so viel arbeiten."

B. Renate: „Ich _______ Diät halten, aber ich _______ nicht. Auch jetzt habe ich Hunger. Ich ________ gern etwas essen, aber ich _____ jetzt nicht. Der Arzt ______ mich sehen. Ich ______ keine Diät mehr halten."

29. Ü *Ce trebuie să facă un copil în vizită pentru a fi pe placul părinţilor? Corectează propoziţiile şi scrie-le în caiet:*

a. Ein Kind muss sich schön **nemheneb**.
Ein Kind muss sich schön benehmen.
b. Es muss die **dnah** geben.
c. Ein Mädchen muss auch einen **skcink** machen.
d. Es muss **ettib** und **eknad** sagen.
e. Es muss **edareg** sitzen und **llits** sein.

30. Ü *Karin nu merge cu plăcere la mătuşa ei. Transformă propoziţia a doua într-o subordonată introdusă prin* **weil**:

a. Karin geht nicht gerne zur Tante. Die Tante ist unsympatisch.
Karin geht nicht gern zur Tante, weil sie unsympatisch ist.
b. Sie mag das Wohnzimmer der Tante nicht. Es ist dunkel und muffig.
c. Sie mag bei der Tante keinen Kuchen essen. Er ist alt und trocken.
d. Sie mag es nicht. Sie muss den Kuchen essen.
e. Sie mag nicht auf Besuch gehen. Sie muss die „Sonntagskleidung" anziehen.

31. Ü *Ai învăţat în L13 exprimarea orei. Exprimarea orei oficiale nu ridică nici un fel de probleme. Poţi revedea eventual numeralul cardinal.*

8.00 – Es ist acht Uhr.
20.00 – Es ist zwanzig Uhr.
8.07 – Es ist acht Uhr sieben.
20.07 – Es ist zwanzig Uhr sieben.
8.15 – Es ist acht Uhr fünfzehn.

20.15 – Es ist zwanzig Uhr fünfzehn.
8.26 – Es ist acht Uhr sechsundzwanzig.
20.26 – Es ist zwanzig Uhr sechsundzwanzig.
8.30 – Es ist acht Uhr dreißig.
20.30 – Es ist zwanzig Uhr dreißig.
8.39 – Es ist acht Uhr neununddreißig.
20.39 – Es ist zwanzig Uhr neununddreißig.
8.45 – Es ist acht Uhr fünfundvierzig.
20.45 – Es ist zwanzig Uhr fünfundvierzig.
8.52 – Es ist acht Uhr zweiundfünfzig.
20.52 – Es ist zwanzig Uhr zweiundfünfzig.

32. Ü *Din când în când telefonezi la robot. Ascultă ora exactă şi marchează ordinea cu cifre de la 1-5!*

33. Ü *Citeşte poezia care urmează. Foloseşte-o ca un imbold de a depune tot efortul în învăţarea limbii germane:*

Sag nie: das kann ich nicht;
Vieles kannst du, will's die Pflicht;
Alles kannst du, will's die Liebe;
Darum dich im Schwersten übe.
Denn Schwerstes fordert Lieb' und Pflicht.
Darum sag nie: das kann ich nicht!

e Pflicht, -n = îndatorire, obligaţie
e Liebe, *sg.* = iubire, dragoste
s Schwerste = greutatea, dificultatea cea mai mare
sich üben = a se exersa
fordern = a cere, a reclama
darum = de aceea

34. Ce ţi s-a părut mai dificil?

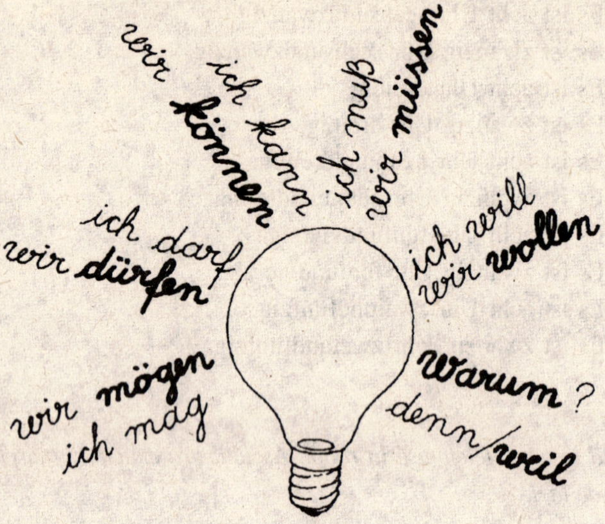

LEKTION 15

1. *Între părinţi şi copii există de multe ori, pe lângă puncte de vedere comune, şi mici divergenţe sau puncte de vedere diferite. Într-o familie sunt reprezentanţi ai mai multor generaţii, care se găsesc unii faţă de alţii în diferite relaţii de rudenie. Care sunt acestea?*

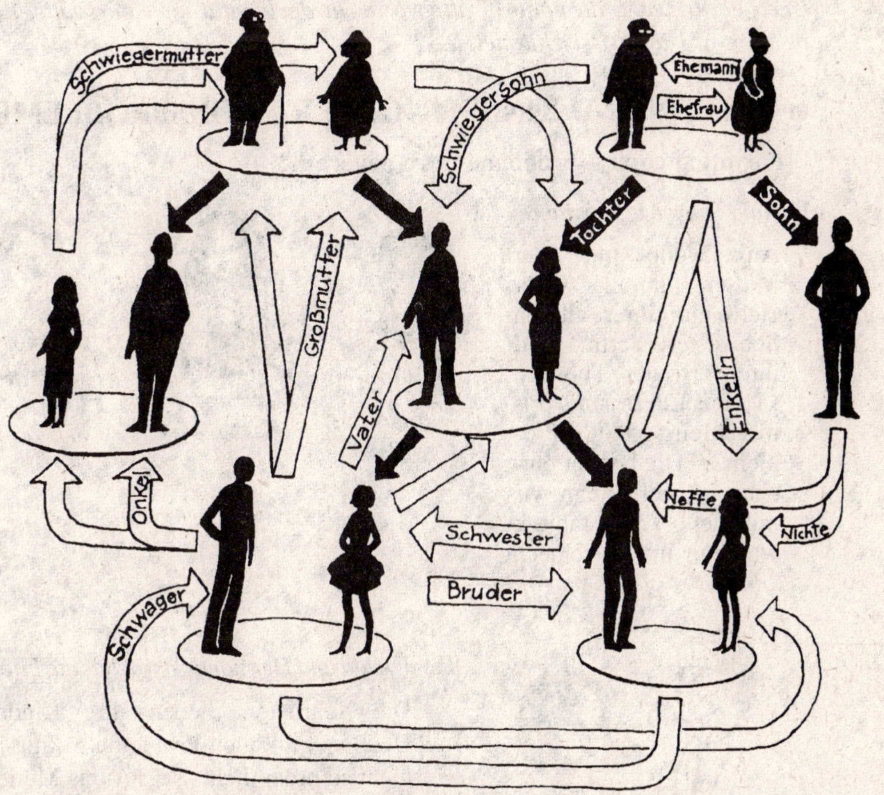

2. **Ü** *Asociază corect gradele de rudenie! Studiază cu atenţie fig. 1 şi completează lista de mai jos:*

der Neffe	die Nichte	die Schwägerin	___________
der Großvater	___________	der Schwiegervater	___________
die Mutter	___________	die Tante	___________
der Enkel	___________	die Schwiegertochter	___________

A. *Citeşte titlul lecţiei, priveşte desenele şi forma de prezentare a textului. Despre ce ar putea fi vorba?*

B. *Parcurge acum superficial textul, subliniind lexicul cunoscut. Ai remarcat, desigur, că fiecare text are un „titlu", format din nume proprii. Ceea ce urmează nu poate fi altceva decât declaraţia unei persoane, fapt pe care ni-l indică şi ghilimelele.*

● ELTERN UND KINDER – GENERATIONSPROBLEME?

(Părinţi şi copii – probleme între generaţii?)

I. *Anja Schroeter, 16 Jahre*

Anja wohnt mit ihrer Mutter, ihrem Vater Hermann, ihrer älteren Schwester Martina und ihrem Bruder Thomas. „Meine Eltern sind prima. Mein größtes Problem? – Die beiden rauchen zu viel. Wenn wir mit dem Auto fahren, wird mir immer schlecht."

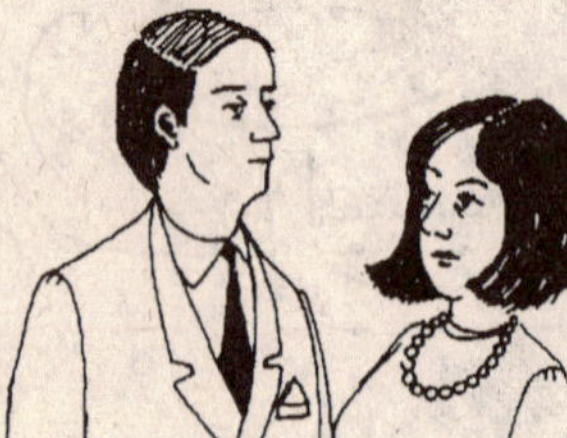

II. *Ursula und Hermann Schroeter, die Eltern*

Die Schroeters lieben ihre Kinder. Doch es gibt auch Probleme. „Anja ist nicht so ordentlich", sagt Anjas Mutter. Der Vater meint: „Unsere Kinder sind nicht so fleißig in der Schule. Ich mache meine Arbeit und sie müssen ihre Arbeit machen. So einfach ist das!"

III. *Max Seidel, 7 Jahre*

„Ich find's gut, wenn meine Mutter sagt: «Geh doch mal einkaufen.» Dann darf ich mir nämlich auch immer etwas kaufen. Mit meinem Vater spiele ich oft Fußball und bekomme immer blaue Flecken."

IV. *Tobias Seidel, 16 Jahre*

„Ich muss im Haushalt mehr tun als mein Bruder. Meine Mutter regt sich über vieles schnell auf. Zum Beispiel, wenn ich nicht gleich aufräume!"

V. *Bernd Seidel, der Vater (Architekt)*

„Unordentlichkeit und Unpünktlichkeit – das sind die negativen Seiten an meinen Kindern. Aber meine Kinder sind an allem interessiert und das finde ich sehr gut."

VI. *Roswitha Seidel, die Mutter*

„Tobias ist absolut faul in der Schule und unordentlich. Er muss selbst sein Zimmer aufräumen. Aber meine Kinder können auch lieb sein, wenn sie wollen."

r Bruder, ¨ = frate	**lieb sein** = a fi drăguţ
r Haushalt, -e = menaj	**sich aufregen** = a se enerva
e Eltern, Pl. = părinţi	**blaue Flecken** = vânătăi
e Schwester, -n = soră	**e Schroeters** = familia Schroeter

3. *Părinţi şi copii – conflicte între generaţii?*
Cine are aceste obiceiuri sau calităţi?

	die Eltern	die Kinder
a. rauchen viel	X	
b. sind unordentlich		
c. regen sich schnell auf		
d. sind nicht so fleißig		
e. sind an allem interessiert		
f. sind absolut faul		
g. können lieb sein		

4. *Identifică propoziţiile de mai jos în textul original. Cuvintele pe care le-ai subliniat la prima lectură îţi vor uşura munca. Notează în paranteză cu I, II şi aşa mai departe textul în care se află propoziţia:*

a. Familia Schroeter îşi iubeşte copiii. (I)
b. Tobias este foarte leneş la şcoală şi dezordonat. ( )
c. Amândoi fumează prea mult. Când mergem cu maşina mie mi se face rău întotdeauna. ( )
d. Dar copiii mei pot fi şi drăguţi când vor. ( )
e. Tatăl spune: „Copiii noştri nu sunt aşa de silitori la şcoală.“ ( )
f. Mama mea se enervează repede pentru multe lucruri, de exemplu dacă nu fac imediat ordine în camera mea. ( )
g. Dezordinea şi nepunctualitatea – acestea sunt părţile negative ale copiilor mei. ( )

5. *Care din afirmaţiile următoare corespunde textului şi care nu? Specifică dacă acestea din urmă nu sunt corecte sau nu se menţionează în text:*

	R	F	?
a. Anja hat keine Probleme mit ihrem Bruder.			X
b. Sie hat ein Problem mit ihren Eltern.			
c. Frau Schroeter findet Anja ordentlich.			
d. Herr Schroeter meint: „Die Kinder sind faul.“			
e. Tobias Seidel spielt mit dem Vater Fußball.			
f. Seine Mutter regt sich nie auf.			
g. Bernd Seidel sagt: „Unordentlichkeit und Unpünktlichkeit sind die negativen Seiten meiner Kinder.“			
h. Tobias ist sehr fleißig, wenn er will.			

6. Ü

Subliniază adjectivele şi caută antonimele! Scrie propoziţiile în caiet:

a. Anja ist ordentlich.
Anja ist unordentlich.
b. Ihre Noten sind nicht gut.
c. Das ist schlecht.
d. Tobias ist unpünktlich.
e. Er ist faul in der Schule.
f. Das ist nicht richtig.

7. Ü

Mama lui Tobias se supără dacă Tobias nu face ordine în camera lui, dar se bucură când este drăguţ. Poate că toate mamele sunt la fel. Îţi poţi imagina ce povesteşte Tobias despre mama lui? Combină în mod corespunzător propoziţiile!

A. Meine Mutter freut sich,
B. Meine Mutter regt sich auf,

a. wenn ich Schularbeiten mache.
b. wenn ich mein Zimmer nicht aufräume.
c. wenn ich lieb bin.
d. wenn ich einkaufen gehe.
e. wenn ich pünktlich bin.
f. wenn ich rauche.
g. wenn ich ein Geschenk mitbringe.
h. wenn ich am Abend spät nach Hause komme.

8. GR

*Citeşte încă o dată propoziţiile din partea dreaptă! După cum poţi constata, ele încep cu conjuncţia subordonatoare **wenn** – „dacă". În propoziţia secundară verbul se află pe ultimul loc. Vezi şi L14.*

Meine Mutter regt sich auf, | wenn | > ich mein Zimmer nicht aufräume.
propoziţie principală — propoziţie secundară

Ü

*Ce îi deranjează pe părinţi la propriii lor copii şi ce îi deranjează pe copii la părinţii lor? Uneşte propoziţiile prin conjuncţia **wenn**!*

A. Die Kinder finden es nicht gut.

a. Die Eltern rauchen viel.
b. Die Eltern regen sich auf.

A. Die Kinder finden es nicht gut, wenn die Eltern viel rauchen.
B. Die Eltern finden es schlecht.

a. Die Kinder sind nicht so ordentlich.
b. Die Kinder sind nicht so fleißig in der Schule.

C. Die Eltern finden es gut.

a. Die Kinder sind an allem interessiert.
b. Die Kinder sind lieb.

10. **Ü** *Reia propoziţiile de la exerciţiul 9, începând de data aceasta cu propoziţia secundară! **Atenţie!** În propoziţia principală se inversează ordinea dintre subiect şi predicat!*

a. Wenn die Eltern viel rauchen, finden es die Kinder nicht gut.

11. **Ü** *Uneşte prin săgeţi propoziţia secundară cu propoziţia principală corespunzătoare, conform sensului:*

a. Wenn du viel lernst,	**1.** liest du Literatur in Original.
b. Wenn du Sport treibst,	**2.** geh in die Kunstgalerie.
c. Wenn du gut Deutsch kannst,	**3.** zeige ich dir meine Fotoalben.
d. Wenn du dich für Kunst interessierst,	**4.** bleibst du gesund.
e. Wenn du dich für meine Fotos interessierst,	**5.** sind deine Chancen größer.

12. **Ü** *Ce pledează în favoarea unui mijloc de transport faţă de altul? Combină propoziţiile, conform sensului:*

a. Wenn wir mit der Schwebebahn fahren	**1.** sehen wir ganz Wuppertal.
b. Wenn wir mit dem Auto fahren,	**2.** dürfen wir keinen Alkohol trinken.
c. Wenn wir mit der U-bahn fahren,	**3.** dauert es länger.
d. Wenn wir mit dem Bus fahren,	**4.** dauert es weniger.
e. Wenn wir mit der Intercity fahren,	**5.** kann ich mir die Landschaft ansehen.
f. Wenn wir mit der Eisenbahn fahren,	**6.** ist es sehr bequem.

e Schwebebahn, -en = tren suspendat
e Intercity, -s = tren interurban
e U-bahn, -en = metrou
r Bus, -se = autobuz
e Eisenbahn, -en = tren
e Landschaft, -en = peisaj

13. **Ü** *La agenţia de voiaj ţi se fac o serie de sugestii pentru programul tău, ţinând seama de dispoziţie, timp, bani şi alţi factori. Completează propoziţiile şi scrie-le în caiet:*

a. Wenn Sie Lust haben, ***gehen Sie in die Disko***. Sie gehen in die Disko.
b. Wenn Sie Zeit haben, ____________________. Sie gehen ins Theater.

c. Wenn Sie wollen, ________________________. Sie besichtigen das Technische Museum.

d. Wenn Sie Geld haben, ____________________. Sie machen eine Tour.

e. Wenn das Wetter schön ist, _________________. Sie fahren nach Mallorca.

14. Ü *Extrage din text substantivele însoţite de* **mein, meine**! *Dacă sunt precedate de prepoziţie, noteaz-o! Nu neglija genul substantivelor!*

m.	n.	f.	pl.
meinem Vater	mein Problem	meine Mutter	meine Eltern
__________	__________	__________	__________

15. GR *Pronumele posesiv* **mein, meine** *se traduce:* „al meu, a mea, ai mei, ale mele". *Poziţia pronumelui posesiv, folosit adjectival, diferă în limba germană faţă de limba română. Ca şi adjectivul folosit atributiv, el precedă substantivul pe care îl determină. Fiecărui pronume personal îi corespunde un pronume posesiv:*

sg.					pl.			
ich	du	er	sie	es	wir	ihr	sie	Sie
mein	**dein**	**sein**	**ihr**	**sein**	**unser**	**euer**	**ihr**	**Ihr**

La persoana a III-a singular, formele diferă în funcţie de gen:

Tobias (er) ______ sein Vater, seine Mutter
Anja (sie) ______ ihr Vater, ihre Mutter

Pronumele posesiv se referă atât la posesor, cât şi la obiectul posedat. El se declină după modelul articolului nehotărât. Spre deosebire de acesta, are şi forme de plural:

m.	n.	f.	pl.
N. mein Vater	mein Kind	meine Mutter	meine Eltern
A. mein**en** Vater	mein Kind	mein**e** Mutter	mein**e** Eltern
D. mein**em** Vater	mein**em** Kind	mein**er** Mutter	mein**en** Eltern

După acest model se declină şi celelalte pronume posesive.

16. *Completează cu formele corespunzătoare ale pronumelui posesiv adjectival:*

Ü

A. *Anja povesteşte despre familia ei:*

a. Mein Vater ist Techniker.
b. _____ Mutter ist Sekretärin.
c. _____ Bruder geht in die Schule.
d. _____ Schwester ist noch klein.
e. _____ Tante ist Deutschlehrerin.
f. _____ Onkel ist auch Lehrer.

B. *Tobias povesteşte despre Anja Schroeter:*

a. Ihr Vater ist Ingenieur.
b. _____ Mutter ist Ärztin.
c. _____ Bruder ist Sportler.
d. _____ Schwester ist Fotomodell.
e. _____ Großeltern wohnen in Bukarest.

C. *Anja povesteşte despre familia lui Tobias:*

a. Seine Familie ist sehr nett.
b. _____ Vater ist Architekt.
c. _____ Mutter ist Hausfrau.
d. _____ Schwester ist Studentin.
e. _____ Großeltern haben ein kleines Haus in Sinaia.

die Hausfrau, -en = casnică **nett** = drăguţ (ca fel de a fi)

17. *În familia Schmidt, relaţiile dintre soţi sunt încordate. Ei îşi dispută bunurile. Completează propoziţiile cu pronumele posesiv adjectival:*

Ü

a. Das ist nicht dein Auto. Das ist mein Auto.
b. Das ist nicht _____ Villa. Das ist _____ Villa.
c. Das ist nicht _____ Radio. Das ist _____ Radio.
d. Das ist nicht _____ Videorecorder (m). Das ist _____ Videorecorder.
e. Das ist nicht _____ Kind. Das ist _____ Kind.
f. Das ist nicht _____ Kamera. Das ist _____ Kamera.

18. *În familia Müller relaţiile sunt cât se poate de armonioase. Reia propoziţiile de la exerciţiul 17 şi reformulează-le după model:*

Ü

a. Das ist unser Auto.

19. *Un fost coleg de şcoală îţi arată la întâlnirea de zece ani de la terminarea liceului o fotografie a familiei sale. Încerci să ghiceşti cine sunt persoanele din fotografie, iar el te corectează. Completează răspunsurile:*

Ü

a. Ist das deine Frau? Nein, das ist meine Kusine.
b. Ist das deine Tochter? Nein, das ist _____ Frau.
c. Ist das dein Bruder? Nein, das ist _____ Sohn.
d. Ist das deine Großmutter? Nein, das ist _____ Schwiegermutter.
e. Sind das deine Eltern? Nein, das sind _____ Schwiegereltern.

20. **Ü** *O persoană pe care abia ai cunoscut-o îţi arată o fotografie de familie. Completează răspunsurile:*

a. Das ist meine Familie. Ah, das ist Ihre Familie!
b. Das sind _____ Töchter. Ah, das sind ____ Töchter? Sie sind hübsch.
c. Das ist ____ Sohn. Ah, das ist _____ Sohn? Er ist groß.
d. Das ist ____ Frau. Ah, das ist _____ Frau? Sie ist jung.
e. Das ist ____ Schwester. Ah, das ist _____ Schwester? Sie ist schön.
f. Das sind _____ Neffen. Ah, das sind _____ Neffen? Sie sind groß.

21. **Ü** *O zi obişnuită la restaurantul gării. Chelnerul aude foarte des anumite fraze. Completează-le cu terminaţiile corespunzătoare pronumelui posesiv adjectival:*

a. Wo bleibt mein____ Kaffee?
b. Wo bleibt mein____ Bier?
c. Wo bleibt mein____ Cola?
d. Wo bleiben mein____ Pommes frites?
e. Was ist mit mein____ Whisky?
f. Was ist mit mein____ Eis?
g. Was ist mit mein____ Pizza?
h. Was ist mit mein____ Spaghetti?
i. Wann bringen Sie unser____ Schnitzel?
j. Wann bringen Sie unser ____ Würstchen?

22. **Ü** *Promoţia anului 1974 a serbat la restaurant 30 de ani de la terminarea liceului. La plecare au dificultăţi cu găsirea lucrurilor la garderobă, pentru că le-au predat în bloc! Completează propoziţiile cu terminaţiile pronumelui posesiv adjectival:*

a. Siehst du mein**e** Jacke? Ist das vielleicht dein**e** Jacke?
b. Ist das dein__ Mantel? Ja, danke, das ist mein__ Mantel.
c. Was machst du mit mein__ Hut? Das ist dein__ Hut? Entschuldigung!
d. Ist das vielleicht dein__ Schal? Nein, mein___ Schal ist gelb.
e. Siehst du mein___ Mappe? Dein___ Mappe? Nein!

23. **Ü** *În poezia lui Hans Manz, intitulată „Kinder", reprodusă mai jos, completează spaţiile libere cu pronumele posesiv adjectival* **dein** *la forma potrivită:*

a. Von dein**em** Vater,
dein**er** Mutter
bist du das Kind.

c. Von dein___ Urgroßvätern,
dein___ Urgroßmüttern
sind dein___ Großeltern die Kinder.

b. Von dein___ Großvätern,
dein____ Großmüttern
sind dein___ Eltern
die Kinder.

d. Also sind
dein___ Großeltern
dein___ Eltern
und du allesamt Kinder.

24. Ü *Ce spun părinţii despre copii şi ce spun aceştia despre părinţii lor? Compară propoziţiile următoare cu textul lecţiei! Ce constaţi?*

a. Anja Schroeter sagt, dass ihre Eltern prima sind.
b. Frau Schroeter sagt, dass ihre Tochter nicht ordentlich ist.
c. Herr Schroeter sagt, dass seine Kinder nicht so fleißig sind.
d. Max Seidel sagt, dass seine Mutter sich schnell aufregt.

25. GR *După cum observi, propoziţia secundară este introdusă prin conjuncţia* **dass** – „că". *Ea introduce o propoziţie completivă directă. Verbul se află, ca în orice propoziţie secundară, pe ultimul loc. Această propoziţie secundară răspunde la întrebarea* ***was?***. *În propoziţia principală întâlnim verbe ca:* **sagen** – „a spune", **glauben** – „a crede", **meinen** – „a fi de părere", **wissen** – „a şti". *De exemplu:*

Anja sagt, [dass] > ihre Eltern prima **sind**.

Der Vater meint, [dass] > seine Kinder nicht so fleißig **sind**.

Wir wissen, [dass] > Anja 16 Jahre alt **ist**.

Destul de des întâlnim în propoziţia principală expresia **es ist** – „este" *sau* **ich finde es** – „găsesc, consider", *urmate de un adjectiv predicativ. De exemplu:*

Es ist gut, [dass] > sie Sport **treibt**.

Es ist richtig, [dass] > er nicht **raucht**.

Es ist prima, [dass] > du **kommst**.

Ich finde es gut, [dass] > viele Leute Deutsch **lernen**.

Ich finde es schlecht, [dass] > du nicht fleißig **bist**.

În limba germană, propoziția completivă directă poate fi și neintrodusă prin conjuncție. În acest caz, propoziția secundară are aspectul unei propoziții principale, verbul aflându-se pe locul al doilea. Sensul propoziției ne indică însă clar că este vorba de o subordonată completivă directă. De exemplu:

Anja sagt, dass > ihre Eltern prima **sind**.

Anja sagt, ihre Eltern **sind** prima.

26. Ü *Repeți pentru cineva care nu înțelege prea bine ce s-a spus, folosind subordonata introdusă prin* **dass***:*

a. Max Seidel sagt: „Mit meinem Vater spiele ich oft Fußball."
Max Seidel sagt, dass er oft mit seinem Vater Fußball spielt.
b. Tobias Seidel sagt: „Ich muss im Haushalt mehr tun als mein Bruder."
c. Roswitha Seidel sagt: „Tobias muss sein Zimmer selbst aufräumen."
d. Hermann Schroeter meint: „Ich mache meine Arbeit und sie müssen ihre Arbeit machen."
e. Der Vater sagt: „So einfach ist das!"

27. Ü *Transformăm propozițiile din paranteză în propoziții subordonate completive directe:*

a. Der Lehrer meint, dass (Du kannst gut Deutsch).
Der Lehrer meint, dass du gut Deutsch kannst.
b. Wir wissen, dass (Viele Leute joggen).
c. Es ist klar, dass (Das Rauchen ist ungesund).
d. Es ist gesund, dass (Man treibt in der Freizeit Sport).
e. Es ist richtig, dass (Man tut etwas für die Gesundheit).
f. Ich finde es prima, dass (Viele Leute lernen jetzt eine Fremdsprache).
g. Ich finde es interessant, dass (Sie will Japanisch lernen).

28. Ü *Ce crezi despre următoarele afirmații? Transformă a doua propoziție în subordonată:*

a. Ich finde es komisch: viele Deutsche haben immer Fernweh.
Ich finde es komisch, dass viele Deutsche immer Fernweh haben.
b. Es ist bekannt: viele Deutsche fahren in den Süden.
c. Ich glaube: in Deutschland gibt es nicht so viel Sonne.
d. Ich finde: Rumänien ist für die Touristen sehr interessant.
e. Sie wissen sicher: die Touristen kommen gern in unser Land.

29. Ü *Ce spune Max? Repetă ce spune, folosind propoziţia secundară introdusă prin* **dass***:*

a. Ich kann nicht Italienisch.
Er sagt, dass er nicht Italienisch kann.
b. Ich lese gern Krimis.
c. Ich trinke gern Cola.
d. Ich esse gern Eis.
e. Ich treibe gern Sport.
f. Ich habe Hunger.
g. Ich habe Durst.

30. Ü *Verifică dacă ţi-ai însuşit cele mai importante probleme!*

A. *Completează cu pronumele posesiv, folosit adjectival la forma potrivită:*

a. Anja Schroeter sagt: „Ich wohne zusammen mit ______ Mutter, ______ Vater, ______ älteren Schwester Martina und ______ Bruder Thomas".
b. Sie sagt, dass ____ Eltern prima sind.
c. ___ größtes Problem ist, dass die beiden zu viel rauchen.

B. *Completează cu conjuncţia potrivită:*

a. Bernd Seidel sagt, ____ Unordentlichkeit und Unpünktlichkeit die negativen Seiten an seinen Kindern sind.
b. Er meint, ____ seine Kinder an allem interessiert sind.
c. Roswitha Seidel findet es gut, ____ Tobias manchmal sein Zimmer selbst aufräumt.

C. *Completează cu conjuncţia potrivită:*

a. Max Seidel findet es gut, ____ seine Mutter sagt, er soll einkaufen gehen.
b. ____ er mit seinem Vater Fußball spielt, bekommt er immer blaue Flecken.
c. Die Eltern finden es prima, ____ die Kinder lieb sind.

31. F *Pe parcursul mai multor lecţii ai întâlnit cuvinte care conţin grupul consonantic [ks]. În limba germană el se ortografiază diferit:*

[ks]	în mijlocul cuvântului	la sfârşitul cuvântului	cum scriem
	Taxi Vol**ks**wagen we**chs**eln sa**gs**t	Ma**x** se**chs** monta**gs**	**x** **ks** **chs** **gs**

32. *Iată un exerciţiu recapitulativ în care trebuie să completezi cuvintele cu* **x**, **ks**, **chs** *sau* **gs**.

Ü

a. Box
b. se_
c. Kni_
d. samsta_
e. Me_iko
f. nachmitta_
g. E_port
h. Jac_on
i. freita_
j. Vol_wagen
k. E_amen
l. vormitta_

33. *Patru persoane sunt intervievate de o reporteră în legătură cu felul în care îşi petrec timpul liber. Completează căsuţele de sub desene cu cifre de la 1 la 4, în ordinea în care li se ia interviul!*

Ü

☐

☐

☐

☐

☐

34. *Te stresează cumva învăţarea limbii germane? Iată ce propune Roswitha Fröhlich ca să ieşi din această stare:*

ICH, DU, ER, SIE, ES
deutsche Sprache ist ein Stress.
EUCH und EUER, WIR und IHR,
wozu sitz ich denn bloß hier?
UNS und UNSER, DEIN und MEIN,
laß ich's Lernen lieber sein.
Leg mich hin, die Augen zu –
GUTE RUH!

Roswitha Fröhlich

etwas sein lassen = a renunţa la ceva

wozu = de ce, cu ce scop

sich hinlegen = a se culca

35. *Ce ţi s-a părut mai dificil?*

LEKTION 16

1. **Ü** **A.** *Citeşte cu atenţie textele de mai jos şi încearcă să găseşti ce au ele în comun. Formulează un titlu.*

a. Renate P., 21, Sekretärin

„Bevor wir heirateten, haben wir die Wohnung, Schlafzimmer, Wohnzimmer und Küche, komplett eingerichtet. Wir fühlen uns jetzt richtig wohl in unserer Zweizimmerwohnung. Die Tatsache, dass wir im Erdgeschoss wohnen, stört mich nicht."

b. Hubert B., 65, Rentner

„Ich wohne in einem Neubauviertel. Am Anfang fiel es mir schwer hier zu wohnen. Viele Leute im Haus grüßen nicht mal. Das einzig Positive an meiner Einzimmerwohnung ist die Miete."

c. Katrin M., 35, Hausfrau, drei Kinder

„Wir wohnen seit drei Jahren in einem netten Einfamilienhaus, 180 qm Wohnfläche, Einbauküche, Schlafzimmer, Gästezimmer, Gäste-WC. + Dusche, Wohnzimmer, zwei Kinderzimmer, zwei Badezimmer und ein herrliches Grundstück. Was kann man sich denn mehr wünschen ?"

d. Klaus H., 26, Student

„Ich lebe in einer Wohngemeinschaft. Zum einen aus praktischen Gründen, zum anderen um intensiven und dauerhaften Kontakt zu jungen Leuten zu haben."

e. Sabine S., 47, Lehrerin

„Ich lebe seit fünf Jahren in einem komfortablen Reihenhaus. Ein Zimmer im ersten Stock habe ich an eine Kollegin vermietet. Wir verstehen uns prima."

B. *Care titlu ţi se pare cel mai potrivit?*

a. Wohnungssuche
b. Immobilienverkauf
c. So wohnen wir

e **Dusche, -n** = duş
e **Einbauküche, -n** = bucătărie montată în pereţi
e **Küche, -n** = bucătărie
e **Miete, -n** = chirie
e **Tatsache, -n** = fapt
e **Wohnfläche, -n** = suprafaţă locuibilă
e **Wohngemeinschaft, -en** = grup de persoane cu menaj comun
e **Wohnung, -en** = locuinţă
e **Einzimmerwohnung, -en** = garsonieră
r **Grund, ¨e** = motiv
r **Kontakt, -e** = contact
r **Stock, ¨e** = s **Stockwerk, - e** = etaj
s **Badezimmer, -** = baie
s **Einfamilienhaus, ¨er** = casă pentru o singură familie
s **Erdgeschoss, -sse** = parter
s **Gästezimmer, -** = cameră pentru musafiri
s **Grundstück, ¨e** = teren, parcelă
s **Neubauviertel, -** = cartier cu locuinţe noi
s **Positiv e,** *Sg.* = un lucru pozitiv
s **Reihenhaus, ¨er** = case-tip, pentru una sau două familii
s **Schlafzimmer, -** = dormitor
s **Wohnzimmer, -** = cameră de zi
s **Zimmer, -** = cameră
einrichten = a amenaja
eine Wohnung einrichten = a mobila o locuinţă
wohnen = a locui
schwerfallen = a-ţi cădea greu, a-ţi fi greu
es fiel mir schwer – mi-a fost greu
stören = a deranja
sich wohl fühlen = a se simţi bine

2. *Citeşte încă o dată textele şi marchează răspunsul corect:*

Ü

	2-Zimmerwohnung	Einzimmerwohnung	5-Zimmerwohnung	Reihenhaus	Einfamilienhaus	Wohngemeinschaft	Neubauviertel
Renate	X						
Klaus							
Katrin							
Hubert							
Sabine							

3. *Completează desenul de mai jos cu denumirile încăperilor pe care deja le cunoşti!*

Ü

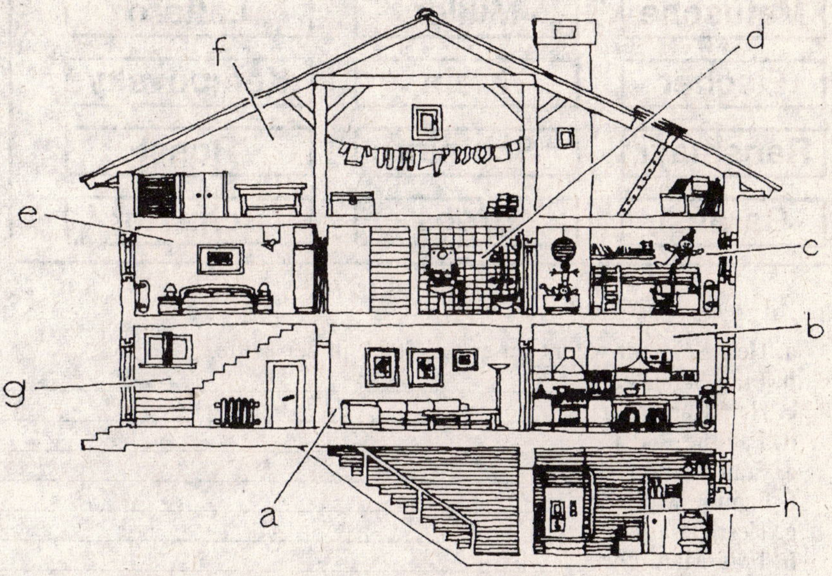

4. *Ce înseamnă următoarele cuvinte compuse? Descompune-le după cum urmează:*

Ü

a. Gästezimmer = ein Zimmer für Gäste
b. Schlafzimmer = ein Zimmer zum Schlafen
c. Esszimmer = ____________________
d. Kinderzimmer = ____________________
e. Badezimmer = ____________________
f. Arbeitszimmer = ____________________
g. Wohnzimmer = ____________________
h. Kochnische = ____________________

5. *Înlocuieşte cuvintele subliniate prin următoarele sinonime:* **Balkon**, **Parterre**, **Etage**, **Mansarde**, **Korridor**.

Ü

a. Unser Haus in der Goethestraße 13 hat zwei *Stockwerke* und *jedes Stockwerk hat einen kleinen, offenen Vorbau.*
b. *Das Erdgeschoss* hat keinen Balkon.
c. Über dem obersten Stock, gleich unter dem Dach, befindet sich der Dachboden mit einigen *Dachstuben.*
d. *Im Flur* ist ein Kleiderständer.

6. **Ü** *Poştaşul îl întreabă pe domnul Hubert Broos la ce etaj locuiesc vecinii lui. Ajută-l să răspundă mai repede folosindu-te de desen:*

Matusche	**Müller**	**Lattaro**
Fischer	**Klein**	**Kempovsky**
Ransmayr	**Schmidt**	**Rossi**
Barassi	**Broos**	**Schuster**

Wo wohnen die Leute?

a. Herr Schmidt wohnt im ersten Stock in der Mitte.
b. Frau Schuster ______________________________
c. Herr Ransmayr ______________________________
d. Familie Rossi ______________________________
e. Frau Kempovsky ______________________________
f. Familie Müller ______________________________
g. Herr Barassi ______________________________
h. Frau Matusche ______________________________
i. Herr Klein ______________________________
j. Familie Lattaro ______________________________
i. Frau Fischer ______________________________

După cum ai observat, am folosit prepoziţia **in** *la cazul dativ, pentru masculin şi neutru* **in + dem = im** (im ersten Stock, im Erdgeschoss), *iar pentru feminin* **in der** (in der Mitte – la mijloc).

7. **Ü** *Dacă nu vrem să indicăm etajul, putem folosi următoarele prepoziţii cu dativul:*

über – deasupra; **unter** – sub, dedesubt; **neben** – alături, lângă; **gegenüber von** – vizavi.

Completează spaţiile libere cu prepoziţiile de mai sus, ajutându-te de desen:

a. Herr Broos wohnt unter Herr Schmidt.
b. Herr Schmidt wohnt _____ Herr Broos und ______ Herr Klein.
c. Frau Kempovsky wohnt _____ Frau Fischer.
d. Familie Müller wohnt _____ Frau Matusche.
e. Familie Rossi wohnt ______ Frau Kempovsky und _____ Herr Schmidt.

8. *Citeşte următoarele anunţuri cu atenţie. Ce observi?*

Ü

A. **a.** Berlin-Charlottenburg, individuelle Dachgeschosswohnung, ca. 110 qm, 3 Zimmer, große Terrasse. Miete € 1 000, monatlich zzgl. Heiz- und Nebenkostenvorauszahlung.

b. Frankfurt, 4 Zi.- Wohnung, Erdgeschoss, 97 qm, Balkon, 2 Toiletten, ruhig, Garten, Miete € 600+Nk.

c. Nürnberg, 2-Zimmer-Komfort-Wohnung, 75 qm, Küche, Flur, Bad, Südbalkon, 1. OG, teilmöbliert, Gesamtmiete einschl. PKW-Stellplatz, Nebenkostenvorauszahlung 750,–, Provision 2 Monatsmieten, Fünfjahresvertrag.

d. Dortmund, komfortable Whg., 90 qm, 580, –, kalt.

e. Marburg, schöne Zweizimmer-Wohnung, 72 qm, Sonnenbalkon, Parkettboden, 920.-€, warm.

Unul şi acelaşi cuvânt poate fi scris în mai multe feluri, de exemplu: 2 Zimmerwohnung.

B. *Ai constatat, desigur, că se operează cu foarte multe prescurtări. Căror cuvinte le corespund prescurtările?*

1. circa (*circa*)	**OG.**
2. zuzüglich (*inclusiv*)	**ca.**
3. Quadratmeter (*metru pătrat*)	**Nk.**
4. e Nebenkosten (*cheltuieli, speze accesorii*)	**PKW.**
5. e Obergeschoss (*etaj superior*)	**Whg.**
6. einschließlich (*inclusiv*)	**zzgl.**
7. Personenkraftwagen (*maşină mică*)	**qm.**
8. Wohnung (*locuinţă*)	**einschl.**

1. circa →**ca.**

9. *Reciteşte textul şi completează tabelul de mai jos:*

Ü

Nr.	Wo ?	Wie groß ?	Wie teuer ?	Wie viele Zimmer?	Was für Räume/Zimmer?
a.	Berlin - Charlottenburg	ca. 110 qm	1 000 €	3	
b.					
c.					
d.					
e.					

r Flur, -e = hol, coridor
r Fünfjahresvertrag ¨-e = contract pe cinci ani
r Parkettboden, -böden = pardoseală parchetată
r PKW-Stellplatz, ¨-e = loc de parcare pentru maşini
r Sonnenbalkon, -e = balcon însorit
r Vertrag, ¨-e = contract
e Dachgeschosswohnung, -en = locuinţă la mansardă
e Gesamtmiete, -n = chirie integrală
e Heiz- und Nebenkostenvorauszahlung = plata în avans a încălzirii şi a cheltuielilor suplimentare
e Provision, -en = comision
e Vorauszahlung, -en = plata în avans
individuell = individual
komfortabel = confortabil
teilmöbliert = mobilat parţial
einen Vertrag schließen = a încheia un contract

Observaţie: *În limbajul colocvial, când se vorbeşte de închirieri de locuinţe,* **warm** *înseamnă* **warme Miete**, *adică chiria include şi încălzirea, iar* **kalt** *înseamnă* **kalte Miete**, *adică chiria nu include încălzirea locuinţei.*

10. *Descrie locuinţa de la punctul c, completând spaţiile libere!*

Ü

Das Haus liegt in ____________________. Es hat eine ________________, einen ______________, ein __________________ und einen ________________________. Das Haus ist 75 _________ groß. Es kostet ____________. Man muss ________________ Provision zahlen. Man schließt einen ______________________________ ab.

11. *Verbul* **liegen** (a se afla) *are un sens situativ şi răspunde la întrebarea* **wo?** (unde?), *fiind folosit întotdeauna cu cazul dativ.* **Liegen** *poate avea şi sensul de a sta întins.*

GR

Atenţie! *În limba germană există verbe diferite care exprimă poziţia în care se stă:* **stehen** (a sta în picioare sau în poziţie verticală), **sitzen** (a sta jos) *şi* **hängen** (a fi atârnat/agăţat).

Aceste verbe nu pot fi folosite decât cu prepoziţiile bicazuale în cazul dativ. Cunoşti deja câteva din aceste prepoziţii (vezi Ü5 şi Ü6). Iată acum tabelul complet:

an	→*la*	neben	→*lângă*
auf	→*pe*	über	→*deasupra*
hinter	→*în spatele*	unter	→*sub*
in	→*în*	vor	→*în faţa*
zwischen	→*între*		

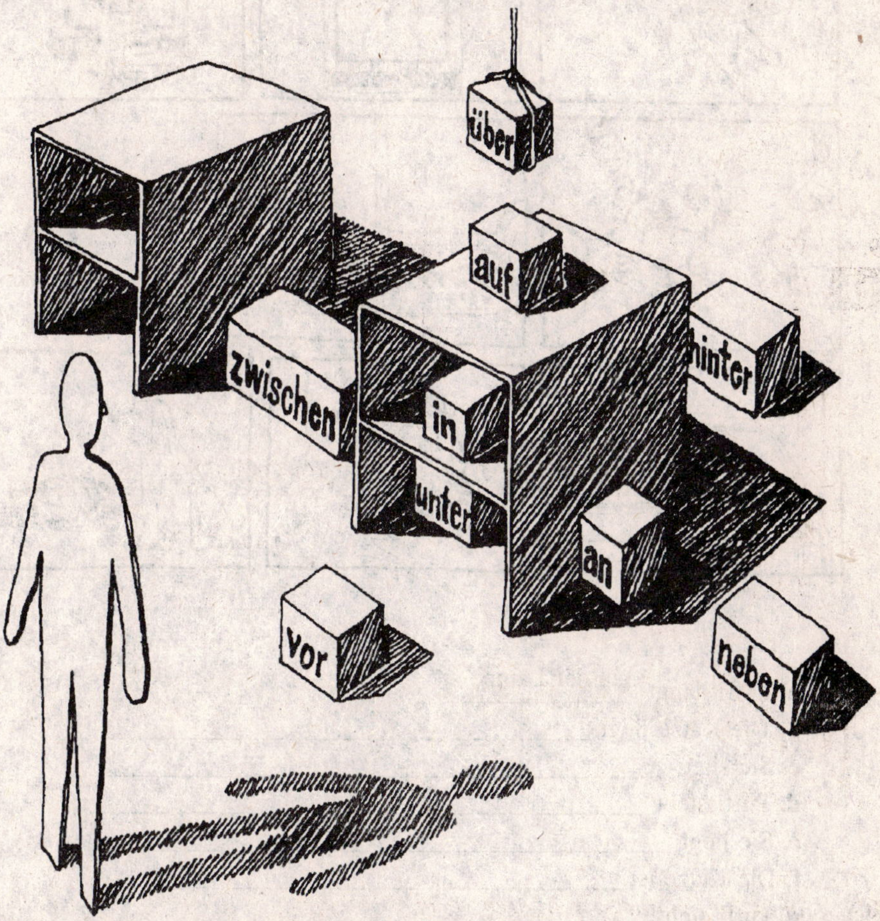

12. *Puffi este o pisică năstruşnică. Când o cauţi, nu este. Ajut-o pe stăpână s-o găsească! Foloseşte-te de desen şi completează propoziţiile:*

Ü

a. Puffi hängt an der Lampe.
b. Die Katze liegt ______________________________.
c. Sie sitzt ______________________________.
d. Puffi steht ______________________________.
e. Sie liegt ______________________________.
f. Die Katze ist ______________________________.
g. Puffi steht ______________________________.
h. Sie schläft ______________________________.

13. *Alcătuieşte propoziţii combinând cuvintele din cele trei rubrici:*

Ü

Berlin	sitzt	in der Bank
Das Kind	hängt	neben dem Sofa
Die Äpfel	liegt	an der Wand
Die Lampe	steht	in Deutschland
Das Bild	hängen	am Trapez
Der Artist	liegt	an dem Baum
Der Tourist	hängt	in der Sonne

a. Berlin liegt in Deutschland.
b. Das Kind ____________________
c. ____________________
d. ____________________
e. ____________________
f. ____________________
g. ____________________

14. *Te-ai gândit vreodată la avantajele şi dezavantajele vieţii urbane sau rurale? Citeşte cu atenţie interviurile de mai jos şi verifică cine ce spune:*

Ü

In der Stadt oder auf dem Land wohnen?

1. Holger Schmidt, Mechaniker:

Mir ist es wichtig, auf dem Land zu wohnen. Hier hat man viel mehr Ruhe. In der Stadt gibt es für meinen Geschmack zu viele Leute und alles ist viel zu hektisch.

2. Elfriede Baumgarten, Bankangestellte:

Ich lebe in einer Kleinstadt und finde das toll. Wenn ich meine Ruhe haben will, sitze ich im Garten und wenn ich einkaufen oder bummeln will, ist das auch möglich. Angenehm ist es, dass ich in der Regel kein Auto brauche. Ich kann es mir überhaupt nicht vorstellen, in einer Großstadt zu wohnen.

3. Brigitte Berger, Studentin:

Beides hat Vor- und Nachteile. Im Moment lebe ich halb in Berlin und halb im Schwabenland auf dem Dorf. So kann ich die Vorteile von Stadt und Land genießen.

4. Jürgen Klein, Lehrer:

Bei uns im Dorf gibt es alles was man so braucht. Ich finde es prima, dass meine Kinder im Garten vor dem Haus spielen können. In der Stadt ist das nicht möglich.

5. Daniel Stork, Künstler:

Ich lebe gerne in der Großstadt. Ich bin in der Stadt großgeworden und brauche das pulsierende Leben. Ich wohne mitten in der Innenstadt und mich stören weder Menschen noch Autos. Hier gibt es ein breites kulturelles Angebot und Einrichtungen wie zum Beispiel Freibäder und Tennisplätze.

r **Angestellte, -n** = funcţionar
r **Bankangestellte, -n** = funcţionar la bancă
r **Geschmack, ¨-er** = gust
r **Mechaniker, -** = mecanic
r **Nachteil, -e** = dezanvantaj
r **Vorteil, -e** = avantaj
e **Einrichtung, -en** = organizare, amenajare
e **Großstadt, ¨-e** = metropolă, oraş mare
e **Kleinstadt, ¨-e** = orăşel
e **Ruhe,** *Pl.* = linişte
e **Leute,** *Pl.*= oamenii

s **Angebot, -e** = ofertă
s **Freibad, ¨-er** = ştrand
genießen = a savura
sich vorstellen = a-şi imgina
finden = a găsi
angenehm = plăcut
hektisch = agitat
möglich = posibil
prima = grozav
toll = nemaipomenit
überhaupt nicht = deloc

a. Vorteile von Stadt und Land haben
b. man braucht kein Auto
c. viel Ruhe haben
d. breites kulturelles Angebot
e. das Leben in der Stadt ist hektisch
f. viele Kinder spielen vor dem Haus
g. einen Garten haben

1. Holger Schmidt
2. Elfriede Baumgarten
3. Brigitte Berger
4. Jürgen Klein
5. Daniel Stork

15. *Mai citeşte o dată interviurile şi alege răspunsul corect!*

Ü

1. Daniel lebt gerne
a. im Erdgeschoss
b. in einer Kleinstadt
[c.] in einer Großstadt

2. Elfriede wohnt
a. in einer Mietwohnung
b. in einer Kleinstadt
c. in einer Stadt

3. Holger lebt
a. auf dem Land
b. in einem Neubauvi
c. im ersten Stock

4. Brigitte wohnt
a. im Zentrum
b. in einer Kleinstadt
c. in einer Großstadt und auf dem Land

5. Jürgen lebt
a. in einer Wohngemeinschaft
b. in einem Dorf
c. in Berlin

16. *Cum motivează cei intervievaţi opţiunea lor? Transformă următoarele afirmaţii în propoziţii secundare introduse prin* **weil***:*

Ü

a. Holger: Auf dem Land hat man viel mehr Ruhe.
Er lebt auf dem Land, weil er da viel mehr Ruhe hat.

b. Elfriede: Ich finde es angenehm, dass ich kein Auto brauche.

c. Brigitte: Ich will die Vorteile des Lebens in der Stadt und auf dem Land genießen.

d. Jürgen: Ich finde es prima, dass meine Kinder im Garten vor dem Haus spielen können.

e. Daniel: Ich liebe das pulsierende Leben.

17. *Răspunde la următoarele întrebări folosind cuvintele din figură:*

Ü

a. Wo verbringt Elfriede ihre Freizeit?
b. Wo kann man in der Stadt etwas essen?
c. Wo spielen Jürgens Kinder?
d. Wo kann man schwimmen?
e. Wo gibt es Lebensmittel zu kaufen?
f. Wo kann man klassische Musik hören?
g. Wo kann man Sport treiben?
h. Wo kann man tanzen?

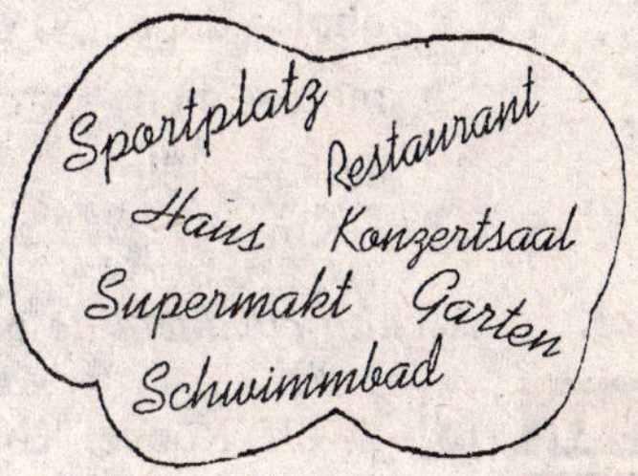

a. Elfriede verbringt ihre Freizeit im Garten.

18. **Meine neue Wohnung.** *Ascultă cu atenţie convorbirea telefonică dintre cele două prietene şi notează care sunt avantajele şi dezavantajele noii locuinţe. La nevoie ascultă de mai multe ori CD-ul.*

Ü

+	–
----------	------------

19. *În L0 ai aflat pentru prima dată de existenţa Umlaut-ului:* **ä, ö, ü.** *Reciteşte L0, concentrându-ţi atenţia asupra cuvintelor care-l conţin pe* **ö.** *Străduieşte-te să nu pronunţi „io“, ci* **ö.**

F

20. *Ascultă materialul audio şi subliniază ceea ce auzi pe CD:*

A. [ø:] [ɛ:]

öda – eda
bewe – böwe
bröme – breme
tene – töne

B. [ø:] [o:]

öda – oda
töne – tone
lowe – löwe
böwe – bowe

21. *Ascultă cuvintele de pe materialul audio şi încearcă să imiţi pronunţia cât mai fidel:*

schön, Öl, Likör, hören, Möbel, Brötchen.

22. *Ascultă materialul audio şi subliniază cuvintele auzite:*

A. [ɛ] [ø]

elle – ölle
döpf – depf
mörr – merr
delle – dölle

B. [ɔ] [ø]

olle – öllle
nöpf – nopf
körr – korr
lönnat – lonnat

23. *Ascultă cuvintele de pe CD şi încearcă să imiţi cât mai fidel:*

[ø] zwölf, Röcke, Köln, können.

24. *Citeşte şi tradu următoarea poezie:*

Sankt Johannes hat ein Schloss,
in dem Schloss ist ein Garten,
in dem Garten ist ein Baum,
in dem Baum ist ein Loch, in dem Loch ist ein Nest,
in dem Nest ist ein Ei,
in dem Ei ist ein Dotter,
in dem Dotter ist ein Has,
der springt heraus und dir auf die Nas!

s Schloss, ¨-sser = palat
s Loch, ¨-er = gaură, scorbură
s Nest, -er = cuib
s Dotter, Sg. = gălbenuş
r Has = r Hase, -n = iepure
e Nas = e Nase, -n = nas

25. Ü *Încearcă să scrii o poezie asemănătoare, folosind următoarele cuvinte în ordinea care-ţi convine*: Stadt, Straße, Land, Haus, Regal, Keller, Flasche.

26. *Să râdem! Tradu gluma de mai jos:*

Ü „So. Du willst also die Zweizimmerwohnung nehmen? Wird sie denn für deine große Familie nicht zu klein sein?“ – „Bewahre, der Hauswirt hat mir versprochen, sie zu einer Sechszimmer-Wohnung umbauen zu lassen.“

bewahre = nicidecum;
r Hauswirt, -e = proprietar;
versprechen = a promite;
umbauen = a renova/a transforma

27. *Repetă ceea ce ţi s-a părut mai dificil:*

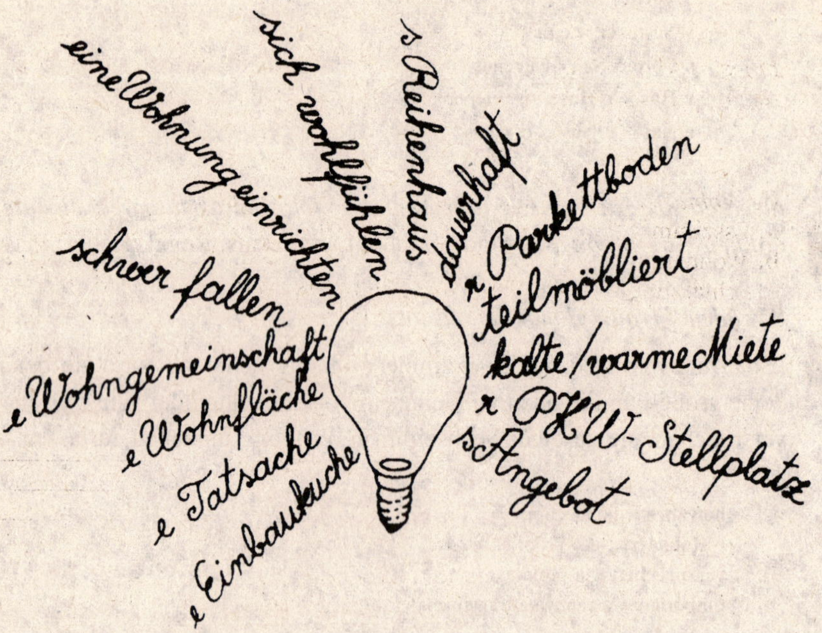

LEKTION 17

În lecţia percedentă ai învăţat câte tipuri de case şi apartamente există. Acum vei învăţa cum se mobilează un apartament.

1. *Ce mobilă se află în mod obişnuit în fiecare cameră?*

Ü

a. Esszimmer
b. Wohnzimmer
c. Schlafzimmer

Esstisch
Sofa
Bibliothek
Bett
Stühle
Schrank
Lampe
Bücherschrank
Parkett
kleiner Tisch
Kommode

a. Esszimmer: Stühle, ______________________
b. Wohnzimmer: ______________________
c. Schlafzimmer: ______________________

2. *Petra şi Dirk Schulte consultă un arhitect-decorator pentru a-şi remobila camera de zi deosebit de lungă, în care mobila arăta ca într-un depozit. Priveşte desenul, citeşte textul şi decide care fragment de text se referă la care parte a încăperii!*

Ü

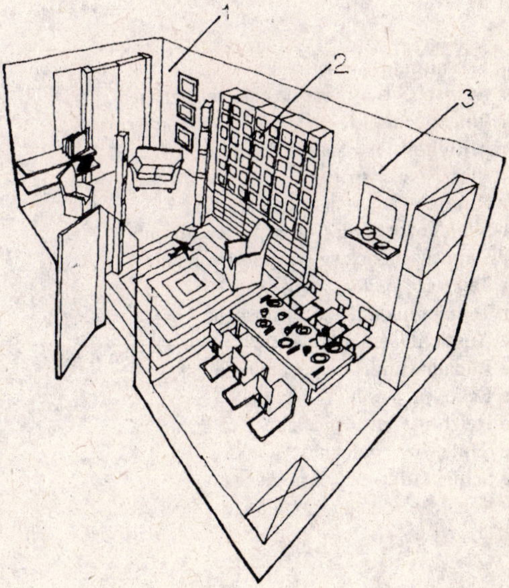

a. Er hängte eine Holzdecke ein und stellte diese auf zwei Pfeiler, die wie Doppel-T-Träger aussehen. So entstand ein Raum im Raum, der zum Lesen oder Fernsehen einlädt. Die Bücherwand strahlt Ruhe aus, gerade weil sie auf modischen Schnickschnack verzichtet und die Bücher wirken lässt. Der Mittelteil wurde mit Parkett verlegt.

b. Da diese praktische Bibliothek in der Mitte als Stopper in der Raumflucht dient, kann man es sich nun erlauben den langen Esstisch mit den sechs modischen Stühlen längs der Raumachse aufzustellen. Der schmale Schrank in der Ecke ist für das Geschirr. Die gläserne Konsole unter dem Bild hat keine sichtbaren Stützen. Der helle Teppichboden vergrößert optisch den Raum.

c. Der attraktive Ausblick am anderen Ende auf das schöne Rheintal war durch das Bockfenster leider eingeschränkt. Der Innenarchitekt empfahl Fenster und Balkontür durch eine doppelte Schiebetür zu ersetzen. Das verbessert nicht nur die Aussicht, sondern schafft auch die Heizung aus dem Blickfeld. Das erste von den beiden Sofas stellte er diagonal auf. Stereoanlage und TV-Video, die zum Wohnbereich gehören, sind getrennt in den Ecken seitlich des Fensters auf Regalen untergebracht. Dahinter haben die Schiebevorhänge Platz. Zwei breite weiße und zwei schmale schwarze Vorhänge, die sich übereinander schieben lassen, wurden aufgehängt. In den Säulen gibt es kleine Regale für die CDs.

r **Essraum, ⸚e** = sufragerie
r **Esstisch, -e** = masa pe care se mănâncă
r **Innenarchitekt, -en** = decorator de interioare
r **Mittelteil, -e** = partea de mijloc
r **Platz, ⸚e** = spaţiu
r **Raum, ⸚e** = spaţiu, cameră
r **Schiebevorhang, ⸚e** = perdea glisantă
r **Schnickschnack,**sg. = zorzoane, nimicuri
r **Teil, -e** = partea
r **Teppichboden, ⸚e** = mochetă
e **Aussicht, -en** = privelişte
e **Bücherwand, ⸚e** = perete cu cărţi
e **Ecke, -n** = colţ
e **Heizung, -en** = încălzire
e **Säule, -n** = coloană
e **Schiebetür, -en** = uşă glisantă
s **Regal, -e** = etajeră, poliţă

aufhängen = a agăţa
aufstellen = a aşeza în picioare
ausstrahlen = a iradia
empfehlen = a recomanda
ersetzen = a înlocui
schieben = a împinge
schmücken = a împodobi
verbessern = a corecta
verlegen = a muta, a deplasa
vergrößern = a mări
verzichten = a renunţa
doppelt = dublu
gläsern = din sticlă
hell = deschis, luminos
schmal = îngust
seitlich = lateral

3. Ü

Ce mobile se găsesc în paragrafele **a**, **b**, şi **c**? *Compară cu desenele de la exerciţiul 2.*

4. Ü

Reciteşte lecţia şi decide dacă propoziţiile de mai jos sunt corecte sau nu:

	R	F
a. Er stellt den Esstisch und die sechs Stühle in die Mitte.	X	
b. Die Bücherwand ist voller modischen Schnickschnack.		
c. Der breite Schrank in der Ecke ist für die Bücher.		
d. Der dunkle Teppichboden verkleinert den Raum.		
e. Die Bücherwand strahlt Ruhe aus.		
f. In den Säulen gibt es große Regale für CDs.		
g. Die Vorhänge sind schmal und rot.		
h. Stereoanlage und TV-Video stehen in den Ecken auf Regalen.		
i. Der Innenarchitekt empfiehlt Fenster- und Balkontür durch eine doppelte Schiebetür zu ersetzen.		

5. Ü

Verifică în text ce atribut adjectival se potriveşte următoarelor substantive:

a. Teppichboden	**1.** modischen
b. Schnickschnack	**2.** gläserne
c. Esstisch	**3.** praktische
d. Bücherschrank	**4.** langen
e. Schrank	**5.** helle
f. Konsole	**6.** modische
g. Stühle	**7.** schmale
h. Stützen	**8.** attraktive
i. Ausblick	**9.** sichtbaren

j. Vorhänge
k. Sofas
l. Bibliothek
m. Rheintal
n. Schiebetür
o. Ende
p. Regale

10. anderen
11. schöne
12. doppelte
13. beiden
14. weiße, breite
15. kleine
16. schmale, schwarze

6. **GR** *Rezolvând exerciţiul precedent ai observat, desigur, că multe adjective atributive sunt precedate de articolul hotărât. Iată tabelul declinării adjectivului atributiv precedat de articolul hotărât:*

	sg.		
	m.	**f.**	**n.**
N.	der schmal**e** Schrank	die gläsern**e** Konsole	das klein**e** Regal
A.	den schmal**en** Schrank	die gläsern**e** Konsole	das klein**e** Regal
D.	dem schmal**en** Schrank	der gläsern**en** Konsole	dem klein**en** Regal

	pl.		
	m.	**f.**	**n.**
N.	die schmal**en** Schränke	die gläsern**en** Konsolen	die klein**en** Regale
A.	die schmal**en** Schränke	die gläsern**en** Konsolen	die klein**en** Regale
D.	den schmal**en** Schränken	den gläsern**en** Konsolen	den klein**en** Regalen

Ai observat că la plural toate adjectivele, indiferent de gen, au aceeaşi terminaţie **-en** *la toate cazurile.*

7. **Ü** *Completează terminaţiile adjectivului atributiv:*

a. die schön e Aussicht
b. der dunkl _ Teppich
c. die neu _ Stereoanlage
d. das breit _ Regal
e. der kurz _ Vorhang
f. das altmodisch _ Sofa
g. die doppelt _ Schiebetür

8. *Petra şi Dirk se gândesc cum şi-ar putea mobila bucătăria care nu este prea mare. Citeşte textul de mai jos şi fă o schiţă cu amplasamentul mobilelor din bucătărie:*

Ü

Zwischen je zwei Wänden finden nicht nur Herd, Waschmaschine und Spüle ihren Platz, sondern auch Spülmaschine, zwei Unterschränke und ein Kühlschrank. Wegen der kompakten Anordnung paßt sogar ein Frühstücksplatz dahinter mit viereckigem Tisch und drei Stühlen.

r Frühstücksplatz, ⸚e = loc pentru micul dejun
r Herd, -e = maşină de gătit
r Hocker, - = şcăunel
r Kühlschrank, ⸚e = frigider
r Unterschrank, ⸚e = dulap inferior
e Anordnung, -en = aranjare, dispunere
e Spüle, -n = chiuvetă
e Spülmaschine, -n = maşină de spălat vasele
e Waschmaschine, -n = maşină de spălat
dahinter = în spate
offen = deschis

9. *Ai învăţat deja să desluşeşti sensul cuvintelor compuse atunci când cunoşti părţile componente. Încearcă acum să alcătuieşti tu însuţi cât mai multe cuvinte compuse:*

Ü

Küche (n)-	-maschine
Spül-	-lampe
	-schrank
	-regal
Koch-	-uhr
	-geräte
Wasch-	-stühle
Kaffee-	-hocker
	-maschine
Kühl-	-herd
Elektro-	-schrank
	-herd

10. *Ai reţinut, desigur, terminaţiile adjectivelor precedate de articolul hotărât. Ele sunt aceleaşi dacă în locul articolului hotărât se află pronumele demonstrativ* **dieser**, **diese**, **dieses**, (acesta, aceasta) *sau* **jener**, **jene**, **jenes** (*acela, aceea*). *Pluralul este* **diese**, *respectiv* **jene** *pentru toate genurile şi cazurile.*

Ü

a. Wie findest du diese gelbe Küchenlampe?
b. Dies___ schmal____ Küchenschrank ist genau das richtige für uns.
c. Zu dies____ rund____Küchentisch passen jen___ braun____ Höcker.
d. Dies___ formschön______ Küchengeräte sind preisgünstig.
e. Dies____ italienisch______ Elektroherd ist nicht teuer.
f. Jen____ groß_____ Kühlschrank könnten wir gebrauchen.

11. Ü *În ceea ce priveşte baia şi produsele cosmetice, Petra şi Dirk sunt de aceeaşi părere, ambii fiind ecologişti. Citeşte textul şi subliniază cuvintele cunoscute. Nu-i aşa că înţelegi destul de mult?*

Die Öko-Badewanne fasst nur noch 80 Liter statt 120. Neben dem kleinen Waschbecken ist ein emaillierter Handtuchhalter. Über dem Waschbecken ist ein ovaler Spiegel. Der zart-rosa Teppich und der Klodeckel passen zu den hellgrünen Fliesen. Sie verwenden nur Öko-Kosmetika: Duschgel, Haarshampoo, Deo, alkalifreie Seife und hochwirksame Zahnpaste.

r **Handtuchhalter, -** = suport de prosoape
r **Klodeckel, -** = capac de closet
r **Spiegel, -** = oglindă
e **Badewanne, -n** = cadă
e **Fliese, -n** = flis, dală
e **Seife, -n** = săpun
e **Zahnpaste, -n** = pastă de dinţi
alkalifrei = nealcalin
hochwirksam = foarte eficient
öko (*abreviere de la* **ökologisch**) = ecologic
zart = delicat
statt = în loc de
passen = a se potrivi
verwenden = a întrebuinţa

12. Ü *Ce nu se potriveşte?*

a. Badewanne, Spüle, Waschbecken, Spiegel
b. Schrank, Kommode, Herd, Unterschrank
c. Fön, Heizung, Waschmaschine, Elektroherd
d. Duschgel, Handtuch, Haarschampoo, Seife
e. Stuhl, Sofa, Hocker, Tisch
f. Teppich, Parkettboden, Fliesen, Vorhang

13. Ü *Un chiriaş nemulţumit îşi doreşte întotdeauna altceva. Completează spaţiile libere cu adjectivul la forma potrivită:*

a. Das Waschbecken ist zu klein. Das klein__ Waschbecken soll weg.
b. Der Handtuchhalter ist emailliert. Der emailliert__ Handtuchhalter gefällt mir nicht.
c. Der Spiegel ist oval. Der oval__ Spiegel passt nicht zum Badezimmer.
d. Der Teppich ist hell. Der hell___ Teppich ist unpraktisch.
e. Die Fliesen sind hellgrün. Ich finde die hellgrün___ Fliesen scheußlich.
f. Das Badezimmer ist zu dunkel. Das dunkl___ Badezimmer mag ich nicht.

14. **Ü** *Ai sesizat desigur că denumirea camerelor arată aproape întotdeauna funcţionalitatea încăperilor respective. Completează spaţiile cu verbele potrivite:* **wohnen**, **essen**, **spielen**, **schlafen**, **sich waschen**, **arbeiten**.

a. Im Schlafzimmer **schläft** man.
b. Im Arbeitszimmer ____________________ man.
c. Im Wohnzimmer ____________________ man.
d. Im Esszimmer ________________________ man.
e. Im Kinderzimmer________________ und __________ die Kinder.
f. Im Gästezimmer __________________ die Gäste.
g. Im Badezimmer ________________ man ___________.

15. **GR** **Sich waschen** *este un verb reflexiv care se foloseşte cu cazul acuzativ. Ca şi în limba română, verbul reflexiv are o formă proprie* **sich** („se" – *pentru persoana a III-a singular şi plural). Pentru prima şi a doua persoană singular şi plural împrumută formele pronumelui personal la acuzativ. În propoziţia principală cu subiectul pe primul loc, pronumele reflexiv stă după verb, spre deosebire de limba română:*

Er wäscht *sich* mit Wasser und Seife. – El *se* spală cu apă şi săpun.

sich waschen	
ich wasche **mich** du wäschst **dich** er, sie, es wäscht **sich**	wir waschen **uns** ihr wascht **euch** sie waschen **sich**

Alte verbe reflexive sunt: **sich anziehen** (a se îmbrăca), **sich kämmen** (a se pieptăna), **sich duschen** (a face duş), **sich freuen** (a se bucura), **sich ärgern** (a se supăra), **sich befinden** *şi altele.*

16. *Completează spaţiile libere cu forma corectă a pronumelui reflexiv:*

Ü

a. Am Morgen dusche ich ___________ kalt.
b. Duschst du _____________ auch am Morgen?
c. Mein Sohn kämmt _________ selten, das ärgert _________.
d. Kämmst du ___________ oft?
e. Im Sommer zieht man ___________ leicht an.
f. Meine Freundin zieht ________ immer elegant an.
g. Alle Kinder freuen _____________ auf die Ferien.
h. Freut ihr ______ auch?
i. Wo befindet sie _____________?
j. Kennst du das Spiel „Mensch ärgere _________ nicht!"?

17. *Petra şi Dirk consultă catalogul IKEA. Un titlu le atrage atenţia. Citeşte textele de mai jos şi subliniază adjectivele neprecedate de articol:*

Ü

Hereinspaziert

Praktische und schöne Möbel von IKEA machen den Empfang Ihres Zuhauses noch freundlicher.
Hier finden Sie tolle Spiegel, preiswerte Garderoben und Ablagen. Nichts wie hereinspaziert!

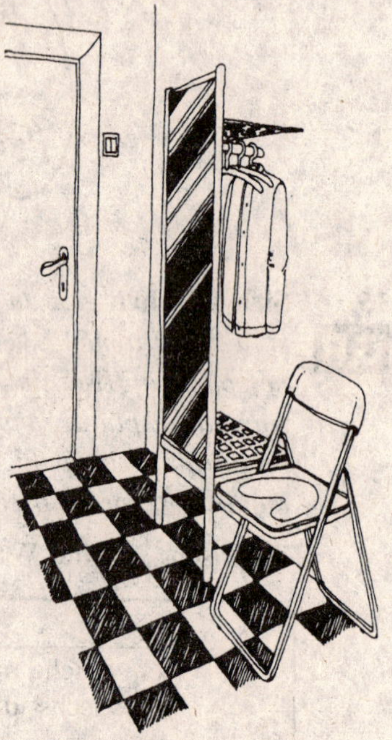

SMED Kleiderständer
Design Rutger Andersson.
Weiß lackiertes Metall.
174 cm hoch.
Ø 64 cm _ 49, -.

ÖGLA Stuhl
Für drinnen und draußen geeignet.
Weiß lackierter Kunststoff.
40x54cm.
83cm hoch.
45cm hoch - 79,-.

BJÖRN Spiegel
Weiß lackierte mitteldichte Faserplatte.
75x75cm - 79, -.

r Kleiderständer, - = cuier
r Kunststoff, -e = material sintetic, masă plastică
e Faserplatte, -n = placă fibro-lemnoasă
lackiert = lăcuit
geeignet = potrivit

18. **GR** *Ai remarcat, desigur, că la nominativ adjectivul neprecedat de articol are terminaţiile articolului hotărât la nominativ. Consultând tabelul de mai jos vei remarca aceleaşi terminaţii ale articolului hotărat la toate cele trei cazuri:*

	sg.		
	m.	**n.**	**f.**
N.	lackiert**er** Kunststoff	lackiert**es** Metall	lackiert**e** Faserplatte
A.	lackiert**en** Kunststoff	lackiert**es** Metall	lackiert**e** Faserplatte
D.	lackiert**em** Kunststoff	lackiert**em** Metall	lackiert**er** Faserplatte

	pl.
N	lackiert**e** Kunststoffe/Faserplatten/Metalle
A.	lackiert**e** Kunststoffe/Faserplatten/Metalle
D.	lackiert**en** Kunststoffen/ Faserplatten/Metallen

19. **Ü** *Completează spaţiile libere cu terminaţiile adjectivului neprecedat de articol:*

a. Hier finden Sie traditionell <u>es</u> und modern <u>es</u> Design, Seite an Seite.
b. Rundum weich gepolstert_ Sessel und Sofas.
c. Bei IKEA gibt es alles: komplett_ Schrankwände, modern_ Möbel, elegante_ Sofas, exzentrisch_ Stühle.
d. Lieben Sie klassich_ oder modern_ Einrichtungsstil?
e. Nordisch_, kühl_ Einrichtungsstil. Ist es auch Ihr Stil?
f. Hier klar_ Formen und natürlich_ Materialien.
g. Hier gibt es alles was Sie brauchen: klein_ Hocker, oval_ Spiegel, groß_ Kommoden, breit_ Betten.

20. **Ü** *Cu ocazia inaugurării locuinţei, Petra şi Dirk doresc să ofere invitaţilor o masă deosebită cu preparate culinare şi băuturi din diferite ţări. Combină corect adjectivul cu substantivul:*

a. r Käse	brasilianisch	**e.** s Eis	spanisch
b. e Soße	englisch	**f.** r Khebab	deutsch
c. e Spaghetti	holländisch	**g.** s Chili con carne	russisch
d. r Fruchtsalat	französisch	**h.** r Kaffee	Wiener

i. r Tee	ungarisch	**n.** e Hühnerpfanne	italienisch
j. r Kognak	französisch	**o.** e Krautrouladen	rumänisch
k. r Wein	italienisch	**p.** s Gulasch	französisch
l. s Bier	türkisch	**q.** s Schnitzel	tropisch
m. r Wodka	mexikanisch		

a. holländischer Käse
b. ___________ Soße

21. Ü *Ţi-ai pus întrebarea în ce constă alimentaţia raţională? Iată câteva din cele zece reguli de aur elaborate de Societatea Germană pentru Nutriţie. Completează terminaţiile adjectivelor:*

a. Vielseitig, aber nicht zu viel. Abwechslungsreich <u>es</u> Essen schmeckt und ist gesund.
b. Weniger fettreich _ Lebensmittel, denn zu viel Fett macht fett.
c. Salzarm_ Speisen sind zu empfehlen. Lieber würzen statt salzen.
d. Vollkornprodukte enthalten wichtig_ Nähr- und Ballaststoffe.
e. Zur gesund_ Kost gehören Gemüse und Obst.
f. Pflanzlich_ Eiweiß ist gesünder als tierisch__.
g. Öfter kleiner_ Mahlzeiten.
h. Wenig Süßes. Zuckerarm_ Kompott ist zu empfehlen.

e **Kost,** *sg.* = mâncare, hrană
e **Nähr- und Ballaststoffe** = substanţe nutritive şi de balast
e **Vollkornprodukte** = produse din făină integrală
s **Eiweiß, -e** = albumină
fettreich = bogat în grăsimi
vielseitig = multilateral
zuckerarm = sărac în zahăr
würzen = a condimenta

22. Ü *Poetul modern Franz Mon scrie toate substantivele cu litere mici. Subliniază substantivele:*

der tisch ist oval
das ei ist oval
nicht jeder tisch ist oval
jedes ei ist oval
kaum ein tisch ist oval
kaum ein ei ist nicht oval

dieser tisch ist viereckig
dieses ei ist nicht viereckig
viele tische sind viereckig
viele eier sind nicht viereckig
die meisten tische sind viereckig
die meisten eier sind nicht viereckig

23. Ü *Subliniază adjectivele din poezia de mai sus şi transformă-le după model:*
oval - der ovale Tisch, ovaler Tisch

24. Ü *În L15 ai învăţat declinarea adjectivului precedat de articolul nehotărât, iar în L16 prepoziţiile cu dativul. Formulează propoziţii după model:*

Wo wohnst du?

a. ein kleines Zimmer (in) – Ich wohne in einem kleinen Zimmer.
b. ein altes Haus (in)
c. ein großes Lebensmittelgeschäft (über)
d. ein renovierter Altbau (in)
e. ein großer Bauernhof (auf)
f. eine hässliche Fabrik (neben)
g. ein kleiner Wald (an)
h. ein malerisches Dorf (in)
i. eine hübsche Kleinstadt (in)
j. ein kleiner Wald (an)
k. ein modernes Hochhaus (in)
l. eine dunkle Mietwohnung (in)

25. *Ascultă de mai multe ori poezia* **Das Heiligtum eines Gastarbeiters** (**Sanctuarul unui muncitor străin**) *de Scherafettin Yldiz şi completează spaţiile libere din text:*

Ich wohne ____________
In der Schlachthausgasse
im __________ Bezirk.
Die ________ wird müde morgens,
bis sie zu mir dringt
und streift mein _________
geht vorbei.

Bei jeder Rückkehr von der______
heißt mich die ______ willkommen
mit einer hohlen ___________
ein ______ Kelim auf dem Boden,
aus Anatolien
gönnt ______ meinen Füßen.

Gleich _______ mein Bett,
das ich mit meinen Träumen ________;
der kleine Sprung ________________
reckt sich meinem Kopf entgegen,
verdeckt habe ich ihn mit meinem _______.
Weiter oben schwitzt _______ Feuchtigkeit
in kleinen Tropfen:
es riecht ___________
Auf dem ________ lächeln meine Kinder,
auf dem Foto, das gestern von zu Hause kam.
Nun sieht _______ noch liebevoller aus.
Die Tünche ist abgeblättert von der Decke,
zwei unterbrochene ___ erinnern mich immer
an eine Kurve, die in _____ führte.
Ich schließe meine Lieder für die Nacht,
die Sehnsucht wird unerträglich.

r Bezirk, -e = district
r Sprung, ⸚e = crăpătură
r Tropfen, - = picătură
e Feuchtigkeit, *sg.* = umezeală
e Gasse, -n = stradă
e Decke, -n = tavan
e Rückkehr, *sg.* = reîntoarcere
e Sehnsucht, *sg.* = dor
e Tünche, -n = zugrăveală
s Schlachthaus, ⸚er = abator

abblättern = a coji, a jupui
dringen = a pătrunde
gönnen = a îngădui, a nu invidia pe cineva
sich recken = a se întinde
schwitzen = a transpira
verdecken = a acoperi
vorbeigehen = a trece pe lângă cineva
hohl = gol, scobit
unerträglich = insuportabil

26. *După ce ai parcurs de mai multe ori poezia, răspunde la următoarele întrebări:*

Ü

Wie sieht die Wohnung des Gastarbeiters aus?

A. Lage: **1.** Bezirk dritten

2. Straße __________

3. Stockwerk___________

B. Einrichtung: Möbel ________________ andere Einrichtungsgegenstände _________

C. Zustand der Wohung? Marchează răspunsul corect!

	gut	schlecht
Decke		
Wand		
Boden		
Luft		

27. *Îţi aminteşti că ai învăţat în LO/L10 că* **W** *îl înlocuieşte pe* **V** *în cuvântul* Windjacke (*vindiac*). *Dar în multe din cuvintele de origine străină se păstrează scrierea cu* **V**, *de exemplu* Vase.

F

28. *Recapitulând vocabularul învăţat acum, completează următoarele cuvinte cu* **W** *sau* **V**, *după caz:*

Ü

a. Warum

b. E _ a

c. __este

d. __alzer

e. Sou_enir

f. Kra_atte

g. __urst

h. __ ollen

i. sch_arz

j. __asser

k. __ulkan

l. __eihnachten

29. *Rezolvă rebusul de mai jos:*

Ü

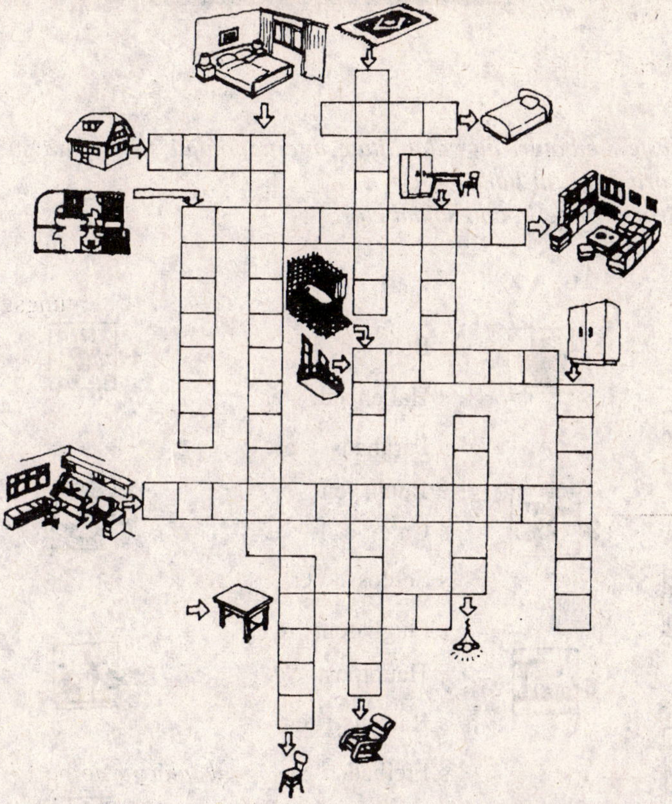

30. *Repetă ceea ce ţi s-a părut mai dificil!*

LEKTION 18

1. *Aceste simboluri au valabilitate internaţională şi te ajută să te descurci în orice colţ al lumii.*

Ü *Căror cuvinte le corespund ele?*

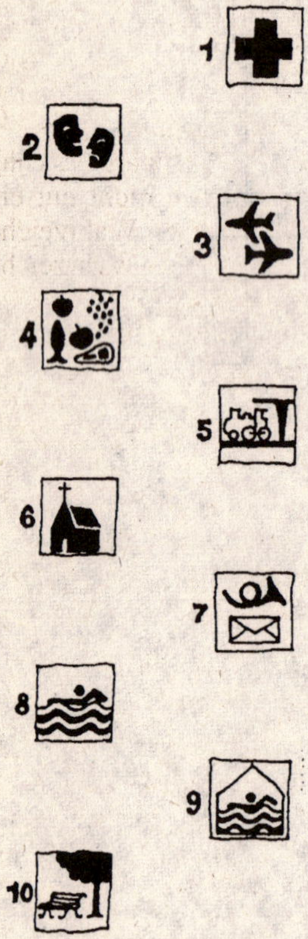

r Bahnhof, ¨e
s Hallenbad, ¨er
s Parkhaus, ¨er
e Bank, -en
s Café, -s
s Schloss, ¨er
r Flughafen, ¨e
e Hauptpost, *Sg.*
s Rathaus, ¨er
s Freibad, ¨er
e Kirche, -n
e Schule, -n
e Fußgängerzone, -n
s Krankenhaus, ¨er
r Sportplatz, ¨e
s Geschäft, ¨e
r Marktplatz, ¨e
s Theater, -
r Park, -s

2. **A.** Desigur, ai dedus tema lecţiei!

3. Hamburg, den 15. August 1991

Liebe Susanne,

Du hast schon lange auf meinen Brief gewartet. Entschuldigung, dass ich so spät schreibe.
Ich habe eine wunderbare Reise durch Deutschland gemacht. Nun bin ich bei meinen Freunden Marianne und Rolf in Hamburg. Sie haben mich begleitet und haben mir ein paar Sehenswürdigkeiten der Stadt gezeigt. Hamburg ist ein Erlebnis!

Hamburg ist eine Stadt am Wasser und auf dem Wasser. Wir haben zuerst die Segelboote auf der Außenalster gesehen. Man glaubt es nicht, aber das war mitten in der Stadt. Dann haben wir die Sankt Nikolai Kirche besichtigt. Vor uns haben wir die Binnenalster gesehen und davor den Jungfernstieg. Hier haben wir uns die Schaufenster angesehen und ein paar Einkäufe gemacht. Vor dem Jungfernstieg befinden sich die Alsterarkaden.

Am Nachmittag haben wir eine der fünf Hauptkirchen von Hamburg besichtigt: Sankt Michaelis, erbaut im XVIII. Jahrhundert. Aber es ist nicht nur eine schöne Barockkirche. Der Turm heißt „der Michel". Es ist ein Wahrzeichen der Stadt. Und vor der Kirche haben wir gleich noch ein Wahrzeichen gesehen: das Bismarckdenkmal.

Der Fernsehturm, der Telemichel, 271 m hoch, ist auch ein Wahrzeichen der Stadt. In 128 m Höhe gibt es ein drehbares Restaurant und eine Plattform. Von hier aus haben wir uns ganz Hamburg angesehen.

Wir waren noch im Rathaus, ein Bauwerk im Stil der Renaissance, im Hagenbecks Tierpark und im berühmtesten Vergnügungsviertel von Hamburg, Sankt Pauli. Hier gibt es Nachtklubs, Diskotheken, Stehbierhallen, Billardstuben, Theater, Kinos, Raritätengeschäfte und vieles andere.
Spät abends zu Hause haben wir uns noch unterhalten, und ich weiß nur eins: Hamburg hat mir sehr gefallen. Ich hoffe, meine Fotos werden so schön wie meine Erinnerungen – ich habe viel fotografiert.

Hoffentlich geht es dir und Deinen Lieben auch so gut wie mir? Ihr habt in den Ferien sicher auch eine Reise gemacht, oder?

Herzliche Grüße an Klaus und die Kinder und ganz besonders an dich,

Deine Claudia

r **Brief, -e** = scrisoare
s **Erlebnis, -(ss)e** = eveniment, trăire
e **Außenalster,** *sg.* = (râul) Alster exterior
e **Binnenalster,** *sg.* = (râul) Alster interior
s **Wahrzeichen, -** = emblemă
e **Sehenswürdigkeit, -en** = obiectiv turistic
s **Denkmal, ¨er** = monument
s **Bauwerk, -e** = construcţie
s **Vergnügungsviertel, -** = cartier de distracţii
s **Stehbierhalle, -n** = berărie unde se bea în picioare
e **Erinnerung, -en** = amintire
e **Ferien,** *pl.* = vacanţă

warten = a aştepta
begleiten = a însoţi
besichtigen = a vizita
hoffen = a spera
glauben = a crede
wissen = a şti
spät = târziu
drehbar = turnant, rotitor
zuerst = mai întâi
mitten = în mijlocul
wunderbar = minunat
berühmt = renumit

B. *Şi aici ai întâlnit imperfectul verbului sein:* **war**. *Nu este o problemă să-l înţelegi, fiind tot un timp simplu, ca şi în limba română. Majoritatea substantivelor compuse din acest text le poţi descifra identificând mai întâi cuvântul de bază (ultimul compus), iar apoi pe cel determinativ. De exemplu: în* **Fernsehturm**, *cuvântul de bază este* **-turm**, *iar celălalt provine de la verbul* **fernsehen**, *deci „turnul de televiziune".*

4. *Citeşte textul şi arată în ce ordine apar aceste elemente în text.*

Ü

5. Ü *Reciteşte textul şi marchează ce elemente fac parte din categoriile de mai jos:*

A. Wahrzeichen
B. Vergnügung
C. Sehenswürdigkeiten

a. Sankt Nikolai Kirche
b. Kinos
c. Alsterarkaden
d. Theater
e. Bismarckdenkmal
f. der Michel
g. der Fernsehturm
h. das Rathaus
i. Nachtklubs
j. Sankt Michaelis
k. Hagenbecks Tierpark

6. Ü *Corespund următoarele informaţii textului? Notează cu R (de la* **richtig***) respectiv cu F (de la* **falsch***).*

	R	F
a. Inmitten von Hamburg gibt es Segelboote.	X	
b. Auf dem Jungfernstieg kann man einkaufen.		
c. Die Alsterarkaden sind direkt hinter dem Jungfernstieg.		
d. In Hamburg gibt es vier Hauptkirchen und Sankt Michaelis.		
e. Hamburg hat zwei Wahrzeichen: den „Michel" und das Bismarckdenkmal.		
f. Der Fernsehturm ist 128 m hoch.		
g. Sankt Nikolai und Hagenbecks Tierpark sind im Renaissance Stil.		
h. Sankt Pauli ist eine der fünf Kirchen.		

7. Ü *Care este traducerea corectă a următoarelor cuvinte?*

A. s Jahrhundert	**a.** an **b.** deceniu **c.** secol	**D.** e Höhe	**a.** înălţime **b.** lăţime **c.** lungime
B. erbaut	**a.** terminat **b.** început **c.** construit	**E.** befinden sich	**a.** sunt construite **b.** se pot vedea **c.** se află
C. ansehen	**a.** a vizita **b.** a privi **c.** a observa	**F.** mitten	**a.** la margine **b.** în centru **c.** lateral

8. **Ü**

A. *Completează propoziţiile cu participiul verbelor din paranteză, extrăgând forma sa conjugată din textul citit:*

a. Meine Freunde haben mir die Stadt _____. (*zeigen*)

b. Wir haben die Segelboote auf der Außenalster_____. (*sehen*)

c. Auf dem Jungfernstieg haben wir Einkäufe_____. (*machen*)

d. Am Nachmittag haben wir zwei Hauptkirchen____. (*besichtigen*)

e. Von der Plattform aus haben wir uns ganz Hamburg_____. (*ansehen*)

f. Zu Hause haben wir uns______. (*unterhalten*)

g. Ich habe viel_____. (*fotografieren*)

B. *La ce timp se află verbele din propoziţiile precedente? Cu ajutorul cărui verb auxiliar se conjugă? Care este poziţia verbului auxiliar şi care este aceea a participiului în propoziţie?*

9. ***Perfectul*** *se formează cu verbul auxiliar* **haben** *şi participiul II al verbului de conjugat:*

GR

ich **habe** eine Reise **gemacht**	wir **haben** eine Reise **gemacht**
du **hast** eine Reise **gemacht**	ihr **habt** eine Reise **gemacht**
er / sie / es } **hat** eine Reise **gemacht**	sie **haben** eine Reise **gemacht**
	Sie **haben** eine Reise **gemacht**

Participiul II se formează:

a. ***la verbele slabe***, *din rădăcina verbului la care se adaugă sufixul* **-(e)t**. *Dacă verbul este* **accentuat pe prima silabă**, *primeşte şi prefixul* **ge-** *(denumit şi augment). Prin urmare, verbele slabe formează perfectul după cum urmează:*

haben	er hat **ge**-hab-**t**
machen	er hat **ge**-mach-**t**
zeigen	er hat **ge**-zeig-**t**
spielen	er hat **ge**-spiel-**t**
kaufen	er hat **ge**-kauf-**t**
besichtigen	er hat be-sichtig-**t**
begleiten	er hat be-gleit-**et**
fotografieren	er hat fotografier-**t**
éinkaufen	er hat ein-**ge**-kauf-**t**
zúschauen	er hat zu-**ge**-schau-**t**

b. ***la verbele tari**, din rădăcina verbului, uneori cu **modificarea vocalei radicale** şi sufixul* **-en.** *Deci verbele tari formează perfectul astfel:*

essen	er hat **ge**-gess-**en**
trinken	er hat **ge**-trunk-**en**
sehen	er hat **ge**-seh-**en**
lesen	er hat **ge**-les-**en**
unterhálten	er hat unter-halt-**en**
gefállen	er hat **ge**-fall-**en**
ánsehen	er hat an-**ge**-seh-**en**
ánziehen	er hat an-**ge**-zog-**en**

c. ***la verbele neregulate**, neregulat. Deci perfectul lor este:*

bringen	er hat **ge**-brach-**t**
denken	er hat **ge**-dach-**t**
kennen	er hat **ge**-kann-**t**
wissen	er hat **ge**-wuss-**t**
mitbringen	er hat mit-**ge**-brach-**t**
nachdenken	er hat nach-**ge**-dach-**t**

10. **A.** *Scrie în dreptul tuturor participiilor infinitivele verbelor corespunzătoare:*

Ü

1. getrunken (haben) – trinken
2. begonnen (haben)
3. geschlafen (haben)
4. gebracht (haben)
5. gearbeitet (haben)
6. vorbereitet (haben)
7. gekocht (haben)
8. aufgeräumt (haben)
9. ferngesehen (haben)
10. abgeholt (haben)
11. geschenkt (haben)
12. eingeladen (haben)
13. zugeschaut (haben)
14. gezeigt (haben)
15. gewartet (haben)
16. mitgebracht (haben)
17. angezogen (haben)
18. gewaschen (haben)
19. aufgemacht (haben)
20. geantwortet (haben)
21. angesehen (haben)
22. geredet (haben)
23. gewohnt (haben)
24. gefunden (haben)
25. eingekauft (haben)
26. bekommen (haben)
27. gehofft (haben)
28. gegeben (haben)
29. gelesen (haben)
30. gesprochen (haben)
31. gelernt (haben)
32. geschrieben (haben)

B. *Ordonează-ţi acum participiile după terminaţia lor* **-(e)t** *sau* **-en**:

-(e)t	**-en**
gebracht	getrunken

11. *Răspunde la următoarele întrebări, conform propoziţiei model:*

Ü

a. Wann esst ihr zu Mittag? — Wir haben schon gegessen.
b. Wann kochst du die Suppe? — Ich habe sie schon _____.
c. Wann holst du die Kinder aus dem Kindergarten ab?
d. Wann wäscht er seinen Wagen?
e. Wann räumt sie auf?
f. Wann repariert ihr euer Telefon?

12. *Helga Salmen nu vrea să fie amestecată într-o afacere dubioasă. De aceea, ea povesteşte foarte exact cum şi-a petrecut miercurea, săptămâna trecută. Formulează propoziţii după modelul dat, folosind perfectul:*

Ü

a. um 7 Uhr Frühstück vorbereiten
Um 7 Uhr habe ich das Frühstück vorbereitet.
b. um 8.30 Uhr Kinder in den Kindergarten bringen
c. um 9 Uhr Wäsche waschen, bügeln, aufräumen
d. um 11 Uhr Mittagessen kochen
e. um 12 Uhr Kinder aus dem Kindergarten abholen
f. um 12.30 Uhr zu Mittag essen
g. um 16 Uhr Kaffee trinken
h. um 18 Uhr Feierabend machen, fernsehen

13. **Ü** *Iată un fragment dintr-o scrisoare. Renate relatează despre ultimele şase zile petrecute la Bayreuth. Transformă acest text la trecut, punând verbele la perfect:*

Am Dienstag haben mich Freunde in Bayreuth eingeladen (einladen) Endlich ______ wir Karten für „Tannhäuser“ im Richard-Wagner-Festspielhaus ______. (bekommen) Am nächsten Tag ______ sie mich ______ und wir ______ einen kleinen Spaziergang durch die Stadt ______. (begleiten, machen) Zu Mittag ______ wir in einem Restaurant ______. (essen) Am Mittwoch ______ ich Einkäufe in der Fußgängerzone _____ und _____ noch das Operhaus ______. (machen, besichtigen) Am Donnerstag ______ ich ein volles Programm ______. (haben) Maria und ich ______ uns das alte und neue Schloß und Ermitage ______. (ansehen) Am Nachmittag ______ wir Obsttorte ______ und einen Kaffee ______. (essen, trinken) Abends _____ wir _______ und ______ uns _____. (fernsehen, unterhalten) Am Freitag _______ ich bis 10 Uhr ______. (schlafen) Am Samstagabend ______ meine Freunde eine Party ______ und wir ____________ und gute Musik _____. (geben, essen, hören) Am nächsten Morgen ______ ich meine Koffer ______, denn Montag ______ wieder die Arbeit _____. (vorbereiten, beginnen)

14. **GR** *Prepoziţiile locale şi de indicare a direcţiei cu dativul şi acuzativul* **an**, **auf**, **bei**, **in**, **zu**.
Pentru caracterizarea poziţiei se folosesc prepoziţii locale diferite, cerute de verbe situative (L16).

in + D – *se foloseşte la denumiri de străzi pe lângă cuvintele:* **Straße**, **Gasse** sau **Allee**. *Se traduce prin „pe“.*
Ich wohne **in der** Mozartstraße.
in der Kaiserallee.
– *se mai foloseşte pentru indicarea aflării în interiorul unei clădiri, instituţii etc. Se traduce prin „la“.*
Heute Abend sind wir **im** Theater und morgen **in der** Oper.

an + D – *se foloseşte la denumiri de străzi pe lângă cuvintele:* **Markt** şi **Platz**. *Se traduce prin „la“.*
Ich wohne **am** Altmarkt Nummer 6.
Sie wohnen **am** Opernplatz.
– *se mai foloseşte pentru a indica poziţia în afară, dar în apropierea sau în contact cu cele menţionate şi se traduce tot prin „la“.*
Wir sind schon **an der** Tankstelle. (benzinărie)
am Bahnhof.

auf + D – *se foloseşte în loc de* **in** *numai în legătură cu instituţii oficiale şi se traduce prin „la“.*
Wir bleiben **auf der** Post.
Wir warten **auf dem** Passamt.
Wir waren **auf der** Polizeistation.

bei + D – *se foloseşte în legătură cu persoane şi se traduce prin „la".*
Ich kaufe heute **beim** Bäcker frisches Brot.
Ich warte **beim** Friseur.
Ich trinke Kaffee **bei** meiner Tante.
Pentru indicarea direcţiei se folosesc prepoziţiile **nach**, **in**, **zu** *pe lângă verbe de mişcare ce indică direcţia.*

nach – *se foloseşte fără articol când vrem să indicăm ţara, oraşul etc. Se traduce prin „în" şi „la".*
Ich fahre **nach** Indien. Ich fahre **nach** München.
dar: Ich fahre **in die** Schweiz.

in + A – *se foloseşte cel mai adesea când vrem să indicăm direcţia şi dorim să precizăm intrarea într-o localitate, instituţie etc. Se traduce prin „în" şi „la".*
Wir fahren **in die** Stadt.
ins Büro, Theater

zu + D – *se foloseşte când vrem să insistăm asupra direcţiei, asupra unui ţel anume, fie persoane, fie instituţii. Se traduce prin „la".*
Wohin fahren Sie? **Zum** Arzt, **zum** Bäcker.
Zum Rathaus.
Zur Post.
dar: Ich bin **zu** Haus.
Ich fahre **nach** Haus.

Wo?	Wohin?
Wo treffe ich Sie? Sie treffen mich _____	Wohin fahren Sie? Ich fahre ___
in Rumänien **in** München **in** der Türkei	**nach** Spanien **nach** München **in die** Türkei
im Büro **im** Theater **in der** Uni	**ins** Büro **ins** Theater **in** die Uni
am Bahnhof **am** Marktplatz **am** Opernhaus	**zum** Bahnhof **zum** Marktplatz **zum** Opernhaus
auf dem Rathaus **auf** dem Passamt **auf** dem Flughafen **auf** der Post **auf** der Bank	**zum** Rathaus **zum** Passamt **zum** Flughafen **zur** Post **zur** Bank
beim Arzt **beim Onkel** **zu Hause** **an, auf, in, bei + D**	**zum** Arzt **zum** Onkel **nach** Hause **in + A, zu + D**

15. *Formulează întrebările potrivite cu* **wo?** *sau* **wohin?***:*

Ü

a. Wir sehen uns *im Büro.* Wo sehen wir uns?
b. Sabine begleitet mich *nach Hamburg.*
c. Sie fahren im Urlaub *in die Schweiz.*
d. Wir kaufen *in einem kleinen Geschäft* ein.
e. Nana Mouskouri singt *in der Alabamahalle.*
f. Er geht Samstagabend *in die Oper.*
g. Er parkt sein Auto *im Parkhaus.*
h. Er wartet zwei Stunden *am Bahnhof.*
i. Sie muss heute noch *zu einem Arzt* gehen.
j. Mittwoch trainieren sie *auf dem Stadion.*

16. *Completează în propoziţiile următoare prepoziţiile* **in**, **auf***:*

Ü

a. Wo kann man spazierengehen? In dem Park, ___ dem Tiergarten
b. Wo kann man Sport treiben? ___ dem Stadion, ____ dem Sportplatz
c. Wo kann man schwimmen? _____ dem Freibad, _____ dem Hallenbad
d. Wo kann man schnell einen Arzt finden? _____ dem Spital, ____ der Klinik
e. Wo kann man seinen Pass abholen? ____ dem Passamt
f. Wo kann man einkaufen? _____ dem Geschäft, ____ der Boutique
g. Wo kann man essen? ____ dem Restaurant, _____ der Kantine, _____ Hause

17. *Completează cu prepoziţiile* **in** *sau* **bei** *şi articolul corespunzător:*

a. in der Kathedrale sitzen
b. _____ Haus wohnen
c. _____ Freunden wohnen
d. _____ Zentrum spazierengehen
e. _____ Friseur warten
f. _____ Innenstadt wohnen
g. _____ Mozartstraße wohnen
h. _____ Laden einkaufen
i. _____ Bäcker Brötchen kaufen
j. _____ Tante Kaffee trinken
k. _____ Klub Billard spielen
l. _____ Arzt warten

18. *Câteva indicaţii privind redactarea unei scrisori în limba germană.*

a. *În dreapta scriem întotdeauna localitatea şi data, despărţite prin virgulă:*

Prien, der 8. August	*se citeşte:*	der achte August
, den 8. August		den achten August
, 8. August		achter August

b. *Pentru introducere există mai multe formule de adresare ce depind de relaţia în care ne aflăm cu destinatarul: rudenie, prietenie, relaţii de serviciu etc.*
De aceeaşi relaţie depinde şi formula de încheiere, nelipsită din orice scrisoare:

Lieber Hans,	Herzliche Grüße Dein(e)
Liebe Ursula,	Alles Liebe Dein(e)
Sehr geehrter Herr ..., (*Mult stimate domnule*)	Mit den besten Grüßen Ihr(e)
Sehr geehrte Frau..., (*Mult stimată doamnă*)	Mit freundlichen Grüßen Ihr(e)

19. **Ü** *Verifică cele două aspecte în scrisoarea ce urmează şi completează spaţiile libere cu verbe la perfect.*

Prien, den 25.9.04

Liebe Hedda,

du hast so lange auf meinen Brief gewartet. Entschuldigung, dass ich so spät schreibe!
Gestern ______ wir eine Reise nach München _____. Meine Freunde _____ mich _____ und haben mir die Stadt _____. München ist ein Erlebnis! Wir _____ die Frauenkirche ______. Am Marienplatz gibt es viele Kaufhäuser, da _____ wir _____. Wir waren auch auf dem Oktoberfest. Das war toll! Wir _____ Bier _____ und Brezeln (*covrigi*) _____. München _____ mir sehr _____. Hoffentlich geht es dir und deinen Lieben auch so gut wie mir!

Herzliche Grüße
Deine Renate

20. **F** *În LO ai învăţat pronunţarea vocalelor „Umlaut". Reciteşte explicaţiile de fonetică din LO. De data aceasta ne vom ocupa numai de* **ü**, *iar sunetul pe care trebuie să-l auzi şi apoi să-l pronunţi nu trebuie să fie* **iu**, *ci* **ü**.

21. Ü **I**. *Ascultă materialul audio şi subliniază cuvintele auzite:*

A. [y:] - [i:]

fiel - fühl
güta - gita
hüße - hieße
tiedel - tudel

B. [y:] - [i:]

mühla - muhla
tule - tüle
gübe - gube
füme - fume

II. *Ascultă materialul audio şi încearcă să imiţi cât mai fidel:*

[Y:] : Frühstück, süß, führt, Tür, Parfüm, führen

22. Ü **I**. *Ascultă materialul audio şi subliniază cuvintele auzite:*

A. [Y] - [ɪ]

finne - fünne
ümma - inna
hitte - hütte
tüll - till

B. [Y] - [u]

ümma - umma
tüll - tull
funne - fünne
hütte - hutte

II. *Ascultă materialul audio şi încearcă să imiţi pronunţia:*

[Y] : Glück, küssen, müssen, Rücken, dürfen, Perücke, wünschen

23. Ü **A.** *Priveşte cu atenţie harta şi...*

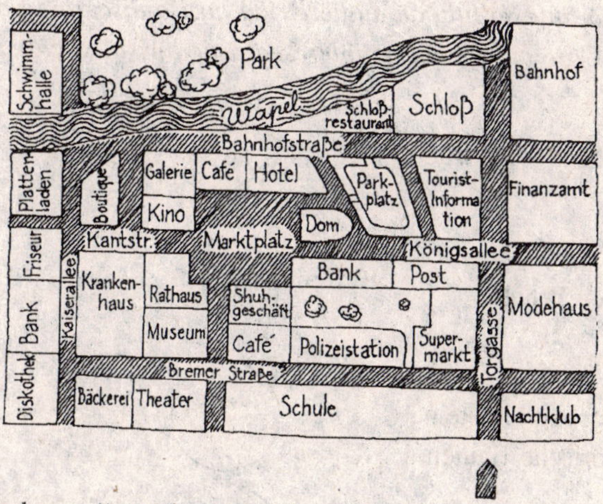

... răspunde la următoarele întrebări conform propoziţiei model:

a. Wo ist die Schule? In der Bremer Straße.
b. Wo ist das Krankenhaus? ___ ___ Kaiserallee.
c. Wo ist das Kino? ___ ___ Marktplatz.
d. Wo ist die Post? ___ ___ Königsallee.
e. Wo ist das Rathaus? ___ ___ Marktplatz.
f. Wo ist die Bäckerei? ___ ___ Bremer Straße.

B. *Completează cu prepoziţiile* **an**, **neben**, **in**, **vor**, **zwischen** *şi cu articolul hotărât:*

a. Die Polizeistation liegt zwischen dem Café und dem Supermarkt.
b. ___ ___ Hotel ist ___ Parkplatz.
c. ___ ___ Café liegt ___ Schuhgeschäft.
d. ___ Finanzamt liegt ___ ___ Torgasse.
e. ___ Dom steht ___ ___ Parkplatz.
f. ___ Friseur ist ___ ___ Bank und ___ Plattenladen.
g. ___ Schloss liegt ___ ___ Wappel.

24. *Tradu următoarele propoziţii în limba germană:*

Ü

a. Am făcut o călătorie minunată prin mai multe oraşe.
b. Am vizitat primăria şi cele două biserici principale.
c. Am făcut o plimbare prin zona pietonală şi am cumpărat cadouri.
d. Emblemele oraşului Hamburg sunt: turnul bisericii Sfântul Mihail, turnul de televiziune şi statuia lui Bismarck.

25. *Urmează un exerciţiu de audiere. Vei auzi o discuţie la o agenţie de turism. Care manifestări o interesează pe turistă şi care nu?*

Ü

Marchează! →

1. Kieler Woche

2. Schleswig-Holstein
Historische Bauten

3. 100 Museen
in Schleswig-Holstein

4. Schleswig-Holstein
Musik-Festival

26. *Acum, la sfârşitul lecţiei, un mic moment de divertisment. Memorează poezia care urmează.*

Die Ameisen

In Hamburg lebten zwei Ameisen,
sie wollten nach Australien reisen.
Bei Altona auf der Chaussee,
da taten ihnen die Füße weh,
und verzichteten sie weise
dann auf den letzten Teil der Reise.

Joachim Rigelnatz

e Ameise, -n = furnică
verzichten = a renunţa
e Chaussee, -n = şosea
weise = înţelept
s Bein, -e = picior

27. *Ce probleme de gramatică sau lexic ţi s-au părut mai grele? Revino asupra lor!*

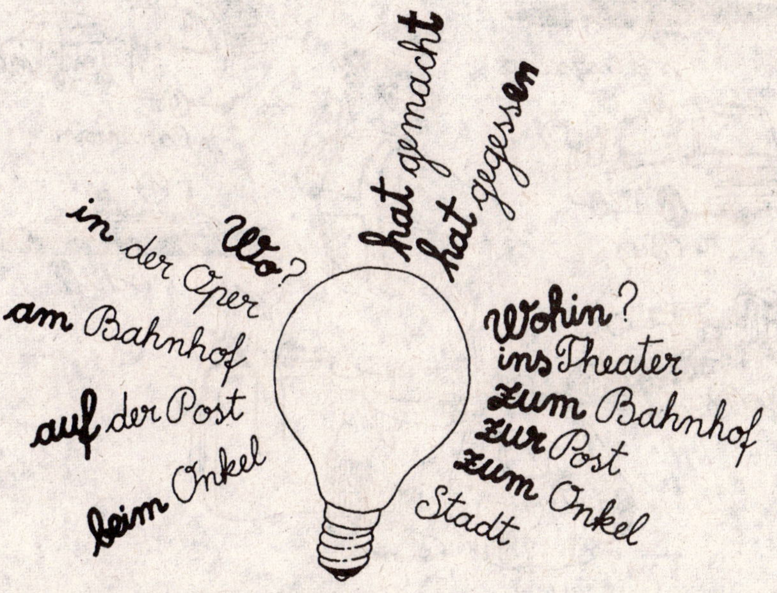

LEKTION 19

1. *Citeşte textul şi corelează-l cu desenul de mai jos. Înţelegi acum despre ce e vorba în această lecţie?*

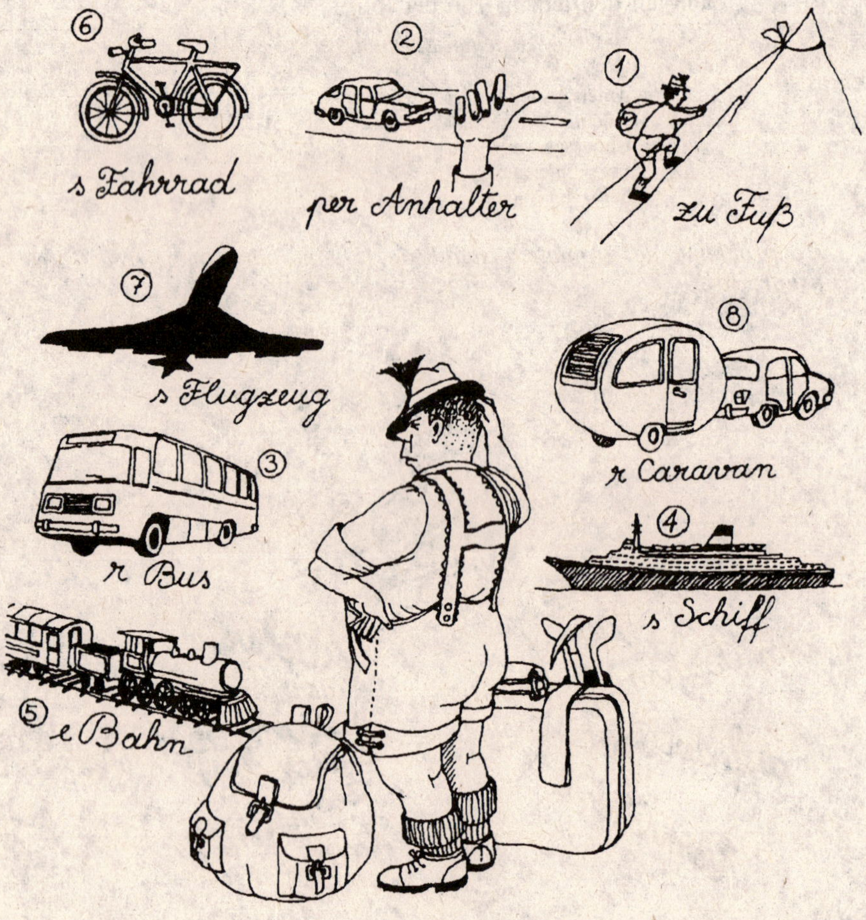

2. **Ü** *Urmează o listă de cuvinte care denumesc diferite mijloace de transport şi o alta cu verbe:*

a. mit dem Flugzeug, mit dem Zug, zu Fuß, mit dem Auto, mit der Bahn, mit dem Caravan, mit dem Bus, mit dem Schiff, mit dem Fahrrad.

b. fliegen, reisen, fahren, trampen, steigen, gehen

Completează schema următoare:

1	2	3	4	5	6	7	8
zu Fuß				mit der Bahn			
steigen	trampen						

steigen = a se urca **trampen** = a face autostopul

3. **A.** *Citeşte părerile unor copii despre apropiata lor vacanţă. Ce legături există între opiniile lor şi desenul de la începutul lecţiei?*

4. ● **FERIEN**

Evelin (15): „Wir fahren nach Südfrankreich. Mir gefällt's dort, aber die sieben Stunden Autofahrt sind halt schon mühsam."
Roger (11): „Nach Spanien mit dem Flugzeug. Das ist weniger stressig als mit dem Auto."
Thomas (13): „Ich mache keine Ferien. Dafür arbeite ich bei einem Bauern. Da gibt's viel zu tun. Ich mach's gerne."
Niki (14): „Wir bleiben daheim. Hier kann ich baden und Gitarre spielen. Allerdings nach Spanien ans Meer möchte ich schon gerne einmal."
Fabienne (9): „Wir gehen meistens in die Berge. Das finde ich super. Ich habe lieber die kühlen Berge als das Meer. Picknick, Wurstbraten im Freien, das ist das Größte."
Tobias (7): „Ich möchte nach Amerika. Aber wir fahren mit dem Zug nach Tessin."
Marianne (17): „Ich mache eine Tramp-Reise mit meinen Freudinnen."
Joëlle (13): „Wir fahren zu viert mit dem Bus in den Süden. Ich reise gerne mit Mami und Papi. Hauptsache, mein Bruder Laurent ist dabei."
Dario (11): „Wir machen auf unserem Motorboot auf dem Walensee Ferien. Bootfahren ist das Größte und Baden auch."

r Bauer, -n = ţăran
r Berg, -e = munte
s Meer, -e = mare
e Hauptsache, -n = lucrul principal
r See, -n = lac
e See, -n = mare, ocean

allerdings = deşi
im Freien = în aer liber
kühl = răcoros
daheim = acasă
mühsam = anevoios

5. *Cu ce mijloace de transport călătoreşte fiecare copil?*

Ü

Evelin	Roger	Thomas	Niki	Fabienne	Tobias	Marianne	Joëlle	Dario

6. *Cui îi aparţin următoarele afirmaţii?*

Ü

a. Ich bade gern im Walensee. Dario
b. Zu Hause bade ich und spiele gern Gitarre.
c. Ich arbeite gern in den Ferien.
d. Die Berge sind schöner als das Meer.
e. Meine Eltern haben ein Motorboot.
f. Ich finde Südfrankreich super.
g. Wir braten Wurst im Freien.
h. Ich reise nicht gern mit dem Auto.
i. Die Reise mit meinem Bruder ist das Größte.

7. *Mai citeşte o dată textul şi confruntă-l cu afirmaţiile următoare. Marchează cu* R *dacă ele corespund textului, iar cu* F *dacă nu corespund:*

Ü

	R	F
a. Evelin gefällt die Fahrt mit dem Auto nach Südfrankreich.		X
b. Für Roger ist der Flug weniger stressig als die Autofahrt.		
c. Thomas ist in den Ferien bei den Bauern.		
d. Niki fährt nach Spanien ans Meer mit seiner Gitarre.		
e. Fabienne macht Picknick in den Bergen.		
f. Tobias fährt nach Amerika.		
g. Marianne trampt allein.		
h. Joëlle fährt mit der ganzen Familie in den Süden.		
i. Dario fährt auf dem Walensee Boot.		

8. GR *Prepoziţia* **mit**. *În lecţiile precedente ai mai învăţat unele prepoziţii care cer cazul dativ:* **aus** *(L2)*, **bei** *(L13, L18)*, **nach** *(L18)*, **zu** *(L11, L13, L18). Ai mai întâlnit prepoziţia* **mit** *şi nu a prezentat o problemă de înţelegere pentru tine. O reîntâlnim aici în legătură cu mijloacele de transport:*

Wir fahren **mit** dem Bus. **mit + D**
mit der Bahn.
mit dem Schiff.
mit den Bussen.

9. Ü *Completează cu articolele hotărâte la cazul dativ:*

a. mit der Bahn fahren
mit ___ Schiff
mit ___ Taxi
mit ___ Auto

b. mit ___ Freund sprechen
mit ___ Freundin
mit ___ Gästen
mit ___ Eltern

c. mit ___ Koffer reisen
mit ___ Handtasche
mit ___ Regenschirm
mit ___ Ticket

d. mit ___ Gabel essen
mit ___ Messer
mit ___ Löffel
mit ___ Löffelchen

10. Ü *Rămânând în continuare în domeniul vacanţei, vrem să indicăm punctul de destinaţie al unei călătorii. Pentru aceasta folosim prepoziţiile bicauzale binecunoscute de tine din lecţiile precedente:* **an**, **auf**, **in**. *Descoperă în care situaţii folosim aceste prepoziţii analizând următoarele propoziţii:*

Viele Leute möchten Urlaub machen. Wohin fahren Sie?

a. **an** die Donau; **an** den Razelm See; **ans** Schwarze Meer; **an** den Atlantischen Ozean
b. **auf** den Omul; **auf** den Everest; **auf** die Zugspitze; **auf** den Montblanc
c. **ins** Gebirge; **in** die Karpaten; **in** die Alpen; **in** den Ural; **in** die Moldau; **ins** Ruhrgebiet; **in** den Banat

lanţ muntos	marginea unei ape	vârf de munte	regiune
in			

11. GR *Desigur, ai ghicit!*

an – *se foloseşte când destinaţia este legată de marginea unei ape: râu, fluviu, mare, ocean, lac etc.*

Wir fahren **an den** Rhein.
an den Snagov See.
ans Meer.

auf – *se foloseşte când destinaţia este vârful unui munte, unei catedrale etc.*
Wir steigen **auf den** Omul.
auf den Turm.

in – *se foloseşte când destinaţiile sunt: munţi, lanţ muntos, o regiune sau o denumire geografică precedată de articol.*
Wir fahren **in die** Alpen.
ins Gebirge.
in die Berge.
in die Moldau.

Prepoziţiile **an**, **auf**, **in** *cer acuzativul când verbele indică o mişcare cu direcţie şi răspund la întrebarea* **wohin?** *Cînd aceste prepoziţii sunt legate de verbe situative, ele cer cazul dativ, răspunzând la întrebarea* **wo?**.

Ich fahre **ans** Meer. *Wohin*? **Ans** Meer.
Wir bleiben zwei Wochen **am** Meer. *Wo*? **Am** Meer.

12. Ü *Agenţiile de voiaj fac reclamă pentru călătoriile lor. Câteva posibile destinaţii. Completează cu:* **(ans)**, **auf**, **in (ins)**, **nach**:

a. Eine Reise ans Schwarze Meer

a. _____ Schwarze Meer
b. _____ den Nanga Parbat
c. _____ Gebirge
d. _____ Ruhrgebiet
e. _____ den Everest
f. _____ Spanien
g. _____ die Schweiz
h. _____ die Alpen
i. _____ den Rhein
j. _____ Berlin
k. _____ die Donau
l. _____ die Zugspitze
m. _____ den Nil
n. _____ den Schwarzwald
o. _____ Deutschland
p. _____ den Bodensee
r. _____ den Amazonas
s. _____ den Montblanc
t. _____ Himalaja Gebirge
u. _____ München

13. Ü *Răspunde cu sintagme după modelul dat:*

Wohin fahren? Wohin steigen?

a. **auf** den Vesuv **steigen**

a. der Vesuv
b. der Bodensee
c. das Ruhrgebiet
d. die Karpaten
e. der Moldoveanu (2544 m)
f. die Dolomiten
g. der Montblanc (4810 m)
h. die Nordsee
i. der Matterhorn (4478 m)
j. die Alpen
k. die Mosel
l. die Zugspitze (2963 m)
m. das Schwarze Meer
n. der Omul (2505 m)
o. die Moldau
p. das Rote Meer
q. der Negoiu (2535 m)
r. der Ural

14. **Ü** *Citeşte însemnările din jurnalul de călătorie al unui tânăr de 17 ani. Markus a făcut singur o călătorie în timpul vacanţei. Subliniază în timpul lecturii numele proprii şi cuvintele cunoscute:*

15. **Reisetagebuch**

6. Juli (Erster Tag)

Um 12.00 Uhr bin ich auf dem Campingplatz angekommen. Ich bin 4 Stunden von Dortmund nach Heidelberg getrampt. Gleich hat das dritte Auto angehalten und mich mitgenommen und ist bis nach Heidelberg gefahren. Jetzt liege ich am Neckar müde und genieße die Sonne.

7. Juli (Zweiter Tag)

Zwei Mädchen, im Zelt nebenan, sind auch getrampt. Aus Hamburg. Sie haben für mich Suppe gekocht. Wir haben unsere Adressen getauscht.

8. Juli (Dritter Tag)

Die Mädchen aus Hamburg sind weg. Da bin ich traurig gewesen. Der Neckar sieht nicht sehr sauber aus. Aber gebadet habe ich trotzdem. Am Abend bin ich durch die Stadt gezogen. Die Diskos hier sind prima.

12. Juli (Siebter Tag)

Altglashütten, Schwarzwald

Die Jungendherberge ist nicht so toll. Gestern bin ich mit einer MFG gefahren. In der Mitfahrzentrale in Heidelberg habe ich eine MFG nach Freiburg gefunden. Das hat 4 DM BKB gekostet. Es sind noch zwei andere mit dem Fahrer mitgefahren. In Freiburg bin ich einen halben Tag geblieben. Ich bin bis in die Altstadt gegangen und habe das Münster gesehen. Dann habe ich wieder Glück gehabt. Ein Wagen hat angehalten und mich bis nach Feldberg mitgenommen. Bis zur Jugendherberge bin ich dann gewandert.

s Zelt, -e = cort
s Münster, - = catedrală
e Jugendherberge, -n = cabană pentru tineret
e Mitfahrzentrale, -n = birou care primeşte oferte şi cereri de călătorii în comun
MFG (e Mitfahrgelegenheit, -en) = ocazie de a călători cu maşina cu cineva, plătind cota-parte la benzină
BKB (e Benzinkostenbeteiligung) = contribuţie la plata benzinei
ankommen = a sosi
anhalten = a opri
genießen = a savura
tauschen = a schimba
durch die Stadt ziehen = a cutreiera oraşul
nebenan = alături
traurig = trist
sauber = curat

16. Ü

Care dintre cele trei trasee este cel parcurs de Markus? Marchează pe hartă drumul corect!

a.	b.	c.
Dortmund	Dortmund	Dortmund
Heidelberg	Heidelberg	Heidelberg
Hamburg	Freiburg	Altglashütten
München	Feldberg	Feldberg
Altglashütten	Altglashütten	Berlin

17. Ü

Citeşte încă o dată textul cu atenţie şi pune în ordine informaţiile de mai jos:

6. Juli	7. Juli	8. Juli	12. Juli
auf dem Campingplatz angekommen			

im Neckar gebadet; in die Altstadt gezogen; zur Jugendherberge gewandert; das Münster gesehen; Adressen getauscht; mit MFG gefahren; getrampt; Suppe gekocht; einen halben Tag geblieben; am Fluss gelegen; durch die Stadt gezogen.

18. Ü

Marchează cu R *dacă informaţiile din propoziţiile următoare sunt corecte, iar cu* F, *dacă ele nu corespund textului:*

	R	F
a. Zwei Mädchen und zwei Jungen kommen aus Hamburg.		X
b. Markus ist mit dem Auto nach Heidelberg gefahren.		
c. Markus liegt 4 Stunden am Neckar in der Sonne.		
d. Er badet nicht im Neckar, denn das Wasser ist nicht sauber.		
e. Die Jugendherberge in Altglashütten gefällt Markus nicht.		
f. Markus fährt von Heidelberg nach Freiburg allein.		
g. Von Freiburg bis Feldberg ist Markus gewandert.		

19. GR *După cum ai constatat din textul pe care l-ai parcurs, există verbe care formează* ***timpul perfect cu ajutorul auxiliarului*** **sein**.

ich **bin** mit dem Zug **gefahren** du **bist** mit dem Zug **gefahren** er / sie / es } **ist** mit dem Zug **gefahren**	wir **sind** mit dem Zug **gefahren** ihr **seid** mit dem Zug **gefahren** sie **sind** mit dem Zug **gefahren** Sie **sind** mit dem Zug **gefahren**

Perfectul se formează în acest caz din auxiliarul **sein** *(la prezent) și* **participiul II** *al verbului de conjugat. Verbele care folosesc auxiliarul* **sein** *la formarea timpului perfect sunt:*

a. ***verbe intranzitive,*** *care exprimă direcția unei mișcări:*
gehen – Ich *bin* ins Kaufhaus *gegangen.*
kommen – Er *ist* aus Hamburg *gekommen.*
laufen – Ich *bin* durch den Park *gelaufen.*
fliegen – Er *ist* nach Rom *geflogen.*
reisen – Sie *ist* nach Hamburg *gereist.*

b. ***verbe intranzitive,*** *care exprimă o schimbare de la o stare la alta:*
passieren – Es *ist* nichts *passiert.*
werden – Sein Bruder *ist* Arzt *geworden.*

c. *anumite verbe ca:*
sein – Sie *sind* im Restaurant *gewesen.*
bleiben – Er *ist* zu Hause *geblieben.*

20. Ü *Notează infinitivul verbelor de mai jos, care apar la perfect:*

gehen	er ist gegangen	______	er ist weggegangen
______	er ist gefallen	______	er ist gekommen
______	er ist geblieben	______	er ist angekommen
______	er ist getrampt	______	er ist gereist
______	er ist gestiegen	______	er ist umgestiegen
______	er ist aufgewacht	______	er ist aufgestanden
______	er ist gewesen	______	er ist gezogen
______	er ist geworden	______	er ist gelaufen
______	er ist geflogen	______	es ist passiert

21. Ü *Se apropie perioada concediilor şi mulţi vor să plece în concediu. Directorul discută cu secretara sa având agenda în faţă şi pune o mulţime de întrebări, încercând să-şi clarifice o situaţie a angajaţilor şi programărilor. Încearcă să răspunzi la întrebări, formulând propoziţii după modelul dat:*

a. Wann kommen die Müllers? Sie **sind** gerade **gekommen**.
b. Wann geht Peter in Urlaub?
c. Wann kommt der erste Besucher?
d. Wann fährt Herr Weber nach Rom?
e. Wann fliegt Frau Dr. Meier zur Tagung nach Hamburg?
f. Wann kommen Evi und Monika mit der Übersetzung?
g. Wann kommt Frau Schulz aus dem Urlaub zurück?

22. Ü *Frau Schobel este chemată la comisariatul de poliţie şi trebuie să relateze cu exactitate cum şi-a petrecut ziua de marţi între orele 16 şi 23. Completează propoziţiile cu auxiliarele* **sein** *sau* **haben**, *după cum este cazul:*

Zuerst bin ich ins Zentrum gegangen und habe eingekauft. Dann _____ ich die U-Bahn bis Dristor genommen, dort _____ ich den Bus umgestiegen und ich ______ zu meiner Freundin, Anna Schulz, gefahren; ich ______ ihr Honig für den Kuchen getragen. Nachher ______ ich schnell nach Hause gelaufen. Ich _____ die Abendsuppe gekocht und ich _______ auch bis zum Serienfilm im Fernsehen zwei Stunden geschlafen. Am Abend ______ ich ferngesehen, ich ______ auch bei meinem Nachbarn gewesen und dort ______ ich einen starken Kaffee getrunken. So konnte ich die ganze Nacht nicht mehr schlafen. Da _______ ich endlich „Die Buddenbrooks" ausgelesen.

23. Ü *S-a întâmplat un accident. Iată mai jos relatarea unui copil, martor al accidentului şi un fragment din procesul verbal al poliţiei. Din cel din urmă s-au şters din greşeală nişte pasaje. Ai putea să le reconstitui?*

Also: Ich habe gewusst, es passiert wohl was. Da höre ich auf der Straße ein furchtbares Krachen. Und was sehe ich: ein Auto stößt gegen einen Baum. Es ist ein BMW. Schade. Der Fahrer steigt aber aus dem Auto aus. Er ist ja auf den Beinen. Er geht nun ins Krankenhaus.

Am 11.11. 91 *ist* um 12.30 Uhr ein Unfall in der Goethestr. *passiert*. Der Zeuge, das Kind Michael Krüger, 12 Jahre alt, ______ ein Krachen ______. Das Auto, ein BMW, OF-MZ-85, ______ gegen einen Baum ______. Der Fahrer ______ unverletzt aus dem Auto ______. Er heißt Andreas Schmitt. Er ______ dann direkt ins Krankenhaus nebenan ______.

s Krachen, Sg. = trosnet
r Unfall, ⸚e = accident
r Fahrer, - = şofer
r Zeuge, -n = martor
stoßen = a izbi
furchtbar = îngrozitor
verletzt = rănit

24. Ü *Ai putea să formulezi propoziţii la perfect? Încearcă şi apoi confruntă cu cheia exerciţiilor:*

a. Konzert/20 Uhr beginnen. **a.** Das Konzert hat um 20 Uhr begonnen.
b. Zug/Bahnhof abfahren
c. Er/Reisebüro gehen
d. Tourist/Hotel finden
e. Apfel/Baum fallen
f. Flugzeug/Frankfurt abfliegen
g. Wir/Geschenke bekommen

25. Ü *Acum urmează un exerciţiu recapitulativ. Completează cu prepoziţiile potrivite şi articolul corespunzător în textul următor:* **auf**, **in**, **mit**, **nach**, **zu**.

a. Am ersten Tag seiner Reise ist Markus auf dem Campingplatz angekommen.

b. Er ist von Dortmund _____ Heidelberg gefahren.

c. Am zweiten Tag hat er zwei Mädchen ____ Hamburg getroffen.

d. ______ dritten Tag sind die Mädchen weg und Markus ist traurig gewesen.

e. Dann hat er _____ Neckar gebadet.

f. _____ Abend ist er _____ Heidelberg gezogen.

g. _____ sechsten Tag hat er eine MFG ___ Freiburg gefunden und ist _____ dem Fahrer mitgefahren.

h. ____ Freiburg ist er länger geblieben und ist ____ die Altstadt gegangen.

i. Dann ist er _____ Feldberg gefahren.

j. Bis ____ Jugendherberge ____ Altglashütten ist er dann gewandert.

26. *Acum vei lucra intensiv cu CD-ul.*

Ü

A. *Vei asculta la început o discuţie între doi prieteni. Închide manualul.*

Urlaub

Herr Storch: „Warst du schon mal in Madrid?“
Herr Hamm: „Nein, da bin ich noch nie gewesen.“
Herr Storch: „Du hast doch Urlaub gehabt? Wohin bist du gefahren?“
Herr Hamm: „Nirgends.“
Herr Storch: „Bist du denn in den Ferien nicht weggefahren?“
Herr Hamm: „Nein, ich bin zu Haus geblieben.“
Herr Storch: „Was, die ganze Zeit zu Haus geblieben?“
Herr Hamm: „Aber nein, ich bin manchmal auch ins Theater gegangen.“

B. *Ascultă încă o dată discuția dintre domnul Storch și domnul Hamm, urmărind în paralel textul din manual.*

C. *Citește și reține următoarele expresii și cuvinte:*
warst du schon (mal) in Madrid? – ai mai fost la Madrid?
nirgends = nicăieri
manchmal = uneori

D. *Răspunde la următoarele întrebări în limba germană:*

a. A fost vreodată domnul Hamm la Madrid?
b. Unde și-a petrecut domnul Hamm vacanța?
c. Domnul Hamm a stat tot timpul acasă?

E. *Ascultă dialogul de mai multe ori, cu ochii închiși, până ce consideri că l-ai reținut. Ascultă din nou discuția, propoziție cu propoziție, și repetă cu voce tare. Repetă acest procedeu, până ce vei reține propozițiile.*

27. **Ü** *Mai ai alte sugestii pentru timpul liber al domnului Hamm? Completează în scris:*

Bist du die ganze Zeit zu Hause geblieben?
Aber nein, ich bin manchmal __________ gegangen.

ins Kino
schwimmen
zu Freunden
in die Disko
...

28. **Ü** *Un nou exercițiu oral. Repetă același procedeu în ascultarea și reținerea celor patru dialoguri scurte de pe CD.*

I. – Bist du mit dem Wagen in die Stadt gefahren?
– Nein, das lohnt sich nicht, ich bin Rad gefahren.

Reține! **das lohnt sich nicht** – n-are rost, nu merită

II. – Fahren Sie mit der Bahn in Urlaub?
– Nein, das ist uns zu teuer, wir nehmen unseren eigenen Bus.

Reține! **das ist uns zu teuer** – e prea scump pentru noi

III. – Bist du mit dem Zug oder mit dem Motorrad nach Staufen gefahren?
– Ich habe den Zug genommen, das ist bequemer als mit dem Motorrad.

IV. – Wie bist du denn nach England gekommen? Mit dem Schiff?
– Nein, das dauert zu lange. Ich bin mit dem Flugzeug geflogen.

29. *Insistă asupra a ceea ce ţi s-a părut mai dificil!*

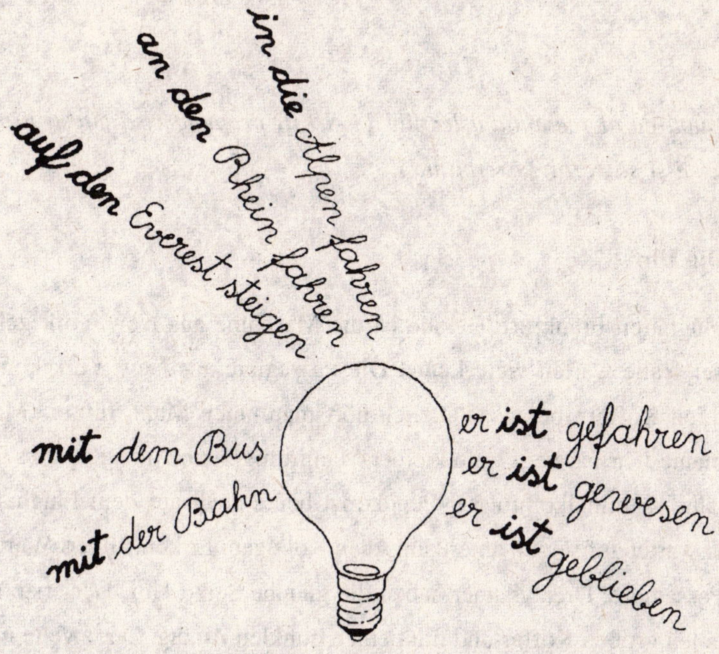

LEKTION 20

După ce ai recapitulat lecţiile 11–19 îţi propunem să citeşti următoarele texte şi să rezolvi exerciţiile.

1. Die Uhr

Flughafen Frankfurt. Gerade ist die Maschine aus New York gelandet. In der Halle warten viele Leute. Die Passagiere aus New York kommen mit ihren Koffern heraus. Plötzlich hört man einen Mann rufen: „Meine Uhr, meine Uhr ist weg!“ Ein kleiner Mann im grauen Anzug sucht seine Seiko Uhr. Kriminalkommissar Peppke ist heute auch auf dem Flughafen, denn er wartet auf seinen amerikanischen Kollegen. Er kontrolliert Wartende und Passagiere. Drei Männer haben die gleiche Seiko Uhr. Der erste Mann hat einen großen Koffer und trägt einen dunklen Anzug. Der zweite trägt einen grauen Regenmantel und Hut, und der dritte trägt eine rote Windjacke und Sportschuhe. Er hat einen Rucksack auf dem Rücken. Der Kommissar kontrolliert alle drei Uhren, und nun weiß er, der Mann im grauen Regenmantel hat die Uhr gestohlen.
In Frankfurt ist es 12 Uhr.

e Maschine, -n = avion
landen = a ateriza
stehlen = a fura
gerade = tocmai
plötzlich = deodată

2. Wieviel Uhr ist es auf der Uhr des zweiten Mannes?

3. Ü *Marchează propoziţiile cu un R, dacă informaţia corespunde textului, cu F, dacă nu corespunde textului şi cu semnul întrebării, dacă nu este cuprinsă în text:*

a. Der Kommissar kontrolliert die Koffer.

b. Der amerikanische Kommissar muss kommen.

c. Zwei Männer haben Seiko Uhren.

d. In New York ist es zwölf Uhr.

e. Der Mann mit roter Windjacke ist Sportler.

f. Der Mann im dunklen Anzug hat einen Koffer.

g. Der kleine Mann ist der amerikanische Kommissar.

h. Der Mann im dunklen Anzug kontrolliert Wartende und Passagiere.

R	F	?

4. Ü *Hoţul reuşeşte să fugă, iar comisarul Peppke îl urmăreşte prin oraş. Apoi redactează un raport. Alege forma corectă:*

A. Zuerst ist er ___b___ Stadt gefahren.

a. in der **b.** in die **c.** zur

B. Dann ist er_______ Apotheke gegangen.

a. auf die **b.** auf der **c.** in die

C. Um ein Uhr ist er________ Frisör gegangen.

a. zur **b.** zum **c.** im

D. Dann ist er mit einem Taxi_______ Sportplatz gefahren.

a. beim **b.** am **c.** zum

E. Am Nachmittag ist er_______ Kaufhaus gegangen und hat sich einen neuen Regenmantel gekauft.

a. ins **b.** in die **c.** zur

F. Dann hatte er Hunger und ist_______ Restaurant gegangen.

a. auf das **b.** im **c.** ins

G. Am Abend hat er wieder ein Taxi genommen und ist________ Bahnhof gefahren.

a. beim **b.** zur **c.** zum

5. **Ü** *Comisarul Pepkke şi colegul său au vizitat oraşul şi au fost în diferite locuri. Completează cu* **an (am), auf, in (im)**:

a. ____ dem Turm
b. ____ der Ringstraße
c. ____ dem Sportplatz
d. ____ Bahnhof
e. ____ der Kirche
f. ____ Schlosspark
g. ____ Rathaus
h. ____ der Polizeistation
i. ____ Schlossrestaurant
j. ____ Marktplatz
k. ____ der Kaiserallee
l. ____ dem Flughafen

6. **Ü** *Cei doi prieteni iau masa într-un renumit restaurant şi se întreabă de unde provin diferitele specialităţi. Completează cu adjectivele şi terminaţiile corespunzătoare după modelul de mai jos:*

a. Chili con carne ist ein **Mex** Gericht.
Chili con carne ist **ein mexikanisches** Gericht.
b. Wenige wissen, dass Müsli eine **CH** Spezialität ist.
c. Alle wissen, dass Pizza eine **I** Speise ist.
d. Khebab ist ein bekanntes **TR** Essen.
e. Fisch ist das **J** Hauptgericht.
f. Mousaka ist eine **GR** Speise.
g. Murfatlar ist ein **RO** Wein.
h. Löwenbrau ist ein **D** Bier.

7. **Ü** *La restaurant se întâmplă uneori să devenim nerăbdători. Chelnerul ne asigură că nu a uitat de comanda noastră. Completează cu pronumele posesiv folosit adjectival:*

Gast: „Herr Ober, vergessen Sie meinen Salat nicht!"
Ober: „Einen Moment bitte, ______ Salat kommt sofort!"
Gast: „Wann kommt ______ Suppe?"
Ober: „______ Suppe? Gleich!"
Gast: „Wo bleibt ______ Eis?"
Ober: „______ Eis? Einen Moment!"
Gast: „Was ist mit ______ Schnitzel?"
Ober: „______ Schnitzel? Ich hole es jetzt."
Gast: „Wann bringen Sie ______ Würstchen?"
Ober: „______ Würstchen bringe ich sofort."

8. *Comisarul are informaţii despre un răufăcător pe care îl urmăreşte de mult. Transformă următoarele propoziţii după modelul de mai jos:*

a. *Er lebt in München:*
Der Kommissar weiß, dass er in München lebt.

b. Er wohnt am Marienplatz.

c. Er besucht am Wochenende eine Tante in Schwabing.

d. Er raucht sehr gerne Pfeife.

e. Er trägt immer einen dunklen Hut.

f. Er arbeitet immer allein.

9. **Herr Dreher und seine Familie**

Mein Name ist Klaus Dreher. Ich bin aus Wildeck. Das ist ein Dorf in Nordhessen. Ich habe dort zwanzig Jahre gelebt. Wir waren drei Kinder, zwei Brüder und eine Schwester. Meine Schwester lebt auch heute noch in Wildeck. Sie hat dort geheiratet. Mein Bruder Jens arbeitet bei Siemens. Er war erst in Bebra und ist jetzt in Frankfurt. Mein Bruder Alfred lebt in Kiel.
Ich bin jetzt 43. Martina, meine Frau, ist 39. 1970 haben wir geheiratet. Meine Frau kommt auch aus Wildeck. Wir haben eine Tochter, Miriam, und einen Sohn. Er heißt Daniel.
Von 1982 bis 1985 haben wir in Kassel gelebt. Seit 1985 leben wir in Hannover. Ich habe drei Jahre in Kassel bei VW gearbeitet.
Meine Frau arbeitet halbtags. 1986 habe ich das Programmieren gelernt. Jetzt wohne ich in Hannover. 1987 haben wir dort ein Haus gekauft. Miriam lebt noch in Kassel. Sie studiert Kunst. Alle sagen, sie hat viel Talent.

heiraten = a se căsători

10. *Verifică dacă următoarele propoziţii corespund textului şi marchează cu* R, F *sau semn de întrebare:*

	R	F	?
a. Klaus ist aus Nordhessen.			
b. Er und seine Frau haben zwei Jahre in Kassel gelebt.			
c. Er ist jetzt 39.			
d. Er hat drei Jahre in Hannover gearbeitet.			
e. Seine Schwester lebt noch in Wildeck.			
f. Seine Frau kommt auch aus Wildeck.			
g. Sein Bruder arbeitet jetzt in Bebra.			
h. Frau Dreher arbeitet halbtags.			
i. Die Tochter von Familie Dreher studiert Kunst.			

11. Ü *Din biografia domnului Dreher. Completează următoarele propoziţii cu* **im** *sau* **am**:

a. Am 13.1.1950 ist Klaus Dreher geboren.
b. ______ Jahre 1970 hat er geheiratet.
c. ______ 3.5.1972 ist seine Tochter geboren.
d. ______ 11.10.1974 ist sein Sohn geboren.
e. ______ Jahre 1986 hat er das Programmieren gelernt.
f. ______ Jahre 1987 hat er ein Haus in Hannover gekauft.

12. Ü *Familia Dreher îşi petrece toate sărbătorile împreună. De Crăciun, domnul Dreher îi face fiecăruia un cadou. Înlocuieşte substantivele subliniate cu pronumele corespunzător:*

a. *Seiner Frau* schenkt Klaus Dreher eine Brosche.
Ihr schenkt er eine Brosche.
b. Zu Weihnachten schenkt er *seiner Tochter* eine Gitarre.
c. *Seinem Sohn* schenkt er einen Kassettenrekorder.
d. *Seinen Schwiegereltern* schenkt er eine Porzellanvase.
e. *Seinem Bruder* schenkt er eine moderne Krawatte.
f. Er schenkt *seiner Schwester* einen Schal.
g. *Seinem Schwager* schenkt er eine Flasche Kognak.

13. Ü *Miriam Dreher are mulţi prieteni în străinătate. Toţi vor să înveţe limba germană. Transformă următoarele propoziţii în subordonate introduse prin* **weil**:

a. Mir gefällt die deutsche Sprache.
Ich möchte Deutsch lernen, *weil* mir die deutsche Sprache gefällt.
b. Sprachen lernen ist mein Hobby.
c. Ich möchte in Deutschland arbeiten.
d. Ich möchte eine Reise nach Deutschland machen.
e. Ich möchte in Deutschland studieren.
f. Ich bin Geschäftsmann und brauche Deutsch für meine Karriere.
g. Ich bin Philosoph und möchte Kants Werke im Original lesen.

14. Ü *Ce mijloace de transport foloseşte familia Dreher? Completează cu prepoziţia* **mit** *şi articolul hotărât corespunzător:*

a. Klaus Dreher fährt mit dem Auto in die Arbeit.
b. Miriam fährt mit ______ U-Bahn zur Uni.
c. Daniel fährt ______ Fahrrad zur Schule.
d. Martina Dreher fährt ______ Bus einkaufen.
e. Alfred fährt ______ Motorrad in den Betrieb.
f. Seine Schwester fährt ______ Schiff nach Dänemark.

15. **Ü** *Ieri, cumnatul lui Klaus Dreher a fost extrem de ocupat. Completează cu verbele la* **Perfekt***:*

a. Er <u>ist</u> um 6 Uhr <u>aufgestanden.</u>	aufstehen
b. Um 7 Uhr _____ er die Zeitung _____ .	lesen
c. Um 8 Uhr _____ er nach Zürich _____ .	fliegen
d. Um 9 Uhr _____ er mit drei Kunden _____ .	sprechen
e. Um 12 Uhr _____ er Mittag ____ .	essen
f. Um 14 Uhr _____ er mit einem Geschäftsfreund ____ .	telefonieren
g. Von 15 bis 17 Uhr ____ er _____ .	arbeiten
h. Um 18 Uhr _____ er ein Taxi _____	nehmen
und _____ zum Kongresszentrum _____.	fahren
i. Um 21 Uhr _____ er mit seinen Freunden ins Restaurant ____.	gehen
j. Um 23 Uhr _____ er eine Herzinfarkt ____ .	bekommen

16. **Ü** *Completează cu prezentul verbelor modale* **können**, **mögen** (**möchte**), **dürfen**, **wollen**, **müssen***:*

a. Mein Auto ist kaputt, ich <u>*kann*</u> nicht kommen.

b. Ich habe Alkohol getrunken, ich ____ nicht fahren.

c. Moment! Ich _____ mich noch frisieren.

d. Herr Müller, Sie ____ sofort zur Polizei kommen!

e. Verboten! Hier _____ man nicht parken.

f. _____ Sie Tee oder Kaffee?

g. ______ Sie Polka tanzen?

h. Du studierst Medizin? _____ du Arzt werden?

17. **Ü** *Verifică-ţi soluţiile cu ajutorul cheii exerciţiilor şi revino asupra capitolelor unde ai făcut mai multe greşeli.*

Ca premiu după o cursă atât de lungă, descreţeşte-ţi fruntea citind următoarele:

Noch 12 Sekunden,
noch 11,
noch 10, das alte Jahr ist am Vergehn.
Noch 6 Sekunden,
noch 5,
noch 4,
das neue Jahr steht vor der Tür.
Noch 3 Sekunden,
und jetzt
noch 2,
das alte Jahr ist schon vorbei.
1, 2, 3, 4,
5, 6 und 7
und weiter
wird die Zeit getrieben
Und weiter
trippeln die Sekunden
in kleinen Schritten
ihre Runden.

Alfons Schweiggert

am Vergehn sein = a fi pe trecute
trippeln = a merge cu paşi mici

LEKTION 21

Wiederholung

1. **Ü** *Deine Freunde aus Deutschland planen eine Reise ins Donaudelta und ans Schwarze Meer.*

a. *Überlege gut, was du wichtig findest und was nicht! Schreibe das in zwei Listen und achte dabei auf den definiten Artikel!*

wichtig	**nicht wichtig**
Eine Kamera ist wichtig.	Ein Anzug ist nicht wichtig.
------------------------------	------------------------------
------------------------------	------------------------------
------------------------------	------------------------------

	m.		**n.**		**f.**		**pl.**
r	Koffer	s	Feuerzeug	e	Uhr	e	Farbfilme
	Rucksack		Radio		Kassette		Kleider
	Roman		Wörterbuch		Kamera		Schuhe
	Anzug		Fahrrad		Pfeife		Ohrringe
	Prospekt		Motorboot		Jacke		Spielkarten
	Wollpullover		Zelt		Schallplatte		Schlaftabletten
	Teppich		Geld		Gitarre		
	Schal		Sonnenblumenöl		Handtasche		
	Regenschirm		Essen		Weltkarte		
	Spiegel				Taschenlampe		

b. *Nachher wollen deine Freunde noch kurz ins Gebirge fahren. Schreib auf, was sie brauchen! Achte auf den indefiniten Artikel im Akkusativ und auf die Negation!*

Ihr braucht einen Rucksack.	Ihr braucht kein Fahrrad.
------------------------------	------------------------------
------------------------------	------------------------------

2. **Ü**

Deine Freunde haben viele Fragen. Ergänze mit den passenden Fragewörtern: **was, was für, warum, wie, wieviel, wo, woher, wohin**.

a. _____ km sind von Bukarest bis Constanţa?
b. _____ kostet ein Zimmer im Hotel?
c. _____ sind die Zimmer?
d. _____ Sehenswürdigkeiten gibt es in Constanţa?
e. _____ kann man gut essen?
f. _____ kann man von Mamaia aus fahren?
g. _____ kann man als typisches Geschenk mitnehmen?
h. _____ teuer ist der Flug nach Constanţa?
i. _____ kommen die Touristen nach Rumänien?
j. _____ kommen die meisten Touristen?

3. **Ü**

Welche Gebäude gibt es in einer Stadt? Schreibe sie in die richtige Liste!

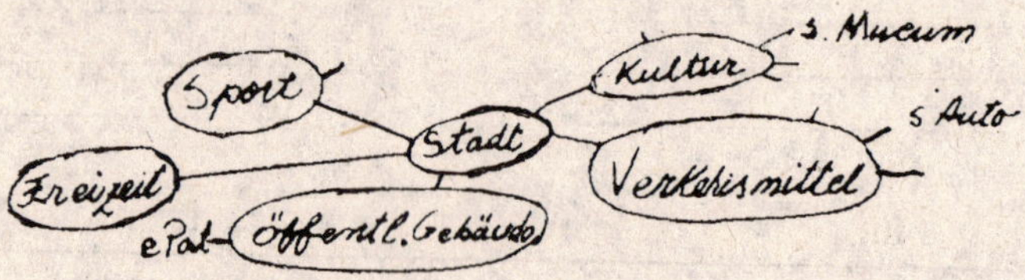

r Sportplatz	r Bahnhof	s Fahrrad	r Zug
s Denkmal	s Museum	e Kirche	s Rathaus
s Schloss	r Tiergarten	e Bibliothek	e Schwimmhalle
r Flughafen	r Bus	e U-bahn	s Krankenhaus
s Kino	e Diskothek	s Stadion	s Theater
s Auto	e Bank	r Biergarten	s Flugzeug
r Park	e Galerie	e Messe	s Boot
s Café	s Freibad	e Oper	e Post

4. **Ü**

Deine Freunde stellen noch mehr Fragen. Auf einige kannst du schon jetzt antworten. Ergänze die Antworten mit **in/im, auf/auf dem, an/am**!

a. Wo kann man essen? ___ Restaurant, ___ der Pizzeria
b. Wo kann man Kaffee trinken? ___ Café
c. Wo kann man Tennis spielen? ___ Tennisplatz
d. Wo kann man tanzen? ___ der Disko
e. Wo kann man schwimmen? ___ Meer
f. Wo kann man ein Zimmer bekommen? ___ Hotel
g. Wo kann man Geld wechseln? ___ der Post, ___ der Bank
h. Wo kann man Briefmarken kaufen? ___ der Post
i. Wo kann man tanken? ___ der Tankstelle
j. Wo kann man parken? ___ dem Parkplatz
k. Wo kann man spazieren gehen? ___ Strand, ___ Park

5. *Schreibe zur Wiederholung noch einmal alle Verbformen im Präsens auf!*

Ü

	kommen	**fahren**	**nehmen**	**sprechen**	**lernen**
ich	___	___	___	___	___
du	___	___	___	___	___
er/sie/es	___	___	___	spricht	___
wir	___	fahren	___	___	___
ihr	___	___	nehmt	___	___
sie	___	___	___	___	___
Sie	___	___	___	___	___

	einkaufen		**fernsehen**		**sich unterhalten**	
ich	___	___	___	___	___	___
du	kaufst	ein	___	___	___	___
er/sie/es	___	___	sieht	fern	___	___
wir	___	___	___	___	unterhalten	uns
ihr	___	___	___	___	___	___
sie	___	___	___	___	___	___
Sie	___	___	___	___	___	___

6. **a.** *Was passt denn hier zusammen?*

Ü

1. das Frühstück
2. die Wohnung
3. mit dem Auto
4. für Kunst
5. im Park
6. Obst und Gemüse
7. Koffer
8. Museen
9. Geschenke
10. Kleider
11. Prospekte
12. das Auto
13. die Stadt
14. gute Speisen

a. zeigen
b. kochen
c. bügeln
d. lesen
e. einkaufen
f. spazieren gehen
g. sich interessieren
h. waschen
i. vorbereiten
j. fahren
k. parken
l. aufräumen
m. mitbringen
n. besichtigen

1	2	3	4	5	6	7	8	9	10	11	12	13	14
i													

b. *Welche Aktivitäten passen eher für den Gast und welche eher für den Gastgeber?*

Gäste	**Gastgeber**
sich für Kunst interessieren	das Frühstück vorbereiten
______________________	______________________
______________________	______________________

7. **Ü** *Deine Gäste möchten wissen, was du in den Ferien gemacht hast. Schreibe das Partizip II in die passende Liste!*

ich habe eine Reise gemacht	ich bin auf dem Campingplatz angekommen
______________________	______________________
______________________	______________________
______________________	______________________
______________________	______________________
______________________	______________________
______________________	______________________
______________________	______________________
______________________	______________________
______________________	______________________
______________________	______________________

eine Reise machen, fotografieren, Sehenswürdigkeiten besichtigen, sich mit Freunden unterhalten, auf dem Campingplatz ankommen, im See baden, mit dem Caravan fahren, Adressen tauschen, durch die Stadt ziehen, Wein trinken, Brezeln essen, Kathedrale sehen, eine Woche bleiben, Glück haben, viel zu Fuß gehen, oft zu früh aufstehen.

8. **Ü** *Erinnerst du dich noch an die Konjugation der Modalverben? Ergänze die Tabelle!*

	müssen	**dürfen**	**können**	**wollen**	**sollen**	**mögen**	**möchten**
ich	______	______	kann	______	soll	______	______
du	musst	______	______	______	______	magst	______
er	______	______	______	______	______	______	______
wir	______	dürfen	______	______	______	______	möchten
ihr	müsst	______	______	______	______	______	______
sie	______	______	______	______	______	mögen	______
Sie	______	______	______	______	______	______	______

9. Ü *Ergänze mit den Modalverben:* **können, dürfen, wollen, müssen, mögen, sollen.**

Am Nachmittag kann man zum Beispiel einen Stadtbummel machen. Die Autofahrer ____ dann nicht in der Fußgängerzone parken. Einige ____ sich nur die Schaufenster ansehen, andere ____ gern Einkäufe machen. Natürlich ____ es da nicht regnen. Fremde ____ lieber die Sehenswürdigkeiten der Stadt sehen. Am Sonntag ____ man kostenlos in die Museen gehen. Am Abend ____ Tausende nach Haus und der Verkehr ist groß. Im Fernsehen beginnt bald das Abendprogramm. Die Verkäuferinnen ____ noch die letzten Kunden bedienen. Manche gehen noch ins Konzert oder ins Kino. Einige Reisende ____ jetzt ein Hotelzimmer finden. Die Restaurants warten auf ihre Gäste, aber um 24 Uhr ____ die meisten Lokale schließen.

10. Ü *Die deutschen Freunde schreiben dir eine Karte bei ihrer Ankunft. Ergänze hier die Präpositionen!*

Hamburg, den 15.3

Liebe Freunde,

wir sind wieder zu Hause in Hamburg. Kommt doch mal ____ Hamburg und besucht uns. Hier kann man viel machen: ____ ____ Musik-Club gehen und Musik hören und Leute treffen, ____ Restaurant gut essen, ____ Parks und ____ ____ Elbe spazieren gehen, ____ ____ Alster segeln, ____ ____ Altstadt einkaufen oder abends ____ Theater oder ____ Kino gehen. Am Wochenende fahren wir oft ____ Grömitz. Das liegt ____ ____ Ostsee. Dort kann man ____ Meer schwimmen oder ____ Strand ____ ____ Sonne liegen. Wir fahren aber auch gern mit euch ____ ____ Nordsee. Dort gehen wir oft ____ Strand spazieren. Das ist fantastisch. Vielleicht können wir das nächsten Sommer zusammen machen? Was meint ihr? Also kommt bald zu uns ____ Hamburg.

Herzliche Grüße

Robert und Angelika

11. Ü *Was sprechen die Leute in diesen Ländern?*

Länder	Sprachen	Länder	Sprachen
Italien	Italienisch	Österreich	_______
England	_______	Schweiz	_______
Frankreich	_______	Russland	_______
Rumänien	_______	Griechenland	_______
Spanien	_______	Ungarn	_______
Deutschland	_______	China	_______

12. Ü *Die deutschen Gäste besuchen dich. Stell dich vor und erzähl von dir und deiner Familie. Hier ein Beispiel.*

A. *Ergänze die Sätze mit den passenden Wörtern:*

a. Mein ____ ist Mihai Popescu.
b. Ich bin ____ Jassy.
c. Das ist ____ Stadt in der Moldau.
d. Ich habe dort zwanzig Jahre ____.
e. Wir waren drei ____, zwei Brüder und eine ____.
f. Meine Schwester lebt auch heute noch ____ Jassy.
g. Sie ____ dort geheiratet.
h. Mein Bruder Stefan ____ bei Romtrans.
i. ____ Bruder Ion lebt in Bukarest.
j. Ich ____ jetzt 43 Jahre alt.
k. Mariana, meine ____ ist 39.
l. Wir haben eine ____, Ana, und einen ____, Matei.
m. Seit 1987 ____ wir in Bukarest.
n. 1988 haben wir uns eine ____ gekauft.
o. Anna ____ Medizin und Matei ____ noch in die Schule.

geht - aus - Name - eine - studiert - gelebt - Dreizimmerwohnung - Kinder - Schwester - leben - in - hat - arbeitet - Sohn - mein - Tochter - Frau - bin

B. *Ersetze nun im Text Namen und Daten mit deinen eigenen.*

13. Ü *Warum ist das so? Verwandle den zweiten Satz in einen* **weil**-*Satz!*

a. Annas Zimmer ist immer ordentlich. Sie räumt ihr Zimmer jeden Morgen auf.
Annas Zimmer ist ordentlich, weil sie es jeden Morgen aufräumt.

b. Bei Matei sind die Wände fast voll. Er hängt gerne Poster mit Rockstars an die Wände.

____

c. Matei hat viele Sachen in seinem Zimmer. Er sammelt Schallplatten, Bälle ...

____

d. Anna hört gern laute Musik. Leise Rockmusik findet sie langweilig.

____

e. Anna hat Blumen in ihrem Zimmer. Sie liebt Blumen.

____

f. Anna lernt gern nachts. In der Nacht ist mehr Ruhe.

____

14. *Wo ist das alles?*

Ü

im Regal	an der Wand	vor dem Haus
auf dem Regal	an der Decke	vor dem Fenster
im Bad	auf dem Sessel	unter dem Plattenspieler
über dem Sofa	auf dem Sofa	unter dem Tisch und dem Sessel
über dem Bett	vor dem Bett	zwischen dem Sofa und dem Sessel
auf dem Bett	auf dem Boden	zwischen dem Bett und dem Sessel
	auf dem Tisch	mitten im Zimmer

a. Hans liegt *auf dem Bett*.
b. Ein Hemd liegt ______________________________.
c. Das Auto steht ______________________________.
d. Die Zimmerpflanzen stehen ______________________________.
e. Zwei Poster hängen ______________________________.
f. Ein Bücherregal hängt ______________________________.
g. Die Gitarre liegt ______________________________.
h. Der Sessel steht ______________________________.
i. Die Blumen stehen ______________________________.
j. Eine Katze liegt ______________________________ und schläft.
k. Eine Lampe hängt ______________________________.
l. Der Plattenspieler steht ______________________________.
m. Eine Stereoanlage steht ______________________________.
n. Der Couchtisch steht ______________________________.
o. Der Spiegel hängt ______________________________.
p. Ein anderes Regal hängt rechts ______________________________.

15. *Beschreibe das Zimmer!*

Ü

a. Die Vorhänge *hängen am Fenster.*
b. Der Kleiderschrank ______________________________.
c. Das Bett ______________________________.
d. Der Tisch ______________________________.
e. Der Stuhl ______________________________.
f. Der Teppich ______________________________.
g. Die Lampe ______________________________.
h. Das Bild ______________________________.

16. **Ü** *Wenn die ganze Familie beim Frühstück zusammen kommt, ist es lustig! Matei kann noch nicht gut Deutsch und verwechselt den Akkusativ mit dem Nominativ. Schreibe die Sätze richtig!*

a. Das Omelett macht den Vater. **a.** Vater macht das Omelett.
b. Der Kaffee kocht die Mutter.
c. Die Zeitung sucht den Opa.
d. Der Zucker holt Ana.
e. Die Brille braucht den Opa.
f. Der Appetit hat keinen Onkel Ion.
g. Das Auto wäscht den Nachbarn.

17. **Ü** *Ersetze im folgenden Text die kursivgedruckten Wörter durch Pronomen:*

Der alte Nachbar hat ein weißes Kätzchen. *Der alte Nachbar* verliert *das weiße Kätzchen. Der alte Nachbar* liebt *das weiße Kätzchen* sehr. *Der alte Nachbar* sucht *das weiße Kätzchen* in allen Straßen und Gärten, aber *der alte Nachbar* kann *das weiße Kätzchen* nicht finden. Darum schreibt der alte Nachbar eine Anzeige. *Der alte Nachbar* will dem Finder 200 € zahlen. Nach drei Tagen kommt das weiße Kätzchen nach Hause und der alte Nachbar freut sich. Am nächsten Tag telefoniert ein Mann *dem alten Nachbarn* und bringt *dem alten Nachbarn* auch ein weißes Kätzchen. Das zweite weiße Kätzchen gefällt dem alten Nachbarn und *der alte Nachbar* möchte auch das zweite weiße Kätzchen behalten. Der Fremde bekommt sein Geld. Seither ist der alte Nachbar wieder zufrieden.

18. **Ü** *Such so viele Antonympaare wie möglich!*

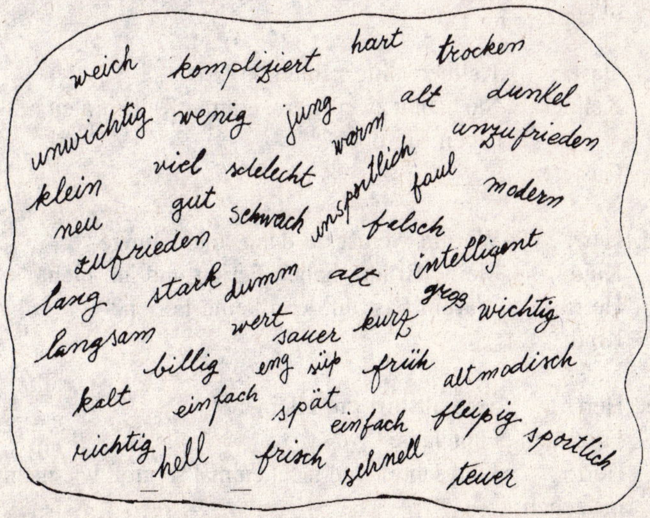

19. **Ü** *Vor dem Schulsportfest streiten Peter und Ulf, wer von ihnen in diesem Jahr der Sieger wird. Ergänze mit den Adjektiven im Komparativ.*

Peter: „Ich bin im Weitsprung ____ als du (gut), aber ich laufe eben ____ (langsam). Aber im Weitsprung bekomme ich bestimmt ____ Punkte als du (viel), denn ich habe ____ trainiert (oft)".

Ulf: „Das glaubst du doch wohl selber nicht. Du springst keinen Zentimeter ____ als ich (weit). Im Weitsprung bin ich genauso ____ wie du (gut), und im 75-Meter – Lauf bin ich ____ (schnell). Das hast du auch gesagt. Wir werden ja noch sehen, ob du ____ springst als ich (weit)".

20. **Ü** *Such nun den letzten Satz für folgende Witze! Vergiss nicht, in dem letzten Satz ist immer die Pointe!*

a. Fritz: „Mutter, warum hat Onkel Fried immer eine rote Nase?"
Mutter: „Weil er zu viel Wein trinkt."
Fritz: „Aber, Mutter, ____"

b. Zwischen Kindern:
„Was macht deine Mutter zu Hause?"
„Sie macht, was sie will".
„Und dein Papa?"
„Papa? ____"

c. Gast: „Kellner, bitte zahlen!"
Kellner: „Sie haben zwei Biere, einmal Kalbsbraten mit Kartoffeln, was haben Sie noch?"
Gast: „____"

d. Herr: „Warum weinst du denn, mein Junge?"
Kind: „Meine Brüder haben Ferien und ich nicht."
Herr: „Warum hast du denn keine Ferien?"
Kind: „____"

e. Herr: „Wie alt bist du, Kleiner?"
Fritzchen: „Fünf Jahre".
Herr: „Fünf Jahre! Und nicht einmal so groß wie mein Regenschirm?"
Fritzchen: „____"

f. Richter: „Was sind Sie von Beruf?“
Angeklagter: „Ich bin Künstler“.
Richter: „Was haben Sie denn für eine Kunst?“
Angeklagter: „Ich mache Regenschirme“.
Richter: „Das ist doch keine Kunst!“
Angeklagter: „____“

1. Wie alt ist denn Ihr Regenschirm?
2. Er auch ... Er macht, was sie will.
3. Hunger!
4. Ich gehe ja noch nicht in die Schule!
5. Er trinkt immer nur Weißwein.
6. Nun, machen Sie mal einen Regenschirm, wenn's keine Kunst ist!

a	b	c	d	e	f
5					

LEKTION 22

1. *Deutschland, Österreich oder Schweiz? Ordne bitte zu!*

Ü

a. *Firmen:* Dr. Oetker, Austrian Airlines, Sandoz, Ciba-Geigy, VW, ...

b. *Musik:* W.A. Mozart, L. van Beethoven, Johann Strauß, R. Wagner, ...

c. *Geschichte:* Maria Theresia, Wilhelm Tell, Otto von Bismarck, Konrad Adenauer, ...

d. *Gewässer:* Rhein, Donau, Main, Bodensee, Ostsee, ...

e. *Städte:* München, Zürich, Köln, Salzburg, Genf, Wien, ...

f. *Essen:* Wiener, Schnitzel, Frankfurter Würstchen, Linzer Torte, Schweizer Käse, ...

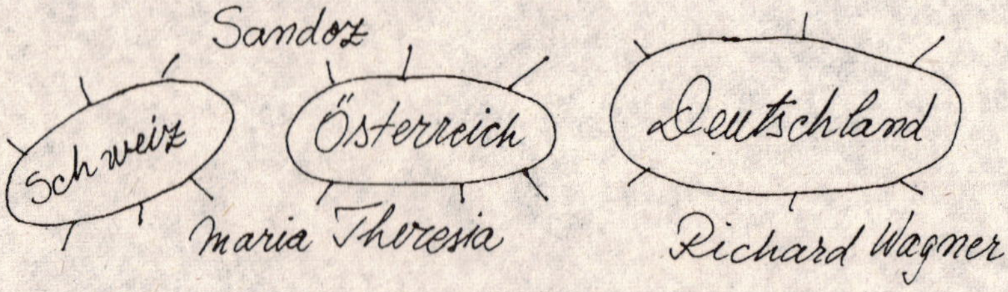

2. *Was gehört zusammen? Schreibe die Sätze auf!*

Ü

A. 1. Wien	ist	die Hauptstadt von	Deutschland
2. Der Main	ist	eine Stadt in	Österreich
3. Sandoz	ist	eine Firma in	der Schweiz
4. Berlin	ist	ein Fluss in	
5. Der Inn			
6. Agfa			
7. Genf			

B. 1. Sandoz	stellt	Lebensmittel	her
2. Hoechst		Sportartikel	
3. Siemens		Elektroapparate	
4. BMW		Medikamente	
5. Dr. Oetker		Fotoartikel	
6. Agfa		Autos	

C.

1. Lucas Cranach	ist	Schriftsteller/in
2. Helmut Kohl	war	Komponist/in
3. Marlene Dietrich		Maler/in
4. J.W. Goethe		Sportler/in
5. Richard Wagner		Schauspieler/in
6. Franz Beckenbauer		Politiker/in
7. Albrecht Dürer		

3. **Ü**

A. *Wie heißen die Nachbarländer Deutschlands und ihre Hauptstädte? Welche Sprachen sprechen sie?*

	Land	Hauptstadt	Sprache
1	Niederlande	Amsterdam	Niederländisch
2			
3			
4			
5			
6			
7			
8			
9			

B. *Wie heißen die Nachbarländer Österreichs und ihre Hauptstädte? Welche Sprachen spricht man da?*

C. *Wie heißen die Nachbarländer der Schweiz und ihre Hauptstädte? Welche Sprachen spricht man da?*

DIE DEUTSCHSPRACHIGEN LÄNDER

● Die Bundesrepublik Deutschland

Fläche: 357.000 qm (Quadratkilometer)
Einwohner: 79 Millionen
Bedeutendster Fluss: Rhein, durchfließt das Land auf einer Länge von 865 km
Höchster Berg: Zugspitze (2963 m)
Bevölkerung: Deutsche, 30.000 Dänen, 30.000 Sinti und Roma, 60.000 Sorben und Wenden, Ausländer (Türken, Jugoslawen, Italiener, Griechen u.a.)
Staatssprache: Deutsch
Religion: 40,1% Protestanten, 42,7% Katholiken, 3% Muslime u.a.
Hauptstadt: Berlin (3,4 Mill. Einwohner)

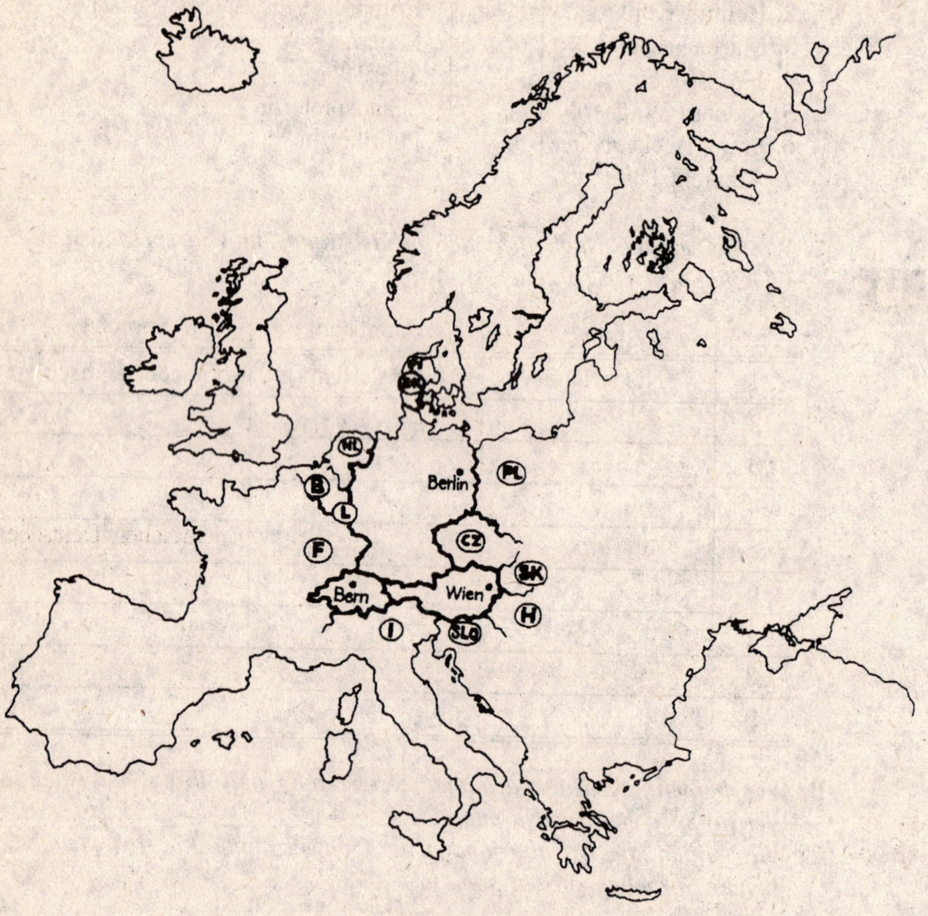

● Österreich

Fläche: 83.865 qm
Einwohner: 7,8 Millionen
Bedeutendster Berg: Großglockner (3797 m)
Bevölkerung: 98% deutschsprachige Österreicher, 22.000 Kroaten, 16.000 Slowenen, 12.000 Madjaren
Staatssprache: Deutsch
Religion: 80,6% Katholiken, 4,9% Protestanten, 1,5% Muslime u.a.
Hauptstadt: Wien (1,5 Mill. Einwohner)

● Schweiz

Fläche: 41.293 qm
Einwohner: 6,8 Millionen
Bedeutendster Fluss: Rhein
Höchster Berg: Monte Rosa (4634 m)
Bevölkerung: 5,6 Mill. Schweizer, Ausländer (Italiener, Spanier, Portugiesen, Deutsche, Jugoslawen, Türken, u.a.)
Staatssprachen: Deutsch, Französisch, Italienisch, Rätoromanisch
Religion: 47,6% Protestanten, 44,3% Katholiken u.a.
Hauptstadt: Bern (134.000 Einwohner)

● Fürstentum Liechtenstein

Fläche: 160 qm
Einwohner: 29.386
Bevölkerung: Liechtensteiner, Ausländer (Schweizer, Österreicher, Deutsche, Italiener, Türken u.a.)
Staatssprache: Deutsch
Religion: 84% Katholiken, 7,6% Protestanten u.a.
Hauptstadt: Vaduz (4.874 Einwohner)

4. *Wie heißt das auf Rumänisch?*

Ü

Fläche – suprafaţa
Einwohner – ____________________________
Bedeutendster Fluss – ____________________
Bevölkerung – ___________________________
Staatssprache – __________________________

5. *Ergänze die Statistik für dein Land!*

Ü

Fläche: 237.500 qm
________: ca. 23 Millionen
________: Donau
________: Moldoveanu (2543 m)
________: Rumänisch
________: Bukarest

6. *Was passt hier nicht?*

Ü

a. Stadt: groß, alt, reich, schmutzig, frei
b. Fluss: lang, bedeutend, breit, schwach, schmal
c. Berg: hoch, groß, warm, klein, gefährlich
d. Land: arm, reich, neu, groß, langsam
e. See: kalt, klar, blau, klein, schwer
f. Meer: weit, salzig, groß, böse, ruhig

7. *Lies die Beispiele und ergänze die Tabelle!*

Ü

lang

Die Donau (2850 km) ist **lang**.
Der Amazonas (6518 km) ist **länger**.
Der Nil (6671 km) ist am **längsten**.

klein

Das Kätzchen ist **klein**.
Die Maus ist **kleiner**.
Die Wespe ist am **kleinsten**.

pozitiv	***comparativ***	***superlativ***
lang	läng**er**	**am** läng**sten**
klein	klein**er**	**am** klein**sten**
dumm	________	**am** dümm**sten**
weich	weich**er**	________
eng	________	________
________	schnell**er**	________
stark	________	**am** stärk**sten**
langsam	________	________

8. ***Superlativul* (Der Superlativ)**

GR

După cum ai observat, superlativul circumstanţial este precedat de **am** *şi se termină în* **-sten.** *Primesc* Umlaut *la superlativ numai acele adjective care îl primesc la comparativ.*

Der Fluss ist **am längsten.**	*Superlativ*
Der Fluss ist **länger**.	*Comparativ*
Der Fluss ist **lang**.	*Pozitiv*

Cazuri speciale ale comparaţiei adjectivelor:

1. gut	besser	am besten der beste
2. viel	mehr	am meisten der meiste
3. hoch	höher	am höchsten der höchste
4. nah	näher	am nächsten der nächste
5. gern	lieber	am liebsten der liebste
6. sehr	mehr	am meisten der meiste

9. *Setz den Komparativ und Superlativ der Adjektive in der Klammer ein nach folgendem Beispiel:*

Ü

a. Der Chiemsee ist _____ als der Starnberger See. (groß – Bodensee). Der Chiemsee ist größer als der Starnberger See. Der Bodensee ist am größten.
b. In Grönland ist es _____ als in Schweden. (kalt – Sibirien).
c. Der Großglockner ist _____ als die Zugspitze. (hoch – Monte Rosa)
d. Die Elbe ist _____ als die Weser (lang – der Rhein).
e. In der Sahara ist es _____ als in Israel. (heiß – am Äquator)
f. Die Schweiz ist _____ als Österreich. (klein – Liechtenstein)

10. *Ergänze mit dem Superlativ der Adjektive in Klammern!*

Ü

a. Der *höchste* Berg Deutschlands ist die Zugspitze. (*hoch*)

b. Der Bodensee ist der _______, ______ und _______ (*lang, breit, tief*) See in Deutschland.

c. In den Alpen entspringt auch der ________ Fluss, der Rhein. (*lang*)

d. Im Chiemsee liegt die ________ Insel dieses Gebiets. (*groß*)

e. Auf dieser Insel steht vielleicht das _______ Schloss Bayerns. (*schön*)

11. Ü

A. *Länder und ihre Rekorde. Ergänze hier mit dem Superlativ!*

a. Der ___älteste___ Baum (*alt*)
b. Die __________ Sportplätze (*viel*)
c. Der __________ Baum (*hoch*)
d. Der __________ Arzt (*alt*)
e. Die __________ Ausländer (*beliebt*)
f. Die __________ Mutter (*jung*)

B. *Zu welchen Aussagen passen die Titel von oben?*

1. Melanie war zwölf Jahre alt, als sie ihre Tochter Lisa bekam.
2. Dr. Helmut Reischle ist schon 100 Jahre alt, aber er behandelt noch immer seine Patienten.
3. In Koblenz gibt es 126 Sportvereine pro 100.000 Einwohner. In Würzburg gibt es 129 Sportplätze und Turnhallen pro 100.000 Einwohner.
4. Fünf Millionen Ausländer leben in Deutschland. Die Deutschen mögen am meisten davon die Franzosen.
5. Im Allgäu gibt es einen Baum, der ist wahrscheinlich 4000 Jahre alt.
6. In Bernsheim steht ein Mammutbaum (53 m). Er kann bis 100 m groß werden.

a	b	c	d	e	f
5					

12. Ü

Deutschland hat 16 Bundesländer. Du kannst nun selbst herausfinden, wo die liegen.

Das größte Bundesland liegt im Süden Deutschlands und heißt *Bayern. Berlin, Bremen* und *Hamburg* sind nicht nur Städte, sondern auch Bundesländer. Das kleinste Bundesland grenzt an Frankreich und ist das *Saarland.* Das nördlichste Bundesland ist *Schleswig-Holstein.* Berlin hat nur einen Nachbarn, nämlich *Brandenburg*, Hamburg und Bremen haben einen gemeinsamen Nachbarn: *Niedersachsen.* Zwischen Brandenburg und Schleswig-Holstein liegt *Mecklenburg-Vorpommern*, das Land der tausend Seen. *Baden-Württemberg*, bekannt für seine hohe Technologie und seine Kuckucksuhren, grenzt an Frankreich und an die Schweiz. Das Saarland hat einen einzigen deutschen Nachbarn: *Rheinland-Pfalz.* Im Osten Deutschlands hat *Sachsen* die Neiße als natürliche Grenze. *Nordrhein-Westfalen* grenzt im Westen an die Niederlande und an Belgien. Zwischen Sachsen, Brandenburg und Niedersachsen liegt *Sachsen-Anhalt.* Von den zwei mittleren Bundesländern liegt *Thüringen*, Deutschlands grünes Herz, östlich und *Hessen* westlich.

A. ______________
B. ______________
C. ______________
D. ______________
E. ______________
F. ______________
G. ______________
H. ______________
I. ______________
J. ______________
K. ______________
L. ______________
M. *Bayern*
____
N. ______________
O. ______________
P. ______________

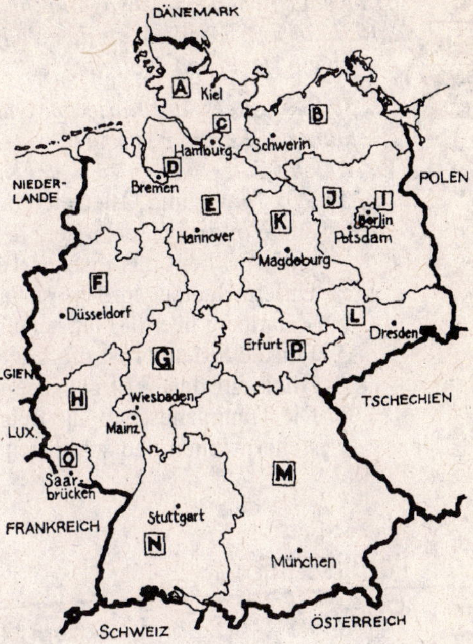

13. *Österreich besteht aus 9 Bundesländern. Der Text hat 3 Fehler. Finde sie!*

Vorarlberg ist das westlichste, und außer Wien, das größte österreichische Bundesland. *Wien* ist Bundeshauptstadt und Bundesland zugleich. Das Bundesland *Salzburg* umfasst einen Teil der Kalkalpen und das Salzkammergut. Früher hat man hier Salz abgebaut. Von ihm haben das Land und die Stadt den Namen. Salzburg trennt das Bundesland *Tirol*, Österreichs bekanntestes Urlaubsland, in zwei Teile. Das nördlichste Bundesland ist das *Burgenland*. Die Donau durchfließt *Oberösterreich* und das benachbarte *Niederösterreich*, das größte Bundesland. Das südlichste Bundesland ist Niederösterreich. Zwischen Niederösterreich und *Kärnten* liegt die *Steiermark*.

Wie ist es richtig?

1. ______________
2. ______________
3. ______________

14. *Hier sind zwei Texte etwas durcheinander geraten (s-au amestecat): „Radtour von Landeck an den Vierwaldstätter See“ und „Tennis camp in Sankt Wolfgang am Wolfgangsee“.*

Ü

A. *Sieh dir zuerst die Karte an. Durch welche Pässe und an welchen Seen führt die Radtour vorbei?*

B. *Welche Sätze passen zu welchem Text?*

1. Wo Tennis und Österreich besonders schön sind, in Sankt Wolfgang am Wolfgansee, dem Herz des Salzkammergutes, 50 km von Salzburg entfernt, liegt das Fischer-Tennis-Center.
2. Unsere Radtour im Herbst führt uns von Landeck im österreichischen Vorarlberg über das Fürstentum Liechtenstein in die Schweiz.
3. Für die Urlauber ist die Lage des Camps ideal mit ihrem herrlichen Blick auf den Wolfgangsee und auf die Berge.
4. Die Traumlandschaft, die freundliche Atmosphäre und das Trainerteam sichern Ihnen den schönsten Lernurlaub.

Tenniscamp: 1 ,...

Radtour:

Schweiz

5. Ziel unserer Tour durch die schönsten Kantone der Schweiz ist Seelisborg am Vierwaldstätter See.
6. Kaum ein Camp hat so viele Gäste, die jährlich wiederkommen, weil sie sich „daheim" fühlen.
7. Die Schweiz ist geradezu ideal für unser Radreisenprogramm.
8. Für Österreicher ist es seit Jahren die Nummer 1 im Lande.
9. Das über den San-Bernhardino-Pass, an den vielen Seen vorbei durch den Sankt Gotthard-Pass zum Vierwaldstätter See führt.
10. Die differenzierte Vegetation, Seen und die natürlich faszinierende Landschaft dieses Landes sind von großer Attraktion für mobile Radler.

15. **Ü** *Schreib die Sätze dann nacheinander auf, und nun hast du zwei kleine Texte.*

16. **Ü** *Genitivul are în limba germană la substantivele masculine şi neutre desinenţa* **-s**, *ele fiind precedate de articolul hotărât* **des**, *iar cele feminine de articolul hotărât* **der**. *Numelor proprii li se adaugă numai desinenţa* **-s**, *la genitiv. Caută substantivele la genitiv din cele două texte* „Radtour" *şi* „Tenniscamp".

Radtour:	Tenniscamp:
des Salzkammergutes	____________
der Schweiz ____________	____________

17. **GR** ***Cazul Genitiv***

Aşa cum ai constatat din exerciţiul anterior, substantivele comune masculine şi neutre primesc la cazul genitiv desinenţa **-s** *sau* **-es** *la singular, iar cele feminine şi neutre nu au nici o terminaţie.*

m.	n.	f.	pl.
N. der Mann G. des Mann**es**	das Kind des Kind**es**	die Frau der Frau	die Kinder der Kinder
N. kein Mann G. kein**es** Mann**es**	kein Kind kein**es** Kind**es**	keine Frau kein**er** Frau	keine Kinder kein**er** Kinder
N. der hohe Mann G. des hohen Mann**es**	das hohe Kind des hohen Kind**es**	die hohe Frau der hohen Frau	die hohen Kinder der hohen Kinder

Numele de persoane sau denumirile geografice primesc la genitiv desinenţa **-s**, *ele nefiind precedate de regulă de articol.*

Marias Mutter — Friedrich Schillers Dramen — die Landschaft Rumäniens

18. *Setze die Substantive in Klammern in den Genitiv!*

Ü

A. **a.** der Gipfel (der Berg)
der Gipfel des Berges
b. die Länge (der Fluss)
c. die Höhe (der Turm)
d. die Größe (das Haus)
e. die Einwohnerzahl (das Land)
f. die Architektur (die Stadt)
g. die Tiefe (das Meer)
h. der Name (das Museum)
i. das Zentrum (die Stadt)

B. *Und nun setz die Sätze alle in den Plural!*
a. der Gipfel (der Berg)
die Gipfel der Berge

19. *Du erklärst deinem Freund vor einem Fotoalbum deine Familie!*

Ü

a. Mein Onkel (der Bruder, mein Vater)
Mein Onkel, das ist der Bruder meines Vaters.
b. Meine Großmutter (die Mutter, meine Mutter)
c. Meine Schwiegermutter (die Mutter, meine Frau)
d. Meine Enkelin (die Tochter, mein Sohn)
e. Mein Neffe (der Sohn, mein Bruder)
f. Die Schwägerin (die Frau, mein Bruder)
g. Die Kusine (die Tochter, meine Tante)

20. *Setze die Wörter in Klammern in den Genitiv!*

Ü

a. das Ziel (der intensive Kurs)
das Ziel des intensiven Kurses
b. der Preis (das schöne Programm)
c. der Tennisspieler (der deutsche Club)
d. die Mitte (der dunkle Wald)
e. der Sportplatz (das bekannte Hotel)
f. die Anzahl (die freien Plätze)
g. die Freunde (der weiße Sport)
h. die Rekorde (die deutsche Tennisschule)
i. die Allee in der Nähe (der große Park)

21. *Hier musst du den Superlativ oder den Genitiv der Wörter in Klammern einsetzen!*

Ü

Das Tessin im sonnigen Süden der Schweiz (die Schweiz) ist eines der ________ (schön) Feriengebiete ________ (Europa).
Hier trifft sich internationales Publikum am Ufer ________ (der See).
Das romantische Tessiner Dorf Cadro zählt zu den ________ (groß) Sportferiendörfern ________ (die Schweiz). Cadro liegt auf einer Sonnenterrasse und hat die ________ (hoch) Sonnenscheindauer ________ (das Land).

22. **A.** *Was passt zusammen?*

Ü

a. Das erste Drama „Die Räuber“ hatte in Mannheim 1782 großen Erfolg.
b. Die Bibelübersetzung war wichtig für die Entstehung der deutschen Sprache.
c. Die Kaiserin Maria Theresia hatte 6 Kinder.
d. Seine Ehefrau war Clara.
e. Die 3. Sinfonie heißt „Eroica“.
f. Die bekannteste Rolle war „Sissi“, die Kaiserin von Österreich.
g. Die Ehefrau Cosima war die natürliche Tochter von Franz Liszt.
h. Der bekannteste Bundeskanzler war Konrad Adenauer.

Österreich Beethoven Schiller Schumann
Wagner Deutschland Romy Schneider Luther

B. *Bilde Sätze nach dem Muster.*
Schillers erstes Drama „Die Räuber“ *hatte in Mannheim 1782 großen Erfolg.*

23. *Höre den Text.*

Ü

Wer ist die Person 1,
und wer ist die
Person 2?

B. *Welche Daten gehören zu Person 1 und welche zu Person 2?*
Höre noch einmal!

27.1.1756 in Salzburg geboren
10.11.1759 in Marbach geboren
Sein Vater war Komponist
Sein Vater war Offizier
Jesuitengymnasium in Augsburg

Militärische Schule in Stuttgart

Studium Medizin

1770–1771 Reise nach Italien

1771–1779 Salzburg

1781 Wien

1782 Heirat

1788–1799 Professor für Geschichte in Jena

1790 Heirat

15.11.1791 in Wien gestorben

1804 Reise nach Berlin

9.5.1805 in Weimar gestorben

Werke: „Die Zauberflöte“, „Don Giovanni“, „Jupiter Sinfonie“

Werke: „Die Räuber“, „Wilhelm Tell“, „Don Carlos“, „Der Handschuh“ u.a.

24. **Ü** *Was war in dieser Lektion sehr schwer, was möchtest du wiederholen?*

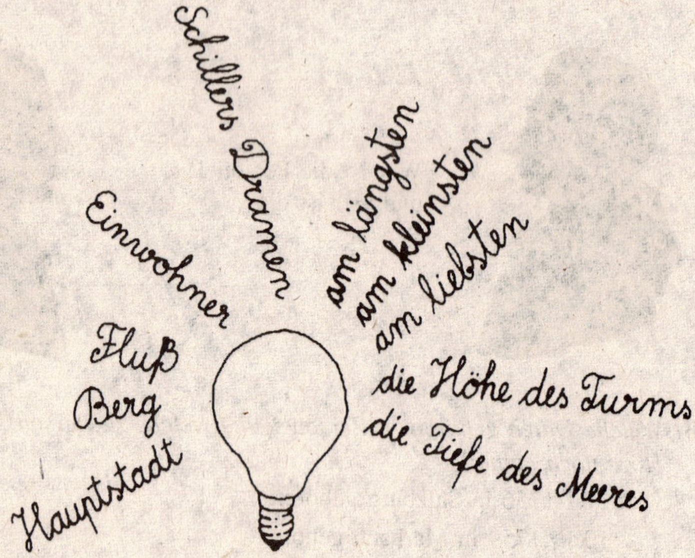

LEKTION 23

1. **Ü** *Verstehst du die folgenden Symbole? Schreibe die Übersetzung dort, wo du sicher bist. Vergleiche und ergänze mit dem Schlüssel!*

sonnig	**a.**________	Regen	**g.**________
heiter	**b.**________	Schnee	**h.**________
wolkig	**c.**________	Schauer	**i.**________
bedeckt	**d.**________	Gewitter	**j.**________
Nebel	**e.**________	Hagel	**k.**________
Sprühregen (Nieselregen)	**f.**________		

2. **Ü** *Welche Wörter passen zueinander?*

sonnig	Sprühregen	es regnet
Schnee	Sonne	es schneit
regnerisch	bewölkt	Nieselregen
Nebel	wolkig	Wolke
Regen	neblig	

sonnig – Sonne
Regen –
Nebel –

3. *Was sagt man bei...*

Ü

a. Regen – es regnet
b. Schnee –
c. Blitz –
d. Donner –
e. Nieselregen –
f. Hagel –

es donnert
es hagelt
es blitzt
es regnet
es schneit
es nieselt

4. *Welches Symbol in Ü1 passt zu folgenden Sätzen?*

Ü

a. Es regnet und blitzt. (j)
b. Der Himmel ist bedeckt.
c. Es ist neblig.
d. Die Sonne scheint.
e. Der Himmel ist blau.
f. Es regnet ganz leicht.

5. *Wie ist das Wetter in folgenden Städten?*

Ü

Wetterkarte
Deutschland
Berlin ___ _______
Frankfurt ___ _______
München ___ _______

Ausland
Athen ___ _______
Varna ___ _______
Dublin ___ _______
St. Petersburg ___ _______
Bukarest 8⁰ wolkig
Rom ___ _______

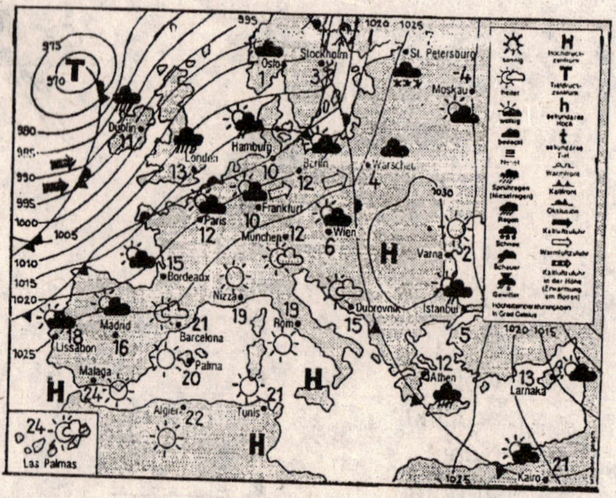

Deutscher Wetterdienst
Vorhersagekarte für 24. November

Überwiegend stark bewölkt oder neblig trüb. Im Norden im Tagesverlauf schwache Regenfälle. Im Süden und Südwesten, vor allem in Lagen oberhalb 800 bis 1000 Metern gebietsweise sonnig. Tageshöchsttemperaturen 8 bis 13 Grad. Nächtliche Tiefstwerte 4 bis 8 Grad. Schwacher bis mäßiger Wind aus Süd bis Südwest.

6. *Was ist richtig? Was ist falsch? Kreuze an!*

Ü

		R	F
a.	Im Süden regnet es oberhalb 8000 Meter.		
b.	Im Norden regnet es stark.		
c.	Die Tageshöchsttemperaturen werden zwischen 8 und 13 Grad liegen.		
d.	Starker Wind aus Süd bis Südwest.		
e.	In Deutschland gibt es im Allgemeinen Bewölkung oder Nebel.		
f.	Tiefste Temperaturen in der Nacht bis minus 8 Grad.		

7. *Wetter ist nicht Klima. Kennst du die Klimazonen?*

Ü **A.** *Welche Tiere passen zu den Klimazonen? Und wo leben sie?*

a. äquatoriales Klima
b. subäquatoriales Klima
c. tropisches Klima
d. subtropisches Klima
e. gemäßigtes Klima
f. subarktisches Klima
g. Polarklima

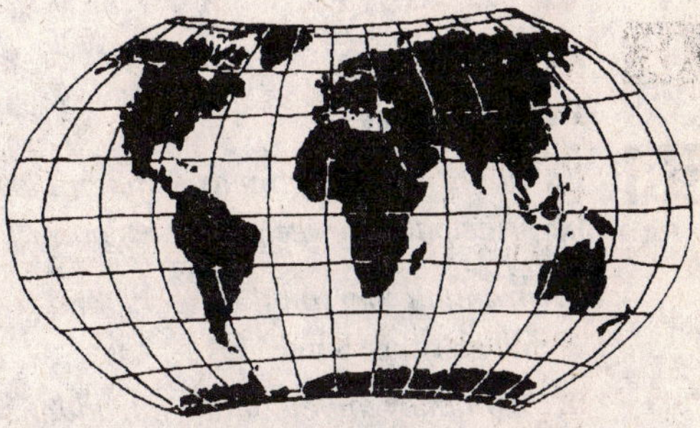

das Kamel
der Elefant
der Affe
das Rentier
der Pinguin
der Hase
der Leopard

immergrüner Regenwald
Savanne
Mischwald
Eis
Palmen, Bambus, Oliven
Wüste
Tundra

a- der Affe, immergrüner Regenwald; **b-** ...

B. *Welche Aussagen passen zu welchen Klimazonen?*

1. Feucht und heiβ. Fast täglich gibt es Schauer und Gewitter im immergrünen, dichten Urwald.
2. Diese Klimazone gibt es nur auf der Nordhalbkugel.
3. Hier gibt es feuchte, heiβe Sommer und warme trockene Winter.
4. Regen gibt es hier kaum. Deshalb überleben nur Pflanzen, die Wasserreserven haben.
5. Der Sommer ist heiβ, der Winter kühl. Es gibt meist Winterregen und nur selten Schnee.
6. Hier ist der Sommer heiβ und der Winter kalt, und es schneit. Im Frühling und im Herbst regnet es.
7. Hier sind die Temperaturen auch im Sommer unter 0. Die Winter sind lang und sehr kalt.

e Wüste, -n = deşert
überleben = a supravieţui
dicht = des
kühl = răcoros
feucht = umed

1 -a, ... 2- ..., ... 3- ..., ... 4- ..., ... 5- ... 6- ..., ...

9. **Pronumele *es***

GR

Es *poate să îndeplinească funcţii extrem de variate. În orice propoziţie, fie principală, fie secundară,* **es** *poate fi întrebuinţat cu următoarele funcţii:*

a. *pronume personal de persoana a III-a singular, neutru:*
Wo ist das Kind? **Es** ist hier.

b. *pronume impersonal, intraductibil, pe lângă verbele care exprimă fenomene ale naturii:*
Es regnet. **Es** schneit.

c. *subiect gramatical pe lângă verbele* **sein** *şi* **werden**:
Es ist schon spät. **Es** ist möglich,...
Es wird morgen sehr heiβ. **Es** ist gesund,...

d. *subiect gramatical în expresii impersonale:*
Es gibt hier, viel zu sehen.
Es stimmt, was er gesagt hat.
Es geht ihm gut.
Es tut mir leid (Îmi pare rău).

10. *Ersetze die unterstrichenen Wörter durch:*

Ü

es regnet *es gibt* *es gibt*
es stimmt *es geht ihm* *es gibt* *es schneit*

Muster: Für das Samtagskonzert gibt es keine Karten mehr.

a. Für das Samstagskonzert *kann man* keine Karten mehr *kaufen.*
b. Man kann heute nicht schwimmen. *Der Regen ist* zu stark.
c. Im Winter *fällt viel Schnee* in den Bergen.
d. Karl hat Fieber. Er *fühlt sich* nicht gut.
e. *Ist es wahr*, was er gesagt hat?
f. In diesem Laden *kann man* billige Schallplatten *kaufen.*
g. Was *spielt man* heute Abend im Theater?

11. *Ergänze mit* **er, sie** *oder* **es.**

Ü

a. Ich habe mich verspätet. ... tut mir leid.
b. Frank lebt gern in einer Wohngemeinschaft. ... wohnt dort mit zwei Freunden.
c. ... ist gesund, Sport zu treiben.
d. Inge war zwei Wochen im Spital. ... ist aber jetzt wieder gesund.
e. Wie hast du die Torte gemacht? ... schmeckt fantastisch.
f. Im französischen Restaurant kocht man gut. ... schmeckt fantastisch.
g. Du kannst mir glauben, ... stimmt.
h. Ich habe die Rechnung geprüft, ... stimmt ganz genau.
i. ... ist möglich, dass ... morgen regnet.

12. *Was passt wohin?*

Ü

Urwald	Papagei	Bach	Schnee
Gebirge	Wald	Berg	Fluss
Palme	Ebene	See	Pinguin
Regen	Pflanzen	Küste	Meer
Bär	Hagel	Gras	Wind
Ozean	Kamel	Gewitter	Glatteis
Bäume	Wüste	Fuchs	Löwe
Steppe	Donner	Blitz	

a. Pflanzenwelt: Urwald, ...
b. Tierwelt:
c. Gewässer:
d. Reliefformen:
e. Wetter:

13. Ü *Welche Substantive passen zu Kategorie A und welche zu B?*

A. Klimazone – Substantiv + Substantiv = Klima + Zone
B. Tiefstwert – Adjektiv + Substantiv = tiefst + Wert

Temperaturunterschied, Wetterdienst, Glatteis, Wettervorhersage, Halbkugel, Pflanzenwelt, Trockengebiet, Wasserreserve, Regenfälle.

A. Temperatur – Unterschied; ....

14. Ü *Du kennst jetzt die Klimazonen. Deutschland liegt in der Mitte Europas. In welcher Klimazone befindet es sich? In welcher Klimazone befindet sich Rumänien?*

15. Ü *Typisch für unsere Klimazone sind die Wälder, die Seen und die Flüsse. Unterstreiche alle Seen und Flüsse im folgenden Text. Vergleiche mit der Landkarte Deutschlands!*

Tiefe Seen und ruhige Flüsse

Man sagt, dass die Deutschen am liebsten im Wald leben würden. Es heißt, man könnte sie um nichts in der Welt von Waldspaziergängen abbringen. Die Wirklichkeit ist es anders: am liebsten leben die Menschen in Deutschland am Wasser.

Städte verwenden Flüsse als Zugabe: Köln am Rhein, Ulm an der Donau, Stuttgart am Neckar, Frankfurt am Main. München wird gerne Isarstadt genannt und Berlin rühmt sich, an der Spree zu liegen, obwohl die beiden letzteren Gewässer nur mit Mühe und Not über das Stadium eines Baches hinausgekommen sind. Touristen werden zur Donaufahrt eingeladen, zur Fahrt auf Rhein und Neckar. Und erst recht auf dem Bodensee, der auch „Schwäbisches Meer“ genannt wird, obwohl er sich nicht nur auf schwäbischem, sondern auch auf schweizerischem und österreichischem Gebiet ausbreitet. Hier wächst und blüht es, weil das Klima am Bodensee feuchtwarm ist.

Obwohl die Seen in den Bayrischen Alpen mitten im Gebirge liegen, kann man sie nicht abgelegen nennen, denn Trans-Europ-Express und Intercity machen hier gleich mehrmals Station.

r Bach, -e = pârâu
r Boden, - = pământ
abbringen = a abate
verwenden = a folosi
sich rühmen = a se lăuda
es heißt = se spune
leben würden = ar trăi
abgelegen = retras, izolat
um nichts in der Welt = pentru nimic în lume
mit Müh und Not = cu chiu cu vai
erst recht = tocmai de aceea
obwohl = cu toate că

16. *Welche Stadt liegt an welchem Fluss?*

Ü

a. Köln		Isar
b. Ulm	am	Neckar
c. Stuttgart	an der	Rhein
d. Frankfurt		Spree
e. München		Main
f. Berlin		Donau

17. *In welcher Reihenfolge erscheinen im Text folgende Ideen?*

Ü

a. Im Gebirge gibt es auch viele Seen.
b. Die Deutschen leben am Wasser.
c. Der See ist zwischen der Schweiz, Österreich und Deutschland.
d. Viele Städte liegen an Flüssen.
e. Die Deutschen lieben den Wald.

18. *Welche Sätze passen hier zusammen?*

Ü

a. Man sagt, viele Städte liegen an Flüssen,	**1.** obwohl sie am liebsten am Wasser leben.
b. Man sagt, die Deutschen lieben den Wald,	**2.** obwohl er nur ein See ist.
c. Der Bodensee heißt „Schwäbisches Meer",	**3.** weil das Klima feuchtwarm ist.
d. Am Bodensee wächst und blüht es,	**4.** obwohl die Züge hier oft Station machen.
e. Die Seen in den Alpen scheinen abgelegen,	**5.** obwohl diese Flüsse oft nur Bäche sind.
f. Man sagt, die Deutschen lieben den Wald,	**6.** weil sie viele Waldspaziergänge machen.

19. ***Propoziţia concesivă* (Der Konzessivsatz)**

GR

Propoziţia concesivă indică un obiect sau o situaţie care, deşi ar fi putut împiedica realizarea unei acţiuni din regentă, totuşi n-a împiedicat-o. Întrebarea la care răspunde este: **trotz welchen Umstandes?** *(în ciuda cărui fapt?)*
Propoziţia concesivă secundară poate fi introdusă de conjuncţia **obwohl, obschon, obgleich** *(cu toate că), fără nici o deosebire.*

Viele Deutsche leben am Wasser, **obwohl** sie gern im Wald spazieren gehen.

Propoziţia concesivă principală poate fi introdusă de **trotzdem** *(totuşi).*

Er ist müde. **Trotzdem** geht er noch nicht schlafen.

20. *Verwandle den zweiten Satz in einen Nebensatz mit* **obwohl**.

Ü

a. Er hat viel Zeit und Geld.
b. Er liebt das Meer sehr.
c. Er schwimmt gern.
d. Er wandert gern im Gebirge.
e. Er reist oft in fremde Länder.
f. Das Wetter ist schön.
g. Seine Frau hat auch Urlaub.
h. Seine Kinder haben ihn gebeten, mit ihnen ans Meer zu fahren.

a. Er fährt diesen Sommer nicht in Urlaub, obwohl er viel Zeit und Geld hat.
b. Er fährt diesen Sommer nicht in Urlaub, obwohl...

21. **A.** *Mach aus zwei Sätzen einen Satz. Beginne mit* **obwohl**.

Ü

a. Ich habe lange Jahre Geld gespart. Ich habe kein Haus.
b. Ich fahre gern Auto. Ich habe kein Auto.
c. Ich lebe ganz gesund. Mein Herz klopft manchmal so komisch.
d. Ich bin immer sehr fleißig. Ich habe keinen besseren Posten bekommen.
e. Meine Frau hat auch gearbeitet. Wir haben nie viel Geld gehabt.
f. Mein Bruder raucht und trinkt. Er ist kerngesund.

a. Obwohl ich lange Jahre gespart habe, habe ich kein Haus.

B. *Verwandle den zweiten Satz in einen Konzessivsatz mit* **trotzdem**.
a. Ich habe lange Jahre gespart. Trotzdem habe ich kein Haus.

22. *Ergänze mit den Konjunktionen* **obwohl**, **weil** *oder* **denn**.

Ü

a. Ich kann nicht schlafen, ... ich ein Schlafmittel genommen habe.
b. Jürgen ist nicht gekommen, ... sein Auto eine Panne hatte.
c. Inge ist zu spät gekommen, ... sie drei Wecker gestellt hat.
d. Hans ist nicht zur Party gegangen, ... er sein Auto in die Werkstatt bringen musste.
e. Wir besuchen uns oft, ... Familie Becker weit von uns entfernt wohnt.
f. Dieter kann nicht Fußball spielen, ... er hat sich den Fuß gebrochen.
g. Maria ist nicht gekommen, ... sie gewusst hat, dass ich auf sie gewartet habe.

23. *Hast du eine Lieblingsjahreszeit? Welche?*
Schreibe nun ein Alphabet zu dieser Jahreszeit!

Ü

Sommeralphabet
A: Apfel, Alge ...
B: Birne, Baum, Bikini ...
C: Creme
D: ...

24. *Was passt wohin:* **mäβig, heiter, gemäβigt, trocken, wechselhaft, schwach?**

Ü

a. Das Gegenteil von starkem Wind ist _______ oder ____ Wind.
b. Ist an einem Tag der Himmel nicht bewölkt, so ist er _____.
c. Das Gegenteil von strengem Klima ist _____ Klima.
d. Wenn es an einem Tag nicht regnet, nicht schneit und nicht nieselt, dann ist der Tag _____.
e. Wenn es mal regnet, mal heiβ ist, so ist das Wetter _____.

25. *Manche Leute glauben auch heute noch an alte Wetterregeln. Du kannst sie selbst herausfinden, denn sie reimen sich! Also, was passt zusammen?*

Ü

Wenn der Hahn kräht auf dem Mist
    sind wir mit sieben Wochen Regen gesegnet.
Gewitter im Mai
    so setzen die Bäume viel Blätter an.
Ist der Januar hell und weiβ
April, April,
    der weiβ nicht, was er will.
    ruft der Bauer juchhei.
Wenn es im September noch donnern kann
    wird der Sommer sicher heiβ.
Wenn es Siebenschläfer regnet
    ändert sich das Wetter, oder es bleibt wie es ist.

Wenn der Hahn kräht auf dem Mist,
ändert sich das Wetter, oder es bleibt, wie es ist.

r Mist = gunoi
r Siebenschläfer = (*pop.*) 27 iunie
hoffen = a spera
segnen = a binecuvânta
krähen = a cânta (cocoşul)
ändern = a schimba
ansetzen (Blätter) = a face frunze

26. *Du hörst drei Wettervorhersagen für Deutschland.*

Ü

Welche passt zu der Wetterkarte?

a.
b.
c.

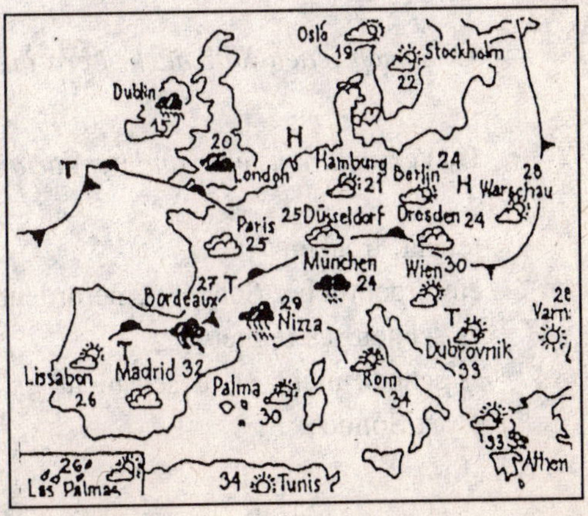

27. **A.** *Hör zuerst den Dialog auf CD, ohne mitzulesen.*

Ü **B.** *Hör ihn noch einmal und lies mit!*

Herr M.: „Komisches Wetter heute, finden Sie nicht?"

Frau A.: „Ja, das muss ich auch sagen. Es ist nicht richtig *warm* und nicht richtig *kalt.*"

Herr M.: „Man weiß gar nicht, wo man dran ist."

Frau A.: „Und was man eigentlich anziehen soll bei solchem Wetter."

Herr M.: „Ich persönlich empfinde das ja als sehr unangenehm."

Frau A.: „Ich auch. Mir wäre *ein ordentlicher Regen* lieber."

Herr M.: „Eben! Da könnte man mit gutem Gewissen sagen: *es regnet.*"

Frau A.: „Aber so kann man überhaupt nichts sagen. *Es regnet nicht, es schneit nicht, es hagelt nicht.*"

Herr M.: „Wind gibt's auch keinen..."

Frau A.: „Und die Sonne kommt auch nicht durch."

Herr M.: „Nein, denn sonst würde man ja sagen: *es ist schön.*"

Frau A.: „Genau! Aber als schön kann man dieses Wetter wirklich nicht bezeichnen!"

empfinden = a simţi
bezeichnen als = a denumi, a caracteriza ca
könnte = ar putea
komisch = straniu
eigentlich = de fapt
überhaupt nichts = absolut nimic
wo man dran ist – ce să crezi
mit gutem Gewissen = cu conştiinţa curată
kommt nicht durch – nu e vizibil

C. *Sprich jeden Satz nach. Lern die Sätze auswendig.*

D. *Versuch nun, eine andere Variante des Dialogs zu machen.*

feucht, trocken
ein ordentlicher Schnee, eine ordentliche Kälte
es schneit, es regnet
es schneit nicht, es nieselt nicht, es blitzt nicht, es donnert nicht
es ist Sonne

28. *Was war für dich sehr schwer?*

Ü

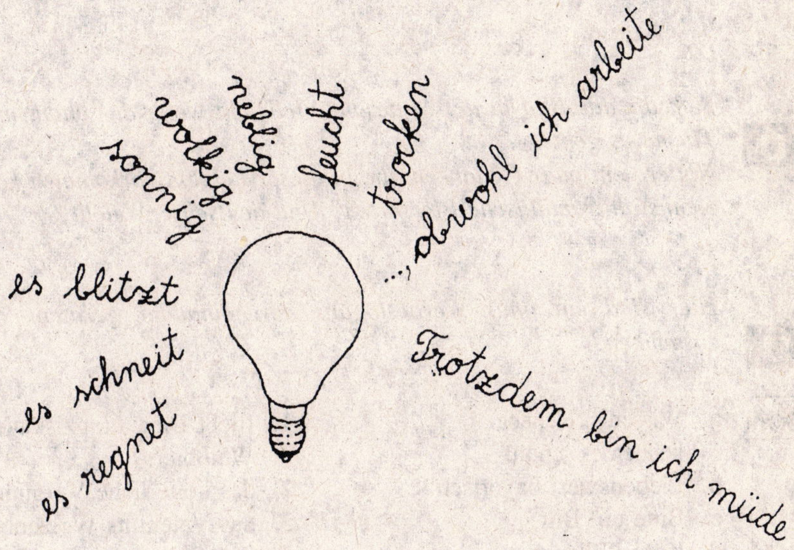

LEKTION 24

1. **Ü** *Sieh dir das Bild in der Mitte an! Vielleicht weißt du schon, um welches Thema es geht?*
Notiere ein paar Gedanken, die in dieser Lektion vorkommen könnten!
Kennst du rumänische Biersorten? Und deutsche? Welche?

2. **Ü** *Hier sind ein paar Werbeslogans durcheinander geraten. Was passt zusammen?*

a. Wissen's, Kenner kennen es schon,
b. Liebenswert bayerisch
c. Bitte ein Bitt,
d. König Pilsner,
e. Leicht trinken. Was für ein Genuss!
f. Auch hier

1. fließt Bier, Franziskaner Hefe-Weißbier.
2. das königliche Vergnügen
3. das Valentins Weizenbier
4. Bitburger Pils.
5. und natürlich frisch, Erdinger Weizenbier.
6. Remmer-light, ein Bier mit wenig Kalorien und weniger Alkohol.

a	b	c	d	e	f
5					

r Weizen, *sg.* = grâu
e Hefe, -n = drojdie

3. *Welche Biersorten gibt es in Ü2?*

Ü

Biersorten
Pils

DIE MEISTGETRUNKENEN DEUTSCHEN BIERE

Marke	Umsatz in Mio. DM	Gesamtausstoß '92 In tausend Hektoliter
Warsteiner	1000	5842
Holsten	990	4100
Bitburger	534	3557
Krombacher	500	3210
König	350	2308
Veltins	317	1712
Diebels	262	1712
Jever	179	1320
Beck's	196	1300
Erdinger	191	1263

4. *Für welche von diesen Biermarken gibt es in Ü2 Werbeslogans?*

Ü

5. *Schreibe das fehlende Verb oder Substantiv!*

Ü

herstellen - e Herstellung
__________ - e Erklärung
schmecken - __________
vergleichen - __________

verarbeiten - __________
__________ - r Unterschied
__________ - e Diskussion

6. *Welche Wörter fehlen wo?*

1. Bierrezepte
2. schattigen Kastanien
3. keine andere Nation
4. herbe Note
5. Karamelbier
6. Naturprodukte

a	b	c	d	e	f
2					

Bier ist nicht gleich Bier

Die Briten sitzen gerne im Pub, die Franzosen im Bistro, die Italiener in der Bar – die Bayern im Biergarten. Dort kann man nachmittags, abends oder am Wochenende unter ___a___ sitzen, seinen Gedanken nachhängen, diskutieren oder einfach nach Herzenslust fröhlich sein – und nebenher sein Bier trinken.
In keinem anderen Land der Welt gibt es so viele Brauereien und so viele unterschiedliche Biere wie in Deutschland: rund 1200 Brauereien und an die 5000 verschiedene Biere.
Aber schließlich trinken die Deutschen auch so viel Bier wie ___b___ : Pro Kopf und Jahr sind es durchschnittlich 143 Liter. Im Vergleich dazu bringen es die Dänen auf 126 Liter, die Österreicher auf 124, die Belgier auf 108, die Briten auf 106, die Holländer auf 91, die Amerikaner auf 88, die Japaner auf 56 und die Franzosen auf 41.
Keines der rund 5000 Biere schmeckt wie das andere. Für den Unterschied im Geschmack gibt es verschiedene Ursachen und Erklärungen.
Erstens die unterschiedliche Qualität des Wassers und der anderen ___d___ fürs Brauen (Gerste oder Weizen, Hopfen und Hefe).
Zweitens die verschiedenartige Verarbeitung dieser Rohstoffe. Und drittens die vielen speziellen ___e___ .
Die wichtigsten Biersorten sind: Pils, Dortmunder, Berliner Weiße, Karamelbier, Alt und Weizenbier. Das Pils ist hell und leicht. Reichlich Hopfen gibt ihm eine ___f___ Berliner Weiße ist ein helles Bier mit säuerlichem Geschmack. Oft mischt man es mit Himbeer-oder Waldmeistersaft, und dann ist es rot oder grün. ___c___ ist dagegen ein dunkles, leichtes Bier und kann aus Malz, Süßstoff und Zucker hergestellt werden. Weizenbier ist hell und goldbraun. Es enthält zur Hälfte Weizen-und Gerstenmalz und ist in Bayern zu Haus.

r Pub, -s = cârciumă
r Rohstoff, -e = materie primă
r Waldmeistersaft, ⸚e = sirop de vineriţă
r Himbeersaft, ⸚e = sirop de zmeură
r Süßstoff, -e = îndulcitor
r Weizen, *sg.* = grâu
r Hopfen, *sg.* = hamei
e Brauerei, -en = fabrică de bere
e Ursache, -n = cauză
e Gerste, *sg.* = orz
e Hefe, *sg.* = drojdie
brauen = a prepara berea
den Gedanken nachhängen = a fi adâncit în gânduri
durchschnittlich = în medie

7. *Hier ein paar Ideen aus dem Text. Wie ist die richtige Reihenfolge?*

Ü

A. a. Viele verschiedene Biere.
b. Bier kann man „mixen".
c. Rohstoffe und Wasser.
d. Bier und Brauereien in Deutschland.
e. Verschiedene Länder – verschiedene Bräuche.
f. Bier trinken heißt geselliges Beisammensein.
g. Die Deutschen sind die größten Biertrinker.
e. ...

B. *Zu welchen Abschnitten passen die Bilder?*

8. *Was passt hier nicht?*

Ü

a. Hopfen, Gerste, Weizen, Sonnenblume
b. süß, sauer, salzig, herb, dunkel, bitter
c. Bier, Alkohol, Cola, Schnaps, Waldmeistersaft
d. Flasche, Dose, Fenster, Schachtel
e. Tee, Kaffee, Himbeersaft, Cola, Wein, Milch
f. Süßstoff, Zucker, Malz, Honig, Karamelzucker
g. Konditorei, Rührei, Bierbrauerei, Bäckerei

9. *Was passt hier zusammen?*

Ü

a. Biertrinker	**1.** Im Inland hergestelltes Produkt
b. Gerstensaft	**2.** Bier
c. ausländisches Bier	**3.** Gebräu
d. Bier brauen	**4.** Thekenfavoriten
e. einheimisches Produkt	**5.** Bier erzeugen
f. beliebte Biersorten	**6.** Bier herstellen
	7. Bierfreunde
	8. importiertes Bier

a – 7; b – ...

Hast du die Übung auch richtig gelöst? Sieh nochmal im Lösungsschlüssel nach und geh dann erst weiter!

A.

Die erste „Bier-Börse" wurde in München eröffnet. 1315 verschiedene Biersorten zählt man mittlerweile in Deutschland. Auch getrunken wird Bier mehr denn je. Mit 142 Litern pro Kopf im Jahr sind die Deutschen noch immer an erster Stelle.
Seitdem vor drei Jahren zum ersten Mal "Corona", das mexikanische Gebräu aus Reis und Mais getrunken wurde, gilt es als besonders chic, exotisches Bier zu trinken.
Auch der Niederländer Alfred „Freddy" Heineken, 69, der zweitgrößte Bierbrauer der Welt, will davon profitieren. Mit 52 Millionen Hektoliter im Jahr erzeugt er fast halb soviel wie alle deutschen Brauereien zusammen. Jetzt will er 250.000 Hektoliter im benachbarten Deutschland verkaufen.
Die richtigen Biertrinker kennen inzwischen auch Biersorten aus Amerika z.B. das süßliche „Samuel Adams" aus Boston. Weitere Thekenfavoriten sind das farblose „Miller clear" oder Biere mit Fruchtgeschmack, und aus Kanada kommt „Old English Porter", dunkel wie Cola, süß und stark. Das belgische Bier „Rodenbach" wird zwei Jahre in Eichenholzfässern gelagert, ist burgunderrot und schmeckt wie saures Brot.

Die Welt

r Thekenfavorit, -en = băutură preferată servită pe tejghea
s Eichenholzfass, ⸚(ss)er = butoi din lemn de stejar
s Gebräu, -e = bere
e Börse, -n = bursa
eröffnen = a se deschide, a inaugura
gelten als = a trece drept
erzeugen = a produce
mittlerweile = între timp
mehr denn je = mai mult ca oricând
seitdem = de atunci
farblos = incolor

B.

Bukarest: In den Sommermonaten tut ein Glas kühles Bier Wunder. In den letzten Jahren war das Bier eine Rarität geworden, jetzt ist das Angebot an ausländischem und auch an einheimischem Gerstensaft beachtlich.
Die Bukarester Bierbrauerei „Rahova" wird in diesem Jahr 100 Jahre alt. Sie hat in letzter Zeit die Produktion aus eigenen Mitteln modernisiert. Neue Filter, Kühlaggregate, zwei moderne Abfüllanlagen wurden montiert. Täglich werden hier 2700 Hektoliter Bier gebraut. Probleme hat die Brauerei nur mit dem Malz, da sie keine eigene Malzfabrik hat. Die Konkurrenz des Importbiers hat „Rahova" nicht zu befürchten, denn das einheimische Bier ist auch des Preises wegen sehr gefragt. Eine andere große Bukarester Bierbrauerei ist „Bragadiru". Hier werden täglich 1500 Hektoliter Flaschenbier erzeugt. Sorgen wegen der schlechten Gerstenernte in diesem Jahr gibt es hier nicht. Die Brauerei hat noch im Vorjahr 1000 Tonnen Gerste gekauft und verfügt über eine eigene Malzfabrik. Verkauft wird nur an Privatunternehmer, denn sie zahlen an Ort und Stelle.

Allgemeine Deutsche Zeitung

r Gerstensaft, ⸚e = suc de orz, bere
r Privatunternehmer, - = întreprinzător particular
s Angebot, -e = ofertă
e Abfüllanlage, -n = instalaţie de umplut sticle
e Sorge, -n = grijă
e Gerstenernte, -n = recoltă de orz
verfügen = a dispune
befürchten = a se teme
Wunder tun = a face minuni
einheimisch = autohton
beachtlich = apreciabil
sehr gefragt = foarte cerut

C.

Für viele Bierfreunde sind die Monate von April bis Oktober die schönste Zeit – denn so lange dauert die Weizenbier-Saison. Und Schwaben Bräu erröffnet die diesjährige Weizenbier-Saison sensationell – mit einem doppelten Paukenschlag: mit „Meister-Weizen" Hefe, hell und mit „Meister Weizen" Hefe, dunkel.

Schwäbische Bierzeitung

10. *Welcher Titel passt zu welchem Text?*

a. Weizenbier-Saison wird hiermit von Schwaben Bräu sensationell eröffnet
b. Bukarester Bierbrauereien fürchten nicht die Konkurrenz des Importbiers
c. Bierisch* gut: Exotisches aus Hopfen und Malz

*„bierisch gut" *este o aluzie la expresii ca* „tierisch ernst" *(foarte serios) sau* „tierisch gut" *(foarte bine), ambele în limbaj colocvial.*

11. *Wo steht das? In Text A, B oder C?*

a. Man trinkt am liebsten im Sommer Bier.
b. Das Angebot an einheimischen und ausländischen Biersorten ist groβ.
c. Das Importbier ist teurer als das einheimische.
d. Der zweitgröβte Bierhersteller will Bier auch nach Deutschland exportieren.
e. Das Weizenbier kann hell oder dunkel sein.
f. Wenn eine Bierbrauerei keine Malzfabrik hat, kann es Probleme geben.
g. Zu den beliebtesten ausländischen Biersorten zählt man Bier mit Fruchtgeschmack.
h. Es gibt Bier, das man aus Reis und Mais herstellt.
i. Eine schlechte Gerstenernte kann zu Problemen führen, wenn es keine Reserven gibt.

	A	B	C
a.		X	X
b.			
c.			
d.			
e.			
f.			
g.			
h.			
i.			

12. *Was kann man sagen?*
Damit du sicher bist, dass du die richtige Lösung gefunden hast, mach auch die Probe: Setze die Sätze im Text anstelle der Originalsätze ein! Macht das Sinn, dann ist es richtig!

1. Man zählt 1315 Biersorten.
[**a.**] Es gibt 1315 Biersorten.
b. Man bezahlt 1315 Biersorten.
c. Die Zahl von 1315 Biersorten ist groβ.

2. Bier wird mehr denn je getrunken.
a. Man trinkt mehr Bier als vorher.
b. Früher hat man mehr Bier getrunken.
c. Jetzt trinkt man mehr Bier als andere Getränke.

3. Das einheimische Bier ist des Preises wegen sehr gefragt.
a. Die Frage des Preises beim einheimischen Bier steht noch offen.
b. Das einheimische Bier ist billiger, und darum kauft man es gern.
c. Das einheimische Bier hat einen hohen Preis.

4. Verkauft wird nur an Privatunternehmer.
a. Man verkauft nur privat.
b. Private und staatliche Unternehmer sind die Käufer.
c. Man verkauft nur an private Unternehmer.

5. Jetzt ist das Angebot an einheimischem Bier beachtlich.
a. Achtung, jetzt gibt es mehr einheimisches Bier.
b. Das Bierangebot ist jetzt zu Haus.
c. Jetzt gibt es viel einheimisches Bier.

6. Sie bezahlen an Ort und Stelle.
a. Der Zahlungsort ist an verschiedenen Stellen.
b. Es gibt mehrere Stellen, wo sie bezahlen.
c. Sie bezahlen gleich, wenn sie etwas kaufen.

13. **A.** *Was passt zusammen? Vergleiche mit dem Text!*

Ü

1.	Bier		mehr denn je	gebraut
2.	Das belgische Bier		täglich	verkauft
3.	2700 Hektoliter	wird	nur an Privatunternehmer	erzeugt
4.	Viele Hektoliter Flaschenbier		zwei Jahre	gelagert
5.	Es	werden	Schwaben Bräu	getrunken
6.	Die Biersaison			eröffnet

1. Bier wird mehr denn je getrunken.
2. ______________________________
3. ______________________________

B. *Steht das Subjekt im Singular oder im Plural? Kreuze an!*

	sg.	*pl.*	
Subjekt	☐	☐	+ wird
Subjekt	☐	☐	+ werden

Welche Form des Verbs ist: **getrunken, verkauft, gebraut, gelagert** *etc.?*

a. Infinitiv **b.** Partizip II **c.** Imperativ

14. *Diateza pasivă* (Das Passiv)

GR *Diateza pasivă se formează, spre deosebire de limba română, cu ajutorul auxiliarului* **werden** *și* **participiul II** *al verbului.*

werden + participiu II

pasiv prezent:

Das Bier wird verkauft. (*Berea este vândută.*)
Konserven werden verkauft. (*Conservele sunt vândute.*)

pasiv prezent:

ich **werde gefragt**	wir **werden gefragt**
du **wirst gefragt**	ihr **werdet gefragt**
er **wird gefragt**	sie **werden gefragt**
	Sie **werden gefragt**

pasiv imperfect:

ich **wurde gefragt**	wir **wurden gefragt**
du **wurdest gefragt**	ihr **wurdet gefragt**
er **wurde gefragt**	sie **wurden gefragt**
	Sie **wurden gefragt**

pasiv perfect:

ich **bin gefragt worden**	wir **sind gefragt worden**
du **bist gefragt worden**	ihr **seid gefragt worden**
er **ist gefragt worden**	sie **sind gefragt worden**
	Sie **sind gefragt worden**

pasiv + verb modal

prezent:

Das Bier **muss verkauft werden.**
Die Konserven **müssen verkauft werden**.

imperfect:

Das Bier **musste verkauft werden.**
Die Konserven **mussten verkauft werden**.

pasivul în propoziția secundară:

Ich bin sicher, dass das Bier **verkauft wird.**
Ich bin sicher, dass die Konserven **verkauft werden.**

Folosirea diatezei pasive se realizează atunci când centrul atenţiei cade asupra activităţii desfăşurate, iar persoana celui care o desfăşoară este mai puţin importantă (A) sau chiar anonimă (B).

(A) *activ*: Helmut verkauft das Bier.
pasiv: Das Bier **wird verkauft**. (*Das Bier wird von Helmut verkauft.*)

(B) *activ:* Man verkauft Bier.
pasiv: Bier **wird verkauft**.

Putem să menţionăm în propoziţia pasivă persoana care desfăşoară o acţiune, dar acest lucru nu este obligatoriu.

activ: Helmut verkauft täglich Bier.
pasiv: Bier **wird** täglich **verkauft.**

15. Ü

A. *Welche Stadt ist es?*

a. Hamburg — **1.** Jährlich Festspiele organisieren
b. München — **2.** auf dem Karneval Samba tanzen
c. Hollywood — **3.** viel Bier trinken
d. Rio — **4.** Kölnischwasser herstellen
e. Paris — **5.** viele Modekollektionen präsentieren
f. Genf — **6.** Filme machen
g. Köln — **7.** Uhren herstellen
h. Salzburg — **8.** Schiffe bauen

a	b	c	d	e	f	g	h
8							

B. *Bilde nun Sätze mit dem Passiv!*

a. In Hamburg werden Schiffe gebaut.
b. In München ...

16. Ü

Bilde Sätze nach folgendem Muster!

a. Das Theaterstück ist bekannt. Man spielt es oft.
Das Theaterstück wird oft gespielt.
b. Die Zeitschrift ist gut. Man liest sie gern.
c. Der Schlager ist gut. Man singt ihn überall.
d. Das Thema ist interessant. Man diskutiert es viel.
e. Der Roman von Grass ist sehr aktuell. Man kauft ihn überall.
f. Der Film von Fassbinder ist gut. Man zeigt ihn überall.

17. *Antworte nach folgendem Muster!*

Ü

a. Kann man die Äpfel so essen? (waschen)
Nein, sie müssen erst gewaschen werden.

b. Kann man die Kartoffeln so braten? (schälen)

c. Kann man das Fleisch roh essen? (kochen)

d. Kann man die Karotten ungeputzt kochen? (putzen)

e. Kann man die Suppe kalt essen? (erwärmen)

18. **A.** *Was passt hier zusammen?*

Ü

a. Das Papier	1510	Nobel
b. Das Dynamit	1867	Ägypter
c. Die Taschenuhr	100 n. Chr.	Leibniz
d. Die Multipliziermaschine	1674	Watt
e. Die Dampfmaschine	1765	Henlein

B. *Bilde dann Sätze nach folgendem Muster!*

a. Das Papier wurde 100 n. Chr. von den Ägyptern erfunden.

b. Das Dynamit wurde ...

19. **A.** *Was passt hier zusammen?*

Ü

a. Der Magnetismus	1882	Fleming
b. Nordamerika	um 1000	Koch
c. Alaska	1741	Bering/Steller
d. Das Penizillin	600 v. Chr.	Leif Eriksson (Wikinger)
e. Der Tuberkelbazillus	1928	Thales

B. *Bilde dann Sätze nach folgendem Muster!*

a. Der Magnetismus wurde 600 v. Chr. von Thales entdeckt.

20. **Ü** *Helga geht in einen Kochkurs. Dort lernt sie, wie man richtig plant, wenn Gäste kommen. Die Lehrerin erklärt nun den Plan. Bilde Sätze nach dem Muster!*

Vormittags	**30 Minuten vorher**
1. Tisch decken	8. Braten herausnehmen
2. Getränke kaltstellen	9. Kartoffeln kochen
3. Tomatensuppe zubereiten	10. Soβe zubereiten
2 Stunden bevor die Gäste kommen	**Wenn die Gäste kommen**
4. Braten in den Backofen schieben	11. Suppe erwärmen
5. Gemüse vorbereiten	12. Hauptgericht anrichten
6. Erdbeeren putzen	13. das Essen servieren
7. Jetzt können Sie eine kleine Pause machen!	14. Guten Appetit!

decken – gedeckt　　putzen – geputzt
kaltstellen – kaltgestellt　　schieben – geschoben
zubereiten – zubereitet　　herausnehmen – herausgenommen

Vormittags wird der Tisch gedeckt
Vormittags werden die Getränke...

21. **Ü** *Lös folgendes Kreuzworträtsel!*
Kreuz und quer durchs Bierrätsel!

Sie stehen vor einem Rätsel und vor hundert Preisen:

1. — 3. Preis: Je ein Besuch im Schwäbischen Brauereimuseum mit Bierprobe

4. — 100. Preis: Je ein Kasten „Meister Weizen“ Hefe hell oder Hefe dunkel

1. Marke eines der meistgetrunkenen Biere
2. Eine Biersorte
3. Zutat zum Brauen
4. Wo trinkt der Deutsche meistens sein Bier?
5. Bier gibt es in ... oder in Dosen zu kaufen
6. Zutat zum Bierbrauen
7. Herstellung des Biers
8. Gröβtes Bierfest
9. Zutat zum Bierbrauen

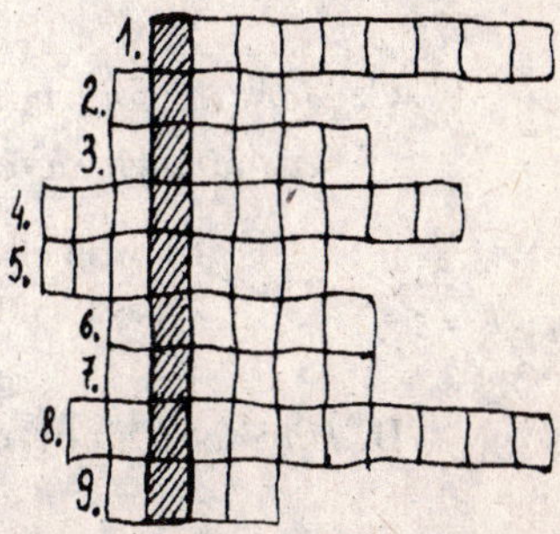

22. **A.** *Hör zuerst folgenden Dialog ohne mitzulesen!*

B. *Hör den Dialog noch einmal und lies mit!*

Im Restaurant

Herr Bauer: Herr Ober, wir möchten bestellen. Was können Sie empfehlen?

Ober: Wünschen Sie zuerst einen Aperitif? Ich kann Ihnen heute einen trockenen Martini oder einen Campari empfehlen.

Herr B.: Nein, danke.

Ober: Nehmen Sie eine Vorspeise? Eine kalte Platte vielleicht?

Herr B.: Ja, ich weiß nicht recht. Ich glaube, ich nehme nur ein Rumpsteak mit Pommes frites. Und was nimmst du?

Frau B.: Keine Vorspeise für mich. Ich nehme auch ein Rumpsteak und Salat dazu.

Ober: Was möchten Sie dazu trinken? Ein Rotwein passt am besten, ein Chianti oder ein Burgunder ...

Herr B.: Wie ist der Chianti?

Ober: Der Chianti ist ein schwerer Rotwein aus Italien.

Herr B.: Dann lieber einen Burgunder.

Frau B.: Für mich ein Bier, bitte!

Ober: Ein Bier vom Fass oder ein Flaschenbier?

Frau B.: Eine Flasche.

Ober: Ein dunkles oder ein helles?

Frau B.: Ein Pils bitte.

r Aperitif, -s = aperitiv, băutură
bestellen = a comanda
empfehlen = a recomanda

C. *Merk dir folgende Ausdrücke!*
Was können sie empfehlen?

Ich weiß nicht recht! – Nu prea ştiu!
... passt am besten – se potriveşte cel mai bine

D. *Hör den Dialog noch einmal und sprich jeden Satz nach.*

E. *Ergänze nun den Dialog selbst mit Beispielen aus der Speisekarte!*

Herr B.: Herr Ober, wir möchten gern bestellen.
____

Ober: Wünschen Sie zuerst einen Aperitif?
Herr B.: ________________________
Ober: Nehmen Sie eine Vorspeise? ____________ vielleicht?
Herr B.: Ja, ich __________ Ich glaube, ich nehme nur ____________ mit __________ Und was nimmst du?
Frau B.: Ich nehme __________________
Ober: Was möchten Sie dazu trinken? ______________ passt am besten.
Herr B.: Wie ist ________________________?
Ober: ________________________
Herr B.: Dann lieber __________________
Frau B.: Für mich __________________

Restaurant
Zum Löwen
Speisekarte

kalte Vorspeisen

Heringfilets	€ 4
Geflügelsalat	€ 4.50
Wurstsalat	€ 3

warme Vorspeisen

Serbische Bohnensuppe	€ 2
Gulaschsuppe	€ 3
Nudelsuppe	€ 1
Zwiebelsuppe	€ 1

Fleischgerichte

Rumpsteak mit Champignons	€ 8
Schweinshaxe mit Salat	€ 7
Kalbsbraten mit Erbsen und Karotten	€ 6.50
Wiener Schnitzel mit Pommes frites	€ 6.50

Fischgerichte

Forelle blau mit Butter und Salzkartoffeln	€ 7.50
Seezunge mit Kartoffeln und Salat	€ 11
Zanderfilet mit Salzkartoffeln und Salat	€ 9

Dessert

Apfelstrudel mit Vanillesoße	€ 3
Eisbecher mit Früchten	€ 4
Vanilleeis mit heißen Himbeeren	€ 3.50
Obstsalat	€ 3.50

alkoholfreie Getränke

Cola	€ 1
Oragensaft	€ 1.50
Mineralwasser	€ 0.80

Biere

Kleines Helles vom Fass 0,250 l	€ 1
Großes Helles vom Fass 0,51	€ 2
Dunkles vom Fass 0,5 l	€ 2.50
Pils	€ 2.50

Rotweine

Beaujolais, Frankreich 0,2 l	€ 3
Spätburgunder 0,2 l	€ 3

Weißweine

Riesling, Mosel 0,2 l	€ 3
Müller-Thurgau, trocken 0,2 l	€ 3.50
Pinot Gris, halbtrocken	€ 4

Guten Appetit!

23. *Was war hier schwer? Was willst du noch einmal wiederholen?*

Ü

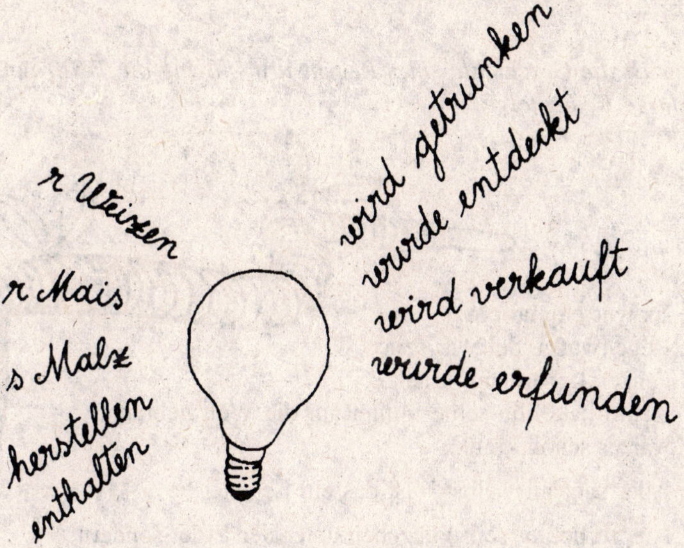

LEKTION 25

1. *Hier ist die Geschichte eines Regenwurms. Bring die Textfragmente in die richtige Reihenfolge!*

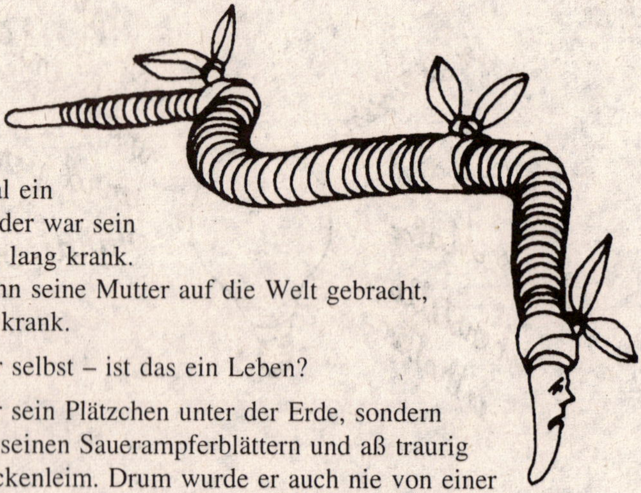

a. Es war einmal ein Regenwurm, der war sein ganzes Leben lang krank. Kaum hatte ihn seine Mutter auf die Welt gebracht, war er schon krank.

b. Aber sagt mir selbst – ist das ein Leben?

c. Nie verließ er sein Plätzchen unter der Erde, sondern lag immer in seinen Sauerampferblättern und aß traurig seinen Schneckenleim. Drum wurde er auch nie von einer Amsel gefressen wie fast alle Kameraden und blieb die längste Zeit am Leben.

d. „Was fehlt ihm ?" fragte die Mutter ängstlich. „Er ist krank", sagte der Wurmdoktor und machte ein besorgtes Gesicht. Die Mutter wickelte ihn in warme Sauerampferblätter ein und brachte ihm Schneckenleim. Aber der Regenwurm blieb krank und zeigte keine Lebensfreude.

e. Man merkte es an seiner unlustigen Art, dass ihm etwas fehlte. Der Wurmdoktor kam mit seinem Köfferchen gekrochen und fühlte ihm den Puls.

f. Wenn die anderen Würmer spielen gingen, lag er krank in seinen Sauerampferblättern unter der Erde, er wusste nicht einmal, was Sonne und Regen ist. Er blieb auch krank, als er größer wurde.

a. ...

auf die Welt bringen = a aduce pe lume
r Sauerampfer, *sg.* = măcriş
e Schnecke, -n = melc
r Leim, -e = clei
e Amsel, -n = mierlă
kriechen = a se târî
wickeln = a înfăşura
verlassen = a părăsi

2. *Unterstreiche alle Verben im Text!*

Ü

3. **A.** *Was passt zusammen?*

Ü

a. blieb	—	wickeln	**g.** aß	—	wissen
b. gingen	—	bringen	**h.** fühlte	—	bleiben
c. lag	—	essen	**i.** wickelte	—	fühlen
d. fragte	—	gehen	**j.** zeigte	—	verlassen
e. brachte	—	liegen	**k.** verließ	—	zeigen
f. wusste	—	fragen	**l.** merkte	—	merken

a. blieb – bleiben; gingen _______

B. *In der ersten Spalte sind die Verben im Imperfekt und in der zweiten im Infinitiv. Such die Verben, die du nicht kennst, im Wörterbuch und schreib die Übersetzung daneben. Im Wörterbuch findest du immer nur den Infinitiv der Verben.*

4. ***Imperfectul* (Das Imperfekt)**

GR

a. *Imperfectul face parte din cele trei forme fundamentale ale verbului, împreună cu participiul II şi infinitivul verbului.*

gehen – ging – gegangen

Aşa cum ai aflat deja, imperfectul este un timp simplu şi există verbe care formează imperfectul adăugând sufixul **-(e)te**. *Aceste verbe sunt verbele slabe sau regulate. Ele formează imperfectul fără modificarea vocalei din rădăcina verbului la care se adaugă* –(**e**)**te** + *terminaţiile personale.*

fragen	**arbeiten**	**antworten**
ich frag**te**	ich arbeit**ete**	ich antwort**ete**
du frag**test**	du arbeit**etest**	du antwort**etest**
er frag**te**	er arbeit**ete**	er antwort**ete**
wir frag**ten**	wir arbeit**eten**	wir antwort**eten**
ihr frag**tet**	ihr arbeit**etet**	ihr antwort**etet**
sie frag**ten**	sie arbeit**eten**	sie antwort**eten**

b. *Imperfectul verbelor tari se formează cu modificarea vocalei din rădăcina verbului. La persoanele I şi a III-a singular verbele tari nu primesc nici o terminaţie. La celelalte persoane au terminaţiile prezentului.*

liegen	bleiben	kommen	essen
ich **lag**	**blieb**	**kam**	**aß**
du **lag**st	**blieb**st	**kam**st	**aß**t
er **lag**	**blieb**	**kam**	**aß**
wir **lag**en	**blieb**en	**kam**en	**aß**en
ihr **lag**t	**blieb**t	**kam**t	**aß**t
sie **lag**en	**blieb**en	**kam**en	**aß**en

c. *Imperfectul verbelor neregulate:*

sein:	ich war, du warst, ...	tun:	ich tat, du tatest, ...
haben:	ich hatte, du hattest, ...	bringen:	ich brachte, du brachtest, ...
werden:	ich wurde, du wurdest, ...	denken:	ich dachte, du dachtest, ...
stehen:	ich stand, du standest, ...	wissen:	ich wusste, du wusstest, ...
		gehen:	ich ging, du gingst, ...

5. *Verwandle folgende Sätze in die Vergangenheit mit dem Imperfekt.*

Ü

ie > o

a. Die Blumen riechen wunderbar.
b. Sie fliegt nach New York.
c. Der Fluss fliesst durch meine Stadt.
d. Im Winter ziehen wir uns warm an.
e. Nach dem Sport zieht sie sich um.
f. Er verliert immer seinen Schlüssel.

a. Die Blumen r**o**chen wunderbar.
b. _______

6. *Verwandle die Sätze in die Vergangenheit mit dem Imperfekt.*

Ü

a (ä)
au (äu) > ie
u

a. Die Lehrerin ruft die Schüler.
b. Wir laufen zwanzig Minuten durch den Wald.
c. Der Zug hält in Sinaia.
d. Ihr gefällt das Geschenk nicht.
e. Die Katze schläft bis Mittag.
f. Mein Mann ruft jedes Wochenende an.
g. Der Ball fällt ins Wasser.

a. Die Lehrerin r**ie**f die Schüler.

7. *Verwandle diese Sätze in die Vergangenheit mit dem Imperfekt!*

Ü

e (i, ie)
i > a
ie

a. Sie liest ein Buch.
b. Er vergisst alles.
c. Wo liegen die Hefte?
d. Wir sehen den Mond am Horizont.
e. Die Schüler sitzen in Bänken.
f. Der Reiseleiter gibt uns die nötigen Informationen.
g. Wir essen gern Obst.
h. Das Buch liegt auf dem Tisch.
i. Ich vergesse nichts.

8. *Wie heißen diese Sätze im Imperfekt?*

Ü

a (ä) > u

a. Sie fährt nach Hause.
b. Diese Blumen wachsen schnell.
c. Wir waschen uns die Hände.
d. Der Reisende trägt den schweren Koffer.

9. *Wir üben das Imperfekt!*

Ü

ei > ie

a. Ich schreibe meiner Mutter.
b. Die Touristen bleiben drei Wochen in Mamaia.
c. Im Sommer scheint die Sonne den ganzen Tag.
d. Die Reisenden steigen in den Bus.
e. Wie heißt der neue Laden?

10. *Was passt hier nicht?*

Ü

a. fühlen: den Regen, die Kälte, den Schmerz, die Farbe
b. wissen: die Lösung, Namen, das Neueste, Presse, den Weg
c. liegen: im Bett, auf der Wand, auf dem Sofa, in der Sonne, bei München
d. fehlen: in der Schule, auf der Uni, im Büro, auf dem Baum
e. bringen: Wasser, eine Tasse Tee, Hoffnung, Fleiß, Geschenke

11. *Lies den Text und sag in welcher Reihenfolge kommen diese Sachen im Text vor!*

Ü

Das kleine Mädchen und der Wolf

Eines Nachmittags saß ein großer Wolf in einem finsteren Wald und wartete, dass ein kleines Mädchen mit einem Korb voller Lebensmittel für ihre Großmutter des Weges käme. Endlich kam auch ein kleines Mädchen des Weges, und sie trug einen Korb voller Lebensmittel. „Bringst du den

Korb zu deiner Großmutter?" fragte der Wolf. Das kleine Mädchen sagte ja, und nun fragte der Wolf, wo die Großmutter wohne. Das kleine Mädchen gab ihm Auskunft, und er verschwand im Wald.

Als das kleine Mädchen das Haus der Großmutter betrat, sah sie, dass jemand im Bett lag, der ein Nachthemd und eine Nachtmütze trug. Sie war noch keine drei Schritte auf das Bett zugegangen, da merkte sie, dass es nicht ihre Großmutter war, sondern der Wolf, denn selbst mit einer Nachtmütze sieht ein Wolf einer Großmutter nicht ähnlicher als der Metro-Goldwyn-Löwe dem Präsidenten der Vereinigten Staaten. Also nahm das kleine Mädchen eine Pistole aus ihrem Korb und schoss den Wolf tot.

Moral: Es ist heutzutage nicht mehr so leicht wie früher, kleinen Mädchen etwas vorzumachen.

James Thurber (aus dem Englischen)

r Schritt, -e = pas
s Lebensmittel, - = aliment
betreten = a păşi
verschwinden = a dispărea
aussehen = a arăta
schießen = a împuşca
jemandem etwas vormachen = a induce în eroare pe cineva
ähnlich = asemănător
heutzutage = în ziua de azi

12. *Welche Antwort ist richtig?*

1. Das kleine Mädchen bringt den Korb
a. seiner Mutter
b. dem Wolf
c. der Großmutter

2. Was zog der Wolf an?
a. einen Schlafrock
b. eine Nachtmütze
c. einen Pyjama

3. Was nahm das Mädchen aus ihrem Korb?
a. eine Tafel Schokolade
b. eine Flasche Wodka
c. eine Pistole

4. Das Mädchen gab dem Wolf
a. Lebensmittel
b. Auskunft
c. eine Pistole

13. **Ü** *Was passt hier zusammen?*

a. Eines Nachmittags wartete ein großer Wolf im Wald,
b. Endlich kam ein Mädchen
c. Als das Mädchen dem Wolf Auskunft gab,
d. Sie sah,
e. Als das Mädchen das Haus betrat,
f. Es war sicher nicht die Großmutter,

1. und sie trug einen großen Korb.
2. wollte er wissen, wo die Großmutter wohnt.
3. dass der Wolf im Bett lag.
4. sah sie den Wolf im Bett.
5. dass ein kleines Mädchen vorbeikommt.
6. denn ein Wolf sieht auch mit Nachtmütze der Großmutter nicht ähnlich.

a. – 5; b. – ...

14. **Ü** *Hier ein paar Temporalsätze mit* **als** *(când) und* **wenn** *(când). Wann verwenden wir* **als** *und* **wenn***? Findest du die Regel?*

a. Als ich letztes Jahr in Wien war, besuchte ich meine Tante.
b. Als der Mann das Feuer sah, rief er gleich die Feuerwehr.
c. Als ich klein war, hatte ich eine schöne Puppe.
d. Immer wenn ich an meinen Urlaub denke, mache ich mir große Pläne.
e. Wenn Tante Mara zu Besuch kommt, muss man jedesmal Kuchen backen.
f. Morgens, wenn ich aufstehe, bin ich so müde.

15. **GR** *Propoziţia circumstanţială de timp cu* **als** *sau* **wenn (Der Temporalsatz)**. *Propoziţia circumstanţială de timp este introdusă prin conjuncţiile* **als** *sau* **wenn.**

1. *Conjuncţia* **als** *se foloseşte pentru a exprima o acţiune din trecut, încheiată, nerepetată, cel mai adesea cu verbul la imperfect.*

Als Rotkäppchen den Wolf im Bett sah, hatte sie Angst.

2. *Conjuncţia* **wenn** *se întrebuinţează pentru a exprima o acţiune repetată în prezent, trecut sau viitor.*

Wenn ich morgens zur Arbeit gehe, kaufe ich mir auch die Zeitung.
Immer wenn sie mich besuchte, brachte sie eine Schokolade mit.

Reţine! *Adverbul interogativ* **wann?** *se foloseşte numai în propoziţiile interogative!*

Wir möchten dich besuchen. Wann hast du Zeit?

16. *Verwandle den ersten Satz in einen* **wenn**-*Satz!*

Ü

a. Er geht morgens zur Arbeit. Sie schläft noch.
b. Er kommt nachmittags nach Hause. Sie wartet schon auf ihn.
c. Sie sitzen beim Tee. Sie erzählen von ihrer Arbeit.
d. Sie geht ins Theater. Er sieht meistens fern.
e. Sie spielt heute die Rolle von Ophelia. Er sitzt im Saal.
f. Sie hat Erfolg. Er freut sich.

a. Wenn er morgens zur Arbeit geht, schläft sie noch.

17. *Was machst du? Ergänze die Sätze richtig!*

Ü

a. Wenn es Sonntag ist, ____________.
b. Wenn __________, fahre ich an den See.
c. Wenn es Montag ist, _______________.
d. Wenn ____________, habe ich immer Wein im Haus.
e. Wenn ich am Abend Zeit habe, _______________.
f. Wenn _____________, gehe ich zum Arzt.

spazieren gehen, zur Arbeit gehen, Urlaub machen, Gäste haben, manchmal ausgehen, krank sein

a. Wenn es Sonntag ist, gehe ich spazieren.
b. ...

18. *Antworte mit* **als**-*Sätzen!*

Ü

a. Wann kam Klaus in die Schule? (6 Jahre)
b. Wann fiel er vom Fahrrad? (10 Jahre)
c. Wann lernte er schwimmen? (4 Jahre)
d. Wann verliebte er sich zum ersten Mal? (14 Jahre)
e. Wann telefonierte er viel? (15 Jahre)
f. Wann wusch er sich nicht gern? (5 Jahre)
g. Wann heiratete er? (22 Jahre)
h. Wann begann er sich für Politik zu interessieren? (30 Jahre)
i. Wann hatte er das erste Kind? (25 Jahre)

a. Als Klaus sechs Jahre alt war, kam er in die Schule.

19. **Wenn *oder* als?**

Ü

a. ____ ich geboren wurde, war Sonntag.
b. Es heißt, ____man an einem Sonntag geboren ist, ist man ein Glückskind.
c. ____ ich zur Schule ging, machte mir das Lernen wenig Spaß.
d. ____ ich heute daran denke, möchte ich noch einmal zur Schule gehen.
e. ____ ich Peter das erste Mal sah, dachte ich gleich ans Heiraten.
f. Aber jedesmal____ ich Peter wiedersehe, gefällt er mir immer weniger.
g. Immer ____ wir unsere Freizeit zusammen verbringen wollen, möchte jeder etwas anderes machen.

20. **Wenn *oder* wann?**

Ü

a. Weißt du, ____ Hannelore kommt?
b. Das weiß ich nicht, aber ____ sie kommt, müssen wir etwas besprechen.
c. ____ habt ihr denn ein bisschen Zeit?
d. ____ es Sonntag schön ist, möchten wir gern nach draußen fahren.
e. Ich weiß nicht, ____ Hannelore ins Konzert gehen will. Aber die Idee, ein bisschen ins Grüne zu fahren ist gut.
f. Vielleicht geht es am Samstag? ____ habt ihr denn Zeit?
g. ____ soll das denn sein?
h. So um elf Uhr, aber nur ____ gutes Wetter ist.
i. Wir können auch ein Picknick machen, ____ ihr wollt.

21. *Lies und ergänze die Verben im Imperfekt!*

Ü

Es ____ (sein) einmal ein kleines Mädchen, das immer ein rotes Käppchen ____ (tragen), und deswegen nur Rotkäppchen genannt wurde.
Eines Tages ____ (schicken) es die Mutter mit Kuchen und Wein zur kranken Großmutter, die draußen im Wald ____ (wohnen).
Unterwegs ____ (begegnen) ihm der Wolf. Rotkäppchen aber ___ (wissen) nicht, was das für ein böses Tier ___ (sein). Es ___ (erzählen) ihm von der kranken Großmutter, und der Wolf riet ihm, der Großmutter ein paar schöne Waldblumen zu pflücken. Das ___ (tun) Rotkäppchen auch, aber der Wolf ____ (gehen) geradewegs zum Haus der Großmutter ____ sie ____ (auffressen), ____ ihre Kleider ____ (anziehen), ____ ihre Nachtmütze ____ (aufsetzen), ____ (sich legen) in ihr Bett und ____ die Vorhänge ____ (vorziehen). Als Rotkäppchen schließlich zum Haus der Großmutter ____ (kommen), ____ die Tür ____ (offen stehen). Es ____ (gehen) zum Bett und ____ die Vorhänge ____ (zurückziehen). Da ___ (liegen) die Großmutter und ____ so merkwürdig ____ (aussehen).

22. Ü *Und nun ein kleines Kreuzworträtsel!*

R ____ E ____ U ____

23. Ü *Lies das folgende Gedicht! Wie geht es weiter?*

Es war einmal ein Mann,
der hatte sieben Söhne.
Die sieben sprachen:
Vater, erzähl uns eine Geschichte!
Da fing der Vater an:
Es war einmal ein Mann,
der hatte sieben Söhne.
...

24. Ü *Ersetze folgende Wörter:*

Mann – Frau
sieben – fünf
Söhne – Töchter

Schreib nun diese Variante auf! Kannst du vielleicht noch eine Variante machen?

25. **A.** *Hör die kurze Anekdote über Franz Schubert und sag, von welchem Lied die Rede ist!*

– Wiegenlied (cântec de leagăn)
– Liebeslied
– Kinderlied

B. *Hör den Text noch einmal und kreuze an! Was ist richtig? Was ist falsch?*

	R	F
a. Schubert hatte oft kein Geld.		
b. Er bestellte ein Wiener Schnitzel.		
c. Er las in einem Buch ein kleines Gedicht.		
d. Er gab die Noten einem Sänger.		
e. Das Lied wurde erst viel später für viel Geld verkauft.		

26. *Was möchtest du später noch einmal wiederholen?*

Ü

LEKTION 26

1.
Ü

Um was für ein Thema könnte es sich in dieser Lektion handeln? Schau dir die Bilder an und überlege welche Wörter und Wendungen dir schon bekannt sind. Stell dann ein Assoziogramm auf!

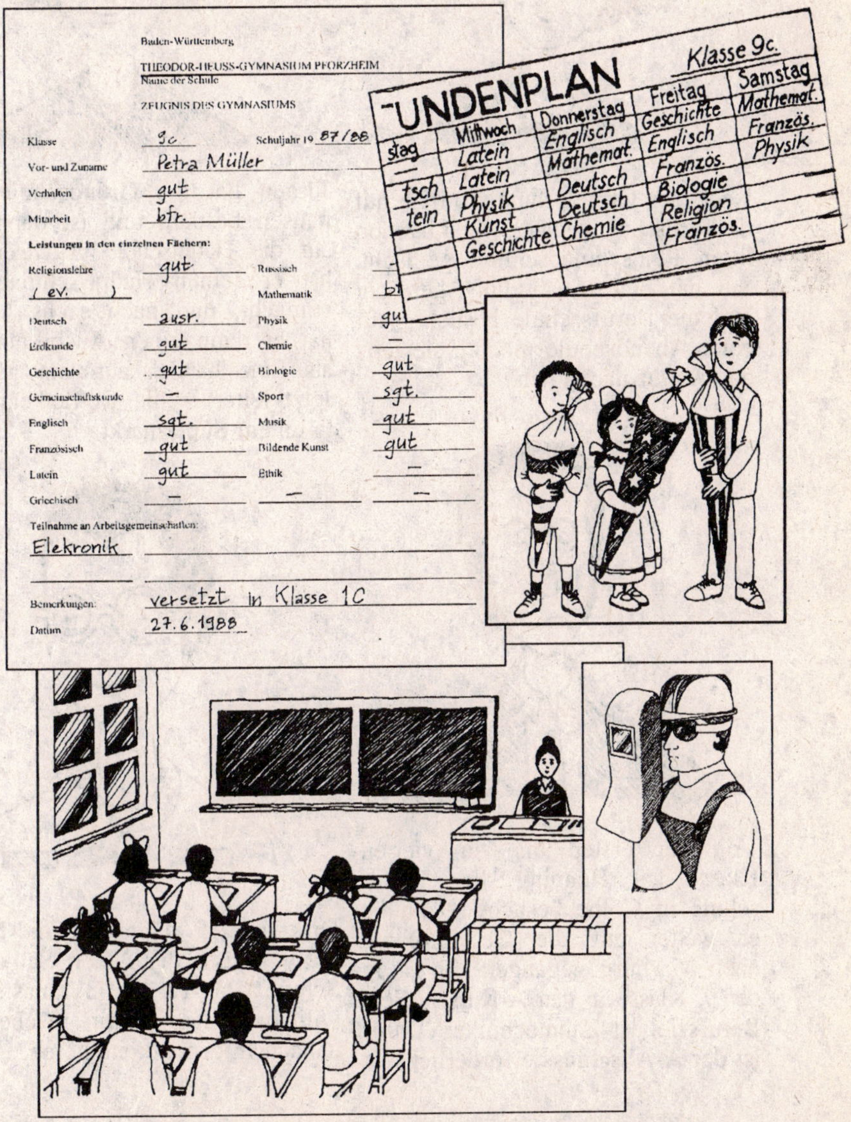

2. Schulbiografien

Nach der Grundschule ist Inge auf die Realschule gegangen und hat dort ihren Realschulabschluss gemacht. Sie hat eine Ausbildung gemacht und die Berufsschule besucht. Auf einer Abendschule möchte sie jetzt das Abitur nachholen.

Jürgen hat die Grundschule Ronshausen besucht und ist dann weiter auf die Hauptschule gegangen. 1980 hat er seinen Haupt-schulabschluss gemacht, und nach sechs Monaten hat er dann einen Ausbildungsplatz als Einzelhandelskaufmann gefunden. Jetzt leitet er die Getränkeabteilung in einem Supermarkt.

Von der ersten bis zur vierten Klasse hat Henning die Grundschule in Cölbe besucht. Dann ist er weiter auf die Gesamtschule nach Marburg gegangen. Er ist in der 9. Klasse in den A-Kursen. Sein Berufsziel ist Zahntechniker. Dafür ist der A-Abschluss erforderlich.

Dirk ist 15 Jahre alt und besucht die 9. Klasse der Albert Schweitzer-Schule. Das ist ein Gymnasium. Er will hier das Abitur machen und danach Informatik studieren.

r Realschulabschluss, ⸚sse = examen terminal după clasa a X-a.
Această formă de învăţământ dă posibilitatea elevilor de a urma un colegiu.
r Hauptschulabschluss, ⸚sse = examen terminal după şcoala generală de 9/10 ani (în funcţie de land). Această formă de învăţământ dă posibilitatea elevilor de a se specializa ulterior într-o meserie practică.
r Einzelhandelskaufmann, -leute = comerciant cu amănuntul
e Ausbildung = pregătirea, instruirea, formarea
e Gesamtschule, -n = formă de liceu care cuprinde toate tipurile de învăţămînt (*Haupt-, Realschule, Gymnasium*)
eine Schule besuchen = a urma o şcoală
das Abitur machen = a da/lua examenul de bacalaureat
einen Schulabschluss machen = a da un examen terminal la şcoală

3. Ü *Welche Schultypen haben die 4 Personen besucht? Unterstreiche sie im Text und schreibe sie dann heraus.*

a. Inge: Grundschule ...
b. Jürgen:
c. Henning:
d. Dirk:

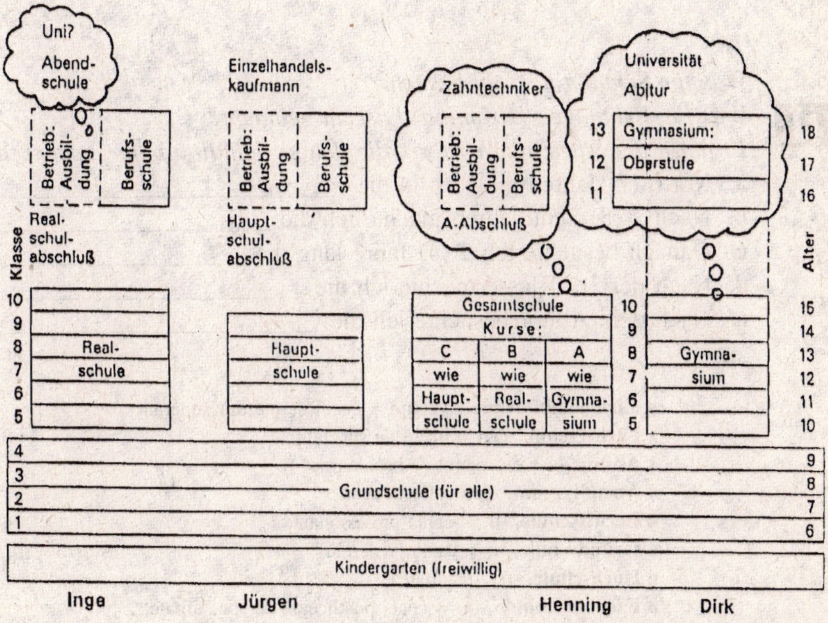

4. *Welche Sätze sind richtig? Welche nicht?*
Ü
Schau dir das Schema mit den Schularten in Deutschland an und schreib die Sätze richtig!

		R	F
a.	Die Grundschule dauert 4 Schuljahre.	X	
b.	Mit 7 Jahren müssen alle Kinder die Schule besuchen.		
c.	Nach der Grundschule können sie die Haupt-, die Real-, die Gesamtschule oder das Gymnasium besuchen.		
d.	Die Hauptschule umfasst 6 Schuljahre.		
e.	Die Realschule umfasst auch 6 Schuljahre.		
f.	Auf dem Gymnasium lernt man 12 Schuljahre.		
g.	Die Gesamtschule enthält Klassen aller Schularten.		
h.	Alle Schüler können an der Universität studieren.		
i.	Nach dem Hauptschul-, Realschul-, bzw. A-Abschluss der Gesamtschule kann man in Deutschland eine praktische Ausbildung in Betrieb und Berufsschule machen.		

5. *Was für Schulen hast du besucht?*
Ü
Was für Prüfungen (Examina) hast du gemacht?
Ergänze die Sätze mit Wörtern, die deiner Schullaufbahn entsprechen:

a. Mit 6 (7) Jahren ging ich in die ______________________________.
b. Nach 7 (8) Schuljahren machte ich die ____________________________.
c. Danach besuchte ich 2 (4) Jahre lang die __________________________.
d. Nach der 10. Klasse machte ich die _____________________________.
e. Nach dem Abitur besuchte ich die ______________________________.

s **allgemeinbildende Lyzeum** = liceul de cultură generală
s **Fachlyzeum, -een** = liceul de specialitate
s **Abitur, -s** = examenul de bacalaureat
s **Abendlyzeum, -een** = liceul seral
e **Berufsschule, -n** = şcoala profesională
e **Grundschule, -n** = şcoala generală
e **Hochschule, -n** = facultatea
e **Fachoberschule, -n** = şcoală postliceală de specialitate

6. Vom Kindergarten zum Numerus clausus

Birgit Geers weiβ, was ihr Berufsziel ist. „Eine Aufgabe, bei der ich anderen helfen kann, wo ich für andere da bin." Birgit will Ärztin werden.
Sie ist 17 Jahre alt und besucht die Unterprima (12. Schuljahr) eines Gymnasiums. Nach Abschluss der 13., nach dem Abitur also, ist dann der Weg zur Universität offen.
Angefangen hat ihr Bildungsweg im Alter von 6 Jahren. Stolz war sie mit der Schultüte an der Hand ihrer Eltern zur Schule marschiert. Nach Abschluss der Grundschule, als die ersten Weichen gestellt werden in Richtung akademischer Ausbildung oder Einstieg ins Berufsleben, hatte die Klassenlehrerin ihren Eltern empfohlen, den Bildungsweg von Birgit über das Gymnasium fortzusetzen.
Ihre Intelligenz und Lernbereitschaft lieβen nämlich erwarten, dass sie das Pensum der Oberschule bewältigen würde.
Unsere Birgit wird nun bald ihr Abitur machen, und ihre derzeitigen Leistungen lassen einen überdurchschnittlich guten Abschluss erwarten. Das ist in ihrem Falle auch besonders wichtig, da das Berufsziel von Birgit unverändert geblieben ist. Vor dem Medizinstudium steht die Schranke des „Numerus clausus" (NC), 1973 eingefürt. Er regelt per Notendurchschnitt die Zugangsberechtigung zu bestimmten Studienfächern: Medizin, Biologie, Psychologie. Entscheidend ist das Ergebnis der Abiturprüfung, das überdurchschnittlich sein muss.
Bei Birgit stehen die Aussichten sehr gut. Wenn sie dann endlich ihre gesamte Ausbildung abgeschlossen hat, wird sie 27 oder 29 Jahre alt sein.

r Bildungsweg, -e = calea urmată de o persoană în formarea sa
r Notendurchschnitt, -e = media notelor
s Berufsziel, -e = intenţia legată de alegerea unei profesii
s Ergebnis, -sse = rezultatul
e Leistung, -en = rezultatul, realizarea
e Schranke, -n = bariera
e Weiche, -n = macazul, schimbătorul de cale
e Zugangsberechtigung, -en = dreptul de acces
fortsetzen = a continua
empfehlen = a recomanda
der Einstieg ins Berufsleben – orientarea spre o meserie, aici alegerea unei meserii

7. *Was passt wohin?*

Haupschulabschluss, sehr gut, Abitur, Notendurchschnitt, überdurchschnittlich, Hauptschule, Realschulabschluss, Berufsschule, Ausbildung, Gymnasium, der Abschluss, das Ergebnis, Gesamtschule, ausreichend, Bildungsziel

a. Zeugnisse
Hauptschulabschluss

b. Bildungsweg
____

8. *Was passt nicht?*

a. besuchen: Hauptschule, Gesamtschule, Abitur, Universität,
b. machen: Ausbildung, Gymnasium, Examen, Realschulabschluss,
c. anfangen: Studium, 6 Jahre, Bildungsweg, Ausbildung,
d. fortsetzen: Hauptschulabschluss, Ausbildung, Bildungsweg, Studium,
e. regeln: das Examen, Schultüte, Numerus clausus, Zugangsberechtigung.

9. *Ergänze die Sätze sinngemäß:*

a. Birgits _________ hat mit 6 Jahren begonnen.
b. Sie ging damals mit der _________ an der Hand der Eltern zum erstenmal in die Schule.
c. Nach dem _________ der Grundschule hatte ihre Klassenlehrerin empfohlen, dass Birgit ihren Bildungsweg über das Gymnasium _________.
d. Birgit möchte Medizin _________.
e. Der NC regelt per Notendurchschnitt die _________ zu bestimmten Fächern.
f. Darum muss ihr ________ überdurchschnittlich sein.

10. *Was ist gleich? Was ist ähnlich? Was ist verschieden?*
Vergleiche das rumänische Schulsystem mit dem deutschen.

	Rumänien	Deutschland
a. Besuch der Schule ab dem	___ Lebensjahr	___ Lebensjahr
b. Dauer des Grundschulbesuchs	___ Jahre	___ Jahre
c. Differenzierung zwischen Haupt-, Realschule und Gymnasium		
d. maximale Dauer des Schulbesuchs		
e. Zugangsberechtigung zu bestimmten Studienfächern durch NC		
f. Hochschulstudium nur mit Abitur		

11. *Macht die Schule unsere Kinder krank?*

„Wenn meine Tochter eine Prüfung hat, ist die Nacht davor die reine Hölle", berichtete eine besorgte Mutter. „Sie wälzt sich von einer Seite auf die andere, findet kaum Schlaf und erwacht wie gerädert." Das Frühstück besteht aus ein paar vorsichtigen Schlucken Tee, feste Nahrung verweigern ihre verkrampften Magennerven. Schulpsychologen beschreiben diesen Zustand mit „Schulstress". Laut Meinung vieler Eltern treten als Stressfaktoren dabei die schulischen Bedingungen, die Lehrer, aber auch die Eltern auf.
Die Befragungen ergaben folgende Ergebnisse:

1. 40% aller Schüler haben vor Schularbeiten oder Prüfungen körperliche Beschwerden.
2. 67% haben ganz allgemeine „Angst" vor Prüfungssituationen.
3. 69% der Schüler hoffen, dass „sie nicht an die Reihe kommen, wenn der Lehrer eine benotete Überprüfung macht."
4. Eltern sind mit den schulischen Leistungen ihrer Töchter zu 66% und ihrer Söhne zu 76% unzufrieden.
5. Drei Viertel aller Schüler haben Schwierigkeiten bei der Erledigung ihrer Hausaufgaben, für die rund die Hälfte länger als eineinhalb Stunden täglich braucht.
6. Nahezu 60% der Schüler können ihre Hausaufgaben oft oder gelegentlich nicht alleine bewältigen.
7. Kommen Kinder mit schlechten Noten nach Hause, schimpfen 62% aller Eltern, in einem Drittel der Familien herrscht dann ein unfreundliches oder gereiztes Klima.

Die Verfasser der Studie haben festgestellt, dass die Arbeitszeit der Schüler bei weitem höher ist, als es das Gesetz für erwachsene Arbeitnehmer gestatten würde. Allein Schul- und Wegzeit betragen im Durchschnitt rund 38 Stunden, dazu kommen noch die Hausaufgaben, Nachhilfeunterricht und Prüfungsvorbereitungen. Stressfaktor Nr. 2 sind die Schulnoten und der damit verbundene Leistungsdruck, meist noch verstärkt durch überhöhte Erwartungen der Eltern. Von jedem zweiten Kind wird das Abitur oder Studium erwartet.

(*Akzente* 2/1990)

r Leistungsdruck = emoţie legată de obţinerea unor rezultate
r Nachhilfeunterricht, *sg.* = ore de meditaţii
r Schluck, -e = înghiţitură
r Zustand, ¨-e = stare
e Beschwerde, -n = neplăcere, supărare
e Erledigung, -en = rezolvare
e Schularbeit, -en = lucrare scrisă
berichten = a relata
etwas bewältigen = a reuşi
gestatten = a permite
schimpfen = a certa, a ocărî
sich wälzen = a se zvârcoli
verweigern = a refuza
verkrampft = încordat, crispat
das gereizte Klima = atmosferă încordată
an die Reihe kommen = a fi chemat/numit pentru a răspunde

12. *Was ist richtig? Was ist falsch? Bitte kreuze an.*

		Ja	Nein
a.	Wenn das Mädchen eine Prüfung machen muss, kann es in der Nacht davor nicht schlafen.	X	
b.	Vor der Prüfung kann es auch nicht richtig frühstücken.		
c.	Zu den Stressfaktoren zählen nur die Lehrer.		
d.	Sehr viele Schüler haben vor den Prüfungen Angst.		
e.	Die meisten Eltern sind mit den Ergebnissen ihrer Kinder zufrieden.		
f.	Die Hausaufgaben sind oft zu schwer. Viele Schüler und Schülerinnen können sie nicht alleine machen.		
g.	Die meisten Eltern erwarten von ihren Kindern sehr gute Noten.		
h.	Die Arbeitszeit eines Schülers ist genauso hoch wie die eines Angestellten.		

13. *Hattest du selbst Probleme mit dem Lernen?*
Welche der folgenden Stichwörter sind/waren für dich relevant?
Was hat dir das Lernen erleichtert?
Was hat dir das Lernen erschwert?

persönliche Probleme	Teamarbeit	Stress	Erfolg	Ernährung	
Vergessen	Zeit	Methode	Prüfung	Motivation	Organisation
Konzentration	Wiederholung	Störfaktoren			

a. Faktoren, die das Lernen erleichtern: ______________________________
____

b. Faktoren, die das Lernen erschweren: ______________________________
____

c. Was müsstest du unternehmen, um besser lernen zu können? __________
____
____

14. ***Pronumele relativ* (Das Relativpronomen)**

GR

Şi în limba germană, pronumele relativ leagă propoziţia subordonată pe care o introduce de un substantiv sau pronume din propoziţia regentă.

Beim Abschluss *der Grundschule, die* 4 Jahre dauert, kann man sich für die Haupt-, Realschule oder für das Gymnasium entscheiden.

El are rol de conjuncţie, îndeplinind în acelaşi timp şi funcţia unei părţi de propoziţie.
Pronumele relativ cel mai des folosit este: **der**, **die**, **das**, *plural* – **die**. *El se declină ca articolul hotărât, cu excepţia cazurilor genitiv singular şi plural şi dativ plural.*

	sg.			pl.
	m.	**n.**	**f.**	
N	der	das	die	die
A	den	das	die	die
D	dem	dem	der	denen
G	dessen	dessen	deren	deren

Şi în limba germană, pronumele relativ se acordă în gen şi număr cu substantivul sau pronumele din propoziţia supraordonată, la care se referă.

Die Hauptschule ist ***eine Schule, die*** 4 Schuljahre dauert.

Cazul pronumelui relativ este determinat de funcţia sintactică din propoziţia relativă (subiect, complement direct, indirect sau prepoziţional).

Gesamtschulen sind ***Schulen***, in ***denen*** alle Schüler gemeinsam zu lernen beginnen.

Alte pronume relative: **welcher**, **welche**, **welches**, **welche** *sau* **wer**, **was**, *care se întrebuinţează numai la singular.*

15. *Ergänze mit dem passenden Relativpronomen:*

Ü

Was sind:

a. Hauptschulen?
Schulen, ________ nach 5 oder 6 Jahren zum Hauptschulabschluss führen.

b. Realschulen?
Schulen, nach ________ man einen Realschulabschluss erhält.
Schulen, in ________ mehr Mädchen als Jungen sind.
Schulen, ________ zwischen Hauptschule und Gymnasium stehen.

c. Gymnasien?
Schulen, ________ zum Abitur führen.
Schulen, in ________ die Schüler neben den Pflichtfächern auch Wahlfächer haben.

d. Fachschulen?
Schulen, ________ eine Berufsausbildung voraussetzen.

e. Sonderschulen?
Schulen, in ________ lernschwache oder lernbehinderte Schüler unterrichtet werden.

f. Berufsschulen?
Schulen, in ________ nur 20% der Ausbildungszeit beansprucht wird.
Schulen, ________ nach Fachklassen eingeteilt sind.

16. **Ü** *Das Institut für Jugendforschung in München hat 500 Jungen und Mädchen im Alter von 12 – 20 Jahren interviewt und sie nach ihren Erfahrungen mit der Schule und den Lehrern befragt:*

Was uns an den Lehrern stört	Was uns an den Lehrern gefällt
31,3% beklagen sich, dass die Lehrer zu autoritär sind. Sie nörgeln an ihnen die ganze Zeit herum.	19,4% aller Schüler finden, dass die Lehrer ehrlich mit ihnen diskutieren, dass man über alles mit ihnen sprechen kann.

Lies noch einmal den Text und unterstreiche die Präpositionen.
Welche Verben verlangen diese Präpositionen?

17. **Ü** *Ergänze die Lücken laut Text (16)*

a. Das Institut für Jugendforschung hat Jungen und Mädchen ________ ihren Erfahrungen mit der Schule und den Lehrern befragt.
b. Einige Lehrer diskutieren ________ den Schülern.
c. Andere nörgeln die ganze Zeit ________ ihnen herum.
d. Mit manchen Lehrern kann man ________ alles reden.

18. **GR** ***Verbele cu prepoziţii* (Verben mit Präpositionen)**

În limba germană există o serie de verbe care în raporturile lor cu complementele cer o anume prepoziţie.

Das Institut für Jugendforschung **befragt** 500 Jungen und Mädchen **nach** ihren Erfahrungen mit der Schule und den Lehrern.

Cazul complementului prepoziţional este determinat de prepoziţie, în cazul nostru prepoziţia **nach** *cerând cazul dativ.*
Deoarece raporturile de legătură între verb şi prepoziţie în limba germană diferă de cele din limba română, aceste verbe trebuie învăţate împreună cu prepoziţia sau prepoziţiile respective.

sich interessieren	+	**für**	+	**acuzativ**
sich erinnern	+	**an**	+	**acuzativ**
teilnehmen	+	**an**	+	**dativ**

De obicei verbele se folosesc numai cu o singură prepoziţie. Există însă şi verbe care pot fi întrebuinţate cu două sau mai multe prepoziţii, în fiecare caz verbul având un sens schimbat.

sich freuen	+	**auf**	+	**acuzativ**	=	a se bucura în legătură cu ceva ce va urma
sich freuen	+	**über**	+	**acuzativ**	=	a se bucura de ceva întâmplat în trecut
sich freuen	+	**an**	+	**acuzativ**	=	a se bucura de ceva petrecut în prezent

În cazul complementului prepoziţional exprimat printr-o persoană, întrebarea se compune din prepoziţie şi întrebarea de caz.

Die Lehrer nörgeln an den Schülern herum.
An wem nörgeln die Lehrer herum?
An den Schülern.

În cazul complementelor prepoziţionale exprimate printr-un lucru, întrebarea se compune din **wo** *şi prepoziţie. Dacă prepoziţia începe cu o vocală, între* **wo** *şi prepoziţie se intercalează consoana* **r**.

Das Institut für Jugendforschung befragt die Jugendlichen **nach ihren Erfahrungen** mit der Schule.

Wo + nach — **Wonach** befragt sie das Institut?
Nach ihren Erfahrungen mit der Schule.
sau
Birgit **freut sich über** ihre Leistungen.

Wo + r + über — **Worüber** freut sich Birgit?
Über ihre Leistungen.

19. *Ergänze die Präpositionen und Endungen:*

Ü

a. _______ dies ______ Prüfung hängt sehr viel ab. — **abhängen von + D** = a depinde de

b. In der Klassenstunde diskutieren Schüler und Lehrer ________ das Thema Schulangst.

c. Der Lehrer fragte seine Schüler ________ ihr ___Traumberuf. — **fragen nach + D**

d. Birgit hat sich vor 5 Jahren ______ d ___ Arztberuf entschieden. — **sich entscheiden + für + A** = a se decide pentru

e. Thorsten eignet sich ________ dies ____ Beruf, er hat sich schon immer _____ Autos interessiert. — **sich eignen + für + A** = a se potrivi pentru; **sich interessieren + für + A**

f. Bärbel träumt in den Ferien ____ d ___ Prüfungen. — **träumen + von + D**

20. *Ergänze:*

Ü

worüber	über	darüber
worauf	auf	darauf
wofür	für	dafür
wonach	nach	danach

a. **A**: ________ sprecht ihr?
B: ________ unsere Berufschancen.
A: ________ sprecht ihr doch schon seit 2 Wochen.

b. **A**: ________ freust du dich am meisten?
B: ________ meine Ferien.
A: ________ freue ich mich auch.

c. **A**: ________ interessierst du dich?
B: ________ meinen Computer.
A: ________ interessiere ich mich weniger.

d. **A**: ________ hast du Peter gefragt?
B: ________ seinen Ferienplänen.
A: ________ habe ich ihn gestern auch gefragt.

e. **A**: Du lachst schon den ganzen Tag. ________ freust du dich denn so?
B: ________ mein gutes Zeugnis.
A: Hast du es deinen Eltern gezeigt? Sie freuen sich, sicher auch _______ .

21. *Witz und Spaß im Unterricht!*

Ü

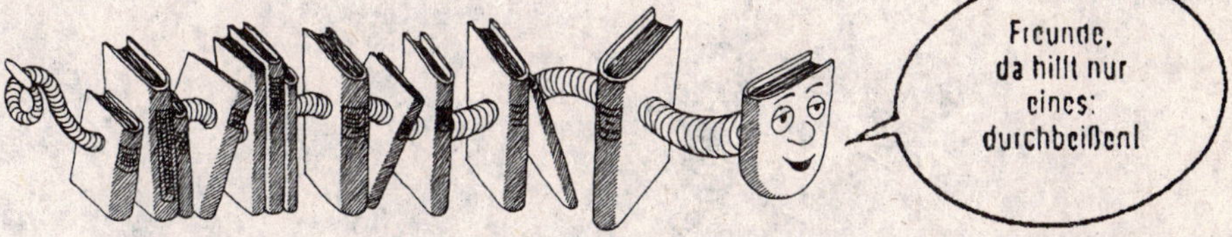

Geographiestunde. An der Wand hängt eine Landkarte.
„Robert", sagt der Lehrer, „zeig uns doch mal, wo Amerika liegt."
Robert zeigt auf Amerika und setzt sich wieder. Daraufhin fragt der Lehrer:
„Und wer hat Amerika entdeckt?"
Da rufen alle wie aus einem Mund:
„Robert!"

Nenne mir die Jahreszeiten", fordert der Lehrer Helmut auf.
„Frühling, Herbst, Winter."
„Aber das sind doch nur drei, Helmut, wo bleibt denn der Sommer?"
„Tja, Herr Lehrer, das habe ich mich in den Ferien auch gefragt!"

Jochen hat die erste Englischstunde hinter sich. Stolz kommt er nach Hause und erzählt:
„Mutti, jetzt kann ich schon ‚bitte', ‚danke' und ‚guten Tag' in einer fremden Sprache sagen!"
„Wie schön", erwidert die Mutter, „auf deutsch konntest du es ja bisher nicht!"

22. **Ü** *Was war in dieser Lektion leicht? Was hast du als schwierig gefunden? Was müsstest du wiederholen?*

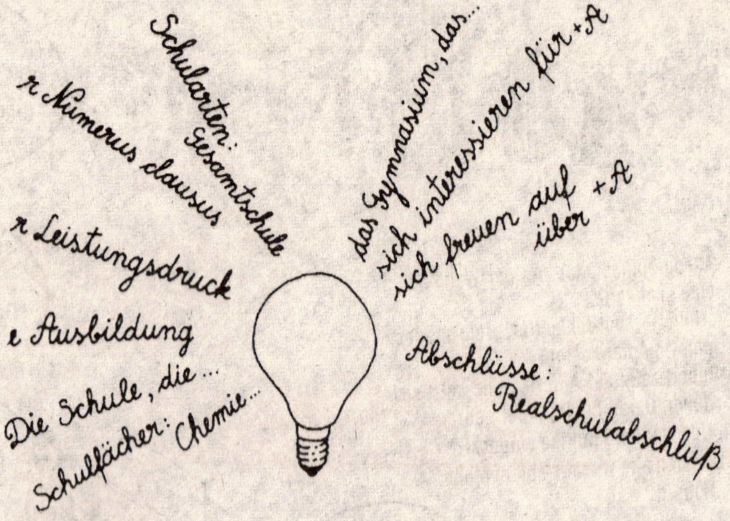

LEKTION 27

1. *Welches Bild passt zu welchem Beruf?*

Ü

A.

B.

C.

D.

E.

F.

G.

H.

I.

J.

K.

L.

1. Kellner, -in
2. Augenoptiker, -in
3. Technischer Zeichner
Technische Zeichnerin
4. Koch, Köchin
5. Zahnarzt, ⸚in
6. Sekretär, -in

7. Schreiner
8. Hausfrau
9. Priester
10. Kindergärtnerin
11. Kraftfahrzeugmechaniker
12. Krankenschwester/
Krankenpfleger

A	B	C	D	E	F	G	H	I	J	K	L
8											

2. *Wo arbeiten die Leute? Bei einigen sind auch zwei Arbeitsplätze möglich.*

Ü

a. Schneiderin
b. Krankenschwester
c. Sekretärin
d. Lehrerin
e. Diplomingenieur
f. Verkäuferin
g. Koch
h. Kfz-Mechaniker
i. Bankkauffrau

1. Werkstatt
2. Sparkasse/Bank
3. Kaufhaus/Supermarkt/Fachgeschäft
4. Klinik/Praxis
5. Restaurant
6. Modesalon
7. Schule
8. Export/Import/Industriebetrieb
9. Transport A.G.

a	b	c	d	e	f	g	h	i
6								

3. *Schau dir noch einmal die Piktogramme an und ergänze die Berufe!*

Ü

a. Die Sekretärin vereinbart Termine am Telefon.
b. ______________ bedient in einem Gasthaus.
c. ______________ arbeitet handwerklich und hat viel Kundenkontakt.
d. ______________ repariert Autos.
e. ______________ gibt eine Spritze.
f. ______________ zeichnet am Reißbrett.
g. ______________ kocht, räumt auf, kümmert sich um die Kinder.
h. ______________ behandelt kranke Zähne.
i. ______________ arbeitet mit kleinen Kindern.
j. ______________ arbeitet in der Kirche.
k. ______________ repariert oder macht Möbelstücke.
l. ______________ kocht in einem Restaurant das Essen.

4. *Antworte auf die Fragen!*

Ü

a. Wer hat ein festes Gehalt?
b. Wer wird vom Staat bezahlt?
c. Wer braucht die längste Ausbildung?
d. Wer kann eine Meisterprüfung ablegen?
e. Wer bekommt Trinkgeld?
f. Wer braucht ein Studium?
g. Wer kann sich bei der Arbeit hinsetzen?
h. Wer braucht ein Diplom?
i. Wer erfreut sich großen Ansehens?
j. Wer arbeitet körperlich schwer?
k. Welche Berufe sind zukunftssicher?

5. *Ordne bitte die folgenden Berufe in die Tabelle ein:*

Ü

Mechaniker, Montierer, Köchin, Maschinist, Ingenieur, Ärztin, Ober, Kraftfahrer, Erzieherin, Friseur, Maurer, Schauspieler, Keramiker, Lehrerin, Maschinenbautechnikerin, Maler, Kauffrau, Apothekerin, Bibliothekar, Hausfrau

Industrie/ Handwerk	Dienstleistung	techn. Berufe	akadem. Berufe	andere Tätigkeiten

6. *Welche Kriterien beachten die Deutschen bei ihrer Berufswahl?*

r Arbeitsplatz, ⸚e = locul de muncă
r Umgang, ⸚e = raportul, relaţia
s Verdienst, -e = meritul; câştigul
s Ansehen, *sg.* = prestigiul
e Eignung, -en = aptitudinea, potrivirea
e Arbeitsplatzsicherheit, *sg.* = siguranţa locului de muncă
e Aufstiegschance, -n = şansa de promovare

Berufswahlkriterien

Erfahrungen der Berufsberater

Sehr wichtig bei der Berufswahl sind ...

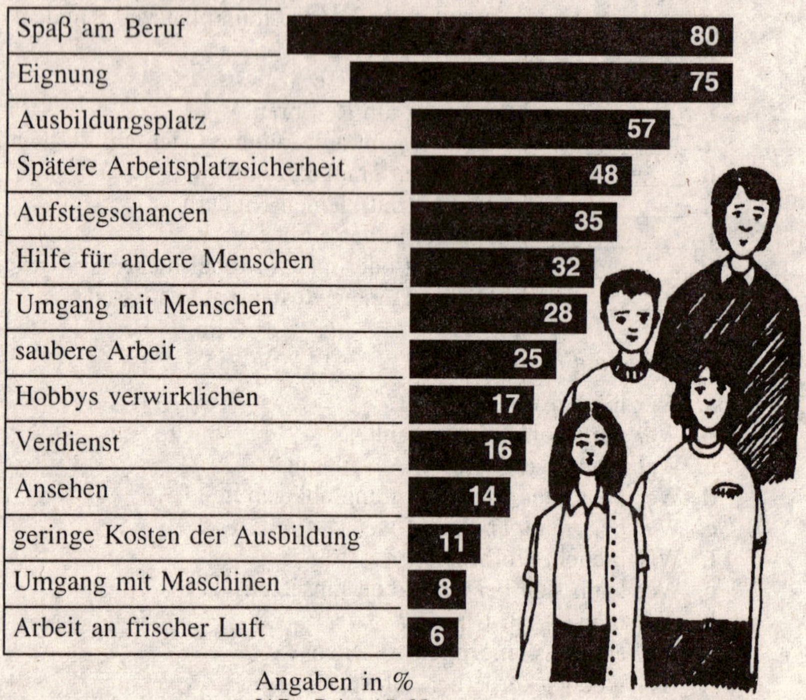

Angaben in %
IAB - Beitr. AB 85

a. __90__% glauben, dass man unbedingt Freude an der Arbeit haben muss.
b. ________% meinen, dass man für die betreffende Arbeit geeignet sein muss.
c. ________% sagen: „Für die Ausbildung muss man eine Lehrstelle finden können."
d. ________% glauben: „Ein Beruf muss Zukunft haben."
e. ________% halten es für wichtig, dass man im Beruf Karriere machen kann.
f. ________% meinen: „Man müsste anderen helfen können."
g. ________% sagen : „Im Beruf muss man Kontakt mit anderen Menschen haben."
h. ________% behaupten: „Schmutzige Arbeit, das ist nicht für mich."
i. ________% meinen: „Im Beruf, da will ich meine Hobbys pflegen."
j. ________% sind der Meinung, dass man gut verdienen muss.
k. ________% glauben: „Was die anderen über mich sagen, das ist mir sehr wichtig."
l. ________% behaupten: „Die Ausbildung darf nicht viel kosten."
m. ________% wollen mit Maschinen zu tun haben.
n. ________% sagen: „Wichtig ist, wenn man in der Natur arbeiten kann."

7. *Welche Kriterien hältst du für besonders wichtig?*
Ü *Kreuze 5 davon an und notiere sie der Wichtigkeit nach:*

a. __________
b. __________
c. __________

8. *Traumberufe*

Ü **A.** Was willst du werden, wenn du groβ bist? Eine wichtige Frage, wenn man klein ist. Später fragen sich die Jungendlichen selbst, was sie werden wollen. Mehr als 60 Prozent der 15 jährigen bis 24 jährigen in der Bundesrepublik träumen von einem „Traumberuf". Sie möchten Naturwissenschaftler werden (12,7 Prozent), Ingenieur (12%) oder Manager (8,5%). Die jungen Frauen sehen sich im Traum als Künstlerin (12%), Modedesignerin (7,2%) oder als Managerin in einem Hotel (7,6). Manche Träume sind sogar schon Wirklichkeit: Ihren Traumberuf haben 9,5% der Männer und 2,9% der Frauen – sagen sie. Dennoch sind 82,5% von allen, die einen Beruf haben, mit ihrer Arbeit zufrieden. Also: Auch ohne Traumberuf kann man glücklich sein.

B. *Friseurin*
Tina Fuchs, 29, München

„Schon als Kind schnitt ich meinen Puppen gern die Haare, und so habe ich mit siebzehn nach der Realschule eine Friseurlehre begonnen. Zum Glück bin ich in einem internationalen Laden gelandet, wo man viel mitkriegt."

C. *Von der Innenarchitektur zur Krankenpflege*
Christina Hellwig, 28, Hamburg

„Nach dem Abitur sollte ich Innenarchitektur studieren wie mein Vater und im Familienbetrieb mitarbeiten. Aber das Studium gefiel mir nicht. Ich bin dann nach dreijährigerAusbildung Krankenschwester geworden. Der Beruf ist zwar extrem schlecht bezahlt, aber er fordert mich, und er ist international."

D. *Augenoptikerin*
Sibylle Mönnig, 23, Köln

„Ich wollte einen handwerklichen Beruf und wurde Augenoptikerin. Jetzt bin ich froh, dass ich nicht nur handwerklich arbeite, sondern auch Kundenkontakt habe. Brillenstyling und Kundenberatung machen mir Spaβ, weil ich da Geschmack und Kreativität verwende."

E. *Von der Chemie zur Architektur*
Kerstin Hunze, 30, Hamburg

„Zuerst war ich Chemie-Ingenieurin. Ich musste oft mit giftigen Chemikalien arbeiten, und das ist gesundheitsschädlich. Also: Berufswechsel. Über Beziehungen fand ich eine Stelle in einem Architekturbüro, wo ich für einen Groβteil der Organisation verantwortlich bin."

F. *Automechaniker*
Max Pächter, 22, Mainz

„Meine Eltern hatten eine Autowerkstatt, deshalb musste ich Automechaniker werden. Das war schon immer klar, obwohl ich nie Lust dazu hatte. Ich wollte eigentlich immer in einem Büro als Bürokaufmann arbeiten. Meine Arbeit macht mir aber jetzt Spaβ."

G. *Floristin*
Claudia Hinz, 26, Mainz

„Das Tolle an meinem Beruf ist, das sich die Kunden freuen und es auch sagen, wenn ich einen Blumenstrauβ hübsch gebunden habe. Aber es ist auch eine schmutzige Arbeit. Ich habe mich jetzt selbstständig gemacht. Das ist hart, weil ich noch keine Angestellte haben kann. Viermal in der Woche bin ich um sechs Uhr morgens auf dem Blumengroβmarkt."

9. *Wovon träumen die jungen Menschen aus Text A? Was möchten sie werden?*

Jungen	Mädchen
12,7% ________	12,0% ________
12,0% ________	7,6% ________
8,5% ________	7,2% ________

10. *Ergänze das Raster mit Daten aus dem Text.*
Erweitere es auch mit deinen persönlichen Daten!

Name	Alter	Traumberuf	jetztiger Beruf	Ausbildungsart

11. *Spaβ an der Arbeit findet man aus verschiedenen Gründen. Für welche Personen treffen die folgenden Begründungen zu?*

a. Forbildungsmöglichkeiten: ________________
b. Kreativität: ________________
c. Arbeit im Freien: ________________
d. Selbstständigkeit: ________________

12. *Viele deutsche Namen sind Berufsbezeichnungen, wie z.B. Bauer, Müller (morar) usw. Manchmal erkennt man sie erst auf den zweiten Blick. In allen diesen Namen ist ein Verb enthalten, aus dem weitere Substantive abgeleitet werden können.*

A. *Lies die Namen aufmerksam durch und schreibe die jeweils entsprechenden Verben in die Spalte daneben.*

B. *Welche anderen Substantive kennst du schon, die mit diesen Verben im Zusammenhang stehen? Schreibe sie in die 3. Spalte.*

a. Schneider **b.** Koch **c.** Maler **d.** Brauer **e.** Bäcker **f.** Weber **g.** Händler **h.** Sänger **i.** Kaufmann	schneiden	der Schnitt, die Schneiderei

13. ***Formarea cuvintelor*** **(Die Wortbildung)**

GR *Fiecare limbă îşi poate îmbogăţi vocabularul existent prin derivare (prefixe şi sufixe) sau prin compunere.*
În limba germană acest procedeu este foarte des folosit. În cele mai multe cazuri, pentru cel care învaţă limba germană este suficient să cunoască un cuvânt din familia respectivă de cuvinte pentru a putea deduce sensul cuvântului nou întâlnit. Cunoaşterea felului de formare a cuvântului permite determinarea corectă a genului la substantive.
Nu este indicat să formezi din proprie iniţiativă cuvinte noi, ele putând fi greşite.

A. *Multe substantive provin din verbe:*

	m.			f.		
	1 -	2 -el	3 -er	4 -e	5 -t	6 -ung
fliegen:	r Flug	r Flügel	r Flieger	e Fliege	—	
sprechen:	r Spruch		r Sprecher	e Sprache		e Besprechung

n.	
7 -en	8 Ge-
s Fliegen	s Geflügel
s Sprechen	s Gespräch

Substantivele din grupa 1, 2 şi 3 sunt întotdeauna de gen masculin, cele din grupa 4, 5 şi 6 sunt în proporţie de 95% de gen feminin, cele din grupa 7 întotdeauna de gen neutru şi cele din grupa 8 în proporţie de 80% de gen neutru.

B. *Substantivele cu terminaţia* **-in** *se formează din substantive masculine şi sunt de gen feminin.*

C. *Substantivele cu terminaţia* **-chen** *şi* **lein** *sunt întotdeauna de gen neutru.*

D. *Substantivele care provin din adjective sau participii:*
– **der Alte, die Alte, das Alte** *provin din adjective şi se declină după regulile de declinare ale acestora;*
– **der Angestellte, der Reisende** *provin din participii şi se declină după regulile de declinare ale substantivelor.*

E. *Pentru adjectivele care provin din alte adjective sau din participii, cel mai des se folosesc derivările cu* **un-** *pentru forme negative și* **über-** *pentru a exprima gradul superlativ.*

exemple:	freundlich	**un**freundlich **über**freundlich
	genau	**un**genau **über**genau

F. *Pentru adjective care provin din substantive, cel mai des folosite sufixe sunt:* - **reich**, -**voll**, -**arm**, -**los**.

exemple:	hilf**reich**	– doritor de a ajuta
	hilf**los**	– fără ajutor, neajutorat
	hoffnungs**voll**	– plin de speranţe
	gedanken**arm**	– sărac în idei, lipsit de idei

G. *Cuvinte compuse*
substantive compuse

1. *substantiv + substantiv fără intercalarea unei litere*
der Sommer + das Haus = *das Sommerhaus*
Cuvântul de bază (cel de la sfârșit) decide asupra genului substantivului nou format.

2. *substantiv + substantiv prin intercalarea silabei de legătură* **-e, -(e)n, -(e)s:**
die Geburt + s + der Tag = *der Geburtstag*
die Straβe + n + die Bahn = *die Straβenbahn*
der Tag + e + das Geld = *das Tagegeld* (diurnă)

14. *Wie heiβt der Artikel?*

Ü

Beziehung, Verkauf, Unterricht, Berufsberater, Autowerkstatt, Kundenberatung, Anfang, Schneiderin, Berufswahl, Handlung, Sparkasse, Traumberuf, Arbeitsplatz, Familienbetrieb, Friseurlehre, Kaufhaus, Industriebetrieb, Lieblingstätigkeit, Lehrstelle, Wichtigkeit.

Ordne die Nomen nach dem Geschlecht und unterstreiche die kennzeichnende Endung.

15. *Schau dir das Schema an und beantworte die Fragen:*

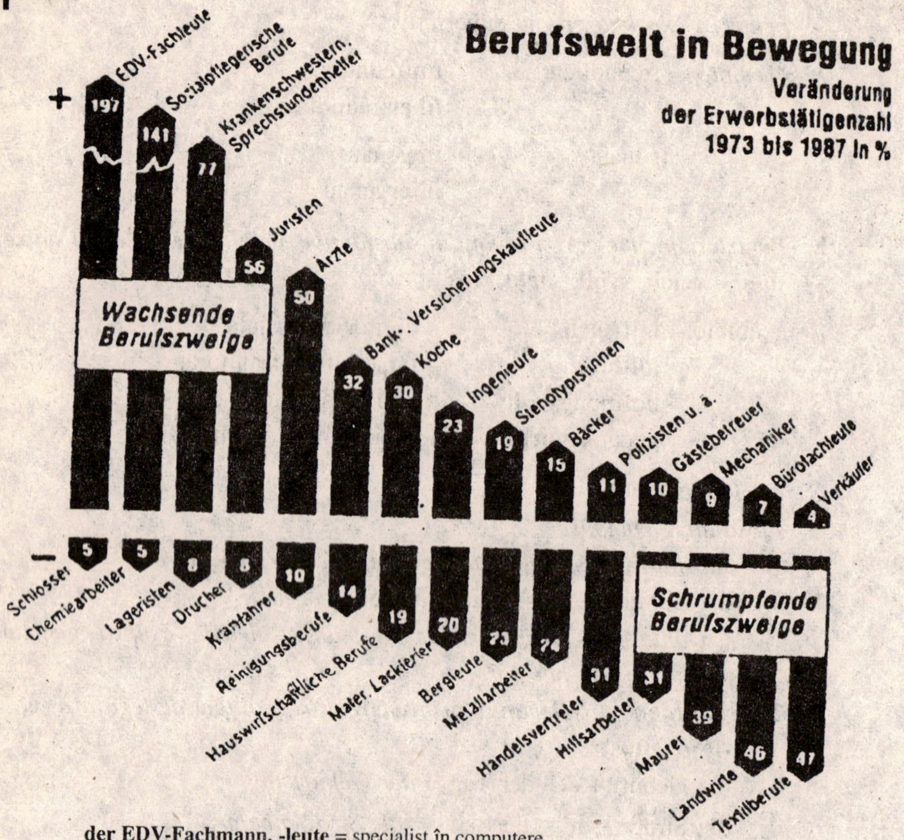

der EDV-Fachmann, -leute = specialist în computere
der sozialpflegerische Beruf, -e = meserii de asistenţă socială
der Gästebetreuer, - = persoană care îndrumă, se îngrijeşte de oaspeţi
der Lagerist, -en = muncitor într-un depozit
der Schlosser, - = lăcătuş
der Drucker, - = tipograf
der Kraftfahrer, - = şofer de camioane
der Handelsvertreter, - = reprezentant comercial
der Landwirt, -e = agronom

a. Welche Berufe sind „in"? ____________________
b. Welche Berufe sind weniger gefragt? ____________________
c. Welche Berufe sind sehr wenig gefragt? ____________________
d. Wie ist das in Rumänien? Stelle eine Liste auf! ____________________

	+	−
A.	________	________
B.	________	________

16. *Wie kannst du folgende Berufe erklären?*

Ü

a. Modeberuf – ein Beruf, den sich viele Jugendliche wünschen
b. Mangelberuf – _________, in dem _________
c. Zukunftssicherer Beruf – _________, _________

17. *Lies den Text aufmerksam durch.*
Unterstreiche die neuen Merkmale der modernen Arbeitswelt.

Ü

Arbeit der Zukunft – Zukunft der Arbeit

Die führenden Industrienationen erleben eine Phase tiefer Rezession: Arbeitslosigkeit bedroht Millionen Menschen. Gleichzeitig steht die Industrie vor gewaltigen Innovationsprozessen. Die zeitliche Dimension von Arbeit wird sich dadurch verändern und neue Forderungen an die Kompetenz der Arbeitnehmer stellen.
Neben der „Gleitzeit" werden sich Flexibilisierungsmodelle wie Teilzeitarbeit, kapazitätsorientierte variable Arbeitszeit, schwingende Arbeitswoche ausbreiten.
Die modernen Techniken ersetzen in Produktion und Büro die manuellen und repetitiven Tätigkeiten. Die neuen komplexen Tätigkeiten verlangen erweiterte Fachkenntnisse, erhöhte Flexibilität und verstärkte Kooperation. Es werden neue Arbeitstugenden gefragt, denn technische Veränderungen stellen höhere Anforderungen an die Verantwortung, die geistige Mobilität und an das Kreativvermögen.
Generell wird sich der Trend hin zu produktions- bzw. unternehmensbezogenen Dienstleistungen beschleunigt fortsetzen. Die Integrierung in technische Systeme kann zu einer höheren Komplexität der Arbeitsaufgaben führen, die Arbeit wird abstrakter. Die Arbeit an der Maschine tritt zurück zugunsten von Steuerungs- und Regelungstätigkeiten. Anstelle der Handarbeit treten die Steuerung von Vorgängen mit Hilfe abstrakter Befehle, Zeichen und Symbole. Dieses setzt bei den Arbeitskräften ein analysierendes, differenzierendes Denken voraus.

r **Arbeitnehmer, -** = angajat, lucrător
r **Trend, -s** = tendinţă de dezvoltare
r **Vorgang, ⸚e** = proces
r **Befehl, -e** = ordin, comandă
s **Vermögen, -** = capacitate, aptitudine
s **Zeichen, -** = semn
s **Denken,** *sg.* = gândire
e **Herausforderung, -en** = provocare, aici cerinţa
e **Gleitzeit, -en** = program de lucru flexibil

e **Teilzeitarbeit, -en** = activitate cu program redus
e **Tätigkeit, -en** = activitate
e **Veränderung, -en** = schimbare, modificare
e **Anforderung, -en** = cerinţă, exigenţă
e **Verantwortung, -en** = responsabilitate
e **Tugend, -en** = virtute
e **Arbeitsaufgabe, -n** = sarcină de serviciu
e **Steuerungstätigkeit, -en** = activitate de comandă
e **Arbeitskraft, ¨-e** = forţă de muncă, *aici:* lucrător
erleben = a trăi
bedrohen = a ameninţa
ersetzen = a înlocui
beschleunigen = a grăbi, a accelera
schwingend = flexibil
unternehmensbezogen = adaptat necesităţilor întreprinderii

18. Ü *Stehen die folgenden Informationen im Text?*

		ja	nein
a.	Die Arbeitslosigkeit wird ansteigen.		
b.	In der Industrie gibt es wenig Neuerungen.		
c.	Von den Arbeitnehmern verlangt man neue Fähigkeiten/Eigenschaften.		
d.	Die Arbeitszeit wird flexibler sein.		
e.	Die manuellen Tätigkeiten bleiben weiterhin von besonderer Bedeutung.		
f.	Die Dienstleistungen werden sich weiter entwickeln.		
g.	Die Handarbeit kann durch abstrakte Arbeit nicht ersetzt werden.		

19. Ü *Was passt wohin?*

Präzision, schwingende Arbeitswoche, Dienstleistung, Fähigkeit zur Teamarbeit, erweiterte Fachkenntnisse, variable Arbeitszeit, Offenheit andere zu informieren, Teilzeitarbeit, Freundlichkeit, komplexe Arbeitsaufgaben, Pflichtgefühl, Verantwortungsgefühl, Steuerungstätigkeit, fleißig sein, lernen können, geistige Mobilität, Pünktlichkeit, analysierendes Denken

Arbeitstugenden	**Arbeitszeit**	**Arbeitsbereiche**
Präzision	schwingende Arbeitswoche	. . . . .

20. *Welche der Arbeitstugenden betrachtest du als besonders wichtig?*

Ü

a. ________ **d.** ________
b. ________ **e.** ________
c. ________

21. *Was passt zusammen? Vergleiche mit den Texten von Ü8.*

Ü

a. Tina		mit giftigen Stoffen arbeiten.
b. Christina	sollte	schon immer Friseuse werden.
c. Max	wollte	Architektur studieren.
d. Sibylle	musste	Automechaniker werden.
e. Kerstin		handwerklich arbeiten.

a. Tina wollte schon immer Friseuse werden.

22. *Wie sind die Infintivformen?*

Ü

a. sollte ________
b. wollte ________
c. musste ________

23. ***Verbele modale*** **(Die Modalverben)**

GR

Verbele modale formează imperfectul ca verbele regulate (slabe). Ele se conjugă la timpul imperfect după cum urmează:

können	**müssen**	**sollen**
ich konnte	ich musste	ich sollte
du konntest	du musstest	du solltest
er	er	er
sie konnte	sie musste	sie sollte
es	es	es
wir konnten	wir mussten	wir sollten
ihr konntet	ihr musstet	ihr solltet
sie konnten	sie mussten	sie sollten

mögen	**wollen**	**dürfen**
ich mochte	ich wollte	ich durfte
du mochtest	du wolltest	du durftest
er	er	er
sie mochte	sie wollte	sie durfte
es	es	es
wir mochten	wir wollten	wir durften
ihr mochtet	ihr wolltet	ihr durftet
sie mochten	sie wollten	sie durften

24. *Herr Winter, Herrn Müllers Nachbar, erzählt. Verwende das Imperfekt.*

Ü

a.	Herr Müller wollte ein Haus bauen.	wollen
b.	Er ________ lange sparen.	müssen
c.	Er ________ kein Grundstück kaufen, denn er hatte schon eins.	müssen
d.	Er ________ einstöckig bauen.	dürfen
e.	Den Bauplan ________ er nicht alleine machen, darum ging er zu einem Architekten.	können
f.	Dieser ________ ihm einen Plan für ein Bungalow machen.	sollen
g.	Für den Plan ________ der Architekt nicht viel Geld, einen Freundschaftspreis, sagte er.	wollen
h.	Einen Teil der Baukosten ________ Herr Müllers Vater finanzieren.	können
i.	Trotzdem ________ Herr Müller zu Banken, Ämtern und zum Notar laufen.	müssen
j.	Vor einer Woche ________ er endlich mit dem Bau anfangen.	können

25. *Lies die Anzeigen aufmerksam durch:*

Ü

Stellenangebote

Management Training veranstaltet praxisbezogene Konferenzen und Seminare für Führungskräfte in der Wirtschaft.
Zur Unterstützung unseres Teams suchen wir ab April

eine Bürogehilfin

Wir erwarten perfekte Schreibmaschinenkenntnisse zur Erledigung der allgemeinen Büroarbeiten, PC-Erfahrung wäre wünschenswert. Wir bieten ein gutes Arbeitsklima und leistungsgerechtes Gehalt. Fühlen Sie sich angesprochen? Wir freuen uns auf Ihre schriftliche Bewerbung an die nachstehende Adresse:

MTH Management Training GmbH, Hr. Müller
Postfach 36 40 22, 2000 Hamburg 36

Das Fritz-Lang-Institut für Biochemie sucht zum 1. 1. 1990 oder früher eine

SEKRETÄRIN

Die Stelle ist bis zum 31. 12. 1993 befristet

Gute englische Sprachkenntnisse, organisatorische Fähigkeiten sowie Vertrautheit mit den üblichen Büroarbeiten sind Voraussetzung. Kenntnisse in Textverarbeitungssystemen erwünscht.

Die Vergütung richtet sich nach dem Bundesangestelltentarifvertrag (BAT). Außerdem werden alle im öffentlichen Dienst üblichen Sozialleistungen gewährt. Schwerbehinderte Bewerberinnen werden bei gleicher Eignung bevorzugt eingestellt.

Schriftliche Bewerbungen mit den üblichen Unterlagen werden erbeten an

Fritz-Lang-Institut für Biochemie
Abteilung Zellphysiologie - Sekretariat -
Heinrich-Baumeister-Straße 7, 6000 Frankfurt a. M. 51

26. *Lies noch einmal die Anzeigen und ergänze die Tabelle:*

Beruf	*Anzeige A* Sekretärin	*Anzeige B* Bürogehilfin
Aufgaben		
Berufsausbildung		
persönliche Eigenschaften		
besondere Fähigkeiten		
besondere Kenntnisse		perfekte Computerkenntnisse
Was bietet die Firma?		

27. *Vielleicht möchtest du dich bei einer deutschen Firma bewerben. Eine wichtige Unterlage ist dein Lebenslauf. (Einen ausführlich geschriebenen Lebenslauf findest du im Schlüssel.)*

28. *Schreib jetzt deinen Lebenslauf zuerst in tabellarischer Form und nach dem im Schlüssel angeführten Beispiel, auch in der ausführlichen Form:*

Name:
Geburtsdatum:
Geburtsort:
Vater:
Mutter:

Geschwister:
Familienstand:
Name des Ehemannes/der Ehefrau:
Name und Alter der Kinder:
Schulbildung:
Fremdsprachenkenntnisse:
Berufsausbildung:

Unterschrift

Hier ein paar Hilfen für deinen ausführlichen Lebenslauf:

- **sich für einen Beruf entscheiden** = a se decide în legătură cu o profesie
- **sich auf einen Beruf vorbereiten** = a se pregăti pentru o profesie
- **sich um eine Stelle bewerben** = a solicita un loc de muncă
- **als ... tätig sein** = a activa în calitate de ...
- **eine gute Arbeit leisten** = a presta/a face o muncă bună
- **sich in seinem Fach weiterbilden** = a se perfecţiona în domeniu
- **geboren werden** = a se naşte
- **Schule besuchen** = a urma şcoala
- **zu einer Schule überwechseln** = a se muta la şcoala...
- **das Studium abschließen** = a-şi termina studiile
- **kündigen** = a-şi da demisia
- **verheiratet sein** = a fi căsătorit

29. *Und nun ein Modell von einem Bewerbungsbrief:*

Ü

Adam Hausmann
Edelweiß Straße 15
8194 Geretsried *16.10.77*

Hebel Gasbetonwerk GMBH
8080 Emmering-Fürstenfeldbrunde Straße 90

Bewerbung als Betriebsschlosser
Ihre Stellenanzeige im Amperkurier vom 15.10.1977

Sehr geehrte Herren,
hiermit bewerbe ich mich um die oben genannte Stelle. Ich bin 42 Jahre alt, verheiratet und habe 2 Kinder. Nach meiner Ausildung als Maschinenschlosser habe ich 10 Jahre als Betriebsschlosser in einer Kabelfabrik gearbeitet und habe mich hauptsächlich mit der Wartung und Reparatur von Maschinen beschäftigt.
Bitte entnehmen Sie alles Weitere meinem Lebenslauf und den beigefügten Zeugniskopien.

Ich würde mich freuen, wenn Sie mir einen Termin zur persönlichen Vorstellung nennen könnten.

Mit freundlichen Grüßen

Adam Hausmann

2 Anlagen: 1 Lebenslauf
2 Zeugnisse

30. **Ü** *Wähle dir eine Anzeige und schreibe einen Bewerbungsbrief.*

Deine Adresse

Adresse der Firma

Bewerbung als (*Beruf und angebotene Tätigkeit*)
Stellenanzeige (*Nr., Zeitung vom..., Datum*)
Hiermit bewerbe ich mich um die oben genannte Stelle als... Ich bin (...) Jahre alt, (*Familienstand*) und habe (*Zahl*) Kinder.
Nach meiner Ausbildung als (*Beruf*) habe ich (*Jahre*) als (*Beruf*) (*Tätigkeit*) in (*Firma, Arbeitgeber*) gearbeitet und habe mich hauptsächlich mit (*Art der Tätigkeit*) beschäftigt.
Bitte entnehmen Sie alles Weitere meinem beigefügten Lebenslauf und den Zeugnissen.
Ich würde mich freuen, wenn Sie mir einen Termin zur persönlichen Vorstellung nennen könnten.

Deine Unterschrift
Anlagen ________
____
____

Tipps für die Bewerbung

1. Für die Bewerbung brauchen Sie:
- den Bewerbungsbrief
- den tabellarischen Lebenslauf
- beglaubigte und übersetzte Zeugniskopien
  Keine Originale wegschicken!

2. Wenn Sie eine Bewerbung schreiben, überlegen Sie, welche Kenntnisse den Arbeitgeber besonders interessieren könnten.

3. Berichten Sie nicht viel über Ihr persönliches Schicksal.

4. Wenn Zeugnisse verloren gegangen sind, erklären Sie, warum.

5. Wenn Sie eine Zeit lang nicht gearbeitet haben
- Krankheit, Militärdienst oder Ausbildung – geben Sie eine kurze Begründung.

6. Referenzen, Foto und Handschriftenprobe sind für die erste Bewerbung nicht nötig. Nur dann, wenn der Arbeitgeber darum bittet.

31. *Arbeit macht den meisten Menschen Spaß.*

Ü *Schau dir die Karrikatur an. Ist die Situation möglich? Warum (nicht)? Finde einen passenden Titel!*

32. *Was war in dieser Lektion leichter? Was war schwieriger? Was müsstest du wiederholen?*

Ü

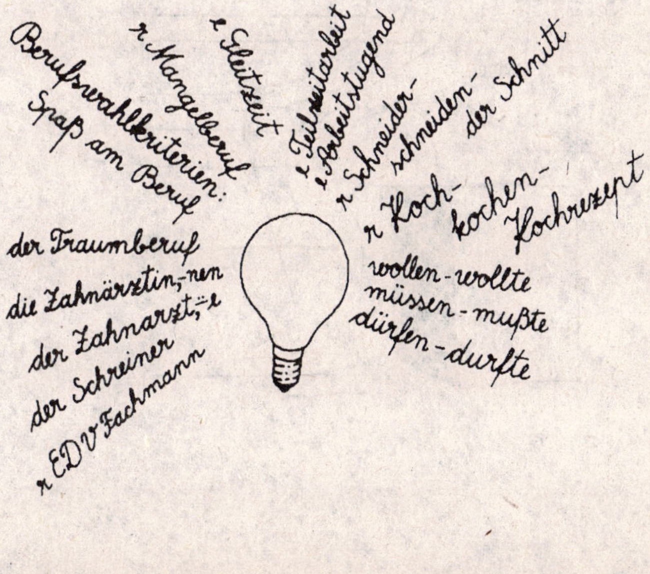

LEKTION 28

1. *Wie heiβen die Körperteile? Erinnerst du dich noch?*

Ü *Ergänze mit folgenden Wörtern:* das Auge, der Fuβ, das Haar, die Hand, das Herz, der Zahn, der Kopf, die Nase.

1. ___ ___; **2.** ___ ___; **3.** das Ohr **4.** der Hals **5.** die Brust;

6. ___ ___; **7.** ___ ___; **8.** der Mund; **9.** ___ ___; **10.** ___ ___;

11. der Arm; **12.** der Bauch; **13.** ___ ___; **14.** der Finger; **15.** das Knie;

16. das Bein; **17.** ___ ___; **18.** der Rücken; **19.** der Popo

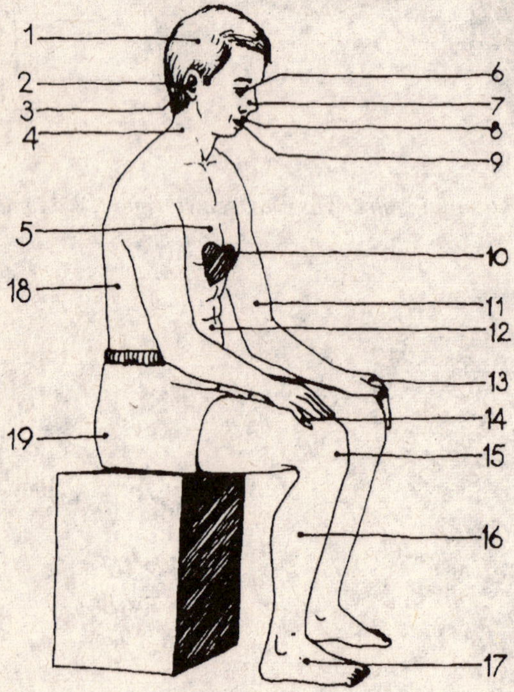

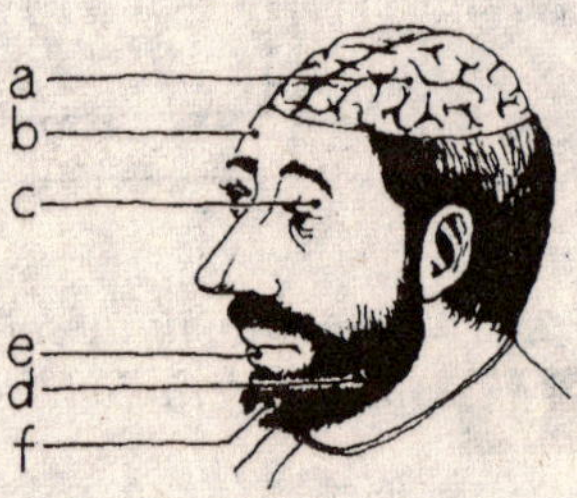

a. das Gehirn

b. die Stirn

c. das Lid

d. der Bart

e. die Lippe

f. das Kinn

2. **Ü** *Suche folgende Vokabeln im Wörterbuch, oder vielleicht kennst du sie schon! Schreib dann die passenden Nummern in die Kreise und die rumänische Übersetzung daneben!*

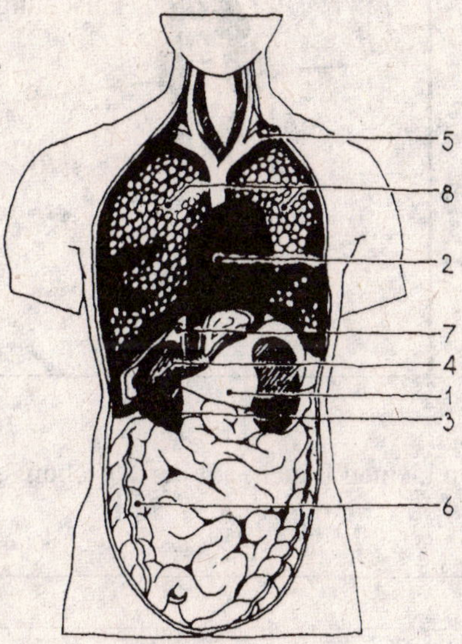

- ◯ die Schlagader __________
- ◯ die Lunge __________
- ◯ das Herz __________
- ◯ die Leber __________
- (3) die Gallenblase __________
- ◯ der Magen __________
- ◯ die Niere __________
- ◯ der Darm __________

3. In jedem Satz fehlt ein Substantiv. Welches?

Ü

a. Ute hat ein hübsches Gesicht, nur ihre Nase ist ein bisschen zu groβ.
b. Wer blonde Haare hat, hat meistens auch eine helle ________.
c. Wie schlafen Sie am liebsten: auf dem Bauch, auf der Seite oder auf dem___?
d. Diese Arbeit ist zu schwer für mich. Das muss jemand machen, der mehr ________ hat.
e. Wenn man zuviel Sport macht, tut man seinem ________ nicht Gutes.
f. Als ihn die Polizei kontrollierte, hatte er 2,8 Promille Alkohol im ________.

Blut *Haut* *Gesicht*

Kraft *Körper* *Rücken*

4. *Verlgeiche! Was ist hier falsch?*

Ü

a. Im Original hat die Frau einen kleinen Bauch, auf der Fälschung hat sie einen groβen Bauch.

b. Im Original hat die Frau ______________________,
auf der Fälschung hat sie ______________________

c. ______________________

d. ______________________

e. ______________________

f. ______________________

g. ______________________

5. *Vergleiche Herr und Hund!*

Ü

a. Körperteile
b. die Gröβe
c. die Geschwindigkeit
d. die Kraft

a. Der Mann hat genauso kurze Beine wie der Hund.

6. *Was fehlt hier? Ergänze!*

Ü

Krankheit Pille Gesundheit Grippe
Krankheit Fieber Wunde Rückenschmerzen

a. Schon seit vier Tagen hat meine Mutter 38 Grad Fieber.

b. Ich habe eine Erkältung, sagt der Arzt. Zum Glück ist es keine ________.

c. Nehmen Sie eine ________ vor dem Essen, am besten mit Wasser.

d. Die ________ blutet sehr stark. Wir brauchen sofort einen Arzt.

e. Bruno war doch noch so jung. An welcher _________ ist er gestorben?

f. Der ganze Rücken tut mir weh. Ich habe starke ________.

7. *Du hast Grippe und du gehst in die Apotheke und kaufst Medikamente. Welche der Medikamente sind wohl gegen Grippe?*

Ü

8. *Lies nun die Informationen über die Medikamente und ergänze die Tabelle. Mach die Übung ohne Wörterbuch. Such erst im Wörterbuch die wichtigen Vokabeln, die du nicht verstehst.*

Ü

Allgemeine Angaben: ASPIRIN ist ein in aller Welt anerkanntes, gut verträgliches Arzneimittel gegen Schmerzen, insbesondere Kopfschmerzen, Fieber und Entzündungen.

Gebrauchsinformation

ASPIRIN®

Wirkstoff: Acetylsalicylsäure

Dosierung: Soweit nicht anders verordnet:

	Erwachsene	Kinder ab 5 bis 9 Jahren
Einzeldosis	12 Tabletten	1/2 Tablette
Tagesdosis	bis 6 Tabletten	bis 1 1/2 Tabletten

Nasovit

Spray gegen Schnupfen

Dosierungsanleitung, Art der Anwendung
Soweit nicht anders verordnet nach Bedarf , etwa 34mal täglich, durch leichten Druck auf die Sprayflasche in die Nase sprühen.

Ossogen Tabletten
Halstabletten
bei entzündungen im Mund und Rachenraum

Soweit nicht anders verordnet, alle 23 Stunden eine Tablette langsam unter der Zunge oder im Munde zergehen lassen; nicht schlucken und nicht kauen.

Aurimed Ohrentropfen

Soweit nicht anders verordnet, gibt man 34 mal täglich 24 Tropfen in das schmerzende Ohr. Die Ohrentropfen sollten vor der Anwendung auf Körperte mperatur erwärmt werden.

Olynth 0,1 %
Wirkstoff:
Xylomatazolinhydrochlorid

Für Erwachsene und Schulkinder

Dosierungsanleitung und Art der Anwendung:
Soweit nicht anders verordnet, je nach Bedarf Olynth 0,1% 1mal oder mehrmals täglich in jedes Nasenloch einsprühen oder 23 Tropfen der 0,1% igen Lösung mit der Pipette in jedes

Bepanthen® Roche
Wirkstoff: *Dexpantheol*
Salbe
Anwendungsgebiete: Chirurgie, Hautkrankheiten, Zahnheilkunde
Dosierungsanleitung
Soweit nicht anders verordnet:
Je nach Art und Schwere einbis mehrmals täglich anwenden.

ben-u-ron® Suppositorien

Wirkstoff: Paracetamol
Schnell wirkendes, magenverträgliches Schmerzmittel
Anwendungsgebiete: Leichte bis mäßig starke schmerzen, Fieber

Dosierungsanleitung und Art der Anwendung: Falls nicht anders verordnet, zweibis dreimal täglich 1 Zäpchen in den Darm einführen.

Melrosum® HUSTENSIRUP N

Anwendungsgebiete:
Katarrhalische Erkrankungen der Atmungsorgane, besonders bei empfindlichen Kranken, Kindern und Schwangeren

Dosierungsanleitung und Art der Anwendung:
Soweit nicht anders verordnet, Erwachsene: 3mal täglich 1 Eßlöffel, Jugendliche und ältere Kinder: 3mal täglich 2 Teelöffel, Kleinkinder: 3mal täglich 1 Teelöffel, Säuglinge: 23mal täglich 1/2 Teelöffel Melrosum Hustensirup einnehmen.

TRANSPIRIN

Anwendungsgebiete: Fieber und Schmerzen, Erkältungskrankheiten, Schmerzen wie Kopf, Zahn, Muskeloder GliederSchmerzen; Entzündungen.

Alter	Einezldosis
unter 2 Jahre	- nach ärztlicher Verordnung
23 Jahre	- 1 Tablette
46 Jahre	- 2 Tabletten
79 Jahre	- 3 Tabletten

	Medikament	*Form*	*Indikation*	*Dosierung*
1.	Aspirin	Tabletten	Schmerzen, Kopfschmerzen, Fieber, Entzündungen	1-2 Tabletten bis 6 Tabletten täglich
2. . . .				

9. Ü
A. *Wie viele Deutsche nehmen täglich Medikamente ein?*
B. *Worin sind die Deutschen Weltmeister?*
C. *Kennst du auch andere Heilmethoden ohne Medikamente?*

Tabletten, Pillen, Kapseln, Tropfen ...

Im Arzeimittel-Konsum sind die Bundesbürger Weltmeister! In Deutschland geben die Krankenkassen für Medikamente mehr Geld aus als in irgendeinem anderen Land. Zwei Drittel der Deutschen nehmen jeden Tag ein oder mehrere Medikamente ein: Tabletten, Pillen, Kapseln, Tropfen!

10. Ü
Kennst du auch Naturrezepte bei Erkältung, Grippe etc.?
Welche Tipps im folgenden Text sind neu für dich und welche kanntest du schon?

11. Ü
Welche Überschriften passen zu welchen Abschnitten?

1. Schnupfen
2. Fieber
3. Halsweh
4. Husten

Herbstzeit – Grippezeit

Hier ein paar Tipps, wie Sie mit natürlichen Mitteln gegen laufende Nase, Husten und Fieber vorgehen können.

Von Anfang an konsequent behandeln! Was hilft gegen Schnupfen?

a. ■ Kalte Halswickel. So wird's

gemacht: Küchentuch mit kaltem Wasser anfeuchten, zusammenschlagen, um den Hals wickeln, Wollschal drüber!

- Mehrmals täglich die Nase mit Salzwasser durchspülen! Das ist nicht gerade angenehm aber wirksam. Dazu ein Glas mit lauwarmem Wasser füllen, eine Messerspitze Salz dazu. Jeweils ein Nasenloch zuhalten, durch das andere Salzlösung hochziehen.

b.
- Wenn möglich, dreimal täglich mit Salbeitee inhalieren. Salbei lindert den Schmerz. Übergießen Sie einen Teelöffel Salbeiblätter mit kochendem Wasser. Fünf Minuten ziehen lassen. Gesicht in dem Dampf halten. Über den Kopf ein Handtuch legen. Versuchen Sie einge Minuten ein- und auszuatmen.
- Viel Hustentee trinken. Hustentee können Sie in der Apotheke mischen lassen.
- Schnell und sicher wirken Senf-Brustwickel gegen Husten. Senfmehl mit lauwarmem Wasser anrühren, auf ein Tuch legen und dann auf die Brust legen. Falls Sie Hautbrennen spüren: Sofort runter mit dem Wickel!

c.
- Essen Sie nichts Saures oder Scharfes!
- Den Mund jede Stunde mit Kamillen- oder Salbeitee ausspülen! Vergessen Sie nicht, eine Thermoskanne mit Tee ins Büro mitzunehmen!
- Mit Salzwasser täglich gurgeln.
- Nachts hilft ein Quark-Halswickel. Quark dünn auf ein Küchentuch schmieren. Mit der bestrichenen Seite auf den Hals legen. Einen Schal darüberwickeln. Die ganze Nacht drauflassen.

d.
- Viel trinken, am besten Säfte, Mineralwasser und Kräutertees (zum Beispiel Lindenblüten).
- Nehmen Sie reichlich Vitamin C zu sich (zum Beispiel in Orangen, Zitronen, Kartoffeln, Kiwis und Paprika enthalten).
- Kalte Essig-Wadenwickel helfen, das Fieber zu senken. Wechseln, sobald die Wickel trocken sind.
- Homöopathische Tabletten oder Tropfen einnehmen.

Dr. Heide Greber, Zeitschrift „Carina"

r Schnupfen, - = guturai
r Salbei, *sg.* = salvie
r Dampf, ⸚e = abur
r Senf, *sg.* = muştar
r Wickel, - = compresă
s Nasenloch, -er = nară
e Messerspitze, -n = vârf de cuţit
behandeln = a trata
durchspülen = a clăti
übergießen = a face infuzie
einatmen = a inspira
ausatmen = a expira
wirken = a-şi face efectul
anrühren = a amesteca
brennen = a arde, a simţi arsuri
spüren = a simţi
gurgeln = a face gargară
senken = a scădea

12. *Was passt hier zusammen?*

a. kalte Halswickel
b. Salzlösung für die Nase
c. mit Salbeitee inhalieren
d. Senf-Brustwickel
e. Quark-Halswickel
f. kalte Essig-Wadenwickel
g. Hustentee
h. Kamillen-oder Salbeitee
i. Kräutertee, Säfte

1. laufende Nase
2. Halsschmerzen
3. Husten
4. Halsentzündung
5. Fieber

1	2	3	4	5
			a	

13. *In allen sechs Sätzen gibt es Infinitive.*

A. *Was ist der Unterschied zwischen den Infinitiven in* **a**, **b**, **c** *und* **d**, **e**, **f**?

a. Versuchen Sie jezt, nicht **einzuatmen**.
b. Vergessen Sie nicht, Tee ins Büro **mitzunehmen**.
c. Kalte Wadenwickel helfen, das Fieber **zu senken**.
d. Hustentees können Sie in der Apotheke **bekommen**.
e. Sie müssen täglich Hustentee **trinken**.
f. Sie sollten sich ins Bett **legen**.

B. *Kannst du sagen, nach welchen Verben wir den einfachen Infinitiv verwenden?*

14. ***Infinitivul prepoziţional precedat de* zu (Infinitiv mit zu)**

Aşa cum desigur ai observat, în cazurile de mai sus, verbele ce urmează după **versuchen** *sunt precedate de prepoziţia* **zu**. *Prin urmare, infinitivul poate să apară:*

1. *ca infinitiv simplu:*
Ich will Deutsch **lernen**.

2. *ca infinitiv prepoziţional (precedat de* zu*):*
Ich versuche früher **zu kommen**.

1. *Infinitivul simplu se întrebuinţează:*

a. *după verbele modale* (können, mögen, dürfen, müssen, sollen, wollen)
Ich kann **schwimmen**.
Ich möchte ihn **sehen**.
Er muss nach Hause **gehen**.
Sie dürfen hier nicht **parken**.
Er soll krank **sein**.
Erika will ihren Freund **anrufen**.

b. *după verbele care exprimă percepţii senzoriale ca:* hören, sehen, fühlen (a simţi) *etc.*

Ich höre ihn **kommen**.
Ich sehe ihn die Aufgabe **schreiben**.

c. *după verbele:* bleiben, lernen, lassen, lehren *ş.a.*

Ich bleibe **sitzen**.
Die Kinder lernen **lesen** und **schreiben**.
Der Lehrer lehrt die Kinder **lesen**.
Er lässt Ihre Frau **grüßen**.

Verbul **helfen** *poate apărea şi pe lângă un infinitiv simplu.*

Ich helfe dem Kranken **gehen**.

2. *Infintivul este precedat de* **zu** *în cazul verbelor simple sau compuse inseparabil* (**zu gehen**, **zu besuchen**). *În cazul verbelor compuse separabil, se intercalează prepoziţia* **zu** *între verb şi particulă* (mit**zu**kommen, ein**zu**nehmen).

Infinitivul precedat de **zu** *apare pe lângă:*

a. *majoritatea verbelor:*

bitten	aufhören (a înceta)	versprechen (a promite)
einladen	beginnen	verbieten (a interzice)
glauben	vorschlagen (a propune)	erlauben (a permite)
anfangen	brauchen	empfehlen
		etc.

Ich bitte dich **zu** kommen.
Ich lade dich ein, mit uns **zu** kommen.

b. *un adjectiv adesea cu funcţie de nume predicativ:*

es ist falsch	es ist unmöglich
es ist richtig	es ist gefährlich
es ist verboten	es ist wichtig
es ist leicht	es ist zu spät

Hier ist es verboten **zu** rauchen.

c. *expresii:*

ich habe Lust	Ich habe Lust spazieren **zu** gehen.
ich habe Zeit	
ich habe den Wunsch	
es macht Spaß	
ich habe die Hoffnung	
etc.	

15. *Mit oder ohne* **zu**?

Ü

a. Bei Halsweh muss man den Mund jede Stunde mit Salbeitee (ausspülen)
Bei Halsweh muss man den Mund jede Stunde mit Salbeitee ausspülen.

b. Die Salbe hilft Hautentzündungen (heilen).

c. Der Arzt empfiehlt, Aspirin (einnehmen).

d. Es ist nicht angenehm, die Nase mit Salzwasser (durchspülen).

e. Wir können bei Fieber kalte Essig-Wadenwickel (verwenden).

16. *Herr Meier ist sehr müde. Er spricht mit einem Freund. Der Freund fragt ihn, warum er sich nicht erholen kann. Herr Meier antwortet immer mit demselben Argument:* Ich habe keine Zeit ... *Bilde Sätze nach dem Muster!*

Ü

a. Warum treibst du nicht ein bisschen Sport? – Ich habe keine Zeit, Sport zu treiben.

b. Warum fährst du nicht in Urlaub? – Ich habe keine Zeit ...

c. Warum gehst du nicht zum Arzt?

d. Warum schläfst du dich nicht aus?

e. Warum gehst du nicht in ein Konzert?

f. Warum spielst du nicht mit deinen Kindern?

g. Warum gehst du nicht wenigstens mit deinem Hund spazieren?

17. *Ergänze folgende Sätze!*

Ü

a. Ich wollte noch Emil und Gabi einladen. Ich habe vergessen, Gabi und Emil einzuladen.

b. Peter wollte noch Beate anrufen. Er hat auch vergessen ________.

c. Ich wollte eine gute Torte backen.
Ich hatte leider keine Zeit mehr ________.

d. Ich möchte eigentlich keine Torte essen.
Wenn du mich fragst, ich habe keinen großen Appetit ________.

e. Ich möchte mit Freunden lieber nur bei einem Glas Wein zusammensitzen.
Es ist sehr angenehm ________.

f. Ich möchte vielleicht auch ein bisschen tanzen. Ich habe große Lust ________.

g. Man kann ein billiges und gutes Lokal mit guter Tanzmusik ziemlich schwer finden.
Es ist schwer ________.

18. *Wie findest du es?*

Ü

Ich finde es schön
normal
komisch
langweilig
schwierig
anstrengend
gefährlich.

a. 10.000 m laufen

Ich finde es anstrengend, 10.000 m zu laufen.

b. 40 Zigaretten pro Tag rauchen
c. 60 Stunden pro Woche arbeiten
d. jeden Abend Schlaftabletten nehmen
e. 2 Stationen früher aus der U-Bahn steigen und zu Fuß gehen
f. jeden Abend Freunde einladen
g. auf einer Wohnfläche von $45m^2$ zusammenleben
h. bis nach Südfrankreich trampen
i. kurze Hosen tragen
j. mittags warm essen
k. eine Nacht lang tanzen
l. jeden Abend fernsehen
m. immer pünktlich nach Hause kommen
n. 101 Bier trinken
o. immer über das Wetter reden
p. Märchen erzählen
q. nie Grammatikfehler machen

19. *Welches Verb passt?*

Ü

füllen wechseln anrühren wickeln
ausspülen schmieren spüren behandeln

a. mit Penizillin, Magenschmerzen, einen Patienten, als Freund: behandeln
b. Wadenwickel, Geld, Schule, Strümpfe, Beruf, Auto: ________
c. Senfmehl, Butterkreme, Soße, Gips: ________
d. Mund, Wäsche, Gläser, die Kafeekanne: ________
e. Schmerzen, Kälte, Kleider, auf der Haut, Hautbrennen: ________
f. Butter, Quark, Salbe, Sonnenöl, Butterbrot: ________
g. Schal, Tuch, Haar, Turban: ________
h. ein Glas, eine Tasse, Flaschen, Fässer, den Bauch, Zähne: ________

20. *Suche den Oberbegriff!*

Ü

a. Salbei, Kamille, Lindenblüten: Heilkräuter
b. Zitronen, Orangen, Kiwi, Äpfel, Melonen:
c. Schnupfen, Herzinfarkt, Grippe, Halsentzündung:
d. Kleid, Mantel, Strumpf, Hose:
e. Bier, Wein, Saft, Mineralwasser:
f. Fluss, See, Meer, Ozean:

21. *Wie heißt das richtige Verb?*

Ü

a. Schmerzen – lindern / Wunden – heilen
b. Tabletten – nehmen / Sirup – ________
c. Schal – wickeln / Kleid – ___________
d. Dampf – kochen / Asche – ___________
e. Ohren – hören / Mund – ____________
f. Sport – treiben / Diät – ______________

22. *Suche auch andere Wörter aus diesen Wortfamilien mit Hilfe des Wörterbuchs!*

Ü

a. krank
krank - haft **A.**
Krank - heit **S.**
er- krank - en **V.**
Krank - en - schwester
Krank - en - haus
. . . . .

A. = Adjectiv
S. = Substantiv
V. = Verb

b. Schmerz **S.**
schmerz - lich **A.**
schmerz - haft **A.**
schmerz -en **V.**
Hals - schmerz - en **S.**
. . . .

23. *Sensurile verbului* **lassen**:

Ü

1. Ich lasse den Vogel fliegen.
Ich lasse keinen Fremden in die Wohnung.
(*a permite, a da voie cuiva să facă ceva*)

2. Ich lasse meine Tasche im Auto.
Wir haben unser Gepäck auf dem Bahnhof gelassen.
(*a lăsa ceva undeva sau cuiva*)

3. Ich habe mir einen neuen Anzug machen lassen.
Wir haben unser Auto in einer kleinen Werkstatt reparieren lassen.
(*a comanda, a dispune ceva, a da, a cere*)

4. Lass das Spielen!
Lassen Sie das! Reden wir von etwas anderem!
(*îndemnul la încetarea unei acţiuni începute*)

Welche Bedeutung hat **lassen** *in folgenden Sätzen?*

a. Sie lässt sich ein neues Kleid machen.
b. Lass mich den Brief lesen!
c. Lass doch endlich das Rauchen!
d. Wo habe ich nur meinen Schirm gelassen ?
e. Lass die Tür auf, ich will raus!
f. Der Gast lässt sich das Frühstück ins Zimmer bringen.
g. Ich habe das Wasser aus der Wanne gelassen.
h. Bitte, lass alles so liegen, wie es ist.

a	b	c	d	e	f	g	h
3							

24. *Conjugarea verbului* **lassen** *la indicativ:*

GR

	prezent	*imperfect*	*perfectul compus*
ich	lasse	ließ	habe gelassen
du	lässt	ließt	hast gelassen
er, sie, es	lässt	ließ	hat gelassen
wir	lassen	ließen	haben gelassen
ihr	lasst	ließt	habt gelassen
sie	lassen	ließen	haben gelassen

Împreună cu un alt verb, forma de perfect compus este următoarea:

Ich **habe** den Vogel **fliegen lassen**.
Ich **habe** das Moped **reparieren lassen**.
Ich **muss** das Moped **reparieren lassen**.

25. *Antworte nach folgendem Muster!*

Ü

a. Meine Tochter will die ganze Zeit Krimis lesen.
Dann lassen Sie sie doch Krimis lesen.
b. Meine Tochter will immer ins Kino gehen.
c. Meine Tochter will nur Süßigkeiten essen.
d. Mein Sohn will Karate lernen.
e. Mein Sohn will Polizist werden.
f. Meine Nachbarin will täglich Teppiche klopfen.
g. Meine Nachbarn wollen samstags Partys feiern.
h. Meine Nachbarn wollen nebenan ein Hotel bauen.

26. *Schreibe Sätze nach folgendem Muster!*

Ü

a. Den Hund nehme ich nicht mit. (bei meinen Nachbarn)
Den Hund nehme ich nicht mit, den lasse ich bei meinen Nachbarn.
b. Die Sonnenbrille brauche ich nicht. (im Zimmer)
c. Die Pfeife nehme ich nicht mit. (im Koffer)
d. Den Fotoapparat nehme ich bei diesem Regen nicht mit. (lieber in der Fototasche)
e. Das Abendkleid brauche ich dort nicht. (im Schrank)
f. Das Geld nehme ich nicht mit. Das ist zu gefährlich. (im Tresor)
g. Den Pass aber nehme ich mit. (nicht im Zimmer)

27. *Verwandle die Sätze nach folgendem Muster und verwende dabei* **lassen**.

Ü

a. Ich war beim Friseur und er hat mir die Haare geschnitten.
Ich war beim Friseur und habe mir die Haare schneiden lassen.
b. Ich war beim Schneider und er hat mir ein Kleid genäht.
c. Du kannst die Torte bei Pani-Pat bestellen. Sie wird dann ins Haus gebracht.
d. Er war beim Schuster und er hat ihm die Schuhe repariert.
e. Sie war beim Zahnarzt und er hat ihr einen Zahn gezogen.
f. Ich wasche meinen Mantel nicht selbst. Ich gebe ihn in die Wäscherei zur Reinigung.
g. Er repariert sein Auto nicht selbst. Der Automechaniker repariert es.

28. *Antworte nach folgedem Muster!*

Ü

a. Autowerkstatt – auch Fahrräder reparieren

Kann man auch Fahrräder reparieren lassen?

b. Bäckerei – auch Kuchen auf Bestellung backen
c. Optiker – auch Sonnenbrillen machen
d. Wäschereinigung – auch Vorhänge reinigen
e. Tischlerei – auch einen Biedermeier Stuhl reparieren
f. Uhrenmacher – auch eine Kuckucksuhr einstellen
g. Schneiderei – auch ein Loch im Mantel stopfen

29. **A.** *Hör zuerst den Dialog auf CD ohne mitzulesen.*

Ü

B. Hör ihn noch einmal und lies mit!

Dr. Berger:	Guten Tag, Herr Schmidt!
Hr. S.:	Guten Tag, Frau Doktor.
Dr. B.:	Was fehlt Ihnen?
Hr. S.:	Ich habe schon 2 Tage starke Bauchschmerzen.
Dr. B.:	Tja, da wollen wir mal sehen. Machen sie bitte Ihren Oberkörper frei und legen Sie sich hin! Tut es hier weh?
Hr. S.:	Au, das tut aber sehr weh.
Dr. B:	Am besten machen wir auch eine Blutprobe.
. . . .	
Dr. B.:	Ja, Herr Schmidt, jetzt habe ich die Ergebnisse hier. So schön sieht das nicht aus.
Hr. S.:	Ist es sehr schlimm?
Dr. B.:	Sie haben eine Darminfektion und müssen sofort ins Bett.
Hr. S.:	Wie lange muss ich denn im Bett bleiben?
Dr. B.:	Mindestens eine Woche. Und außerdem, nehmen Sie diese Tabletten, dreimal täglich eine, morgens, mittags und abends. Das Rezept können Sie gleich von der Apotheke abholen.

C. *Sprich nun jeden Satz nach. Lern die Sätze auswendig!*

D. *Versuch nun eine andere Variante dieses Dialogs zu machen. Hier ein paar Wörter dazu:*

Rückenschmerzen	Blutprobe	Tabletten
Kopfschmerzen	Urinprobe	Pillen
Halsschmerzen	....	Tropfen
....		
Erkältung		
Grippe		

30. Ü

A. *Hör den Dialog auf CD und antworte auf folgende Fragen!*

a. Wer ist der Kranke?
b. Warum kann er nichts sagen?

B. *Hör den Dialog noch einmal und antworte auf die Fragen!*

a. Kennt der Mann den lateinischen Namen der Krankheit?
b. Sieht der Mann krank aus?
c. Was hat er nicht mit?
d. Was macht das Kind?

31. *Was war leicht und was war in dieser Lektion schwer?*

Ü

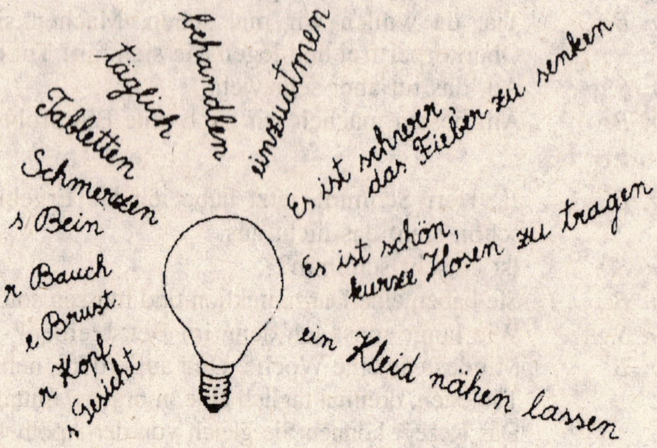

LEKTION 29

Wiederholung (Lektion 21–28)

1. *Hast du die Stadt erkannt? Der Name steckt im Text!*

Ü

1. Keine deutsche Stadt wurde von den Dichtern so heiβ geliebt wie kruftranf. Johann Wofgang von Goethe, der sie achtmal besuchte, verlor hier sein Herz – wie so viele vor und so mancher nach ihm. Und auch den Touristen von heute gilt die idyllische Neckarstadt mit der alten Schlossruine und der sehenswerten Altstadt als Symbol deutscher Romantik.

2. Fast jeder zweite Bürger in der Bundesrepublik Deutschland würde am liebsten in chemun leben. Touristen kommen immer wieder wegen der vielen Kirchen, Museen und Theater. Das Bier fliesst hier in Strömen, besonders im 400 Jahre alten Hofbräuhaus, wo man auch eine deftige „Brotzeit" essen kann, zum Beispiel Weiβwürste mit süβem Senf.

3. Ludwig von Beethovens V. Sinfonie wird die Schicksalssinfonie genannt. Neben der Oper „Fidelio" gehört sie zu seinen bekanntesten Werken. Das Schicksal des Komponisten aus Nonb war hart. Obwohl er am Ende seines Lebens nicht hören konnte, komponierte er erfolgreich weiter.

4. „Venedig des Nordens" wird diese kühle Stadt oft genannt. Und in der Tat: Wasser ist hier überall, sogar mitten in der City. Hier mündet die Alster in die Nordsee. Ruhbamg, diese maritim wirkende Stadt ist 110 km von der Nordsee entfernt.

5. Reddens liegt direkt an der Elbe und ist auch als „Elbflorenz" bekannt. Nach der schweren Zerstörung im Februar 1945 konnten wichtige architektonische Bauten wieder aufgebaut werden. Inmitten der barocken Altstadt befindet sich die berühmte Semperoper und der Zwinger, ein Barockschloss.

6. Raszulb gilt als eine der schönsten Städte der Welt, die sich außerdem als Geburtsstadt Mozarts weltweit einen Namen als Musikstadt gemacht hat. Glanzpunkte des Stadtbildes sind der Dom, die Getreidegasse und Mozarts Geburtshaus.

2. Ü *Was steht in den Kurztexten?*

1. a. Die idyllische Neckarstadt ist für die Touristen ein Symbol deutscher Romantik.
b. Für die romantischen Touristen gibt es in der idyllischen Neckarstadt viel zu sehen.
c. Die Touristen suchen in der idyllischen Neckarstadt Symbole der deutschen Romantik.

2. a. Im Hofbräuhaus kann man nur Weißwurste mit süßem Senf essen.
b. Im Hofbräuhaus kann man Bier trinken und etwas dazu essen.
c. Im Hofbräuhaus kann man auch 400 Biersorten trinken.

3. a. Hamburg liegt direkt an der Nordsee.
b. Die Entfernung zwischen Nordsee und der Stadt beträgt 110 km.
c. Das maritime Klima wirkt sich auf die Stadt aus.

4. a. Im Februar 1945 wurden alle Gebäude zerstört.
b. Nach Februar 1945 wurden wichtige architektonische Bauten gebaut.
c. Die bedeutenden Bauten wurden nach Kriegsende wieder aufgebaut.

3. Ü *Das ist ein Suchworträtsel. Hier haben sich 7 Ländernamen Deutschlands und 8 Nachbarn der Bundesrepublik versteckt. Such sie!*

C F S A C H S E N A U
G R U B N E D N A R B
T A T E E L Ä I H B E
S N H L L U N E E A R
C K Ü G O X E D S Y L
H R R I P E M E S E I
E E I E M A R E R N
C I N N Z B R L N N S
H C G R G U K A B M Z
I H E D C R B N A G O
E R N F U G I D A F R
N S C S C H W E I Z Z
A G R U B M A H N M P

4. Ü *Schreibe Sätze nach folgendem Muster!*

a. Wolfgangsee – Nordsee – Atlantik (groβ)
Der Wolfgangsee ist groβ.
Die Nordsee ist gröβer.
Der Atlantik ist am gröβten.
b. Rhein – Donau – Nil (lang).
c. Andorra 453 km^2 – Liechtenstein 166 km^2 – Monaco 1,8 km^2 (klein)
d. Karl 65 Jahre – Udo 72 Jahre – Martin 80 Jahre (alt)
e. Ina 21 Jahre – Renate 14 Jahre – Petra 10 Jahre (jung)
f. Pfeffer – Paprika – Chili (scharf)
g. Eier – Rindfleisch – Kaviar (teuer)

5. Ü *Lies den Text und ergänze die Tabelle!*

Das Wetter für die ganze Woche

In dieser Woche zeigt sich der Frühling von seiner besten Seite. Es ist meist wolkig und am Wochenanfang müssen Sie mit Schauern rechnen. Die Höchstwerte liegen bei 1 Grad, die Tiefstwerte bei 7 Grad. Montag ist es bedeckt und regnerisch, die Temperaturen liegen bei 8 bis 10 Grad. Auch am Dienstag kommt es zu Regenfällen, das Thermometer steigt von 10 auf 13 Grad. Mittwoch wird es wolkig bei Temperaturen von 8 bis 12 Grad. Auch am Donnerstag lassen sich die Wolken nicht vertreiben und es wird etwas kühler – 7 bis 10 Grad. Freitag zeigt das Thermometer 8 bis 11 Grad bei wolkenverhangenem Himmel. Bei kühlem 7 bis 10 Grad ist auch am Samstag keine Wetterbesserung zu erwarten.

	Mo	Di	Mi	Do	Fr	Sa
Temperatur						
Himmel						
Niederschlag						

6. Ü *Welches Wort passt:* Klima, Schnee, Wind, Kälte, Nebel, Tropfen, Wolke?

a. Drauβen weht ein starker __; zieh dich warm an.
b. Sinaia hat ein feuchtes __; es regnet häufig.
c. In den Weihnachtsferien wollen wir Ski fahren; hoffentlich wird es genug __ geben.
d. Es ist 15 Grad unter Null! Bei dieser __ gehe ich nicht spazieren.
e. In London ist oft dichter __; die Autofahrer müssen dann sehr vorsichtig fahren.
f. Heute haben wir schönes Wetter; keine __ ist am Himmel und die Sonne scheint.
g. Es fängt an zu regnen; die ersten __ fallen schon.

7. *Wähle das richtige Verb!*

Ü

Im Alter von sechs Jahren ging/fuhr Birgit zur Schule. Nach Abschluss der Grundschule hatte die Klassenlehrerin ihren Eltern empfohlen/gesagt den Bildungsweg von Birgit über das Gymnasium fortzusetzen. Ihre Intelligenz und Lernbereitschaft ließen nämlich warten/erwarten, dass sie das Pensum der Oberschule bewältigen würde. Birgit ist jetzt siebzehn Jahre alt und geht/besucht die Unterprima eines Gymnasiums. Nach Abschluss der 13., nach dem Abitur also, will sie lernen/studieren. Eigentlich möchte sie Medizin studieren, doch vor dem Medizinstudium liegt/steht die Schranke des „Numerus clausus". Er regelt/nimmt per Notendurchschnitt die Zugangsberechtigung zu bestimmten Studienfächern wie Medizin, Biologie, Psychologie.

8. *Für welche Berufe braucht man normalerweise ein Hochschulstudium? Für welche nicht?*

Ü

Zahnarzt – Priester – Hausfrau – Schreiner – Ingenieur – Kindergärtnerin – Apotheker – Lehrerin – Kraftfahrzeugmechaniker – Krankenschwester – Künstler – Sekretärin – Schauspieler – Architekt – Verkäufer – Naturwissenschaftler – Koch – Schneiderin – Bäcker – Manager – Kellner – Opersängerin.

mit Hochschulstudium: Zahnarzt, ...

ohne Hochschulstudium: Hausfrau, ...

9. *Was sind die Leute von Beruf?*

Ü

a. Bedient die Leute in einem Geschäft: Verkäufer/Verkäuferin

b. Repariert und kontrolliert Autos: –

c. Arbeitet auf dem Lande und durch seine Arbeit haben wir Milch, Fleisch, Gemüse: –

d. Wäscht, kocht, bügelt, kauft ein, macht sauber und bekommt keinen Arbeitslohn: –

e. Arbeitet in einem Büro, schreibt Briefe, erledigt die Post, telefoniert: –

f. Ist Mitglied einer Partei, eines Parlaments oder einer Regierung: –

g. Verkauft Medikamente: –

10. Ü *Setz die richtigen Verben im Imperfekt ein!*

lernen	spazieren gehen	haben	besuchen
wohnen	verlieben	auseinender gehen	studieren
		zeigen	

a. 1970 wohnte ich in München.
b. Dort ____ ich Bernd kennen.
c. Wir ____ dieselbe Hochschule.
d. Am Wochenende __ wir zusammen ____.
e. Er ____ schon lange in München und ____ mir die Sehenswürdigkeiten dieser Stadt.
f. Wir ____ uns nach kurzer Zeit ineinander.
g. Er ____ weiter, aber wir ____ kein Geld.
h. Nach einem halben Jahr ____ unsere Freundschaft ____.

11. Ü *Ergänze mit den Modalverben im Imperfekt!*

a. Gestern wollte ich um sechs Uhr ins Kino, aber ich ____ leider nicht gehen, ich ____ bis sieben Uhr arbeiten.
b. Warum kommst du erst jetzt? Du ____ doch schon um sechs hier sein.
c. Ich ____ gestern mit Ida zum Zahnarzt gehen, aber sie ____ nicht mitkommen, ihre Mutter war gerade gekommen.
d. Wie war es denn in München? ____ ihr viel lernen?
e. Ja, zuerst war der Unterricht schwer und wir ____ viel lernen.
f. Am Anfang ____ ich kein Wort Deutsch und im Unterricht ____ wir nur Deutsch sprechen.

12. Ü *Mit oder ohne* **zu**?

a. Er hat versprochen, jeden Tag eine Lektion Deutsch zu machen.
b. Musst du morgen _____ zur Schule gehen?
c. Es ist schön, wieder hier _____ sein.
d. Ich möchte Spanisch _____ lernen.
e. Hilfst du mir, die Wohnung sauber _____ machen?
f. Gehen wir heute Abend _____ essen?
g. Es hat angefangen _____ schneien.
h. Langsam beginne ich _____ verstehen.
i. Es ist unmöglich _____ verstehen.
j. Es hat aufgehört _____ regnen.

13. *Ergänze mit dem Relativpronomen!*

Ü

a. Wer ist der Mann, den du gerade gegrüsst hast?
b. Wer ist das Mädchen, _____ neben uns wohnt?
c. Sind Sie die Frau, _____ diese Tasche gehört?
d. Das ist ein Kollege, _____ ich gestern begegnet bin.
e. Wie heiβt die Kollegin, _____ du das Buch gegeben hast?
f. Wo ist der Platz, _____ du reserviert hast?
g. Hier sind die Karten, _____ Sie bestellt haben.

14. *Was passt hier nicht?*

Ü

a. Arm – Hand – Finger – Zehe
b. Oberschenkel – Wade – Fuβ – Rücken
c. Magen – Arm – Nieren – Lungen
d. Rücken – Wirbelsäule – Hals – Zehe
e. Bauch – Hals – Leber – Darm
f. Zähne – Mund – Schlagader – Lippen

15. *Ergänze die Liste!*

Ü

a. der Kopf: das Auge, das Ohr, ...
b. innere Organe: ...
c. der Arm: ...
d. das Bein: ...
e. der Oberkörper: ...
f. das Gesicht: ...

16. *Frau Schulze muss bei der Polizei den Kriminellen identifizieren. Nur ein Mann kann der Kriminelle sein. Er hat ein langes Gesicht, kurzen Hals, eine runde Nase, ein kleines Auge und groβe, lange Beine und kurzen Oberkörper. Sag, warum die anderen es nicht sein können!*

Ü

17. *Hier sind zwei Dialoge durcheinandergeraten. Schreib die zwei Dialoge auf!*

Ü

– Ich glaube, ich habe eine Grippe bekommen. Der Hals tut mir weh! Bin ich rot im Hals?
– Das ist richtig, aber Sie müssen reichlich Vitamin C zu sich nehmen und viel Kräutertee trinken.
– Also, was tut Ihnen weh?
– Ich glaube, es ist doch besser, wenn ich das Thermometer bringe.
– Haben Sie das Fieber gemessen?
– Nein, so schlimm ist es sicherlich nicht. In ein paar Tagen bin ich wieder gesund.
– Ja, ich habe 39 Grad, aber ich bekomme schnell hohes Fieber.
– Das sieht aber gar nicht gut aus.
– Hast du schon Fieber gemessen?
– Haben Sie schon etwas eingenommen?
– Ich habe ein Aspirin geschluckt und einen heißen Tee getrunken.

18. *Was passt nicht?*

Ü

a. Tee: schwach, stark, leicht, dünn
b. Bier: stark, fett, hell, dunkel
c. Kaffee: schwarz, stark, dünn, dick
d. Milch: frisch, fett, sauer, dunkel
e. Saft: sauer, süß, hart, frisch
f. Wein: herb, leicht, schwer, dick

19. *Wie wird Kartoffelsuppe vorbereitet?*

Ü

Kartoffelsuppe mit Lauch
Zutaten für 2–3 Personen:
300 g Kartoffeln, 1 Stange Lauch, 1 Eßlöffel Butter, 300 ml Gemüse- oder Fleischbrühe, 3 Esslöffel Sahne, Salz, weißer Pfeffer, 1 Bund Petersilie.

1. Die Kartoffeln schälen, waschen und in kleine Würfel schneiden. Den Lauch putzen, in feine Ringe schneiden.
2. Kartoffeln, Lauch und Butter 2 Minuten in der Mikrowelle garen.
3. Die Fleischbrühe sowie die Sahne unterrühren. Die Suppe mit Salz und Pfeffer abschmecken, etwa 12 Minuten in der Mikrowelle garen, bis die Kartoffeln weich sind.
4. Inzwischen Petersilie waschen und klein schneiden.
5. Die Suppe mit Petersilie bestreut servieren.

So wird es gemacht. Schreib das Rezept weiter!

1. Die Kartoffeln werden geschält, gewaschen und in kleine Würfel geschnitten...

20. *Wem gehört das Zebra?*

Ü Nachbarn

An einer Landstraβe stehen fünf Hauser, die von Männern aus 5 Nationen bewohnt werden. Jeder Mann hat eine andere Rauchgewohnheit und ein anderes Lieblingsgetränk.

Folgende Fakten sind bekannt:

1. Der Franzose wohnt links neben dem grünen Haus.
2. Das weiβe Haus steht in der Mitte.
3. Der Japaner raucht Zigarren.
4. Der Deutsche wohnt neben dem Fruchtsaft-Trinker und dem Besitzer des Affen.
5. Der rechte Nachbar des Engländers trinkt Rotwein.
6. Der Hund gehört dem Fruchtsaft-Trinker.
7. Das rote Haus steht links neben dem Haus des Pfeifenrauchers.
8. Der Italiener wohnt neben dem Biertrinker.
9. Im gelben Haus trinkt man Cognac.
10. Die Katze lebt im Haus neben dem Japaner.
11. Der Engländer mag keine Zigaretten.
12. Das gelbe Haus steht neben dem roten Haus.
13. Der Zigarettenraucher wohnt neben dem Besitzer der Schildkröte.
14. Der Bewohner des weiβen Hauses trinkt Whisky.
15. Der Zigarilloraucher wohnt rechts neben dem Biertrinker.
16. Der Engländer wohnt im grünen Haus.

● *Test 1 (Lektion 21–28)*

A. *Lies den Text und kreuze an! Was ist richtig? Was ist falsch?*

Das Bildungssystem in der Bundesrepublik Deutschland

Mit sechs Jahren kommen die Kinder in die Grundschule. Sie dauert vier Jahre.
Am ersten Schultag bekommen die Kinder eine „Schultüte" von ihren Eltern mit Süßigkeiten und kleinen Geschenken.
Bis zum vierten Schuljahr ist alles klar und übersichtlich. Aber mit zehn Jahren kommt die große Entscheidung: Soll das Kind auf das Gymnasium, die Realschule oder die Hauptschule gehen?
Früher war das Gymnasium die Schule für die Elite. Heute besuchen 30% eines Jahrganges das Gymnasium. Bis zum zehnten Schuljahr bleiben die Schüler in einer Klasse zusammen, die Lehrer kommen meistens in ihr Klassenzimmer.
Ab der elften Klasse beginnt ein kompliziertes Kurssystem. Aber jeder Schüler muss Deutsch, eine Fremdsprache und ein naturwissenschaftliches Fach bis zum Abitur, der Abschlussprüfung, lernen.
Die Noten im Abitur entscheiden darüber, ob man bestimmte Fächer (z. B. Medizin) an der Universität studieren darf.
In die Realschule gehen vor allem Schüler, die nach der zehnten Klasse einen Beruf erlernen wollen z. B. im Handwerk, im Handel oder in der Verwaltung.
Die Hauptschule ist heute die Schule der „Problemkinder". Hier gibt es Probleme mit der Disziplin und sogar mit Drogen. Nach dem neunten Schuljahr verlassen die Schüler mit fünfzehn Jahren gewöhnlich die Schule mit dem Hauptschulabschluss und suchen eine Lehrstelle. Wer keinen Abschluss geschafft hat, bleibt ungelernter Arbeiter und hat wenig Chancen. In einigen Bundesländern gehen die Hauptschüler noch ein zehntes Jahr in die Schule.

	R	F
a. Nach zehn Schuljahren kommt die große Entscheidung, ob die Kinder auf das Gymnasium, die Realschule oder die Hauptschule gehen sollen.		X
b. Das Kurssystem entscheidet darüber, ob man bestimmte Fächer an der Universität studieren darf.		
c. In der Hauptschule gibt es Probleme mit der Disziplin und sogar mit Drogen.		
d. Nach dem dreizehnten Schuljahr machen die Schüler den Hauptschulabschluss.		
e. Ungelernte Arbeiter haben keinen Hauptschulabschluss geschafft.		

B. *Kreuze an, was richtig ist!*

1. Welches dieser Wörter gehört nicht zu den Körperteilen?

a. Nase **b.** Arm **c.** Handschuh **d.** Fuβ

2. In welchen der vier deutschsprachigen Länder gibt es neben Deutsch auch andere Staatssprachen?

a. Bundesrepublik Deutschland **b.** Liechtenstein
c. Österreich **d.** Schweiz

3. Das Wetter: Welches dieser vier Wörter beschreibt „gutes" Wetter?

a. windig **b.** heiter **c.** regnerisch **d.** bewölkt

4. Welches der Wörter passt nicht zur Bierherstellung?

a. Gerste **b.** Hefe **c.** Zucker **d.** Malz

5. Was passt nicht zum Schulalltag?

a. Hausaufgaben **b.** Haushalt
c. Stundenplan **d.** Zeugnis

6. Was betrachtet man als typisch für die moderne Arbeitswelt?

a. Offenheit **b.** Faulheit **c.** Freundlichkeit **d.** Mut

7. Was steht nicht in einem Lebenslauf?

a. Geburtsdatum **b.** Familienstand
c. Ausbildung **d.** Traumberuf

8. Der Patient lässt sich vom Arzt ...

a. prüfen **b.** studieren **c.** besuchen **d.** untersuchen

9. Was fragt der Arzt normalerweise nicht?

a. Was fehlt Ihnen? **b.** Was tut Ihnen weh?
c. Fehlt Ihnen ein Knopf? **d.** Haben Sie Schmerzen?

10. Welches der vier Wörter ist kein Beruf?

a. Bankkauffrau **b.** Kindergärtnerin
c. Ehefrau **d.** Krankenschwester

C. *Kreuze an, was richtig ist!*

1. _____ _____ Bier der Welt (14% Alkohol) ist das Zürcher Samichlaus Bier.
a. am stärksten **b.** die stärkste **c.** das stärkste

2. Der Autor _____ _____ lebt in der Schweiz.
a. der Roman **b.** des Romans **c.** dem Roman

3. Emil verspätet sich, _____ der Wecker schon um sechs Uhr klingelte.
a. dass **b.** weil **c.** obwohl

4. Das Bier _____ aus Malz, Hefe und Wasser _____
a. wird ... herstellen
b. wird ... hergestellt
c. werden ... hergestellt

5. Klara _____ letztes Jahr noch zur Schule.
a. geht **b.** gegangen **c.** ging

6. _____ Sie noch ein Kind war, lernte sie Schach.
a. wenn **b.** als **c.** wann

7. Ich empfehle dir den Film, _____ ich gesehen habe.
a. der **b.** den **c.** dem

8. Er wollte auch ins Kino gehen, aber er _____ noch für die Prüfung lernen.
a. muss **b.** müsst **c.** musste

9. Langes Haar ist unpraktisch, darum _____ sich Helga die Haare schneiden.
a. darf **b.** lässt **c.** mag

10. Es ist nicht gesund, viel Alkohol _____
a. zu trinken **b.** trinken **c.** getrunken

D. *Schreibe die Wörter!*

In den Münchner Biergärten

In München gibt es etwa (1) undert Biergärten. Sie se (2) en noch genauso aus wie vor hundert Ja (3) ren. Bei schönem We (4) er sind die Biergärten vo (5). Die Bayern e (6) en zu ihrem berühmten he (7) en Bier: Brot, K (8) se und Rettich. Wer Kinder hat, bringt sie mit. Für di- (9) se gibt es alkoholfreie Getr (10) nke.

0 Biergärten
1 __________
2 __________
3 __________
4 __________
5 __________
6 __________
7 __________
8 __________
9 __________
10 __________

LEKTION 30

Land	Intern. Führerschein	Tempolimit für Pkw km/h	Gurtanlegepflicht	Promillegrenze
Italien	ja	110/130	ja	0,8
Frankreich	ja	130	ja	0,8
Österreich	ja	130	ja	0,8
Rumänien	ja	80	ja*	0,0
Deutschland	ja	—	ja	0,8

* außerhalb geschlossener Ortschaften

r Führerschein, -e = permis de conducere
e Gurtanlegepflicht, -en = obligaţia de a purta centură de siguranţă
e Promillegrenze, -n = alcoolemia admisă

1. *Prüfe, ob folgende Sätze richtig sind!*

Ü

	R	F
a. In allen Ländern gibt es die Gurtanlegepflicht.		
b. Wer weniger als 0,6% Alkohol im Blut hat, darf in Österreich Auto fahren.		
c. In Deutschland darf man ein Glas Bier trinken und weiterfahren.		
d. Höchstgeschwindigkeit ist in Österreich und Frankreich gleich.		
e. In Deutschland kann man auch mit sehr großen Geschwindigkeiten fahren.		

2. *Was passt zu welchem Verkehrsschild?*

Ü

1.

Überholungsverbot für Kraftzeuge aller Art

2.

Verbot der Einfahrt

3.

Zugelassene Höchstgeschwindigkeit

4.

Haltverbot

5.

Parkverbot

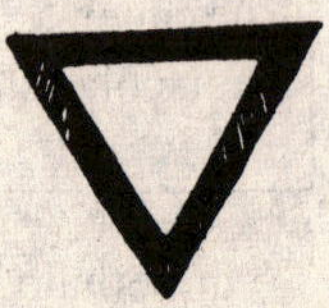

6.

Vorfahrt gewähren

7.

Stau

8.

Einbahnstraβe

9.

Umleitungswegweiser

a. nur in eine Richtung fahren.
b. eine Umleitung fahren
c. nicht überholen
d. nicht mehr als 60 km/h fahren
e. nicht halten
f. nicht parken
g. Vorfahrt gewähren
h. sehr langsam fahren
i. nicht einfahren

s **Kraftfahrzeug, -e** = autovehicul
e **Umleitung, -en** = ocolire
überholen = a depăşi
gewähren = a acorda

3. **Ü** *Sieh dir die Bilder noch einmal gut an. Du erklärst nun die Verkehrszeichen einem Freund. Bilde Sätze mit* **dürfen** *und* **müssen** *und dem Passiv. Verwende die Sätze von Ü2.*

Bild 1: Hier darf nicht überholt werden.

Bild 2: Hier darf nicht....

Bild 3:

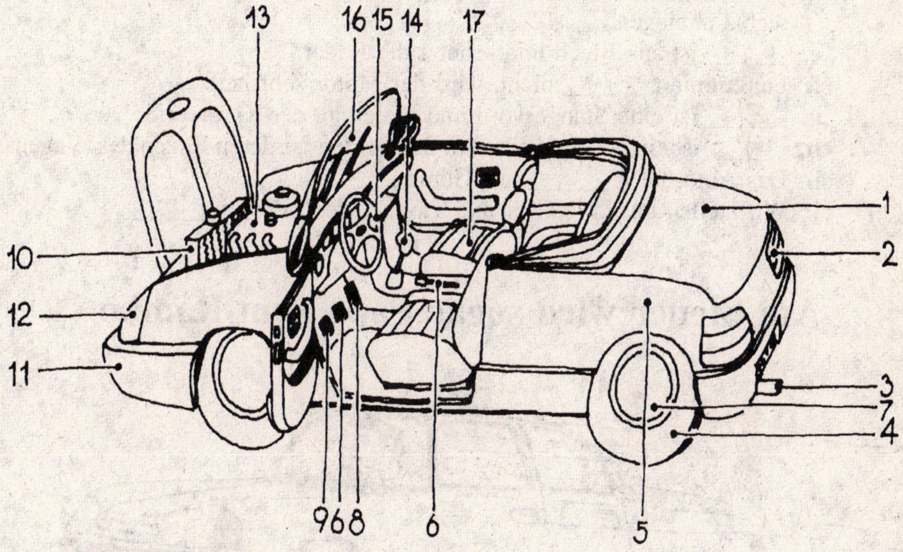

1. r Kofferraum
2. r Blinker
3. s Auspuffrohr
4. r Reifen
5. r Kotflügel
6. e Bremse
7. s Rad
8. s Gaspedal
9. e Kupplung
10. r Kühler
11. e Stoßstange
12. r Scheinwerfer
13. r Motor
14. r Schalthebel
15. s Lenkrad (s Steuer)
16. e Windschutzscheibe
17. r Sitz

4. *Ergänze mit den richtigen Wörtern!*

Ü

der Reifen – der Kofferraum – die Bremse – der Blinker – der Kühler – die Scheinwerfer – der Kotflügel – das Auspuffrohr – die Stoßstange – die Windschutzscheibe

a. Wenn ______ nicht funktioniert, kann das Auto nicht langsam fahren und nicht halten.
b. Sind ______ kaputt, haben wir kein Licht in der Nacht.
c. Hat ______ einen Schaden, macht das Auto großen Lärm.
d. Ist ______ defekt, können wir nicht signalisieren, dass wir links oder rechts abbiegen.
e. ______ ist aus Blech und schützt die Räder.
f. Funktioniert ______ nicht, wird der Motor sehr heiß.
g. ______ ist eine Stange vorn und hinten an der Karosserie.
h. ______ ist eine Glasscheibe vor den beiden vorderen Sitzen des Wagens.
i. Das Auto hat 4 ______ aus Gummi.
j. Wir stellen unsere Koffer und Taschen meistens in ______ .

Am Steuer wird sogar Papa zum Rambo

Ganz normale Menschen werden, wenn sie sich ans Lenkrad setzen, agressiv. Ich glaube, sie sehen Autocrashs im Fernsehen und machen es den Formel-1-Fahrern nach.

Jürgen, 13 Jahre

Der Typ „Autofahrer“ hat keine Garage oder ist zu faul, sie zu benutzen. So stehen die Autos bei uns alle auf der Straße.

Inge, 11 Jahre

Viele achten nicht auf ihre Reifen. Sie fahren sie ab, bis sie ganz ohne Profil sind. Viele haben auch keine Winterreifen und, wenn es dann schneit, kommt das groβe Verkehrschaos.

Max, 10 Jahre

Kein Schritt ohne Auto! Zigaretten holen. Zum Briefkasten. Mal schnell zur Oma. In die Kirche. Zum Einkaufen. Auch wenn es nur ein paar Schritte wären : alles mit dem Auto! Faul und träge werden wir.

Maria, 12 Jahre

Je gröβer das Auto, desto schlechter und rücksichtsloser der Fahrer.

Sebastian, 11 Jahre

nachmachen = a imita
träge = comod, sedentar
achten = a fi atent la
rücksichtslos = lipsit de consideraţie, brutal
abfahren = a uza

5. *Was machen die Autofahrer falsch? Wer sagt das?*

Ü

Jürgen	**1.** Viele Autofahrer lassen ihr Auto vor ihrem Haus.
Inge	**2.** Nur wenige Fahrer wechseln die Reifen regelmäβig.
Max	**3.** Die Menschen machen heute auch die kürzesten Wege mit dem Auto.
Maria	**4.** Autofahrer möchten gern wie Formel-1-Fahrer fahren.
	5. Viele fahren, wenn es schneit, ohne Winterreifen.
Sebastian	**6.** Die meisten Besitzer von teuren Autos fahren schlecht.

6. **A.** *Welche Form des Adjektivs ist in den beiden Sätzen?*

Ü

Je *gröβer* das Auto, desto *schlechter* der Fahrer.
Je *schneller* du fährst, desto *gefährlicher* ist es.

B. *Welche Konjunktion im Rumänischen entspricht* **je ... desto***?*

7. **Je ... desto**

GR

Propoziţiile introduse prin **je ... desto** *(cu cât ... cu atât) sunt propoziţii reale comparative proporţionale. Topica în aceste propoziţii diferă de topica obişnuită:*

je + comparativ (adjectiv sau adverb) ... **desto (um so)** + comparativ

Je länger ich darüber nachdenke, **desto** unsicherer bin ich.
Je mehr Übungen ich mache, **desto** (um so) mehr lerne ich.

Propoziţia introdusă prin **je** *este propoziţie secundară, pe când cea introdusă prin* **desto (um so)** *este propoziţie principală.*

8. *Verbinde die Sätze mit* **je ... desto (um so)**.

Ü

a. Sie isst wenig. Sie wird schlank.
b. Du arbeitest viel. Du verdienst viel Geld.
c. Das Hotel ist billig. Die Zimmer sind klein.
d. Der Lehrer spricht leise. Die Schüler verstehen wenig.
e. Du fährst schnell. Die Gefahr ist groβ.
f. Das Krankenhaus ist groβ. Viele Patienten haben Platz.
g. Du übst viel. Du sprichst besser Deutsch.
h. Er trainiert oft. Er hat gute Chancen.

a. Je weniger sie isst, desto schlanker wird sie.
b. Je ...

9. *Welche Sätze passen zusammen?*
Verbinde sie dann mit **je ... desto (um so)**.

Ü

a. Das Auto ist alt.	**1.** Man kann sicher fahren.
b. Die Straβen sind breit.	**2.** Viele Autos haben Platz.
c. Der Wagen ist teuer.	**3.** Er kann schnell fahren.
d. Der Kofferraum ist groβ.	**4.** Mann kann viel Gepäck hineinlegen.
e. Die Reifen sind gut.	**5.** Man muss viele Reparaturen machen.

10. Ü *Deine Wortfamilie* **fahren**. *Ergänze die Wortliste mit weiteren Wörtern aus dieser Familie. Schlag im Wörterbuch nach!*

ab-	fahr	-en
er-	fahr	-en
	fahr	-en
	____	
	____	
	____	
	Fahr	-plan
	Fahr	-zeug
	____	
	____	
	____	
	____	
	____	
Bus-	fahr	-er
Taxi-	fahr	-er
	____	
	____	
	____	
	. . .	

11. Ü *Ergänze die Sätze mit den entsprechenden Wörtern!*

abfahren – Fahrplan – mitfahren – Fahrstuhl
Fahrzeug – Rad fahren – Fahrt – Fahrer

a. Wann *fährt* der Personenzug nach Boppard *ab*?
b. Laut ___ müsste der Zug in zwei Minuten ankommen.
c. Ich habe schon als Kind ___ gelernt.
d. Darf ich bis Augsburg ___ ?
e. Nach sechs Stunden ___ erreichten wir endlich Verona.
f. Der ___ war kaputt, also mussten wir die sieben Stockwerke zu Fuß hinaufsteigen.
g. Autos, Fahrräder, Züge, Boote oder Schlitten sind ___ .
h. Mein Vater ist ein sehr aufmerksamer ___ .

A. Jochen war Zeuge eines Unfalls. Er berichtet der Polizei: „Es war am Mittwoch vor unseren Ferien, ungefähr sechs Uhr nachmittags. Ich kam aus der Ratsapotheke. Da sah ich, wie ein kleiner, grauer Pkw die Schlossstraße heraufkam. Ich dachte, der wird gleich halten, denn rechts kamen mehrere Wagen die Lindenstraße herunter, ganz vorn ein roter Lieferwagen. Der hatte ja Vorfahrt. Der graue Pkw aber kümmerte sich gar nicht darum und fuhr mit derselben Geschwindigkeit weiter. Der rote Lieferwagen versuchte noch, nach rechts auszuweichen und bremste dabei. Es nützte aber nichts mehr, mitten auf der Kreuzung stießen beide Wagen zusammen. Der rote Lieferwagen hatte am meisten abgekriegt, aber dem Fahrer war nichts passiert. Bei dem grauen Pkw waren nur die Stoßstange und der rechte Kotflügel eingedrückt, doch der Fahrer hatte sich wohl den Arm gebrochen, denn er konnte den Arm nicht hochheben und hatte große Schmerzen."

B. Folgende Meldung stand am nächsten Tag in der Zeitung:
„Da hat 's gekracht!
An der Kreuzung Schlossstraße-Lindenstraße stieß ein Pkw mit einem Lieferwagen zusammen. Der Fahrer des Pkw hatte die Vorfahrt nicht beachtet. Es gab beträchtlichen Sachschaden. Der Pkw-Fahrer wurde leicht verletzt."

r Lieferwagen, - = camion de marfă
r Pkw (Personenkraftwagen) = autoturism
r Sachschaden, - = daune materiale
r Zeuge, -n = martor
r Unfall, ¨-e = accident
eingedrückt = lovit
heraufkommen = a veni în sus
herunterkommen = a coborî
sich kümmern = a se îngriji de
ausweichen = a evita
zusammenstoßen = a se ciocni
hochheben = a ridica
am meisten abkriegen = a suferi cel mai mult

12. *Wo steht die Information: in Text A, in Text B oder in beiden?*

Ü

	Text A	Text B
a. Der Pkw beachtet die Vorfahrt nicht.		
b. Der Lieferwagen versucht auszuweichen und bremst.		
c. Der Lieferwagen hatte den meisten Schaden.		
d. Auf der Lindenstraße fuhren mehrere Wagen.		
e. Der Pkw-Fahrer wurde verletzt.		
f. Mitten auf der Kreuzung Lindenstraße – Schloss-straße geschah ein Unfall.		
g. Die Stoßstange und der Kotflügel des Pkw's waren kaputt.		

13. **Ü** *Jochen macht zu Hause eine Unfallskizze. Aber da gibt es 5 Fehler. Findest du sie auch?*

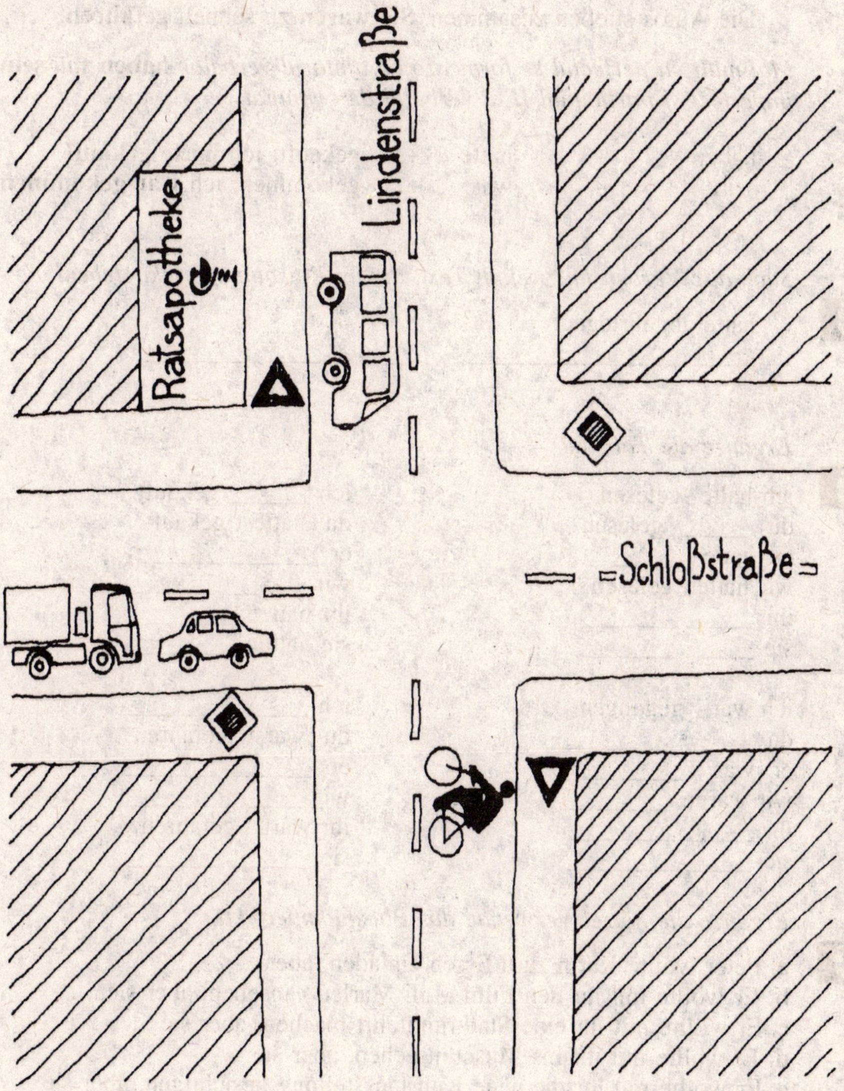

14. **GR** ***Mai mult ca perfectul*** **(Das Plusquamperfekt)** *exprimă o acţiune sau o stare încheiată înaintea unei alte acţiuni sau stări prin imperfect.*

Ich kam aus der Ratsapotheke. Ich **hatte** Medikamente **gekauft**.
Die Autos stießen zusammen. Sie **waren** zu schnell **gefahren**.

Mai mult ca perfectul se formează cu ajutorul verbelor **haben** *sau* **sein** *la imperfect şi participiul II al verbului de conjugat.*

haben	–	hatte	+	gekauft: ich **hatte gekauft**
sein	–	war	+	gekommen: ich **war gekommen**

15. **Ü** *Such alle Verben im zweiten Text, die im Plusquamperfekt stehen!*

hatte abgekriegt

______________________ ______________

16. **Ü** *Ergänze die Tabelle!*

ich hatte gelesen	ich _____ gekauft
du _____ gelesen	du hattest gekauft
er hatte _______	er _____ _______
wir hatten gelesen	wir _____ _______
ihr _____ _______	ihr hattet _______
sie _____ _______	sie hatten _______
ich war gegangen	ich _____ _______
du ____ ________	du warst gefahren
er war ________	er _____ _______
wir waren ________	wir _____ _______
ihr _____ ________	ihr wart gefahren
sie _____ ________	sie _____ _______

17. **Ü** *Ergänze die Sätze! Verwende das Plusquamperfekt!*

a. Peter wollte Karin zum Essen einladen, aber ...
b. Er wollte mit ihr den Film „Lili Marlen“ ansehen, aber sie...
c. Er wollte mit ihr eine Stadtrundfahrt machen, aber sie ...
d. Er wollte mit ihr ins Museum gehen, aber sie ...
e. Er wollte mit ihr die neue Kunstausstellung besichtigen, aber sie ...
f. Er wollte mit ihr die Messe besuchen, aber sie...

a. Peter wollte Karin zum Essen einladen, aber Karin hatte schon gegessen.
b. Er wollte mit ihr den Film ansehen, aber sie hatte ...

18. *Propoziţia circumstanţială de timp cu* nachdem

GR

Pentru a aprecia raportul de anterioritate, propoziţiile circumstanţiale de timp se introduc prin **nachdem**. *La exprimarea raportului de anterioritate în limba germană trebuie respectată o corespondenţă a timpurilor, în special la propoziţiile introduse prin* **nachdem**. *Astfel, în propoziţia temporală se foloseşte:*

- *perfectul, dacă predicatul propoziţiei principale stă la prezent sau la viitor:*

  Nachdem er den Text **gelesen hat, macht** er die Übung.

- *mai mult ca perfectul* (Plusquamperfekt), *dacă predicatul propoziţiei principale stă la perfect:*

  Nachdem er den Text **gelesen hatte, machte** er die Übung.

nachdem-*Satz*	*Hauptsatz*
Perfekt	Präsens
Plusquamperfekt	Imperfekt

19. Verwende das Plusquamperfekt in den folgenden Temporalsätzen!

Ü

a. Nachdem er in Prag (sein), wollte er auch Warschau sehen.
b. Nachdem er nach Japan (reisen), wollte er unbedingt nach China fahren.
c. Nachdem er 9 Monate in Berlin (leben), sprach er wie ein Berliner.
d. Nachdem er in Wien Sachertorte (essen), wollte er immer wieder zurück nach Wien.
e. Nachdem er Mona Lisa (sehen), konnte er nichts mehr sehen.
f. Nachdem er italienischen Wein (trinken), konnte er nicht mehr weiterfahren.

a. Nachdem er in Prag gewesen war, wollte er auch Warschau sehen.
b. ....

20. **Ü** *Verwende Perfekt oder Plusquamperfekt, je nachdem wie das Verb im Hauptsatz ist.*

a. Nachdem er sie (kennen lernen), wollte er sie unbedingt heiraten.

b. Nachdem er den Brief seiner Mutter (erhalten), will er sofort abreisen.

c. Nachdem ich (hören), wie er Klavier spielt, will ich bei ihm Klavier lernen.

d. Nachdem sie die Kinder in den Kindergarten (bringen), ging sie zur Arbeit.

21. **Ü** **A.** *Von welchen Adjektiven kommen folgende Substantive?*

e Krankheit; e Gesundheit; e Freundlichkeit; e Schönheit; e Sauberkeit; e Schlankheit; e Größe; e Wirksamkeit; r Jugendliche; e Erwärmung; e Erkältung; e Faulheit; e Erkrankung; e Jugend.

e Krankheit – krank; ...

B. *Von welchen Verben kommen folgende Substantive?*

r Erwachsene; e Lösung; e Anwendung; e Entzündung; e Verordnung; e Anleitung; e Behandlung; r Husten; r Halswickel; e Achtung; e Vorfahrt; Kreuzung; e Bremse; e Meldung; r Versuch.

r Erwachsene – wachsen; ...

22. **Ü** *Such die 15 versteckten Wörter zum Thema* **Auto**!

```
K R A F T F A H R Z E U G
O H V E N A U B O L B K N
T F T G E H N R T E L Ü U
F F O A F R F E O N I H L
L U F R I R A M M K N L P
U P A A E A L S I R K E P
G S H G R D L E O A E R U
E U R A U S T M X D R O K
L A E V O R F A H R T F E
B S R U M L E I T U N G A
```

23. **A.** *Hör zuerst den Dialog auf CD ohne mitzulesen.*
B. *Hör ihn noch einmal und lies mit!*

In der Autowerkstatt

Automechaniker:	Guten Tag, Herr Müller! Womit kann ich helfen? Wieder etwas nicht in Ordnung?
Herr Müller:	Natürlich. Es ist schreklich! Ich muss endlich einen neuen Wagen kaufen.
Automech.:	Beruhigen Sie sich, Herr Müller! Es hilft nichts, sich zu ärgern. Sagen Sie, was nicht funktioniert.
Herr Müller:	Ich glaube auch, dass der Motor nicht gut zieht.
Automech.:	Ich schaue gleich nach. In der Zwischenzeit können Sie Ihre Einkäufe machen.
Herr Müller:	Wann kann ich den Wagen abholen?
Automech.:	So etwa in 3 Stunden.
Herr Müller:	Passt mir gut. Ach, noch etwas. Prüfen Sie auch das Öl.
Automech.:	Wird gemacht.
Herr Müller:	Also, bis nachher.

schrecklich = îngrozitor
sich beruhigen = a se linişti
sich ärgern = a se supăra
ziehen = a trage
nachschauen = a arunca o privire, a controla
prüfen = a verifica

C. *Sprich nun jeden Satz nach. Lern die Sätze auswendig.*

D. *Versuch nun eine andere Variante dieses Dialogs zu machen. Hier ein paar Wörter dazu.*

Defekte beim Auto:
der Motor zieht/läuft nicht richtig;
der Motor wird heiβ;
der Motor verbraucht viel Öl (consumă mult ulei);
die Scheinwerfer/die Blinker funktionieren nicht;
der Auspuff/die Kupplung ist kaputt;
die Bremse zieht nach links/rechts.

Der Witz der Woche:
Der Wagen wird in die Werkstatt geschleppt. „Ich bin gegen eine Mauer gefahren“, sagt der Fahrer. Der Meister geht um das Auto und fragt: „Wie oft?“

24. *Was war leicht und was war schwer in dieser Lektion?*

Ü

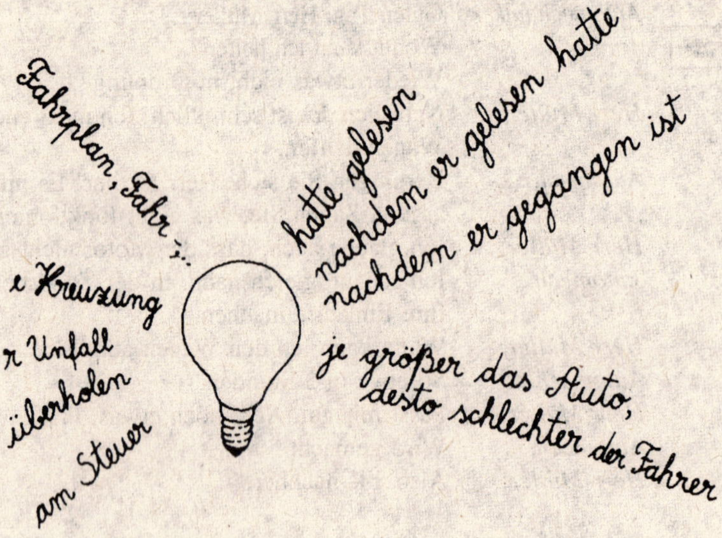

LEKTION 31

Der Umweltschutz ist seit sehr langer Zeit ein dringliches Problem. Während das Bruttosozialprodukt ständig steigt, wird die Umwelt immer mehr bedroht.

1. *Lies die folgenden Wörter und Wendungen und ordne sie entsprechend zu!*

Ü

Pestizide

Aussterben von Pflanzen und Tieren

Chemikalien

chemische Düngemittel

Verschmutzung der Luft

Waldsterben

Fremdenverkehr

vergiftete Lebensmittel

Müll

Lawinengefahr

Kraftfahrzeuge

Verschmutzung des Wassers

Verursacher der Umweltverschmutzung	*Folgen*
Kraftfahrzeuge	. . . . .

2. *Lies bitte die Texte und überlege: Welches Bild passt zu welchem Text?*

Ü

A. *Die Alpen, der Deutschen liebste Landschaft, sind schwergefährdet:* Fremdenverkehr, LKW-Terror auf den Transitstraßen, das katastrophale Sterben der Bergwälder, Muren- und Lawinengefahr. Jetzt wurde ein Rettungsprogramm entwickelt, damit Edelweiß und Enzian noch eine Zukunft haben. Dieter Popp, 28 Seiten, schön gestaltet.

B. Während das Bruttosozialprodukt steigt, versiegen die Quellen. Eisvogel, Schwertlilie und Libellen stehen auf den Sterbelisten.— Das Buch führt zum faszinierenden Lebensraum der Bäche, zeichnet eindringliche Porträts der Pflanzen und Tiere, die in ihm wohnen, benennt die Gefahren und fordert zur Wiedergutmachung an den Bächen auf. *Das Buch zur BUNDaktion*, A. Niemeyer — Lullwitz, D.Popp, J.Winller, H.Zucchi, 272 Seiten, zahlreiche Bilder.

C. *Tatort Wegrand.* Spannende Reportagen über die raffinierten Überlebungsstrategien der Kleintiere wie Wildbienen, Spinnen, Hornissen und über die verschiedenen Lebensräume in der Natur. Zahlreiche Erkennungstafeln heimischer Pflanzen und Insekten, und doppelseitige, meisterhaft gezeichnete Entdeckungsbilder von Berthold Faust. B. Faust, C.Huller, 208 Seiten, reich bebildert.

D. *Naturschutz beginnt im Garten.* Ein Führer in die faszinierende Lebenswelt des Gartens, ein Buch für Natur- und Gartenfreunde. Es lässt uns im Blumengarten, an Bäumen und Sträuchern, unter Hecken, auf Wiesen oder Gemüsegärten Erstaunliches entdecken. Mit vielen Tipps für Praktiker und Gartenanfänger. Michael Chinery, 192 Seiten, reich bebildert.

E. *Lebendiges Meer oder Müllkippe Europas?* Seehunde sterben, Algen bluten. Gibt es nur noch Schreckensmeldungen von der Nordseeküste? BUNDposition informiert über Ökologie der Nordsee, über ihre Bedrohung und darüber, was getan werden muss, damit der Blanke Hans wieder quicklebendig und sauber gegen die Küsten donnern kann. — 10 Umwelttips für zuhause. 26 Seiten Abbildungen.

F. Mehr als 100 000 Chemikalien werden industriell hergestellt, mehr als 300 Pestizide sind in der Bundesrepublik zugelassen. — Auf unserem Esstisch findet sich oft mehr als das bloße Auge sieht und der Gaumen schmeckt. BUNDposition zeigt von Schwermetallen bis Nitraten die Bescherung auf, die uns die Industrie angerichtet hat. *Ein Programm für Nahrung ohne Beigeschmack.* 28 Seiten, Abbildungen.

G. Ein Intensivkurs in Sachen Menschheitsrettung. Was jeder für die Tropenwälder tun kann, ihre Biologie, ihre Rolle für das Weltklima und ihre Gefährdung durch die Brandrodung und Industrieprojekte. Wolfgang Fremuth, 6 Seiten, Abb.

H. Das dreckige Import-Export-Geschäft: Die deutschen Chemiekonzerne exportieren hochgiftige Agrarchemikalien in Entwicklungsländer, mit den Lebensmitteln kommen sie dann auf den bundesdeutschen Esstisch zurück. Für die Landwirtschaftsarbeiter in der 3. Welt ist die Ausbringung der Pestizide ein Spiel mit dem Tod! Was Sie tun können, um diesen Wahnsinn zu beenden, 24 Seiten, zahlreiche Abbildungen.

e **Lawine, -n** = avalanşă
heimisch = autohton
r **Gaumen, -** = cerul gurii
r **Beigeschmack,** *sg.* = gust particular
gespannt = încordat, tensionat
r **Seehund, -e** = focă
e **Wildbiene, -n** = albină sălbatică
e **Hornisse, -n** = viespe
e **Spinne, -n** = păianjen
r **Eisvogel, ¨-** = pescăruş
e **Schwertlilie, -n** = stânjenel

1	2	3	4	5	6	7	8
B							

3. Ü *Du hast sicher bemerkt, dass die Texte (Kurzpräsentationen) keinen Titel haben. Welche Titel passen zu welchem Text?*

a. Leben, das leben will. Naturschutz in der BRD.
b. Wer macht dem Bach das Bett? Rettet die Bäche!
c. Vom Schweigen im Walde. Der Kampf um die Rettung der deutschen Wälder.
d. Merr und Küste. Mehr tot als lebendig!
e. Garten ohne Gift.
f. Umweltzerstörung in der „dritten Welt"
g. Umwelt und Gesundheit.
h. Tropische Regenwälder.

a	b	c	d	e	f	g	h
C							

4. Ü *Was ist richtig? Was ist falsch? Bitte kreuze an!*

	Text	R	F
a. Der Fremdenverkehr in den Alpen gefährdet die Wälder.			
b. Edelweiß und Enzian können noch gerettet werden.			
c. Die Quellen sind noch nicht in besonderer Gefahr.			
d. Eisvogel, Schwertlilie und Libellen sterben aus.			
e. Die Kleintiere versuchen zu überleben.			
f. Gartenfreunde können Naturfreunde sein.			
g. Der Müll bedroht die Flora und Fauna der Nordsee.			
h. Chemikalien geben den Lebensmitteln einen feinen Beigeschmack.			
i. Die Industrieprojekte beleben die tropischen Regenwälder.			
j. Die exportierten chemischen Düngemittel kommen nach Deutschland in Form von gesunden Lebensmitteln zurück.			

5. Ü *Ergänze die Tabelle mit entsprechenden Wörtern aus den Texten!*

	Verb	Substantiv	Adjektiv
a.	____________	e Gefährdung e Gefahr	gefährlich
b.	verursachen	e Ursache ____________	—
c.	____________	e Rettung	—
d.	____________	e Versiegung	versiegbar
e.	____________	s Sterben	sterblich
f.	verkehren	____________ ____________ ____________	—
g.	____________	e Entwicklung ____________	____________
h.	____________	e Rettung	____________
i.	____________	e Entdeckung ____________	entdeckbar

Verb	Substantiv	Adjektiv
j. erstaunen	s Staunen	________
k. melden	________	—
	________	
l. bedrohen	________	________
m. ________	r Geschmack	________
	________	
n. ausroden	________	—
o. vergiften	s Gift	________
p. ________	e Forderung	erforderlich
q. leben	s Leben	________
r. schützen	________	—
	________	

6. *Welche Ergänzungen passen nicht zu den Verben?*

Ü

a. gefährden: Wälder, Landschaft, Enzian, Umwelttips
b. aussterben: Tiere, Gefahr, Pflanzen, Wald
c. überleben: Natur, Kleintiere, Tatort, Insekten
d. entdecken: Lebenswelt, Aussterben, Quelle, Erstaunliches
e. bedrohen: Brandrodung, Seehunde, Küste, Umwelt

7. ***Verbul* werden**

GR

Spre deosebire de celelalte limbi europene care au o formă proprie pentru exprimarea unei acţiuni viitoare, în limba germană, pentru viitor se foloseşte verbul predicativ la timpul prezent însoţit de un cuvânt modal care indică timpul viitor.

Ich komme **morgen** zu dir.
(Voi veni mâine la tine/Vin mâine la tine).

Verbul **werden** *se foloseşte:*

a. *ca verb predicativ însoţit de un adjectiv sau substantiv, exprimând o schimbare, transformare:*

Ich werde nervös.
Devin nervos.

Sie wird Friseuse.
Ea devine/va deveni coafeză.

b. *ca verb auxiliar în formarea diatezei pasive:*

Hier wird ein Park angelegt.
Aici se amenajează un parc.

c. *ca verb modal pentru exprimarea unei presupuneri/intenţii:*

Das Essen wird jetzt fertig sein.
Este posibil ca mâncarea să fie acum gata.

Ich werde dich nie vergessen.
Nu te voi uita niciodată.

8. *Lies den Text und unterstreiche die Verben* **werden**:

Ü

Greenpeace
Liebe Leserinnen und Leser,

Die Robben in der Nordsee sind vom Aussterben bedroht, sie werden wohl aus ihrem Meer verschwinden, vielleicht für immer. Das Meer ist krank. Die Sedimente des Meeresbodens werden die „Zivilisationsgifte noch jahrzehntelang speichern. Wir dürfen nicht hinnehmen, dass die Meere weiter als Sondermüllkippe benutzt werden. Wir werden uns die Nordsee nicht von der chemischen Industrie, nicht von Dünnsäureregenproduzenten, nicht von Waschmittelherstellern wegnehmen lassen. Wir wollen wieder in der Elbe im Rhein, in der Donau schwimmen. Ohne Überlebensanzug. Einfach so. Dafür werden wir kämpfen. Machen sie mit.

Ihre Greenpeacerinnen und Greenpeacer

Was für Funktionen hat das Verb **werden**?

9. *Wie könnte die Erde in 15 Jahren aussehen?*

Ü

Was denkt ein A. Optimist
B. Pessimist?

a. die Erdbevölkerung
   A. Die Erdbevölkerung wird sich vielleicht verringern.
   B. Die Erdbevölkerung wird wahrscheinlich weiteranwachsen.

b. die Umweltprobleme
c. die Krankheiten
d. die Kriege
e. die Nahrungsmittel
f. der Wohnraum

10. *Jeden Tag geht unsere Welt ein Stück zugrunde.*
Wir alle wissen, dass Ozonloch, Wald- und Robbensterben, Nahrungsmittelvergiftung, Trinkwasservergiftung, Überdüngung, Plutoniumhandel, Müllberge, Genmanipulationen eine Menschheitskatastrophe an sich beinhalten. Was könnten wir alles dagegen tun?
In der Bundesrepublik werden zahlreiche Umweltaktionen gestartet z. B. die Aktion Umwelt konkret. Schau dir das Bild an. Um was für Aktionen handelt es sich? Was passt zusammen?

a. Ich werde nur noch stromsparende Geräte kaufen und weniger Heizenergie verbrauchen.

b. Ich werde auf unnötige Verpackungen verzichten. Ich nehme den Einkaufskorb statt der Plastiktüte.

c. Ich bepflanze meinen Garten und meinen Balkon mit vielen verschiedenen Pflanzen. Ich verzichte auf Unkrautvertilgungsmittel.

d. Ich werde keine Pestizide mehr verwenden. In meiner Freizeit werde ich Rücksicht auf die Natur nehmen und keinen Abfall in die Landschaft werfen.

e. Ich werde geräuscharme Maschinen und Geräte verwenden, auf das Ruhebedürfnis meiner Mitmenschen Rücksicht nehmen. Ich verzichte auf Dauerberieselung durch Radio und Fernsehen.

f. Ich werde weniger Wasser verbrauchen. Ich kaufe nur noch umweltfreundliche Waschmittel und dosiere sie sparsam.
g. Ich kaufe keine Produkte mehr, für die gefährdete Tierarten sterben müssen, wie Pelze, Elfenbein und Krokoleder.
h. Ich werde nur Lebensmittel kaufen, die biologisch kontrolliert sind.
i. Ich werde nur Produkte kaufen, die Umwelt und die Natur möglichst wenig belasten. Der Kunde ist König. Durch mein Kaufverhalten werde ich den Produzenten zwingen umweltverträgliche Waren anzubieten.
j. Ich werde auf unnötige Autofahrten verzichten und öfter die öffentlichen Verkehrsmittel oder mein Fahrrad benutzen. Als Autofahrer werde ich nicht schneller als 120 km/h und ein Auto mit Katalysator fahren.

1	2	3	4	5	6	7	8	9	10
						a			

r **Abfall, ¨-e** = resturi, gunoi
r **Erzeuger, -** = producător
r **Kunde, -n** = cumpărător
s **Gerät, -e** = aparat
s **Unkrautvertilgungsmittel, -** = ierbicid
s **Ruhebedürfnis, -se** = nevoie de odihnă
s **Elfenbein, -e** = fildeş
s **Krokoleder, -** = piele de crocodil
s **Kaufverhalten, -** = comportament de cumpărător
e **Heizenergie, -n** = energie termică
e **Tüte, -n** = pungă
e **Dauerberieselung durch Radio und Fernsehen** = agresare prelungită prin programele radio şi TV
verbrauchen = a consuma
verzichten = a renunţa
bepflanzen = a planta
belasten = a încărca
geräuscharm = silenţios
umweltfreundlich = nedăunător pentru mediul înconjurător
sparsam = cu economie

11. *Suche den Oberbegriff und unterstreiche ihn!*

Ü

a. Energiesparlampen, Energie sparen, niedrigere Raumtemperatur, stromsparende Geräte, nur volle Maschinen waschen;
b. Mineralöl, Braunkohle (*cărbune brun*), Energieträger, Atomenergie, Sonnenenergie, Windenergie;
c. Abfall, Plastiktüte, Bierdosen, Plastikflaschen, Spraydosen;
d. Unkrautvertilgungsmittel, chemischer Dünger, Pestizide, Düngemittel, natürliche Dünger;
e. Tempolimit (*limită de viteză*), Katalysator, umweltfreundliche Initiativen, zu Fuß gehen, Fahrrad fahren.

12. *Propoziţia introdusă prin* **damit** *şi* **um...zu**

GR

• *Conjuncţia* **damit** *introduce propoziţii secundare finale, care arată scopul sau ţelul acţiunii. Ele răspund la întrebarea* **wozu***?* **Zu welchem Zweck***? (în ce scop?).*

BUNDposition entwickelt ein Rettungsprogramm, **damit** Edelweiβ und Enzian noch eine Zukunft haben.
Ich will alles tun, **damit** ich die Luft nicht verunreinige.

• *Dacă subiectul propoziţiei finale este identic cu subiectul propoziţiei regente, se foloseşte o construcţie infinitivală.*

Ich will alles tun, **damit** *ich* die Luft nicht verunreinige.
Ich will alles tun, **um** die Luft nicht **zu** verunreinigen.

• *În propoziţia secundară cu* **damit** *s-a înlocuit conjuncţia* **damit** *prin conjucţia* **um**, *s-a renunţat la subiect, el fiind identic cu cel din propoziţia regentă, şi verbul s-a trecut la infinitiv precedat de prepoziţia* **zu**.

• *Folosirea prepoziţiei* **zu** *înaintea verbului la infinitiv este obligatorie.*

• *În cazul verbelor compuse cu particulă separabilă, prepoziţia* **zu** *se intercalează între particulă şi verb.*

Die Kleintiere probieren verschiedene Strategien aus, **damit** sie nicht aussterben.

Die Kleintiere versuchen verschiedene Strategien, **um** nicht aus**zu**sterben.

• *În construcţiile infinitivale se renunţă la folosirea verbelor modale în propoziţia secundară.*

13. *Lies noch einmal den Text von Ü10 und überlege, wie die guten Vorsätze der Teilnehmer an der Aktion Umwelt konkret lauten könnten:*

Ü

a. Ich will alles tun. Ich schränke meinen Energieverbrauch ein und verwende weniger Rohstoffe.
Ich will alles tun, um meinen Energieverbrauch einzuschränken und weniger Rohstoffe zu verwenden.

b. Ich will alles tun. Ich werde den Abfall vermeiden.

c. Ich will alles tun. Ich will die Vielfalt der Pflanzen erhalten.

d. Ich will alles tun. Ich möchte die Landschaft und den Boden schützen.

e. Ich will alles tun. Ich werde Lärm vermeiden.

f. Ich will alles tun. Ich muss das Wasser rein halten.

g. Ich will alles tun. Ich möchte gefährdete Tierarten schützen.
h. Ich will alles tun. Ich muss Anbau und Verkauf gesunder Nahrung erreichen.
i. Ich will alles tun. Ich möchte ein umweltbewusster Verbraucher sein.
j. Ich will alles tun. Ich darf die Luft nicht verschmutzen.

der Energieverbrauch, *sg.* = consum de energie
der Rohstoff, -e = materie primă
die Vielfalt, *sg.* = bogăţie, multitudine
der Lärm, *sg.* = zgomot
der Anbau, *sg.* = cultivare
der Verbraucher, - = consumator
einschränken = a restrânge
vermeiden = a evita
erhalten = a menţine
schützen = a apăra

14. *Medikamente, ja oder nein? Bilde Sätze mit* **damit** *oder* **um zu**.

a. Frau Kluger nimmt täglich eine Schlaftablette. Sie kann dann leichter einschlafen.
Frau Kluger nimmt täglich eine Schlaftablette, um leichter einzuschlafen.
b. Herr Müller gibt seiner Tochter Vitamintabletten. Sie wird dann kräftiger.
Herr Müller gibt seiner Tochter Vitamintabletten, damit sie kräftiger wird.
c. Viele Frauen nehmen Tabletten zum Abnehmen. Sie wollen schlank bleiben.
d. Frau Meyer kauft Tabletten. Ihre Kinder sollen sich besser konzentrieren.
e. Herr Baumstamm kauft Tabletten. Seine Frau soll gesund werden.
f. Der Arzt verschreibt dem Sänger Halstabletten. Er kann dann morgen wieder singen.
g. Viele Sportler nehmen gefährliche Medikamente. Sie wollen bessere Leistungen haben.
h. Einige Ärzte verschreiben zu viele Medikamente. Sie verdienen dadurch mehr.

15. *Stinkende Autoabgase, wachsender Energieverbrauch, sterbende Wälder – so sieht unser Alltag aus.*
Umweltschutz kann nicht befohlen werden (*Ocrotirea mediului înconjurător nu poate fi impusă*).
Du hörst jetzt einige Interviews, die in München auf der Straße gemacht wurden. Der Reporter fragt ein paar Leute, was sie gegen die Umweltverschmutzung tun.

Hör das Interview noch einmal und ergänze die Leerstellen:

■ **Interview 1**

Frau: Wir sammeln ________, ________ und ________ und werfen sie in den entsprechenden Container. Wir passen auch auf, dass wir nicht zu viel ________ und ________ verbrauchen.
Jeder müsste ________ ________ anfangen, damit etwas verändert wird.

■ **Interview 2**

Mann: Ich habe mein ________ verkauft. Das ist mein Beitrag gegen die ________ durch Autoabgase. Ich benütze jetzt mein ________.
Man sollte mehr ________ gründen, den jeder einzelne bildet mit den anderen zusammen den Staat.

■ **Interview 3**

Mann: Ich tue wenig für den ________. Jetzt habe ich ein Auto mit ________. Das eigentliche Problem ist meiner Meinung nach die ________ der Industrie, ________ Technik ist teuer.

■ **Interview 4**

Frau: Ich glaube jeder kann etwas gegen die ________ tun. Ich z. B. benütze nur ________ Waschmittel. Auch meine Familie macht mit. Wir kaufen nur ____________ ohne Treibgas und wir ________ 30 Mark im Monat für Greenpeace.

16. **Ü** *Was war in dieser Lektion leichter? Was hast du schwieriger gefunden? Was müsstest du wiederholen?*

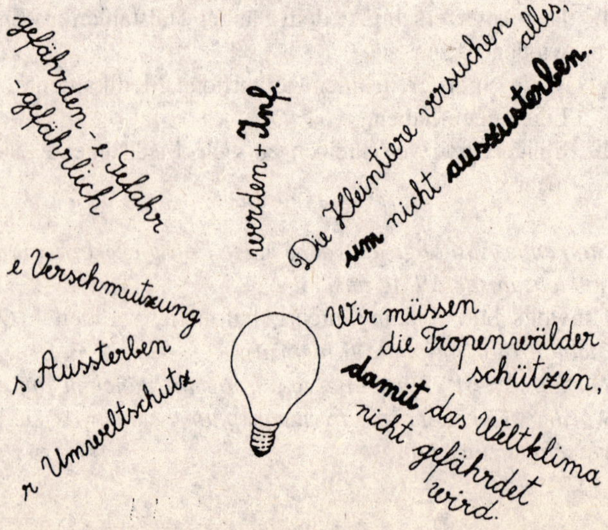

LEKTION 32

Freizeit – was ist das?

Mehr Geld, mehr Freizeit, mehr Bildung und mehr Wohlstand - das sind die Ansprüche der heutigen Generation.
Zwischen den Generationen liegen allerdings Welten, haben die Freizeitforscher herausgefunden. Fast drei Viertel der Berufstätigen definieren zwar heute Freizeit „eine Zeit, in der ich tun kann, was mir Spaβ und Freude macht", doch unter „Spaβ" verstehen Jungendliche etwas anderes als ihre Eltern: Unterhaltung. Die Älteren aber verbinden mit dem Wort „Spaβ" nicht unter Zeitdruck stehen, keine Sorgen haben.

r Freizeit, -en = timp liber
r Anspruch, ¨-e = pretenţie
r Berufstätige, -n = persoană în câmpul muncii
r Zeitdruck, *sg.* = presat de timp
r Wohlstand, ¨-e = bunăstare
e Bildung *sg.* = cultură, orizont cultural
e Unterhaltung, -en = divertisment
e Sorge, -n = grijă

1. *Wer meint das?*

Ü

a.	Die Älteren	**1.**	hat groβe Ansprüche.
b.	Die Jugendlichen	**2.**	verbinden mit Freizeit Unterhaltung.
c.	Die heutige Generation	**3.**	erkennen, dass zwischen den Generationen ein groβer Unterschied ist.
d.	Die Freizeitforscher	**4.**	tun in ihrer Freizeit, was ihnen Freude macht.
e.	Die meisten Berufstätigen	**5.**	wollen in ihrer Freizeit keine Sorgen haben.

Freizeitverlierer und Freizeitgewinner

Von den 80er zu den 90er Jahren

Von je 100 Befragten nennen als liebste Freizeitbeschäftigung

	1981		1989	
	5	Radfahren	14	+9
	16	Gartenarbeit	23	+7
	0	Ausschlafen faulenzen	5	+5
	14	Spazieren-gehen	16	+2
	4	Tennis	6	+2
	27	Lesen Zeitung lesen	29	+2
	14	Schwimmen	15	+1
	5	Autofahren	6	+1
	14	Fernsehen Video	14	
	5	Fußball	5	
	2	Gaststätte besuchen	2	
−1	11	Radio hören	10	
−2	6	Tanzen	4	
−2	10	Heimwerken	8	
−3	5	Wintersport	2	
−4	13	Wandern	9	
−4	23	Handarbeiten	19	

Repräsentativbefragung von 2000 Personen ab 14 Jahren

Quelle: B·A·T Freizeit-Forschungsinstitut 1990

2. *Warum tun die Leute in ihrer Freizeit gerade das, was sie tun? Findest du die passenden Argumente?*

fit bleiben *heute in sein* *in der Woche viel Arbeit*
die Reparaturen im Haushalt teuer *das beruhigt*
gern zu Fuß gehen *billiger als Kino* *beliebte Sportart*
eigenes gesundes Gemüse

a. Gartenarbeit: Weil man eigenes gesundes Gemüse haben will.
b. Heimwerken, Basteln: Weil ....
c. Video: ....
d. Ausschlafen: ....
e. Tennis: ....
f. Fußball: ....
g. Wandern: ....
h. Spazierengehen: ....

Noch vor hundert Jahren war Freizeit ein absolutes Fremdwort

1950 gab es noch die 48-Stunden-Woche. Heute, nach 44 Jahren, ist die Woche generell auf 40 Stunden, manchmal sogar auf weniger reduziert worden. Außerdem haben die Berufstätigen fünf bis sechs Wochen Urlaub, die zahlreichen Feiertage nicht einmal eingerechnet. Je kürzer die Arbeitszeit wird, desto mehr emanzipiert sich die Freizeit und wird zu einem Bereich, für den es sich lohnt zu leben und zu arbeiten.

Was macht also der Durchschnittsbürger, der neben Beruf, Arbeitswegen, Hausarbeit und Schlaf am Werktag 5 und am Wochenende 14 freie Stunden zur Verfügung hat und davon 75% in seinen vier Wänden verbringt? Was macht der Mensch am Feierabend?

Bei schönem Wetter zieht es die Deutschen hinaus ins Grüne und in die Lokale; vor allem in die Biergärten. In angenehmer Runde zusammensitzen ist für viele ein ausgesprochenes Freizeitvergnüngen. Soziologen sehen darin auch den Wunsch nach Kommunikation und Geselligkeit.
Die meisten Deutschen aber sehen in ihrer Freizeit fern. Farbfernseher stehen in 89 Prozent aller Haushalte. Fernsehen, als schnellstes Medium für alles, wird von 40 Prozent der Bevölkerung von montags bis freitags, täglich mehr als zwei Stunden konsumiert.

Mindestens so populär wie das Ritual der TV-Freizeit ist der Sport. Die 60.000 Sportvereine sind ein Indiz für die Sportbegeisterung der Deutschen. An Sport interessiert zeigen sich 63 Prozent, obwohl nur 23 Prozent regelmäßig Sport treiben. Aktivitäten wie Tennis oder Radfahren, Golfspielen und Wandern sind nach wie vor Urlaubshits. Die sportliche Zukunft liegt aber auf dem Wasser, denn heute ist das Windsurfen in. Gemessen an der Bedeutung und der Attraktivität des Sports haben kulturelle Einrichtungen nur wenig Bedeutung. Bildung und geistige Interessen finden 90 Prozent der Bevölkerung wichtig, aber Museen, Kunstausstellungen und Theateraufführungen besuchen nur 7 Prozent.

Seit einigen Jahren ist außerdem zu beobachten, dass die Freizeit nicht nur zur Unterhaltung verwendet wird, sondern auch für Tätigkeiten an der Grenzstelle zwischen Arbeit und Freizeit. Weit verbreitete Hobbys sind: Stricken, Häkeln, Töpfern, Gartenpflege, Autopflege. 87 Prozent aller Männer kaufen Handwerksmaterial und Technikgeräte für Reparaturen im Haus. Trotzdem sind die Frauen die aktiveren, wenn es um Freizeit geht. Sie vereinbaren Termine mit Freunden, organisieren Partys und Picknicks oder bestellen Theater- oder Opernkarten.

Eine Schwäche teilen allerdings Männer und Frauen – die Lust am Reisen. Camping z. B. gehört schon seit den 50-ger Jahren zu den Freizeit-Hits. Mit dem Wohnwagen in den Süden fahren ist auch sehr populär und zu einem gelungenem Campingurlaub gehören natürlich auch Abende am Grill, mit Würstchen, Steaks und einem kalten Bier.

r Feierabend, -e = sfârşitul zilei de lucru
zur Verfügung = la dispoziţie
r Verein, -e = asociaţie
s Vergnügen, *sg.* = distracţie
s Handwerksmaterial, -e = unelte, scule
e Geselligkeit, *sg.* = sociabilitate
e Einrichtung, -en = lăcaş
e Aufführung, -en = spectacol
e Begeisterung, *sg.* = entuziasm
e Pflege, *sg.* = îngrijire
einrechnen = a include
es lohnt sich – merită
verwenden = a folosi
stricken = a tricota
töpfern = a face olărit, a lucra oale
häkeln = a croşeta
vereinbaren = a conveni, a stabili

3. *In welcher Reihenfolge kommen folgende Ideen im Text vor?*

a. Die Deutschen sind an Sport interessiert.
b. Arbeitszeit, Jahresurlaub, freie Stunden.
c. Campingurlaub ist sehr beliebt.
d. Fernsehen — beliebteste Aktivität.
e. Wenige haben kulturelle Interessen.
f. Hobbys sind eine Art Arbeit in der Freizeit.
g. Männer machen gern Reparaturen in der Wohnung.

b. . . . .

4. *Was steht im Text?*

1. a. Urlaub gibt es erst seit 1950.
b. Zur Freizeit rechnet man Urlaub und Feiertage.
c. Die Berufstätigen haben fünf bis sechs Wochen Urlaub, die Feiertage nicht mitgerechnet.

2. a. Die Deutschen sehen während der ganzen Zeit fern.
b. Die Deutschen sehen in ihrer Freizeit nur fern.
c. Die meisten Deutschen sehen in ihrer Freizeit sehr gern fern.

3. a. Die meisten Deutschen interessiert der Sport nur theoretisch.
b. Nur 23 Prozent der Deutschen sind an Sport interessiert.
c. Die Deutschen interessieren sich für Sport, weil sie selbst Sport treiben.

4. a. Museen und Ausstellungen sind leer.
b. 90 Prozent der Deutschen besuchen Theateraufführungen und Museen.
c. Nur ein kleiner Teil geht in Museen, Kunstausstellungen und ins Theater.

5. a. Die Deutschen Grenzler verwenden ihre Freizeit nur für Arbeit.
b. Ein beliebtes Hobby der Männer an der Grenze ist die Autopflege.
c. Die Hobbys sind eine Aktivität an der Grenze zwischen Arbeit und Freizeit.

6. **a.** Männer und Frauen haben eine Schwäche gemeinsam.
b. Die Männer haben eine einzige Schwäche: die Frauen.
c. Männer und Frauen sind schwach.

5. *Welches Verb passt?*

Ü

a. Pullover – stricken/Topf – töpfern
b. Dia – fotografieren/Bild __________
c. Steckdose – reparieren/Zeitung __________
d. Konzerte – besuchen/Sport __________
e. Kranke – pflegen/Termine __________
f. Theaterkarten – bestellen/Urlaub __________

6. *Ersetze die unterstrichenen Wörter durch ihre Synonyme!*

Ü

Feierabend	*ins Grüne*	*Begeisterung*
Freizeitbeschäftigung		
Sportverein	*Aktivitäten*	*Vergnügen*

a. Was macht der Mensch nach *Arbeitschluss*?
b. Viele Deutsche fahren bei schönem Wetter hinaus *in die Natur*.
c. Bayer-München ist ein berühmter deutscher *Sportklub*.
d. Nach Arbeit und Stress suchen die Menschen *Tätigkeiten*, die Spaβ machen.
e. Windsurfen macht mir keine *Freude*, weil es gefährlich ist.
f. Die Deutschen sehen Fuβballspiele mit groβem *Enthusiasmus*.

7. **Ü** *Hier die Wortfamilie frei! Such im Wörterbuch auch andere Wörter dieser Familie!*

	frei			A.	
	Frei	+	zeit	S.	
	Frei	+	heit	S.	
be +	frei	+	en	V.	
akzent +	frei			A.	
	Frei	+	tag	S.	
alkohol +	frei			A.	
	—				
	—				**A.** = Adjektiv
	frei	+	beruflich	A.	**S.** = Substantiv
	frei	+	willig	A.	**V.** = Verb

8. **Ü** *Ergänze folgende Sätze mit den entsprechenden Wörtern!*

Freiheit freiberuflich Freibad alkoholfrei
frei Freitag akzentfrei Freizeit
freiwillig

a. Nach jahrhundertelanger Kolonialherrschaft wurde Ceylon 1948 frei.
b. Kinder dürfen nur ________ Getränke trinken.
c. Am ________ gehe ich schwimmen. Kommst du mit?
d. Es ist aber kein ________ sondern ein Hallenbad.
e. Er ist nicht bei einer Agentur angestellt, er arbeitet als ________ Journalist.
f. Er musste der Aufsatz nicht schreiben. Er hat es ________ gemacht.
g. Er verbringt seine ________ mit Lesen.
h. Sie hat 15 Jahre in England gelebt und spricht Englisch wirklich ________.
i. „________, Gleichheit, Brüderlichkeit", lautete die Parole der Französischen Revolution.

Wenn wir
einen Mercedes hätten...
Wenn wir viel
Geld hätten....
Wenn
wir gutes
Wetter hätten....
...dann wären wir im
Urlaub auf Mallorca!

9. **Ü** *Schreibe nun den Text eines Comics für dich! Du kannst ihn auch zeichnen, wenn du willst.*

Wenn ich .... hätte , wenn ich .... hätte und wenn ich .... hätte, dann wäre ich ....

Wie übersetzt du **hätte** *und* **wäre** *auf Rumänisch?*

10. ***Conjunctivul II* (Der Konjunktiv II)**

GR *Conjunctivul II, pe scurt* Konjunktiv irrealis *sau „conjunctivul ireal sau nerealizat" se folosește pentru a arăta o ipoteză, pe scurt ceva ireal. În exemplul de mai sus, personajele visează la o mașină pe care nu o au, la bani, la vreme frumoasă, înconjurați de realitatea diferită în care sunt nevoiți să-și petreacă concediul. Ca formă, coincide cu condiționalul optativ din limba româna (eu aș..., eu aș fi...).*

a. ***Forma conjunctivului la verbele tari***

La toate formele de imperfect se adaugă desinențele următoare:

	sg.	*pl.*
pers. I.	**–e**	**–en**
pers. II-a.	**–e**	**–et**
pers. III-a.	**–e**	**–en**

La vocalele **a**, **o**, **u**, din rădăcina verbelor se formează „Umlaut", respectiv **ä**, **ö**, **ü**:

infinitiv	*indicativ imperfect*	*conjunctiv II*
kommen	kam	ich käm**e**, du käm**est**,...
bleiben	blieb	ich blieb**e**, du blieb**est**,...
rufen	rief	ich rief**e**, du rief**est**,...
fahren	fuhr	ich führ**e**, du führ**est**,...

b. ***Forma conjunctivului II la verbele slabe***

Forma conjunctivului II coincide cu forma imperfectului indicativ. Nu se formează „Umlaut":

infinitiv	*indicativ imperfect*	*conjunctiv II*
fragen	fragte	ich fragt**e**, du fragt**est**, er fragt**e**, wir fragt**en**, ihr fragt**et**, sie fragt**en**
sagen	sagte	ich sagt**e**, du sagt**est**

c. ***pentru verbele modale:***

infinitiv	*indicativ imperfect*	*conjunctiv II*
dürfen	durfte	ich dürft**e**, du dürft**est**, er dürft**e** ...
können	konnte	ich könnt**e**, du könnt**est**, ...
mögen	mochte	ich möcht**e**, du möcht**est**, ...
müssen	musste	ich müsst**e**, du müsst**est**, ...
wollen	wollte	ich wollt**e**, du wollt**est**, ...
sollen	sollte	ich sollt**e**, du sollt**est**, ...

d. ***pentru verbele auxiliare:***

infinitiv	*indicativ imperfect*	*conjunctiv II*
haben	hatte	ich hätt**e**, du hätt**est**, ...
sein	war	ich wär**e**, du wär**est**, ...
werden	wurde	ich würd**e**, du würd**est**, ...

e. *La cele mai multe verbe, forma clasică a conjunctivului II se înlocuieşte prin forma* **würde + infinitivul verbului.**

	conjunctiv II
ich fragte →	ich **würde fragen**
	du **würdest fragen**
	er **würde fragen**
	wir **würden fragen**
	ihr **würdet fragen**
	sie **würden fragen**
ich käme →	ich **würde kommen**
ich ginge →	ich **würde gehen**

Folosirea conjunctivului în propoziţia condiţională

Condiţia exprimată în propoziţia condiţională poate fi:

- ***realizabilă.*** *În cazul acesta se construieşte cu indicativul:*
  Wenn das Wetter schön ist, dann fahren wir ins Grüne.
  Dacă vremea este frumoasă, atunci mergem la iarbă verde.

- ***irealizabilă sau nerealizată.*** *În cazul acesta, folosim conjunctivul atât în propoziţia principală, cât şi în cea condiţională:*
  Wenn das Wetter schön **wäre**, dann **würden** wir ins Grüne **fahren.**
  Wir **würden** ins Grüne **fahren**, wenn das Wetter schön **wäre**.
  Dacă vremea ar fi frumoasă, atunci am merge la iarbă verde.

11. **Ü** *Sag, was würdest du tun, wenn du mehr Zeit hättest. Verwende dabei den Konjunktiv II mit* **würde***!*

a. länger schlafen – wenn ich mehr Zeit hätte.

Ich würde länger schlafen, wenn ich mehr Zeit hätte.

b. mehr Sport treiben – wenn ich mehr Zeit hätte.
c. im Garten arbeiten – ...
d. im Haus alles reparieren – ...
e. sich ausruhen – ...
f. sich mit der Familie beschäftigen – ...
g. faulenzen – ...
h. ins Kino gehen – ...
i. Karten spielen – ...
j. Freunde treffen – ...

12. **Ü** *Sag, was würdest du tun, wenn du reich wärest. Verwende den Konjunktiv II mit* **würde***!*

a. Wenn ich reich wäre – nichts tun

Wenn ich reich wäre, würde ich nichts tun.

b. Wenn ich reich wäre – ein groβes Haus kaufen
c. ... – jeden Abend ins Theater gehen
d. ... – anderen Leuten helfen
e. ... – um die ganze Welt reisen
f. ... – viele Partys geben
g. ... – viele Kleider kaufen
h. ... – teuren Schmuck tragen
i. ... – einen Mercedes fahren

13. **Ü** *Ergänze mit den Verben im Konjunktiv II oder mit der* **würde***-Form!*

trinken arbeiten leben verbieten geben haben sein lachen haben

a. Was wäre, wenn man den Alkohol verbieten würde?
b. ______ es dann keine Trinker mehr?
c. Sicher ist, dass die Menschen gesünder ________ ________.
d. Die Menschen ________ keine Kopfschmerzen mehr und sie ________ besser ________.
e. Wenn die Menschen weniger ________ ________, ________ die Atmosphäre bei Partys besser.
f. Die Menschen _______ ________ und fröhliche Lieder singen.
g. Und sie ________ am nächsten Tag keinen schweren Kopf.

14. **Ü** *Was würdest du tun, wenn du im Jahre 2080 leben würdest? Laβ deine Fantasie spielen! Antworte in Sätzen mit Hilfe des Konjunktiv II!*

Wenn ich im Jahre 2080 leben würde, ...

a. Was würdest du essen? – Pillen, Bio-Essen, ...
b. Was würdest du anziehen? – Metallkleidung, ...
c. Wie lange würdest du arbeiten? – drei Stunden, ...
d. Wo würdest du wohnen? – in einem Raumschiff, ...
e. Was würdest du in deiner Freizeit tun? – andere Planeten besuchen, ...
f. Wo würdest du eine Geburtstagsparty geben? – auf dem Mond, ...
g. Wie würden deine Kinder zur Schule fahren – elektronische U-Bahn, ...

15. **Ü** Diese Übung hilft dir, den Wortschatz zu wiederholen. Schreib alle Wörter auf, die du zu diesen Themen kennst!

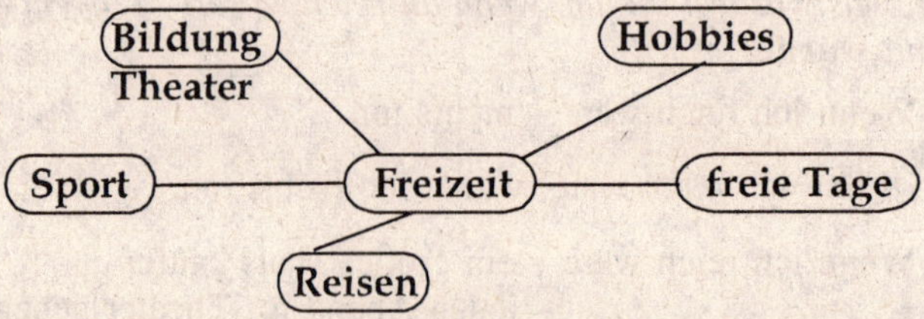

16. **Ü** Das Silbenrätsel hilft dir noch mehr Wörter zu wiederholen!
AR — AUF — AUS — BEITS — BIER — BIL — CHEN — DE — DUNG — EN — ER — FE — FEI — FREI — FÜH — GAR — HAL — HALTS — HAUS — LAUB — LUNG — RIEN — RUNG — STEL — TAG — TEN — TER — TUNG — UN — UR — WO — ZEIT — ZEIT

a. Ein Tag, an dem man nicht arbeitet: *Feiertag*
b. freie Zeit im Sommer oder Winter: ___________
c. Sie kann 40 Stunden in der Woche sein: ___________
d. Schüler haben dreimal im Jahr: ___________
e. Hier trinkt man Bier im Freien: ___________
f. alle freien Stunden und Tage zusammen: ___________
g. Wissen und Können auf verschiedenen Gebieten: z. B. eine humanistische: ___________
h. alle Arbeiten im Haus: Kochen, Putzen, Waschen, ... ___________
i. Hier kann das Publikum die Bilder sehen: ___________
j. An jedem Abend gibt es eine _______ im Theater.
k. ein Gespräch: ___________
l. Samstag und Sonntag: ___________

17. *Hier ein Kreuzworträtsel!*

a. _________ macht mehr Spaβ, als das Autofahren.
b. Wir _________ regelmäβig Sport.
c. Jeden Morgen _________ ich meine Zeitung.
d. Im Sommer gehen wir an den See _________.
e. Am Sonntag will ich mit meiner Tochter im Park _________.
f. Meistens _________ wir abends _________.
g. Mein Mann repariert alles im Haus, _________ macht ihm Spaβ.
h. In der Nähe gibt es ein Lokal mit guter Musik und da kann man auch _________.
i. Ich weiβ nicht, wie wir unseren Urlaub _________ werden.
j. Sie macht Töpfe und Vasen. _________ ist ihr Hobby.
k. Ich habe 10 Pullover und 9 Jacken, denn meine Mutter _________ gern.
l. Ich liebe Blumen und _________ den Garten.
m. Wir haben einen Kaffee getrunken und uns _________.
n. _________ ist ein Männersport.
o. Frauen _________ gern Partys und Picknicks.
p. Er hat ein Modellflugzeug _________.
q. Wir _________ oft in den Bergen und im Wald.

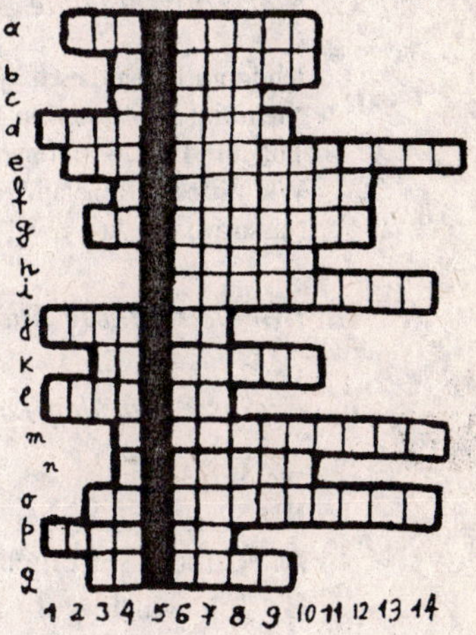

18. **A.** *Hör zuerst folgenden Dialog ohne mitzulesen!*
B. *Hör den Dialog noch einmal und lies mit!*

Na so was!

Verkäuferin: Guten Tag!
Herr B.: Guten Tag!
V. Haben Sie einen Wunsch?
Herr B.: Ich würde gern nach Hawai reisen.
V. Ja, und womit würden Sie gern reisen: Mit dem Schiff oder mit dem Flugzeug?

Herr B.:	Wie bitte?
V.:	Würden Sie mit dem Schiff oder mit dem Flugzeug reisen?
Herr B.:	Mit dem Schiff, das ist doch romantischer.
V.:	Würden Sie mit der Familie reisen oder allein?
Herr B.:	Allein. Ich habe mir immer gewünscht, alle würden mich in Ruhe lassen.
V.:	Und lässt man Sie denn nicht in Ruhe?
Herr B.:	Ja doch, aber auf dem Schiff bis Hawai ist es ruhiger.
V.:	Und wie lange würden Sie dann auf Hawai Urlaub machen?
Herr B.:	Keinen Tag. Die Reise wäre schön, aber ich habe keinen Urlaub, ich habe auch kein Geld, aber ich würde so gern nach Hawai reisen!
V.	Tut mir Leid. Solche Wünsche kann ich nicht erfüllen.

C. *Merk dir folgende Ausdrücke!*

Ich kann Ihnen diesen Wunsch erfüllen. – Pot să vă îndeplinesc această dorinţă.
Niemand lässt mich in Ruhe. – Nimeni nu mă lasă în pace.
Tut mir Leid. – Îmi pare rău.
Wie bitte? – Repetaţi, vă rog!
Na so was! – Aşa ceva!

D. *Hör den Dialog noch mal und sprich jeden Satz nach.*

E. *Ergänze nun den Dialog selbst!*

A. Guten Tag!
B. ________ ________!
A. Haben Sie einen Wunsch?
B. Ich würde gern nach ________ reisen.
A. Ja, und womit würden Sie reisen: mit ________ ________ oder mit ________ ________?
B. Mit ________ ________.
A. Würden Sie mit ________ ________ oder allein reisen?
B. ________.
A. Wie lange würden sie dann in ________ Urlaub machen?
B. ________Tage/Wochen. Aber ich habe ________ und ________. Ich würde aber so gern ________ ________ reisen!

reisen – fahren – fliegen ...
Schiff – Bus – Zug – Flugzeug – Fahrrad ...
Familie – Freunde – Gruppe – Freundin – Freund ...

19. *Was möchtest du später wiederholen?*

Ü

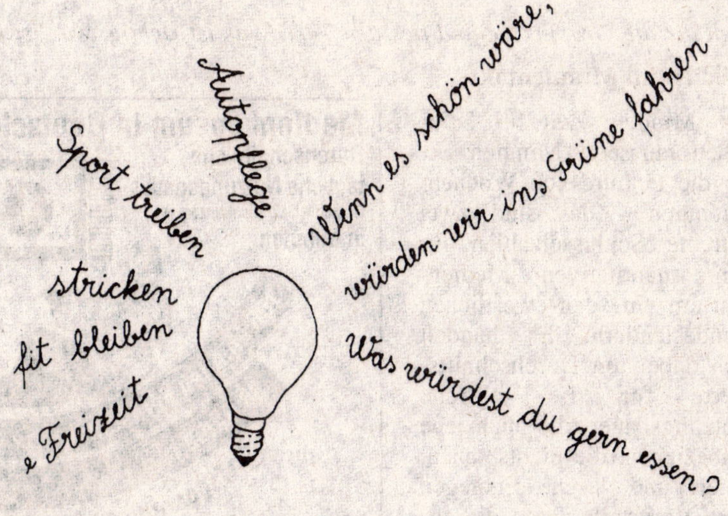

LEKTION 33

1. *Sieh dir die Graphik an und lies den Text. Was ist richtig, was ist falsch?*

Ü

Medien im Minutentakt

106 Minuten Zeit für Fernsehen, nur sechs Minuten für die Lektüre von Wochenzeitungen - das sind zwei extreme Schlüsselzahlen für den quantitativen Medienkonsum in den westlichen Bundesländern. Es handelt sich dabei um Durchschnittswerte für die tägliche Nutzungsdauer, die auch jene einbeziehen, die nichts sehen, hören und lesen. Entgegen dem Vorurteil, dass „die Jugend" den halben Tag vor dem Bildschirm sitze, sind es vor allem ältere Menschen, die das Fernsehen nutzen. Auch die Zeit, die für das Lesen von Tages- und Wochenzeitungen bleibt, nimmt mit steigendem Alter zu.

r Bildschirm, -e = ecran
r Durchschnitt, -e = medie
s Vorurteil, -e = prejudecată
e Nutzungsdauer = durată de folosinţă
einbeziehen = a include

		R	F
a.	Die Deutschen verbringen mit der Lektüre von Zeitschriften und Büchern genauso viel Ziel wie mit dem Radio.		X
b.	Die meiste Zeit sitzen die Deutschen vor dem Bildschirm.		
c.	Jugendliche sehen den halben Tag fern.		
d.	Ältere Menschen haben mehr Zeit zum Fernsehen und zum Lesen.		
e.	Diese Medienanalyse zeigt das groβe Interesse für Lektüre.		

2. *Kennst du vielleicht deutsche Zeitungen oder Zeitschriften? Welche?*

Ü

Drei von vier Deutschen lesen täglich eine Zeitung. 1993 wurden zum Beispiel 34 Millionen gedruckt.
Es gibt Tageszeitungen (*Süddeutsche Zeitung*, *Frankfurter Rundschau*, *Frankfurter Allgemeine*, *Die Welt* u.a.) und Wochenzeitungen (*Die Zeit* u.a.).
Auch das Nachrichtenmagazin *Der Spiegel* erscheint wöchentlich.
Die meisten Tageszeitungen sind politisch unabhängig, d.h. sie hängen von keiner politischen Partei ab; es gibt nur wenige größere Parteizeitungen.
Sehr verbreitet sind auch die Zeitschriften, insbesondere die Bildzeitschriften (illustrierte Zeitschriften), die gewöhnlich einmal in der Woche erscheinen.
Diese Illustrierten bringen Bilder zu den Ereignissen der letzten Wochen; dabei stehen Sensationen, Skandale und Katastrophen oft im Mittelpunkt.
Zu der großen Gruppe von Zeitschriften rechnet man Illustrierte wie *Stern*, Programmzeitschriften (Fernseh- und Radioprogramme), Frauenzeitschriften (*Brigitte*), Sportzeitschriften, Fachzeitschriften und andere mehr.

3. Ü *Lies den Text und ergänze das Diagramm!*

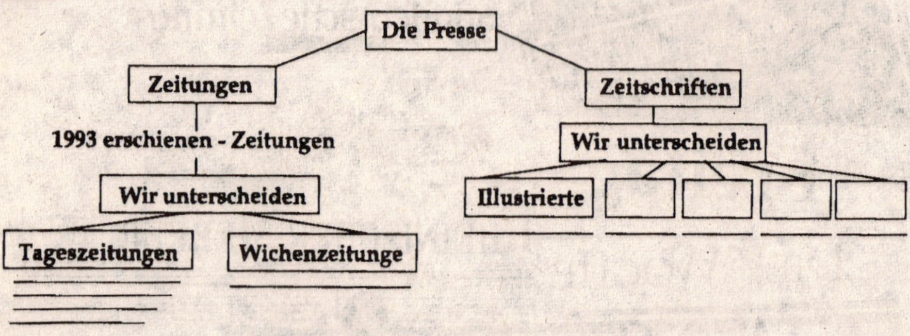

4. Ü *Wir lesen nun ein paar Schlagzeilen. Welches Bild passt zu welcher Schlagzeile?*

a.

b.

c.

d.

e.

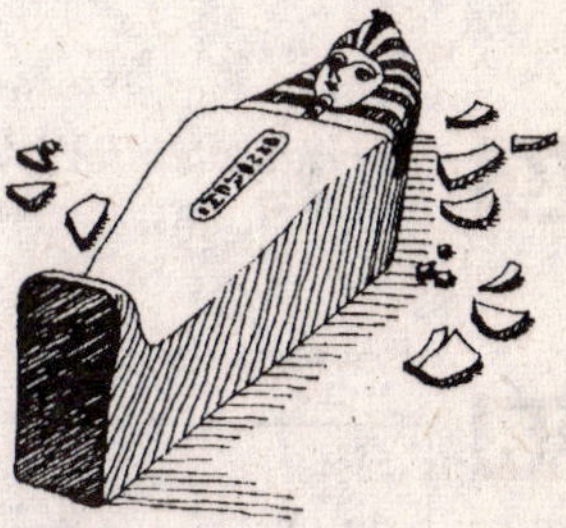

f.

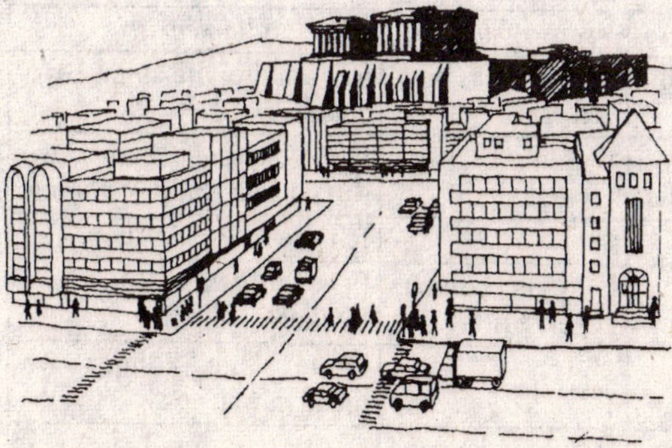

g.

1. *Streit um Schlafplätze.*
Bei einem Streit um Schlafplätze haben indische Soldaten vier Zugpassagiere bei voller Fahrt aus dem Waggon gestoβen.
2. *Mutter von 15 Kindern will in die Politik.*
Sie ist Mutter von 15 Kindern und bereits Groβmutter mit 19 Enkelkindern – jetzt will sie in die Politik.
3. *Kind deutscher Urlauber fiel aus fahrendem Wohnmobil.*
4. Dresdner Bäcker stiften mit einem Rekordstollen 17.000 Euro für den Kirchenbau.
5. *30 Tote durch Erdbeben im Iran*
6. *Im Kampf gegen Luftverschmutzung und Verkehrschaos*
Athen ohne Autos – Die Fuβgänger freuen sich.
7. *2000 Jahre alte Mumie in Ägypten entdeckt.* Auβer Mumie wurden noch Glasgegenstände gefunden.

a	b	c	d	e	f	g
5						

5. **Ü** *Schreib alle Präpositionen aus diesen Schlagzeilen heraus. Such die unbekannten im Wörterbuch.*
bei, bei, aus, ...

6. **GR** ***Prepoziţiile cu cazul acuzativ***

bis durch für gegen ohne um	+ A

A	*sens local*	*sens temporal*	*alte sensuri*
bis (până)	Der Zug fährt **bis** Oradea.	Er hat **bis** morgen frei.	Er isst drei **bis** vier Brötchen.
durch (prin)	Der Zug fährt **durch** den Tunnel.		Die Nachricht haben wir **durch** das Radio erfahren.
für (pentru)			Ich tue alles **für** dich.
gegen (contra, spre)	Das Auto fährt **gegen** den Bus.	Es regnet immer **gegen** Mittag.	Er spielt **gegen** Boris Becker.
ohne (fără)			**Ohne** Auto können wir nicht fahren.
um (la, de jur împrejur)	Wir saβen **um** das Feuer.	Die Maschine startet **um** Mitternacht.	

7. *Ergänze die fehlenden Artikel oder Endungen!*

Ü

a. Für ihren Sohn tut sie alles.

b. Hast du schon das Geld für _______ letzten Monat bekommen?

c. Du musst hier um ______ Park gehen.

d. Ich bin gegen dies _____ Plan. Das bringt doch nichts.

e. Durch ______ Mauer war Ostberlin von Westberlin getrennt.

8. *Ergänze die Präpositionen:* **durch**, **bis**, **um**, **gegen**.

Ü

a. Wir fahren mit dem Bus *bis* Deva und steigen dann aus.

b. Meine Freundin Anca hat mit mir einen kleinen Spaziergang ____ die Stadt gemacht.

c. Meine drei Schwestern und ich saßen ____ den Tisch und warteten auf Opa.

d. Das Auto stieß ____ die Mauer, doch der Fahrer wurde dabei nicht verletzt.

e. Ich begleite dich ____ zur Bushaltestelle.

f. Mein jüngerer Bruder will immer etwas Unmögliches, er will immer mit dem Kopf ______ die Wand.

9. ***Prepoziţiile cu cazul dativ***

GR

aus	außer	+ D
bei	mit	
nach	zu	
seit	von	
wegen*	während*	

* pot fi folosite şi cu cazul genitiv

D	*sens local*	*sens temporal*	*alte sensuri*
aus (din)	Er kommt **aus** dem Norden.		Der Ring ist **aus** Gold.
außer (în afară de)			Er aß nichts **außer** Brot.
bei (la)	Sie wohnt **bei** einer Tante.		**Bei** diesem Regen gehe ich nicht aus.
mit (cu)		**Mit** 30 hatte sie zwei Kinder.	Sie fährt **mit** dem Bus.
nach (spre)	Ich fliege **nach** München.	**Nach** zwei Jahren kam er zurück.	Meiner Meinung **nach** ist das zu teuer.
seit (de)		Ich bin **seit** drei Tagen hier.	
von (de la)	Er fährt **von** Köln nach Bonn.	Er lebte **von** 1899 bis 1973.	Die Schuhe sind **von** Veronika.
während (în timp ce)		**Während** dieser Zeit war er weg.	
wegen (din cauză că)			**Wegen** der Operation kann er nicht spielen.
zu (la)	Er fährt **zu** seiner Tante.	Das schenke ich dir **zu** Ostern.	

10. Ü *Ergänze die Präpositionen:* **aus**, **bei**, **nach**, **von**.

a. Woher kommst du? *Aus* der Moldau.
b. Wenn ich ____ München fahre, wohne ich meistens ______ meiner Freundin.
c. Letzte Woche war ich _____ meiner Nachbarin zu Besuch.
d. _____ München _____ Hamburg ist es sehr weit.
e. Ich kaufe immer Brötchen _____ dem Bäcker in der Ringstraße.

11. Ü *Ergänze die Tabelle!*

	ein Fernseher	ein Auto	eine Wohnung	Probleme
ohne	einen Fernseher			
aus				
für				
mit				
außer				

12. Ü *Ergänze mit folgenden Präpositionen:* **gegen**, **bei**, **über**, **für**, **um**, **von**, **zwischen**, **während**.

- **a.** Gorbatschow will vielleicht *gegen* Jelzin kandidieren.
- **b.** Präsident der FIFA entschuldigt sich ____ Beckenbauer.
- **c.** Die Parteien wollen _____ die Wahlen reden.
- **d.** Dissident bittet Vereinte Nationen _____ Hilfe.
- **e.** Der Präsident ____ Kamerun hat die Schweiz besucht.
- **f.** Der Unterschied ____ den zwei Kandidaten ist nicht groβ.
- **g.** Rotes Kreuz sorgt _____ eine Million Menschen.
- **h.** Tennisstar pausiert _____ des Tennisturniers.

13. Ü *Sag es anders mit Hilfe der Präpositionen:* **für**, **mit**, **wegen**, **ohne**, **auβer**.

- **a.** Der britische Violinist geht auf Tournee. Er spielt ein Rockprogramm.
  Der britische Violinist geht auf Tournee mit einem Rockprogramm.
- **b.** Der Zugverkehr in Tokio ist gestoppt. Der Grund war ein Feuer.
- **c.** Diese Kamera funktioniert mit Sonnenenergie. Sie braucht keine Batterie.
- **d.** Alle in meiner Familie lesen die Zeitung, nur ich nicht.
- **e.** Die Metallarbeiter haben demonstriert. Sie wollen mehr Lohn.
- **f.** Man kann nicht nach Ägypten reisen. Man braucht ein Visum.
- **g.** Ich konnte gestern nicht Tennis spielen. Der Grund war das schlechte Wetter.
- **h.** Ich kannte das Mädchen. Sie hatte blonde Haare.

14. Ü *Ergänze den Artikel oder die Endung!*

- **a.** Johann Strauss: An *der* schönen blauen Donau (*f*)
- **b.** Johann Wolfgang Goethe: Götz von Berlichingen mit ___ eisernen Hand (*f*)
- **c.** Lion Feuchtwanger: Die Füchse i____ Weinberg (*m*)
- **d.** Wolfgang Borchert: Drauβen vor ____ Tür (*f*)
- **e.** Johann Nepomuk Nestroy: Der alte Mann mit ____ jungen Frau (*f*)
- **f.** Johann Strauβ: Rosen aus _____ Süden (*m*)
- **g.** Jaques Offenbach: Orpheus in ____ Unterwelt (*f*)
- **h.** Joseph Eichendorff: Aus ____ Leben eines Taugenichts (*m*)
- **i.** Wolfgang Amadeus Mozart: Entführung aus ____ Serail (*m*)
- **j.** Eduard Mörike: Mozart auf ____ Reise nach Prag (*f*)
- **k.** Gotthold Ephraim Lessing: Laokoon, oder über ____ Grenzen der Malerei und Poesie (*f*)
- **l.** Erich Maria Remarque: I____ Westen nichts Neues (*m*)
- **m.** Franz Kafka: In _____ Strafkolonie (*f*)
- **n.** Johann Strauss: Geschichten aus ____ Wiener Wald (*m*)

15. *Was passt zu welchem Verb?*

Ü

Um das Fernsehen, vom Wetter, für ein gutes Buch, auf die Ferien, eine Zeitung, von unserer Freizeit, über ein Geschenk, ein Buch, um die deutsche Sprache, eine Illustrierte, von meiner Mutter, um unsere Arbeitszeit, für ein gutes Buch, auf den Urlaub, für Politik.

a. abhängen: vom Wetter, ...
b. es handelt sich:
c. sich freuen:
d. sich interessieren:
e. drucken:

16. *Hier die Wortfamilie* **Zeit**. *Kennst du noch mehr Wörter mit* **Zeit**?
Sieh im Wörterbuch nach! Ergänze dann die Sätze mit den richtigen Wörtern!

Ü

Zeit
Frei -Zeit
Hoch -Zeit
Arbeits -Zeit
Schul -Zeit
____
____
____
____
Zeit-ung
Zeit-schrift
____
____
zeit-ig
gleich-zeit-ig
recht-zeit-ig

a. In meiner *Freizeit* spiele ich gern Schach.
b. Der Zug kam _____ an. Er hatte keine Verspätung.
c. Unsere _____ ist von 8 Uhr morgens bis 16 Uhr.
d. Sie kaufte sich beim Kiosk ein paar ____: *Der Spiegel*, *Stern*, *Brigitte* und andere.
e. Während meiner ____ habe ich bei meinen Eltern gewohnt.
f. Sie kann ____ fernsehen und stricken.
g. Die Frankfurter Rundschau ist eine bekannte _____.

17. *Welche Titel passen zu folgenden Texten?*

1. Betrunkene Offiziere verursachen Katastrophe.
2. Blutige Rache im Nachtlokal.
3. Vier Waggons rasen in ungarisches Bahnhofsrestaurant.
4. Vier Tote bei Panik in Disko.

a. Am Freitag waren wegen einer falsch gestellten Weiche auf dem Bahnhof von Szajol vier Waggons des Zuges von Budapest entgleist und in das Bahnhofrestaurant gerast. Dabei kamen 29 Menschen ums Leben, 52 wurden verletzt. Ein Eisenbahner, der das Unglück verfolgt hatte, erzählte, der Zug sei in das Bahnhofrestaurant hineingerast, das zu dieser Zeit gut besucht gewesen sei. Auch ein Eisenbahnerbüro in diesem Teil des Gebäudes sei teilweise zerstört.

e Weiche, -e = macaz
s Unglück, -e = nenorocire
ums Leben kommen = a muri
rasen = a goni
entgleisen = a deraia

b. Mindestens vier Menschen sind in der Nacht zum Samstag bei der Massenpanik in einer Diskothek ums Leben gekommen. Auslöser sei ein Handgemenge zwischen einigen Besuchern gewesen, teilte die Polizei mit. Hunderte von Diskothek-Besuchern seien vom zweiten Stock panikartig über die Treppen zu den Ausgängen gestürmt, dabei habe es auch 13 Verletzte gegeben.

s Handgemenge = încăierare

c. Nach Angaben der philippinischen Behörden sind bei einem Unglück am Samstag in der Bucht bei Manilla mehr als 140 Menschen ums Leben gekommen. Ein Sprecher der Küstenwache sagte, die 107 noch vermissten Passagiere seien wahrscheinlich im Inneren der gesunkenen Fähre eingeschlossen und ertrunken. Die Fähre Cebu-City war mit dem 12.000 Frachter Kota Suria kollidiert und gesunken. Als Unglücksursache vermuten die Behörden, dass die Schiffsoffiziere zum Zeitpunkt des Unglücks betrunken waren.

e Bucht, -en = golf
r Frachter, - = cargobot
e Behörde, -n = oficialitate
betrunken = beat
verursachen = a provoca
vermissen = a dispărea
sinken = a se scufunda
ertrinken = a se îneca

d. Drei Männer, die die Türsteher einer Diskothek abgewiesen haben, kamen mit Waffen zurück und schossen wild um sich. Mindestens drei Menschen wurden getötet. Augenzeugen berichteten, sie hätten nach der Schießerei vor der Disko um viertel nach fünf morgens drei Männer in schwarzen Jacken weglaufen sehen. Es seien dieselben gewesen, die zuvor mit dem Türsteher gesprochen hatten.

r Türsteher, - = portar
e Waffe, -n = armă
r Augenzeuge, -n = martor ocular
abweisen = a refuza

18. **Ü** *Wir wollen den Inhalt der Artikel kurz zusammenfassen. Dabei sind uns folgende Fragen behilflich:* **wer?** *oder* **was? was ist passiert? warum? was ist das Resultat?** *Ergänze die fehlenden Informationen!*

A. Wer?/Was?
a. Vier Waggons
b. ____________
c. ____________
d. ____________

B. Was ist passiert?
a. sind entgleist
b. ____________
c. ____________
d. ____________

C. Warum?
a. weil die die Weichen falsch gestellt wurden.
b. ______________________
c. ______________________
d. ______________________

D. Resultat:
a. 29 Menschen kamen ums Leben und 52 wurden verletzt.
b. ______________________
c. ______________________
d. ______________________

19. **Ü** **A.** *Ergänze* **sei** *oder* **seien!**

a. Ein Sprecher der Küstenwache sagte, 107 Passagiere *seien* ertrunken.
b. Die Polizei teilt mit, ein Handgemenge ____ der Auslöser gewesen.
c. Die Polizei teilt mit, hunderte von Besuchern_____ vom zweiten Stock zu den Ausgängen gestürmt.
d. Ein Eisenbahner erzählt, der Zug ____ ins Bahnhofsrestaurant gerast.
e. Ein Augenzeuge berichtete, es _____ dieselben Männer gewesen.
f. Ein Eisenbahner erzählt, das Bahnhofsrestaurant ___ gut besucht gewesen.

B. *Vergleiche folgende beiden Sätze. Welche Unterschiede gibt es?*

Ein Sprecher der Küstenwache sagte: „107 Passagiere sind ertrunken".
Ein Sprecher der Küstenwache sagte, 107 Passagiere seien ertrunken.

20. *Hier hast du ein paar Formen des Verbs im Konjunktiv I. Ergänze die Tabelle!*

Ü

ich frage	_______	_______	_______	_______
du______	sehest	_______	_______	_______
er _____	_______	lese	_______	_______
wir _____	_______	_______	kommen	_______
ihr _____	_______	_______	_______	gehet
sie fragen	_______	_______	_______	_______

21. ***Conjunctivul I* (Der Konjunktiv I)**

GR

Aşa cum ai observat, conjunctivul I se formează din rădăcina verbului la care se adaugă terminaţiile specifice conjunctivului — toate conţinând vocala **-e.** *La conjunctiv I nu se produce nici o alternanţă vocalică şi verbele neregulate formează conjunctivul I în mod regulat. Un singur verb, verbul* **sein**, *nu primeşte nici o terminaţie la persoana I şi persoana a II-a singular.*

sein

ich sei	wir seien
du seist	ihr seiet
er sei	sie seien

■ ***Vorbirea indirectă***

Conjunctivul I se foloseşte în vorbirea indirectă, propoziţiile fiind introduse prin conjuncţia **dass** *(propoziţie secundară) sau neintroduse (având forma unei propoziţii principale).*

Er sagt: „Ich weiß nicht."	vorbirea directă – indicativ
Er sagt, er weiß nicht.	vorbirea indirectă – indicativ
Er sagt, dass er nichts wisse. ,er wisse nichts	vorbirea indirectă – conj. I
Er sagt, dass er nichts wüsste. ,er wüsste nichts.	vorbirea indirectă – conj. II

22. *Verwandle folgende Sätze in die direkte Rede!*

Ü

a. Die Polizei teilt mit, der zweite Wagen des Zuges sei mit 100 Stundenkilometern gefahren.
Die Polizei teilt mit: „Der zweite Wagen des Zuges ist mit 100 Stundenkilometern gefahren."

b. Die Polizei teilt mit, dass ein Wohnhaus in der Nähe des Restaurants nicht beschädigt sei.

c. Die Polizei teilt mit, die Waggons seien wie der Einschlag einer Bombe gewesen.

d. Die Polizei teilt mit, dass 20 Millionen Forint der Fonds für die Familien der Verletzten seien.

e. Die Polizei teilt mit, der Grund für das Zugunglück seien technische Probleme gewesen.

23. *Verwandle die Sätze in die indirekte Rede und verwende dabei den Konjunktiv I!*

Ü

a. Ich war gestern in Berlin.
Katja erzählt, dass sie gestern in Berlin gewesen sei.

b. Als ich durch die Stadt ging, traf ich eine alte Bekannte aus meiner Heimat.

c. Wir haben uns in ein Café gesetzt und ein wenig geredet.

d. Sie wohnt schon seit langer Zeit in der Spreestadt.

e. Sie fühlt sich sehr wohl, nur fehlen ihr manchmal die Freunde.

f. In ihrer Freizeit macht sie viel Sport.

g. Im vergangenen Jahr war sie mit ihrem Mann mehrere Wochen an der Ostsee.

24. *Was passt nicht?*

Ü

a. Bahnhof, Zug, Gleis, Gebäude, Waggon
b. Polizei, Zollbeamte, Behörden, Küstenwache, Türsteher
c. Schiff, Dampfer, Boot, Küste, Fähre
d. Verletze, Kranke, Patient, Passagier, Arzt
e. Zeitung, Buch, Zeitschrift, Illustrierte, Ansichtskarte
f. Kirche, Rathaus, Hochhaus, Wohnmobil, Bank

25. Ü **Trinken, ertrinken** *oder* **sich betrinken?**

a. Manchmal trinkt Herbert gern ein Glas Wein.
b. Nach einer Flasche Schnaps, kam er____ aus dem Lokal.
c. Sie konnte nicht schwimmen und ist bei einem Unfall____.
d. Er war Alkoholiker und ____ sich mindestens zweimal pro Woche.
e. Am Morgen ____ Luise Milch oder Tee.
f. Wenn man Auto fährt, darf man keinen Alkohol ____.

26. Ü *Du hörst jetzt vier Nachrichten. Welche passt zu welchem Bild?*

27. *Was war hier schwer? Was willst du später noch einmal wiederholen?*

Ü

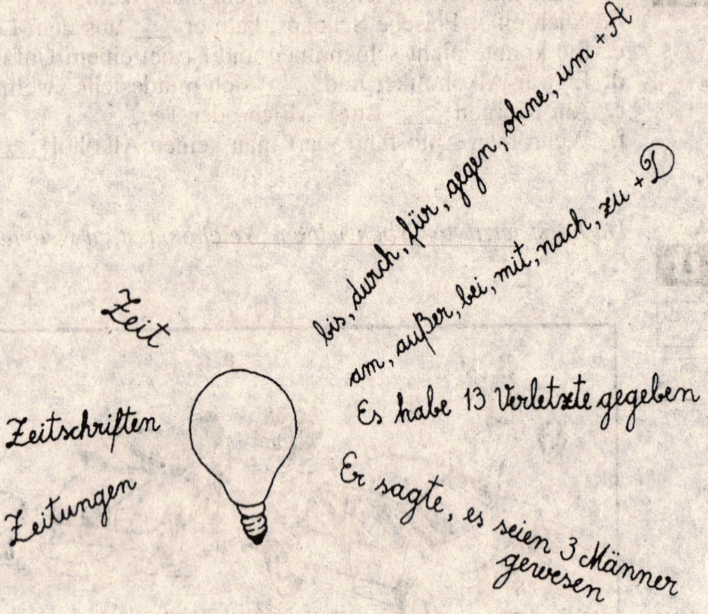

WIE HÄTTEN SIE'S DENN GERN, DAS FERNSEHEN?

Spielfilme dominieren zur besten Sendezeit. Aber nur 44% der Zuschauer finden das gut

1 Was sehen Sie wochentags um 20.15 Uhr im Fernsehen am liebsten?

- Shows 4%
- Spielfilme 44%
- Krimis 22%
- Politische-/Nachrichten-Magazine 48%
- Tier- und Naturfilme 27%
- Serien 11%

2 Gibt es in Deutschland zu viele oder zu wenige Fernsehsender?

- Zu viele 59%
- Zu wenige 13%
- Gerade richtig 29%

28 Sender sind zur Zeit über Kabel zu empfangen. Prognose für das Jahr 2000: bis zu 200 Programme.

3 Wie oft sehen Sie Frühstücksfernsehen?

- Täglich 4%
- Ein paarmal pro Woche 3%
- Seltener 7%
- Nie 86%

4 Wie oft sehen Sie die Nachrichtensender CNN, n-tv oder euroNEWS?

- Täglich 8%
- Ein paarmal pro Woche 8%
- Seltener 10%
- Nie 74%

5 Wann schalten Sie wochentags normalerweise Ihren Fernseher ein?

- Zwischen 6 und 14 Uhr 5%
- Zwischen 14 und 19 Uhr 9%
- Zwischen 19 und 22 Uhr 74%
- Zwischen 22 und 6 Uhr 12%

Der Senntag ist nit

278 Minuten der Lieblings-TV-Tag der Deutschen. Donnerstags wird am wenigsten ferngesehen.

6 Gibt es zuviel oder zuwenig Sport im Fernsehen?

- Zuviel 44%
- Zuwenig 9%
- Gerade richtig 47%

7 Was bedeutet Fernsehen für Sie?

- Information 81%
- Unterhaltung und Spannung 60%
- So etwas wie ein guter Freund 2%
- Mittel gegen Langeweile 22%

Wandel der Fernsehgewohnheiten
Der Fernseher läuft heute bei vielen einfach nebenher; 26% unterhalten sich dabei, 22% essen zu Abend und 10% schlafen beim Fernsehen ein

8 Zu welcher Zeit möchten Sie am liebsten Nachrichten sehen?

- Um 19 Uhr 20%
- Um 20 Uhr 43%
- Um 21 Uhr 11%

e Nachricht, -en = ştire
r Fernsehsender, - = post TV
e Spannung, -en = tensiune
s Mittel, - = mijloc
r Wandel, *sg.* = transformare
e Fernsehgewohnheit, -en = obiceiuri legate de TV
empfangen = a recepta
einschalten = a aprinde, a da drumul la
ausschalten = a stinge, a opri
nebenher = pe lângă

1. Ü *Lies die Statistik aufmerksam durch und sag, was ist richtig und was ist falsch!*

	R	F
a. Nummer eins auf der Wunschliste zur besten Sendezeit sind die Spielfilme.		
b. An letzter Stelle auf der Wunschliste sind die Shows.		
c. Die meisten Zuschauer glauben, es sind zu wenig Sender.		
d. Die meisten Menschen in Deutschland sehen nur ein paarmal pro Woche das Frühstücksfernsehen.		
e. Die ausländischen Nachrichtensender haben in Deutschland wenig Chancen.		
f. Am Sonntag schalten die meisten Deutschen ihren Fernseher schon am Morgen ein.		
g. Fast die Hälfte der Deutschen finden den Anteil der Sportsendungen gerade richtig.		
h. Das Fernsehen ist für die meisten ein guter Freund.		
i. Die Lieblingszeit für Nachrichten ist 20 Uhr.		

2. Ü *Was für ein Fernsehtyp bist du? Antworte jetzt du auf die 8 Fragen!*

1. ______

2. ______

3. ______

etc.

3. **Ü** *Sieh dir die Fernsehprogramme genau an. Um wieviel Uhr und in welchem Programm kannst du etwas zu folgenden Themen sehen?*

Sport ZDF, 16,00
Politik
Film
Kinderprogramm
Unterricht
Unterhaltung/Musik
Kultur

ARD 1 Programm

14.40	Der Führerschein TV-Film von Irina Korschunow
16.05	Disney Club
18.05	Wetterschau
19.10	Lottozahlen
19.58	Heute abend im Ersten
20.00	Tagesschau
20.15	Musikantenstadl Bunter Abend mit Karl Molk
21.04	Tagesthemen-Telegr.
21.05	Gaudimax Das internationale Witzeturnier 2004 Witze-Themen: VIPs, Urlaub, Liebe
21.30	Die rote Mafia Neue Paten aus dem Osten Reportage von Herbert Klar
22.10	Topas Engl. Spionagethriller von 1968
22.30	Tagesthemen
23.00	Boulevard Rio Mit Alfred Biolek und Gästen
0.00	Target - Zielscheibe US-Actionfilm 1985

ZDF 2

Programm

16.00	Eiskunstlaufen live
	Kür der Damen. Kopenhagen
17.00	heute
17.10	Sport heute
17.15	Länderjournal
19.00	heute
19.20	Unser Lehrer Dr. Specht
	13 teilige Serie Klassenfahrt
20.15	Goldmillion
	Showgäste: Die Prinzen u.a.
20.50	Berliner Weiße mit Schuß
	Drei Schmunzelgeschichten:
	Fifty-fifty
	Berühren verboten
	Ende gut, alles gut
21.45	heute journal
22.15	Erinnerungen an das Paradies
23.00	Stilleben
	Kleines Fernsehspiel
23.20	Der Chef
	Französ.-ital. Krimi von 1971

WEST 3

Programm

9.30	Fernuniversität
	Wirtschaft
10.00	Bon courage
	Frz. Sprachkurs
15.00	Sport extra
	Geplant: Fuβball aus Japan
16.45	Anna, Schmidt &Oskar
	Neue Begegenung mit Deutsch.
	6-teilige Reihe
17.00	Der fliegende Ferdinand
	11-teilige Kinderserie
17.30	Telekolleg
	Mathematik. Funktionen und Anwendungen
18.00	Aktuelle Minute
18.01	Hallo Spencer
	Wir spielen Dolles
18.30	Die Märchenbraut
	13-teilige Tschechische Kinderserie
	Märchen für den Müll
19.00	Aktuelle Stunde
20.00	15 Minuten international
	Frankreich – Die Taschennäher
20.15	Die Habsburger
	Eine europäische Familiengeschichte
	11-teilige Reihe

4. *Zu welchen Sendungen passen folgende Inhalte?*

Ü

1. Die osteuropäische Unterwelt, die russische Mafia, hat sehr schnell den Anschluss gefunden. Die roten Paten handeln mit Menschen, Munition und Devisen.

2. Peter platzt unfreiwillig in die Hochzeitsfeier von Prinzessin Xenia und Prinz Willibald. Xenia, die das Märchenreich gern moderner hätte, spannt ihn gleich ein.

3. Kein Sprachkurs „Deutsch für Anfänger", sondern eine gute Mischung aus lustigen Szenen und Geschichtchen, aus Spielen und Liedern, die zum Mit- und Nachsprechen animieren sollen.

4. Nächtlicher Anruf: Walter Lloyd, Geschäftsmann und Ex-CIA-Agent, erfährt, dass seine Frau Donna in Paris entführt worden ist. Mit Sohn Chris fliegt er nach Frankreich. Dort will ein Killer an ihm Rache nehmen. Walter (Gene Hackmann), Chris (Matt Dillon).

5. Stadelhof Karl Molk und sein musikalischer Gast, Nicki. Das „bayrische Cowgirl" singt ein Potpourri seiner größten Schlager.

6. 1848 wird der 18-jährige Franz Josef zum Kaiser gekrönt. Er regierte bis 1916. Sein Weltbild und sein Leben.

1– ARD, 21.30 Die rote Mafia	4–
2–	5–
3–	6–

5. *Fernseh-Probleme. Welches Bild passt zu welcher Aussage?*

Ü

1.

2.

3.

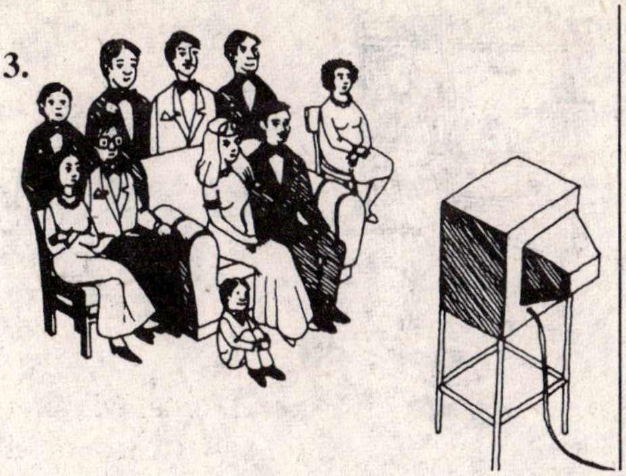

4.

5.

6.

7.

8.

9.

10.

a. „Solange der Krimi läuft, können wir ungestört arbeiten, Ede!"
b. „Unsere Hochzeitsfeier habe ich mir ganz anders vorgestellt, Wilfried!"
c. „Blödes Fernseh-Programm heute. Stundenlang dasselbe."
d. „Schalte doch endlich an – du hast ihm versprochen, dass er die Tiersendung sehen darf."
e. „Ich mache mir Sorgen, Herr Doktor, er ist so ganz anders."
f. „Vergiß nachher nicht, auszuschalten!"
g. „Schieß doch – Schuß... Tooor!"
h. „Stell deinen Plattenspieler ein bisschen leiser, Peter, und dreh das Radio an, damit ich nebenbei das Eishockey-Match hören kann."
i. „Wann darf ich dir dein Ei servieren: zur Politik, zu den Sportberichten oder zur Wettervorhersage?"

6. *Was passt nicht?*

Ü

a. einschalten/ausschalten: Kaffeemaschine, Monitor, Heizung, Fernseher
b. drucken: Buch, Zeitung, Illustrierte, Redaktion, Wetterbericht, Postkarte
c. programmieren: Sendung, Wecker, Friseur, Videogerät, Waschmaschine
d. spielen: Klavier, Schach, Computerspiele, Olympiade
e. empfangen: Sendung, Programme, Besucher, Hörer, Spielfilm, Wetterbericht
f. senden: Grüße, Brief, Fußballspiel, Nachrichten, Licht
g. anmachen/ausmachen: Fußballspiel, Licht, Radio, Feuer, Heizung, Fernseher

7. Ü *Welche Tätigkeiten laufen nicht mit Hilfe von Computer oder TV? Was steht im Text?*

zum Bus rennen — Briefe bekommen — geweckt werden — einkaufen — sich ins Bett legen — Haare frisieren — Videofilme sehen — Wäsche waschen — Kaffee machen — schlafen — Schach spielen — heizen — Judo lernen

Ein Tag im Multimedia Reich
Heimarbeit am Computer, Video-Konferenzen und Hausarzt am Bildschirm

Sechs Uhr morgens. Der Hauscomputer der Familie Hermann schaltet morgens im Keller die Heizung und in der Küche die Kaffeemaschine ein. Im Arbeitszimmer drucken die Computer die Morgenzeitungen. Im Schlafzimmer des Sohnes dröhnt laute Popmusik. Der 10-jährige Max hat seinen TV-Wecker auf MTV programmiert.
Der Arbeitstag beginnt. Max rennt zum Schulbus. Auf seinem Stundenplan steht heute ein Geographie-Wettbewerb via Videoaufzeichnung mit Schulklassen aus Detroit und Nagassaki.
Robert Hermann, der Vater, ist Direktor in einer Softwarefirma und liest auf dem PC seine elektronische Post. Klara Hermann, die als Wirtschaftsjournalistin bei der Wochenzeitung arbeitet, liest auch zuerst die Computerpost. Dann beginnt die morgendliche Video-Konferenz. Ihre Redaktion hat längst kein gemeinsames Büro mehr. Statt zusammen zu sitzen, sitzt jeder zu Hause, doch bei der Video-Konferenz sehen alle einander auf Monitoren.
Um 14 Uhr hat Klara einen Termin beim Friseur. Bevor der Friseur mit der Arbeit beginnt, wird der neue Stil per Computersimulation getestet. Am Nachmittag holt sie ihren Sohn vom Judo-Kurs ab. Er hatte einen kleinen Unfall, hat ein geschwollenes Auge und sein rechter Arm tut auch weh. Zu Hause eilt sie zum Computer und ruft Medline auf. Sie beschreibt den Unfall und die Verletzungen, einige Minuten später kommt die vorläufige Diagnose. Das Rezept lautet: Max soll sich mit kalten Kompressen ins Bett legen, und das tut er auch, ohne zu widersprechen.
Robert geht noch abends in sein Arbeitszimmer, um mit seinem Freund Schach zu spielen – via PC natürlich.
Klara beginnt mit den Einkäufen. Sie kauft beim Bäcker und Delikatessenhändler ein, ohne sich auch nur eine Minute vom Platz zu rühren.

In der elektronischen Videothek ruft sie später ihren Lieblingsfilm „Casablanca" auf den Bildschirm, statt den Spielfilm im Fernsehen zu sehen. Dann schläft sie ein. Nun übernimmt der Hauscomputer die Regie. Er regelt die Temperatur im Schlafzimmer und schaltet die Haushaltsgeräte mit hohem Energieverbrauch an – wie Wasch- und Trockenautomaten. Nachts ist der Strom billiger. Und Computer schlafen nicht.

Die Woche

8. *Was passt wozu?*

Ü

a. Der Hauscomputer	**1.** schaltet im Keller die Heizung ein
	2. sieht lieber ihren Lieblingsfilm als das Fernsehprogramm
b. Robert Hermann	**3.** erhält die Post auf dem PC
	4. lässt sich durch laute Pop-Musik wecken
c. Clara Hermann	**5.** arbeitet zu Hause vor dem PC
	6. behilft sich mit dem Programm Medline, um ihren Sohn untersuchen zu lassen
d. Max Hermann	**7.** nimmt an internationalen Wettbewerben teil
	8. müssen nicht mehr persönlich in die verschiedenen Läden gehen
e. Die Käufer	**9.** regelt die Temperatur im Schlafzimmer
	10. spielt abends in seinem Arbeitszimmer Schach
	11. schaltet die Haushaltsgeräte mit hohem Energieverbrauch an

9. ***Construcţiile infinitivale cu* ohne... zu, statt... zu**

GR

Propoziţiilor secundare introduse prin următoarele conjuncţii: **damit, ohne dass, statt (anstatt) dass** *le corespund construcţiile infinitivale următoare, când subiectul în propoziţia principală şi secundară este identic:* **um ... zu** (vezi 11), **ohne ... zu, statt (anstatt) ... zu.**

Er schaltet den Fernseher ein, **damit** er einen Film sieht.
(*ca să vadă un film*)

Er schaltet den Fernseher ein, **um** einen Film **zu** sehen.
(*pentru a vedea un film*)

Sie kauft ein, **ohne dass** sie sich vom Platz rührt.
(*fără să se deplaseze*)

Sie kauft ein, **ohne** sich vom Platz **zu** rühren.
(*fără a se deplasa*)

Sie sieht „Casablanca", **statt dass** sie einen anderen Film sieht.
(*în loc să vadă un alt film*)

Sie sieht „Casablanca", **statt** einen anderen Film **zu** sehen.
(*în loc de a vedea un alt film*)

10. *Verbinde beide Sätze zu einem einzigen nach dem Muster!*

Ü

a. Er geht vorbei. Er grüßt nicht.
Er geht vorbei, ohne zu grüßen.
b. Er fährt den Wagen. Er hat keinen Führerschein.
c. Er isst die Trauben. Er wäscht sie nicht.
d. Er verlässt den Raum. Er sagt kein Wort.
e. Sie zündet sich eine Zigarette an. Sie fragt nicht, ob sie darf.
f. Sie nimmt die Blumen. Sie dankt nicht.
g. Sie geht über die Straße. Sie passt nicht auf.
h. Sie nimmt das Buch. Sie bringt es nicht zurück.

11. *Verbinde die Sätze nach dem Muster!*

Ü

Die Frauen haben es heutzutage viel leichter im Haushalt.

a. Sie waschen nicht mehr manuell.
b. Sie müssen nicht mehr Kaffee kochen.
c. Sie klopfen nicht mehr die Teppiche.
d. Sie müssen nicht mehr das Geschirr mit der Hand spülen.
e. Sie müssen nicht mehr Wasser erwärmen.
f. Sie müssen nicht mehr das Feuer anmachen.

..., schalten sie die Kaffeemaschine ein.
..., arbeiten sie mit dem Staubsauger.
..., schalten sie die Spülmaschine ein.
..., drehen sie den Warmwasserhahn auf.
..., schalten sie die Heizung ein.

a. Statt manuell zu waschen, schalten sie die Waschmaschine ein.
b. . . . .

12. **Ohne ... zu** *oder* **ohne dass?** *Verbinde die Sätze zu einem einzigen!*

Ü

a. Er fuhr nach Berlin. Während der Fahrt machte er keine Pause.
b. Er fuhr nach Berlin. Er musste nicht tanken.
c. Er fuhr nach Berlin. Ich war nicht einverstanden.
d. Er fuhr nach Berlin. Er hat mich nicht gefragt.
e. Er fuhr nach Berlin. Davon habe ich nichts gewusst.
f. Er fuhr nach Berlin. Niemand war darüber informiert.
g. Er fuhr nach Berlin. Niemand begleitete ihn.
h. Er fuhr nach Berlin. Er verließ die Autobahn nicht.

a. Er fuhr nach Berlin, ohne während der Fahrt eine Pause zu machen.
b. . . . .

13. **Statt ... zu** *oder* **statt dass?** *Verbinde die Sätze zu einem einzigen!*

Ü

Herr Müller hatte einen Unfall.

a. Die Leute bestellten keinen Krankenwagen. Sie standen herum.
b. Niemand rief einen Arzt. Die Leute standen herum.
c. Niemand verständigte die Polizei. Die Leute standen herum.
d. Die Leute kümmerten sich nicht um den Verletzten. Sie standen herum.
e. Niemand stellte ein Warndreieck auf. Die Leute standen herum.
f. Die Leute suchten nicht nach Zeugen des Unfalls. Sie standen herum.
g. Niemand versuchte die Unfallstelle zu markieren und das kaputte Auto aus dem Weg zu räumen. Die Leute standen herum.

a. Statt einen Krankenwagen zu bestellen, standen die Leute herum.
b. Statt dass jemand einen Arzt ruft, standen die Leute herum.
c. . . .

14. *Die Wortfamilie* **sehen***! Such nach anderen Wörtern in dieser Wortfamilie!*

Ü

sehen
fern- seh-en
___ seh-en
___ seh-en
___ seh-en
___ seh-en
Fern-seh-apparat
Fern-seh-__________
Fern-seh-__________
Fern-seh-__________
____
____
Ver- seh-en
seh-enswert
Seh-enswürdigkeit
____
____
____

15. *Ergänze folgende Sätze mit Wörtern aus der Wortfamilie* **sehen**.

Ü

a. Ich kann ohne Brille nur sehr schlecht sehen.
b. Wollen wir heute Abend _______? Im zweiten Programm läuft ein interessanter Film.
c. Das ist eine neue ______, bis jetzt hat eine Blonde das Programm angesagt.
d. Die Ausstellung in der Gruber Galerie ist toll. Die musst du dir wirklich__________.
e. Sie besichtigen noch einige ________ der Stadt, nämlich die besonders schönen und alten barocken Kirchen.
f. Du ______ heute so müde _____. Hast du schlecht geschlafen oder bist du etwa krank?
g. Viele Illustrierte enthalten auch das____. Deshalb kaufen viele Leute, die sich für die Olympiade interessieren diese Zeitschrift, um zu wissen, wann jede Probe übertragen wird.

16. *Zerlege folgende Wörter in ihre Teile!*

Ü

a. Zuschauer
zuschauen V.
schauen V.

b. ausländisch
Ausland Subst.
_______ Subst.

c. Lieblingszeit
______ + ______ Subst. + Subst.
______ Subst.
______ V.

d. Energieverbrauch
_____ + ____ Subst. + Subst.
____ V.
____ V.

e. wochentags
______ + ______ Subst. + Subst.

f. vorläufig
____ V.

g. unfreiwillig
______ + ______ A. + Subst.

h. Anschluss
____ V.
____ V.

17. *Ergänze die Sätze mit den fehlenden Wörtern:* Serie, Spielfilm, Fernsehen, Fernsehen, Antenne, Bildschirm, Gemeinschaftsantenne, Fernsehsender.

Ü

a. Das _____ ermöglicht uns, eine _____ nicht nur zu hören, sondern auch zu sehen.
b. Sie erscheint dann schwarz-weiß oder farbig auf dem ___ des Fernsehgerätes.
c. Die Zahl der ____ ist viel geringer als die der Radiosender.
d. Das ____ erfordert eine besondere _____, die Fernsehantenne.
e. Die meisten größeren Häuser haben eine _____ für alle Wohnungen.
f. Bei Privatsendern dominierten hauptsächlich _____ und _____.

18. Ü *Du hörst nun die Meinungen von Jugendlichen über das Fernsehen. Was passt zu wem?*

Christiane
Paul
Sabine
Markus
Renate

a. sieht oft fern
b. sieht manchmal fern
c. sieht abends fern
d. sieht am liebsten Sport
e. sieht nur spezielle Sendungen

19. Ü *Hör den Text noch einmal an. Schreib während des Hörens oder danach auf, welche Sendungen den Jugendlichen gefallen und welche nicht!*

	+	–
Christiane		
Paul		
Sabine		
Markus		
Renate		

20. Ü *Was antwortet der Ostfriese?*

Der Witz der Woche:

Ein Bayer, ein Rheinländer und ein Ostfriese treten gegeneinander auf. Fragt der Moderator: „Wie viele L enthält das bekannte Lied *Happy birthday to you*?" Darauf der Bayer: „Keins!" Der Rheinländer: „Keins!" Der Ostfriese: „Sechsundzwanzig." „Wie kommen Sie auf sechsundzwanzig?" Der Ostfriese: „....."

gegeneinander auftreten = a concura

21. Ü *Was hat in dieser Lektion Spaβ gemacht? Was willst du auf jeden Fall wiederholen?*

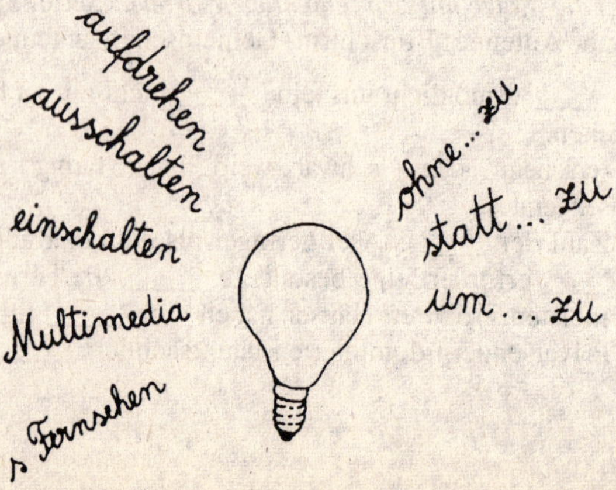

LEKTION 35

1. *Hier ein paar Sprichwörter (proverbe). Was passt zusammen?*

Ü

A.

a. Alte Liebe	**1.** das neckt sich.
b. Liebe	**2.** der andere leise.
c. Glück und Glas,	**3.** Pech in der Liebe.
d. Kleine Kinder – kleine Sorgen,	**4.** sind tief.
e. Liebe	**5.** rostet nicht.
f. Stille Wasser	**6.** macht blind.
g. Glück im Spiel	**7.** geht durch den Magen.
h. Was sich liebt,	**8.** wie leicht bricht das.
i. Jeder singt auf seine Weise, der eine laut,	**9.** große Kinder – große Sorgen.

s Pech = ghinion
rosten = a rugini
sich necken = a se tachina

B. *Gibt es einige von diesen Sprichwörtern auch auf Rumänisch? Schreib die rumänische Variante auf!*

2. *Hier ein paar Situationen. Welche von den Sprichwörtern passen dazu?*

Ü

a. Sabine will bald heiraten. Deshalb sagt ihr die Mutter: „Du musst dich etwas mehr um das Kochen kümmern. Am besten gehst du in einen Kochkurs.“ „Du denkst wohl an das alte Sprichwort ________? Ich glaube, heutzutage ist das Kochen nicht das Wichtigste.“

b. Herr und Frau Berger sind dreiβig Jahre miteinander verheiratet. Alle, die das alte Ehepaar kennen, freuen sich darüber, wie gut sich die beiden verstehen. Man hört nie ein böses Wort, sie sind immer zusammen. Wer die beiden alten Leute sieht, denkt ______________.

c. *Antje:* „Was ist bloß mit Ina und Peter los? Die ganze Zeit gibt es kleine Streitereien, und im nächsten Moment lachen sie schon wieder und sind die besten Freunde."
Hans: „Das sollten wir nicht so ernst nehmen. Junge Leute necken einander gern einmal. Ich denke sogar, die beiden haben sich sehr gern. Es heißt ja :______________."

d. Frau B. erzählt ihrer Nachbarin Frau K.: „Unsere Tochter Birgit macht uns große Sorgen. Sie hat das Abitur nicht bestanden und wir wissen nicht, wie es weiter gehen soll mit ihr. Als sie noch klein war, hatten wir wirklich wenig Sorgen mit ihr. Aber es ist wirklich so: __________."

e. Vera ist ein sehr ruhiges Mädchen und ihre Mitschüler haben sie zunächst wenig beachtet. Alle waren aber sehr überrascht, als sie am Ende des Jahres die Klassenbeste war ______________.

f. „Was ist bei Hausers los? Man sieht Frau Hauser jetzt immer ohne ihren Mann. Ich glaubte, dass Hausers eine gute Ehe führen." „Das war auch so, bis die junge Kollegin in die Firma kam, mit der man Herrn Hauser jetzt oft sieht. Du kennst ja das Sprichwort: ______?"

Verliebt – Verlobt – Verheiratet

Die Rollers Redaktion wollte es genauer wissen: Haben die Wörter „heiraten" oder „Ehe" für die heutige Jugend noch eine Bedeutung? Gibt es noch junge Leute, die davon träumen? Wir fragten drei Mädchen und zwei Jungen, wie sie darüber denken.

Beate, 16

Ich kann mir schon vorstellen, einmal zu heiraten. Ich möchte aber zuerst mein Abitur machen und studieren. Sich zu verloben, das finde ich allerdings altmodisch. Wenn ich jemand so sehr liebe, dass ich mein Leben mit ihm verbringen möchte, dann heirate ich ihn sofort.

Andrea, 15

Ich habe oft von einer Hochzeit in Weiß geträumt, aber nun bin ich mir nicht mehr so sicher. Ich wollte immer Kinder haben, aber unsere Welt ist nicht sehr kinderfreundlich, oder? Vielleicht sollte man lieber keine Kinder in diese Welt setzen. Zur Zeit bin ich sehr verliebt – das ist schön und genügt mir.

Kai, 16

Ich weiß nicht, ob ich einmal heiraten möchte. Bis jetzt ist mir meine Traumfrau noch nicht über den Weg gelaufen. Aber ich mag Kinder sehr gern, und einmal möchte ich Kinder haben, vielleicht werde ich dann heiraten. Außerdem glaube ich an die Liebe – klingt irgendwie doof – aber es stimmt!

Kerstin, 16

Ja, warum nicht heiraten – wenn ich den Mann meines Lebens treffe! Aber es muss ja nicht morgen sein. Ich finde, ich bin noch viel zu jung, um ans Heiraten zu denken. Momentan bin ich außerdem solo und es gefällt mir.

Mathias, 15

Ich habe darüber noch nicht nachgedacht. Meine ältere Schwester hat letztes Jahr geheiratet, es war eine tolle Hochzeit. Sie haben irre viele Geschenke bekommen – aber das ist wohl kaum der Grund zum Heiraten, oder?

e Hochzeit, -en = nunta
sich (D) vorstellen = a-și imagina
sich verloben = a se logodi
genügen = a fi îndeajuns
doof = tâmpit

3. *Wer meint das?*

Ü

a. will zuerst das Abitur machen
b. ist noch zu jung, um ans Heiraten zu denken
c. möchte später einmal Kinder
d. träumt von einer Hochzeit in Weiß
e. Geschenke sind kein Grund zum Heiraten
f. glaubt an die Liebe
g. sich zu verloben, ist altmodisch
h. ist verliebt

1. Beate
2. Andrea
3. Kai
4. Kerstin
5. Mathias

4. *Kombinier richtig!*

Ü

über den Erfolg, mit seiner Freundin, an die Liebe, über die Reise, von einem großen Haus, einen Abend, von ihrem Vater, vor Unbekannten, vor der Dunkelheit, an sich, um die Kranken, über die Frage, die Zeit, über Heirat, auf die Arbeit, an Gott, über die Menschen, um die Kinder, um den Haushalt, von der Zukunft, über die Geschenke, vor einem Hund, auf die Prüfung, auf die Reise, den Urlaub, mit den Kollegen

a. nachdenken: über die Reise, ...
b. glauben:
c. träumen:
d. sich kümmern:
e. Angst haben vor:
f. sich vorbereiten:
g. sich freuen:
h. sich treffen:
i. verbringen:

5. ***Pronumele reflexiv la dativ*** *(Das Reflexivpronomen im Dativ)*

GR

Sie verliebt **sich** in ihn.

Sie wünscht **sich** ein Kind.

Ich verliebe **mich** in ihn.

Ich wünsche **mir** ein Kind.

acuzativ	*dativ*
ich verliebe **mich**	ich wünsche **mir** ein Kind
du verliebst **dich**	du wünschst **dir** ein Kind
er verliebt **sich**	er wünscht **sich** ein Kind
wir verlieben **uns**	wir wünschen **uns** ein Kind
ihr verliebt **euch**	ihr wünscht **euch** ein Kind
sie verlieben **sich**	sie wünschen **sich** ein Kind

Pe lângă verbele cu pronume reflexiv la acuzativ, în limba germană există şi verbe reflexive cu pronume reflexiv la dativ. Forma pronumelui reflexiv diferă numai la persoana I şi persoana a III-a singular.

Următoarele verbe reflexive se folosesc cu pronumele reflexiv la acuzativ:

ich ärgere mich
ich beeile mich (mă grăbesc)
ich befinde mich
ich erinnere mich (îmi amintesc)
ich entschuldige mich (mă scuz)
ich freue mich auf/über
ich stelle mich vor (mă prezint)
ich unterhalte mich
ich verliebe mich in
ich melde mich an (mă înscriu)
ich erkälte mich

Următoarele verbe reflexive se folosesc cu pronumele reflexiv la dativ:

ich bilde mir ein (îmi închipui)
ich stelle mir vor (îmi imaginez)
ich wünsche mir
ich überlege mir (reflectez)
ich bin mir klar (mi-e clar)
ich nehme mir vor (îmi propun)

De regulă, când verbul reflexiv este însoţit de un complement la acuzativ se foloseşte pronumele reflexiv la dativ.

Ich ziehe *mich* an. Ich ziehe mir *den Mantel* an.

6. Ü

A. *Ergänze die fehlenden Substantive* (Verlobung, Verliebtheit, Heirat, Scheidung, Hochzeit) *und schreibe Sätze!*

a. Er hat sich in sie verliebt.– Verliebtheit – Er ist in sie verliebt.
b. Er hat sich mit ihr verlobt. – ___________– Er ist mit ihr _______
c. Er hat sie geheiratet. – ___________– Er ist___________________
d. Er hat sich von ihr scheiden lassen .– ___________– Er ist von _______

B. *Verwandle die Sätze von A. nach dem Muster!*
a. Sie hat sich in ihn verliebt.
b. Sie ....

7. Ü

Schreibe Sätze nach dem Muster!

a. Handschuhe anziehen: Ich ziehe mir die Handschuhe an.
b. Hände waschen:
c. frisieren:
d. Schuhe putzen:
e. kämmen:
f. Nase putzen:
g. schminken:
h. Zähne putzen:

8. Ü

Setze das richtige Verb ein: sich informieren, sich unterhalten, sich treffen, sich anmelden, sich erkälten, sich freuen, sich befinden, sich beeilen.

A: Ich habe ___ im Reisebüro über eine Reise nach Deutschland ____.
B: Sehr schön. Dort können Sie ___ bestimmt gut _____.
Wohin wollen Sie eigentlich fahren? Nach München?
A: Ja, auch. Ich habe ____ für eine Reise nach Berlin, Köln und München ___.
B: Ausgezeichnet. In Berlin und Hamburg ___ ____ viele interessante Gebäude. Fahren Sie mit dem Bus?
A: Ja, es ist eine Busreise.
B: Übrigens ist es in Berlin noch sehr kalt. Man kann ___ schnell ___. Nehmen Sie warme Kleidung mit.
A: Ja, das mache ich. Ich ___ ___ schon sehr auf die Reise.
B: Das glaube ich Ihnen gern. Jetzt muss ich ___ aber ___. Ich ___ ___ um 17.00 Uhr mit meinem Mann.

9. *Urlaubsstress! Setz die Reflexivpronomen im Dativ und Akkusativ ein!*

Ü

a. Immer wenn ich morgens aufwache, ärgere ich ___ über die Rezeption, die vergessen hat, mich zu wecken.
b. Wenn ich dann ins Bad gehe und ___ waschen will, fehlt die Seife.
c. Ich muss ___ sehr beeilen und kann ___ oft kaum noch die Zähne putzen, ___ duschen und ___ kämmen.
d. Die Reisegruppe und der Reiseleiter warten ungeduldig auf ____.
e. Ich stelle ___ vor, wie es wäre, wenn ich allein in Urlaub gewesen wäre!
f. Aber die Gruppe ist eigentlich ganz nett und wir unterhalten ___ oft prima.
g. Wir treffen ___ immer unten in der Hotelhalle.
Ich habe ___ in einen jungen Mann verliebt und bilde ___ ein, dass auch ich ihm gefalle.
Mal sehn, ob die Liebe auch länger als ein Urlaub ist?

10. *Deine Wortfamilien* **Liebe** *und* **Herz**. *Such noch andere Wörter in diesen Familien!*

Ü

Lieb-e	Herz
Lieb-chen	Herz-krankheit
Lieb-ling	______
Lieb-es-brief	______
______	herz-lich
______	______
lieb-en	warm-herz-ig
______	______
______	______
______	

11. *Ergänze folgende Sätze mit den Wörtern:* liebenswert, Lieblingsfarbe, lieber, Liebe, liebenswürdig, beliebt, verliebt, Liebling.

Ü

a. Als ich ihn traf, war es *Liebe* auf den ersten Blick.
b. Er war ein sehr _____ Lehrer, alle Schüler mochten ihn.
c. Mein jüngerer Bruder war schon immer der ____ der Mutter.
d. Ich danke Ihnen für Ihre ____ Einladung.
e. Simone geht ____ ins Kino als ins Theater.
f. Anna und Kai waren sehr ____, als sie vor zwei Jahren heirateten.
g. Unser Nachbar ist ein sehr ____ Mensch.
h. Meine ____ ist lila, darum kaufe ich mir auch oft Kleider in dieser Farbe.

Träume von Freiheit
Die Sehnsucht nach Unabhängigkeit und Selbstbestimmung ist enorm – jede dritte Frau wünscht sich, „nur noch das tun, was wirklich Spaβ macht." Wovon träumen sie konkret? Das fragte *Freundin* 3 Münchner Frauen. Für die eine ist es Freiheit von Konsum, für die andere Freiheit des Geldes und für die dritte Freiheit im Kopf.

12. Ü *Was passt zu den drei Themen?*

1. Freiheit von Konsum
2. Feiheit des Geldes
3. Freiheit im Kopf

a. kein Telefon	**g.** natürlicher Lebensrhythmus	**m.** keine Nachbarn
b. Karriere	**h.** völlige Stille	**n.** mehr Geld
c. Einsamkeit	**i.** materielle Unabhängigkeit	**o.** Teil der Natur sein
d. Leben im Luxus	**j.** Meditation	**p.** viel reisen können
e. natürliche Aktivitäten	**k.** Yogaübungen	**q.** Weg nach innen
f. das Leben versüβen	**l.** mehr Zeit	**r.** kein Stress
		s. gelassener werden

Wenn du ein Wort nicht kennst, schlag es im Wörterbuch nach!

13. Ü *Lies nun die drei Texte und überprüfe deine Meinung!*

Rita Sassmann, 29
Die Freiheit vom Konsum

Kein Telefon, drei Kilometer bis zum nächsten Nachbarn. Vor zwei Jahren kehrte Rita Sassmann, ehemalige Reisebüro-Angestellte, der Industrie- und Konsumgesellschaft den Rücken. Sie zog sich mit einem Freund auf einen einsamen Bergbauernhof zurück.
Freundin: Sie haben sich aus der Gesellschaft zurückgezogen?
Rita Sassmann: Absolut. Auf unserem Hof fühlte ich mich zum ersten Mal als freier Mensch. Hier verbringe ich meine Zeit mit sinnvollen, natürlichen Tätigkeiten, kümmere mich um die Nahrungsherstellung und -zubereitung. Was wir sonst zum Leben brauchen, verdient mein Freund als freier Tontechniker.
Freundin: Also ein fast natürlicher Lebensrhythmus?
Rita Sassmann: Ja. Hier spüre ich, dass ich Teil der Natur bin. Schaue aus dem Fenster, sehe und rieche die Jahreszeiten. Und wo findet man in der Stadt diese völlige Stille oder vollkommene Dunkelheit?

Angela Kauer, 25
Die Freiheit des Geldes

Mit ihrer Karriere als Unternehmerin kam für Angela Kauer das große Geld. Vor einem Jahr gründete die ehemalige Bankangestellte ein Schönheits- und Kosmetikinstitut mit großem Erfolg. Der Lohn für ihren Ehrgeiz – ein Leben in Luxus.
Freundin: „Geld macht frei" – trifft dieser Satz auf sie zu?
Angela Kauer: In vieler Hinsicht ja. Es ist ein gutes und sicheres Gefühl, materiell von niemand abhängig zu sein. Das gibt mir auch als Frau ein anderes Selbstbewusstsein. Außerdem lebt sich's mit Geld einfach leichter, angenehmer und bequemer. Ich kann mir mit vielen Kleinigkeiten und Extras das Leben versüßen.
Freundin: Was hat sich in Ihrem Leben am stärksten verändert?
Angela Kauer: Alte Freundinnen reagieren plötzlich sehr reserviert, wenn wir uns auf der Straße treffen. Das ist natürlich sehr schade. Toll finde ich allerdings, dass ich jetzt meine Spontaneität voll ausleben kann. Wenn ich zum Beispiel plötzlich Lust auf einen Trip nach Mailand habe, buche ich eben ein Ticket. Da muss ich dann nicht lange rumrechnen.

Antje Creedon, 29
Die Freiheit im Kopf

Hektik, Stress, Anspannung. Um sich davon zu befreien, wählt Antje Creedon den Weg nach innen – die Meditation. Seit zwei Jahren meditiert die Studentin zweimal täglich und macht zusätzlich Yogaübungen zur Entspannung.
Freundin: Sie konzentrieren sich nach innen. Was finden Sie dort?
Antje Creedon: Durch Meditation schaffe ich es, mich über vieles, was mich blockiert, hinwegzusetzen.
Freundin: Hat sich dadurch auch Ihr Alltag verändert?
Antje Creedon: Ich bin viel gelassener geworden. Leide nicht mehr so stark unter Stress und Prüfungsangst. Äußere Dinge wie Ehrgeiz oder Karriere haben nicht mehr dieselbe Bedeutung.

(*Freundin* 20/1993)

r Bergbauernhof, ⸚e = gospodărie ţărănească la munte
r Unternehmer, - = întreprinzător
r Trip = călătorie
r Ehrgeiz, *sg.* = ambiţie
s Sebstbewußtsein, *sg.* = conştiinţă de sine
e Nahrungsherstellung, *sg.* = prepararea hranei
e Hinsicht, -en = privinţă
e Entspannung, *sg.* = relaxare
e Prüfungsangst, ⸚e = frică de examen
e Bedeutung, -en = importanţă
sich zurückziehen = a se retrage
gründen = a înfiinţa
buchen = a rezerva (*un bilet de călătorie*)
sich hinwegsetzen = a depăşi
vollkommen = perfect
abhängig = dependent

14. *Lies den Text noch einmal und antworte dabei auf die Frage: Steht das im Text?*

	R	F
a. Rita stellt selbst ihre Nahrung her.		
b. In der Stadt kann man völlige Stille und perfekte Dunkelheit auch finden.		
c. Rita hat sich zusammen mit ihrem Freund aus der Gesellschaft zurückgezogen.		
d. Antje ist Studentin.		
e. Die Yogaübungen machen enormen Stress.		
f. Die Meditation ist ein Weg nach innen.		
g. Angela kam als Verkäuferin zu groβem Geld.		
h. Geld macht frei.		
i. Das Leben ohne Geld ist leichter, angenehmer und bequemer.		

15. *Welche Wörter passen zusammen?*

A. a. der Trip	die Unterhaltung
b. der Lohn	der Beamte
c. die Lust	die Karte
d. das Ticket	die Freude
e. der Angestellte	das Gehalt
f. das Gespräch	die Reise
g. die Prüfung	das Examen

B. a. spüren	zurückkommen
b. buchen	kochen
c. zutreffen	passen
d. Essen zubereiten	eine Reise kaufen
e. zurückkehren	fühlen

16. *Wir zerlegen die Wörter. Von welchen Wörtern kommen sie?*

Ü

a.
Unabhängigkeit

abhängig	Adj.
hängen	V.

b.
Nahrungsherstellung

________+______	Subst.
______	V.

c.
Unternehmerin

__________	Subst.
__________	V.
__________	V.

d.
Bergbauernhof

____+____+____	Subst.

e.
Bankangestellte

_____+ ________	Subst.
________	V.
________	V.

f.
Zubereitung

_________	V.
_________	V.

17. *Ergänze folgende Wörter:* verlobten, heirateten, Leibe, Verlobung, Hochzeit, scheiden, trennten.

Ü

a. Sabine und Hans waren sehr verliebt, als sie sich vor zwei Jahren *verlobten.*
b. Sie waren sicher, dass es nichts Momentanes war, sondern ______ für das ganze Leben.
c. Sie feierten ihre _____ traditionell in ihren Familien.
d. Ein halbes Jahr später _____ sie.
e. Nach ihrer ______ wohnten sie ganz allein in einer kleinen Dachwohnung.
f. Aber nach anderthalb Jahren war alles aus. Sie _______ sich und ließen sich sehr bald _______.

18. *Lies das Gedicht und ergänze die fehlenden Wörter!*

Ü

Sachliche Romanze

Erich Kästner

Als sie einander acht Jahre ____
(und man darf sagen: sie *kannten sich gut*),
kam ihre Liebe plötzlich abhanden.
Wie anderen Leuten ein _____________.

Sie waren ____, betrugen sich heiter,
versuchten ____, als ob nichts sei,
und sahen sich an und wussten nicht weiter.
Da ____ sie schließlich. Und er stand dabei.

Vom Fenster aus konnte man ____ winken.
Er sagte, es wäre schon Viertel nach vier
und Zeit, irgendwo ____ zu trinken.
nebenan übte ein Mensch ___.

Sie gingen ins kleinste ___ am Ort
und rührten in ihren Tassen.
Am ___ saßen sie immer noch dort.
Sie saßen allein, und sie ____ kein Wort
und konnten es einfach nicht fassen.

Abend, kannten, sprachen, traurig, Küsse, weinte, Stock oder Hut, Kaffee, Café, Schiffen, Klavier.

sich betragen = a se comporta
abhanden kommen = a se pierde
weinen = a plânge
fassen = a înţelege
winken = a face semn cu mâna
r Stock, ¨-e = baston, bâtă

19. *In welcher Reihenfolge müssen diese Bilder stehen?*

Ü

a.

b.

c.

d.

e.

20. *In welcher Strophe steht das?*

a. Sie verstanden immer noch nicht, wieso sie sich nicht mehr liebten.
b. Sie kannten sich seit 8 Jahren.
c. Sie konzentrierten sich auf die Tassen Kaffee.
d. Nach dieser Zeit verloren sie ihre Liebe.
e. Ihnen fehlten die Worte.
f. Sie waren traurig, aber sie versuchten die Wirklichkeit zu umgehen.
g. Aus dem Fenster sah man Schiffe.
h. Sie wussten nicht, wie sie sich in der neuen Situation benehmen sollten.
i. Um die Stille zu brechen, lud er sie in ein Café ein.

21. *Du hörst nun ein Interview zum Thema* **Ehe**. *Welches ist der Familienstand der drei Personen?*

	Frau Klimczak	Herr Bloos	Frau Haase
verheiratet			
ledig			
geschieden			
getrennt			

22. *Hör das Interview noch einmal an. Wer sagt das? Der Reporter (R), Frau Klimczak (K), Herr Bloos (B) oder Frau Haase (H)?*

_____ **a.** Meine Freundinnen sind meistens geschieden.
_____ **b.** Ich bin gegen ständigen Partnerwechsel.
_____ **c.** Untersuchungen haben gezeigt, dass die Zahl der Ehen, die enden, größer ist als die Zahl der neuen Ehen.
_____ **d.** Bei einer Ehe für gewisse Zeit kann man später problemlos auseinander gehen.
_____ **e.** Wenn man Fehler macht, kann man miteinander reden oder sich entschuldigen.
_____ **f.** Da ich unverheiratet bin, muss ich mich über niemand ärgern.
_____ **g.** Ein Ehe-Abo, das heiβt, dass ein Paar von Anfang an glaubt, dass die Ehe nicht funktioniert.
_____ **h.** Die Zahl der Ein-Personen-Haushalte hat sich verdoppelt.

23. *Was war leicht, was war schwer und was willst du wiederholen?*

Ü

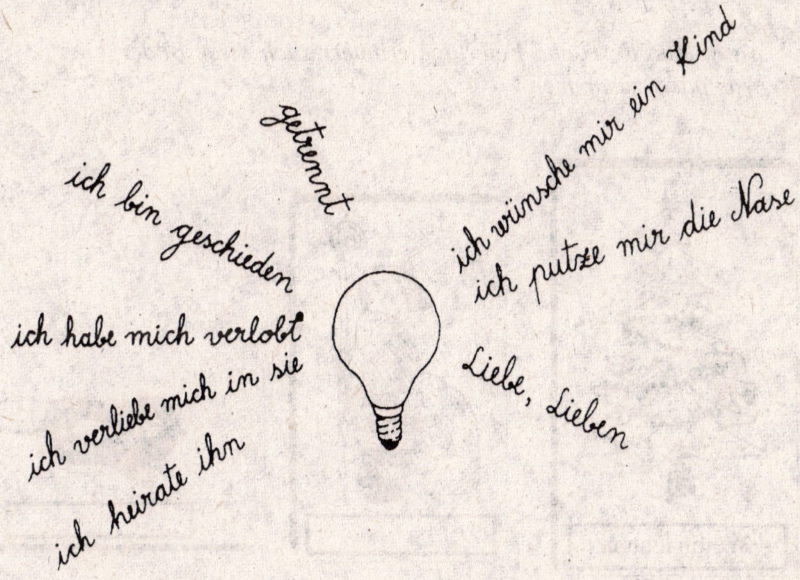

LEKTION 36

1. *An welche Fest- und Feiertage erinnern dich diese Bilder?*
Ü *Was passt zusammen?*

a.

Weihnachten

b.

c.

d.

f.

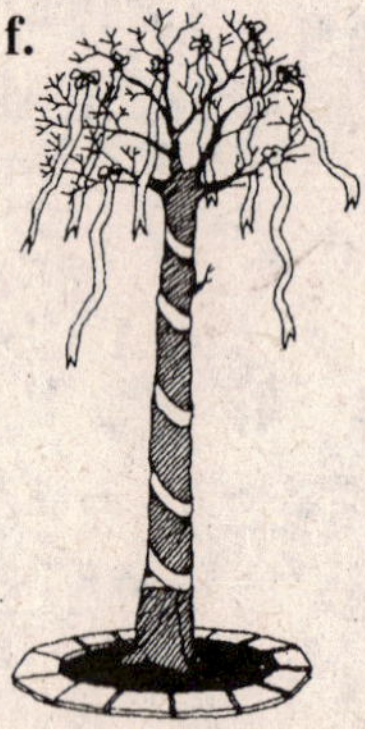

g.

e.

Ostern, Silvester/Neujahr,
Karneval/Fastnacht/Fasching,
Advent, Weihnachten, Maifest, Nikolaustag.

2. *Welche dieser Fest- und Feiertage werden auch in Rumänien gefeiert? Welche sind dir unbekannt?*

Ü

3. *Um welche Fest- und Feiertage geht es in den folgenden Texten? Gib jedem Text eine Überschrift!*

Ü

A. _______________

Am ersten Tag des Jahres feiert man laut und fröhlich, oft mit Freunden. Um Mitternacht trinkt man ein Glas Sekt und wünscht einander ein gutes neues Jahr. Oft werden kleine Glückssymbole ausgetauscht: Hufeisen, ein vierblättriges Kleeblatt oder ein Schornsteinfeger.

B. _______________

_________ wird gefeiert, wenn der Winter zu Ende ist.
Die Masken und Kostüme sowie die lautstarken Umzüge dienten dazu, den Winter zu vertreiben, die gewohnte Ordung außer Kraft zu setzen oder vor der christlichen Fastenzeit noch einmal Spaß zu haben.

C. _______________

Auch die mit diesem Fest zusammenhängenden Bräuche sind vor dem Christentum entstanden. Die Kinder suchen am frühen Morgen bei Eltern, Großeltern, bei Pate und Patin, nach bunt bemalten im Garten versteckten Eiern, eingepackten Schokoladeeiern und allerlei Süßigkeiten. Die kleinen Kinder glauben, dass der Osterhase die Sachen gebracht und versteckt hat.

D. _______________

Im Mai wird auf vielen Dorfplätzen aber auch in den Städten eine schlanke Tanne oder Fichte aufgestellt. Die Rinde wird entfernt, nur der Wipfel bleibt und wird mir bunten Bändern geschmückt. Manchmal hängt man auch eine Wurst oder eine Flasche Wein hin.
Unter dem Baum finden allerlei Veranstaltungen und Spiele statt. Es werden der Maikönig und die Maikönigin gewählt, denn sie sind der Mittelpunkt des Maitanzes.

E. _______________

Vier Sonntage vor dem Weihnachtsfest hängen in den Wohnungen und Kirchen, manchmal auch in Büros und Fabriken _______ kränze. Diese sind aus Fichtenzweigen gebunden und tragen 4 Kerzen. Man zündet sie nacheinander, an den Sonntagen vor Weihnachten an. Neben den Betten der Kinder hängen oft ______ kalender.

F. ________________

Der 5. und der 6. Dezember sind für Kinder aufregende Tage. Am Vorabend des 6. Dezember stellen die Kinder ihre Schuhe vor die Tür. Es kommt ein freundlicher älterer Herr im roten Gewand und mit weiβem Bart und beschenkt sie.

G. ________________

In den deutschsprachigen Ländern werden sie am Abend des 24. Dezember gefeiert. Der mit Glaskugeln, Äpfeln, Holzfiguren oder Lametta geschmückte Christbaum ist Mittelpunkt der familiären Feier. Am Heiligen Abend zündet man Kerzen an, singt ________ lieder und verteilt Geschenke.
Im Norden bringt sie der _______ mann, mit weiβem Bart und rotem Kapuzenmantel und einem Sack auf dem Rücken.
Im Süden kommt statt des ______ mannes das Christkind und lässt die Geschenke unter dem _______baum.

r Schornsteinfeger, - = coşar
r Umzug, ¨-e = procesiune
r Brauch, ¨-e = obicei
r Pate, -n = nas
r Wipfel, - = vârf
r Fichtenzweig, -e = ramură de molid
r Bart, ¨-e = barbă
r Sekt, -e = şampanie
s Kleeblatt, ¨-er = trifoi
s Band, ¨-er = panglică
s Gewand, ¨-er = haină
s Lametta, *sg.* = beteală
s Mitternacht, ¨-e = miezul nopţii
e Fastenzeit, -en = perioada de post
e Rinde, -n = coajă
e Kerze, -n = lumânare
e Sitte, -n = obicei
***aus*tauschen** = a schimba
dienen = a servi
entstehen = a se forma
verstecken = a ascunde
entfernen = a îndepărta
***an*zünden** = a aprinde
verteilen = a împărţi
gewohnt = obişnuit
aufregend = emoţionant
auβer Kraft setzen = a suspenda valabilitatea, a anula

4. *Was ist richtig? Was ist falsch? Bitte kreuze an.*

Ü

	R	F
a. Silvester feiert man laut und lustig. Um Mitternacht füllt man die Gläser mit Sekt oder Wein und prostet sich zu.	X	
b. Fasching wird am Frühlingsende gefeiert.		
c. Die Fastenzeit beginnt vor der Fastnacht.		
d. Zu Ostern spielen die bunt bemalten Eier eine besondere Rolle.		
e. Am Morgen des ersten Maitages wird überall feierlich der Maibaum geschmückt.		
f. Der Advent beginnt am ersten Sonntag nach dem 26. November.		
g. Am 6. Dezember, am Abend, stellen die Kinder ihre Schuhe auf die Fensterbank oder vor die Tür.		
h. Am Heiligen Abend singt man Weihnachtslieder und macht Geschenke.		

5. *Was passt zusammen?*

Ü

a.	Silvester	**1.**	Christbaum, Geschenke, Weihnachtsmann/Christkind
b.	Fasching	**2.**	Adventkranz mit 4 Kerzen, Adventkalender
c.	Ostern	**3.**	Verkleidung, Masken, Bälle
d.	Maifest	**4.**	Schuhe auf der Fensterbank oder vor die Tür, freundlicher älterer Herr im roten Gewand
e.	Adventzeit	**5.**	mit Bändern, Würsten oder Weinflaschen geschmückte Tanne oder Fichte, Wahl eines Maikönigs und einer Maikönigin
f.	Nikolaustag	**6.**	Silvesterball, Sekt, sich zuprosten, Neujahrswünsche
g.	Weihnachten	**7.**	bunt bemalte Eier, Hasen und Eier aus Schokolade, Osternhase

a	b	c	d	e	f	g
6						

6. *Was passt zusammen? Vergleiche mit dem Text!*

Ü

a.	Weihnachtsbaum	____________	anzünden
b.	Kerzen	____________	backen
c.	Ostereier	____________	verkleiden
d.	Kuchen	____________	aufstellen
e.	sich als Nikolaus	____________	färben
f.	Frohe Weihnachten	____________	schmücken
g.	Geschenke	____________	wünschen
h.	eine Tanne/Fichte	*aufstellen*	basteln

7. Ü *Stelle einen Kalender der in Rumänien bekanntesten Fest- und Feiertage auf. Gibt es dafür deutsche Entsprechungen? Such im Wörterbuch nach und schreibe die Bezeichnungen daneben!*

	Rumänien	Deutschland
Januar		
Februar		
März		
April		
Mai		
Juni		
Juli		
August		
September		
Oktober		
November		
Dezember		

8. GR ***Participiul I şi II***

În limba germană există:

- *participiul I (participiul prezent);*
- *participiul II (participiul perfect sau trecut).*

Participiul se formează din infinitivul verbului la care se adaugă terminaţia **-d**.

– beginnen + **d** beginnend (*începând*);
– antworten + **d** antwortend (*răspunzând*).

Participiul prezent se foloseşte:

- *ca adjectiv atributiv:*
  – die beginnende Adventzeit (*perioada de Post care începe*)
- *ca adjectiv predicativ:*
  – Mein Freund ist leidend. (*prietenul meu este suferind*)

- *ca adjectiv cu funcţie de complement circumstanţial:*
  – Er lernt spielend. (*el învaţă foarte uşor/jucându-se*)
- *ca element predicativ suplimentar:*
  – Er trat lächelnd ins Zimmer. (*el intră zâmbind în cameră*)

Participiul I întrebuinţat ca adjectiv atributiv urmează regulile declinării adjectivelor atributive.

Participiul I întrebuinţat ca adjectiv predicativ, element predicativ suplimentar sau complement circumstanţial este invariabil.

Participiul I exprimă o acţiune în desfăşurare, care este simultană cu acţiunea exprimată prin verbul predicativ, el exprimând o acţiune prezentă numai atunci când o exprimă şi verbul predicativ.

În limba română se traduce prin:

a. *propoziţie relativă:*
das schlafende Kind – das Kind, dass schläft = copilul care doarme

b. *adjectiv:*
– lebende Sprachen = limbi vii

c. *gerunziu:*
– der steigende Preis = preţul crescând.

Participiul II *(participiul perfect) corespunde formei a III-a a verbului.*

Dacă are funcţie nominală, participiul se întrebuinţează ca:

a. *adjectiv atributiv:*
– die eingepackten Schokoladeneier (*ouăle de ciocolată împachetate*)

b. *adjectiv predicativ:*
– Der Versuch scheint gelungen. (*încercarea pare a fi reuşită*)

c. *adjectiv cu funcţie de complement circumstanţial de mod:*
– Er spricht ausgezeichnet Deutsch. (*el vorbeşte excepţional limba germană*)

d. *ca element predicativ suplimentar:*
– Er traf ihn erregt an. (*l-a găsit nervos*)

e. *substantivat:*
– der Angestellte, der Verwandte (*angajatul, ruda*)

În limba română se traduce:

a. *prin participiu perfect:*
– der unterschriebene Brief = scrisoarea semnată

b. *printr-un adjectiv:*
– gelehrt = savant

Şi participiul II folosit ca adjectiv atributiv urmează regulile declinării adjectivului.

Atenţie! Participiile folosite ca adjective atributive apar cu precădere în textele scrise (articole de ziar, texte tehnice, literatură). În limba vorbită se înlocuiesc prin propoziţii relative.

Participiul II al verbelor tranzitive are sens pasiv:

die eingepackten Schokoladeneier – die Eier, die eingepackt wurden = ouăle de ciocolată care au fost împachetate.

Participiul II al verbelor intranzitive are sens activ:

der angekommene Zug – der Zug, der angekommen ist = trenul care a sosit.

9. Ü *Unterstreiche im Text die Attribute, die durch Partizipien ausgedrückt sind. Schreibe sie heraus und notiere daneben die entsprechenden Infinitivformen!*

a. gewohnte P. II gewöhnen
b. bemalten P. II bemalen
c. ________ ____ ________
d. ________ ____ ________
e. ________ ____ ________
f. ________ ____ ________

10. Ü *Wie kann man das noch anders sagen? Verwende Relativsätze!*

A. a. eine brennende Kerze
eine Kerze, die brennt

b. die sich auf Weihnachten freuenden Kinder
die Kinder, die sich auf Weihnachten freuen

c. ein Glück bringendes Symbol

____

d. die nach Schokoladeneier und -hasen suchenden Kinder

____

e. die über dem Bett hängenden Adventkalender

____

f. die am Aschermittwoch beginnende Fastenzeit

____

B. **a.** die selbstgefertigten Geschenke
die Geschenke, die selbst gefertigt wurden.

b. der in eigener Arbeit hergestellte Lampenschirm
der Lampenschirm, der ________________

c. die in Kursen gelernte Miniaturmalerei
die ________________________________

d. die selbstgestrickten Strümpfe
____

e. der in eigener Arbeit gebundene Kalender
____

11. **Ü** *In den Zeitungen findet man Schlagzeilen, die oft Partizipien enthalten. Wie könntest du sie umschreiben?*

a. Auf brutale Weise ermordetes 15 jähriges Mädchen
Ein 15 jähriges Mädchen, das auf brutale Weise ermordet wurde.

b. Niemand half überfallenem Rentner
Niemand half dem Rentner, der __________ wurde.

c. In Osteuropa ständig steigende Arbeitslosigkeit
Die Arbeitslosigkeit in Osteuropa, die ständig _______.

d. Ausgebrochener Häftling wieder gefasst.
Ein __________, ______________________.

e. Im Bauwesen ständig steigende Preise
Die Preise __________, die ________________.

f. Geöffnete Grenzen wieder geschlossen
Die _________, die __________ wurden, sind _____________ worden.

12. *Adventbräuche*

Ü *Kannst du diese Wörter im Buchstabenkasten wiederfinden?*

Sie können so >, so <, so ∧, oder so ∨ stehen.

13. *Weihnachten gilt in Deutschland als das wichtigste Fest. Aber wie feiert man diesen Tag anderswo? Lies die Texte und ergänze das Raster!*

SO FEIERT MAN IN...

Grönland

Für den Tannenbaum, den man bereits sechs Monate vor Weihnachten bestellen muss, werden alle Möbel beiseite geräumt. Der Baum, der mit Papierblumen geschmückt ist, steht in der Mitte des Zimmers, sodass man bequem um ihn herumgehen kann. Höhepunkt des Abends ist der traditionelle Tanz um den Weihnachtsbaum.

Der grönländische Weihnachtsgruß lautet: **Jutlime pivdluarit!**

England

In England werden die Kerzen auf dem Christbaum erst am Weihnachtsmorgen angezündet. Dann werden die Geschenke ausgepackt. Über der Eingangstür hängt ein Mistelzweig. Jeder, der darunter steht, muss es sich gefallen lassen, geküsst zu werden. Fast in jeder Familie gibt es zu Weihnachten Trut-hahnbraten, aber auch der „Plumpudding" darf keinesfalls fehlen.

Der englische Weihnachtsgruß lautet: **Merry Christmas!**

Australien

In Australien ist zu Weihnachten Hochsommer. Der Tannenbaum wird mit kleinen Bällen aus Kunststoff und Holzfiguren, aber ohne Kerzen geschmückt. Die Bescherung ist am ersten Weihnachtstag. Das Essen, das meist am Strand eingenommen wird, besteht aus kaltem Braten und Salat.

In Australien sagt man zu Weihnachten: **Merry Christmas!**

Italien

Weihnachten in Italien ist oft eine langersehnte Gelegenheit, sich mit allen Familienangehörigen um die „Presepio" (Krippe) und um den geschmückten Weihnachtsbaum zu versammeln. Das Essen am Heiligen Abend besteht meistens aus zehn Gängen. Es wird kein Fleisch, sondern Fisch und Gemüse gereicht. Der „Pranzo di Natale" ist eine reich gedeckte Tafel am 25. Dezember.

Der italienische Weihnachtsgruß lautet: **Buon Natale!**

Schweden

Am 13. Dezember ist der Lucia-Tag. Die Mädchen tragen weiße Kleider mit roten Schärpen und Lichterkronen im Haar.

Der Höhepunkt des Weihnachtsfestes ist der Heilige Abend. Die Geschenke bringt „Tomte", der schwedische Weihnachtsmann. Zum Dank bekommt er Reisbrei.

Der Weihnachtsbaum wird mit Kerzen, Lametta, Glaskugeln, Nasch- werk und Strohsternen geschmückt. Oft bleibt er bis zum Knut-Tag am 13. Jänner stehen. Die große Festmahlzeit besteht aus einem speziell zubereiteten Weihnachtsschinken. Außerdem werden den Schweinshaxen, Reisbrei und „Lutfisk" (getrockneter Fisch) serviert.

In Schweden begrüßt man sich zu Weihnachten mit: **God Jul!**

Holland

In Holland geht „Sinter Claas" zusammen mit seinem Gefährten, dem „Zwarte Piel", über die Dächer. „Sinter Claas" wirft die Geschenke durch den Kamin. Die Kinder legen Heu, Karotten und Wasser für sein Pferd bereit.

Man sagt, der „Zwarte Piel" steckt die unartigen Kinder in seinen Jutesack und nimmt sie mit in seine Heimat, nach Spanien. Die holländischen Weihnachtstraditionen unterscheiden sich kaum von den deutschen.

In Holland sagt man zu Weihnachten: **Gelukkig Kerstmis!**

r Höhepunkt, -e = punct culminant
r Gefährte, -n = tovarăş de drum
r Kamin, -e = şemineu
r Mistelzweig, -e = ramură de vâsc
r Truthahn, ¨-e = curcan
s Dach, ¨-er = acoperiş
s Naschwerk, -e = dulciuri
e Bescherung, *sg.* = împărţirea darurilor
e Schärpe, -n = eşarfă
e Schweinshaxe, -n = ciolan de porc
e Krippe, -n = iesle
bestellen = a comanda
beiseite räumen = a da la o parte
langersehnt = mult dorit

Land	Baum	Bezeichnung für den Weihnachtsmann	typ. Gruß	andere Bräuche	typ. Speisen
Grönland	geschmückter Tannenbaum			Tanz um den Weihnachtsbaum	
Australien					
Holland					
Schweden					
England					
Italien					

14. Ü *Was bedeutet Weihnachten für dich?*
Wie feiert man das Fest in Rumänien? Überlege, welche Bräuche und Symbole besonders typisch sind?

____
____
____
____
____
____

15. Ü *Die alten Weihnachtsbräuche haben sich nicht ganz erhalten. Viele junge Menschen denken heute anders:*

Was bedeutet Weihnachten für dich?

Thomas (St. Pölten)

... Weihnachten ist nicht mehr so wie früher einmal. Damals hat man noch viele Geschenke selbst gebastelt und sich über jede Kleinigkeit freuen können. Heute sind die Menschen unbescheiden. Sie schenken immer teurere Sachen und erwarten sich selbst immer mehr. Mir gefällt das überhaupt nicht. Wenn es nach mir ginge, sollte man sich gegenseitig überhaupt nichts schenken, sondern nur gemeinsam unter dem Christbaum feiern...

Olivia (Mödling):

... Man hört immer, dass manche Geschäftsleute auf das Weihnachtsgeschäft angewiesen sind. Trotzdem ist es widerlich, dass plötzlich alle Menschen wie verrückt umherzulaufen anfangen, um irgend etwas zu ergattern, das sie dann herschenken können...

Rony (Wien):

... Die meisten Menschen stehen vor dem Problem, was sie schenken sollen. Das wird immer schwerer, weil wir heutzutage ohnehin schon alles haben, ganz zum Unterschied von den Menschen in der dritten Welt. Anstatt unnötige Dinge zu kaufen, sollte man denen mehr helfen...

Marina (München):

Weihnachten bringt Urlaub und Geschenke, das ist das Schöne. Das lass ich mir gefallen. Bedeuten tut mir's sonst nichts. Ein Feiertag wie alle anderen: ordentlich faulenzen, essen, trinken und die Geschenke.

Andi (Gerasdorf):

... Weihnachten ohne Christbaum sind für mich keine richtigen Weihnachten, ebenso, wenn nicht die ganze Familie beisammen ist...

Dagmar (Tamsweg):

... Als ich noch klein war, habe ich mich immer sehr auf Weihnachten gefreut. Wenn ich nicht viel nachdenke, bin ich heute noch ganz gerührt, da empfinde ich alles als romantisch und schön, auf der anderen Seite kommt mir heute vieles oberflächlich und verlogen vor. Ich weiβ gar nicht mehr, wie ich mich da richtig verhalten soll...

Volker (Berlin):

Ach, mir ist alles über. Das Religiöse spielt überhaupt keine Rolle, auch bei meinen Eltern nicht. Die haben nur irgendwo gelesen, dass man am 24. Dezember recht nett sein soll.
Also: weihnachtliches Getue, aufgezwungene Feierlichkeit, rührselige Stimmung!

r Christbaum, ⸚e – der Weihnachtsbaum
r Geschäftsmann, -leute = om de afaceri
r Unterschied, -e = die Differenz
s Getue, *sg.* = agitaţie
basteln = a meşteri
empfinden = a simţi
sich verhalten = a se comporta
etwas ergattern = a apuca ceva, a pune mâna pe ceva
unbescheiden = lipsit de modestie
gerührt = mişcat
oberflächlich = superficial
verlogen = mincinos
aufgezwungen = forţat
widerlich = dezgustător
rührselig = exagerat de sentimental, dulceag

16. *Womit sind die Personen einverstanden, womit nicht? Ergänze die Tabelle!*

Ü

	+	–	Wunsch
Thomas		Menschen schenken und erwarten immer teurere Sachen;	Keine Geschenke; unter dem Christbaum feiern;
Marina			
Dagmar			
Volker			
Olivia			
Rony			
Andi			

Wie denkst du darüber?

17. Ü *In Deutschland ist das Plätzchenbacken ein beliebter Brauch, wenn Weihnachten vor der Tür steht. Lies den Text aufmerksam durch!*

Eine Umfrage von 1992 ergab, dass 72 % der deutschen Haushalte, trotz der damit verbundenen Mühe, ihr Weihnachtsgebäck wieder selber backen, und es nicht nur im Geschäft kaufen. Vielleicht ist es die Freude am Selbermachen, am Formen und Verzieren. Vielleicht sind es aber auch die vielfältigen aromatischen Düfte, die dann die Räume durchziehen. Diese verlockenden Gerüche erinnern uns an unsere Kindheit, wenn wir im kalten Winter im wohlig geheizten Zimmer saßen, von dem verführerischen Gebäck naschten und uns auf das herannahende Weihnachtsfest freuten.

Jahrhunderte hindurch galten die Wochen vor dem Christfest als Fastenzeit, in der nur ganz bestimmte Backwaren wie z.B. Fastenbrezeln, Spekulatius, Leb-, Honig- und Pfefferkuchen verzehrt werden durften. Heute fastet man vor Weihnachten nicht mehr, aber der Brauch, Plätzchen zu backen, ist geblieben, nur isst man jetzt das leckere Naschwerk nebenher.

Neben dem ursprünglichen Fastengebäck gibt es inzwischen unzählige andere Backwaren. So manche Familie hat ihre „Geheimrezepte", die höchstens den besten Freunden verraten werden. Diese Köstlichkeiten schmecken dann natürlich besonders gut.

r Duft, ¨-e = parfum, aromă
r Haushalt, -e = gospodărie personală
r Geruch, ¨-e = miros
s Plätzchen, - = prăjiturică, fursec
e Köstlichkeit, -en = delicatesă
e Umfrage, -n = sondaj
verraten = a trăda
verzieren = a orna
verlockend = atrăgător
lecker = gustos

18. Ü *Was ist richtig? Was ist falsch? Bitte kreuze an!*

	R	F
a. Nur wenige deutsche Familien backen ihr Weihnachtsgebäck selbst.		
b. Aromatische Gerüche durchziehen die Wohnungen.		
c. Früher haben sich alle Kinder auf Weihnachten gefreut.		
d. Vor Weihnachten fasten alle Menschen.		
e. In der Fastenzeit werden Fastenbrezeln, Leb-, Honig-, und Pfefferkuchen gegessen.		
f. Heute gibt es neben dem traditionellen Fastengebäck viele andere Backwaren.		

19. Ü Wie kannst du die folgenden Wendungen umschreiben?

a. ein beliebter Brauch – ein Brauch, der beliebt ist.
b. die damit verbundene Mühe – die Mühe, die.....
c. die verlockenden Gerüche –......
d. im wohlig geheizten Zimmer –......
e. von dem verführerischen Gebäck –......
f. Wir freuten uns auf das herannahende Weihnachtsfest –.....

20. *Ergänze die Lücken sinngemäß!*

Ü

Das ______________ ist ein beliebter Weihnachtsbrauch. In den meisten deutschen ______________ wird das ______________ selbst gebacken und nicht im Geschäft gekauft. Wahrscheinlich ist es die Freude am Formen und ______________. Aromatische ____________ durchziehen die Räume. Sie erinnern an die Kindheit, wenn wir vom verführerischen ______________ naschten und uns __________ das herannahende ______________ freuten. Viele Jahrhunderte galten die Wochen vor dem Christfest als ____________. Es wurden nur bestimmte Backwaren wie __________, Spekulatius, Leb-, ____________ und __________ gegessen. Heute ____________ man vor Weihnachten nicht mehr. Der ________________ Plätzchen zu backen, ist aber geblieben.

Manche Familien haben ihre ____________, die sie nur den Freunden verraten.

21. *Und nun einige Rezepte:*

Ü

Weihnachtsplätzchen...

Vanillekipferl (Vanillehörnchen)

280 g Mehl	auf ein Brett sieben
80 g Zucker	dazugeben, ebenso
100 g Mandeln	geschält und nicht zu fein gemahlen.
2 Eidotter	Eine Mulde eindrücken und hineingeben und alles mit
220 g Butterflocken	rasch zu einem Teig kneten (1). Flache Stollen formen, kurz kühlstellen Dann ca. 1 cm dicke Scheiben abschneiden. So rollen, dass sie an den Enden dünner werden, und sie dann zur Form eines Halbmondes biegen. Die Plätzchen auf Aluminiumfolie legen und nochmals kühlstellen.

Die Hörnchen werden nur hellgelb gebacken und anschließend mit echtem Vanillezucker dick bestreut und langsam abgekühlt. Dann erst werden sie vom Blech genommen. Sie eignen sich auch zum Tiefgefrieren.

Auf der mittleren Schiene werden die Vanillekipferl im Elektroherd bei 175° Celsius (Gasherd: Stufe 2) etwa 15 Minuten gebacken (2) und anschließend in Blechdosen aufbewahrt.

Butterplätzchen

500 g Mehl	auf ein Brett sieben,
275 g Butter	in Flöckchen daraufgeben, überstreuen,
190 g Zucker	dazugeben und
4 Eigelb	mit darunterrühren (3).
1 ganzes Ei	Den Knetteig kalt stellen. Portionsweise wird er dann 3 mm dick aus-gerollt (4) und beliebig mit dem Messer oder mit Förmchen ausgestochen (5). Nun mit bestreichen und schön goldgelb
Eigelb	backen.
	Nach Belieben mit gehackten Mandeln bzw, Pistazien bestreuen.

Auf der mittleren Schiene des Elektroherdes werden die Butterplätzchen 10 bis 12 Minuten bei 200° Celsius (Gasherd: Stufe 2 bis 3) gebacken.

r Teig, -e = aluat
r Halbmond, -e = semilună
s Brett, -er = scândură, planşetă
s Hörnchen = das Kipfel = cornuleţ
s Blech, -e = tablă
e Mulde, -n = adâncitură, albie
e Scheibe, -n = felie, formă rotundă
e Pistazie, -n = fistic

sieben = a cerne
schälen = a coji
mahlen = a măcina
kneten = a frământa
biegen = a îndoi
bestreuen = a presăra
aufbewahren = a păstra
bestreichen = a unge

22. **Ü** *Du hast das Rezept ausprobiert und möchtest es einer anderen Person geben. Diese braucht Erklärungen. Schreibe den Text und verwende das Passiv!*

Zuerst wird das Mehl gesiebt, dann wird Zucker dazugegeben....

23. **Ü** „Stille Nacht! Heilige Nacht!", ist das bekannteste deutsche Weihnachtslied. 1818 ist das Lied zum ersten Mal in der kleinen St. Nikolaus-Kirche in Oberndorf bei Salzburg erklungen. Joseph Mohr, der Dichter des Textes, arbeitete als Hilfspriester in Oberndorf. Franz Xaver Gruber, der Komponist, als Lehrer und Organist im benachbarten Ort Arnsdorf.
Zu Weihnachten 1818 trugen sie das Lied in der Christmesse vor, u.z.w. mit Gitarrenbegleitung, weil die Orgel kaputt war.
Das Lied hatte 6 Strophen, von denen man heut nur drei singt.

„Stille Nacht! Heilige Nacht!
Alles schläft; einsam wacht
Nur das traute hoch heilige Paar.
Holder Knabe im lockigen Haar,
Schlafe in himmlischer Ruh!
Schlafe in himmlischer Ruh!

Stille Nacht! Heilige Nacht!
Gottes Sohn, o wie lacht
lieb' aus deinem göttlichen Mund,
da uns schlägt die rettende Stund
Jesus in deiner Geburt!
Jesus in deiner Geburt!

Stille Nacht! Heilige Nacht!
Wie der Welt Heil gebracht,
Aus des Himmels goldenen Höhn
Uns des Gnaden Fülle lässt sehn:
Jesum in Menschengestalt,
Jesum in Menschengestalt.

Stille Nacht! Heilige Nacht!
Wo sich heut alle Macht
Väterlicher Liebe ergoss
Und als Bruder huldvoll umschloss
Jesus die Völker der Welt,
Jesus die Völker der Welt.

Stille Nacht! Heilige Nacht!
Lange schon uns bedacht,
Als der Herr vom Grimme befreit
In der Väter urgrauer Zeit
Aller Welt Schonung verhieß,
Aller Welt Schonung verhieß.
Stille Nacht! Heilige Nacht!
Hirten erst kundgemacht
Durch der Engel Alleluja,
Tönt es laut bei Fern und Nah:
Jesus der Retter ist da!
Jesus der Retter ist da!"

Stille Nacht, heilige Nacht!

Worte: Joseph Mohr, gedichtet am 24. 12. 1818 (1792-1848)
Weise: Franz Gruber sen., komponiert am 24. 12. 1818 (1787-1863)

24. *Was war in dieser Lektion leichter? Was hast du schwieriger gefunden?*
Ü *Was müsstest du wiederholen?*

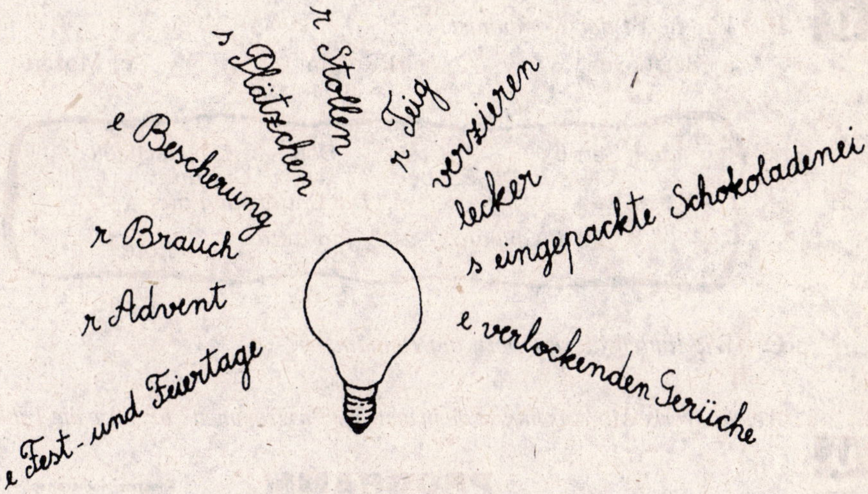

LEKTION 37

1. **Ü**

A. *Wie heiβen die Opern?*

B. *Wie heiβt der Komponist?*

a) Beethoven **b)** Rossini **c)** Mozart

dem Serail *Cosi* *Don* *Die Hochzeit*
Die Zauber- *Giovanni*
Ido- *Die Entführung aus*
meneo *des Figaro* *fan tutte* *- flöte*

C. *Wie lauten diese Opern auf Rumänisch?*

2. **Ü**

Welche Werke Mozarts findest du in den vier Programmen? Ergänze die Tabelle!

PROGRAMM **Änderung vorbehalten!**

Dienstag 18. Okt.	**Schloß Mirabell Marmorsaal** 20.00 Uhr	**KONZERTAKADEMIE JUNGER KÜNSTLER in Verbindung mit der Musikhochschule Mozarteum Werke von Bach, Mozart, Schubert, Schumann, Brahms**
Mittwoch 19. Okt.	**Schloß Mirabell Marmorsaal** 20.00 Uhr	**EUROP. LIEBESLIEDER AUS 8 JAHRHUNDERTEN Bettine Cosack, Sopran; Walter Raninger, Bariton; Cesar Bresgen, Cembalo**
Freitag 21. Okt.	**Schloß Mirabell Marmorsaal** 20.00 Uhr	Zugunsten der Aktion „Künstler helfen Künstlern" **MOZART · SCHUBERT · BEETHOVEN Kammerensemble Mozarteum**

Di. 27.12.	15.00	**"Rumpelstilzchen"** Märchen
	19.30	**"Die Zauberflöte"** Oper von W.A. Mozart
	20.00	Salzburger Schloßkonzert
Mi	15.00	**"Die Entführung aus dem Serail"** Oper von W.A. Mozart
	19.30	**"Ein Maskenball"**
	19.30	**"Die Fledermaus"** Operrette von Johann Strauss

»Mostly Mozart«
Streichquartette der Wiener Klassik
Samstag, 29. August 18.00 Uhr 7. Abend Schloß Schleißheim
»Mostly Mozart« Schubert-Trio Wien
Claus-Christian Schuster, Klavier
Boris Kuschnir, Violine
Martin Hornstein, Violoncello

Landshut/Passau Südostbay. Städtetheater
Landshut: Mi 19.30 Gastsp. Death of a Salesman (engl.), Fr. Sa. 19.30 Wilhelm Tell, So. 19.30 Die Zauberflöte

Text Nr.	Mozarts Werk	Datum	Uhrzeit	Ort/Opernhaus
1.	Werke von Mozart u.a.	18.Oktober	20.00	Schloss Mirabell
2.	. . .			

3. *Ergänze die Wortreihen!*

Ü

a. Streichinstrumente: r Kontrabass, e Viola,

____

b. Blasinstrumente: e Trompete, e Flöte,

____

c. Schlaginstrumente: e Pauke, s Triangel,

____

d. Tasteninstrumente: s Cembalo, s Akkordeon,

____

e. Singstimmen: r Mezzosopran,

____

e Violone *e Oboe* *r Gong*
s Fagott
s Horn *r Tenor* *s Saxophon* *e Orgel*
e Trommel *s Klavier* *r Bariton*
r Sopran *r Alt* *r Bass*

4. *Lies den folgenden Text und unterstreiche die bekannten Wörter!*

Ü

Das Salzburger Wunderkind

Das Haus steht noch in Salzburg: Getreidegasse 9. Die Wohnung, in der Wolfgang geboren wurde, liegt im dritten Stock. Sie hatte drei große Zimmer und ein Schlafzimmer. Im Musikzimmer gab es Flügel, Klaviere, Streichinstrumente: Leopold Mozart war Musiker. Wolfgangs ältere Schwester Nannerl spielte mit sieben Jahren schon Klavier; Wolfgang war knapp drei Jahre, als er begann Terzen, die schön klangen, auf dem Instrument zusammenzusuchen. Die Mutter, geborene Pertl, war freundlich, liebevoll und sehr sanft. Wolfgang hatte manches im Wesen und der äußeren Erscheinung von ihr geerbt: den Sinn für volkstümlichen, derben Humor, die liebenswürdigen Umgangsformen, auch Ähnlichkeiten von Stirn- und Augenpartie – und ihre lange Nase.

Leopold Mozart war ernsthaft und er kannte die Welt. Er war Geiger in der erzbischöflichen Kapelle und unterrichtete die Chorknaben im Violinspiel.

Johann Chrysostomus Wolfgangus Theophilus Mozart wurde am 27.01.1756 geboren. Als Kind rief man ihn Wolfgang oder Wolferl; er selber nannte sich später Wolfgang Amadeo oder Amadeus, am häufigsten aber Wolfgang Amadé. Er war das siebente Kind der Mozarts, von denen außer Wolfgang nur seine Schwester Maria Anna, das Nannerl, überlebte.

Als Wolfgang vier Jahre alt war, begann sich der Vater mit dem Talent seines kleinen Sohnes intensiver zu beschäftigen; er lehrte ihn kleine Stücke spielen. Bald erschienen in seinem Notenbuch auch Stückchen, die das fünfjährige Kind am Instrument spielend erfunden hat und der Vater aufgezeichnet hat.

Sehr anschaulich hat über diese ersten Kompositionsversuche ein Freund der Familie, der Hofmeister Andreas Schachtner, nach Mozarts Tod an die Schwester berichtet:

„Einmal ging ich mit Herrn Papa nach dem Donnerstagsamte zu Ihnen nach Hause, wir trafen den vierjährigen Wolfgangerl in der Beschäftigung mit der Feder an.

Papa: – Was machst du?

Wolfgang: – Ein Concert fürs Klavier, der erste Teil ist bald fertig.

Papa: – Lass sehen.

Wolfgang: – Ist noch nicht fertig.

Der Papa nahm's ihm weg und zeigte mir ein Geschmiere von Noten. Wir lachten anfänglich über dieses Gallimathias, aber der Papa fing hernach seine Betrachtungen über die Noten, über die Komposition an,...

– Sehen Sie, Herr Schachtner, sagte er, wie alles richtig und regelmäßig gesetzt ist, nur ists nicht zu brauchen, weil es so außerordentlich schwer ist, dass es kein Mensch zu spielen im Stande wäre.

Der Wolfgangerl fiel ein: – Drum ists ein Concert, man muss so lange exercieren, bis man es treffen kann, sehen Sie, so muss es gehen. Er spielte, konnte aber auch just soviel herausbringen, dass man erkennen konnte, wo er aus wollte. Er hatte damals den Begriff, dass Concert spielen und Mirakel wirken einerlei sein müsse."

(nach Karla Höcker: *Das Leben des Wolfgang Amadé Mozart*)

r Flügel = pian cu coadă
r Hofmeister = intendent la curte
s Geschmiere, *sg.* = mâzgăleală
e Erscheinung, -en = apariţie
e Umgangsform, -en = mod de comportare
e Ähnlichkeit, -en = asemănare
e Feder, -n = pană
e Betrachtung, -en = observaţie
erben = a moşteni
überleben = a supravieţui
lass sehn = ia să văd
ists = ist es
treffen = a nimeri
erkennen = a recunoaşte
Mirakel wirken = a face miracole
wo er aus wollte = unde voia să ajungă
er hatte den Begriff = era de părere
imstande wäre = ar fi în stare
sanft = blând
volkstümlich = folcloric; popular
derb = vulgar
erzbischöflich = arhiepiscopal
just soviel = exact atât
einerlei = totuna

5. *Was passt zu welcher Person?*

a. Leopold Mozart	**1.** war das siebente Kind.
b. Wolfgang Amadeus	**2.** beschäftigte sich mit dem Sohn.
c. Nannerl	**3.** war freundlich und liebevoll.
d. Mozarts Mutter	**4.** war Geiger.
	5. spielte mit sieben Jahren Klavier.
	6. war ernsthaft.
	7. überlebte mit Wolfgang.
	8. kannte die Welt.
	9. unterrichtete Chorknaben.
	10. erfand kleine Stücke im Alter von fünf Jahren.

6. *Was passt hier?*

1. Wolfgang war knapp drei Jahre alt.

a. Wolfgang war genau drei Jahre alt.
b. Wolfgang war nicht ganz drei Jahre alt.
c. Wolfgang war etwas älter als drei Jahre.

2. Wolfgang hatte manches im Wesen und der äußeren Erscheinung von ihr geerbt.

a. Wolfgang erbte nach dem Tod der Mutter viel.
b. Das Erscheinen Wolfgangs war wesentlich für die Mutter.
c. Wolfgang war der Mutter äußerlich und seelisch ähnlich.

3. Er war das siebente Kind der Mozarts, von denen außer Wolfgang nur seine Schwester, Maria Anna, Nannerl, überlebte.

a. Mozart lebte mit seinen sieben Geschwistern bis zu seinem Tod.
b. Die winzige Schwester, Nannerl, war das siebente Kind.
c. Nur Wolfgang und seine Schwester, Nannerl, blieben von sieben Kindern am Leben.

4. ... Stückchen, die das Kind spielend erfunden hat und der Vater aufgezeichnet hat.

a. Mozart komponierte während er Schach spielte.
b. Das Kind erfand musikalische Stücke spielerisch.
c. Das Spiel mit den Noten zeichnete der Vater auf.

5. ... nur ists nicht zu brauchen, weil es so außerordentlich schwer ist, dass es kein Mensch spielen im Stande wäre.

a. Man kann es nicht spielen, weil es zu schwer ist.
b. Es ist ein schweres Spiel und kann nicht mehr gebraucht werden.
c. Leute, die so etwas spielen könnten, sind selten.

6. Drum ists ein Concert, man muss so lange exercieren, bis man es treffen kann.

   a. Während der Konzertproben trifft man Leute.
   b. Für das Konzert muss man lange üben, um es richtig zu spielen.
   c. Nur für Konzerte muss man lange üben.

7. *Was passt nicht dazu?*

Ü

a. Gasse – Straβe – Boulevard – Parkplatz – Autobahn
b. Schlafzimmer – Garten – Musikzimmer – Wohnzimmer
c. Kapelle – Kirche – Schloss – Dom – Kathedrale
d. Stirn – Auge – Ohr – Gesicht – Fuβ
e. Konzert – Chor – Sonate – Sinfonie – Suite
f. Schauspieler – Klavierspieler – Geiger – Trompeter – Cellist.

8. **A.** *Such im Text, welche Adjektive zu den Nomen passen.*

Ü

die Mutter	derb
der Humor	sanft
der Vater	erzbischöflich
die Umgangsform	freundlich
die Kapelle	liebevoll
	ernsthaft
	liebenswürdig
	volkstümlich

B. *Welche Suffixe haben die Adjektive?*
– voll
–
–
–

9. ***Formarea adjectivelor***

GR

O serie întreagă de adjective provin din substantive, la care se adaugă:

A. *sufixul* **-ig**. *El exprimă:*

1. *o caracteristică:*
die Trauer – ein traur**ig**er Film (*un film trist*)
der Nebel – ein nebl**ig**er Tag (*o zi ceţoasă*)

2. *o durată:*
drei Tage – eine dreitäg**ig**e Reise (*călătorie de trei zile*)

B. *sufixul* **-isch**. *El exprimă:*

1. *apartenenţa:*

das Ausland – ein ausländ**isch**er Student (*un student străin*)

2. *are sens peiorativ:*

der Spott – ein spött**isch**es Lächeln (*un zâmbet batjocoritor*)

C. *sufixul* **-lich**. *El exprimă:*

1. *provenienţa, apartenenţa:*

das Volkstum – volkstüm**lich**er Humor (*umor folcloric*)

der Erzbischof – erzbischöf**lich**e Kapelle (*capela arhiepiscopală*)

2. *însuşiri pozitive:*

der Freund – freund**lich**er Verkäufer (*vânzător amabil*)

das Kind – kind**lich**es Lächeln (*zâmbet copilăresc*)

3. *revenirea periodică, în special dacă substantivul din care derivă denumeşte noţiuni temporale:*

der Tag – täg**lich**es Frühstück (*mic dejun zilnic*)

der Monat – monat**lich**e Miete (*chirie lunară*)

D. *sufixul* **-haft**. El exprimă:

1. *a fi plin de, care este înzestrat cu:*

der Ernst – ein ernst**haft**er Musiker (*muzician serios*)

die Krankheit – eine krank**haft**e Eigenschaft (*o însuşire bolnăvicioasă*)

E. *sufixul* **-bar**. *El exprimă:*

1. *posibilitatea*

brauchen – ein brauch**bar**es Gerät (*un aparat folositor*)

F. *terminaţiile:* **-reich, -voll, -los**. *Ele exprimă:*

1. *bogat în ceva:*

die Kinder – eine kinder**reich**e Familie (*o familie cu mulţi copii*)

2. *plin de ceva:*

der Humor – eine humor**voll**e Anekdote (*o anecdotă plină de umor*)

3. *lipsit de ceva:*

der Schmerz – eine schmerz**los**e Operation (*o operaţie fără dureri*)

10. Ü *Bilde Adjektive mit den Endungen* **-ig** *oder* **-lich**!

A. ein (Hunger) – ein hungriger Mann
ein (Schmutz) Kind –
eine (Kraft) Frau –
der (gestern) Tag –
der (Mut) Mensch –
der (Macht) Gott –

B. eine (Herr) Landschaft – eine herrliche Landschaft
ein (rot) Himmel –
ein (Freund) Herr –
die (Tag) Arbeit –
ein (Tod) Schuß –
in (Süd) Richtung –
eine (lang) Schale –
ein (krank) Mensch –

11. Ü *Bilde Adjektive mit der Endung* **-isch**!

a. Mein Mann ist ein (Laune) Mensch. – Mein Mann ist ein launischer Mensch.
b. (Bayern) Bier ist in der ganzen Welt berühmt.
c. Er mag (Frankreich) Weine.
d. Heute bleiben wir zu Haus. Draußen ist (Regen) Wetter.
e. Morgen fahren wir in die Stadt. Wir essen in einem (China) Restaurant.

12. Ü *Ergänze* **-ig, -isch** *oder* **-lich**!

a. Seine Mutter war freundlich und liebevoll.
b. Er hat von seiner Mutter den Sinn für volkstüm _________, derben Humor und die liebenswürd _________ Manieren geerbt.
c. Schließ ________ zeichnete der Vater im Notenbuch die ersten Terzette auf.
d. Dem Vater fiel das musikal _________ Talent seines Sohnes schon früh auf.
e. Mozart nannte sich häuf _________ Wolfgang Amadé.

13. Ü *Von welchen Substantiven kommen die folgenden Adjektive? Schreibe auch den Artikel dazu!*

a. ernsthaft – der Ernst
b. freundlich –
c. anfänglich –
d. volkstümlich –
e. männlich –
f. fraulich –
g. gesellschaftlich –
h. regelmäßig –

14. *Bilde Adjektive mit* **-bar**, *die zu diesen Sätzen passen.*

Ü

- **a.** Wie sind Menschen, die sich bedanken? – Sie sind dankbar.
- **b.** Wie ist ein Kleid, das man waschen darf?
- **c.** Wie ist Wasser, das man trinken darf?
- **d.** Wie ist etwas, das uns wie ein Wunder vorkommt?
- **e.** Wie ist ein Gegenstand, den man gut gebrauchen kann?
- **f.** Wie ist eine Krankheit, die man nicht heilen kann?
- **g.** Wie ist ein Baum, der keine Früchte mehr trägt?
- **h.** Wie ist ein Weg, auf dem man fahren kann?

15. *Bilde Adjektive mit* **-los, -reich, -voll.**

Ü

- **a.** Der Verletzte lag ohne jedwelche Hilfe auf dem Boden.
  Der Verletzte lag hilflos auf dem Boden.
- **b.** Dieser Fluss ist reich an Wasser.
- **c.** Dieser Autor ist ein (viel Erfolg) Schriftsteller.
- **d.** Im Urlaub hatten wir 14 Tage (ohne Wolken) Himmel.
- **c.** Er schrieb ein paar (viel Humor) Romane.
- **f.** Diese Banknoten sind nicht mehr gültig, das sind alles (ohne Wert) Papiere.

16. *Lies aufmerksam folgenden Text und unterstreiche im Brief die attributiven Adjektive!*

Ü

Am 23. September 1790 begann Mozart, begleitet von seinem Schwager, dem Violinisten Hofer, seine letzte große Reise. Das Ziel war Frankfurt am Main. Er hoffte – vergeblich – auf ein Honorar durch Konzerte, die er anlässlich der Kaiserkrönung des Großherzogs Leopold von Toskana geben wollte.
Aus einem Brief an seine Frau Constanze:

Frankfurt am Main, den 28. September 1790

...Die Reise war angenehm, – wir hatten bis auf einen einzigen Tag immer das schönste Wetter. In Regensburg speisten wir prächtig zu Mittag, hatten eine göttliche Tafelmusik, eine großartige Bewirtung und einen herrlichen Mosel Wein, zu Nürnberg haben wir gefrühstückt – eine hässliche Stadt – zu Würzburg haben wir uns auch mit Kaffee gestärkt, eine schöne prächtige Stadt.

Ich warte mit Sehnsucht auf Nachricht von Dir – von Deiner Gesundheit, von unseren Umständen etc. – Nun bin ich fest entschlossen, meine Sachen hier so gut wie möglich zu machen, und freue mich dann herzlich, wieder zu Dir zu kommen. Welch herrliches Leben wollen wir führen!

Ewig,
Dein Mozart

bis auf einem einzigen Tag = cu excepţia unei singure zile
fest entschlossen sein = a fi ferm hotărât
r Brief, -e = scrisoare
r Groβherzog, ¨-e = arhiduce
r Schwager, - = cumnat
r Umstand, -e = circumstanţă, (*aici*) situaţie
e Bewirtung, -en = ospătare, tratare
e Kaiserkrönung, -en = încoronarea împăratului
e Nachricht, -en = veste, ştire
e Sehnsucht, ¨-e = dor, nostalgie
e Tafelmusik = muzică cântată în timpul unui festin
s Honorar, -e = onorariu
s Ziel, -e = destinaţie, scop
begleiten = a însoţi
hoffen = a spera
führen = a duce
speisen = a mânca
sich stärken = a se întări
anlässlich = cu ocazia
einzig = unic
ewig = etern
göttlich = divin
prächtig = măreţ, splendid
vergeblich = zadarnic

17. *Lies den Text noch einmal! Welche Adjektive passen zu den Wörtern?*

Ü

a. Tafelmusik
b. Bewirtung
c. Mosel Wein
d. Nürnberg
e. Würzburg
f. Leben

1. göttlich
2. schön
3. prächtig
4. herrlich
5. groβartig
6. hässlich

18. *Welche Briefanreden passen zu welchen Grüβen?*

Ü

a. Sehr geehrte Damen und Herren!
b. Sehr geehrte Frau Dr. Scholz!
c. Liebe Familie Becker!
d. Liebe Frau Meier!
e. Mein lieber, guter Peter!
f. Meine Liebste!
g. Hallo Peter!

1. Mach's gut!
2. Alles Liebe. Dein/Deine
3. Mit den besten Grüβen
4. Viele Grüβe Ihr/Ihre
5. Herzliche Grüβe Ihr/Ihre
6. Mit freundlichen Grüβen!

19. Ü *Weißt du jetzt, wie Mozarts Brief an seine Frau Constanze vielleicht anfing?*

20. ***Cum scriem o scrisoare***

1. *Exprimarea datei într-o scrisoare se face în colţul din dreapta în următoarele modalităţi:*

Bukarest, 1.12.2003
Bukarest, den 1. Dezember 2003

2. *Modul de adresare, ca şi formulele de încheiere, depind de relaţiile în care te găseşti cu persoana căreia îi scrii. Vezi schema de la început.*

21. Ü *Petra schreibt ihrer Freundin Renate eine kleine Karte, aber die Sätze sind etwas durcheinander geraten. Schreibe die Sätze richtig und setze auch ein Datum ein!*

Liebe Renate,

1. deinen Brief/für/danke sehr/
2. herzlich/ich/zu deiner/gratuliere/bestandenen Prüfung/dir
3. letztes Jahr/du/sehr hart/hast/und/gearbeitet/mit dem Ergebnis/bist/deiner Arbeit/zufrieden/nun/du
4. du/nicht/zu Besuch/kannst/ein paar Tage/kommen?
5. Zusammen/könnten/machen/wir/kleine Ausflüge/in der Umgebung/spazieren gehen/schwimmen/oder
6. mir/ich/nehme/Urlaub/ein paar Tage
7. Warte/deine Antwort/ich/auf

Liebe Grüße,
deine Petra

22. ***Schreib nun selbst einen Brief!***

Ü *Du hast eine(n) Brieffreund(in) in München. Du besuchst ihn (sie) und kommst mit dem Flugzeug. Er (sie) soll dich am Flughafen abholen, aber hat dich noch nie gesehen. Schreibe, wann du ankommst und wie aussiehst.*

...., den.

Liebe(r)....

23. ***Prepoziţii cu cazul genitiv***

GR

anlässlich *(cu ocazia)*, **wegen** *(din cauza)*, **während** *(în timpul)*, **trotz** *(în ciuda) cer cazul genitiv.*

Anlässlich der Kaiserkrönung komponierte Mozart ein Konzert.
Wegen des Regens konnten wir nicht mehr schwimmen gehen.
Während des Konzerts darf man nicht laut sprechen.
Trotz der schweren Arbeit bekommt er wenig Geld.

Atenţie! **Während** *poate să fie şi conjuncţie temporală.*

Während er krank war, las er zwei Romane *(conjuncţie).*
Während der Krankheit las er zwei Romane *(prepoziţie).*

24. *Ergänze mit den Endungen des Genitivs!*

Ü

a. Wegen d_____ groβ_____ Kälte ging er nicht in die Schule.
b. Trotz d_____ groβ_____ Hitze arbeiteten sie weiter.
c. Während d_____ Aufenhalts sahen sie viele Museen.
d. Anlässlich sein_____ Geburtstags wurde eine groβe Feier organisiert.
e. Wegen sein_____ alt_____ Mutter konnte er nicht in Urlaub fahren.
f. Während d_____ Pause rauchten sie eine Zigarette.

25. *Setze die in Klammer stehenden Substantive in den richtigen Fall!*

Ü

a. Peter geht heute zu_____ __________(seine Tante).
b. Als er durch_____ __________ (die Stadt) ging, sah er viele Kaufhäuser.
c. Während_____ __________ (das Essen) darf man nicht viel sprechen.
d. Er hat seinen Urlaub auf_____ __________ (die Insel) Helgoland verbracht.
e. Trotz_____ __________ (der Skandal) in der Zeitung machte er weiter Politik.
f. Anlässlich_____ __________ (die Olympiaspiele) 1972 in München hat man das Olympiadorf gebaut.
g. Auf_____ __________ (der Montblanc) ist immer Schnee.

26. *Du hörst nun ein Interview mit Professor Braunbehrens. Konzentriere dich beim ersten Hören auf die Fragen! Schreib sie auf!*

1. War Mozart wirklich ein armer Mensch?
2. ______________________________
3. ______________________________
4. ______________________________

27. *Hör dir das Interview noch einmal an und notiere während des Hörens kurz die Antworten!*

1. ______________________________
2. ______________________________
3. ______________________________
4. ______________________________

28. *Was möchtest du unbedingt wiederholen? Sieh dir noch einmal alles an, was du wiederholen möchtest von Lektion 1-17!*

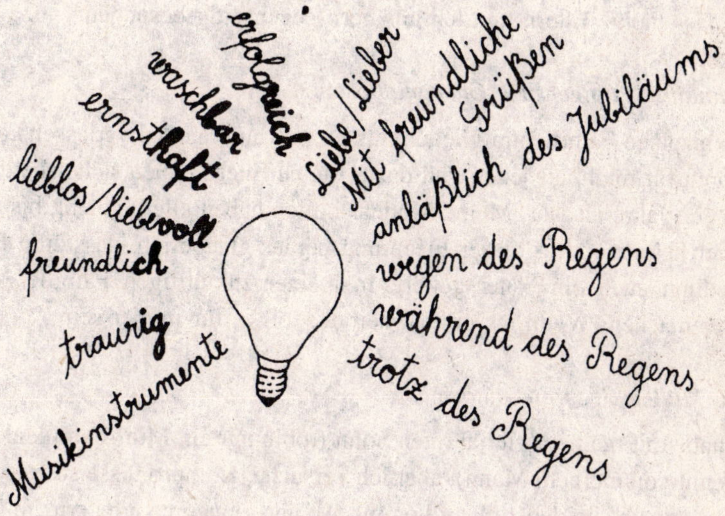

LEKTION 38

● Wiederholung (Lektion 30–37)

Anne Pichler, 25, Studentin

Das Familienleben mit meinen Eltern habe ich in guter Erinnerung, weil ich immer das Gefühl hatte: Alle sind für alle da – wir gehören zusammen. Natürlich gab es auch bei uns Auseinandersetzungen – die konnten laut werden, aber sie reinigten die Luft. Heute, nachdem ich seit fünf Jahren allein wohne, sieht das Familienleben so aus, dass meine Eltern und ich uns gern gegenseitig besuchen.

Ferdinand Rüdinger, 19, Chemielaborant

Die einzelnen Familienmitglieder müssen sich aufeinander verlassen können. Kinder gehören für mich auf jeden Fall dazu. Meine Eltern haben sich scheiden lassen, als ich neun Jahre alt war. Meine Mutter und ich haben allein gelebt, bis meine Mutter wieder heiratete. Aus dieser Erfahrung heraus glaube ich, dass zum Familienleben unbedingt auch ein Vater gehört. In meiner zukünftigen Familie möchte ich es besser machen: Wenn ich einmal heirate, soll es für immer sein.

Gabi Müller, 35, freie Autorin

Ich habe mit meinem vierjährigen Sohn Robin nur ein Mini-Familienleben (ich lebe getrennt von meinem Mann), aber ich versuche, Kompromisse so zu schließen, dass keiner von uns beiden zu kurz kommt. Ab und zu nehme ich gern am Familienleben von Freunden und Verwandten teil. Für eine gewisse Zeit finde ich das Leben in solch einer „Leihfamilie“ dann geruhsam und entspannend.

Alexandra Krause, 30, Arbeiterin

Meiner Ansicht nach können auch zwei Partner eine Familie bilden, aber Kinder bereichern das Familienleben: Es wird fröhlicher, interessanter und als Eltern achtet man noch mehr darauf, wie man sich zueinander und zu den Kindern verhält. Seit ich Mutter bin (meine Tochter ist anderthalb), hoffe ich viel mehr, lange zu leben, denn meine Familie braucht mich.

1. *Wer sagt das?*

a. Ich lebe getrennt von meinem Mann, aber mein Sohn soll nicht darunter leiden.
b. Ich denke gern an meine Eltern zurück.
c. Das Mini-Familienleben wird oft durch Freunde und Verwandte erweitert.
d. Ein Familienleben ohne Kinder kann ich mir zwar vorstellen, aber erst durch die Kinder wird es lebhafter.
e. Das Familienleben war harmonisch, obwohl es manchmal Streit gab.
f. Ich möchte lange leben, weil meine Familie mich braucht.
g. Eltern und Kinder besuchen sich gegenseitig.
h. Weil meine Eltern sich scheiden ließen, will ich es besser machen.
i. Kinder gehören auf jeden Fall zu einer Familie.

Anne P.: b, ...
Ferdinand R.: ...
Gabi M.: ...
Alexandra K.: ...

2. *Ergänze mit den Verben im Imperfekt:* sitzen, sehen, sich unterhalten, sich verabschieden, sich verlieben, sich streiten, heiraten, geben, besuchen, strahlen.

Was für ein Zufall! Als Mona damals Emil _________, war es Liebe auf den ersten Blick. Sie ___________ auf einer Bank im Park und ___________. Sie ___________ für den übernächsten Tag. Zwei Tage später ____________ Emil seine Freundin Mona. Sie waren ineinander verliebt. In zwei Monaten _____________ sie und _____ vor Glück! Doch, kein Glück dauert ewig! Eines Tages _________ sie ________. Warum? Es _______ immer einen Grund und nun war die Traumehe zu Ende.

Vier Wochen ohne Fernsehen
Vor einiger Zeit drehten Berliner Publizistikstudenten für das ZDF einen Film mit dem Titel „Vier Wochen ohne Fernsehen". Zwei Arbeiterfamilien hatten sich bereit erklärt, für einen Monat auf ihren Fernsehapparat zu verzichten, und die Studenten beobachteten mit Hilfe eines Gerätes an fünfzehn Abenden das ungewohnte Familienleben ohne Bildschirm.
Das Ergebnis der Beobachtungen war: Mit der neu gewonnenen Zeit konnte keiner etwas anfangen. Schon am dritten Tag war von „furchtbarer Langeweile" zu hören. Man wisse wirklich nicht, was man an den Abenden tun solle. Es werde Zeit, so sagte am Ende der vier Wochen eine der

Frauen, dass der Apparat wiederkomme. Ihr Mann nörgele, seit der Apparat aus dem Haus sei, immer häufiger an ihr herum; Streitigkeiten seien nun an der Tagesordnung. Als dann nach vier Wochen das Fernsehgerät den Leuten zurückgegeben würde, zeigten die beiden Familien Zeichen von solcher Freude, wie sie bei der Rückkehr eines verlorenen Sohnes nicht hätte größer sein können.

3. *Auf welche Fragen gibt es im Text eine Antwort? Wenn ja, in welcher Zeile steht das?*

Ü

a. Wer drehte einen Film für das ZDF? – Ja, Zeile 1
b. Wie heißt der Film?
c. Wer hat sich bereit erklärt, auf den Apparat zu verzichten?
d. Welche Programme sehen die meisten Deutschen?
e. Wie beobachteten die Studenten das Familienleben?
f. Was machte man mit den zwei Fernsehgeräten?
g. Welches war das Ergebnis der Beobachtungen?
h. Was machten die Leute in dieser entstandenen Freizeit?
i. Wie lange dauert der Film?
j. Wie waren die beiden Familien, nachdem die Geräte zurückgebracht wurden?
k. Warum sehen die meisten Deutschen fern?

4. *Verwandle die folgenden Sätze in die direkte Rede!*

Ü

a. Eine der Frauen sagt, dass es ohne Fernseher langweilig sei.
Eine der Frauen sagt: „Es ist langweilig ohne Fernseher".

b. Sie sagt, dass man wirklich nicht wisse, was man an den Abenden tun solle.
c. Sie sagt, es werde Zeit, dass der Apparat wiederkomme.
d. Sie sagt, dass ihr Mann immer häufiger an ihr herum nörgele.
e. Sie sagt, dass Streitigkeiten an der Tagesordnung seien.
f. Sie sagt, dass keiner etwas mit neu gewonnen Zeit anfangen könne.

5. *Wie heißt das Wort?*

Ü

a. jemand, der Musikstücke, Lieder oder Opern macht: ____________________
b. aktuelle, beliebte Lieder: ____________________
c. eine Gruppe von Menschen, die zusammen singen: ____________________
d. das Publikum bedankt sich bei den Künstlern durch: ____________________
e. ein anderes Wort für Publikum: ____________________

6. *Was passt nicht?*

Ü

a. Er spielt/übt/macht/besitzt ein Klavier.
b. Sie macht/spielt/liebt/sieht Musik.
c. Er kennt/mag/spielt/sagt eine Melodie.
d. Er hört/besucht/feiert/kennt eine Oper.
e. Sie singt/übt/erzählt/wiederholt ein Lied.
f. Er geht ins/sitzt im/hört im Radio ein/singt ein Konzert.

7. *Welches Wort passt:* Verein, Bild, Freizeit, Spaß, Werktag, Heimwerken.

Ü

a. das, was ein Künstler malt: ____________________
b. die Zeit, in der man nicht arbeitet: ____________________
c. Verbindung mehrerer Personen, die sich für Sport interessieren: __________
d. Beschäftigung der Männer, die Reparaturen im Haus machen: __________
e. Freude an etwas haben: ____________________
f. die Tage, an denen gearbeitet wird: ____________________

8. *Welches Wort passt nicht?*

Ü

a. einen Hund, eine Kirche, ein Kind, eine Landschaft, einen Namen: fotografieren
b. Schach, Karten, Sport, Fußball, Golf: spielen
c. einen Walzer, ein Spiel, mit einer Freundin, einen Tango: tanzen
d. sich von der Arbeit, sich von einer Krankheit, sich von einem Foto, sich beim Spazierengehen: erholen
e. einen Pullover, eine Jacke, einen Schal, eine Ledertasche, eine Mütze: stricken
f. in den Bergen, im Wald, im Garten, durch Wald und Wiese: wandern
g. ins Kino, ins Theater, ins Bett, ins Restaurant: ausgehen

9. *Verwandle die Sätze in Infinitivkonstruktionen mit* **um ... zu**!

Ü

a. Fast die Hälfte der Touristen reisen, damit sie die Natur erleben.
Fast die Hälfte der Touristen reisen, um die Natur zu erleben.
b. Einige fahren in den Urlaub, damit sie etwas für die Gesundheit tun.
c. Etwa ein Viertel der Touristen reisen, damit sie etwas für ihre Bildung und Kultur tun.
d. Über die Hälfte der Leute macht Ferien, damit sie frische Kräfte sammeln.
e. Sehr viele Leute machen Urlaub, damit sie abschalten.
f. Immer mehr Leute machen Urlaub im Ausland, damit sie andere Länder kennen lernen.

10. *Ergänze die Partizipien der Verben und die entsprechenden Endungen!*

Ü

a. Haben Sie___________ Fisch? (grillen)
Haben Sie gegrillten Fisch?
b. Nein, nur ________ Forelle. (dünsten)
c. Ich esse gern _________ Kartoffeln dazu. (kochen)
d. Nimmst du ein__________ Eis? (mischen)
e. Essen Sie gern _______ Paprika? (füllen)
f. Schmecken dir __________ Heringe? (marinieren)
g. Zu Weihnachten schmeckt eine __________ Gans gut. (braten)
h. ___________ Pfannkuchen gibt es nur im Restaurant. (flambieren)

11. *Verwende* **je ... desto** *in den folgenden Sätzen!*

Ü

a. Ich esse viel Süßigkeiten. Ich werde dick.
Je mehr Süßigkeiten ich esse, desto dicker werde ich.
b. Ich probiere die chinesische Küche oft. Sie schmeckt mir gut.
c. Du trinkst viel. Du wirst durstig.
d. Das Essen ist fett. Es ist ungesund.
e. Das Chili con carne ist scharf. Es schmeckt gut.
f. Ich esse viel Gemüse. Ich fühle mich gut.
g. Ich esse kalorienarm. Ich nehme schnell ab.

12. *Welches Wort passt:* Parkplatz, Reparatur, Tankstelle, Unfall, Panne.

Ü

a. Benzin, Diesel, tanken, bezahlen:
b. Autowerkstatt, Mechaniker, Werkzeug:
c. fahren, halten, aussteigen, weggehen:
d. Geschwindigkeit, Schaden, überholen, zusammenstoßen:
e. fahren, Autobahn, Schaden, Hilfe brauchen:

13. *Was passt hier nicht?*

Ü

a. überholen: ein Auto, einen Pferdewagen, einen Lieferwagen, einen Kofferaum
b. parken: auf einem Parkplatz, in einem Parkhaus, das Auto, den Fahrer
c. stoppen/halten: an der Kreuzung, an der Unfallstelle, vor der Apotheke, am Lenkrad
d. ausweichen: dem Taxi, nach rechts, der Bushaltestelle, der Apotheke

A. Schwerer Verkehrsunfall

Einen Toten und einen Schwerverletzten forderte ein schwerer Verkehrsunfall, der sich gestern gegen 23.30 Uhr auf der Straβe zwischen Heskem und Hachborn in der Gemeinde Ebsdorf ereignete. Ein Pkw aus Gieβen und ein entgegenkommender Kleinbus einer Marburger Baufirma waren mit hoher Geschwindigkeit frontal zusammengestoβen. Der 20 jährige Gieβner Fahrer des Pkw konnte nur noch tot aus den Trümmern seines Wagens geborgen werden. Der Beifahrer des Kleinbusses wurde schwer verletzt in die Marburger Universitätsklinik eingeliefert. Über die genaue Unfallsursache sowie über die Fahrtrichtung der am Unfall beteiligten und total zerstörten Fahrzeuge bestand bei Redaktionsschluss noch völlige Unklarheit.

B. Frontal zusammengeprallt

Auf der Bundesstraβe 27 am Stadtrand von Fulda geriet in der Nacht zum Sonntag der 29-jährige Hans Hohl aus Känzell (Kreis Fulda) mit seinem Auto in einer leichten Linkskurve auf die Gegenfahrbahn, wo er frontal mit einem entgegenkommenden Wagen zusammenstieβ. Der 29-jährige Hans Hohl und der Fahrer des anderen Wagens, der 34-jährige Ludwig Ganzert aus Ebersburg, waren auf der Stelle tot. Die 34-jährige Frau von Ludwig Ganzert, die auf dem Beifahrersitz saβ, wurde lebensgefährlich verletzt in die Städtische Klinik Fulda gebracht.

14. *Welche Informationen stehen im Text A, welche im Text B und welche in beiden?*

Ü

	Text A	Text B
a. Der Autofahrer war auf der Stelle tot.		
b. Beide Verkehrsmittel fuhren mit hoher Geschwindigkeit.		
c. Der Autofahrer war 29 Jahre alt.		
d. Ein Beifahrer wurde schwer verletzt.		
e. Der 34 jährige Fahrer starb.		
f. Die Unfallsursache war unklar.		
g. Der Autofahrer war 20 Jahre alt.		
h. Der Fahrer geriet mit seinem Wagen auf die Gegenfahrbahn.		
i. Zwei Autos stieβen frontal zusammen.		
j. Der Verkehrsunfall ereignete sich bei Dunkelheit.		

15. *Ergänze mit den Verben in der richtigen Zeitform!*

Ü

a. Nachdem der Busfahrer ______ (halten), stiegen die Leute aus.
Nachdem der Busfahrer gehalten hatte, stiegen die Leute aus.

b. Nachdem die beiden Autos zusammengestoßen waren, ________ (kommen) die Polizei.

c. Nachdem der Unfall passiert ist, ______ (berichten) der Zeuge.

d. Der Fahrer ________ (verlassen) die Unfallsstelle, nachdem sich der Unfall ereignet hatte.

e. Der Autofahrer ________(sterben), kurz nachdem der Rettungswagen gekommen war.

16. *Ergänze mit den Präpositionen:* außerhalb, trotz, statt, wegen, während.

Ü

a. Entschuldigung, kann ich Sie trotz der späten Stunde noch kurz sprechen?

b. _______ ihrer Erkältung muss sie zu Hause bleiben.

c. Er hat _______ der Rasiercreme die Zahnpasta genommen.

d. ______ der Ferien lassen wir den Hund bei unseren Freunden.

e. Der Flughafen ist ______ der Stadt.

f. _____ der Arbeitszeit trinkt sie pausenlos Kaffee.

17. **um... zu** *oder* **ohne... zu***?*

Ü

a. Sie trat ins Büro und grüßte nicht.
Sie trat ins Büro, ohne zu grüßen.

b. Er war bei einem Kurs. Er hat nicht viel Deutsch gelernt.

c. Sie gingen ins Restaurant. Sie hatten nicht genug Geld bei sich.

d. Ich muss eine Prüfung bestehen. Ich möchte an der Universität studieren.

e. Ich habe meinen Pass verloren. Ich habe es nicht bemerkt.

f. Er hat aufmerksam zugehört. Er hat nicht verstanden.

g. Ich habe im Restaurant einen Kaffe bestellt. Ich habe ihn nicht bekommen.

h. Ich habe mich um ein Stipendium beworben. Ich möchte in Deutschland studieren.

i. Ich lerne Fremdsprachen. Ich möchte als Reiseleiter arbeiten.

18. *Formuliere irreale Wünsche! Schreib für jedes Beispiel drei Sätze!*

Ü

a. Ich würde mich freuen (ich hätte mehr Freunde).
b. Ich wäre glücklich (du würdest öfter zu Besuch kommen).
c. Es wäre sehr schön (wir würden viel reisen).
d. Ich wäre zufrieden (ich hätte mehr Freizeit).
e. Ich würde mich wohler fühlen (ich hätte keine Kopfschmerzen mehr).
f. Mir ginge es besser (ich wäre die Grippe los).

a. Ich würde mich freuen, wenn ich mehr Freunde hätte.
Wenn ich mehr Freunde hätte, würde ich mich freuen.
Hätte ich mehr Freunde, würde ich mich freuen.

19. *Ergänze folgende Präpositionen:* an (am), auf, aus, beim, durch, mit, ohne, unter.

Ü

a. Sie ist das fünfte Rad am Wagen.
b. Glück _______ Spiel, Pech ______ der Liebe.
c. Liebe geht _______ den Magen.
d. Jeder singt _______ seine Weise, der eine laut, der andere leise.
e. _______ der Nacht sind alle Katzen grau.
f. ____ Abend werden die Faulen fleiβig.
g. Freundschaft ist Liebe ______ Flügel.
h. Der Appetit kommt _____ Essen.
i. Morgenstund hat Gold ______ Mund.
j. Er benimmt sich wie ein Elefant _____ Porzellanladen.
k. Es wird ihm schon keine Perle ______ der Krone fallen.
l. Er hört nur ______ einem halben Ohr zu.
m. Er lebt _____ groβem Fuβ.
n. Er verliert den Boden ______ den Füβen.

20. *Du gehst in ein Reisebüro. Ergänze folgenden Dialog!*

Ü

A: Guten Tag. Sie wünschen?
B: Guten Tag. Ich möchte eine Wien-Stadtrundfahrt machen. Wann ist das möglich?
A: Es gibt täglich zwei Rundfahrten: am Vormittag und am Nachmittag.
B: ____

A: Ja, es gibt auch am Wochenende eine!

B: ______________________________

A: Drei Stunden.

B: ______________________________

A: Vor dem Reisebüro.

B: ______________________________

A: Sie sehen die Staatsoper, das Kunst-und Naturhistorische Museum, das Maria Theresien-Denkmal, das Burgtheater, das Parlament und vieles andere.

B: ______________________________

A: An der Oper endet die Tour dann.

B: ______________________________

A: Natürlich können Sie sofort bezahlen. Wie heiβen Sie?

B: ______________________________

A: An welchem Tag wollen Sie an unserer Stadtrundfahrt teilnehmen?

B: ______________________________

A: Dann also bis Samstag.

B: ______________________________

21. **Ü** *Hier ist ein Dialog in der Autowerkstatt etwas durcheinander geraten. Wie lautet er richtig? Herr Müller und der Automechaniker sprechen miteinander.*

- Hier ist Müller. Wann ist denn mein Wagen fertig?
- Und wie steht's mit dem Motor?
- Ja gut, vielen Dank. Ich hole den Wagen dann ab.
- Den können Sie so gegen sechs morgen abholen.
- War etwas Besonderes?
- Der ist in Ordnung.
- War da sonst noch was?
- Eigentlich nicht. Aber wir hatten viel Arbeit damit. Wir haben die Inspektion gemacht und die Wartung. Dann haben wir die Lichtmaschine repariert und die Bremsen. Und dann haben wir die Winterreifen montiert. Das war glaub ich alles.
- Ja, der Rückspiegel war kaputt. Da haben wir einen neuen eingesetzt.

● *Test 2 (Lektion 30–37)*

A. *Die Redaktion der Zeitschrift „Freundin" fragt 3 Münchner Frauen, wovon sie träumen.*
Rita träumt von der Freiheit vom Konsum, Antje von der Freiheit im Kopf und Angela von der Freiheit des Geldes. Welche Aussagen passen zu jeder einzelnen Frau?

a. Sie kehrte der Konsumgesellschaft den Rücken und zog sich auf einen Bauernhof zurück.
b. Sie gründete ein Schönheitsinstitut und hatte groβen Erfolg damit.
c. Sie leidet jetzt nicht mehr so stark unter Stress und unter Prüfungsangst.
d. Ehrgeiz und Karriere spielen keine besondere Rolle für sie.
e. Sie führt ein Leben mitten in der Natur.
f. Sie hat das Gefühl von niemand materiell abhängig zu sein.
g. Sie verbringt einen Teil ihrer Zeit mit Nahrungsherstellung aus natürlichen Produkten.
h. Sie ist durch Meditation ruhiger geworden.
i. Sie muss nicht lange rumrechnen, wenn sie eine Reise buchen will.

B. *Kreuze die richtige Lösung an!*

1. Pestizide, Kraftfahrzeuge, Müll verursachen ____________.

a. Umweltschutz **b.** Umweltverschmutzung **c.** Naturschutz

2. Je kürzer die Arbeitszeit, desto mehr emanzipiert sich ___________.

a. der Feierabend **b.** der Feiertag **c.** die Freizeit

3. Ein Pkw und ein Kleinbus waren mit hoher _______ zusammengestoβen.

a. Tempolimit **b.** Höchstgeschwindigkeit **c.** Geschwindigkeit

4. Sehr verbreitet sind ________, mit vielen Bildern, die wöchentlich erscheinen.

a. Wochenzeitungen **b.**Tageszeitungen **c.** Zeitschriften

5. Wenn ich aufstehe, _________ ich gleich die Kaffemaschine _____.

a. schalte an **b.** schalte aus **c.** schalte auf

6. Viele Mädchen träumen noch von einer _________ in Weiß.

a. Ehe b. Verlobung c. Hochzeit

7. Max hat sich mit Ulrike am Samstag _________.

a. verheiratet b. verlobt c. verliebt

8. Vier Sonntage vor ______ hängt man in den Wohnungen Adventskränze auf.

a. Ostern b. Fasching c. Weihnachten

9. Dieser Autor hat viele Preise bekommen. Er ist ein _________ Schriftsteller.

a. erfolgreicher b. erfolgloser c. erfolghafter

10. Ein beliebtes Hobby der Frauen ist __________.

a. Wandern b. Heimwerken c. Stricken

C. *Kreuze die richtige Lösung an!*

1. Monika geht _______ ihrer Mutter ins Kino.

a. ohne b. mit c. außer

2. Ich muss jetzt leider gehen, ______ mich ist es jetzt Zeit.

a. zu b. ohne c. für

3. Ist das nicht eine schöne Uhr? Doch, wenn ich Geld hätte, ________.

a. ich würde sie kaufen. b. ich sie würde kaufen c. würde ich sie kaufen

4. Nachdem er sein eigenes Auto zum Stehen gebracht hatte, ______ er zurück zum Verletzten.

a. eilt b. eilte c. eilen

5. Wir sind zwei Stunden im Kaufhaus geblieben, ____ etwas zu kaufen.

a. ohne b. statt c. dass

6. Warum wäschst du ____ nicht?

a. dich b. dir c. sich

7. Was wünschst du ____ zum Geburtstag?

a. dein **b.** dir **c.** dich

8. Der Kranke versteckte die Zigarette, ____ der Arzt nicht merkte.

a. um **b.** damit **c.** um zu

9. Je _______ der Kaffee ist, desto _______ ist er.

a. mild-gesund **b.** am mildesten-am gesundesten **c.** milder-gesünder

10. _______ eines Unfalls, konnte der Sportler nicht mehr weiterspielen.

a. während **b.** trotz **c.** wegen

D. *Schreib die Wörter!*

Mit ihrer Ka 1 iere als Unterne 2 merin kam für Angela das groβe Geld. Vor einem Jahr gründete die e 3 malige Bankangeste 4 te ein Kosmetikinstitut. Der Lo 5 n für ihren E 6 rgeiz – ein Leben in Luxus. Es ist ein gutes und sicheres Gefühl, materie 7 von ni 8 mand abhäng9 zu sein. Das gibt mir als Frau ein anderes Selbstbewu 10 sein.

1. Karriere
2. ____________
3. ____________
4. ____________
5. ____________
6. ____________
7. ____________
8. ____________
9. ____________
10. ____________

CHEIA EXERCIŢIILOR

L 0

1. 2; 1; 3; 6; 8; 7; 5; 4.

6. As; Benzin; Café; Datum; Elite; Finale; Gas; Halle; Industrie; Jod; Klima; Lampe; Musik; Natur; Orchester; Park; Quartett; Rucksack; Salat; Tube; Uranium; Vulkan; Watte; Zebra.

7. **1.** Fußball; **2.** Boxen; **3.** Hockey; **4.** Tennis; **5.** Basketball; **6.** Ski; **7.** Schach; **8.** Handball.

8. Transportmittel: 1; Sport: 5; Technisierung: 2; Medizin: 8; Foto: 3; Musik: 6; Tourismus: 7.

11. **die** Frisur; **die** Jacke; **die** Opposition; **der** Zucker; **der** Regisseur; **das** Klima; **das** Nylon; **der** Gummi; **die** Maschine; **die** Energie; **der** Lift; **das** Tempo; **das** Datum; **der** Kompromiss; **der** Koffer; **der** Pfeffer; **das** Gas; **der** Moment; **das** Visum; **die** Mode; **das** Ziel; **die** Diktatur; **die** Ordnung; **der** Express; **die** Reklame; **der** Pilot; **das** Atom; **die** Idee; **der** Konflikt; **das** Hobby; **der** Protest; **die** Konkurrenz.

12. **1.** c; **2.** e; **3.** i; **4.** g; **5.** f; **6.** h; **7.** d; **8.** a; **9.** j; **10.** b.

15. **2.** Strudel; **3.** Stecker; **4.** Span; **5.** Walzer; **6.** Watte; **7.** Windjacke; **8.** Weste; **9.** Konto; **10.** Kantine; **11.** Klub; **12.** Kellner; **13.** Kompott; **14.** Schach; **15.** Marsch; **16.** Manschette; **17.** Brosche.

16. Kalorie; Wein; Schal; Streifen; Konzert; Wien; Schnitzel; Warschau; Stand; Kosmetik.

17. **1.** o; **2.** l; **3.** w; **4.** d; **5.** k; **6.** v; **7.** e; **8.** t; **9.** g; **10.** m; **11.** j; **12.** x; **13.** i; **14.** u; **15.** z; **16.** r; **17.** c; **18.** n; **19.** a; **20.** q; **21.** p; **22.** y; **23.** f; **24.** h; **25.** b; **26.** s.

18. **1.** b; **2.** a; **3.** o; **4.** n; **5.** d; **6.** f; **7.** h; **8.** l; **9.** j; **10.** k; **11.** i; **12.** g; **13.** e; **14.** c; **15.** m.

20. **2.** tanzen (a dansa); **3.** probieren (a proba); **4.** arbeiten (a lucra); **5.** kommen (a veni); **6.** wohnen (a locui); **7.** lernen (a învăţa).

21. **1.** Ziel; **2.** Zigarette; **3.** Abziehbild; **4.** Bolzen; **5.** Zar; **6.** Quartett; **7.** adäquat; **8.** quasi; **9.** Quartal; **10.** Pfeffer; **11.** Pflaume; **12.** Kupfer; **13.** Pfirsich.

22. Quint; Pfeife; Bilanz; Sequenz; Pflanze; Quintett; Polizist.

23. **1.** m; 2. b; **3.** e; **4.** c; **5.** k; **6.** d; **7.** o; **8.** a; **9.** h; **10.** n; **11.** p; **12.** f; **13.** l; **14.** g; **15.** j; **16.** q.

25. ein Likör; eine Soße; ein Salat; ein Schinken; eine Limonade; eine Suppe; ein Menü; eine Wurst; eine Schokolade; eine Portion; ein Frühstück, ein Kellner; ein Dessert.

27. **b.** M; **c.** C; **d.** F; **e.** G; **f.** D; **g.** B; **h.** L; **i.** O; **j.** J; **k.** K; **l.** H; **m.** E; **n.** N; **o.** I.

28. Elektrizität; Säbel; Ägypten; Geschäft; Prärie; Diät; Likör; Möbel; Komödie; Öl; Ökonomie; Ökologie; Büro; Kostüm; Maniküre; Parfüm; Debüt; Perücke; Kümmel.

32. **-ist:** Journalist; Polizist; Kommunist; Pianist.
-tion: Rezeption; Revolution; Inflation; Lektion; Nation; Infektion.
-ade: Schokolade; Brigade; Marmelade.
-ismus: Optimismus; Tourismus; Organismus; Realismus.
-(t)eur: Regisseur; Installateur; Amateur; Ingenieur.
-(t)ur: Temperatur; Natur; Literatur; Kultur.

L 1

9. 3, 7, 1, 11, 18, 20, 10, 17, 2, 12.

11. 1, 6, 7, 9, 11, 4, 12, 2, 3, 13, 14, 18, 15, 16, 17, 5, 8, 10.

12. **a.** elf; drei; sieben; vierzehn;. **b.** siebzehn; acht; sechs; zwei;. **c.** eins, vier; neun; zwölf. **d.** fünf; zehn; dreizehn; fünfzehn;. **e.** sechzehn; neunzehn; achtzehn; zwanzig.

13. achtzehn; 7; zwölf; 15; neun; 6; 11; vierzehn; 3; siebzehn; 5; secchzehn; 4.

14. **a.** drei; fünf; sieben; acht; elf; dreizehn.
b. sechs; zehn; vierzehn.
c. fünf; neun; dreizehn; siebzehn.

15. elf; zwölf; dreizehn; fünf; eins; zehn; acht; vierzehn; siebzehn.

16. **I. A. a.** mau; **b.** leit; **c.** saum; **d.** raut; **e.** keil.
B. a. tei; **b.** feul; **c.** reim; **d.** heil; **e.** zeun.

17. **I. A. a.** beule; **b.** keil; **c.** reim; **d.** beum.
B. a. baut; **b.** teug; **c.** kaum; **d.** zeun.

21. **I. A. a.** mik; **b.** kech; **c.** leik; **d.** kreich.
B. a. ich; **b.** klischa; **c.** welsch; **d.** euch.

22. **a.** 148089; **b.** 575909; **c.** 217621; **d.** 350086; **e.** 301882; **f.** 120231.

24. dreizehn; siebzehn; achtzehn; neunzehn; sechzehn.

25. **a.** vier; **b.** zwei; **c.** sechs; **d.** dreizehn; **e.** zwölf; **f.** sieben; **g.** acht; **h.** fünf; *vertical*: vierzehn

28. Telefonnummer: 44432; Zimmernummer: 13; Autonummer: 17 B 2156.

31. **a.** Guten Morgen; **b.**Guten Tag; **c.** Guten Abend; **d.** Danke; **e.** Wie bitte?; Ich verstehe nicht!; **f.** Entschuldigung!; **g.** Auf Wiedersehen!; **h.** Auf Wiederhören!

L 2

7. **a.** aur; **b.** de argint; Cuba; **c.** Canada, bronz; **d.** 100 m, secunde, fotografia de finiş; **e.** minime; **f.** Recordul olimpic, Rusia, 1972, 10, 14; **g.** Argint SUA, secunde, bronz, Jamaica; **h.** 1988, 10 secunde; **i.** SUA, 9,92, secunde, Marea Britanie, medalia de argint, medalia de bronz.

8. **B.** b; **C.** c; **D.** b.

10. aus Kanada, aus Jamaica, aus Großbritannien, aus der Russland, aus den USA, aus den USA.

14. Italien, Frankreich; Großbritannien; Türkei; Rumänien; Österreich; Deutschland; Griechenland; Schweiz; Bulgarien.

15. Tokio–Asien; Deutschland–Europa; Bukarest–Europa; Brasilien–Südamerika; Indien–Asien; Kanada–Nordamerika; Helsinki–Europa; Ägypten–Afrika; Australien.

16. **b.** Tschechoslowakei; **c.** Jugoslawien; **d.** Spanien; **e.** Großbritannien; **f.** Niederlanden.

17. **b.** aus; **c.** aus; **d.** aus; **e.** aus der; **f.** aus; **g.** aus den; **h.** aus; **i.** aus.

18. Der Sirtaki kommt aus Griechenland. Der Tango kommt aus Argentinien. Der Kasatschok kommt aus Rußland. Der Csardas kommt aus Ungarn. Der Walzer kommt aus Österreich. Die Samba kommt aus Brasilien. Der Flamenco kommt aus Spanien. Die Perinitza kommt aus Rumänien. Die Polka kommt aus Polen.

19. **1.** Deutschland; **2.** die Schweiz; **3.** Österreich.

20. **I.A.** **a**. tau; **b.** reit; **c.** keim; **d.** saut; **e.** gaul.

B.a. vau; **b.** leu; **c.** maut; **d.** reul; **e.** teum.

22. **a.** 8; **b.** 8.

1. a; **2.** c; **3.** f; **4.** e; **5.** l; **6.** h; **7.** b; **8.** g; **9.** m; **10.** n; **11.** j; **12.** i; **13.** k; **14.** d; **15.** o.

23. **1.** Bronze; **2.** Olympiade; **3.** Silber; **4.** Sekunde.

24. **1.** Bukarest; **2.** Medaille; **3.** Rekord; **4.** Schweiz; **5.** Sieger; **6.** Gold; **7.** bekommt; **8.** Rumänien; **9.** Deutschland.

25. **I. a.** Seifert (patinaj); **b.** Steffi Graf (tenis); **c.** Jens Weißflog (înot); **d.** Frank Ulrich (biatlon); **e.** Keller (patinaj).

II. a. Schuster; Freiburg; 9.

b. Marion Müller; Salzburg; 19.

TEXT HV

I. **a.** Seifert.

b. Steffi Graf, guten Tag.

c. Ja, hier Jens Weißflog.

d. Frank Ulrich.

e. Ja, hallo Keller.

II. – Ja bitte?

– Guten Tag, mein Name ist Schuster und ich komme aus Freiburg. Ich habe ein Zimmer reserviert.

– Hm, Moment bitte... Ja, Herr Paul Schuster aus Freiburg? Sie haben Zimmer 9.

– Danke schön.

– Bitte.

- Guten Tag.

– Guten Tag.

– Bitte schön.

– Ich heiße Marion Müller. Ich bin aus Salzburg. Ich habe hier ein Zimmer reserviert.

– Ja, einen Augenblick bitte... Ja, Frau Müller aus Salzburg.

– Ja, stimmt!

– Hm, hm, schön. Sie haben Zimmer 19.

– Danke schön.

– Bitte.

L 3

1. **A.** despre sport; **B.** Este un interviu.
3. **b.** bronz; **c.** Petru; **d.** Suceava; Bucureşti; **e.** fizică; **f.** olimpiadă.
4. **a.** Die Spieler sind Amateure. **b.** Das ist die rumänische Nationalmannschaft mit ihrem Trainer. **c.** Jetzt trainiert die Mannschaft für die Olympiade 1992 in Barcelona. **d.** Bronze für Rumänien 1980 in Moskau. **e.** Nur Mihai, Bucur und Petru (vorne links) sind noch Studenten. **f.** Das war ein gutes Resultat. **g.** Sie wohnen und arbeiten jetzt in Bukarest. **h.** Vielleicht gewinnen wir eine Medaille.
5. **B.** b; **C.** a; **D.** c.
7. ich; komme, wohne, studiere; er/sie: trainiert, ist, heißt, ist, ist; wir: gewinnen; sie (**pl.**): wohnen, arbeiten, sind; **a.** -e; **b.** -t; **c.** -en; **d.** -en.
9. kost-; film-; kritisier-; korrigier-; fotografier-; studier-.
11. **a.** ich-e; er-t; sie-t; wir-en; sie-en; **b.** er; sie; wir; sie; **c.** studiere; er studiert, sie studiert, wir studieren, ihr studiert, sie studieren; **d.** ich gewinne, er gewinnt, sie gewinnt, wir gewinnen, sie gewinnen.
12. **A. a.** komme; **b.** wohne; **c.** arbeite; **d.** trainiere; **e.** gewinne.
B. a. trainiert; **b.** kommt; **c.** gewinnt; **d.** wohnt; **e.** arbeitet; **f.** trainiert.
C. a. kommen; **b.** gewinnen; **c.** wohnen; **d.** arbeiten; **e.** trainieren.
14. **a.** ist; **b.** sind, sind; **c.** ist, ist, ist; **d.** bin, bin; **e.** ist.
15. **B.** c; **C.** c; **D.** c; **E.** b; **F.** b.
16. **a.** ist, studiert, wohnt; **b.** kommen, studieren, trainieren, sind; **c.** ist, arbeitet, wohnt, gewinnt; **d.** heiße, komme, bin, wohne, ist.
18. **1.** c; **2.** b; **3.** h; **4.** d; **5.** e; **6.** g; **7.** f; **8.** a.
19. **4.** Ich trainiere für die Olympiade. Mary und John kommen aus den USA. Petru gewinnt eine Medaille. Petru ist Amateur.
22. **a.** Ich heiße...; **b.** Ich komme aus...; **c.** Ja, ich bin...; Nein, ich bin...; **d.** Ich wohne in Bukarest/Suceava/...
23. **a.** Wie; **b.** Woher; **c.** Sind; **d.** Wer; **e.** Ist.
24. **a.** Wie heißen Sie? **b.** Woher kommen Sie? **c.** Sind Sie (Student)? **d.** Wohnen Sie (in Bukarest)? **e.** Arbeiten Sie (in Bukarest?) **f.** Wer ist das? **g.** Ist er (Ingenieur)?
25. **a.** Ich heiße...; **b.** Ich komme aus...; **c.** Ich bin... ; **d.** Ich wohne in...; **e.** Ich arbeite bei....
27. **a.** José kommt aus Brasilien. **b.** Barbara wohnt in Berlin. **c.** Ionel ist Student. **d.** Er ist Trainer in München. **e.** Sie studiert Physik. **f.** Die Sportler trainieren für die Olympiade.

L 4

3. **1.** a; **2.** e; **3.** b; **4.** d; **5.** c; **6.** f.
4. **a.** F; **b.** R; **c.** R; **d.** F; **e.** R; **f.** R.
5. **B.** c; **C.** b; **D.** c; **E.** c; **F.** b; **G.** c.

6. **a.** Philharmoniker, Symphoniker, Lorin Maazel; **b.** Ausstellung; **c.** Tagungen, Ärzte; **d.** Turnerinnen-Gruppen, Weltmeisterschaften; **e.** Kollektionen.

7. **a.** Philharmoniker, Symphoniker, Modeschöpfer, Kollektionen, Tagungen, Spezialisten, Experten, Ärzte, Weltmeisterschaften, Gymnastinnen, Turnerinnen, Gruppen, Straßencafés, Konzerte, Diskotheken, Restaurants, Bars, Biergärten, Theater, Kinos. **b.** -, -, -, -en, -en, -en, -en, ¨e, -en, -nen, -nen, -n, -s, -e, -en, -s, -s, ¨, -, -s. **c.** 2 substantive.

9. Chöre, Debüts, Dirigenten, Echos, Foyers, Instrumente, Komponisten, Leitmotive, Lieder, Melodien, Pianisten, Tenöre, Varietees.

10. **a.** Die Dirigenten wohnen in München.
b. Die Komponisten kommen aus den USA.
c. Die Musikfreunde hören Konzerte im Radio.
d. Die Pianisten spielen gerne Sonaten von Chopin.
e. Die Tenöre debütieren in „Aida".

17. **a.** *h-sonor:* hallo; Höhepunkt; Handball.
h-mut: Phantasie; Rhythmus; Theorie; Philharmonie; wohnen; Bibliothek; authentisch.

18. **1.** Modeschöpfer; **2.** Musikfreunde; **3.** Weltmeisterschaft; **4.** Ausstellung; **5.** Höhepunkt.

19. **1.** Bars; **2.** Kunst; **3.** Kongresse; **4.** Theater; **5.** Parks; **6.** Museen; **7.** Ausstellungen; **8.** Kultur; *senkrecht:* Bukarest.

21. **a.** Musikfreunde hören die Münchener Philharmoniker. **b.** Zu den kulturellen Höhepunkten gehören die Kandinsky Ausstellung im Lenbachhaus und vor allem die Eröffnung der großen Kunstausstellung Josef Beuys im Haus der Kunst. **c.** Die Modeschöpfer präsentieren ihre Kollektionen auf der traditionellen Fachmesse für Mode. **d.** Für die Sportfreunde gibt es die Weltmeisterschaften der rhythmischen Gymnastik. **e.** In München gibt es Straßencafés, Diskotheken, Restaurants, Bars, Biergärten, Theater, Kinos, Konzerte.

22. 2. Konzertkarten.

26. **b.** Die Melodien sind modern. **c.** Das Programm ist international. **d.** Der Tenor singt fantastisch.

TEXT HV

Frau:	Guten Tag.
Kartenverkäuferin:	Guten Tag.
Frau:	Haben Sie noch Karten für das Konzert heute Abend?
Kartenverkäuferin:	Ja.
Frau:	Und was kosten die?
Kartenverkäuferin:	6 € pro Stück. Und dann noch 10 Cent für den Vorverkauf.
Frau:	6,50 €. Ja. Da nehm'ich dann gleich zwei Karten.
Kartenverkäuferin:	Bitte schön.
Frau:	Ja. Danke.
Kartenverkäuferin:	Und 2 € zurück.
Frau:	Danke schön. Wiedersehen.
Kartenverkäuferin:	Auf Wiedersehen.

L 5

3. Walter besucht einen Sprachkurs. Monika hat eine Privatlehrerin. Ioana hat ein modernes Lehrbuch. Walter reist. Gerd hat eine Freundin. Gerd sieht Filme. Peter liest Fachliteratur.

4. **A.** b; **B.** c; **C.** b; **D.** c; **E.** c; **F.** b.

5. **b.** Griechenland; **c.** Russland; **d.** Türkei; **e.** Polen; **f.** Japan; **g.** Großbritannien; **h.** Indien; **i.** China; **j.** Deutschland.

6. **a.** Renate–Deutsch; **b.** Li Ning–Chinesisch; **c.** Natalia–Russisch; **d.** Luigi–Italienisch; **e.** Björn–Schwedisch; **f.** Ahmed–Türkisch; **g.** Claude–Französisch; **h.** Anca–Rumänisch; **i.** Ilonka–Ungarisch.

9.

	fahren	**sprechen**	**lesen**	**sehen**
pers. I		spreche		
pers. a II-a				
pers. a III-a	fährt	spricht	liest	sieht
pers. a III-a pl.		sprechen		

10. **I.** **b.** spricht; **c.** sprichst; **d.** spricht; **e.** sprichst.
II. **a.** liest; **b.** liest; **c.** liest/lesen; **d.** liest; **e.** lese; 3 ori.
III. **a.** sehe; **b.** sieht; **c.** siehst; **d.** sehe; **e.** sieht.
IV. **a.** fährt; **b.** fährst; **c.** fahre; **d.** fährt; **e.** fährt.

11. **I.** Er, er; Sie; sie; Sie, Sie.
II. Sie, Sie; Er; Sie; o dată.
III. Sie; Sie; sie; Er.

12. **1.** **a.** wohnt; **c.** spricht; **d.** sind.
2. **a.** kommen; **b.** arbeiten; **c.** brauchen; **d.** lernen.
3. **a.** ist; **b.** liest; hört; **c.** spricht, lernt; **d.** sind.
4. **a.** fahre; **b.** lerne; **c.** sind; **d.** sehe.

14. **a.** haben; **b.** habe, hat; **c.** haben, haben; **d.** habt; **e.** haben.

15. **a.** eine; **b.** eine; **c.** ein; **d.** einen.
1. e Privatlehrerin (*f*), e Fremdsprache (*f*), s Lehrbuch (*n*), r Sprachkurs (*m*).
2. A.*m.* einen, *n.* ein, *f.* eine.

17. **a.** einen Prospekt, eine Annonce, einen Text, einen Krimi. **b.** einen Lehrer, ein Lehrbuch, ein Wörterbuch, eine Kassette. **c.** ein Spiel, eine Medaille, einen Prozess, ein Auto, eine Tombola. **d.** ein Appartement, eine Kamera, einen Freund, eine Chance, ein Resultat.

18. **b.** Er hat doch genug Pfeifen. **c.** Sie hat doch genug Kleider. **d.** Sie hat doch genug Windjacken. **e.** Er hat doch genug Videokassetten. **f.** Sie hat doch genug Kameras.

19. **b.** –; **c.** ein; **d.** –; **e.** –; **f.** eine; **g.** –.

20. **a.** Der Student hat ein Hobby. **b.** Sherlock Holmes ist ein Detektiv. **c.** Beatrice hat einen interessanten Krimi. **d.** R.W. Faßbinder ist ein Regisseur. **e.** Die Mannschaft hat einen guten Spieler.

21. **a.** Die Musikfreunde hören gerne Konzerte. **b.** Ion spricht eine Fremdsprache. **c.** Paula liest ein Buch. **d.** Renate hat einen Freund. **e.** Jimmy sieht einen Film.

27. sprechen eine Muttersprache....
sehen einen Film....
verstehen eine Fremdsprache....
brauchen ein Buch...
lesen Fachliteratur
haben ein Bier....

29. **a.** ja; **b.**?; **c.** ja; **d.** nein; **e.** nein.

30. **a.** Ja, ich fahre nach Bukarest.
Nein, ich fahre nur bis...
b. Ja; Nein.
c. Ja; Nur ein bisschen; Ich lerne Deutsch.
d. Ja, ich wohne in Bukarest; Nein, leider nicht.
e. Viele Museen, Ausstellungen, das Athenäum, Theater, viele Parks.

32. **a**. Wohnen sie in München?
b. Gibt es dort etwas zu sehen?

35. Sprechen Sie Spanisch (Italienisch, Französisch)?
Nein, leider nicht.
Ja, ein bisschen.
Ja, sehr gut.

L 6

5. **2.** der Schinken; **4.** die Salami; **7.** der Tee; **9.** der Kaffee; **14.** die Serviette; **15.** die Tasse; **20.** die Marmelade; **24.** der Yoghurt; **25.** die Zitrone.

6. **a.** Vollkornbrot; **b.** Weißbrot; **c.** Knäckebrot; **d.** Toast; **e.**Brötchen.

8. **a.** Wurst; **b.** Tee; **c.** Ei; **d.** Quark; **e.** Salami; **f.** Whisky; **g.** Brot.

9.

ein Stück	eine Tasse	ein Glas
Kuchen Brot Schinken Strudel	Kaffee Tee Kakao	Milch Orangensaft Sekt

11. **a.** F; **b.**?; **c.** R; **d.** R; **e.** F.

12. **a.** chifle, reţetele, neagră;
b. Micul dejun, omleta, ou;
c. ceai, cafea, lapte, cacao, cafeaua.

13. **a. 1.** sehr; **b. 3.** Normalerweise; **c. 1.** Ausnahme; **d. 3.** beliebt; **e. 2.** frisch; **f. 1.** Zum Frühstück; **g. 2.** trinkt.

15. **b.** kalt; **c.** gesund; **d.** frisch; **e.** stark.

16. **b.** Die; **c.** Die; **d.** Der, der; **e.** Die; **f.** Der.

18. **b.** ist gesund; **c.** sind gesund; **d.** sind... gesund; **e.** ist... gesund.

19. **A. a.** Das Ei ist weich. **b.** Der Trainer ist blond. **c.** Der Text ist theoretisch. **d.** Der Motor ist automatisch. **e.** Die Musik ist rhythmisch. **f.** Das Appartement ist möbliert.
B.b. Die Trainer sind blond; **c.** Die Texte sind theoretisch. **d.** Die Motoren sind automatisch. **e.** Die Appartements sind möbliert.

20. **a.** Das Vollkornbrot ist frisch. Das Ei ist frisch. **b.** Die Marmelade ist süß. **c.** Der Quark ist sauer – sau alte variante posibile.

21. **a.** 10 ori; **b.** 6 ori.

23. **b.** Sehr beliebt ist das Schwarzbrot. **c.** Eine Ausnahme ist das Omelett. **d.** Manchmal isst man ein Ei.

24. **b.** Normalerweise gibt es ein Ei. **c.** Jetzt frühstücken wir. **d.** Am Sonntag frühstückt man ausgiebig. **e.** Manchmal essen sie Omelett. **f.** Natürlich sind die Brötchen frisch. **g.** Leider ist der Kaffee zu stark. **h.** Vielleicht gehen sie ins Restaurant.

25. **a.** ein 4-Minuten-Ei mit Brötchen; **b.** Tee oder Kaffee; **c.** Suppe, Schnitzel und Kartoffeln und Kompott; **d.** Bier oder Wein, Alkohol, Likör, Limonade; **e.** Wurst und Salat, Schinken; **f.** Bier, Wein, Limonade, Tee.

26.

Milchprodukte	Brotsorten	Fleischprodukte
Käse Quark	Knäckebrot Vollkornbrot	Schinken Steak

28. **a.** viel; **b.** frisch; **c.** fünf; **d.** vier; **e.** Fremdsprache; **f.** vor; **g.** verstehen; **h.** fahren; **i.** Freund; **j.** vielleicht; **k.** Frühstück; **l.** Vollkornbrot; **m.** Fachliteratur; **n.** vierzehn; **o.** Französisch; **p.** für; **q.** Fachmesse.

30. **a.** Butter; **b.** Kännchen; **c.** Omelett; **d.** Kaffee; **e.** Espresso; **f.** Sonntag; **g.** Tasse; **h.** Wasser; **i.** Croissants.

32. **a.** Zucker; **b.** stark; **c.** Kakao; **d.** Jacke; **e.** trinken; **f.** Frühstück; **g.** dunkel; **h.** aktuell; **i.** Bäcker; **j.** Rucksack; **k.** schmeckt; **l.** Vollkornbrot; **m.** glücklicherweise.

33. **b.** kalt; **c.** ausgiebig; **d.** dunkel, gut, gesund; **e.** frisch, prima; **f.** stark.

35. **a.** Grüß Gott! **b.** Ich hätte gern eine Portion Würstchen. **c.** Ja, bitte. **d.** Cola, bitte. **e.** Ja, das wär's! Was macht das alles zusammen?

36. **a.** R; **b.** ?; **c.** ?; **d.** R; **e.** R.

38. **a.** möchten; **b.** möchte; **c.** Möchten; **d.** möchtest; **e.** möchte; **f.** möchten.

39. Răspunsuri posibile:
a. einen Orangensaft; **b.** einen Strudel.

40. **b.** Ich hätte gern zwei Schinkenbrote und einen Strudel; **c.** Nein, bitte. **d.** Orangensaft, bitte. **e.** Ja, das wär's. Was macht das alles zusammen?

41. **1.** Honig; **2.** Kakao; **3.** Zucker; **4.** Omelett; **5.** Vollkornbrot; **6.** Frühstück; **7.** Tasse; **8.** Untertasse.

42. **1.** Tee **2.** essen; **3.** prima; **4.** Quark; **5.** Marmelade; **6.** frisch; **7.** gesund; **8.** Zitrone.
senkrecht: Espresso.

L 7

1. **A.** Idei preconcepute despre obiceiurile culinare ale popoarelor.
2. Die Engländer essen Beefsteak, Pommes frites, Toastbrot, Butter, Marmelade, Porridge, Eier mit Schinken; Die Engländer trinken Tee mit Milch; Die Italiener essen Makkaroni, Spaghetti; Die Italiener trinken Rotwein; Die Deutschen essen Würstchen, Kartoffelsalat; Jenny isst Cornflakes oder Haferflocken mit Milch; Marina trinkt Mineralwasser; Peter isst Würstchen mit Kartoffelsalat; Peter trinkt Bier und Rotwein.
3. **b.** IV; **c.** VI; **d.** II; **e.** IV.
4. Acest verb îşi schimbă vocala din rădăcină la persoana a II-a şi a III-a singular.
5. groß; essen; Soße; Kongress; Straße; esst; lesen; Professor; Fußball; Adresse; liest; außer; Bass; weiß, Kassette; Dessert, Klasse, heißen, isst.
6. **a.** ist. **b.** isst; **c.** ist; **d.** isst; **e.** ist; **f.** isst.
7. **b.** isst; **c.** trinken; **d.** trinkt; **e.** essen; **f.** isst.
8. **1.** der Teller; **4.** das Messer; **5.** die Gabel; **6.** die Serviette; **10.** der Salat; **12.** das Bier; **13.** der Wein.
10. **1. b.** r Pfirsichsaft; **c.** r Grapefruitsaft; **d.** r Orangensaft; **e.** r Zitronensaft; **2. b.** e Kümmelsuppe; **c.** e Zwiebelsuppe; **d.** e Tomatensuppe; **3. b.** r Tomatensalat; **c.** r Eiersalat; **d.** r Auberginensalat; **4. b.** r Kalbsbraten; **c.** r Rindsbraten (r Rinderbraten); **d.** r Schweinebraten; **5. b.** e Käsesorten; **c.** e Obstsorten; **d.** Weinsorten.
11. **a.** Auberginensalat, Käsesorten; **b.** Hähnchenbraten, Kalbsbraten, Rindsbraten; **c.** Eiersalat, Tomatensalat; **d.** Eis mit Sahne, Torte, Kuchen.
12. 7.
14. **b.** trinkt; **c.** isst; **d.** braucht; **e.** sagt; **f.** lernt; **g.** sieht; **h.** liest.
15. **b.** In Frankreich trinkt man gern Rotwein. **c.** In Italien isst man gern Pizza. **d.** In England isst man zum Frühstück Eier und Schinken. **e.** In Rumänien isst man gern Sauerkrautrouladen.
17. **b.** mag; **c.** mag; **d.** mag; **e.** mögen.
18. **b.** magst; **c.** magst; **d.** mögen; **e.** mögen; **f.** mögen.
19. **b.** mag; **c.** mag; **d.** mag; **e.** mag; **f.** mag.
20. **a.** mögen; **b.** mögen; **c.** mögen; **d.** mögen; **e.** mögen; **f.** mögen.
22. **b.** schmeckt; **c.** schmeckt; **d.** schmecken; **e.** schmecken.
24. **b.** süß; **c.** bitter; **d.** süß; **e.** sauer; **f.** bitter.
25. **mögen:** Musik, Schach, Yoga, Ray Charles, Handball, Tennis, Dürer, Madonna, Break-Dance, Fußball, Thomas Mann, Richard Wagner; Suppe, **schmecken:** Kompott, Croissants, Tomaten, Ananas, Strudel, Torte, Eis, Kaffee.
26. **a.** Trinkst; **b.** Schmeckt-mag; **c.** Mögen; **d.** Mögen-schmeckt; **e.** Frühstücken; **f.** Mögen; **g.** Mögen.
27. **a.** Nein, lieber ein Steak. **b.** Nein, Pasta; **c.** Ja, sehr gerne; **d.** Fisch schmeckt mir; **e.** Cola oder Saft.
30. **a.** Schinken, Leberwust, Wurst, Salami; **b.** Steak, Kotelett, Schweinebraten, Rindsbraten, Chateaubriand, Hähnchenbraten; **c.** Pfeffer, Senf; **d.** Kartoffeln,

Kraut, Salat, Tomaten, Spinat, Karotten; **e.** Limonade, Cola, Saft, Sekt, Likör, Wermut, Whisky; **f.** Schokoladeeis, Pudding, Torte, Kuchen, Parfait; **g.** Ananas, Aprikose, Grapefruit.

32. **trinken:** Kaffee, Cola, Wein, Bier vom Fass, viel, warm, zu Haus(e), im Restaurant...
mögen: Musik, Pizza, Rotwein, Thomas Mann, Fußball...
schmecken: Spinat, Orangensaft, Torte, süß, sauer, prima...

33.

articol	substantiv	pronume	verb	adjectiv
die	Getränk	ich	trinkst	dunkel
das	Speise	er	mögen	gesund
der	Vorspeise	man	sagt	stark
	Gericht	wir	frühstücken	fit
	Sauerkraut		ist	minimal
	Küche		mögt	ausgiebig
	Ei		schmeckt	
			gibt	
			isst	

34. **masculin:** r Pfeffer, r Sekt, r Likör, r Kakao, r Salat, r Alkohol, r Wermut, r Zucker, r Kümmel, r Kognac, r Schnaps, r Kaffee, r Tee.
neutru: s Bier, s Dessert, s Mineralwasser, s Öl, s Kompott, s Schnitzel.
feminin: e Suppe, e Margarine, e Milch, e Soße, e Limonade, e Diät, e Pflaume.

35. **1.** Vorspeise; **2.** Hauptgericht; **3.** Beilage; **4.** Dessert; **5.** Küche; **6.** Imbiss; **7.** Mittagessen.

36. Beefsteak; Cornflakes; Würstchen; Sauerkraut; Pizza; Kartoffelsalat; Getränk, Suppe, Gericht, Gemüse, Porridge, Kuchen, Braten.

37. **a.** Die Italiener essen Pizza und trinken Rotwein. **b.** Die Deutschen essen Würstchen mit Sauerkraut oder mit Kartoffelsalat. **c.** Sie trinken nur Bier oder Mineralwasser. **d.** Die Engländer essen Beefsteak mit Pommes frites und trinken nichts. **e.** Die englische Küche ist nicht so interessant.

38. **a.** trinkt; **b.** sagt; **c.** gibt; **d.** ist; **e.** mögen; **f.** Beispiel.

39. TEXT HV
Frau: Du, wollen wir Spaghetti essen?
Mann: Spaghetti? Oh ja, Spaghetti esse ich gerne!
Frau: Magst du Spinat?
Mann: Nein, Spinat schmeckt mir nicht!
Frau: Wie wäre es mit Fisch?
Mann: Ach nein, Fisch mag ich nicht!
Frau: Oh, heute gibt es Hähnchen!
Mann: Hm, ja, das ist gut.
Frau: Hier! Nimm doch ein Stück Braten!
Mann: Ach, nein danke. Ich mag keinen.
Frau: Als Vorspeise eine Suppe?
Mann: Das ist eine gute Idee! Suppe esse ich unheimlich gerne.

L 8

3. **1.** **a.** 12-14 Tassen, 2-3 Schnäpse; **b.** 25 kg.; **c.** 50-60 Stunden; **2.** **a.** Trinken; **b.** Alkohol; **c.** Diät; Sport; **d.** Urlaub.
4. **b.** F; **c.** F; **d.** F; **e.** R.
5. **b.** Hans; **c.** Monika; **d.** Petra; **e.** Susi; **f.** der Arzt; **g.** der Arzt.
6. **A.** **a.** Schweinebraten; **b.** Nikotin, Kaffee; **c.** 2–3 Schnäpse, Alkohol; **d.** Schlaftabletten, Medikamente; **e.** Schweinebraten; **f.** Urlaub, Sport; **g.** Zigaretten.
B. **a.** machen; **b.** nehmen; **c.** halten; **d.** nehmen; **e.** rauchen.
7. **B.** b.; **C.** b.
8. **B.** b; **C.** c.
9. **b.** kein; **c.** kein, keinen; **d.** keinen; **e.** kein; **f.** nicht; **g.** keine; **h.** keinen.
11. **b.** kein, ein; **c.** kein, ein; **d.** kein, ein; **e.** kein, ein; **f.** kein, ein; **g.** kein, ein; **h.** kein, ein; **i.** kein, ein; **j.** kein, ein; **k.** kein, ein.
12. **A.** **b.** kein; **c.** keine; **d.** keinen; **B.** **a.** keine; **b.** keinen; **c.** keinen; **d.** keinen.
13. **b.** nicht; **c.** nicht; **d.** nicht; **e.** nicht.
14. **a.** kein; **b.** keine; **c.** keine; **d.** keinen; **e.** keine; **f.** nicht.
16. nehme; möchtest; essen; Möchtest; nehmen; nehmt; nehme; Nehmen.
18. **A.** Essen Sie keine Schokolade, keine Wurst, kein Brötchen, keinen Kuchen, kein Eis, keinen Käse, keine Butter, keine Torte, keine Marmelade, kein Brot.
B. Essen Sie Salat, Tomaten, Joghurt.
Machen Sie Sport.
19. **b.** 3; **c.** 5; **d.** 1; **e.** 2.
21. **b.** Essen Sie nicht viel Schokolade, denn Schokolade macht dick. **c.** Ich möchte jetzt nicht essen, denn ich bin satt. **d.** Fremdsprachen lernen ist wichtig, denn eine Sprache verstehen bedeutet eine Kultur verstehen. **e.** Wiederholen Sie die unregelmäßigen Verben, denn sie sind schwer. **f.** Ich mag keinen Sport, denn Sport ist auch Stress. **g.** Vielleicht spricht er Spanisch, denn er war 10 Jahre in Spanien.
22. **a.** Kollaps; **b.** Herzinfarkt; **c.** Schlaftabletten; **d.** Medikament; **e.** mindestens; **f.** Schweinebraten; **g.** kommentieren.
25. **a.** [b]: **B**ier, **B**lock, **b**lond, **B**ar; [p]; Klu**b**; Urlau**b**; **b.** [d]: **D**iamant, **d**u, **d**eutsch; [t]: Stran**d**, Jo**d**, Gra**d**; **c.** [g]: **G**rotte, **G**ramm, **G**ruppe, **G**as; [k]: Ta**g**, ma**g**.
26. **A.** nicht zu viel Alkohol trinken; nicht fett essen; Gemüse und Salat essen; gesund essen; Sport treiben; acht Stunden schlafen; nicht zu viel Kaffee trinken.
B. fett essen viele Medikamente nehmen; sehr viel arbeiten; keinen Urlaub machen; rauchen; viel Alkohol trinken; dick sein; zu viel Kaffee trinken.
28. **b.** F; **c.** F; **d.** R; **e.** F; **f.** F.
30. Nehme ich die Tabletten am Morgen und am Abend? Wie muss ich die Tabletten nehmen?
31. Wo tut es Ihnen weh? Haben Sie ein Rezept? Haben Sie auch Kopfschmerzen?
32. Ich habe Fieber und Kopfschmerzen. Ich möchte ein Antibiotikum, ein Schmerzlinderungsmittel und Nasentropfen.

L 9

1. **A.** program de întreţinere; pro şi contra.

3. **A.** **2.** 15,7; **3.** 13,9; **4.** 12,10; **5.** 17,15; **6.** 16,16; **7.** 16,16; **8.** 16,16; **9.** 12,20; **10.** 10,22; **11.** 10,22; **12.** 9,23.
B. **b.** 2x11 km; **c.** 3x15 km.
C. **b.** 2 mal; **c.** 4 Minuten.

4. **a.** Gehen Sie zu Fuß ins Büro! **b.** Steigen Sie Treppen! **c.** Laufen Sie auf der Stelle! **d.** Schlägt der Puls mehr als 130 pro Minute, reduzieren Sie das Tempo! **e.** Ist er tiefer, forcieren Sie die Geschwindigkeit! **f.** 2–3 Minuten warmfahren! **g.** Suchen Sie ruhige Stunden! **h.** Vergessen Sie das lockere Ausschwimmen nicht! **i.** Die Trainingspläne können Sie auch mit anderen Sportarten üben.

5. **b.** 3; **c.** 6; **d.** 1; **e.** 7; **f.** 2; **g.** 10; **h.** 4; **i.** 11; **j.** 5; **k.** 9; **l.** 8.

6. **b.** laufen; **c.** messen; **d.** machen.

8. **b.** misst; **c.** schlägt; **d.** laufe; **e.** misst.

10. **2.** zweite; **3.** dritte; **4.** vierte; **5.** fünfte; **6.** sechste; **7.** sieb(en)te; **8.** achte; **9.** neunte; **10.** zehnte; **11.** elfte; **12.** zwölfte.

11. der erste Januar.

12. **b.** der achte Februar; **c.** der fünfzehnte August; **d.** der vierzehnte Juli; **e.** der achte September; **f.** der zweiundzwanzigste Dezember.

13. **A.** **b.** tiefer; **c.** schneller; **d.** später; **B.** -er.

15. **b.** Afrika ist größer. **c.** Der Pazifik ist tiefer. **d.** Die Donau ist länger; **e.** Köln ist älter. **f.** In Alaska ist es kälter. **g.** In Rom ist es wärmer. **h.** Die Pyramiden sind älter.

16. **b.** stärker; **c.** weniger; **d.** billiger und schneller; **e.** eleganter; größer; **f.** kürzer und leichter; **g.** weniger.

17. **A.** **b.** Der Leopard ist schneller als der Tiger. **c.** Der Orang-Utan ist größer als der Schimpanse. **d.** Die Siamkatze ist teurer als die Angorakatze.
B. **b.** Das Hühnerei ist groß. Das Schwanenei ist größer als das Hühnerei. Aber das Straußenei ist noch größer als das Schwanenei. **c.** Die Taube ist schnell. Der Adler ist schneller als die Taube. Aber der Falke ist noch schneller als der Adler. **d.** Die Schildkröte ist langsam. Das Faultier ist langsamer als die Schildkröte. Aber die Schnecke ist noch langsamer als das Faultier. **e.** Der Löwe springt weit. Der Tiger springt weiter als der Löwe. Aber der Puma springt noch weiter als der Tiger. **f.** Der Hase springt hoch. Das Känguruh springt höher als der Hase. Aber der Steinbock springt noch höher als das Känguruh.

19. **a.** zehn; **b.** nichts; **c.** Station; **d.** Arzt **e.** Zimmer; **f.** schwarz; **g.** rechts; **h.** Schnitzel; **i.** kurz; **j.** Zoo; **k.** Herz; **l.** Operation.

20. **b.** Metro; **c.** Frequenz; **d.** forcieren; **e.** Puls; **f.** Plan; **g.** reduzieren; **h.** eventuell.

21. **1.** modern; **2.** schnell; **3.** wenig; **4.** schwer; **5.** ruhig; **6.** mager; **7.** leicht; **8.** krank; **9.** sauer; **10.** teuer.

22. mehr; besser; schneller; schwer; billig; hoch; viel; stark; stark; schnell; schnell; billiger; gesünder; ruhiger.

L 10

2. **b.** F; **c.** F; **d.** R; **e.** F.
3. **b.** Tiergarten; **c.** Kunstfreund; **d.** Tagung; **e.** Klavierabende; **f.** Kamel; **g.** Löwe; **h.** Theater; **i.** Ausstellung.
4. **b.** siehst; **c.** lesen; **d.** fährt; **f.** gibt.
5. **b.** aus; **c.** aus; **d.** aus der; **e.** aus; **f.** aus (den).
7. **b.** F; **c.** R; **d.** R; **e.** F; **f.** F.
8. **a.** eine; **b.** ein; **c.** eine; **d.** eine; **e.** ein; **f.** eine.
9. **b.** keinen; **c.** keinen; **d.** keinen; **e.** kein; **f.** keine.
10. **b.** schneller; **c.** teurer; **d.** lieber; **e.** besser.
11. **a.** eins, zwei, sechs, neun, zehn, elf, dreizehn, siebzehn, achtzehn, einundzwanzig, zweiundzwanzig, neunundzwanzig, dreißig, einunddreißig, fünfunddreißig, sechsunddreißig, siebenunddreißig, neununddreißig, vierzig, dreiundvierzig, sechsundvierzig, neunundvierzig, zweiundfünfzig, fünfundfünfzig, achtundfünfzig, sechzig, einundsechzig, sechsundsechzig, siebzig, vierundsiebzig, fünfundsiebzig, neunundsiebzig, einundachtzig, zweiundachtzig, fünfundachtzig, neunzig, einundneunzig, siebenundneunzig, hundert.

L 11

3. **1.** c; **2.** d; **3.** g; **4.** b; **5.** h.
4. **b.** Liebe, Herz, Hand; **c.** Blumenstrauß, Auto, Dreizimmerwohnung; **d.** Pfeife, Feuerzeug; **e.** Schal, Fotoalbum; **f.** Krawatte, Flasche Rotwein; **g.** Schallplatte, Buch; **h.** Blumen; **i.** Zigaretten.
5. **2.** a; **3.** c; **4.** d; **5.** f; **6.** g; **7.** b; **8.** e.
6. **A.** b; **B.** c; **C.** b; **D.** c; **E.** b; **F.** c.
7. dem; der; der; dem; dem; dem; dem; der; Dativ; dem/der.
9. **b.** der Mutter; **c.** dem Kind; **d.** dem Vater; **e.** der Freundin; **f.** dem Freund; **g.** der Großmutter.
10. **b.** meiner Mutter; **c.** meinem Kind; **d.** meinem Vater. **e.** meiner Freundin; **f.** meinem Freund; **g.** meiner Großmutter.
11. zum Geburtstag; zur Hochzeit; zum Jubiläum; zum Beispiel; zur Evakuierung.
13. **b.** Was soll ich meiner Sekretärin zum Geburtstag schenken? **c.** Was soll ich meinem Chef zum Jubiläum schenken? **d.** Was soll ich meinem Freund zur Hochzeit schenken? **e.** Was soll ich meiner Freundin zum Examen schenken?
15. **b.** ihr; **c.** ihm; **d.** ihm; **e.** ihr.
16. **b.** Wir schenken ihm eine Kamera. **c.** Wir schenken ihm Tennisbälle. **d.** Wir schenken ihr ein Bild. **e.** Wir schenken ihr ein Kochbuch. **f.** Wir schenken ihr Rosen. **g.** Wir schenken ihm eine Schallplatte. **h.** Wir schenken ihm Weingläser. **i.** Wir schenken ihr ein Wörterbuch.

20. **b.** am dritten Februar; **c.** am vierten März; **d.** am fünften April; **e.** am sechsten Mai; **f.** am siebten Juni; **g.** am achten Juli; **h.** am elften August; **i.** am zwölften September; **j.** am siebzehnten Oktober; **k.** am achtzehnten November; **l.** am siebenundzwanzigsten Dezember.

21. **b.** am zweiundzwanzigsten März achtzehnhundertzweiunddreißig; **c.** am einundzwanzigsten. Dezember neunzehnhundertsiebzehn; **d.** am sechzehnten Juli neunzehnhundertfünfundachtzig; **e.** am siebenundzwanzigsten Januar siebzehnhundertsechsundfünzig; **f.** am fünften Dezember siebzehnhunderteinundneunzig.

23. **b.** zum; **c.** am, am; **d.** im, am; **e.** im; **f.** am; **g.** zum; **h.** zum, zum, zu, zu.

24. **b.** Sie gefällt mir gut; **c.** Sie schmeckt mir gut; **d.** Er gefällt mir gut; **e.** Er schmeckt mir gut; **f.** Sie gefällt mir gut; **g.** Sie gefällt mir gut; **h.** Es schmeckt mir gut.

25. **b.** Was schenkt er ihr? **c.** Wann hat sie Namenstag? **d.** Wem schenkt Martin Blumen? **e.** Wer möchte der Mutter gefallen? **f.** Wie sind die Blumen? **g.** Wer hat Blumen sehr gern?

26. **a.** schenke, dem, zum; **b.** schenke, Mutter, Fotoalbum, ihr, Freude; **c.** schenken einen Blumenstrauß, eine Dreizimmerwohnung; **d.** Freund hört, Musik; **e.** Freunde, Hochzeit, ich ihnen schenken? **f.** Geschenke bringen, Freude.

30. **I. 1.** c; **2.** b; **3.** b.

II. b. F; **c.** F; **d.** F; **e.** R; **f.** F.

TEXT HV

I. *Marina:* Da fällt mir gerade ein. Wann hat denn Ina Geburtstag?

Sabine: Jetzt im Dezember, am elften oder am fünfzehnten. Ich bin nicht so sicher.

Marina: Am fünfzehnten, denn ein Tag davor hat meine Mutter Namenstag.

Sabine: Ja, was sollen wir ihr schenken? Hast du eine Idee?

Marina: Sie liebt ja Blumen sehr. Vielleicht einen Blumenstrauß?

Sabine: Das ist doch zu konventionell, Dann schon lieber ein Wörterbuch. Sie lernt ja fleißig Französisch.

Marina: Nicht schlecht. Und zu Weihnachten schenke ich ihr dann eine Schallplatte mit Sandra. Das macht ihr bestimmt große Freude.

II. *Sabine:* Hallo, Ina.

Ina: Hallo, Sabine!! Wie geht's denn?

Sabine: Mir geht es gut! Aber du hast ja heute Geburtstag! Also herzlichen Glückwunsch und alles Gute!

Ina: Danke. Das ist lieb. Ich feiere meinen Geburtstag an diesem Samstag, am achtzehnten. Du bist herzlich eingeladen.

Sabine: Danke, ich komme gern. Wer kommt denn noch?

Ina: Ursula und Bernd, Maria, Udo und du. Ich mach uns etwas Gutes zu essen. Udo bringt seine Gittare mit und macht ein bißchen Musik und Bernd bringt die neuesten Schallplatten von Nina Hagen mit. Vielleicht tanzen wir auch?

Sabine: Ich bringe dann meine kleine Kamera und mache uns ein paar Bilder.
Ina: Gute Idee! Da freue ich mich schon! Dann bis Samstag.
Sabine: Ja, bis Samstag.

L 12

1. **2.** r Schal; **3.** r Pullover; **5.** e Bluse; **12.** r Handschuh; **15.** e Krawatte; **16.** r Sakko; **17.** e Weste; **18.** r Regenmantel; **22.** r Regenschirm.
4. **a.** 2; **b.** 6, 8; **c.** 1, 3, 5, 9; **d.** 4, 5, 7, 9.
5. **b.** Straβenmusiker; **c.** Secondhandläden; **d.** Ohrring; **e.** Uhr; **f.** Pfefferminzdrink.
6. **B.** c; **C.** b; **D.** c.
7. **b.** ihn; **c.** sie.
9. **b.** sie; **c.** sie; **d.** es; **e.** ihn; **f.** sie; **g.** ihn.
10. **b.** r Pullover; ihn; **c.** e Handtasche, sie; **d.** e Weste, sie; **e.** e Schuhe, sie; **f.** s Hemd, es; **g.** e Handschuhe, sie; **h.** r Ohrring, ihn.
11. **b.** es, es; **c.** sie, sie; **d.** es, es; **e.** es, es; **f.** ihn, er; **g.** es, es; **h.** sie, sie; **i.** sie, sie.
12. **b.** ihm; **c.** sie; **d.** ihr; **e.** ihn; **f.** ihm; **g.** ihn.
13. praktischen, weites, attraktive, altmodische, blaues.
A. Adjectivul precede substantivul.
B. articolul nehotărât
15. **b.** blauen; **c.** weißen; **d.** dunklen; **e.** klassische; **f.** verrückten; **g.** schickes.
16. **b.** ein kleines Souvenir; **c.** alte Schallplatten; **d.** eine blaue Vase; **e.** einen schönen Schal; **f.** alte Taschen; **g.** ein gutes Feuerzeug.
17. **b.** dunkles; **c.** schwarzer; **d.** kleiner; **e.** starker; **f.** französischer; **g.** kubanischer; **h.** italienischer.
18. **b.** alte Freundin; elegante Bluse; **c.** sympatische Sekretärin; schickes Kleid; **d.** wichtiger Politiker; weißes Hemd; **e.** bedeutender Künstler; kleinen Ohrring; **f.** große Sportlerin; verrückte Tasche.
19. **A.** Klassische, neue, gute, wenig, kurzes, enges, praktischen, weites, attraktive, altmodische, weißes, blaues, südamerikanische, verrückte, kleinen, tolle, alte, rot, grün, lila, pink, blau.
B. **a.** blau**er**, gelbe; **b.** schön**es**, teure, schwarz**e**, schwarz**e**; **c.** weite, kurze, modische; **d.** kurz**er**, weite, eng**es**; **e.** modisch**er**, sportliche, große, hohe; **f.** elegant**es**, klein**en**, lange. Sunt posibile şi alte variante.
20. **b.** -laden; **c.** -musik; **d.** -platte; **e.** -stadt; **f.** Volks-/Tanz-; **g.** Volks-; **h.** Ohr-; **i.** Straßen-; **j.** Pfefferminz-.
22. **b.** Blumenstrauß; **c.** Plattenladen; **d.** Halsketten; **e.** Ohrringe; **f.** Regenmantel; **g.** Handtasche; **h.** Volkslieder.
25. **a.** kauft, weite, engen Rock; **b.** Fliegende, alte, Taschen, modernen; **c.** kleinen, entdeckt, alte, schöne; **d.** Ecke, südamerikanische; **e.** roten, grünen, blauen.

26. **a.** zu sportlich; **b.** zu eng; **c.** zu teuer; **d.** zu hoch; **e.** zu bunt.
30. **b.** eine; **c.** ein; **d.** einen; **e.** einen.

TEXT HV

1. Frau: Guck mal, der Schuh sieht gut aus. Probier ihn doch mal an.
2. Frau: Ach, ich weiß nicht, der ist mir zu sportlich.

1. Frau: Gefällt dir das Kleid?
2. Frau: Das schon. Es ist mir aber viel zu teuer. Soviel wollte ich eigentlich nicht ausgeben.

1. Frau: Was hältst du von dieser Bluse?
2. Frau: Sie ist mir zu bunt.

1. Frau: Haben Sie diesen Rock vielleicht eine Nummer größer? Ich glaube, er ist mir zu eng.
Verkäuferin: Augenblick, ich schau mal nach.

1. Frau: Wie findest du diese Schuhe?
2. Frau: Die sind mir zu hoch.

L 13

1. **B. a.** aufstehen, Frühstück vorbereiten, arbeiten, aufräumen, kochen, waschen, bügeln, fernsehen, schlafen. **b.** aufstehen, Kaffee trinken, in den Betrieb gehen, zu Mittag essen, Feierabend machen, das Kind ins Bett bringen, Bier trinken, fernsehen, schlafen gehen.
2. **b.** R; **c.** R; **d.** F; **e.** R; **f.** F; **g.** F; **h.** F.
3. **a.** 5.00 Uhr – aufstehen; 6.00 Uhr – die Arbeit beginnen; 11 Uhr – Pause machen; 15 Uhr – Feierabend machen; 19 Uhr – Susanne ins Bett bringen; 23 Uhr – schlafen gehen; **b.** 7.00 Uhr – aufstehen; 12.00 Uhr – nach Hause kommen; 14.00 Uhr – zu Mittag essen; 19.00 Uhr – schlafen gehen; **c.** 6.00 Uhr – aufstehen; 7.00 Uhr – das Frühstück vorbereiten; 8.00 Uhr – Susanne in den Kindergarten bringen; 12.00 Uhr – Susanne aus dem Kindergarten abholen; 15.00 Uhr – waschen, bügeln, aufräumen; 20.00 Uhr – Feierabend haben.
4. **b.** Um; **c.** Um; **d.** Um; **e.** Um; **f.** Um.
6. **b.** Die Arbeit beginnt um 6.00 Uhr; **c.** Er hat um 11 Uhr eine Stunde Pause. **d.** Er macht um 15.00 Uhr Feierabend. **e.** Er bringt um 19.00 Uhr Susanne ins Bett. **f.** Er geht um 23.00 Uhr schlafen.
9. **b.** Am Vormittag; **c.** Zu Mittag; **d.** Am Nachmittag; **e.** Am Abend; **f.** zu.
10. **a.** **auf**stehen; **b.** **vor**bereiten; **c.** **ab**holen; **d.** **auf**räumen; **e.** **fern**sehen.
12. **b.** räume; **c.** bereite; **d.** hole; **e.** gehen; **f.** sehe; **g.** gehe.
13. **1. b.** der; **c.** der; **d.** dem; **e.** dem.
2. a. dem; **b.** dem; **c.** der.
3. a. dem; **b.** der; **c.** dem; **d.** den; **e.** dem.

14. **b.** dem; **c.** der; **d.** dem; **e.** dem.

16. **b.** Von...bis; **c.** Von...bis; **d.** Von...bis; **e.** Am; **f.** Nach; **g.** Vor; **h.** Um; **i.** Am.

18. **b.** Von...bis; **c.** Vor; **d.** Nach; **e.** Am; **f.** Am; **g.** Am.

20. **b.** Morgens; **c.** Mittags; **d.** Nachmittags; **e.** Abends.

21. **b.** Vormittags arbeitet sie. **c.** Mittags kocht sie das Essen und isst. **d.** Nachmittags räumt sie auf, wäscht und bügelt. Dann spielt sie Schach und Tennis. Manchmal liest sie. **e.** Abends sieht sie fern und geht ins Bett. **f.** Nachts schläft sie.

22. **b.** ins Büro; **c.** in den Kindergarten; **d.** in die Schule.

24. Gehen Sie: in den Park; in den Weinkeller; in den Klub; in die Oper; in die Bibliothek; in die Sauna; in die Bar; in die Ausstellung; in die Schwimmhalle; ins Café; ins Kino; ins Museum; ins Kulturzentrum.

26. Ich gehe: zum Bäcker; zum Arzt; zum Tennisplatz; zur Modeschau; zur Schule; zum Lehrer; zum Turnen.

27. **b.** um; **c.** Um, in, ins; **d.** Um, nach; **e.** Am, auf den.

28. **b.** bereitet ... vor; **c.** holt ... ab; **d.** räumt ... auf; **e.** sieht ... fern; **f.** geht ... schlafen.

29. **a.** Um 9.00 Uhr frühstücke ich und räume auf. **c.** Um 10.00 Uhr gehe ich in eine Ausstellung. **d.** Um 12.00 Uhr gehe ich ins Restaurant Mittag essen. **e.** Um 14.00 Uhr gehe ich ins Kino. **f.** Um 17.00 Uhr besuche ich Freunde. **g.** Um 22.00 Uhr gehe ich schlafen.

31. **a.** Straβe; Jahr; fragen; Schal; Bahn; fahren. **b.** Kamel; verstehen; gehen; Trompete; mehr, steht. **c.** vier; Musik; Liebe; sieht; viel; Margarine. **d.** groß; Monat; Ohrring; Mode; Wohnung; Pol. **e.** gut, Uhr; Schuh; Hut; ruhig; Blumen.

TEXT HV

Ein Herr: Schwimmhalle Garden, guten Tag.

Eine Dame: Guten Tag, hier Hansen. Können Sie mir bitte sagen, wann die Schwimmhalle nachmittags geöffnet ist?

Der Herr: Montags ist die Schwimmhalle von 13.00 bis 18.00 Uhr auf. Dienstags und freitags...

Frau Hansen: Moment bitte, das muss ich mir kurz notieren. Also montags von 13.00 bis 18.00 Uhr.

Der Herr: Dienstags und freitags von 13.00 bis 22.00 Uhr. Samstags und sonntags von 13.00 bis 17.00 Uhr.

Frau Hansen: Vielen Dank. Auf Wiederhören.

32. Montags von 13 bis 18 Uhr. Dienstags und freitags von 13 bis 22 Uhr. Samstags und sonntags von 13 bis 17 Uhr.

L 14

1. Fetiţa este nemulţumită de modul în care este îmbrăcată.

2. **b.** R; **c.** F; **d.** R; **e.** F; **f.** F; **g.** F; **h.** R.

3. **B.** c; **C.** b.

4. **b.** Das Mädchen muss die weißen Strümpfe anziehen. **c.** Sie muss die schwarzen Lackschuhe anziehen. **d.** Sie muss die Hand geben. **e.** Sie muss einen Knicks machen. **f.** Sie muss bitte und danke sagen.

5. **b.** Sie jucken auf der Haut. **c.** Sie sind mir zu eng. **d.** Er ist alt und trocken. **e.** Er ist zu süß. **f.** Es ist dunkel und muffig. **g.** Er ist hart.
6. **b.** ..., denn sie jucken auf der Haut. **c.** ..., denn sie sind ihr zu eng. **d.** ..., denn er ist alt und trocken. **e.** ..., denn er ist zu süß. **f.** ..., denn es ist dunkel und muffig. **g.** ..., denn er ist hart.
8. **b.** ..., weil sie auf der Haut jucken. **c.** ..., weil sie ihr zu eng sind. **d.** ..., weil er alt und trocken ist. **e.** ..., weil er zu süß ist. **f.** ..., weil es dunkel und muffig ist. **g.** ..., weil er hart ist.
9. **1. b.** Weil wir einen Sonntagsbesuch machen, benützt die Mutter das gute Parfüm. **c.** Weil wir einen Sonntagsbesuch machen, muss das Mädchen sich schön anziehen. **2. a.** Weil die Tante alt ist, redet sie viel. **b.** Weil die Tante alt ist, zeigt sie Fotoalben gern. **c.** Weil die Tante alt ist, fragt sie das Mädchen aus. **3. a.** Weil das Mädchen nicht gern zur Tante geht, graust es ihr. **b.** Weil das Mädchen nicht gern zur Tante geht, mag sie nichts. **c.** Weil das Mädchen nicht gern zur Tante geht, ist sie unzufrieden.
13. **b.** Sie muss das Frühstück vorbereiten. **c.** Hanne muss Susanne in den Kindergarten bringen. **d.** Um 12.00 Uhr muss sie Susanne aus dem Kindergarten abholen. **e.** Sie muss das Mittagessen kochen. **f.** Dann muss sie die Wohnung aufräumen.
14. **b.** Ich muss ... vorbereiten; **c.** Ich muss ... bringen; **d.** Um 12.00 Uhr muss ich ... abholen; **e.** Ich muss ... kochen; **f.** Dann muss ich ... aufräumen.
15. Heute will ich Judo machen. Heute will ich Fußball spielen. Heute will ich Gymnastik machen. Heute will ich Tennis spielen.
16. **b.** Ich will heute Nachmittag zu Hause arbeiten. **c.** Wir wollen im August nach Frankreich fahren. **d.** Er will im Sommer nach Marokko fahren. **e.** Sie wollen im September ins Prahova-Tal fahren.
17. **b.** Hier will ich nicht sitzen. **c.** Hier will ich nicht viel bleiben. **d.** Hier will ich nicht frühstücken. **e.** Hier will ich essen.
18. **b.** Hier kann man etwas essen. **c.** Hier kann man etwas trinken. **d.** Hier kann man rauchen. **e.** Hier kann man Informationen bekommen. **f.** Hier kann man ein Taxi nehmen.
20. **b.** Hier darf man nicht parken. **c.** Hier darf man nicht campen. **d.** Hier darf man nicht laut sprechen. **e.** Hier darf man nicht Fußball spielen.
22. **b.** möchten–darf; **c.** möchte–darf; **d.** möchten–darf; **e.** möchte–darf; **f.** möchten–dürfen.
23. **b.** Der Arzt sagt, ihr sollt keinen Kaffee trinken; **c.** ..., das Mädchen soll kein Eis essen; **d.** ..., wir sollen keinen Alkohol trinken; **e.** ..., Sie sollen nicht mehr rauchen; **f.** ..., wer Übergewicht hat, soll Diät halten.
24. **b.** Kannst du nicht heute beginnen? **c.** Kannst du nicht heute kommen? **d.** Kannst du den Chef nicht heute fragen? **e.** Kannst du die Vokabeln nicht heute lernen?
25. **b.** wollen; **c.** müssen–wollen; **d.** wollen–müssen–können; **e.** kann
26. **b.** Natürlich kann ich Auto fahren. **c.** Natürlich kann ich Gitarre spielen. **d.** Natürlich kann ich Englisch. **e.** Natürlich kann ich aus der Hand lesen.
27. **b.** können; **c.** können/kann; **d.** muss; **e.** muss.
28. **A.** kann – soll – kann – muss – soll.
    B. muss – kann – möchte – darf – muss – kann.
29. **b.** Hand; **c.** Knicks; **d.** bitte – danke; **e.** gerade – still.

30. **b.** ..., weil es dunkel und muffig ist; **c.** ..., weil er alt und trocken ist; **d.** ..., weil sie den Kuchen essen muss; **e.** ..., weil sie die „Sonntagskleidung“ anziehen muss.
32. 15.30; 12.45; 16.05; 18.18; 13.55.

L 15

2. der Großvater–die Großmutter; die Mutter–der Vater; der Enkel–die Enkelin; die Schwägerin–der Schwager; der Schwiegervater–die Schwiegermutter; die Tante–der Onkel; die Schwiegertochter–der Schwiegersohn.
3. **b.** die Kinder; **c.** die Eltern; **d.** die Kinder; **e.** die Kinder; **f.** die Kinder; **g.** die Kinder.
4. **b.** VI; **c.** I; **d.** VI; **e.** II; **f.** IV; **g.** V.
5. **b.** R; **c.** F; **d.** F; **e.** R; **f.** F; **g.** R; **h.** F.
6. **b.** Ihre Noten sind nicht schlecht. **c.** Das ist gut. **d.** Tobias ist pünktlich. **e.** Er ist fleißig in der Schule. **f.** Das ist (nicht) falsch.
7. **A:** c, d, e, g; **B:** b, f, h.
9. **A. b.** Die Kinder finden es nicht gut, wenn die Eltern sich aufregen. **B. a.** Die Eltern finden es schlecht, wenn die Kinder nicht so ordentlich sind. **b.** Die Eltern finden es schlecht, wenn die Kinder nicht so fleißig in der Schule sind. **C. a.** Die Eltern finden es gut, wenn die Kinder an allem interessiert sind. **b.** Die Eltern finden es gut, wenn die Kinder lieb sind.
10. Wenn die Eltern sich aufregen, finden es die Kinder nicht gut. Wenn die Kinder nicht so ordentlich sind, finden es die Eltern schlecht. Wenn die Kinder in der Schule nicht so fleißig sind, finden es die Eltern schlecht. Wenn die Kinder an allem interessiert sind, finden es die Eltern gut. Wenn die Kinder lieb sind, finden es die Eltern gut.
11. **a.** 5; **b.** 4; **c.** 1; **d.** 2; **e.** 3.
12. **a.** 1; **b.** 2; **c.** 4; **d.** 3; **e.** 6; **f.** 5.
13. **b.** ..., gehen sie ins Theater; **c.** ..., besichtigen Sie das Technische Museum; **d.** ..., machen Sie eine Tour; **e.** ..., fahren Sie nach Mallorca.
14. **m.:** mein Bruder; **n.:** -; **f.:** meine Arbeit, meine Mutter; **pl.:** an meinen Kindern, meine Kinder, meine Kinder.
16. **A. b.** Meine; **c.** Mein; **d.** Meine; **e.** Meine; **f.** Mein; **B.b.** Ihre; **c.** Ihr; **d.** Ihre; **e.** Ihre; **C. b.** Sein; **c.** Seine; **d.** Seine; **e.** Seine.
17. **b.** deine, meine; **c.** dein, mein; **d.** dein, mein; **e.** dein, mein; **f.** deine, meine.
18. **b.** unsere; **c.** unser; **d.** unser; **e.** unser; **f.** unsere.
19. **b.** meine; **c.** mein; **d.** meine; **e.** meine.
20. **b.** meine, Ihre; **c.** mein, Ihr; **d.** meine, Ihre; **e.** meine, Ihre; **f.** meine, Ihre.
21. **a.** mein; **b.** mein; **c.** meine; **d.** meine; **e.** meinem; **f.** meinem; **g.** meiner; **h.** meinen; **i.** unser(e); **j.** unser(e).
22. **b.** dein, mein; **c.** meinem, dein; **d.** dein, mein; **e.** meine, deine.
23. **b.** deinen, deinen, deine; **c.** deinen, deinen, deine; **d.** deine, deine.
24. Propoziţia a doua, subordonată, este introdusă prin „dass“, iar verbul se află pe ultimul loc.

26. **b.** Tobias Seidel sagt, dass er im Haushalt mehr tun muss als sein Bruder. **c.** Roswitha Seidel sagt, dass Tobias sein Zimmer selbst aufräumen muss. **d.** Hermann Schroeter meint, dass er seine Arbeit macht, und sie ihre Arbeit machen müssen.
27. **b.** Wir wissen, dass viele Leute joggen. **c.** Es ist klar, dass das Rauchen ungesund ist. **d.** Es ist gesund, dass man in der Freizeit Sport treibt. **e.** Es ist richtig, dass man etwas für die Gesundheit tut. **f.** Ich finde es prima, dass viele Leute jetzt eine Fremdsprache lernen. **g.** Ich finde es interessant, dass sie Japanisch lernen will.
28. **b.** Es ist bekannt, dass viele Deutsche in den Süden fahren. **c.** Ich glaube, dass es in Deutschland nicht so viel Sonne gibt. **d.** Ich finde, dass Rumänien für die Touristen sehr interessant ist. **e.** Sie wissen sicher, dass die Touristen gern in unser Land kommen.
29. Er sagt... **b.** dass er gern Krimis liest; **c.** dass er gern Cola trinkt; **d.** dass er gern Eis isst; **e.** dass er gern Sport treibt; **f.** dass er Hunger hat; **g.** dass er Durst hat.
30. **A. a.** meiner, meinem, meiner, meinem; **b.** ihre; **c.** Ihr; **B. a.** dass; **b.** dass; **c.** dass; **C. a.** wenn; **b.** wenn; **c.** wenn.
32. **b.** sechs; **c.** Knicks; **d.** samstags; **e.** Mexico; **f.** nachmittags; **g.** Export; **h.** Jackson; **i.** freitags; **j.** Volkswagen; **k.** Examen; **l.** vormittags.
33. **A.** Musik; **B.** Lesen; **C.** Kochen; **D.** Tennis und Fußball.

TEXT

I: Entschuldigen Sie bitte: Was machen Sie in Ihrer Freizeit – ich meine, welches Hobby haben Sie?
A: Ich mag alles, was mit Musik zu tun hat. Ich mag besonders Pop Musik.
I: Danke schön. Und Sie? Was machen Sie in Ihrer Freizeit?
B: Also, ich lese unheimlich gern. Ja, Lesen ist mein Hobby.
I: Hm. Vielen Dank. Darf ich Sie auch einmal nach Ihrem Hobby fragen?
C: Ja, also ich lade gerne meine Freunde ein und koche dann für sie. Am Wochenende kann ich neue Rezepte ausprobieren.
I: Danke. Und du? Was machst du in deiner Freizeit?
D: Ich treibe viel Sport.
I: In einem Sportclub?
D: Ja. Da spiele ich Tennis und Fuβball.

L 16

1. **B. c.**
2. Klaus – Wohngemeinschaft; Katrin – 5 Zimmerwohnung/Einfamilienhaus; Hubert – Einzimmerwohnung/Neubauviertel; Sabine – Reihenhaus
3. **a.** s Wohnzimmer; **b.** e Küche; **c.** s Kinderzimmer; **d.** s Badezimmer; **e.** schlafzimmer; **f.** e Mansarde; **g.** r Flur; **h.** r Keller
4. **c.** ein Zimmer zum Essen; **d.** ein Zimmer für die Kinder; **e.** ein Zimmer zum Baden; **f.** ein Zimmer zum Arbeiten; **g.** ein Zimmer zum Wohnen; **h.** eine Nische zum Kochen.

5. **a.** Etagen, Etage, Balkon; **b.** Parterre; **c.** Mansarden (*pl.*) **d.** Korridor.
6. **b.** wohnt im Erdgeschoss, rechts; **c.** wohnt im ersten Stock, links; **d.** wohnt im ersten Stock, rechts; **e.** wohnt im zweiten Stock, rechts; **f.** wohnt im dritten Stock, in der Mitte; **g.** wohnt im Erdgeschoss, links; **h.** wohnt im dritten Stock, links; **i.** wohnt im zweiten Stock, in der Mitte; **j.** wohnt im dritten Stock, rechts; **k.** wohnt im zweiten Stock, links.
7. **b.** über, unter; **c.** gegenüber von; **d.** neben; **e.** unter, neben
8. **2.** zzgl.; **3.** qm.; **4.** Nk.; **5.** OG.; **6.** einschl.; **7.** Pkw.; **8.** Whg.
9. **b.** Frankfurt; 97 qm, 1180+NK; 4 Zi-Wohnung, 2 Toiletten;
   c. Nürnberg, 75 qm, Nebenkostenvorauszahlung 1600, 2-Zimmer-Wohnung, Küche, Flur, Bad;
   d. Dortmund, 90 qm, 1100;
   e. Marburg, 72 qm, 920, Zweizimmer-Wohnung.
10. Nürnberg; Küche; Flur; Bad; Südbalkon; qm; 2 Monatsmieten; eine; Fünfjahresvertrag.
12. **b.** auf dem Fernseher; **c.** vor dem Fernseher; **d.** zwischen zwei Hunden; **e.** unter dem Auto; **f.** im Auto; **g.** neben dem Baum; **h.** neben dem Hund.
13. **b.** sitzt in der Bank; **c.** Die Äpfel hängen an dem Baum; **d.** Die Lampe steht neben dem Sofa; **e.** Das Bild hängt an der Wand; **f.** Der Artist hängt am Trapez; **g.** Der Tourist liegt in der Sonne.
14. **a.** 3; **b.** 2; **c.** 1, 2; **d.** 5; **e.** 1; **f.** 4; **g.** 2,4
15. **1.** c; **2.** b; **3.** a; **4.** c; **5.** b.
16. **b.** Ich finde es angenehm, weil ich kein Auto brauche; **c.** Sie lebt halb in der Stadt, weil sie die Vorteile des Lebens auf dem Land genießen will; **d.** Ich finde es prima, weil meine Kinder im Garten vor dem Haus spielen können; **e.** Er lebt in der Stadt, weil er das pulsierende Leben liebt.
17. **b.** Man kann etwas im Restaurant essen; **c.** Jürgens Kinder spielen im Garten; **d.** Man kann im Schwimmbad schwimmen; **e.** Man kann im Supermarkt Lebensmittel kaufen; **f.** Man kann klassiche Musik im Konzertsaal hören; **g.** Man kann Sport auf dem Sportplatz treiben; **h.** Man kann in der Disko tanzen.
18. + : ruhige Straße; alle Zimmer sind hell; die Küche ist groß;
    – : die Miete ist hoch; das Bad ist klein.
20. **A.** eda, böwe, bröme, tene; **B.** oda, töne, lowe, bowe.
22. **A.** ölle, depf, mörr, dölle; **B.** ölle, nopf, korr, lönnat.

L 17

1. **a.** Stühle, Lampe, Esstisch, Schrank, Parkett; **b.** Lampe, Bücherschrank, Sofa, Bibliothek, Parkett, kleiner Tisch, Stühle; **c.** Bett, Lampe, Schrank, Parkett, kleiner Tisch (sunt posibile şi alte variante).
2. 2, 3, 1.
3. **b.** r Esstisch, sechs Stühle, r Schrank, e Konsole; **c.** zwei Sofas, Regale.

4. **b.** F; **c.** F; **d.** F; **e.** R; **f.** F; **g.** F; **h.** R; **i.** R.
5. **1.** b; **2.** l; **3.** l; **4.** c; **5.** a; **6.** g; **7.** e; **8.** i; **9.** h; **10.** o; **11.** m; **12.** n; **13.** k; **14.** j; **15.** p; **16.** j.
7. **b.** -e; **c.** -e; **d.** -e; **e.** -e; **f.** -e; **g.** -e.
8.

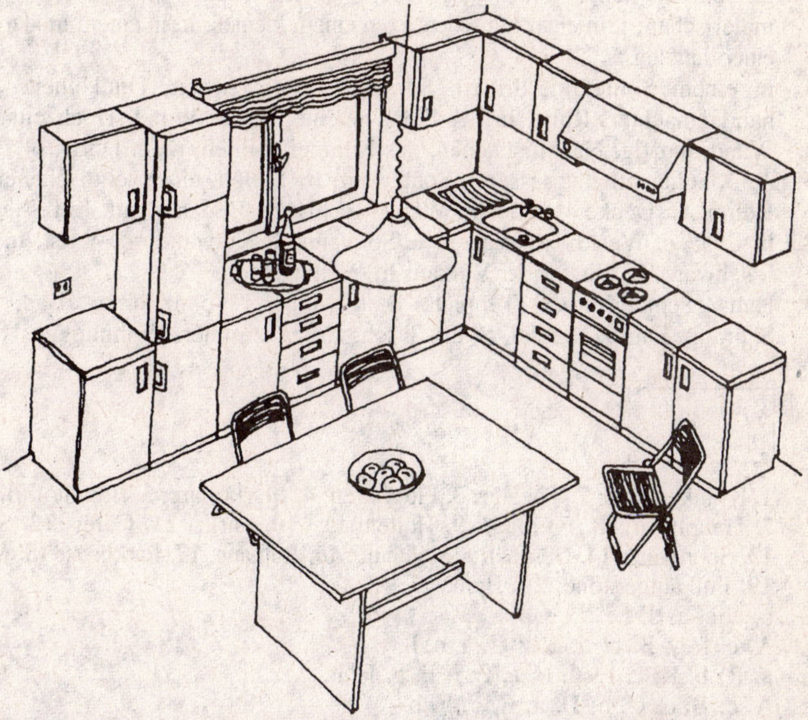

9. Küchenlampe, Küchenschrank, Küchenregal, Küchenuhr, Küchengeräte, Küchenstühle, Küchenhocker, Spülmaschine, Kochherd, Waschmaschine, Kaffeemaschine, Kühlschrank, Elektroherd
10. **b.** -er, -e; **c.** -em, -en, -e, -en; **d.** -e, -en; **e.** -er, -e; **f.** -er, -e.
12. **a.** Spüle; **b.** Herd; **c.** Heizung; **d.** Handtuch; **e.** Tisch; **f.** Vorhang.
13. **a.** -e; **b.** -e; **c.** -e; **d.** -e; **e.** -en; **f**, -e.
14. **b.** arbeitet; **c.** wohnt; **d.** isst; **e.** spielen, schlafen; **f.** schlafen; **g.** wäscht .... sich.
16. **a.** mich; **b.** dich; **c.** sich, mich; **d.** dich; **e.** sich; **f.** sich; **g.** sich; **h.** euch; **i.** sich; **j.** dich.
17. praktische, schöne, tolle, preiswerte.
19. **b.** -e; **c.** -e, -e, -e, -e; **d.** -en, -en; **e.** -er, -er; **f.** -e, -e; **g.**-e, -en, -e, -e.
20. **b.** französiche; **c.** italienische; **d.** tropischer; **e.** italienisches; **f.** türkischer; **g.** mexikanisches; **h.** brasilianischer; **i.** englischer; **j.** französischer; **k.** spanischer; **l.** deutsches; **m.** russischer; **n.** französische; **o.** rumänische; **p.** ungarischer; **q.** Wiener.

21. **b.** -e; **c.** -e; **d.** -e; **e.** -en; **f.** -es, es; **g.** -e; **h.** -es.

23. das ovale Ei; ovales Ei, der viereckige Tisch, viereckiger Tisch, die viereckigen Tische, viereckige Tische.

24. **b.** in einem alten; **c.** über einem großen; **d.** in einem renovierten; **e.** auf einem großen; **f.** neben einer hässlichen; **g.** an einem kleinen; **h.** in einem malerischen; **i.** in einer hübschen; **j.** an einem kleinen; **k.** in einem modernen; **l.** in einer dunklen.

25. in einem Souterain, dritten, Sonne, Fenster, Arbeit, Dunkelheit, Stimme, handgemachter, Ruhe, in der Ecke, wärme, in der Wand, Hochzeitsfoto, die Wand, muffig, Nachttischchen, das Zimmer, Linien, mein Dorf.

26. **A.** **2.** Schlachthausgassse; **3.** Souterrain; **B.** **1.** Bett, ein Nachttischchen; **2.** ein Kelim; **C.** Decke – schlecht; Wand – schlecht; Boden – gut; Luft – schlecht.

28. **b.** Eva; **c.** Weste; **d.** Walzer; **e.** Souvenir; **f.** Krawatte; **g.** Wurst; **h.** wollen; **i.** schwarz; **j.** Wasser; **k.** Vulkan; **h.** Weihnachten.

29. Haus, Schlafzimmer, Teppich, Bett, Möbel, Wohnzimmer, Bad, Balkon, Schrank, Lampe, Sessel, Stuhl, Tisch, Arbeitszimmer, Wohnung.

L 18

1. **1.** Krankenhaus; **2.** Theater; **3.** Flughafen; **4.** Marktplatz; **5.** Bahnhof; **6.** Kirche; **7.** Hauptpost; **8.** Freibad; **9.** Hallenbad; **10.** Park; **11.** Café; **12.** Schloss; **13.** Sportplatz; **14.** Geschäft; **15.** Schule; **16.** Rathaus; **17.** Parkhaus; **18.** Museum; **19.** Fußgängerzone; **20.** Bank.

4. b, e, c, a, d, f.

5. **A.** e, f, g; **B.** b, d, i, k; **C.** a. c, h, j.

6. **a.** R; **b.** R; **c.** F; **d.** F; **e.** F; **f.** F; **g.** F; **h.** F.

7. **A.** c; **B.** c; **C.** b; **D.** a; **E.** c; **F.** b.

8. **a.** gezeigt; **b.** gesehen; **c.** gemacht; **d.** besichtigt; **e.** angesehen; **f.** unterhalten; **g.** fotografiert.

10. **A.** **2.** beginnen; **3.** schlafen; **4.** bringen; **5.** arbeiten; **6.** vorbereiten; **7.** kochen; **8.** aufräumen; **9.** fernsehen; **10.** abholen; **11.** schenken; **12.** einladen; **13.** zuschauen; **14.** zeigen; **15.** warten; **16.** mitbringen; **17.** anziehen; **18.** waschen; **19.** aufmachen; **20.** antworten; **21.** ansehen; **22.** reden; **23.** wohnen; **24.** finden; **25.** einkaufen; **26.** bekommen; **27.** hoffen; **28.** geben; **29.** lesen; **30.** sprechen; **31.** lernen; **32.** schreiben.

11. **b.** Ich habe sie schon gekocht. **c.** Ich habe sie schon abgeholt. **d.** Er hat ihn schon gewaschen. **e.** Sie hat schon aufgeräumt. **g.** Wir haben es schon repariert.

12. **b.** Um 8.30 Uhr habe ich die Kinder in den Kindergarten gebracht. **c.** Um 9 Uhr habe ich die Wäsche gewaschen, gebügelt und aufgeräumt. **d.** Um 11 Uhr habe ich das Mittagessen gekocht. **e.** Um 12 Uhr habe ich die Kinder aus dem Kindergarten abgeholt. **f.** Um 12.30 Uhr habe ich zu Mittag gegessen. **g.** Um 16 Uhr habe ich Kaffee getrunken. **h.** Um 18 Uhr habe ich Feierabend gemacht und ferngesehen.

13. Am Dienstag haben mich Freunde in Bayreuth eingeladen. Endlich haben wir Karten für „Tannhäuser" im Richard Wagner – Festspielhaus bekommen. Am nächsten Tag haben sie mich begleitet und wir haben einen kleinen Spaziergang durch die Stadt gemacht. Zu Mittag haben wir in einem Restaurant gegessen. Am Mittwoch habe ich Einkäufe in der Fußgängerzone gemacht und habe noch das Opernhaus besichtigt. Am Donnerstag habe ich ein volles Programm gehabt. Maria und ich haben uns das alte und neue Schloss und Ermitage angesehen. Am Nachmittag haben wir Obsttorte gegessen und einen Kaffee getrunken. Abends haben wir ferngesehen und haben uns unterhalten. Am Freitag habe ich bis 10 Uhr geschlafen. Am Samstag abend haben meine Freunde eine Party gegeben und wir haben gegessen und gute Musik gehört. Am nächsten Morgen habe ich meine Koffer vorbereitet, denn Montag hat wieder die Arbeit begonnen.

15. **b.** Wohin begleitet mich Sabine? **c.** Wohin fahren sie im Urlaub? **d.** Wo kaufen wir ein? **e.** Wo singt Nana Mouskouri? **f.** Wohin geht er Samstag abend? **g.** Wo parkt er sein Auto? **h.** Wo wartet er zwei Stunden? **i.** Wohin muss sie heute noch gehen? **j.** Wo trainieren sie Mittwoch?

16. **a.** In, in; **b.** Auf, auf; **c.** In, in; **d.** In, in; **e.** Auf; **f.** In, in; **g.** In, in, zu.

17. **b**. im; **c.** bei der; **d.** im; **e.** bei dem; **f.** in der; **g.** in der; **h**. im; **i.** bei dem; **j.** bei der; **k.** im; **l.** bei dem.

19. Gestern haben wir eine Reise nach München gemacht. Meine Freunde haben mich begleitet und haben mir die Stadt gezeigt. München ist ein Erlebnis! Wir haben die Frauenkirche gesehen. Am Marienplatz gibt es viele Kaufhäuser, da haben wir eingekauft. Wir waren auch auf dem Oktoberfest. Das war toll! Wir haben Bier getrunken und Brezeln gegessen. München hat mir sehr gefallen.

21. **A.** fühl, gita, hieße, tüdel.
B. mühla, tule, gübe, fume.

22. **I. A.** finne, inna, hütte, tüll.
B. umma, tüll, funne, hütte.

23. **I. b.** In der; **c.** An dem; **d.** In der; **e.** An dem; **f.** In der.
B. b. Vor dem, der; **c.** neben dem, das; **d.** Das, in der; **e.** Der, vor dem; **f.** Der, zwischen der, dem; **g.** Das, an der.

24. **a.** Ich habe eine wunderbare Reise durch mehrere Städte gemacht. **b.** Ich habe das Rathaus und die beiden Hauptkirchen besichtigt. **c.** Ich habe einen Spaziergang durch die Fußgängerzone gemacht und ich habe Geschenke gekauft. **d.** Die Wahrzeichen der Stadt Hamburg sind: der Turm der Sankt Michaelis Kirche, der Fernsehturm und das Bismarckdenkmal.

25. TEXT

Angestellte:	Guten Tag, was kann ich für Sie tun?
Touristin:	Guten Tag. Ich verbringe meinen Urlaub hier in Schleswig-Holstein, und da möchte ich mich mal informieren, was man hier so unternehmen kann oder besichtigen kann.
Angestellte:	Ja, da gibt es eine Menge Möglichkeiten. Bald findet hier zum Beispiel die Kieler Woche statt.
Touristen:	Ach, Segeln interessiert mich eigentlich nicht.
Angestellte:	Die Kieler Woche ist mehr als ein Segelwettbewerb. Es ist ein richtiges Volksfest.
Touristin:	Ja, das mag sein, aber ich glaube, das ist nicht das Richtige für mich. Äm, es gibt da doch so ein Musik-Festival.
Angestellte:	Ja, das Schleswig-Holstein Musik-Festival. Da gibt es den ganzen Sommer über klassische Konzerte an vielen Orten.
Touristin:	Das hört sich ja interessant an. Haben Sie vielleicht ein Programm für mich?
Angestellte:	Ja, selbstverständlich. Ähhm, kleinen Augenblick – bitte schön.
Touristin:	Danke, Hm – ja, sehr schönes Programm. Danke. Und, äh, was gibt es sonst noch hier so?
Angestellte:	Nun, es gibt zum Beispiel Kirchen, Schlösser und andere historische Bauwerke. Sehen Sie, hier ist ein Prospekt mit den wichtigsten Informationen.
Touristin:	Hm – danke, ja also – alte Bauwerke sehe ich mir ja gerne an. Das nehm'ich mal mit.
Angestellte:	Dann gibt es auch noch über hundert Museen in Schleswig-Holstein, möchten Sie da auch noch Informationsmaterial?
Touristin:	Ach nein, das ist alles ganz nett, aber so viel Zeit hab'ich nun auch wieder nicht. Haben Sie schönen Dank.
Angestellte:	Bitte sehr, gern geschehen.

L 19

2. **2.** mit dem Auto trampen/per Anhalter fahren; **3.** mit dem Bus fahren/reisen; **4.** mit dem Schiff fahren/reisen; **5.** mit dem Zug/mit der Bahn fahren; **6.** mit dem Fahrrad fahren/reisen; **7.** mit dem Flugzeug fliegen; **8.**mit dem Caravan reisen.

5. *Evelin:* Auto; *Roger:* Flugzeug; *Thomas:* –; *Niki:* –; *Fabienne:* –; *Tobias:* Zug; *Marianne:* Auto; *Joëlle:* Bus; *Dario:* Motorboot.

6. **b.** Niki; **c.** Thomas; **d.** Fabienne; **e.** Dario; **f.** Evelin; **g.** Fabienne; **h.** Evelin; **i.** Joëlle.

7. **b.** R; **c.** R; **d.** F; **e.** R; **f.** F; **g.** F; **h.** R; **i.** R.

9. **a.** mit dem Schiff, mit dem Taxi, mit dem Auto fahren; **b.** mit dem Freund, mit der Freundin, mit den Gästen; mit den Eltern sprechen; **c.** mit dem Koffer, mit der Handtasche, mit dem Regenschirm, mit dem Ticket reisen; **d.** mit der Gabel, mit dem Messer, mit dem Löffel, mit dem Löffelchen essen.

10. an, auf, in.

12. **b.** auf; **c.** ins; **d.** ins; **e.** auf; **f.** nach; **g.** in; **h.** in; **i.** an; **j.** nach; **k.** an; **l.** auf; **m.** an; **n.** in; **o.** nach; **p.** an; **r.** an; **s.** auf; **t.** ins; **u.** nach.

13. **b.** an den Bodensee fahren; **c.** ins Ruhrgebiet fahren; **d.** in die Karpaten fahren; **e.** auf den Moldoveanu steigen; **f.** in die Dolomiten fahren; **g.** auf den Montblanc steigen; **h.** an die Nordsee fahren; **i.** auf den Matterhorn steigen; **j.** in die Alpen fahren; **k.** an die Mosel fahren; **l.** auf die Zugspitze steigen; **m.** ans Schwarze Meer fahren; **n.** auf den Omul steigen; **o.** in die Moldau fahren; **p.** ans Rote Meer fahren; **q.** auf den Negoiu steigen; **r.** in den Ural fahren.

16. b.

17. 6. Juli: getrampt, am Fluss gelegen; 7. Juli: Suppe gekocht, Adressen getauscht, getrampt; 8. Juli: im Neckar gebadet, durch die Stadt gezogen; 12. Juli: zur Jugendherberge gewandert, das Münster gesehen, einen halben Tag geblieben.

18. **b.** R; **c.** F; **d.** F; **e.** R; **f.** F; **g.** F.

20. fallen; bleiben; trampen; steigen; aufwachen; sein; werden; fliegen; weggehen; kommen; ankommen; reisen; umsteigen; aufstehen; ziehen; laufen; passieren.

21. **b.** Er ist gerade in Urlaub gegangen. **c.** Der erste Besucher ist gerade gekommen. **d.** Herr Weber ist gerade nach Rom gefahren. **e.** Frau Dr.Meier ist gerade zur Tagung nach Hamburg geflogen. **f.** Evi und Monika sind gerade mit der Übersetzung gekommen. **g.** Frau Schulz ist gerade aus dem Urlaub zurück gekommen.

22. Dann **habe** ich die U-Bahn bis Dristor genommen, dort bin ich in den Bus umgestiegen und ich bin zu meiner Freundin Anna Schulz gefahren; ich **habe** ihr Honig für den Kuchen getragen. Nachher **bin** ich schnell nach Hause gelaufen. Ich **habe** die Abendsuppe gekocht und ich **habe** auch bis zum Serienfilm im Fernsehen zwei Stunden geschlafen. Am Abend **habe** ich ferngesehen, ich **bin** auch bei meinem Nachbarn gewesen und dort **habe** ich einen starken Kaffee getrunken. So konnte ich die ganze Nacht nicht mehr schlafen. Da **habe** ich endlich „Die Buddenbrooks“ ausgelesen.

23. hat gehört; ist gestoßen; ist ausgestiegen; ist gegangen.

24. **b.** Der Zug ist vom Bahnhof abgefahren. **c.** Er ist ins Reisebüro gegangen. **d.** Der Tourist hat das Hotel gefunden. **e.** Der Apfel ist vom Baum gefallen. **f.** Das Flugzeug ist von Frankfurt abgeflogen. **g.** Wir haben Geschenke bekommen.

25. **b.** nach; **c.** aus; **d.** am; **e.** im; **f.** am, durch; **g.** am, nach, mit; **h.** in, durch; **i.** nach; **j.** zur, in.

26. **a.** Nein, Herr Hamm ist noch nie in Madrid gewesen. **b.** Herr Hamm ist in den Ferien zu Hause geblieben. **c.** Nein, er ist manchmal im Theater gewesen.

L 20

2. Es ist sechs Uhr.
3. **a.** F; **b.**?; **c.** F; **d.** F; **e.**?; **f.** R; **g.**?; **h.** F.
4. **A.** b; **B.** c; **C.** b; **D.** c; **E.** a; **F.** c; **G.** c.
5. **a.** auf; **b.** in; **c.** auf; **d.** am; **e.** in; **f.** im; **g.** im; **h.** auf; **i.** im; **j.** am; **k.** in; **l.** auf.
6. **b.** schweizerische; **c.** italienische; **d.** türkisches; **e.** japanische; **f.** griechische; **g.** rumänischer; **h.** deutsches.
7. Ihr; meine; Ihre; mein; Ihr; meinem; Ihr; meine; Ihre.
8. **b.** Der Kommissar weiß, dass er am Marienplatz wohnt; **c.** ..., dass er am Wochenende eine Tante in Schwabing besucht; **d.** ..., dass er sehr gerne Pfeife raucht; **e.** ..., dass er immer einen dunklen Hut trägt; **f.** ..., dass er immer allein arbeitet.
10. **a.** R; **b.** F; **c.** F; **d.** F; **e.** R; **f.** R; **g.** F; **h.** R; **i.** R.
11. **b.** Im; **c.** Am; **d.** Am; **e.** Im; **f.** Im.
12. **b.** ihr; **c.** ihm; **d.** ihnen; **e.** ihm; **f.** ihr; **g.** ihm.
13. **b.** ..., weil Sprachen lernen mein Hobby ist; **c.** ..., weil ich in Deutschland arbeiten möchte; **d.** ..., weil ich eine Reise nach Deutschland machen möchte; **e.** ..., weil ich in Deutschland studieren möchte; **f.** ..., weil ich Geschäftsmann bin und für meine Karriere Deutsch brauche; **g.** ..., weil ich Philosoph bin und Kants Werke im Original lesen möchte.
14. **b.** mit der; **c.** mit dem; **d.** mit dem; **e.** mit dem; **f.** mit dem.
15. **b.** hat ... gelesen; **c.** ist ... geflogen; **d.** hat ... gesprochen; **e.** hat ... gegessen; **f.** hat ... telefoniert; **g.** hat ... gearbeitet; **h.** hat ... genommen, ist ... gefahren; **i.** ist ... gegangen; **j.** hat ... bekommen.
16. **b.** darf; **c.** muss/will; **d.** müssen; **e.** darf; **f.** Möchten; **g.** Können; **h.** Willst.

L 21

1. **a. wichtig:** ein Koffer; ein Rucksack; ein Roman; ein Prospekt; ein Wollpullover; ein Regenschirm; ein Feuerzeug; ein Radio, ein Motorboot; ein Zelt; Geld, Essen; eine Uhr; eine Kamera; eine Jacke; eine Gitarre; eine Taschenlampe; Farbfilme; Schuhe; Spielkarten.
nicht wichtig: ein Anzug; ein Teppich; ein Schal; ein Spiegel; ein Wörterbuch; ein Fahrrad; Sonnenblumenöl; eine Kassette; eine Pfeife; eine Schallplatte; eine Handtasche; eine Weltkarte; Kleider; Ohrringe; Schlaftabletten.
b. Ihr braucht: einen Koffer, einen Rucksack, einen Roman, einen Prospekt, einen Wollpullover, einen Regenschirm, ein Feurzeug, ein Radio, ein Motorboot, ein Zelt, Geld, Essen, eine Uhr, eine Kamera, eine Jacke, eine Gitarre, eine Taschenlampe, Farbfilme, Schuhe, Spielkarten.
Ihr braucht: keinen Anzug, keinen Teppich, keinen Schal, keinen Spiegel, kein Wörterbuch, kein Fahrrad, kein Sonnenblumenöl, keine Kassette, keine Pfeife, keine Schallplatte, keine Handtasche, keine Weltkarte, keine Kleider, keine Ohrringe, keine Schallplatten.

2. **a.** Wieviel; **b.** Was; **c.** Wie; **d.** Was für; **e.** Wo; **f.** Wohin; **g.** Was; **h.** Wie; **i.** Warum; **j.** Woher.
4. **a.** im, in; **b.** im **c.** auf dem; **d.** in; **e.** im; **f.** im; **g.** auf, in **h.** auf **i.** an **j.** auf; **k.** am, im.
5. **kommen:** ich komme, du kommst, er, sie, es kommt, wir kommen, ihr kommt, sie kommen, Sie kommen
   fahren: ich fahre, du fährst, er, sie es fährt, ihr fahrt, sie fahren, Sie fahren
   nehmen: ich nehme, du nimmst, er, sie, es nimmt, wir nehmen, sie nehmen, Sie nehmen
   sprechen: ich spreche, du sprichst, wir sprechen, ihr sprecht, sie sprechen, Sie sprechen
   lernen: ich lerne, du lernst, er, sie, es lernt, wir lernen, ihr lernt, sie lernen, Sie lernen
   einkaufen: ich kaufe ein, er, sie, es kauft ein, wir kaufen ein, ihr kauft ein, sie kaufen ein, Sie kaufen ein
   fernsehen: ich sehe fern, du siehst fern, wir sehen fern, ihr seht fern, sie sehen fern, Sie sehen fern
   sich unterhalten: ich unterhalte mich, du unterhältst dich, er, sie, es unterhält sich, ihr unterhaltet euch, sie unterhalten sich, Sie unterhalten sich
6. **a.** 1**i**; 2**l**; 3**j**; 4**g**; 5**f**; 6**e**; 7**k**; 8**n**; 9**m**; 10**c**; 11**d**; 12**h**; 13**a**; 14**b**.
   b. Gäste-: mit dem Auto fahren; im Park spazieren gehen; Koffer packen; Museen besichtigen; Geschenke mitbringen; Prospekte lesen; **Gastgeber:** die Wohnung aufräumen; Obst und Gemüse einkaufen; Kleider bügeln; das Auto waschen; die Stadt zeigen; gute Speisen kochen.
7. Ich habe fotografiert; Ich habe Sehenswürdigkeiten besichtigt; Ich habe mich mit Freunden unterhalten; Ich habe im See gebadet; Ich habe Adressen getauscht; Ich habe Wein getrunken; Ich habe Brezeln gegessen; Ich habe die Kathedrale gesehen; Ich habe Glück gehabt; Ich bin mit dem Caravan gefahren; Ich bin durch die Stadt gezogen; Ich bin eine Woche geblieben; Ich bin viel zu Fuß gegangen; Ich bin oft zu früh aufgestanden.
8. Ich muss, er, sie, es muss, wir müssen, ihr müsst, sie müssen, Sie müssen; ich darf, du darfst, er, sie, es darf, ihr dürft, sie dürfen, Sie dürfen; du kannst, er, sie, es kann, wir können, ihr könnt, sie können, Sie können; ich will, du willst, er, sie, es will, wir wollen, ihr wollt, sie wollen, Sie wollen; du sollst, er, sie, es soll, wir sollen, ihr sollt, sie sollen, Sie sollen; ich mag, er, sie, es mag, wir mögen, ihr mögt, Sie mögen; ich möchte, du möchtest, er, sie, es möchte, ihr möchtet, sie möchten, Sie möchten.
9. dürfen, wollen, möchten, soll, möchten, kann, wollen, müssen/wollen, müssen, müssen.
10. nach, in den, im, in, an der, auf der, in der, ins, ins, nach, an der, im, am, in der, an die, am, nach.
11. Englisch, Französisch, Rumänisch, Spanisch, Deutsch, Deutsch, Deutsch/Französisch, Italienisch, Russisch, Griechisch, Ungarisch, Chinesisch.
12. **a.** Name; **b.** aus; **c.** eine; **d.** gelebt; **e.** Geschwister, Schwester; **f.** in; **g.** hat; **h.** arbeitet; **i.** Mein; **j.** bin; **k.** Frau; **l.** Tochter, Sohn; **m.** leben; **n.** Dreizimmerwohnung; **o.** studiert, geht.

13. **a.** ..., weil sie ihr Zimmer jeden Morgen aufräumt; **b.** ..., weil er gerne Poster mit Rockstars an die Wände hängt; **c.** ..., weil er Schallplatten, Bälle sammelt; **d.** ..., weil leise Rockmusik langweilig ist; **e.** ..., weil sie Blumen liebt; **f.** ..., weil in der Nacht mehr Ruhe ist.
14. **b.** auf dem Sessel; **c.** vor dem Haus; **d.** vor dem Fenster; **e.** über dem Sofa; **f.** an der Wand; **g.** zwischen dem Bett und dem Sessel; **h.** mitten im Zimmer; **i.** auf dem Tisch; **j.** auf dem Sofa; **k.** an der Decke; **l.** im Regal; **m.** unter dem Plattenspieler; **n.** zwischen dem Sofa und dem Sessel; **o.** im Bad; **p.** über dem Bett.
15. **b.** steht neben dem Bett; **c.** steht neben dem Fenster; **d.** steht mitten im Zimmer; **e.** steht neben dem Tisch; **f.** liegt mitten im Zimmer; **g.** steht auf dem Tisch; **h.** hängt über dem Bett.
16. **a.** Der Vater macht das Omelett; **b.** Die Mutter kocht den Kaffee; **c.** Der Opa sucht die Zeitung; **d.** Anna holt den Zucker; **e.** Opa braucht die Brille; **f.** Onkel Ion hat keinen Appetit; **g.** Der Nachbar wäscht das Auto.
17. Er verliert es; Er liebt es sehr; Er sucht es in allen Straßen und Gärten, aber er kann es nicht finden. Er will dem Finder 250€ zahlen. Am nächsten Tag telefoniert ihm ein Mann und bringt ihm auch ein weißes Kätzchen. Das zweite weiße Kätzchen gefällt dem alten Nachbarn und er möchte auch das zweite weiße Kätzchen behalten.
18. weich–hart; kompliziert–einfach; unwichtig–wichtig; wenig–viel; klein–groß; neu–alt; zufrieden–unzufrieden; gut–schlecht; lang–kurz; stark–schwach; langsam–schnell; billig–teuer; kalt–warm; richtig–falsch; frisch–alt; spät–früh; sportlich–unsportlich; weit–eng; sauer–süß; jung–alt; fleißig–faul; altmodisch–modern; intelligent–dumm; dunkel–hell.
19. besser, langsamer, mehr (mehrere), öfter; weiter, gut, schneller, weiter.
20. **b.** 2; **c.** 3; **d.** 4; **e.** 1; **f.** 6.

L 22

1. **Schweiz:** Sandoz, Ciba-Geigy, Wilhelm Tell, Bodensee, Zürich, Genf, Schweizer Käse
   Österreich: Austrian Airlines, W.A. Mozart, Johann Strauss, Maria Theresia, Donau, Salzburg, Wien, Wiener Schnitzel, Linzer Torte
   Deutschland: Dr. Oetker, VW, Ludwig van Beethoven, Richard Wagner, Otto von Bismarck, Konrad Adenauer, Rhein, Donau, Main, Bodensee, Ostsee, München, Köln, Frankfurter Würstchen.
2. **A. 1.** Wien ist die Hauptstadt von Östererich; **2.** Der Main ist ein Fluss in Deutschland; **3.** Sandoz ist eine Firma in der Schweiz; **4.** Berlin ist die Hauptstadt von Deutschland; **5.** Der Inn ist ein Fluss in Deutschland; **6.** Agfa ist eine Firma in Deutschland; **7.** Genf ist eine Stadt in der Schweiz.
   B. 1. Sandoz stellt Medikamente her; **2.** Hoechst stellt Medikamente her; **3.** Siemens stellt Elektroapparate her; **4.** BMW stellt Autos her; **5.** Dr. Oetker stellt Lebensmittel her; **6.** Agfa stellt Fotoartikel her.

C. 1. Lucas Cranach war Maler; **2.** Helmut Kohl ist Politiker; **3.** Marlene Dietrich war Schauspielerin; **4.** Johann Wolfgang Goethe war Schriftsteller; **5.** Richard Wagner war Komponist; **6.** Franz Beckenbauer war Sportler; **7.** Albrecht Dürer war Maler.

3. **A.** **Belgien:** Brüssel, Französisch, Niederländisch, Deutsch; **3.** **Liechtenstein:** Vaduz, Französisch, Deutsch, u.a. **4.** **Frankreich:** Paris, Französisch; **5.** **Schweiz:** Bern, Deutsch, Französisch, Italienisch, Rätoromanisch; **6.** **Österreich:** Wien, Deutsch; **7.** **Tschechien:** Prag, Tschechisch; **8.** **Polen:** Warschau, Polnisch; **9.** **Dänemark:** Kopenhagen, Dänisch.

B. Bundesrepublik Deutschland, Tschechien, Slowakei, Ungarn, Slowenien, Italien, Schweiz; Berlin, Prag, Preßburg, Budapest, Leibach, Rom, Bern; Deutsch, Tschechisch, Slowakisch, Ungarisch, Slowenisch, Italienisch, Deutsch-Französisch-Italienisch.

C. BRD, Liechtenstein, Italien, Frankreich; Berlin, Vaduz, Rom, Paris; Deutsch, Deutsch, Italienisch, Französisch.

4. locuitori, cel mai important fluviu, populaţie, limba oficială.

5. Bevölkerung, bedeutendster Fluss, höchster Berg, Staatssprache, Hauptstadt.

6. **b.** schwach; **c.** warm; **d.** langsam; **e.** schwer; **f.** böse.

7. dümmer, am weichsten, enger, am engsten, schnell, am schnellsten, stärker, langsamer, am langsamsten.

9. **b.** kälter, am kältesten; **c.** höher, am höchsten; **d.** länger, am längsten; **e.** heißer, am heißesten; **f.** kleiner, am kleinsten.

10. **b.** längste, breiteste, tiefste; **c.** längste; **d.** größte; **e.** schönste.

11. **A. b.** Die meisten Sportplätze. **c.** Der höchste Baum; **d.** Der älteste Arzt; **e.** Die beliebtesten Ausländer; **f.** Die jüngste Mutter.

B. b. 3; **c.** 6; **d.** 2; **e.** 4; **f.** 1.

12. **A.** Schleswig-Holstein; **B.** Mecklenburg-Vorpommern; **C.** Hamburg; **D.** Bremen; **E.** Niedersachsen; **F.** Nordrhein-Westfalen; **G.** Hessen; **H.** Rheinland-Pfalz; **I.** Berlin; **J.** Brandenburg; **K.** Sachsen-Anhalt; **L.** Baden-Württemberg; **O.** Saarland; **P.** Thüringen.

13. **1.** Vorarlberg ist das westlichste und außer Wien das kleinste österreichische Bundesland. **2.** Das nördlichste Bundesland ist Niederösterreich. **3.** Das südlichste Bundesland ist Kärnten.

14. **A.** Landeck, San Bernhardino-Pass, Luganer-See, Lago Maggiore, Sankt Gotthard Pass, Vierwaldstätter See.

B. „Radtour von Landeck an den Vierwaldstätter See“: 2, 5, 7, 9, 10
„Tenniscamp in Sankt Wolfgang am Wolfgangsee“: 1, 3, 4, 6 , 8

16. „Radtour...“: unserer (der) Tour, dieses (des) Landes.
„Tenniscamp...“: des Camps.

18. **A. b.** die Länge des Flusses; **c.** die Höhe des Turms; **d.** die Größe des Hauses; **e.** die Einwohnerzahl des Landes; **f.** die Architektur der Stadt; **g.** die Tiefe des Meeres; **h.** der Name des Museums; **i.** das Zentrum der Stadt.

B. b. die Länge der Flüsse; **c.** die Höhe der Türme; **d.** die Größe der Häuser; **e.** die Einwohnerzahl der Länder; **f.** die Architektur der Städte; **g.** die Tiefe der Meere; **h.** die Namen der Museen; **i.** das Zentrum der Städte.

19. **b.** Meine Großmutter ist die Mutter meiner Mutter. **c.** Meine Schwiegermutter ist die Mutter meiner Frau. **d.** Meine Enkelin ist die Tochter meines Sohnes. **e.** Mein Neffe ist der Sohn meines Bruders. **f.** Die Schwägerin ist die Frau meines Bruders. **g.** Die Kusine ist die Tochter meiner Tante.

20. **b.** der Preis des schönen Programms; **c.** der Tennisspieler des deutschen Clubs; **d.** die Mitte des dunklen Waldes; **e.** der Sportplatz des bekannten Hotels; **f.** die Anzahl der freien Plätze; **g.** die Freunde des weißen Sports; **h.** die Rekorde der deutschen Tennisschule; **i.** die Allee in der Nähe des großen Parks.

21. schönsten, Europas, des Sees, größten, der Schweiz, höchste, des Landes.

22. **B. b.** Luthers Bibelübersetzung war wichtig für die Entstehung der deutschen Sprache. **c.** Österreichs Kaiserin Maria Theresia hatte 6 Kinder. **d.** Schumanns Ehefrau war Clara. **e.** Beethovens III. Sinfonie heißt „Eroica". **f.** Romy Schneiders bekannteste Rolle war „Sissi", die Kaiserin von Österreich. **g.** Wagners Ehefrau, Cosima, war die natürliche Tochter von Franz Liszt. **h.** Deutschlands bekanntester Bundeskanzler war Konrad Adenauer.

23. Wolfgang Amadeus Mozart: **27.1.1756** in Salzburg geboren. Sein Vater war Komponist; Jesuitengymnasium in Augsburg; 1770-1771 Reise nach Italien; 1771–1779 Salzburg; 1781 Wien; 1782 Heirat; **15.11.1791** in Wien gestorben; Werke: „Die Zauberflöte", „Don Giovanni", „Jupiter Sinfonie".

Friedrich Schiller: **10.11.1759** in Marbach geboren; Sein Vater war Offizier; Militärschule in Stuttgart; Studium: Medizin; 1788–1799 Professsor in Jena; 1790 Heirat; 1804 Reise nach Berlin; **9.5.1805** in Weimar gestorben; Werke: „Die Räuber", „Wilhelm Tell", „Don Carlos", „Der Handschuh".

Text der Hörübung

Er ist am **27.1.1756** in Salzburg geboren. Er besucht das Jesuitengymnasium in Augsburg. In München und am Wiener Hof der Kaiserin Maria Theresia hat das „Wunderkind" großen Erfolg. 1770 reist er zum ersten Mal mit dem Vater allein nach Italien. 1771 kommen Vater und Sohn zurück nach Salzburg. Später reist er viel: nach Paris, Straßburg, Mannheim, Wien. 1782 heiratet er Konstanze Weber, die Kusine von Carl Maria von Weber. Zwischen den Jahren 1785-1790 entstehen „Die Hochzeit des Figaro", „Cosi fan tutte", „Don Giovanni", „Die Jupiter Sinfonie" u.a. Am **15.11.1791** starb er in Wien.

Er ist am **10.11.1759** in Marbach geboren. Sein Vater war Offizier und er musste die militärische Schule in Stuttgart besuchen. Später studierte er Medizin an der Militärakademie. 1782 kommt er nach Stuttgart, Mannheim und Frankfurt am Main. Einge Jahre sucht er eine Stellung, bis er dann 1789 Professor für Geschichte und Philosophie in Jena wird. 1790 heiratet er. Drei Jahre später beginnt seine Freundschaft mit Goethe. Am 9. Mai 1805 starb er in Weimar, als er noch nicht 46 Jahre alt war.

L 23

1. **a.** însorit; **b.** senin; **c.** înnorat; **d.** acoperit; **e.** ceaţă; **f.** burniţă; **g.** ploaie; **h.** zăpadă; **i.** aversă; **j.** furtună; **k.** grindină.
2. sonnig – Sonne; Schnee – es schneit; regnerisch – Regen, Nieselregen, Sprühregen; Nebel – neblig; bewölkt – Wolke, wolkig.
3. **b.** es schneit; **c.** es blitzt; **d.** es donnert; **e.** es regnet; **f.** es hagelt.
4. **b.** d; **c.** e; **d.** a; **e.** b; **f.** f.
5. Berlin, 12 °C, wolkig; Frankfurt, 10 °C, bewölkt; München, 12 °C, heiter; Athen, 12 °C, Regen; Varna, 2 °C, sonnig; Dublin, 11 °C, Regen; St. Petersburg, 7 °C, Schnee; Rom, 19 °C, sonnig.
6. **a.** F; **b.** F; **c.** R; **d.** F; **e.** R; **f.** F.
7. **A. b.** der Elefant, die Savanne; **c.** das Kamel, die Wüste; **d.** der Leopard, Palmen, Oliven, Bambus; **e.** der Hase, Mischwald; **f.** das Rentier, die Tundra; **g.** der Pinguin, Eis.
   B. 2. f; **3.** b; **4.** c; **5.** d; **6.** e; **7.** g.
10. **a.** Für das Sonntagskonzert gibt es keine Karten mehr. **b.** Man kann heute nicht schwimmen. Es regnet zu stark. **c.** Im Winter schneit es in den Bergen. **d.** Karl hat Fieber. Es geht ihm nicht gut. **e.** Stimmt es, was er gesagt hat? **f.** In diesem Laden gibt es billige Schallplatten. **g.** Was gibt es heute abend im Theater?
11. **a.** Es; **b.** er; **c.** es; **d.** sie; **e.** sie; **f.** Es; **g.** es; **h.** sie; **i.** es; es.
12. **a.** Urwald, Palme, Bäume, Steppe, Wald, Pflanzen, Gras; **b.** Bär, Papagei, Kamel, Fuchs, Pinguin, Löwe; **c.** Ozean, Bach, Meer, Fluss; **d.** Gebirge, Ebene, Küste, Wüste, Berg; **e.** Regen, Hagel, Donner, Gewitter, Blitz, Schnee, Wind, Glatteis.
13. **A.** Temperaturunterschied, Wetterdienst, Wettervorhersage, Pflanzenwelt, Wasserreserve, Regenfälle; **B.** Glatteis, Halbkugel, Trockengebiet.
14. Deutschland – feuchtgemäßigtes, feuchtkaltes Klima; Rumänien – kontinentales, gemäßigtes Klima.
15. r Rhein, e Donau, r Neckar, r Main, e Isar, e Spree, r Bodensee.
16. Köln am Rhein; Ulm an der Donau; Stuttgart am Neckar; Frankfurt am Main; München an der Isar. Berlin an der Spree.
17. e, b, d, c, a.
18. **a.** 5; **b.** 1,6; **c.** 2; **d.** 3; **e.** 4; **f.** 1,6.
20. **b.** ..., obwohl er das Meer liebt. **c.** ..., obwohl er gern schwimmt. **d.** ..., obwohl er gern im Gebirge wandert. **e.** ..., obwohl er oft in fremde Länder reist. **f.** ..., obwohl das Wetter schön ist. **g.** ..., obwohl seine Frau auch Urlaub hat. **h.** ..., obwohl ihn seine Kinder gebeten haben, mit ihnen ans Meer zu fahren.
21. **A. b.** Obwohl ich gern Auto fahre, habe ich kein Auto. **c.** Obwohl ich ganz gesund lebe, klopft mein Herz manchmal so komisch. **d.** Obwohl ich immer sehr fleißig bin, habe ich keinen besseren Posten bekommen. **e.** Obwohl meine Frau auch gearbeitet hat, haben wir nie viel Geld gehabt. **f.** Obwohl mein Bruder raucht und trinkt, ist er kerngesund.

B. b. Ich fahre gern Auto. Trotzdem habe ich kein Auto. **c.** Ich lebe ganz gesund. Trotzdem klopft mein Herz manchmal so komisch. **d.** Ich bin immer fleißig. Trotzdem habe ich keine besseren Posten bekommen. **e.** Meine Frau hat auch gearbeitet. Trotzdem haben wir nie viel Geld gehabt. **f.** Mein Bruder raucht und trinkt. Trotzdem ist er kerngesund.

22. **a.** obwohl; **b.** weil; **c.** obwohl; **d.** weil; **e.** obwohl; **f.** denn; **g.** obwohl.

24. **a.** mäßiger, schwacher **b.** heiter; **c.** gemäßigtes; **d.** trocken; **e.** wechselhaft.

25. Wenn der Hahn kräht auf dem Mist, ändert sich das Wetter; Gewitter im Mai, ruft der Bauer juchhei; Ist der Januar hell und weiß, wird der Sommer sicher heiß; April, April, der weiß nicht, was er will; Wenn es im September noch donnern kann, so setzen die Bäume viel Blätter an; Wenn es Siebenschläfer regnet sind wir mit sieben Wochen Regen gesegnet.

26. **c.**

Text der Hörübung

a. Wechselnd, überwiegend stark bewölkt, zeitweilig Schauer. Temperaturen bei 15°, nachts 9-6°. Frischer, starker bis stürmischer Wind.
b. Sonnig und niederschlagsfrei. Temperaturen um 11°, nachts 3° bis 0°. Am Erdboden leichter Frost. Schwacher bis mäßiger Ostwind.
c. Teils wolkig, teils heiter. Zum Nachmittag, Erwärmung auf 24°, abends und in der Nacht vereinzelt Gewitter. Temperaturen bei 14°.

L 24

2. **b.** 3; **c.** 4; **d.** 2; **e.** 6; **f.** 1.

3. Bitburger, König, Erdinger.

5. herstellen; erklären; r Geschmack; r Vergleich; e Verarbeitung; unterscheiden; diskutieren.

6. **b.** 3; **c.** 5; **d.** 6; **e.** 1; **f.** 4.

7. f, d, g, c, a, b.

8. **a.** Sonnenblume; **b.** dunkel; **c.** Cola; **d.** Fenster; **e.** Wein; **f.** Malz; **g.** Rührei.

9. **b.** 3; **c.** 8; **d.** 6; **e.** 1; **f.** 4.

10. **a.** C; **b.** B; **c.** A.

11. **b.** B; **c.** B; **d.** A; **e.** C; **f.** B; **g.** A; **h.** A; **i.** B.

12. **2.** a; **3.** b; **4.** c; **5.** c; **6.** c.

13. **A. 2.** Das belgische Bier wird zwei Jahre gelagert. **3.** 2700 Hektoliter Bier werden täglich gebraut. **4.** Viele Hektoliter Flaschenbier werden täglich erzeugt. **5.** Es wird nur an Privatunternehmer verkauft. **6.** Die Biersaison wird eröffnet.
B. es wird, es werden; **b.**

15. **A. b.** 3; **c.** 6; **d.** 2; **e.** 5; **f.** 7; **g.** 4; **h.** 1.
B. b. In München wird viel Bier getrunken. **c.** In Hollywood werden Filme gemacht. **d.** In Rio wird auf dem Karneval Samba getanzt. **e.** In Paris werden viele Modekollektionen präsentiert. **f.** In Genf werden Uhren hergestellt. **g.** In Köhln wird Kölnischwasser hergestellt. **h.** In Salzburg werden jährlich Festspiele organisiert.

16. **b.** Die Zeitschrift wird gern gelesen. **c.** Der Schlager wird überall gesungen. **d.** Das Thema wird viel diskutiert. **e.** Der Roman von Grass wird überall gekauft. **f.** Der Film von Fassbinder wird überall gezeigt.

17. **b.** Nein, sie müssen erst geschält werden. **c.** Nein, es muss erst gekocht werden. **d.** Nein, sie müssen erst geputzt werden. **e.** Nein, sie muss erst erwärmt werden.

18. **b.** Das Dynamit wurde 1867 von Nobel erfunden. **c.** Die Taschenuhr wurde 1510 von Henlein erfunden. **d.** Die Multipliziermaschine wurde 1674 von Leibniz erfunden. **e.** Die Dampfmaschine wurde 1765 von Watt erfunden.

19. **b.** Nordamerika wurde um 1000 von Leif Eriksson (Wikinger) entdeckt. **c.** Alaska wurde 1741 von Bering/Steller entdeckt. **d.** Das Penizillin wurde 1928 von Fleming entdeckt. **e.** Der Tuberkelbazillus wurde 1882 von Koch entdeckt.

20. **2.** Vormittags werden die Getränke kaltgestellt. **3.** Vormittags wird die Tomatensuppe zubereitet. **4.** Zwei Stunden bevor die Gäste kommen, wird der Braten in den Backofen geschoben. **5.** ... wird das Gemüse vorbereitet. **6.** ... werden die Erdbeeren geputzt. **7.** ... kann eine kleine Pause gemacht werden. **8.** 30 Minuten vorher wird der Braten herausgenommen. **9.** 30 Minuten vorher werden die Kartoffeln gekocht. **10.** 30 Minuten vorher wird die Soße zubereitet. **11.** Wenn die Gäste kommen, wird die Suppe erwärmt. **12.** ... wird das Hauptgericht angerichtet. **13.** ... wird das Essen serviert.

21. 1. Bitburger
2. Pils
3. Gerste
4. Biergarten
5. Flaschen
6. Hopfen
7. Brauen
8. Oktoberfest
9. Hefe

L 25

1. **a, e, d, f, c, b.**

2. war, hatte gebracht, merkte, fehlte, kam, gekrochen, fühlte, fehlt, fragte, machte, wickelte ein, brachte, blieb, spielen gingen, lag, wusste, ist, blieb, wurde, verließ, lag, aß, wurde, gefressen, sagt.

3. **b.** gingen – gehen; **c.** lag – liegen, **d.** fragte – fragen; **e.** brachte – bringen; **f.** wusste – wissen; **g.** aß – essen; **h.** fühlte – fühlen; **i.** wickelte – wickeln; **j.** zeigte – zeigen; **k.** verließ – verlassen; **i.** merkte – merken.

5. **b.** flog; **c.** floss; **d.** zogen an; **e.** zog an; **f.** verlor.

6. **b.** liefen; **c.** hielt; **d.** gefiel; **e.** schlief; **f.** rief an; **g.** fiel.

7. **a.** las; **b.** vergaß; **c.** lagen; **d.** sahen; **e.** saßen; **f.** gab; **g.** aßen; **h.** lag; **i.** vergaß.

8. **a.** fuhr; **b.** wuchsen; **c.** wuschen; **d.** trug.

9. **a.** schrieb; **b.** blieben; **c.** schien; **d.** stiegen; **e.** hieß.

10. **a.** die Farbe; **b.** Presse; **c.** auf der Wand; **d.** auf dem Baum; **e.** Fleiβ.
11. h, a, c, b, e, g, f, d.
12. **1.** c; **2.** b; **3.** c; **4.** b.
13. **b.** 1; **c.** 2; **d.** 3; **e.** 4; **f.** 6.
16. **b.** Wenn er nachmittags nach Hause kommt, wartet sie schon auf ihn. **c.** Wenn sie beim Tee sitzen, erzählen sie von ihrer Arbeit. **d.** Wenn sie ins Theater geht, sieht er meistens fern. **e.** Wenn sie heute die Rolle von Ophelia spielt, sitzt er im Saal. **f.** Wenn sie Erfolg hat, freut er sich.
17. **b.** ich Urlaub mache. **c.** gehe ich zur Arbeit. **d.** wir Gäste haben. **e.** gehe ich manchmal aus. **f.** ich krank bin.
18. **b.** Als er zehn Jahre alt war, fiel er vom Fahrrad. **c.** Als er vier Jahre alt war, lernte er schwimmen. **d.** Als er vierzehn Jahre alt war, verliebte er sich zum ersten Mal. **e.** Als er fünfzehn Jahre alt war, telefonierte er viel. **f.** Als er fünf Jahre alt war, wusch er sich nicht gern. **g.** Als er zweiunddzwanzig Jahre alt war, heiratete er. **h.** Als er dreiβig Jahre alt war, begann er sich für Politik zu interessieren. **i.** Als er fünfundzwanzig Jahre alt war, hatte er das erste Kind.
19. **a.** als; **b.** wenn; **c.** als; **d.** wenn; **e.** als; **f.** wenn; **g.** wenn.
20. **a.** wann; **b.** wenn; **c.** wann; **d.** wenn; **e.** wann; **f.** wann; **g.** wann; **h.** wenn; **i.** wenn.
21. war, trug, schickte, wohnte, begegnete, wusste, war, erzählte, tat, ging, fraβ auf, zog an, setzte auf, legte sich, zog vor, kam, stand offen, ging, zog zurück, lag, sah aus.
22. Regenwurm.
23. Die sieben sprachen: Vater, erzählt uns eine Geschichte! Da fing der Vater an: Es war einmal ...
24. Es war einmal eine Frau, / die hatte fünf Töchter. / Die fünf sprachen: / Mutter, erzähl uns eine Geschichte! / Da fing die Mutter an: / Es war einmal ...
25. **A.** Wiegenlied.
B. **a.** R; **b.** F; **c.** F; **d.** F; **e.** R.

Text der Hörübung

Franz Schubert hatte eines Tages wieder einmal kein Geld mehr in der Tasche. Aber er musste ja trotzdem etwas essen! So ging er einfach in ein Wiener Gasthaus und setzte sich. Auf dem Tisch lag eine Zeitschrift. Als Schubert ein wenig darin herumblätterte, sah er ein kleines Gedicht, das ihm ganz gut gefiel. In ein paar Minuten komponierte er die Musik dazu und gab die Noten dem Wirt. Dieser war natürlich sehr erfreut, denn er wusste, wer Schubert war, er brachte ihm eine groβe Portion Kalbsbraten mit Kartoffeln. Das war Schuberts Leibgericht, und er aβ mit gröβtem Appetit.
Das Lied wurde 30 Jahre nach Schuberts Tod auf einer Versteigerung für 40 000 Mark verkauft. Es war das berühmte Wiegenlied von Schubert.

e Versteigerung, -en = licitaţie
s Leibgericht, -e = mâncarea preferată

L 26

1. **a.** Schule, Schulsystem; **b.** Schüler, erster Schultag, Stundenplan, Schulfächer, usw.
3. **a.** Inge: Grundschule, Realschule, Berufsschule, Abendschule; **b.** Jürgen: Grundschule, Hauptschule; **c.** Henning: Grundschule, Gesamtschule; **d.** Dirk: (Grundschule), Gymnasium.
4. **a.** R; **b.** F – Mit 6 Jahren ...; **c.** R; **d.** F – Die Hauptschule umfasst 5 ...; **e.** R; **f.** R; **g.** R; **h.** R; **i.** R.
5. **a.** Grundschule; **b.** erste Stufenprüfung; **c.** die Gesamtschule; **d.** zweite Stufenprüfung; **e.** Hochschule.
7. **a.** Hauptschulabschulss; sehr gut, Notendurchschnitt, überdurchschnittlich, Realschulabschuss, der Abschluss, das Ergebnis, ausreichend; **b.** Hauptschule, Berufschule, Ausbildung, Gymnasium, Gesamtschule, Abendschule, Bildungsziel; aber auch: sehr gut, Hauptschulabschluss, Realschulabschluss, der Abschluss.
8. **a.** Abitur; **b.** Gymnasium; **c.** 6 Jahre; **d.** Hauptschulabschluss; **e.** Schultüte.
9. **a.** Bildungsweg; **b.** Schultüte; **c.** Abschluss, fortsetzt; **d.** studieren; **e.** Zugangsberechtigung; **f.** Notendurchschnitt.
10. **a.** 7, 6; **b.** 4, 4; **c.** nein, ja; **d.** 12 Jahre, 13 Jahre; **e.** nein, ja; **f.** ja, ja.
12. **a.** ja; **b.** ja; **c.** nein; **d.** ja; **e.** nein; **f.** ja; **g.** ja; **h.** nein.
13. **a.** Motivation, Organisation, Erfolg, Methode, Konzentration, Wiederholung, Teamarbeit, u. a. **b.** persönliche Probleme, Stress, Vergessen, Störfaktoren.
15. **a.** die; **b.** denen, denen, die; **c.** die, denen; **d.** die; **e.** denen; **f.** denen, die.
17. **a.** nach; **b.** mit; **c.** an; **d.** über.
19. **a.** von dieser; **b.** über; **c.** nach ihrem; **d.** für den; **e.** für diesen, für; **f.** von den.
20. **a.** worüber, über, darüber; **b.** worauf, auf, darauf; **c.** wofür, für, dafür; **d.** wonach, nach, danach; **e.** worüber, über, darüber.

L 27

1. **B.** 3; **C.** 10; **D.** 9; **E.** 7; **F.** 1; **G.** 4; **H.** 11; **I.** 12; **J.** 5; **K.** 2; **L.** 6.
2. **b.** 4; **c.** 2, 7, 8, 9; **d.** 7; **e.** 8; **f.** 3; **g.** 5; **h.** 1, 9; **i.** 2.
3. **b.** Der Kellner; **c.** Der Augenoptiker; **d.** Der Kraftfahrzeugmechaniker; **e.** Die Krankenschwester; **f.** Der technische Zeichner; **g.** Die Hausfrau; **h.** Der Zahnarzt; **i.** Die Kindergärtnerin; **j.** Der Priester; **k.** Der Schreiner; **l.** Der Koch.
4. **a.** B, C, D, G, H, I, L; **b.** C, I, mai sunt şi alte răspunsuri posibile; **c.** D, J; **d.** E, H, K; **e.** F; mai sunt şi alte răspunsuri posibile; **f.** D, J; **g.** A, B, C, K, L; **h.** B, C, D, E, I, J, K, H; **i.** A, H; **j.** D. mai sunt şi alte răspunsuri posibile; **k.** A, C, D, I, J, K.
5. **Industrie/Handwerk:** Mechaniker, Montierer, Maschinist, Ingenieur, Kraftfahrer, Friseur, Maurer, Keramiker, Maschinenbautechnikerin;
   Dienstleistung: Mechaniker, Köchin, Maschinist, Ärztin, Ober, Kraftfahrer, Friseur, Bibliothekar, Erzieherin, Schauspieler, Lehrerin, Apothekerin, Kauffrau;

technische Berufe: Mechaniker, Montierer, Maschinist, Ingenieur, Kraftfahrer, Maschinenbautechnikerin;
akademische Berufe: Ingenieur, Ärztin. Apothekerin;
andere Tätigkeiten: Hausfrau, Maler.

6. **b.** 75; **c.** 57; **d.** 45; **e.** 35; **f.** 32; **g.** 28; **h.** 25; **i.** 17; **j.** 16; **k.** 14; **l.** 11; **m.** 8; **n.** 6.

9. **Jungen:** Naturwissenschaftler, Ingenieur, Manager;
Frauen: Künstlerin, Modedesignerin, Managerin in einem Hotel.

10. Tina **F.** 29, Friseurin, Friseuse, Realschule, Friseurlehre; Christina **H.** 28, –, Krankenschwester, Gymnasium, Fachausbildung; Sibylle **M.** 23, handwerklicher Beruf, Augenoptikerin, –; Kerstin **H.** 30, –, –, Gesamtschule, Gymnasium; Max **P.** 22, Bürokaufmann, Automechaniker, –; Claudia **H.** 26, –, Floristin, –.

11. **a.** Tina, Christina, Kerstin; **b.** Tina, Sibylle, Claudia; **c.** Claudia, Max; **d.** Claudia, Max.

12. **b.** kochen, das Kochen, die Köchin, das Kochrezept, usw. **c.** malen, die Malerin, die Malerei, usw. **d.** brauen, die Brauerei; **e.** backen, die Bäckerei, der Backofen, usw. **f.** weben, die Weberin, die Weberei, usw. **g.** handeln, Handel treiben, die Handelsgesellschaft, der Großhandel, usw. **h.** singen, die Sängerin, der Gesang, die Sängerschule, usw. **i.** kaufen, verkaufen, das Kaufhaus, die Großkaufhalle, usw.

14. die Bezieh*ung*, der Verkauf, der Unterricht, der Berufsberat*er*, die Autowerkstatt, die Kundenberat*ung*, der Anfang, die Schneider*in*, die Berufswahl, die Handl*ung*, die Sparkasse, der Traumberuf, der Arbeitsplatz, der Familienbetrieb, die Friseurlehre, das Kaufhaus, der Industriebetrieb, die Lieblingstätig*keit*, die Lehrstel*le*, die Wichtig*keit*.

15. **a.** EDV-Fachleute, sozialpflegerische Berufe, Krankenschwestern, Sprechstundenhelfer; **b.** Schlosser, Chemiearbeiter, Lagerist, Drucker, Kraftfahrer, usw. **c.** Textilberufe, Landwirte, Maurer, Hilfsarbeiter, Handelsvertreter.

16. **b.** ein Beruf, in dem es wenig Fachleute gibt; **c.** ein Beruf, der auch in der Zukunft gefragt wird.

18. **b.** nein; **c.** ja; **d.** ja; **e.** nein; **f.** ja; **g.** nein.

19. **Arbeitstugenden:** Präzision, Fähigkeit zur Teamarbeit, erweiterte Fachkenntnisse, Offenheit andere zu informieren, Freundlichkeit, Pflichtgefühl, Verantwortungsgefühl, fleißig sein, lernen können, geistige Mobilität, Pünktlichkeit, analysierendes Denken;
Arbeitszeit: schwingende Arbeitswoche, variable Arbeitszeit, Teilzeitarbeit;
Arbeitsbereiche: Dienstleistung, komplexe Arbeitsbereiche, Steuerungstätigkeit.

21. **b.** Christina sollte Architektur studieren. **c.** Max mußte Automechaniker werden. **d.** Sibylle wollte handwerklich arbeiten. **e.** Kerstin musste mit giftigen Stoffen arbeiten.

22. **a.** sollen; **b.** wollen; **c.** müssen.

24. **b.** musste; **c.** musste; **d.** durfte; **e.** konnte; **f.** sollte; **g.** wollte; **h.** konnte; **i.** musste; **j.** konnte.

26. **Anzeige A: Beruf:** Sekretärin, **Aufgaben:** es stehen keine Infos in der Anzeige, **Berufsausbildung:** keine Infos, **persönliche Eigenschaften:** keine Infos, **besondere Fähigkeiten:** organisatorische Fähigkeiten, Vertrautheit mit den Büroarbeiten, Kenntnisse in Textverarbeitungssystemen; **besondere Kenntnisse:** englische Sprachkenntnisse, **Firma bietet:** übliche Sozialleistungen.
Anzeige B: Beruf: Bürogehilfin, **Aufgaben:** keine Infos; **Berufsausbildung:** keine Infos; **persönliche Eigenschaften:** keine Infos; **besondere Fähigkeiten:** keine Infos, **besondere Kenntnisse:** PC-Erfahrung; **Firma bietet:** gutes Arbeitsklima, leistungsgerechtes Gehalt.

27. Petra Maurer
Berliner Straβe 7
Dortmund 1

Lebenslauf

Ich, Petra Maurer, geb. Pott, wurde am 16.08.1955 in Aschaffenburg / Main geboren. Mein Vater, Karl Pott, war Arbeiter in einem groβen Stahlwerk, meine Mutter Karla, geb. Bauer, ist Hausfrau.
Von 1962 bis 1966 besuchte ich die Grundschule in Bergen / Enkheim und dann von 1966 bis 1969 das das Schillergymnasium in Frankfurt am Main.
Von 1969 bis 1972 besuchte ich die Brüder Grimm Realschule in Frankfurt und machte den Realschulabschluβ.
Von 1972 bis 1974 besuchte ich das Dolmetscherinstitut in Mainz und studierte Englisch und Spanisch.
Die Fremdsprachen haben mir immer gefallen, darum entschied ich mich Dolmetscherin zu werden.
Von 1974 bis 1976 machte ich ein Sprachpraktikum in den U.S.A.
Seit dem 01.04.1976 arbeite ich als Sekretärin bei der Firma Euromobil Import / Export in Offenbach.
Im Jahre 1978 heiratete ich den Exportkaufmann Joachim Maurer.
1981 begann ich einen Sekretärinnenkurs in den Abendschule und machte 1982 Abschluβprüfung vor der Industrie – und Handelskamer. Ich wurde geprüfte Sekretärin.
Im Jahre 1982 habe ich mich von Joachim Maurer scheiden lassen.

Petra Maurer

L 28

1. **1.** der Kopf; **2.** das Haar; **6.** das Auge; **7.** die Nase; **9.** der Zahn; **10.** das Herz; **13.** die Hand; **17.** der Fuß.

2. **5.** die Schlagader; **8.** die Lunge; **2.** das Herz; **7.** die Leber; **1.** der Magen; **4.** die Niere; **6.** der Darm.

3. **b.** Haut; **c.** Rücken; **d.** Kraft; **e.** Körper; **f.** Blut.

4. **b.** fünf Finger – sechs Finger; **c.** schlanke Beine – dicke Beine; **d.** lange Zehen – kurze Zehen; **e.** einen kleinen Mund – einen großen Mund; **f.** eine schmale Nase – eine breite Nase; **g.** schlanke Arme – breite Arme.

5. **a.** Der Mann hat genauso kurze Haare wie der Hund, einen genauso dicken/großen Bauch, genauso große Augen, genauso kleine Ohren, genauso kleine Nase, genauso kleinen Mund, einen genauso großen Kopf; **b.** Der Mann ist genanso kurz und dick wie der Hund; **c.** Der Hund ist schneller als der Mann; **d.** Der Hund ist genauso kräftig wie der Mann.

6. **b.** die Grippe; **c.** Pille; **d.** Wunde; **e.** Krankheit; **f.** Rückenschmerzen.

7. Aspirin; ben-u-ron; Olynth; Melrosum; Nasovit; Transpirin; Aurimed; Ossogen.

8. **2.** Bepanthen, Salbe; Chirurgie, Hautkrankheiten, Zahnheilkunde; ein bis mehrmals täglich anwenden.

3. ben-u-ron: Suppositorien; magenverträgliches Schmerzmittel; Fieber; zwei bis dreimal täglich.

4. Olynth 0,1%: Lösung; Erkältung; 2-3 Tropfen in jedes Nasenloch.

5. Melrosum: Hustensirup; katarrhalische Erkrankungen der Atmungsorgane, Erwachsene 3 Mal täglich 1 Esslöffel; Jugendliche und ältere Kinder: 3 Mal täglich 2 Teelöffel; Kleinkinder: 3 Mal täglich 1 Teelöffel; Säuglinge: 2-3 Mal täglich 1/2 Teelöffel.

6. Nasovit; Spray; Schnupfen; nach Bedarf.

7. Aurimed; Tropfen; 3-4 täglich 2-4 Tropfen ins Ohr.

8. Ossogen; Tabletten; Entzündungen; alle 2-3 Stunden eine Tablette.

9. Transpirin; Tabletten; Fieber und Schmerzen; nach Verordnung.

9. **a.** Zwei Drittel; **b.** im Arzneimittel-Konsum; **c.** Pflanzentees, homöopathische Mittel, Akupunktur.

12. **b.** 1; **c.** 4; **d.** 3; **e.** 3; **f.** 5; **g.** 3; **h.** 4; **i.** 2

13. **A.** a, b, c – Infinitiv mit zu; d, e, f – Infinitiv ohne zu

B. einfacher Infinitiv nach Modalverben

15. **b.** zu heilen; **c.** einzunehmen; **d.** durchzuspülen; **e.** verwenden

16. **b.** Ich habe keine Zeit, in den Urlaub zu fahren; **c.** Ich habe keine Zeit, zum Arzt zu gehen; **d.** Ich habe keine Zeit, mich auszuschlafen; **e.** Ich habe keine Zeit, in ein Konzert zu gehen; **f.** Ich habe keine Zeit, mit meinen Kindern zu spielen; **g.** Ich habe keine Zeit, mit meinem Hund spazieren zu gehen.

17. **b.** anzurufen; **c.** zu backen; eine Torte zu essen; **e.** zusammenzusitzen; **f.** zu tanzen; **g.** Es ist schwer, ein gutes Lokal mit guter Tanzmusik zu finden.

18. **b.** Ich finde es gefährlich, 40 Zigaretten pro Tag zu rauchen; **c.** Ich finde es anstrengend, 60 Stunden pro Woche zu arbeiten; **d.** Ich finde es gefährlich, jeden Abend Schlaftabletten zu nehmen; **e.** Ich finde es schön, zwei Stationen früher aus der U-Bahn auszusteigen und zu Fuß zu gehen; **f.** Ich finde es schön, jeden Abend Freunde einzuladen; **g.** Ich finde es schwierig, auf einer

8. **Mit Hochschulstudium:** Zahnarzt, Priester, Ingenieur, Apotheker, Lehrerin, Künstler, Schauspieler, Architekt, Naturwissenschaftler, Manager, Opersängerin.
Ohne Hochschulstudium: Hausfrau, Schreiner, Kindergärtnerin, Kraftfahrzeugmechaniker, Krankenschwester, Sekretärin, Verkäufer, Koch, Schneiderin, Bäcker, Kellner.

9. **b.** Automechaniker; **c.** Bauer; **d.** Hausfrau; **e.** Sekretärin; **f.** Politiker; **g.** Apotheker.

10. **b.** lernte; **c.** besuchten; **d.** gingen spazieren; **e.** wohnte, zeigte; **f.** verliebten; **g.** studierte, hatten; **h.** ging auseinander.

11. **a.** konnte, musste; **b.** solltest; **c.** wollte, konnte; **d.** Musstet; **e.** mussten; **f.** konnte, mussten.

12. **b.** –; **c.** zu; **d.** –; **e.** zu; **f.** –; **g.** zu; **h.** zu; **i.** zu; **j.** zu.

13. **b.** das; **c.** der; **d.** dem; **e.** der; **f.** den; **h.** die.

14. **a.** Zehe; **b.** Rücken; **c.** Arm; **d.** Zehe; **e.** Hals; **f.** Schlagader.

15. **a.** das Haar, die Stirn, die Ohren, das Gesicht.
b. die Leber, die Gallenblase, die Lunge, das Herz, der Magen, die Niere, der Darm.
c. der Oberarm, der Unterarm, der Ellenbogen, die Hand, der Finger.
d. der Fuß, das Knie, die Zehe.
e. die Brust, der Bauch, die Schulter, der Rücken.
f. das Auge, das Ohr, die Nase, die Stirn, der Mund, die Wange.

16. **1.** *Mann:* hat ein rundes Gesicht, hat zwei gleich große Augen, hat einen normalen Hals; **2.** *Mann:* ist der Kriminelle; **3.** *Mann:* hat ein breites, rundes Gesicht, hat einen zu langen Oberkörper und kurze Beine, hat gleich große Augen; **4.** *Mann:* hat eine lange Nase und ein rundliches Gesicht, hat kurze Beine und einen dicken Oberkörper.

17. Dialog A:
A: Ich glaube, ich habe eine Grippe bekommen. Der Hals tut mir weh! Bin ich rot im Hals?
B: Da sieht aber gar nicht gut aus. Hast du schon Fieber gemessen?
A: Nein, so schlimm ist es nicht. In ein paar Tagen bin ich wieder gesund.
B: Ich glaube, es ist aber besser, wenn ich das Thermometer bringe.
Dialog B:
A: Also, was tut Ihnen weh?
B: Na ja, vor allem der Hals und der Kopf. Und ich fühle mich so müde.
A: Haben Sie das Fieber gemessen?
B: Ja, ich habe über 39 °C, aber ich bekomme immer schnell hohes Fieber.
A: Haben Sie schon etwas eingenommen?
B: Ich habe ein Aspirin geschluckt und einen heißen Tee getrunken.
A: Das ist richtig, aber Sie müssen reichlich Vitamin C zu sich nehmen und viel Kräutertee trinken.

18. **a.** leicht; **b.** fett; **c.** dick; **d.** dunkel; **e.** hart; **f.** dick.

19. **1.** Die Kartoffeln werden geschält, gewaschen und in kleine Würfel geschnitten. Der Lauch wird geputzt, in feine Ringe geschnitten. **2.** Kartoffeln, Lauch und Butter werden zwei Minuten in der Mikrowelle gegart. **3.** Die Fleischbrühe sowie die Sahne werden untergerührt. Die Suppe wird mit Salz und Pfeffer abgeschmeckt, etwa 12 Minuten in der Mikrowelle gegart, bis die Kartoffeln weich sind. **4.** Inzwischen wird die Pertersilie gewaschen und klein geschnitten. **5.** Die Suppe wird mit Petersilie betreut serviert.

20. Der Italiener hat das Zebra.

Test 1

A. **b.** F; **c.** R; **d.** F; **e.** R

B. **1.** c; **2.** d; **3.** b; **4.** c; **5.** b; **6.** b; **7.** d; **8.** d; **9.** c; **10.** c.

C. **1.** c; **2.** b; **3.** c; **4.** b; **5.** c; **6.** b; **7.** b; **8.** c; **9.** b; **10.** a.

D. **1.** hundert; **2.** sehen; **3.** Jahren; **4.** Wetter; **5.** voll; **6.** essen; **7.** hellen; **8.** Käse; **9.** diese; **10.** Getränke.

L 30

1. **a.** R; **b.** F; **c.** R; **d.** R; **e.** R.

2. **1.** c; **2.** i; **3.** d; **4.** e; **5.** f; **6.** g; **7.** h; **8.** a, **9.** b.

3. **Bild 2:** Hier darf nicht eingefahren werden; **Bild 3:** Hier darf nicht mehr als 60 km/h gefahren werden; **Bild 4:** Hier darf nicht gehalten werden; **Bild 5:** Hier darf nicht geparkt werden; **Bild 6:** Hier muss Vorfahrt gewährt werden; **Bild 7:** Hier muss sehr langsam gefahren werden; **Bild 8:** Hier darf nur in eine Richtung gefahren werden; **Bild 9:** Hier muss eine Umleitung gefahren werden.

4. **a.** die Bremse; **b.** die Scheinwerfer; **c.** das Auspuffrohr; **d.** der Blinker; **e.** der Kotflügel; **f.** der Kühler; **g.** die Stoßstange; **h.** die Windschutzscheibe; **i.** Reifen; **j.** den Kofferraum.

5. **1.** Inge; **2.** Max; **3.** Maria; **4.** Jürgen; **5.** Max; **6.** Sebastian.

6. comparativ; cu cât ... cu atât.

8. **b.** Je mehr du arbeitest, desto mehr Geld verdienst du; **c.** Je billiger das Hotel ist, desto kleiner sind die Zimmer; **d.** Je leiser der Lehrer spricht, desto weniger verstehen die Schüler; **e.** Je schneller du fährst, desto größer ist die Gefahr; **f.** Je größer das Krankenhaus ist, desto mehr Patienten haben darin Platz; **g.** Je mehr du übst, desto besser sprichst du Deutsch; **h.** Je öfter er trainiert, desto bessere Chancen hat er.

9. **a.** Je älter das Auto ist, desto mehr Reparaturen muss man machen. **b.** Je breiter die Straβen sind, mehr Autos haben Platz. **c.** Je teurer der Wagen ist, desto schneller kann man fahren. **d.** Je gröβer der Kofferraum ist, desto mehr Gepäck kann man hineinlegen. **e.** Je besser die Reifen sind, desto sicherer kann man fahren.

11. **b.** Fahrplan; **c.** Rad fahren; **d.** mitfahren; **e.** Fahrt; **f.** Fahrstuhl; **g.** Fahrzeuge; **h.** Fahrer.

12. Text A: a, b, c, d, e, g; Text B: a, e, f.

13. **1. Fehler:** auf der Lindenstraße kommt nur ein Radfahrer; **2. Fehler:** auf der Schlossstraße kommen ein Pkw und ein Lkw; **3. Fehler:** der Radfahrer müsste an der Kreuzung Schlossstraße mit der Lindenstraße Vorfahrt haben; **4. Fehler:** Ein Bus fährt auf der Lindenstraße an der Ratsapotheke vorbei.

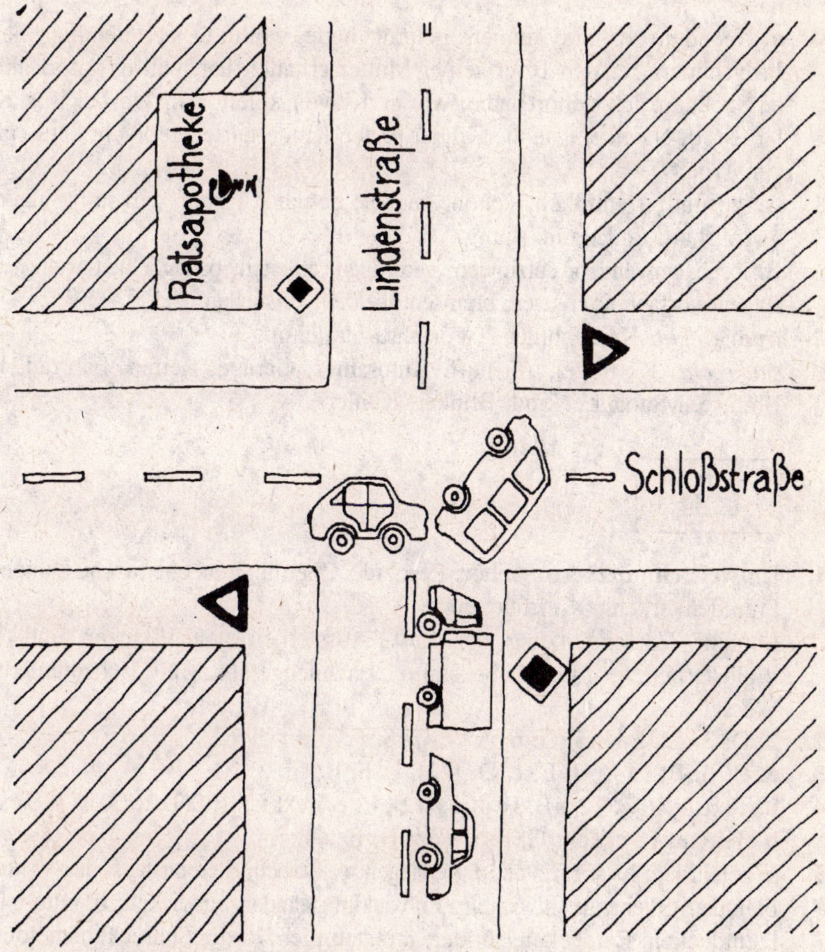

16. du hattest gelesen; er hatte gelesen; wir hatten gelesen; ihr hattet gelesen; sie hatten gelesen; du warst gegangen; er war gegangen; wir waren gegangen; ihr wart gegangen; sie waren gegangen; ich hatte gekauft; er hatte gekauft; wir hatten gekauft; ihr hattet gekauft; sie hatten gekauft; ich war gefahren; er war gefahren; wir waren gefahren; sie waren gefahren.

17. **b.** aber sie hatte den Film schon gesehen; **c.** aber sie hatte schon eine Stadtrundfahrt gemacht; **d.** aber sie war schon ins Museum gegangen; **e.** aber sie hatte die Kunstaustellung schon besichtigt; **f.** aber sie hatte die Messe schon besucht.

19. **b.** gereist war; **c.** gelebt hatte; **d.** gegessen hatte; **e.** gesehen hatte; **f.** getrunken hatte.

20. **a.** Nachdem er sie kennen gelernt hatte, wollte er sie unbedingt heiraten; **b.** Nachdem er den Brief seiner Mutter erhalten hat, will er sofort abreisen; **c.** Nachdem ich gehört habe, wie er Klavier spielt, will ich bei ihm Klavier lernen; **d.** Nachdem sie die Kinder in den Kindergarten gebracht hatte, ging sie zur Arbeit.

21. **A.** gesund; freundlich; schön, sauber; schlank; groß; wirksam; jugendlich, warm; kalt; faul; krank; jung.
B. lösen; anwenden; entzünden; verordnen; anleiten; behandeln; husten; wickeln; achten; vorfahren; kreuzen; bremsen; melden; versuchen.

22. *waagerecht:* Kraftfahrzeug, Vorfahrt, Umleitung
senkrecht: Kotflügel, Auspuff, Autofahrer, Garage, Reifen, Fahrrad, Unfall, Bremse, Motor, Lenkrad, Blinker, Kühler.

L 31

1. **Umweltschmutzverursacher:** Pestizide, Chemikalien, chemische Düngemittel, Fremdenverkehr, Kraftfahrzeuge.
Folgen: Verschmutzung der Luft, Aussterben von Pflanzen und Tieren, Waldsterben, vergiftete Lebensmittel, Lawinengefahr, Müll, Verschmutzung des Wassers.

2. 2. D; **3.** E; **4.** H; **5.** G; **6.** A; **7.** C; **8.** F.

3. **a.** C; **b.** B; **c.** A; **d.** E; **e.** D; **f.** H; **g.** F; **h.** G.

4. **b.** Text A, R; **c.** Text B, F; **d.** Text B, R; **e.** Text C, R; **f.** Text D, R; **g.** Text E, R; **h.** Text F, F; **i.** Text G, F; **j.** Text H, F.

5. **a.** gefährden; **b.** –; **c.** retten; **d.** versiegen; **e.** sterben; Sterbeliste; **f.** das Verkehr, der Fremdenverkehr; **g.** entwickeln, Entwicklungsländer; entwickelt; **h.** retten, rettbar; **i.** entdecken, Entdeckungsbilder; **j.** erstaunlich; **k.** die Schreckensmeldung, die Meldung; **l.** die Bedrohung, bedrohlich; **m.** schmecken, schmeckhaft; **n.** die Brandrodung; **o.** giftig; **p.** fordern; **q.** lebendig; **r.** der Schutz, der Umweltschutz, der Naturschutz.

6. **a.** Umwelttips; **b.** Gefahr; **c.** Tatort; **d.** Aussterben; **e.** Brandrodung.

8. werden verschwinden = c; werden speichern = c; benutzt werden = b; werden wegnehmen lassen = c; werden kämpfen = c.

9. **b. A.** Es wird weniger Probleme mit der Umwelt geben. **B.** Es wird viel mehr Probleme mit der Umwelt geben.
c. A. Es wird weniger kranke Menschen/weniger Krankheiten geben. **B.** Es wird mehr kranke Menschen/mehr Krankheiten, gefährlichere Krankheiten geben.
d. A. Es wird keine Kriege mehr geben/weniger(e) Kriege geben. **B.** Es wird sehr viele/mehrere Kriege geben.
e. A. Es wird genügend Nahrungsmittel geben. **B.** Es wird nicht genug/ungenügend Nahrungsmittel geben.
f. A. Der Wohnraum wird genügend groβ sein. **B.** Der Wohnraum wird nicht groβ genug sein.

10. **1.** b; **2.** c; **3.** h; **4.** c; **5.** j; **6.** i; **8.** f; **9.** d; **10.** g.

13. **b.** Energieträger; **c.** Abfall; **d.** Düngemittel; **e.** umweltfreundliche Initiativen;
b. alles tun, um den Abfall zu vermeiden;
c. ...., um die Vielfalt der Pflanzen zu erhalten.
d. ...., um die Landschft und den Boden zu schützen.
e. ...., um Lärm zu vermeiden.
f. ...., um das Wasser rein zu halten.
g. ...., um gefährdete Tierarten zu schützen.
h. ...., um Anbau und Verkauf gesunder Nahrung zu erreichen.
i. ...., um ein umweltbewusster Verbraucher zu sein.
j. ...., um die Luft nicht zu verschmutzen.

14. **c.** Viele Frauen nehmen Tabletten zum Abnehmen, um schlank zu bleiben.
d. Frau Meyer kauft Tabletten, damit sich ihre Kinder besser konzentrieren können.
e. Herr Baumann kauft Tabletten, damit seine Frau gesund werden soll.
f. Der Arzt verschreibt dem Sänger Halstabletten, damit er morgen wieder singen kann.
g. Viele Sportler nehmen gefährliche Medikamente, um bessere Leistungen zu haben.
h. Einige Ärzte verschreiben zu viele Medikamente, um dadurch mehr zu verdienden.

15. **Interview 1:** Altpapier, Altglas, Alufolie, Spül- und Waschmittel, bei sich;
Interview 2: Auto, Luftverschmutzung, Fahrrad, Bürgerinitiativen;
Interview 3: Umweltschutz, Katalysator, Profitgier, umweltfreundliche;
Interview 4: Umweltverschmutzung, phosphatfreies, Spraydosen, spenden.

Text der Hörübung

Wiedergabe des Interviews: Interview auf der Straβe.
Studiosprecher: Willkommen im Morgenmagazin, liebe Hörerinnen und Hörer. Eines unserer wichtigsten Probleme von heute ist die Umweltverschmutzung, was für konkrete Aktionen jeder von uns unternehmen kann, um die Umwelt zu schützen.

Reporter: Entschuldigen Sie bitte, haben Sie einen Moment Zeit? Was kann man Ihrer Meinung nach für den Umweltschutz konkret tun?
Frau: Ich wohne in einer Wohngemeinschaft und wir haben da eine ziemlich klare Linie. Wir sammeln z. B. Altpapier, Altglas, Alufolie und werfen das Zeug in den entsprechenden Container.
Wir passen auch auf, dass nicht grenzenlos Spül- und Waschmittel verbraucht werden.
Ich glaube, der Staat müsste aber härtere Maßnahmen ergreifen. Es wird darüber viel diskutiert, aber es passiert nichts. Es stecken einfach zu viele Interessen dahinter.
Jeder müsste bei sich anfangen, damit was verändert wird.
Reporter: Und Sie? Was halten Sie davon?
Mann: Ich habe mein Auto verkauft. Das ist mein Beitrag gegen die Luftverschmutzung durch Autoabgase. Das war nicht der einzige Grund, aber doch der wichtigste. Denn ich bin von Ammersee nach München gezogen. Und in der Stadt brauche ich kein Auto. Mit dem Fahrrad komme ich viel besser voran. Ich glaube, man sollte vielleicht mehr Bürgerinitiativen gründen. Denn jeder einzelne bildet mit den anderen zusammen den Staat. So müssen alle im kleinen bei sich selbst beginnen.
Reporter: Entschuldigen Sie bitte, haben Sie einen Augenblick Zeit? Was halten Sie von dem Umweltschutz? Können Sie persönlich dafür etwas tun?
Mann: Für den Umweltschutz tue ich eigentlich sehr wenig. Ich fahre zwar ein Auto mit Katalysator. Aber ... ich bin bequem. Ich glaube, man sollte die Müllentsorgung beispielweise einfacher machen.
Das eigentliche Problem ist aber die Profitgier der Industrie. Umweltfreundliche Technik ist noch zu teuer. Ich sehe die Sache ganz realistisch. Die Menschen werden erst umweltbewusst, wenn sie in dicken Nebelschwaden herumlaufen müssen.
Frau: Das stimmt nicht ganz. Ein jeder von uns kann etwas tun. Ich benütze z. B. nur phosphatfreies Waschmittel. Das ist jetzt auch billiger geworden. Ich glaube Umweltschutz kann nicht befohlen werden, er muss gelebt werden. Meine Familie macht auch mit. Wir kaufen Spraydosen ohne Treibgas. Außerdem spenden wir im Monat 30 Euro für Greenpeace.
Reporter: Vielen Dank!

L 32

1. **a.** 5; **b.** 2; **c.** 1; **d.** 3; **e.** 4.
2. **b.** Weil die Reparaturen im Haushalt teuer sind. **c.** Weil Video billiger ist als Kino. **d.** Weil man in der Woche viel Arbeit hat. **e.** Weil Tennis heute in ist. **f.** Weil das eine beliebte Sportart ist. **g.** Weil das beruhigt. **h.** Weil man gern spazieren geht.

3. b, d, a, e, f, g, c.
4. **1.** c; **2.** c; **3.** b; **4.** c; **5.** c; **6.** a.
5. **b.** malen; **c.** lesen; **d.** treiben; **e.** machen; **f.** machen.
6. **a.** Feierabend; **b.** ins Grüne; **c.** Sportverein; **d.** Freizeitbeschäftigungen, Aktivitäten; **e.** Vergnügen; **f.** mit großer Begeisterung.
7. Befreiung, freiberuflich, Freibad, Freitag, Freilichttheater (*ş.a.*).
8. **b.** alkoholfreie; **c.** Freitag; **d.** Freibad; **e.** freiberuflicher; **f.** freiwillig; **g.** Freizeit; **h.** akzentfrei; **i.** Freiheit.
11. **b.** Ich würde mehr Sport treiben, wenn ich mehr Zeit hätte; **c.** Ich würde im Garten arbeiten, wenn ich ... **d.** Ich würde im Haus alles reparieren, wenn... **e.** Ich würde mich ausruhen, wenn ... **f.** Ich würde mich mit der Familie beschäftigen, wenn ... **g.** Ich würde mehr faulenzen, ... **h.** Ich würde ins Kino gehen, ... **i.** Ich würde Karten spielen, ... **j.** Ich würde Freunde treffen, ...
12. **b.** ..., würde ich mir ein großes Haus kaufen. **c.** ..., würde ich jeden Abend ins Theater gehen. **d.** ..., würde ich anderen Leuten helfen. **e.** ..., würde ich um die ganze Welt reisen. **f.** ..., würde ich viele Partys geben. **g.** ....., würde ich viele Kleider kaufen. **h.** ..., würde ich teuren Schmuck tragen. **i.** ..., würde ich einen Mercedes fahren.
13. **b.** gäbe; **c.** leben würden; **d.** hätten, würden arbeiten; **e.** trinken würden; wäre; **f.** würden lachen; **g.** hätten.
14. **a.** Ich würde Pillen essen. **b.** Ich würde Metallkleidung tragen. **c.** Ich würde drei Stunden arbeiten. **d.** Ich würde in einem Raumschiff wohnen. **e.** Ich würde andere Planeten besuchen. **f.** Ich würde eine Geburtstagsparty auf dem Mond geben. **g.** Meine Kinder würden mit der elektronischen U-Bahn zur Schule fahren. (şi alte soluţii sunt posibile)
16. **b.** Urlaub; **c.** Arbeitszeit; **d.** Ferien; **e.** Biergarten; **f.** Freizeit; **g.** Bildung; **h.** Haushalt; **i.** Ausstellung; **j.** Aufführung; **k.** Unterhaltung; **l.** Wochenende
17. **a.** Radfahren; **b.** treiben; **c.** lesen; **d.** schwimmen; **e.** spazieren gehen; **f.** fernsehen; **g.** heimwerken; **h.** tanzen; **i.** verbringen; **j.** Töpfern; **k.** stricken; **l.** pflegen; **m.** unterhalten; **n.** Fußball; **o.** organisieren; **p.** basteln; **q.** wandern.

L 33

1. **b.** r; **c.** f; **d.** r; **e.** f.
2. **Tageszeitungen:** „Süddeutsche Zeitung", „Frankfurter Rundschau", „Frankfurter Allgemeine", „Die Welt"; **Wochenzeitungen:** „Die Zeit". **Zeitschriften:** Illustrierte, Programmzeitschriften; Frauenzeitschriften; Sportzeitschriften; Fachzeitschriften.
4. **b.** 2; **c.** 3; **d.** 4; **e.** 7; **f.** 6; **g.** 1.
5. **2.** von, in, von, mit, in. **3.** aus; **4.** mit, für; **5.** durch, in; **6.** in, gegen, ohne; **7.** in.

7. **b.** den; **c.** den; **d.** diesen; **e.** die.
8. **b.** durch; **c.** um; **d.** gegen; **e.** bis; **f.** durch.
10. **b.** nach, bei; **c.** bei; **d.** von .... bis; **e.** bei.
11. ohne ein Auto; ohne eine Wohnung; ohne Probleme; aus einem Fernseher; aus einem Auto; aus einer Wohnung; aus Problemen; für einen Fernseher; für ein Auto; für eine Wohnung; für Probleme; mit einem Fernseher; mit einem Auto; mit einer Wohnung; mit Problemen; außer einem Fernseher; außer einem Auto; außer einer Wohnung; außer Problemen.
12. **b.** bei; **c.** über; **d.** um; **e.** von; **f.** zwischen; **g.** für; **k.** während.
13. **b.** Der Zugverkehr in Tokio ist wegen eines Feuers gestoppt. **c.** Diese Kamera funktioniert ohne Batterie. **d.** Alle in meiner Familie lesen die Zeitung außer mir. **e.** Die Metallarbeiter haben für einen höheren Lohn demonstriert. **f.** Man kann nicht nach Ägypten ohne ein Visum reisen. **g.** Ich konnte gestern wegen des schlechten Wetters nicht Tennis spielen. **h.** Ich kannte das Mädchen mit blonden Haaren.
14. **b.** der; **c.** im; **d.** der; **e.** der; **f.** dem; **g.** der; **h.** dem; **i.** dem; **j.** der; **k.** die; **l.** im; **m.** der; **n.** dem.
15. **a.** abhängen; von unserer Zeit; von meiner Mutter; **b.** es handelt sich um das Fernsehen, um die deutsche Sprache, um unsere Freizeit; **c.** sich freuen auf die Ferien, über ein Geschenk, auf den Urlaub; **d.** sich interessieren für ein gutes Buch, für Politik; **e.** drucken eine Zeitung, ein Buch, eine Illustrierte.
16. **b.** rechtzeitig; **c.** Arbeitszeit; **d.** Zeitschriften; **e.** Schulzeit; **f.** gleichzeitig; **g.** Zeitung.
17. **a.** 3; **b.** 4; **c.** 1; **d.** 2.
18. **A. b.** Vier Menschen; **c.** Die Fähre; **d.** Drei Männer;
B. b. sind ums Leben gekommen; **c.** war kollidiert und gesunken; **d.** schossen wild um sich her;
C. b. weil ein Handgemenge zwischen einigen Besuchern entstanden war; **c.** weil die Schiffsoffiziere betrunken waren; **d.** weil die Türsteher sie abgewiesen haben.
D. b. 13 Verletzte; **c.** 140 Menschen sind ums Lebens gekommen; 107 Passagiere wurden vermisst; **d.** 3 Menschen wurden getötet.
19. **A. b.** sei; **c.** seien; **d.** sei; **e.** seien; **f.** sei.
B. erster Satz: direkte Rede, Doppelpunkt, Anführungsstriche, Verb im Indikativ; **zweiter Satz:** indirekte Rede, Komma, Verb im Konjunktiv.
20. du fragest; er frage; wir fragen; ihr fraget; ich sehe; er sehe; wir sehen; ihr sehet; sie sehen; ich lese; du lesest; wir lesen; ihr leset; sie lesen; ich komme; du kommest; er komme; ihr kommet; sie kommen; ich gehe; du gehest; er gehe; wir gehen; sie gehen.
22. **b.** Die Polizei teilt mit: „Ein Wohnhaus in der Nähe des Restaurants ist nicht beschädigt"; **c.** Die Polizei teilt mit: „Die Waggons sind wie der Einschlag einer Bombe gewesen"; **d.** Die Polizei teilt mit: „20 Millionen Forint, der Fonds für die Familien sind für die Verletzten"; **e.** Die Polizei teilt mit: „Der Grund für das Zugunglück sind technische Probleme gewesen".

23. **b.** Katja erzählt, dass sie eine alte Bekannte aus ihrer Heimat getroffen habe. **c.** Katja erzählt, dass sie sich in ein Café gesetzt und ein wenig geredet haben. **d.** Katja erzählt, dass sie schon seit langer Zeit in der Spreestadt gewohnt habe. **e.** Katja erzählt, dass ihr manchmal die Freunde gefehlt haben. **f.** Katja erzählt, dass sie in ihrer Freizeit viel Sport gemacht habe. **g.** Katja erzählt, dass sie im vergangenen Jahr mit ihrem Mann mehrere Wochen an der Ostsee gewesen sei.

24. **a.** Gebäude; **b.** Türsteher; **c.** Küste; **d.** Passagier; **e.** Ansichtskarte; **f.** Wohnmobil.

25. **b.** betrunken; **c.** ertrunken; **d.** betrank; **e.** trank; **f.** trinken.

26. **a.** c; **b.** b; **c.** a; **d.** d.

Text der Hörübung.

a. Rauchen im Fuβballstadion in Singapur ist nun verboten. Singapur geht immer schärfer gegen das Rauchen vor. Jetzt haben die Behörden das Rauchen auch auf den offenen Tribünen des nationalen Fuβballstadions verboten. Kaum eine andere Stadt in der Welt ist in puncto Rauchen so streng wie Singapur.

b. Zwei 83-jährige gaben sich das Ja – Wort. Die Hochzeit zwischen zwei 83-jährigen hat in einem kleinen Dorf nahe der sizilianischen Stadt Catania für Aufregung gesorgt.

c. Erstmals in diesem Winterhalbjahr sind die Autofahrer in weiten Teilen Deutschlands von Nebel und Glatteis überrascht worden. Bei Hunderten von Unfällen kamen in der Nacht zum Mittwoch mindestens 6 Menschen ums Leben.

d. „Kasse und das ganz Geld her." Mit diesen Worten betrat am Freitag nachmittag um 15.15 Uhr ein mit einem weiβen Tuch maskierter Mann das Schreibwarengeschäft mit Lottoeinnahmestelle und bedrohte die Geschäftsfrau mit einer Pistole.

L 34

1. **a.** F; **b.** F; **c.** F; **d.** F; **e.** R; **f.** F; **g.** R; **h.** F; **i.** R.

3. **Sport:** ZDF: 16.00, 17.10, West 3: 15.00;
Politik: ARD, 20.00, 21.04, 21.30, 22.30; ZDF, 7.00, 19.00, 21.45; West 3: 18.00, 19.00;
Film: ARD, 14.40, 22.10, 0.00; ZDF, 23.20;
Kinderprogramm: ARD, 16.05, ZDF, 19.20; West 3, 17.00, 18,01, 18.30;
Unterricht: West 3, 9.30, 10.00, 16,45, 17.30;
Unterhaltung/Musik: ARD, 20.15, 21.05, 23.00; ZDF, 20,15, 20,50;
Kultur: West 3: 20.15.

4. West 3: 18.30, Die Märchenbraut; West 3: 16.45, Anna, Schmidt & Oskar; ARD: 0.00, Target; ARD: 20,15, Musikantenstadel; West 3: Die Habsburger.

5. **a.** 7; **b.** 3; **c.** 1; **d.** 2; **e.** 6; **f.** 9; **g.** 8; **h.** 10; **i.** 4.

6. **b.** Redaktion; **c.** Friseur; Olympiade; **e.** Hörer; **f.** Licht; **g.** Fußball spiel.

7. zum Bus rennen, sich ins Bett legen, Haare frisieren, schlafen, Judo lernen.

8. **a.** 1, 9, 11; **b.** 3, 10; **c.** 2, 5, 6; **d.** 4, 7; **e.** 8.

10. **b.** Er fährt den Wagen, ohne einen Führerschein zu haben. **c.** Er isst Trauben, ohne sie zu waschen. **d.** Er verlässt den Raum, ohne ein Wort zu sagen. **e.** Sie zündet eine Zigarette an, ohne zu fragen. **f.** Sie nimmt die Blumen, ohne zu danken. **g.** Sie geht über die Straße, ohne aufzupassen. **h.** Sie nimmt das Buch, ohne es zurückzubringen.

11. **b.** Statt Kaffee zu kochen, schalten sie die Kaffeemaschine ein. **c.** Statt die Teppiche zu klopfen, arbeiten sie mit dem Staubsauger. **d.** Statt das Geschirr mit der Hand zu spülen, schalten sie die Spülmaschine an. **e.** Statt Wasser zu erwärmen, drehen sie den Warmwasserhahn auf. **f.** Statt Feuer zu machen, schalten sie die Heizung ein.

12. **b.** Er fuhr nach Berlin, ohne zu tanken. **c.** ..., ohne dass ich einverstanden war. **d.** ..., ohne mich zu fragen. **e.** ..., ohne dass ich etwas gewusst habe. **f.** ..., ohne dass jemand darüber informiert war. **g.** ..., ohne dass jemand ihn begleitete. **h.** ..., ohne die Autobahn zu verlassen.

13. **c.** Statt dass jemand die Polizei verständigte, standen die Leute herum. **d.** Statt sich um den Verletzten zu kümmern, ... **e.** Statt dass jemand ein Warndreieck aufstellte, ... **f.** Statt nach Zeugen des Unfalls zu suchen, ... **g.** Statt dass jemand die Unfallstelle zu markieren und das kaputte Auto aus dem Weg zu räumen versuchte, ...

15. **b.** fernsehen; **c.** Fernsehansagerin; **d.** ansehen; **e.** Sehenswürdigkeiten; **f.** siehst aus; **g.** Fernsehprogramm.

16. **b.** Land; **c.** Liebling, Zeit, Liebe, lieben; **d.** Energie, Verbrauch, verbrauchen, brauchen; **e.** Woche, Tag; **f.** laufen; **g.** frei, Wille; **h.** anschließen, schließen.

17. **a.** Fernsehen, Sendung; **b.** Bildschirm; **c.** Fernsehsender; **d.** Fernsehen, Antenne; **e.** Gemeinschaftsantenne; **f.** Serien, Spielfilme.

18. **a.** Christiane; **b.** Paul, Markus; **c.** Renate; **d.** Paul.

19. Christiane: + Quizsendungen, Shows; Paul: + Tagesschau, Sendungen über Politik, Science-fiction Serien; Sabine: + Sportstudio, Fußballspiele, Europapokal, – Boxen, Karate; Markus: + gute Filme, Michael Knight; Renate: + Sendungen, aus denen man etwas lernen kann (Entstehung der Erde, Entwicklung des Menschen, Wiederverwertung des Mülls).

20. „Ganz einfach: La -la-la-la-la-...."

Text der Hörübung

Christiane:
Ich sehe oft fern. Am liebsten mag ich Quizsendungen und Shows. Ich sehe mir jede Sendung mit Thomas Gottschalk an. Ich finde diesen Typ einfach super. Er hat auch immer Gäste, Sänger, Tanzgruppen und so. Na ja, manche Gäste finde ich nicht so toll. Aber im allgemeinen ist diese Show große Klasse.
Paul:
Ich sehe wenig fern, nur jeden Tag die Tagesschau. Man muß sich ja informieren. Und manche Sendungen über Politik interessieren mich, aber nicht alle. Ach ja, manchmal schaue ich mir diese Science-fiction Serie an, Raumschiff Enterprise und so. Die sind ganz spannend.
Sabine:
Ich sehe am liebsten Sport. Jeden Samstag schaue ich mir das aktuelle Sportstudio an, natürlich auch jedes Fußballspiel, Europapokal und so. Manche Sportarten gefallen mir nicht so gut: Boxen und Karate, zum Beispiel. Aber die gibt es in diesen Sportsendungen sowieso nicht.
Markus:
Eigentlich sehe ich nicht so oft fern, weil es im Fernsehen nicht viele gute Filme gibt. Wenn ich mir etwas wünschen könnte, dann möchte ich, dass „Michael Knight" wieder kommt. Das ist so spannend, wenn er mit seinem Wunderauto durch die Gegend flitzt.
Renate:
Ich sehe nur am Abend fern. Ich sehe gern Sendungen, aus denen man etwas lernen kann. Z.B. wie die Erde entstanden ist und wie sich der Mensch entwickelt hat. Vielleicht wäre es auch gut, wenn man im Fernsehen öfter zeigt, wie man den Müll wiederverwertet. Das sind Sachen, die mich interessieren.

L 35

1. **a.** 5; **b.** 7; **c.** 8; **d.** 9; **e.** 6; **f.** 4; **g.** 3; **h.** 1; **i.** 2.
2. **a.** Liebe geht durch den Magen; **b.** Alte Liebe rostet nicht; **c.** Was sich liebt, das neckt sich; **d.** Kleine Kinder, kleine Sorgen – große Kinder, große Sorgen; **e.** Stille Wasser sind tief: **f.** Glück und Glas, wie leicht zerbricht das!
3. **a.** Beate; **b.** Kerstin; **c.** Kai; **d.** Andrea; **e.** Mathias; **f.** Kai; **g.** Beate; **h.** Andrea.
4. **a.** über die Frage, über Heirat, über die Menschen; **b.** an die Liebe, an sich, an Gott; **c.** von einem großen Haus, von ihrem Vater, von der Zukunft; **d.** um den Kranken, um die Kinder, um den Haushalt; **e.** vor Unbekannten, vor der Dunkelheit, vor einem Hund; **f.** auf die Arbeit, auf die Prüfung, auf eine Reise; **g.** über den Erfolg, über die Geschenke, auf die Reise; **h.** mit seiner Freundin, mit den Kollegen; **i.** einen Abend, die Zeit, den Urlaub.

6. **A. b.** Verlobung, Er ist verlobt; **c.** Heirat, Er ist verheiratet; **d.** Scheidung, Er ist geschieden.
   B. b. Sie hat sich mit ihm verlobt; **c.** Sie hat ihn geheiratet; **d.** Sie hat sich von ihm scheiden lassen.
7. **b.** Ich wasche mir die Hände; **c.** Ich frisiere mich; **d.** Ich putze mir die Schuhe; **e.** Ich kämme mich; **f.** Ich putze mir die Nase; **g.** Ich schminke mich; **h.** Ich putze mir die Zähne.
8. mich informieren, sich unterhalten, mich angemeldet, befinden sich, sich erkälten, freue mich, mich beeilen, treffe mich.
9. **a.** mich; **b.** mich; **c.** mich, mir, mich, mich; **d.** mich; **e.** mir; **f.** uns; **g.** uns, mich, mir.
10. Liebesgedicht, Liebespaar, Liebesgeschichte, Liebhaber, Lieblingsfarbe, Lieblingsspeise, liebkosen, sich verlieben, beliebt, verliebt, liebenswert, liebevoll, lieblos, etc.
    Herzmuskel, Herzklopfen, Herzinfarkt, Herzchen, Herzschmerzen, herzkrank, herzhaft, herzensgesund, unherzlich, kaltherzig, gutherzig, weichherzig, etc.
11. **b.** beliebter; **c.** Liebling; **d.** liebenswürdige; **e.** lieber; **f.** verliebt; **g.** liebenswerter; **h.** Lieblingsfarbe.
14. **a.** R; **b.** F; **c.** R; **d.** R; **e.** F; **f.** R; **g.** F; **h.** R; **i.** F.
15. **A. a.** die Reise; **b.** das Gehalt; **c.** die Freude; **d.** die Karte; **e.** der Beamte; **f.** die Unterhaltung; **g.** das Examen.
    B. a. fühlen; **b.** eine Reise kaufen; **c.** passen; **d.** kochen; **e.** zurückkommen.
16. **b.** Nahrung, Herstellung, herstellen; stellen; **c.** Unternehmer, unternehmen, nehmen; **d.** Berg, Bauer, Hof; **e.** Bank, Angestellte, anstellen, stellen; **f.** zubereiten, bereiten.
17. **b.** Liebe; **c.** Verlobung; **d.** heirateten; **e.** Hochzeit; **f.** trennten, scheiden.
18. kannten, Stock oder Hut, traurig, Küsse, weinte, Schiffen, Kaffee, Klavier, Café, Abend, sprachen.
19. d, e, c, b, a
20. **a.** IV; **b.** I; **c.** IV; **d.** I; **e.** IV; **f.** II; **g.** III; **h.** II, **i.** III.
21. Frau Klimczak – geschieden; Herr Bloos – ledig; Frau Haase – verheiratet.
22. **a.** Fr. K.; **b.** Fr. H.; **c.** R.; **d.** Fr. K.; **e.** Fr. H; **f.** Hr. B.; **g.** Fr. H.; **h.** R.

Text der Hörübung

Reporter: Guten Abend, meine Damen und Herren. Untersuchungen zeigen, dass mehr Ehen durch Tod oder Scheidungen enden als neue geschlossen werden. Die Zahl der Ein-Personen-Haushalte hat sich in den letzten 20 Jahren verdoppelt – die Singles sind auf Vormarsch. Ist die Ehe also noch eine Einrichtung auf Zeit, eine begrenzte Periode des Zusammenlebens? Frau Klimczak, in Ihrem Buch „Das Partner-Abo – Plädoyer für die Ehe auf Zeit" vertreten Sie ja wohl diese Meinung. Aus eigener Erfahrung?

Frau Klimczak: Ja, ich selbst bin geschieden, und die meisten meiner Freundinnen und Bekannten auch. Ich kenne kaum glückliche Ehen, die wirklich ein Leben lang halten und in denen sich beide Partner wohlfühlen. Aber alle versprechen sich am Anfang der Ehe lebenslange Treue. Man sollte ehrlicher zu sich selbst und zum Partner sein! Oft hört die Liebe nach einiger Zeit auf, man reagiert aggressiv aufeinander, kritisiert den Partner ständig, ärgert sich nur noch. Bei der Ehe auf Zeit könnte man dann problemlos auseinander gehen. Wir sollten heiraten, so wie wir eine Zeitschrift abonnieren oder eine Wohnung mieten für einen bestimmten Zeitraum, z.B. für fünf Jahre.
Reporter: Also, ein Ehe-Abonnement für ein paar Jahre. Wäre das denn für Sie attraktiv, Herr Bloos? Sie sind ja nicht nur ein berühmter Fußballspieler und einer der begehrtesten Junggesellen der Nation, sondern auch ein überzeugter Single, der niemals heiraten will. Könnte denn eine Ehe-Abo Ihre Meinung ändern?
Herr Bloos: Aber das bringt doch nichts. Da ist man dann doch auch wieder gebunden. Nein, nein, ich bin nicht für die Ehe, auch nicht für kurze Zeit, ich brauche meine Freiheit. Ich lebe sehr gerne allein, da kann ich machen, was ich will. Als Single muss ich mich über niemanden ärgern und hab meine Ruhe. Und außerdem brauche ich bei der Liebe Abwechselung, öfter mal was Neues, ich kann mit einer Frau einfach nicht länger zusammen sein.
Reporter: Frau Haase, Sie sind Mutter von drei inzwischen erwachsenen Kindern und seit fast 30 Jahren verheiratet. Ehe auf Zeit, wie es Frau Klimczak fordert, oder gar ein Leben als Single mit ständig wechselnden Partnern wie bei Herrn Bloos, war das für Sie nie eine Alternative?
Frau Haase: Nein, nie. Ich halte die Ehe für die natürlichste und menschlichste Lebensform. Ständiger Partnerwechsel, da bin ich dagegen. Und ein Ehe-Abo, das ist doch völliger Unsinn, das heißt ja, ein Paar glaubt von Anfang an, dass es nicht funktioniert. Während der ersten Ehejahre ist es doch natürlich, wenn man sich mal über den anderen ärgert oder mal einen Streit hat, man kennt sich ja noch nicht so gut. Aber man kann doch immer wieder miteinander reden oder sich entschuldigen, wenn man einen Fehler gemacht hat. Wir können alle Probleme gemeinsam lösen, wir müssen es nur ernsthaft versuchen.
Reporter: Nun, meine Damen und Herren, hier haben wir ja drei völlig unterschiedliche Meinungen, das verspricht eine interessante Diskussion zu werden.

L 36

1. **b.** Nikolaustag; **c.** Karneval/Fastnacht; **d.** Ostern; **e.** Adventkranz; **f.** Maibaum; **g.** Silverster/Neujahr.

3. **A.** Silvester/Neujahr; **B.** Karneval/Fastnacht/Fasching; **C.** Ostern; **D.** Maifest; **E.** Advent, Adventkränze, Adventkalender; **F.** Nikolaustag; **G.** Weihnachten, Weihnachtslieder, Weihnachtsmann, Weihnachtsmannes, Weinachtsbaum.

4. **b.** f; **c.** f; **d.** r; **e.** r; **f.** r; **g.** r; **h.** r.

5. **b.** 3; **c.** 7; **d.** 5; **e.** 2; **f.** 4; **g.** 1

6. **a.** schmücken; **b.** anzünden; **c.** färben; **d.** backen; **e.** verkleiden; **f.** wünschen; **g.** basteln.

7. Januar: Anul Nou (*Neujahr*), **6.01.** Botezul Domnului, **7.01** Sfântul Ion (–);
Februar:
März: **1.03** – Mărţişor (–). **9.03.** Sf. Mucenici (–), în anumiţi ani, începutul Paştelui (*Aschermittwoch* – Miercurea cenuşii);
April: în anumiţi ani Paşte (*Ostern*), **23.04.** Sf. Gheorghe (–);
Mai: **1.05.** Ziua Muncii (*Maifeiertag*), Rusaliile (*Pfingsten*), Înălţarea Domnului (*Christi Himmelfahrt*), **21.05.** Sf. Constantin şi Elena (–);
Juni: Sânziéne (–);
Juli:
August: **15.08.** Adormirea Maicii Domnului;
September:
Oktober: **1.10** Ziua Recoltei (*Erntedankfest*), **3.10.** (Tag der Deutschen Einheit);
November:
Dezember: **1.12** Ziua Naţională a României, **6.12.** Sf. Nicolae (*Nikolaustag*), **24.12.** Ajunul Crăciunului (*Heiliger Abend*), **25.12.** Crăciunul (*Weihnachten*), **31.12.** Revelionul (*Silvester*).

9. **c.** versteckten, P II, verstecken, **d.** eingepackten, P II, einpacken; **e.** aufregend, P I, sich aufregen; **f.** geschmückte, P II, schmücken.

10. **c.** ein Symbol, das Glück bringt; **d.** die Kinder, die nach Schokoladeneinern und – hasen suchen; **e.** die Adventkalender, die über dem Bett hängen; **f.** die Fastenzeit, die am Aschermittwoch beginnt; **B.** **b.** der Lampenschirm, der in eigener Arbeit hergestellt wurde; **c.** die Miniaturmalerei, die in Kursen gelernt wurde; **d.** die Strümpfe, die selbst gestrickt wurden; **e.** der Kalender, der in eigener Arbeit gebunden wurde.

11. **b.** überfallen; **c.** steigt; **d.** Ein Häftling, der ausgebrochen war, wurde wieder gefasst; **e.** Die Preise im Bauwesen, die ständig steigen; **f.** Die Grenzen, die geöffnet wurden, sind geschlossen worden.

12. **waagerecht:** Christkind, Schlitten, Schneeflocken, Plätzchen, Glocken, Tannenbaum, Joseph.
senktrecht: Wiege, Maria, Lametta, u.a.

13. **Grönland:** geschmückter Tannenbaum, –, Jutlime pivdluarit, –, Tanz um den Tannenbaum. –;
Australien: Tannenbaum mit Bällen aus Kunststoff und Holzfiguren geschmückt, ohne Kerzen, Merry Christmas, kalter Braten und Salat.
Holland: –, Sinter Claas mit seinem Gefährten, –, Zwarte Piel, –, Gelukkig Kerstmis, Geschenke werden durch den Kamin geworfen, die Kinder legen Heu, Karotten und Wasser für sein Pferd bereit.
Schweden: Weihnachtsbaum, Tomte, God Jul, Weihnachtsmann bekommt Reisbrei, Weihnachtsschinken, Schweinshaxe, Reisbrei und getrocknete Fisch „Lutfisk".
England: Christbaum, –, Merry Christmas, Kuss unter dem Mistelzweig, Truthahnbraten und „Plumpudding".
Italien: Weihnachtsbaum und Krippe, –, –, –, 10 Gänge; kein Fleisch, nur Fisch und Gemüse am Heiligen Abend.

14. Weihnachtsbaum, Weihnachtsmann, Tannenzweige, Mistelzweige, Weihnachtslieder, Kerzen ...

16. Marina: (–), Ein Feiertag wie alle anderen; ordentlich faulenzen, essen, trinken bund die Geschenke;
Dagmar: (–), heute ist vieles oberflächlich und verlogen; (+), als Kind habe ich mich auf Weihnachten sehr gefreut;
Volker: (–) weihnachtliches Getue, aufgezwungene Feierlichkeit, rührselige Stimmung;
Olivia: (–) es ist widerlich, wenn Menschen wie verrückt herumlaufen, um irgend etwas zu ergattern, das sie dann herschenken können;
Rony: (–), Menschen stehen vor dem Problem, was sie schenken sollen, (+) man sollte: den Menschen in der dritten Welt helfen;
Andi: (–), (+) die ganze Familie ist beisammen.

18. **a.** r; **b.** r; **c.** r; **d.** f; **e.** f; **f.** r.

19. **b.** die Mühe, die damit verbunden ist; **c.** Die Gerüche, die verlocken; **d.** im Zimmer, das gut geheizt ist; **e.** von dem Gebäck, das verführt; **f.** Wir freuten uns auf das Weinachtsfest, das herannahte.

20. Plätzchenbacken, Haushalten, Weihnachtsgebäck, Verzieren, Düfte, Gebäck, auf, Weinachtsfest, Fastenzeit, Fastenbrezeln, Honig- und Pfefferkuchen, fastet, Brauch, Geheimrezepte.

22. Die Mandeln werden geschält und nicht zu fein gemahlen. Es wird eine Mulde eingedrückt und die Eidotter werden hineingegeben. Alles wird zu einem Teig geknetet. Es werden flache Stollen geformt und kurz kühlgestellt. Dann werden ca 1 cm dicke Scheiben abgeschnitten. Sie werden so gerollt, dass sie an den Enden dünner werden, dann werden sie zur Form eines Halbmondes gebogen und nochmals kühlgestellt.

Butterplätzchen

Zuerst wird Mehl auf ein Brett gesiebt. Butter wird in Flöckchen daraufgegeben. Es wird mit Zucker überstreut. Eigelb wird dazugegeben und ein ganzes Ei daruntergerührt. Der Knetteig wird kalt gestellt. Er wird dann 3 mm dick ausgerollt und mit dem Messer oder Förmchen ausgestichen. Nun wird er mit Eigelb bestrichen und goldgelb gebacken. Die Plätzchen werden nach Belieben mit gehackten Mandeln bzw. Pistazien bestreut ....

L 37

1. A. *Die Entführung aus dem Serail*; *Idomeneo*; *Die Zauberflöte*; *Cosi fan tutte*; *Die Hochzeit des Figaro*; *Don Giovanni.*
B. c.
C. *Răpirea din Serai*; *Flautul fermecat*; *Nunta lui Figaro.*
1. Werke von Mozart u.a., 21 Oktober, 20 Uhr, Schloss Mirabell. **2.** Trio in B-Dur für Violine, Violoncello und Klavier KV 502.
Die Zauberflöte, **27.12.**, *Di* **19. 30** Uhr; *Die Entführung aus dem Serail*; **28.12**, *Mi*, **15** Uhr; *Werke von Mozart* u.a., **28.12**, *Mi*, 20 Uhr; *Die Zauberflöte*, **30.12.**, *Fr*, **15** Uhr, *Die Entführung aus dem Serail*, **30.12.**, *Fr*, **19.30** Uhr. Don Giovanni, *Do*, **19. 30** Uhr, Staatstheater Opernhaus, Kassel; *Die Zauberflöte*, *Fr*, **19.30** Uhr, Passau, Nibelungenhalle; *Die Zauberflöte*, *Mi*, **19.30** Uhr Opernhaus Leipzig.

3. **a.** e Violine; **b.** s Fagott, s Horn, s Saxophon, e Oboe; **c.** r Gong, e Trommel; **d.** s Klavier, e Orgel; **e.** r Sopran, r Tenor, r Bariton, r Alt, r Bass.
5. **a.** 2, 4, 6, 8, 9; **b.** 1, 10; **c.** 5, 7; **d.** 3.
6. **2.** c; **3.** c; **4.** b; **5.** a; **6.** b.
7. **a.** Parkplatz; **b.** Garten; **c.** Schloss; **d.** Fuβ; **e.** Chor; **f.** Schauspieler.
8. **A.** die Mutter – freundlich, liebevoll, sanft; der Humor – volkstümlich, derb; der Vater – ernsthaft; die Umgagsform – liebenswürdig; die Kapelle – erzbischöflich.
B. -voll, -lich, -haft, -würdig.
10. **A.** ein schmutziges Kind, eine kräftige Frau, der gestrige Tag, der mutige Mensch, der mächtige Gott. **B.** ein rötlicher Himmel, ein freundlicher Herr, die tägliche Arbeit, ein tödlicher Schuss, in südliche Richtung, eine längliche Schale, ein kränklicher Mensch.
11. **b.** Bayrisches; **c.** französische; **d.** regnerisches; **e.** chinesischen.
12. **b.** volkstümlichen; liebenswürdigen; **c.** schlieβlich; **d.** musikalische; **e.** häufig.
13. **b.** der Freund; **c.** der Anfang; **d.** das Volkstum; **e.** der Mann; **f.** die Frau; **g.** die Gesellschaft; **h.** die Regel.
14. **b.** waschbar; **c.** trinkbar; **d.** wunderbar; **e.** brauchbar; **f.** unheilbar; **g.** unfruchtbar; **h.** befahrbar.

15. **b.** wasserreich; **c.** erfolgreicher; **d.** wolkenlosen; **e.** humorvolle; **f.** wertlose.

16. Einen einzigen, schönste, göttliche, groβartige, herrliche, schöne, prächtige, herrliches.

17. **a.** 1; **b.** 5; **c.** 4; **d.** 6; **e.** 2, 3; **f.** 4.

18. scrisoare oficială **a. b.** 6
scrisoare personală **c. d.** 5, 4, 3
scrisoare foarte personală **e. f. h.** 1, 2

19. Meine liebe Constanze

21. **1.** Danke sehr für Deinen Brief. **2.** Ich gratuliere dir herzlich zu deiner bestandenen Prüfung. **3.** Du hast letztes Jahr sehr hart gearbeitet, nun bist du mit dem Ergebnis deiner Arbeit zufrieden. **4.** Kannst du nicht ein paar Tage zu Besuch kommen? **5.** Wir könnten zusammen kleine Ausflüge machen, in der Umgebung spazieren gehen oder schwimmen. **6.** Ich nehme mir ein paar Tage Urlaub. **7.** Ich warte auf deine Antwort.

22. Bukarest, den 2.05.1995 Liebe(r)
Nun ist ... es soweit! Ich habe das Visum und die Flugkarte. Ich komme am Mittwoch, den 12.05.1995 mit dem Flug LH 272, um 17.15 Uhr in München an. Ich würde mich freuen, wenn du mich abholen könntest. Als Treffpunkt schlage ich den Informationsschalter vor. Und so kannst du mich erkennen: Ich bin 1.70 groβ und schlank. Ich habe mittellanges blondes Haar und blaue Augen. Ich werde einen schwarzen Hosenanzug tragen und eine weiβe Blume im Knopfloch.
Ich erwarte kaum dich persönlich kennenzulernen.
Mit freundlichen Grüβen,
deine ....

24. **a.** der groβen; **b.** der groβen; **c.** des; **d.** seines; **e.** seiner alten; **f.** der.

25. **a.** seiner Tante; **b.** die Stadt; **c.** des Essens; **d.** der Insel; **e.** des Skandals; **f.** der Olympiaspiele; **g.** dem Montblanc.

26. **2.** Warum wechselte Mozart so oft seine Wohnungen? **3.** War Salieri Mozarts Mörder? **4.** Ist das *Requiem* die letzte Komposition Mozarts?

27. **1.** Mozart hatte eine Sonderstellung unter den Komponisten. **2.** Mozart wechselte seine Wohnugen je nach Honorar. **3.** Salieri war nicht Mozarts Mörder. Der Musiker hatte wahrscheinlich ein rheumatisches Fieber. **4.** Ja. Mozart arbeitete 15 Jahre daran.

Text der Hörübung

Reporter: Mozart – das gefeierte Wunderkind, das jedoch von seinen Zeitgenossen zu Lebzeiten vergessen wird und in einem Armengrab endet. Herr Volkmar Braunbehrens, Sie haben sich mit der Biographie Mozarts und den zahlreichen Legenden über sein Leben beschäftigt. Ist es wirklich wahr, dass Mozart ein armer Mensch war?

Braunbehrens: Über Mozarts Leben entstanden besonders im 19. Jahrhundert viele Anekdoten und Geschichten. Heute steht fest, dass Mozart keineswegs der arme Musiker war, sondern dass er eine Sonderstellung zwischen den damals in Wien lebenden Komponisten hatte. Mozart hatte keinen Bezug zum Geld. Wenn er Geld bekam, gab er es wieder aus, um einerseits ein luxuriöses Leben zu führen, und andrerseits seine Schulden zu bezahlen.
Reporter: Von allen Lebensumständen ist der auffälligste, der häufige Wohnungswechsel. Wie erklären Sie sich das?
Braunbehrens: In nicht einmal zehn Jahren haben die Mozarts in elf verschiedenen Wohnungen gewohnt. Das heiβt aber nicht, dass Mozart in immer kleinere und bescheidenere Wohnungen zog, sondern dass er Wohnungen mietete und verlieβ je nach Höhe seiner Honorare.
Reporter: Im Film wie auch im Theaterstück „Amadeus" tötet Salieri Mozart. War Salieri wirklich Mozarts Mörder?
Braunbehrens: Milos Formans Film „Amadeus" hat nichts zu tun mit der historischen Wahrheit. Wer den Film gesehen hat, kann es kaum glauben, dass kein Wort, kein Bild oder kein Verhalten der Personen dieses Films etwas mit historischer Wahrheit zu tun haben. Giftmord ist eine Spekulation. Der Arzt, der den erkrankten Komponisten behandelt hatte, hat festgestellt, dass der Komponist wahrscheinlich an einen rheumatischen Fieber gestorben sei. Die Behandlung war sicher nicht die richtige.
Reporter: Nur noch eine letzte Frage. Ist das *Requiem* die Letzte Komposition Mozarts?
Braunbehrens: In den letzten fünfzehn Jahren seines Lebens arbeitete er ununterbrochen an seinem *Requiem*. Man weiβ heute, dass der Graf Wallsegg ihm den Auftrag zu dieser Komposition gegeben hat. Wir wissen auch, dass am 7. Dezember 1791 eine Totenmesse für Mozart im Stephansdom stattfand.
Reporter: Vielen Dank für das Gespräch und jetzt, liebe Hörerinnen und Hörer ...

L 38

1. *Anne P.:* b, e, g; *Ferdinand R.:* h, i; *Gabi M.:* a, c; *Alexandra K.:* d, f.
2. sah, saßen, unterhielten sich, verabredeten sich, besuchte, heirateten, strahlten, stritten sich, gab.
3. **b.** Vier Wochen ohne Fernsehen. (Z. 2) **c.** Zwei Arbeiterfamilien. (Z. 2) **d.** Steht nicht im Text. **e.** Mit Hilfe eines Gerätes. (Z. 4) **f.** Einen Monat wurde auf die Fernsehapparate verzichtet. (Z. 3) **g.** Mit der neu gewonnenen Zeit konnte keiner etwas anfangen. (Z. 6) **h.** Sie langweilten sich. (Z. 8) Sie stritten sich. (Z.11) **i.** Steht nicht im Text. **j.** Froh. (Z. 13)

4. **b.** Sie sagt: „Man weiß nicht, was man am Abend tun soll." **c.** Sie sagt: „Es wird Zeit, dass der Apparat wiederkommt." **d.** Sie sagt: „Mein Mann nörgelt immer häufiger an mir herum." **e.** Sie sagt: „Streitigkeiten sind an der Tagesordnung." **f.** Sie sagt: „Keiner kann mit der neu gewonnenen Zeit etwas anfangen."
5. **a.** Komponist; **b.** Schlager; **c.** Chor; **d.** Beifall; **e.** Zuschauer.
6. **a.** macht; **b.** sieht; **c.** sagt; **d.** feiert; **e.** erzählt; **f.** singt.
7. **a.** Bild; **b.** Freizeit; **c.** Verein; **d.** Heimwerken; **e.** Spaß; **f.** Werktag.
8. **a.** einen Namen; **b.** Sport; **c.** ein Spiel; **d.** sich von einem Foto; **e.** eine Ledertasche; **f.** im Garten; **g.** ins Bett.
9. **b.** Einige fahren in den Urlaub, um etwas für ihre Gesundheit zu tun; **c.** Etwa ein Viertel der Touristen reisen, um etwas für ihre Bildung und Kultur zu tun; **d.** Über die Hälfte der Leute macht Ferien, um frische Kräfte zu sammeln; **e.** Sehr viele Leute machen Urlaub, um abzuschalten; **f.** Immer mehr Leute machen Urlaub im Ausland, um andere Länder kennen zu lernen.
10. **b.** gedünstete; **c.** gekochte; **d.** gemischtes; **e.** gefüllte; **f.** marinierte; **g.** gebratene; **h.** flambierte.
11. **b.** Je öfter ich die chinesische Küche probiere, desto besser schmeckt sie mir. **c.** Je mehr du trinkst, desto durstiger wirst du. **d.** Je fetter das Essen ist, desto ungesunder ist es. **e.** Je schärfer das Chili con carne ist, desto besser schmeckt es. **f.** Je mehr Gemüse ich esse, desto besser fühle ich mich. **g.** Je kalorienärmer ich esse, desto schneller nehme ich ab.
12. **a.** Tankstelle; **b.** Reparatur; **c.** Parkplatz; **d.** Unfall; **e.** Panne.
13. **a.** einen Kofferraum; **b.** den Fahrer; **c.** am Lenkrad; **d.** der Apotheke.
14. **a.** A, B; **b.** A; **c.** B; **d.** A, B; **e.** B; **f.** A; **g.** A; **h.** B; **i.** A, B; **j.** A, B.
15. **b.** kam; **c.** berichtet; **d.** verließ; **e.** starb.
16. **b.** wegen; **c.** statt; **d.** während; **e.** außerhalb; **f.** während.
17. **b.** Er war bei einem Kurs, ohne viel Deutsch zu lernen. **c.** Sie gingen ins Restaurant, ohne genug Geld bei sich zu haben. **d.** Ich möchte eine Prüfung bestehen, um an der Universität zu studieren. **e.** Ich habe meinen Pass verloren, ohne es zu bemerken. **f.** Er hat aufmerksam zugehört, ohne zu verstehen. **g.** Ich habe im Restaurant einen Kaffee bestellt, ohn ihn zu bekommen. **h.** Ich habe mich um ein Stipendium beworben, um in Deutschland zu studieren. **i.** Ich lerne Fremdsprachen, um als Reiseleiter zu arbeiten.
18. **b.** Ich wäre glücklich, wenn du öfter zu Besuch kommen würdest. Wenn du öfter zu Besuch kommen würdest, wäre ich glücklich. Würdest du öfter zu Besuch kommen, wäre ich glücklich. **c.** Es wäre sehr schön, wenn wir viel

reisen würden. Wenn wir viel reisen würden, wäre es sehr schön; Würden wir viel reisen, wäre es sehr schön; **d.** Ich wäre zufrieden, wenn ich mehr Freizeit hätte. Wenn ich mehr Freizeit hätte, wäre ich zufrieden. Hätte ich mehr Freizeit, wäre ich zufrieden; **e.** Ich würde mich wohler fühlen, wenn ich keine Kopfschmerzen mehr hätte. Wenn ich keine Kopfschmerzen mehr hätte, würde ich mich wohler fühlen. Hätte ich keine Kopfschmerzen mehr, würde ich mich wohler fühlen. **f.** Mir ginge es besser, wenn ich die Grippe los wäre. Wenn ich die Grippe los wäre, ginge es mir besser. Wäre ich die Grippe los, ginge es mir besser.

19. **b.** Im, in; **c.** durch; **d.** auf; **e.** In; **f.** Am; **g.** ohne; **h.** beim; **i.** im; **j.** im; **k.** aus; **l.** mit; **m.** auf; **n.** unter;

20. **B.** Gibt es auch am Wochenende (Samstag und Sonntag) eine? Wie lange dauert die Rundfahrt? Wo ist der Treffpunkt? Welche Sehenswürdigkeiten kann man besichtigen? Wo endet die Rundfahrt (die Tour)? Kann ich sofort bezahlen? Vorname ...., Name ..... Am Samstag. Danke für die Informationen. Bis bald. (Auf Wiedersehen).

21. *A:* Hier ist Müller. Wann ist denn mein Wagen fertig?

B: Den können Sie so gegen sechs morgen abholen.

A: War was Besonderes?

B: Ja, der Rückspiegel war kaputt. Da haben wir einen neuen eingesetzt.

A: Und wie steht's mit dem Motor?

B: Der ist in Ordnung.

A: War da sonst noch was?

B: Eigentlich nicht. Aber wir hatten viel Arbeit damit. Wir haben die Inspektion gemacht und die Wartung. Dann haben wir die Lichtmaschine repariert und die Bremsen. Und dann haben wir die Winterreifen montiert. Das war glaub ich alles.

A: Ja gut, vielen Dank. Ich hole den Wagen dann ab.

Test 2

A. **a.** Rita; **b.** Angela; **c.** Antje; **d.** Antje; **e.** Rita; **f.** Angela; **g.** Rita; **h.** Antje; **i.** Angela.

B. **1.** b; **2.** c; **3.** c; **4.** c; **5.** a; **6.** c; **7.** b; **8.** c; **9.** a; **10.** c.

C. **1.** b; **2.** c; **3.** c; **4.** b; **5.** a; **6.** a; **7.** b; **8.** b; **9.** c; **10.** c.

D. **2.** Unternehmerin; **3.** ehemalige; **4.** Bankangestellte; **5.** Lohn; **6.** Ehrgeiz; **7.** materiell; **8.** niemand; **9.** abhängig; **10.** Selbstbewusstsein.

VERBE TARI ŞI NEREGULATE

Infinitiv	*Imperfect Indicativ*	*Participiul II*	*Auxiliar*
abbringen	brachte ab	abgebracht	h
abhängen	hing ab	abgehangen	h
abweisen	wies ab	abgewiesen	h
anfangen	fing an	angefangen	h
aufrufen	rief auf	aufgerufen	h
ausschlafen	schlief aus	ausgeschlafen	h
aussehen	sah aus	ausgesehen	h
ausweichen	wich aus	ausgewichen	s
backen	backte	gebacken	h
befehlen	befahl	befohlen	h
beginnen	begann	begonnen	h
bestehen	bestand	bestanden	h
bestreichen	bestrich	bestrichen	h
betrinken (sich)	betrank (sich)	betrunken	h
beweisen	bewies	bewiesen	h
bewerben (sich)	bewarb (sich)	beworben	h
bieten	bot	geboten	h
bitten	bat	gebeten	h
bleiben	blieb	geblieben	s
braten	briet	gebraten	h
brechen	brach	gebrochen	h
brennen	brannte	gebrannt	h
bringen	brachte	gebracht	h
denken	dachte	gedacht	h
dürfen	durfte	gedurft	h
einbeziehen	bezog ein	einbezogen	h
einfallen	fiel ein	eingefallen	s
einladen	lud ein	eingeladen	h
einnehmen	nahm ein	eingenommen	h
empfangen	empfing	empfangen	h

Infinitiv	*Imperfect Indicativ*	*Participiul II*	*Auxiliar*
empfinden	empfand	empfunden	h
entscheiden	entschied	entschieden	h
entstehen	entstand	entstanden	s
erfinden	erfand	erfunden	h
ergießen	ergoss	ergossen	h
erkennen	erkannte	erkannt	h
erschrecken	erschrak	erschrocken	s
ertrinken	ertrank	ertrunken	s
essen	aß	gegessen	h
fahren	fuhr	gefahren	s
fallen	fiel	gefallen	s
fernsehen	sah fern	ferngesehen	h
finden	fand	gefunden	h
fliegen	flog	geflogen	s
geben	gab	gegeben	h
gehen	ging	gegangen	s
gelingen	gelang	gelungen	s
gelten	galt	gegolten	h
genießen	genoss	genossen	h
geschehen	geschah	geschehen	s
gewinnen	gewann	gewonnen	h
greifen	griff	gegriffen	h
haben	hatte	gehabt	h
halten	hielt	gehalten	h
hängen	hing	gehangen	h
heben	hob	gehoben	h
heißen	hieß	geheißen	h
helfen	half	geholfen	h
heraufkommen	kam herauf	heraufgekommen	s
herunterkommen	kam herunter	heruntergekommen	s
hinnehmen	nahm hin	hingenommen	h
kennen	kannte	gekannt	h

Infinitiv	*Imperfect Indicativ*	*Participiul II*	*Auxiliar*
klingen	klang	geklungen	h
kommen	kam	gekommen	s
können	konnte	gekonnt	h
lassen	ließ	gelassen	h
laufen	lief	gelaufen	s
leiden	litt	gelitten	h
lesen	las	gelesen	h
liegen	lag	gelegen	h
mögen	mochte	gemocht	h
müssen	musste	gemusst	h
nehmen	nahm	genommen	h
nennen	nannte	genannt	h
pflegen	pflag	gepflogen	h
rennen	rannte	gerannt	s
rufen	rief	gerufen	s
riechen	roch	gerochen	h
schlagen	schlug	geschlagen	h
schreiben	schrieb	geschrieben	h
scheinen	schien	geschienen	h
schreien	schrie	geschrien	h
schwimmen	schwamm	geschwommen	s
schwingen	schwang	geschwungen	h
sehen	sah	gesehen	h
sein	war	gewesen	s
singen	sang	gesungen	h
sinken	sank	gesunken	s
sitzen	saß	gesessen	h
sollen	sollte	gesollt	h
sprechen	sprach	gesprochen	h
springen	sprang	gesprungen	s
stehen	stand	gestanden	h
stehlen	stahl	gestohlen	h

Infinitiv	*Imperfect Indicativ*	*Participiul II*	*Auxiliar*
steigen	stieg	gestiegen	s
sterben	starb	gestorben	s
tragen	trug	getragen	h
treffen	traf	getroffen	h
treten	trat	getreten	s
trinken	trank	getrunken	h
tun	tat	getan	h
übergießen	übergoss	übergossen	h
umschließen	umschloss	umschlossen	h
unterstreichen	unterstrich	unterstrichen	h
verbringen	verbrachte	verbracht	h
vergessen	vergaß	vergessen	h
verheißen	verhieß	verheißen	h
verlieren	verlor	verloren	h
verraten	verriet	verraten	h
vertreiben	vertrieb	vertrieben	h
vorkommen	kam vor	vorgekommen	s
vortragen	trug vor	vorgetragen	h
wachsen	wuchs	gewachsen	s
waschen	wusch	gewaschen	h
werden	wurde	geworden	s
wissen	wusste	gewusst	h
werfen	warf	geworfen	h
wollen	wollte	gewollt	h
zergehen	zerging	zergangen	s
ziehen	zog	gezogen	h
zuhalten	hielt zu	zugehalten	h
zusammenschlagen	schlug zusammen	zusammengeschlagen	h
zusammenstoßen	stieß zusammen	zusammengestoßen	s
zutreffen	traf zu	zugetroffen	h
zwingen	zwang	gezwungen	h

A

ab | bringen* **(+von+D)** *v.t.* a distrage, a abate

s **Abendlyzeum, -/ -lyzeen** liceu seral

ab | fahren* I. *v.i.* *(+ist) (d. un vehicul)* a pleca, a porni **II.** *v.t.* *(+hat)* a uza, a toci *(cauciucurile etc.)*

r **Abfall, -s/ ⸚e** deşeu

e **Abfüllanlage, -/-n** instalaţie de îmbuteliere

abgelegen *part. I. adj.* izolat, îndepărtat

abhanden kommen* *(+ist) v.i.* **(+D)** a se pierde, a dispărea

abhängig *adj.* **(+von+D)** dependent (de)

s **Abitur, -s/** bacalaureat

ab | kriegen *v.t.* a încasa, a se alege cu ceva

ab | kühlen *v.r.* a se răcori

ab | weisen* *v.t.* **1.** a respinge **2.** a refuza

achten I. *v.t.* a respecta, a stima **II.** *v.i.* **(+auf+A)** a fi atent la

r **Advent, -(e)s/-e** *(bis.)* Postul Crăciunului *(cele 4 duminici dinaintea Crăciunului)*

r **Affe, -n/-n** maimuţă

ähnlich *adj.* **(+D)** asemănător ‖ *und Ähnliches* şi altele asemenea

e **Ähnlichkeit, -/-en** asemănare

r **Alkoholiker, -s/-** alcoolic, beţiv

allerdings *adv.* fireşte

allerlei *adj. inv.* de tot felul/soiul, de toate

r **Alltag, -(e)s/** zi obişnuită/ca toate celelalte, monotonie

s **Alter, -s/ 1.** bătrâneţe **2.** vârstă *im von* la vârsta de; *im besten ~* în floarea vârstei

altmodisch *adj.* demodat, de modă veche

e **Altstadt, -/ - städte** oraşul vechi

e **Amsel, -/-n** *(zool.)* mierlă

an | drehen *v.t.* **1.** a aprinde *(gazul, lumina)* **2.** a porni, a da drumul *(la un motor/aparat)*

an | fangen *v.t., v.i.* a începe *von vorn ~* a o lua de la capăt

an | feuchten *v.t.* a umezi

an | rühren *v.t.* **1.** a atinge **2.** a amesteca *(ingrediente)*

an | setzen I. *v.t.* a fixa **II.** *v.i.* **1.** a-şi lua avânt **2.** a se pregăti de/pentru

ändern *v.t., v.r.* **1.** a (se) schimba **2.** a (se) modifica

e **Änderung, -/-en** schimbare, modificare *eine ~ treffen** a face o schimbare

anfänglich I. *adj.* iniţial, începător; primar, originar. **II.** *adv.* la început

e **Anforderung,-/-en (+an+A)** cerinţă, pretenţie la/faţă de

s **Angebot, -(e)s/-e** ofertă, propunere

r **Angestellte, -n/-n** *(ein ~* **er***)* angajat, salariat

e **Angestellte, -n/-n** angajată, salariată

angewiesen *part.II. adj. pred.* **(+sein* +auf+A)** dependent de

animieren *v.t.* a anima, a însufleţi

e **Anlage, -/-n** instalaţie

anlässlich *prep.* **(+G)** cu ocazia/prilejul

anschaulich *adj.* clar, intuitiv

r **Anschluss, -usses/-üsse 1.** legătură *(cu trenul, telefonică etc.)* **2.** relaţie, legătură **3.** *(pol.)* anexare **3.** racord, contact

s **Ansehen, -s/ 1.** prestigiu **2.** vedere ‖ *ich kenne ihn nur vom ~* îl cunosc numai din vedere

---

Semnul * se foloseşte pentru a indica verbele tari şi verbele neregulate.

e **Anspannung, -/-en 1.** înhămare **2.** încordare

r **Anspruch, -s/⸗e (+auf+A)** pretenţie la ‖ *Ansprüche stellen* **(+an+A)** a ridica pretenţii faţă de; *ich bin sehr in ~ genommen* sunt foarte ocupat/solicitat

anstatt I. *prep.* **(+G)** în locul, în loc de **II.** *conj. subord.* **1. (+dass)** în loc (ca) să **2. (+zu+inf.)** în loc să, în loc de a

r **Anteil, -(e)s/-e 1.** parte **2. (+an+D)** pondere (în) **3.** participare ‖ *~ nehmen** a arăta interes, a participa

s **Anwendungsgebiet, -(e)s/-e 1.** domeniu de aplicare **2.** *(med.)* indicaţie

an | zünden *v.t.* a aprinde, a da foc

s **Aperitif, -s/s** aperitiv

r **Apfel, -s/⸗** măr

r **Apfelstrudel, -s/-** ştrudel cu mere

r **Arbeitgeber, -s/-** patron

r **Arbeitnehmer,-s/-** angajat; salariat; muncitor

e **Arbeitsaufgabe, -/-n** sarcină de serviciu

r **Arbeitsbereich,-(e)s/-e** domeniu de activitate

e **Arbeitskraft, -/ kräfte** forţă de muncă

e **Arbeitslosigkeit, -/** şomaj

r **Arbeitsplatz, es/- plätze** loc de muncă

e **Arbeitsplatzsicherheit, -/** siguranţa locului de muncă

auf | bewahren *v.t.* a păstra *(cu o grijă deosebită)*

e **Aufführung,-/-en 1.** reprezentaţie, spectacol **2.** *(muz.)* execuţie **3.** enumerare **4.** comportare, conduită

aufmerksam *adj.* atent *~ machen* **(+auf+A)** a atrage atenţia asupra

aufregend *adj.* palpitant; senzaţional

e **Aufregung, -/-en 1.** enervare, agitaţie **2.** emoţie

auf | rufen* *v.t.* **1.** a striga **2.** a lansa un apel/o chemare

auf | stellen I. *v.t.* **1.** a pune, a aşeza *(vertical)* **2.** a întocmi **3.** *(tehn.)* a instala **II.** *v.r.* a se înşirui, a se aşeza la rând

e **Aufstiegschance, -/-n** şansă de promovare

e **Augenoptikerin, -/-(n)en** opticiană

r **Augenzeuge, -n/-n** martor ocular

aus | atmen *v.t.* a expira *(aerul)*

aus | tauschen *v.t.* a schimba

e **Ausbildung, -/** instruire, educaţie, formare

e **Ausbringung, -/** *(metal.)* extragere, scoatere

aus | drehen *v.t.* **1.** a deşuruba **2.** a închide

ausgesprochen *part. II. adj.* în adevăratul înţeles al cuvântului, de-a dreptul

aus | leben *v.t.* a trăi din plin, a savura viaţa

r **Auslöser, -s/-** *(foto)* declanşator

aus | packen *v.t.* a despacheta

aus | probieren *v.t.* a încerca, a proba

s **Auspuffrohr, -(e)s/-e** ţeavă de eşapament

ausreichend *part. I. adj.* suficient, destul

aus | rollen *v.r.* a întinde *(aluat)*

aus | schalten *v.t.* **1.** a închide *(un aparat)* **2.** a deconecta **3.** a exclude

aus | sehen*v.i.* **1.** a arăta ‖ *gut/schlecht ~* a arăta bine/rău **2. (+nach+D)** a arăta a ‖ *es sieht nach Regen aus* arată a ploaie **3. (+es+mit+D)** a fi, a sta ‖ *mit seiner Gesundheit sieht es schlecht aus* starea sănătăţii lui e proastă

aus | schlafen* *v.r.* a dormi pe săturate

e **Aussicht, -/-en 1.** privelişte, vedere **2.** perspectivă **3. (+auf+A)** speranţă

aus | stechen* *v.t.* **1.** a scoate *(cu ceva ascuţit)* **2.** a grava **3.** *(fig.)* a eclipsa, a da la o parte

s **Aussterben, -/** moartea, pierirea

äußer *adj. atr.* **1.** exterior **2.** extern *~ e Angelegenheiten* afaceri externe

außer I. *prep.* **(+D)** în afară de **II.** *conj.* în afară de *(cazul în care)*

außerdem *conj. coord., adv.* în afară de aceasta, pe lângă aceasta

außerordentlich *adj. atr.* extraordinar, excepţional

e **Autopflege, -/** întreţinere a automobilului

aus | weichen* *(+ist) v.i.* **(+D)** a ocoli, a evita

B

r **Bach, -(e)s/ ⸚e** pârâu

backen* **I.** *v.t.* **1.** a coace **2.** a prăji **II.** *v.i.* a se coace *(d. prăjituri, pâine etc.)*

e **Backware, -/-n** produs de brutărie

r **Bahnhof, -(e)s/-höfe** gară

r **Band, -(e)s/ ⸚e** volum *(carte)*

s **Band, -es/ ⸚er** 1. panglică **2.** bandă

r **Bankangestellte, -n/-n** funcţionar la bancă

r **Bart, -es/ ⸚e** barbă

basteln *v.t., v.i.* a meşteri

beachtlich *adj.* remarcabil

bedanken *v.r.* **(+bei+D, für+A)** a mulţumi pentru ceva

bedecken *v.t.* **(+mit+D)** a acoperi cu

bedrohen *v.t.* a ameninţa

r **Befehl, -(e)s/-e** ordin ‖ *auf ~* din ordinul, la comanda

e **Befragung, -/-en 1.** chestionare, consultare **2.** informare, cerere de referinţe **3.** interogatoriu

befreien (+von+D) I. *v.t.* **1.** a elibera **2.** a scuti de **II.** *v.r.* a se elibera

befürchten *v.t.* a se teme de

e **Begeisterung, -/** entuziasm

begleiten *v.t.* a însoţi, a conduce

r **Begriff, -(e)s/-e 1.** noţiune, părere *den ~ haben* a fi de părere **2.** idee *im ~ sein** a fi pe punctul

behandeln *v.t.* a trata

e **Behörde, -/-n** autoritate

bei | fügen *v.t.* a anexa, a adăuga

r **Beigeschmack, -(e)s/** gust aparte, special, particular ‖ *(fig.) ein bitterer ~* un gust amar

beisammen *adv.* împreună, laolaltă

beiseite *adv.* la o parte

bekannt *adj.* cunoscut, ştiut

r **Bekannte, -n/-n** *(ein ~* **er)** cunoscut, cunoştinţă

e **Bekannte, -n/-n** cunoscută, cunoştinţă

belasten *v.t.* a împovăra

s **Belieben, -n/** bun plac, plăcere, poftă ‖ *nach ~* după plac, în voie

beliebig I. *adj.* oarecare **II.** *adv.* după plac

bepflanzen *v.t.* a planta, a sădi, a răsădi

bequem *adj.* **1.** comod **2.** confortabil

r **Bergbauernhof, -(e)s/ ⸚e** gospodărie ţărănească de munte

berichten *v.i.* a raporta, a relata

e **Berufsschule, -/-n** şcoală profesională

r **Berufstätige, -n/-n** persoană activă în câmpul muncii

r **Berufswechsel, s/-** schimbare a profesiei

s **Berufsziel, -(e)s/-e** scop în profesie

beruhigen *v.t., v.r.* a (se) linişti, a (se) calma

beschäftigen I. *v.t.* a da de lucru la, a da o ocupaţie **II.** *v.r.* **(+mit+D)** a se ocupa de/cu, a se îndeletnici cu

beschenken *v.t.* a dărui ‖ *reichlich ~* a copleşi cu daruri

e **Bescherung, -/-en 1.** *sg.* împărţire de cadouri **2.** dar, cadou

beschleunigen *v.t.* a accelera

e **Beschwerde, -/-n 1.** plângere, reclamaţie **2.** *(la pl.) (med.)* dureri, tulburări

bestehen* **I.** *v.t.* a reuşi la **II.** *v.i.* a exista **2.** **(+auf+D)** a însista **3. (+in+D)** a consta în

bestellen *v.i.* **1.** a comanda *(la restaurant)* **2.** a cultiva *(pământul)* **3.** a transmite *(prin cineva)* *e* **Bestellung, -/-en** comandă

bestimmen I. *v.t.* **1.** a fixa, a stabili **2.** a determina **3.** a destina **II.** *v.i.* **(+über+A)** a dispune de

bestreichen* *v.t.* **1.** a unge *(cu ceva),* a vopsi **2.** a trece uşor *(cu mâna)* peste ceva

bestreuen, *v.t.* a presăra, a pudra ‖ *mit Zucker ~* a pudra cu zahăr

betrachten *v.t.* **1.** a privi **2. (+als)** a considera drept

e **Betrachtung, -/-en 1.** *(sg.)* privire, contemplare **2.** considerare, apreciere

betreten* *v.t.* a păşi, a intra în

r **Betrieb, -(e)s/-e 1.** întreprindere **2.** funcţie ‖ *außer ~* scos din funcţie; *in ~* în funcţie

betrinken* *v.t.* a se îmbăta

s **Bett, -(e)s/-en 1.** pat ‖ *das ~ hüten* a sta *(bolnav)* la pat **2.** albie *(de râu)*

e **Bevölkerung, -/-en** populaţie

bewältigen *v.t.* **1.** a o scoate la capăt, a rezolva **2.** a învinge

bewerben* *v.r.* **(+um+A) 1.** a candida **2.** a cere în casătorie **3. (+als)** a-şi oferi serviciile ca

e **Bewerbung, -/en 1.** solicitare, cerere **2.** concurs *(pentru un post etc.)*

e **Bewirtung ,-/-en** ospătare, tratare

bezeichnen *v.t.* **1.** a însemna, a marca **2.** a denumi

e **Bezeichnung, -/-en 1.** însemnare, marcare **2.** denumire

e **Biene, -/-n** albină

r **Biergarten, -s/⁼** berărie în aer liber

s **Bild, -(e)s/-er 1.** imagine **2.** tablou **3.** fotografie, poză ‖ *im ~ sein** a fi la curent

bilden I. *v.t.* a forma **II.** *v.r.* a se instrui

r **Bildschirm, -(e)s/-e** ecran

e **Bildung, -/ 1.** formare **2.** cultură

e **Bildzeitschrift, -/-en** revistă ilustrată

r **Blanke Hans** *(poet.)* denumire dată Mării Nordului pe timp de furtună

s **Blech,-es/-e 1.** tinichea, tablă **2.** tavă *(pentru copt)*

blind *adj.* **1.** orb ‖ *~ werden** a orbi **2.** clandestin

r **Blinker, -s/-** *(auto)* semnalizator

blockieren *v.t.* a bloca

s **Blut, -(e)s/** sânge

e **Blutprobe, -/-n** *(med.)* probă de sânge

r **Boden, -s/⁼ 1.** sol, pământ **2.** duşumea **3.** pod *(al casei)*

s **Boot, -(e)s/-e** barcă

e **Börse, -/-n 1.** portmoneu **2.** *(ec.)* bursă

bös(e) *adj.* **1.** rău **2. (+sein*) (+D/auf+A)** (a fi) supărat pe ‖ *~ werden** a se supăra

r **Brand, -(e)s/⁼e** incendiu ‖ *in ~ setzen/stecken* a incendia

r **Brauch, -(e)s/⁼e** obicei; datină

brauen *v.t.* a prepara *(bere, punci)*

e **Brauerei, -/-en** fabrică de bere

brechen* I. *v.t.* **1.** a frânge, a rupe **2.** a refracta **II.** *v.i.* *(+ist)* a se rupe, a se sparge **III.** *v.r.***(D)** a-şi fractura, a-şi rupe

e **Bremse, -/-n** frână

bremsen *v.t., v.i.* a frâna; a pune frână

brennen* I. *v.t.* **1.** a arde **2.** a prăji **II.** *v.i.* **1.** a arde **2.** a frige **3.** a ustura **4. (+vor+D)** a arde de **5.** *impers.* ‖ *es brennt!* arde! foc!

r **Brief, -(e)s/-e** scrisoare

e **Brille, -/-n** ochelari

e **Brotzeit, -/ 1.** ora dejunului **2.** dejun *(mâncare)*

s **Bruttosozialprodukt, -(e)s/-e** produs social brut

buchen *v.t.* a rezerva *(un loc la avion/vapor etc.)*

e **Bucht, -/-en** golf

bügeln *v.t.* a călca

bunt *adj.* **1.** pestriţ, colorat **2.** variat

s **Büro, -s/-s** birou

e **Bürogehilfin, -/-(n)en** stagiară într-un birou

C

s **Cembalo, -s/-s; Cembali** clavecin
r **Christbaum, -(e)s/ ¨e** brad de Crăciun
s **Christentum, s/** creştinism

D

e **Dachwohnung, -/-en** mansardă
r **Dampf, -(e)s/ ¨e** abur
r **Dampfer, -s/-** vapor
dankbar *adj.* recunoscător
r **Darm, (e)s/ ¨e** intestin
e **Dauerberieselung, -/-en** irigare permanentă
deftig *adj.* (*reg. fam.*) **1.** zdravăn, puternic **2.** grosolan **3.** *(cul.)* hrănitor, săţios
s **Denken, -s/** gândire
dennoch *conj. coord., adv.* totuşi, cu toate acestea
derb *adj.* grosolan
e **Devisen** *(Pl.) (fin.)* devize
e **Diagnose, -/-n** *(med.)* diagnostic
dicht *adj.* **1.** dens; des **2.** foarte aproape
dienen *v.i.* **(+D)** a servi, a sluji
e **Dienstleistung,-/-en** prestare de serviciu
doof *adj. (reg. şi fam.)* prost(ănac)
doppelseitig *adj.* **1.** bilateral **2.** cu două feţe, dublu
r **Dorfplatz, -es/ ¨e** piaţă a satului
dosieren *v.t.* a doza
e **Dosierungsanleitung, -/- en** recomandare de dozare
drucken *v.t.* a tipări; a imprima
r **Drucker, -s/-** tipograf
r **Duft, -(e)s/ ¨e** parfum *(miros)*
e **Dunkelheit, -/** întuneric
r **Dünnsäureregenproduzent, -en/-en** producător de ploaie acidă
r **Durchschnitt, -(e)s/ 1.** medie ‖ *im ~* în medie **2.** secţiune
durchschnittlich *adj.* **1.** mediu **2.** mediocru
r **Durchschnittsbürger, -s/-** cetăţean obişnuit, de rând
durchspülen *v.t.* a clăti bine
durch | ziehen *v.t.* **1.** a trage prin **2.** a trece prin

E

ebenso *adv.* la fel de, tot atât de
s **Edelweiß, -es/-e** *(bot.)* floare de colţ
e **Ehe, -/-n** căsnicie
ehemalig *adj. atr.* fost; de odinioară
s **Ehepaar, -(e)s/-e** pereche *(soţ şi soţie)*
r **Ehrgeiz, es/** ambiţie
s **Eichenholzfass, -fasses/-fässer** butoi din lemn de stejar
eigentlich *adj.* **1.** de fapt **2.** adevărat, propriu ‖ *im ~ en Sinne des Wortes* în adevăratul sens al cuvântului
e **Eignung, -/** potrivire; aptitudine, capacitate

ein | atmen *v.t.* a inspira, a inhala
e **Einbahnstraße, -/-n** stradă cu sens unic
einbeziehen* *v.t.* a include
eindringlich *adj.* insistent
einerlei *num. var.* **1.** de un fel **2.** indiferent, totuna
ein | fallen* *(+ist) v.i.* **1.** a interveni *(într-o discuție)* **2.** a pătrunde **3.** a-i trece prin minte *sein Name fällt mir nicht mehr ein* numele lui îmi scapă; *es fällt mir gar nicht ein* **(inf.+zu)** nici nu-mi trece prin minte
ein | führen *v.t.* **1.** a importa **2.** a introduce
eingedrückt *part. I, adj.* turtit
einheimisch *adj.* indigen
r **Einkaufskorb, -(e)s/ ¨e** coş pentru cumpărături
ein | nehmen* *v.t.* **1.** a lua *(un medicament)* **2.** a ocupa *(un loc)* **3.** *(mil.)* a cuceri
ein | packen *v.t.* a împacheta
ein | rechnen *v.t.* a lua în calcul
e **Einrichtung, -/-en 1.** instalaţie **2.** amenajare
einsam *adj.* solitar, singuratic
e **Einschaltdauer, -/** durata de conectare
ein | schalten *v.t.* **1.** a deschide *(un aparat)* **2.** a aprinde *(lumina)* **3.** a intercala ‖ *eine Pause* ~ a face o pauză
r **Einschlag, -(e)s/ ¨e 1.** lovitură **2.** îndoitură, tiv **3.** influenţă
ein | spannen *v.t.* **1.** a înhăma **2.** a pune o coală în maşina de scris
e **Einzeldosis, -/ -sen** *(med.)* doză
einzig *adj. atr.* singur, unic
r **Eisvogel, -s/ ¨** *(ornit.)* pescăruş
r **Elefant, -en/-en** elefant
r **Elektroherd, -(e)s/-e** maşină de gătit electrică
s **Elfenbein, -(e)s/** fildeş
empfangen* *v.t.* **1.** a primi **2.** *(d. femei)* a rămâne însărcinată
empfehlen* I. *v.t.* **1.** a recomanda **2.** a transmite salutări din partea **II.** *v.r.* **1.** a se retrage; a-şi lua rămas bun ‖ *darf ich mich ~ ?* îmi permiteţi să mă retrag? **2.** *impers.* a fi recomandabil ‖ *es empfiehlt sich* este recomandabil să
empfinden* *v.t.* a simţi
empfindlich *adj.* **1.** sensibil **2.** susceptibil, impresionabil
s **Ende, -s/-n** sfârşit; capăt
r **Engel, -/-** înger
e **Entdeckung, -/-en** descoperire
entfernen *v.t., v.r.* a (se) îndepărta
entführen *v.t.* **1.** a răpi **2.** a deturna
e **Entführung,-/-en 1.** răpire **2.** deturnare
entgleisen *(+ist) v.i.* a deraia
entschlossen *part. II. adj.* hotărât, decis; dârz
e **Entspannung, -/** destindere, relaxare
entstehen* *(+ist) v.i.* **1.** a lua fiinţă, a se naşte **2.** a se isca
s **Entwicklungsland, -(e)s/- länder** ţară în curs de dezvoltare
e **Entzündung, -/-en 1.** aprindere **2.** *(med.)* inflamaţie
r **Enzian, -s/-e** *(bot.)* genţiană
erben *v.t.* a moşteni
e **Erbse, -/-n** mazăre
erfinden* *v.t.* **1.** a inventa **2.** a născoci
r **Erfolg, -(e)s/-e** succes
ergattern *v.t. (fam.)* a înhăţa, a înşfăca
s **Ergebnis, -isses/ -isse** rezultat
ergießen* I. *v.t.* a vărsa, a revărsa ‖ *(fig.) sein Herz* ~ a-şi uşura sufletul **II.** *v.r.* **1.** **(+in+A)** a se vărsa în *(d. ape curgătoare)* **2.** **(+über+A)** a se revărsa (peste), a inunda
erinnern I. *v.t.* a aminti **II.** *v.r.* **(+an+A)** a-şi aminti, a-şi aduce aminte
erkennen* *v.t.* a recunoaşte
e **Erkennungstafel, -/-n** tablă indicatoare
erklingen* *v.i.* a răsuna, a suna
erleben *v.i.* a trăi *(un eveniment)*
e **Erledigung, -/** rezolvare, îndeplinire
ernst *adj.* serios
eröffnen *v.t.* **1.** a deschide ‖ *eine Tagung* ~ a deschide o sesiune **2.** a inaugura **3.** a comunica, a destăinui
e **Erscheinung, -/-en 1.** apariţie **2.** fenomen
ersetzen *v.t.* **1.** a înlocui **2.** a restitui, a rambursa ‖ *die Kosten werden ersetzt* cheltuielile se rambursează
ertrinken* *(+ist) v.i.* a se îneca
erwachen *(+ist) v.i.* a se trezi
e **Erzählung, -/-en** povestire
erzbischöflich *adj.* arhiepiscopal
erzeugen *v.t.* **1.** a produce, a fabrica **2.** a genera

r **Erzeuger, -s/-** producător
ewig *adj.* etern, veşnic
s **Extra, -s/-s** accesoriu de confort sporit *(la automobile)*

F

s **Fachlyzeum -s/- lyzeen** liceu de specialitate
e **Fachoberschule, -/-en** şcoală superioară profesională
e **Fachzeitschrift, -/-en** revistă de specialitate
e **Fähre, -/-n** bac
r **Familienbetrieb, -(e)s/-e** întreprindere familială
farblos *adj.* incolor
r **Fasching, -s/-e; -s** carnaval
fassen I. *v.t.* **1.** a cuprinde **2.** a prinde, a apuca ‖ *bei/an der Hand ~* a lua de mână; *Mut ~* a prinde curaj **3.** a monta *(pietre preţioase)* **II.** *v.r.* **1.** a se aduna, a se linişti **2.** (+auf+A) a se aştepta la ‖ *ich bin auf alles gefasst* mă aştept la orice
e **Fastenzeit, -/** *(relig.)* Postul Mare/Paştelui
e **Fastnacht, -/** *(relig.)* lăsata secului
faulenzen *v.i.* a lenevi, a trândăvi
e **Feder, -/-n 1.** peniţă **2.** pană **3.** *(tehn.)* arc
r **Feierabend, -(e)s/-e** sfârşitul programului, terminarea lucrului ‖ *nun ist aber ~!* basta! gata!
r **Feiertag, -(e)s/-e** sărbătoare
fern | sehen* *v.i.* a sta/ a se uita la televizor
s **Fernsehen, -/** televiziune
r **Fernsehsender, -s/-** post de televiziune
r **Festtag, -(e)s/-e** zi festivă
feucht *adj.* umed
e **Fichte, -/-n** molid
r **Fichtenzweig, -(e)s/-e** ramură de molid
s **Fieber, -s/** febră ‖ *(hohes) ~ haben** a avea febră (mare); *das gelbe ~ (med.)* friguri galbene
fit *adj. pred. (fam.)* în formă ‖ *~ bleiben* a rămâne în formă
e **Fläche, -/-n** suprafaţă
e **Flasche, -/-n 1.** sticlă ‖ *eine ~ Wein/ Bier* o sticlă de vin/bere **2.** butelie
e **Fledermaus ,-/ ¨-e** *(zool.)* liliac
r **Flügel, -s/- 1.** aripă **2.** pian cu coadă
r **Fluss, -usses/ -üsse 1.** râu **2.** curgere de apă, curs
fordern *v.t.* **1.** a cere, a pretinde **2.** a revendica
fördern *v.t.* **1.** a stimula, a promova **2.** *(mine)* a exploata, a extrage
e **Forelle, -/-n** păstrăv
e **Form, -/-en** formă
fort *adv.* plecat, dus ‖ *in einem ~* întruna, necontenit; *und so ~* şi aşa mai departe
r **Frachter, -/-** cargobot
e **Freizeit, -/** timp liber
r **Fremdenverkehr, -s/** turism
froh *adj.* **(+über+A)** vesel, bucuros de
fröhlich *adj.* voios, vesel *~e Feiertage* sărbători fericite
e **Frucht, -/ ¨-e** fruct, rod
fruchtbar *adj.* roditor, fertil
s **Frühstück, -(e)s/-e** micul dejun
führen *v.t.* a conduce, (aici) a duce
r **Führerschein, -(e)s/-e** *(auto)* permis de conducere
e **Fülle, -/** abundenţă, belşug
füllen I. *v.t.* a umple **II.** *v.r.* a se umple
s **Fürstentum, -(e)s/- ¨-er** principat
r **Fußgänger, -s/-** pieton

G

s **Gaspedal, -s/-e** *(auto)* accelerator

r **Gast,- (e)s/ ⁻̈ e 1.** musafir, oaspete ‖ *zu ~* **(zu+bei+D)** în vizită (la) **2.** client *(într-un restaurant/hotel)* **3.** vizitator *(al unei expoziţii, etc.)*

r **Gastarbeiter, -s/-** muncitor străin

gastfreundlich *adj.* ospitalier

r **Gastgeber, -s/-** gazdă

s **Gasthaus, -es/ ~ häuser** hotel cu restaurant

r **Gasthof, (e)s/ -höfe** hotel *(han)*

r **Gästebetreuer, -s/-** ghid

r **Gaumen, -s/-** cerul gurii, *(anat.)* palat

s **Gebäck, (e)s/-e** prăjituri

s **Gebäude, -s/-** clădire, edificiu

geben* *v.t.* **I.** a da **II.** *v.i. impers.* a exista, a fi *in diesem Wald gibt es keine Wölfe* în această pădure nu există lupi **III.** *v.r. sich geschlagen* a se da bătut

geboren *part. II adj.* **1.** înnăscut, cu aptitudini **2.** *(presc.* geb.) născută *Frau Weber, geb. (geborene) Huschke* doamna Weber, născută Huschke

s **Gebräu,-(e)s/ -e** băutură fermentată; bere

gebrauchen *v.t.* **(+zu+D)** a întrebuinţa, a folosi (la)

gebräuchlich *adj.* uzual, obişnuit

e **Geburt, -/-en** naştere

s **Geburtshaus, -es/ -häuser** casă părintească

geehrt *part. II adj.* stimat

gefährden *v.t.* a periclita

gefragt *part. II adj.* cerut, căutat

gegenseitig *adj.* reciproc

r **Gegenstand, -(e)s/ ⁻̈ e 1.** obiect, lucru **2.** temă, obiect

gehackt *part. II adj.* tocat

r **Geiger, -s/-** violonist

geistig *adj.* spiritual

gelassen *part. II adj.* calm, cu sânge rece

gemeinsam I. *adj.* comun **II.** *adv.* împreună

gemessen *part.II adj.* măsurat, cumpănit

e **Genmanipulation, -/-en** manipulare genetică

genügen *v.i.* **(+D)** a ajunge, a fi suficient ‖ *das/es genügt!* ajunge!

gerädert *part. II, adj.* **1.** tras pe roată **2.** *(fig.)* obosit

s **Gerät, -(e)s/-e 1.** aparat **2.** unealtă

s **Geräusch, -es/-e** zgomot

geräuscharm *adj.* silenţios

gereizt *part. II, adj.* sâcâit, nervos

e **Gerste, -/** orz

e **Gerstenernte,-/n** recoltă de orz

r **Gerstenssaft, -(e)s/ ⁻̈ e** *(poet.)* bere

r **Geruch, - (e)s/ ⁻̈ e** miros

gerührt *part. II adj.* emoţionat

e **Gesamtschule, -/-en** şcoală care îmbină cultura generală cu practica

s **Geschmiere,-s/** mâzgălitură

geschwollen *part. II adj. (med.)* umflat

gesellig *adj.* sociabil

e **Geselligkeit, -/-en 1. sg.** sociabilitate **2.** petrecere

gestatten *v.t.* a permite

gesundheitsschädlich *adj.* dăunător sănătăţii

gewähren *v.t.* **(+D)** a acorda

s **Gewissen, -s/** conştiinţă

s **Gewand, (e)s/ ⁻̈ er** veşmânt

gewohnt *adj.* obişnuit

giftig *adj.* otrăvitor

r **Glanzpunkt, es/-e** punct culminant; apogeu

e **Glaskugel, -/-n** glob de sticlă

s **Glatteis, -es/ 1.** polei **2.** alunecuş

s **Gleis, -es/-e** linie *(ferată)*

e **Gleitzeit, -/-en** timp de lucru flexibil

s **Glück, -(e)s/** fericire, noroc *zum ~* din fericire; *auf gut ~* la noroc/întâmplare

e **Gnade, -n 1.** milă, îndurare; *um ~ bitten* a cere îndurare; *aus ~* din milă **2.** favoare ‖ *in hohen ~n stehen* ***(+bei+D)** a fi în graţiile cuiva

göttlich *adj.* divin, dumnezeiesc

e **Grenze, -/-n 1.** graniţă **2.** limită

r **Grimm, -(e)s /** furie
e **Grippe, -/** gripă
großartig *adj.* minunat, măreţ, grandios
r **Großherzog, -s/ ¨ e** arhiduce
r **Grund, -(e)s/ ¨ e 1.** teren **2.** bază, fundament **3.** fond ‖ *im ~ genommen* în fond/ definitiv **4.** motiv, cauză ‖ *aus welchem ~* din ce cauză
gründen I. *v.t.* a întemeia, a fonda **II.** *v.r.* **(+auf+A)** a se baza
e **Grundschule, -/-n** şcoală elementară
gültig *adj.* valabil
gurgeln *v.i.* a face gargară
r **Gurt, -(e)s/-e** centură
e **Gurtanlegepflicht** obligaţia de a-ţi pune centura de siguranţă când mergi cu maşina
s **Gymnasium,-s/ Gymnasien** gimnaziu

H

s **Haar, -(e)s/-e** păr ‖ *an den ~en herbeigezogen* tras de păr
häkeln *v.t.* a croşeta
r **Halbmond, -(e)s/-e** semilună
s **Halsweh, -(e)s/** dureri de gât
s **Halteverbot, -(e)s** oprirea interzisă
r **Handelsvertreter, -s/-** reprezentant comercial
s **Handgemenge, -s/- 1.** încăierare **2.** luptă corp la corp
s **Handwerk, -(e)s/-e** meserie, meşteşug
r **Hase, -n/-n** iepure
hässlich *adj.* urât
hauptsächlich *adj.* în cea mai mare parte; în special
r **Hausarzt, -es/ ¨ e** medicul casei
r **Haushalt, -(e)s/-e 1.** menaj, gospodărie **2.** buget
e **Hecke, -/-n 1.** gard viu **2.** tufiş
e **Hefe, -/** drojdie
heilen *v.t.* **I.** a vindeca **II.** *v.i. (+ist)* a se vindeca
heilig *adj.* sfânt ‖ *der Heilige Abend (bis.)* ajunul Crăciunului
e **Heimarbeit, -/- en** muncă la domiciliu
s **Heimwerken, -s/** muncă la domiciliu
e **Heirat, -/-en** căsătorie
heiraten *v.t., v.i.* a se căsători (cu)
heizen *v.t.* a încălzi
e **Heizung, -/-en** încălzire
e **Hektik, -/** agitaţie, febrilitate
herauf | kommen* *(+ist) v.i.* a urca *(spre vorbitor)*
e **Herausforderung, -/-en** provocare
hernach *adv.* apoi, după aceea
herunter | kommen* *(+ist) v.i.* **1.** a veni jos, a coborî **2.** a decădea
s **Heu, -s/** fân
heutzutage *adv.* în zilele noastre
hiermit *adv.* cu/prin aceasta
e **Hilfe, -/** ajutor *um ~ rufen** a chema în/a cere ajutor
hilflos *adj.* neajutorat
e **Himbeere, -/-n** zmeură
r **Himmel, -s/-** cer ‖ *am ~* pe cer
hin | nehmen* *v.t.* **1.** a lua, a prelua, a lua în primire **2.** *(fig.)* a suporta; a primi ‖ *einen Tadel ruhig ~* a primi cu calm o mustrare
e **Hinsicht, -/-en** privinţă
hinweg | setzen I. *v.i.***(+über+A)** a sări (peste) **II.** *v.r.* a ignora, a trece cu bună ştiinţă peste ceva ‖ *sich über etwas ~* a nu ţine seamă de ceva
hoch | heben *v.t.* a ridica, a înălţa
hoch | ziehen *v.t.* a trage în sus
e **Hochschule, -/-n** instituţie de învăţământ superior; universitate
e **Höchstgeschwindigkeit, -/-en** viteză maximă
r **Höchstwert, -(e)s/-e** valoare maximă

e **Hochzeit, -/-en** nuntă
hoffen I. *v.t.* a spera **II.** *v.i.* **(+auf+A)** a spera, a avea speranţă în
r **Hofmeister, -s/- 1.** intendent (al curţii) **2.** majordom
r **Höhepunkt, -(e)s/-e 1.** punct culminant **2.** culme, apogeu
e **Hölle, -/-n** iad
e **Holzfigur, -/-en** figurină din lemn
s **Honorar, -s/-e** onorariu
r **Hopfen, -s/** *(bot.)* hamei
s **Hörnchen, -s/-** corn mic, cornuleţ
e **Hornisse, -/-n** bărzăun
s **Hufeisen, -s/-** potcoavă
huldvoll *adj.* plin de graţie, de bunăvoinţă; prietenos
husten *v.i.* a tuşi
r **Hustentee, -s/-s** ceai de tuse

I

e **Innenarchitektur, -/-en** arhitectură de interior
insbesond(e)re *adv.* în special, mai ales
irre *adj.* **1.** nebun **2.** *(fam.)* grozav, teribil

J

s **Jahrhundert, -s/-e** secol
r **Jutesack, -(e)/ ¨e** sac de iută
jung *adj.* tânăr
just *adv.* tocmai, taman, chiar; exact ‖ *~soviel* exact atât

K

s **Kabel, -s/-** cablu
r **Kaiser, -s/-** împărat
e **Kaiserkrönung, -/-en** încoronarea împăratului
s **Kamel, -(e)s/-e** cămilă
r **Kamin, -s/-e 1.** horn, coş **2.** şemineu
e **Kammermusik,-/** muzică de cameră
e **Kapsel, -/-n** capsulă
r **Kapuzenmantel, -s/ ¨** palton cu glugă
r **Karneval, -s/-e; -s** carnaval
e **Karotte, -/-n** morcov
e **Karriere, -/-n** carieră
kauen *v.t.* a mesteca
r **Kauf, -(e)s/ ¨e** cumpărare
r **Kellner, -s/-** chelner
kennen* *v.t.* a cunoaşte
kennen lernen *v.t.* a face cunoştinţă cu
r **Killer, -s/-** ucigaş
kinderfreundlich *adj.* plăcut copiilor
e **Kirche, -/-n** biserică
s **Klavier,-s/-e** pian ~ *spielen* a cânta la pian
r **Klee, -s/** trifoi
s **Kleeblatt, -(es)/- ¨er** frunză de trifoi
e **Kleinigkeit, -/-en** fleac, bagatelă
s **Kleintier, -(e)s/-e** animal mic, de curte *(în speţă pasări, capre şi iepuri de casă)*
s **Klima, -s/-s; ~ate** climă
klingen* *v.i.* a (ră)suna
r **Knetteig, -(e)s/-e** aluat de frământat
r **Koch, -(es)/ ¨e** bucătar
r **Kofferraum, -(e)s/ -räume** *(auto)* portbagaj

e **Müllkippe, -/-n** benă basculantă pentru gunoi
e **Munition, -/-en** muniţie
e **Mure, -/-n** *(geol.)* avalanşă, torent de bolovani/grohotiş
e **Musikhochschule, -/-n** conservator

N

r **Nachbar, -s/-en** vecin
e **Nachbarin, -/-nen** vecină
s **Nachbarland, -(e)s/ -länder** ţară învecinată
nacheinander *adv.* unul dupa altul, succesiv
e **Nachhilfe, -/-n 1.** sprijin **2.** *(oră de)* meditaţie *(la un elev)*
nach | machen I. *v.t.* a imita, a falsifica **II.** *v.i.* **(+D)** a imita *(pe cineva)*, a maimuţări
e **Nachricht, -/-en** veste, ştire
s **Nachsprechen, -/** repetarea spuselor cuiva
s **Nachthemd, -(e)s/-en** cămaşa de noapte
e **Nahrungsherstellung, -/** producerea/fabricarea hranei
e **Nahrungsmittelvergiftung, -/-en** otrăvirea alimentelor
s **Naschwerk, -(e)s/-e** dulciuri, zaharicale
s **Nasenloch, -(e)s/ -löcher** nară
r **Naturwissenschaftler, -s/-** naturalist
r **Nebel, -s/** ceaţă
necken *v.t.* a tachina
s **Neujahr, -(e)s/-e** anul nou
r **Niederschlag, -(e)s/ ¨e 1.** *(la pl.)* precipitaţii atmosferice **2.** *(chim.)* precipitat ‖ *seinen/ihren ~ finden** a-şi găsi expresia
r **Nikolaustag; Nikolo** Moş Nicolae
r **Notendurchschnitt, -(e)s/** media notelor
e **Nutzungsdauer, -/** durata de utilizare

O

oberflächlich *adj.* superficial
r **Oberkörper, -s/-** partea superioară a corpului, bust
e **Oberschule, -/-n** şcoală medie, liceu
s **Obst, -es** fructe
r **Obstsalat, -(e)s/-e** salată de fructe
ohnehin *adv.* şi aşa, oricum
e **Olive, -/-n** măslină
e **Oper,-/-n** operă
e **Operette,-/-n** operetă
e **Ordnung, -/-en 1.** ordine, regulă **2.** orânduire
r **Osterhase, -n/-n** iepuraşul de Paşti
s **Ostern, -s/;** *die* **Ostern** *(pl.) (relig.)* Paşti

P

e **Palme, -/-n** palmier
s **Papier, -s/-e 1.** hârtie *ein Blatt/Bogen ~* o foaie/coală de hârtie **2.** *(în special la pl.)* documente, acte, legitimaţie.
e **Partei, -/-en 1.** partid **2.** parte ‖ *~ ergreifen** **(+für+A)** a lua partea (cuiva)
r **Passagier, -s/-e** pasager ‖ *blinder ~* pasager clandestin

r **Pate, -n/-n** naş *(de botez)*
e **Patin, -/-(n)en** naşă *(de botez)*
s **Pech, -(e)s/-e 1.** smoală, gudron **2.** ghinion
r **Pelz, -es/-e** blană
s **Pensum, -s/-sa; -sen** volum (de muncă), normă
r **Personenkraftwagen, -/-** autoturism
r **Pfefferkuchen, -s/** *(cul.)* turtă dulce
e **Pflanze, -/-n** plantă
e **Pflege, -/** îngrijire
e **Pille, --n** *(med.)* pilulă
r **Pinguin, -s/-e** *(ornit.)* pinguin
e **Pistazie, -/-n** *(bot.)* fistic
r **PKW, -s/-s** autoturism
r **Plattenspieler, s/-** picup
s **Plätzchen, -s/-** *(cul.)* prăjiturică/fursec
platzen *(+ist) v.i.* a plesni, a crăpa
plötzlich *adj.* subit, deodată
prächtig *adj.* măreţ, splendid
praxisbezogen *adj.* legat de practică
r **Priester, -s/-** preot
r **Privatunternehmer, -s/-** întreprinzător particular
e **Promillegrenze -/-n** alcoolemie permisă pentru un conducător auto
e **Prüfungsangst, -/ ⸚e** frică de examen
e **Pünktlichkeit, -/** punctualitate
e **Puppe,-/-n** păpuşă

Q

e **Quélle, -/-n 1.** izvor **2.** sursă
quicklebendig *adv.* foarte vioi

R

e **Rache, -/-n** răzbunare ‖ ~ *für etwas nehmen* a se răzbuna pentru ceva
s **Rad,-(e)/ ⸚er 1.** roată **2.** bicicletă
r **Radler, s/-** biciclist
rasen *v.i.* **1.** **(+vor+D)** a turba de **2.** a face ravagii **3.** *(+ist)* a goni nebuneşte
rasend *part. I adj.* furios, turbat
räumen *v.t.* **1.** a parăsi, a evacua **2.** a goli
reagieren *v.i.* **(+auf+A)** a reacţiona (la)
r **Regenfall, -(e)s/ -fälle** ploaie
r **Regenwald, -es/ -wälder** *(geogr.)* pădure tropicală
r **Regenwurm, -(e)s/ ⸚er** râmă
e **Regierung, -/-en 1.** guvern **2.** domnie, guvernare
regnen *v. impers.* a ploua ‖ *es regnet* plouă
reich *adj.* **(+an+D)** bogat (în)
reifen I. *v.i. impers.* a cădea brumă ‖ *es reift* cade brumă **II.** *(+ist) v.i.* **1.** a se coace **2.** a se maturiza
Reise, -/-n călătorie, voiaj
s **Reisebüro, -s/-s** agenţie de voiaj
reisen *(+ist) v.i.* a călători
s **Rentier, -(e)s/-e** ren
reservieren *v.t.* a rezerva
retten *v.t.* **(+vor+D)** a salva *(de la)*
r **Retter, -s/-** salvator
s **Rettungsprogramm, -s/-e** program de salvare
s **Rezept, -es/-e** reţetă
e **Rinde, -/-n** scoarţă, coajă
e **Robbe, -/-n** focă
e **Rodung, -/-en 1.** defrişare, desţelenire **2.** teren desţelenit/defrişat
r **Rohstoff,-(e)s/-e** materie primă
rosten *(+ist/hat) v.i.* a rugini
r **Rücken, -s/-** spate, spinare
e **Rücksicht, -/-en** consideraţie ‖ ~ *nehmen** **(+auf+A)** a ţine seama de, a lua în considerare
rücksichtslos *adj.* fără menajamente, fără a ţine seama de nimic
e **Ruhebedürfnis, -/-(s)e** nevoia de odihnă
rühren I. *v.t.* **1.** a mişca **2.** a emoţiona **3.** a amesteca *(mâncarea etc.)* **II.** *v.i.* **1.** *v.i.* **(+an+D)** a se atinge de **2.** **(+von+D)** a proveni, a se trage din **III.** *v.r.* a se mişca, a se urni

S

e **Sache, -/-n 1.** lucru, obiect **2.** treabă, chestiune **3.** cauză *eine gerechte ~* cauză dreaptă
r **Sachschaden, -s/ -schäden** paguba materială
r **Sack, -(e)s/ ¨-e** sac, pungă
r **Salbei, -s/** *(bot.)* salvie
sanft *adj.* blând
s **Sauerampferblatt, -es/ ¨-er** frunză de măcriş
r **Sauerregen, -s/** ploaie acidă
r **Säugling, -/-e** sugar
e **Savanne, -/-n** savană
schälen *v.t., v.r.* a (se) coji
r **Schalthebel, -s/-** *(auto)* schimbător de viteză
schattig *adj.* umbros
r **Schauer, -/- 1.** fior **2.** *(met.)* aversă
r **Schauspieler,-s/-** actor
e **Scheibe, -/-n 1.** geam **2.** felie **3.** *(tehn.)* şaibă
r **Scheinwerfer, -s/- 1.** reflector **2.** *(auto)* far
e **Schiene, -/-n 1.** şină **2.** *(med.)* atelă
schießen* I. *v.i.* **1.** a trage, a lansa *(o rachetă)* **2. (+auf+A/+in+A)** a trage *(cu arma)* în **3.** *(+ist)* a se repezi, a goni; a năvăli **II.** *v.t.* **1.** a împuşca *(un animal)* **2.** *(sport)* a marca *(un gol)*
e **Schießerei, -/-en** împuşcături, răpăit de arme
schimpfen I. *v.t.* a ocărî **II.** *v.i.* **1. (+auf/ über+A)** a vorbi de rău **2. (+mit+D)** a certa
r **Schlafplatz, -es/ ¨-e** loc de dormit; loc în pat
s **Schlafzimmer, -s/-** dormitor
r **Schlager, -s/-** şlagăr
schlank *adj.* zvelt, suplu
r **Schlosser, -s/-** lăcătuş
s **Schloss, -sses/ -össer 1.** castel **2.** lacăt
e **Schlossruine, -/-n** ruină a unui castel, a unei cetăţi
r **Schluck, -(e)s/-e** înghiţitură
schlucken *v.t., v.i.* a înghiţi
r **Schmerz, -es/-en** durere
s **Schmerzmittel, -s/-** remediu împotriva durerii
schmücken *v.t., v.r.* a (se) împodobi
e **Schnecke, -/-n** melc
schneien *v.i. impers.* a ninge ‖ *es schneit* ninge
r **Schnupfen, -s/-** guturai
e **Schönheit, -/-en** frumuseţe
e **Schonung, -/ 1.** cruţare **2.** menajament
r **Schornsteinfeger, -s/-** coşar
e **Schranke, -/-n 1.** barieră **2.** *(fig.)* limită
e **Schreckensmeldung, -/-en** ştire înspăimântătoare
schrecklich *adj.* **1.** îngrozitor, oribil, groaznic **2.** *(fig.)* grozav
s **Schreibwarengeschäft, -/-e** papetărie
r **Schreiner, -s/-** tâmplar
r **Schriftsteller, -s/-** scriitor
r **Schritt, -(e)s/-e 1.** ‖ *~für ~* pas cu pas; *auf ~ und Tritt* la fiecare pas **2.** demers
r **Schulabschluss, -sses/-üsse** terminarea/încheierea şcolii
e **Schwäche, -/-n 1.** debilitate, **2.** slăbiciune
r **Schwager, -s/ ¨-** cumnat
e **Schwangere, -n/-n** gravidă, femeie însărcinată
e **Schweinshaxe, -/-n** *(cul.)* ciolan de porc
e/r **Schwerbehinderte, -n/-n** invalid
s **Schwermetall, -s/-e** *(chim.)* metal greu
e **Schwertlilie, -n** *(bot.)* stânjenel
schwingen* I. *v.i.* **1.** a vibra, a oscila **2.** a se balansa **II.** *v.r.* a-şi lua avânt
e **Seezunge, -/-n** *(iht.)* limbă de mare
segnen *v.t.* a binecuvânta
sehen* I. *v.t.* a vedea *ich sehe ihn kommen* îl văd venind **II.** *v.i.* **1. (+auf+A)** a se uita la **2. (+nach+D)** a se uita după *ich muss nach den Kindern ~* trebuie să mă uit după copii
e **Sehnsucht**, -/ dor, nostalgie
seitdem I. *conj. subord.* de când **II.** *adv.* de atunci

r **Sekt, -es/-e** şampanie
s **Selbermachen, s/** confecţionare proprie, personală a unui lucru
s **Selbsbewusstsein, -/ 1.** conştiinţă de sine, sentiment al valorii proprii **2.** aroganţă, îngâmfare
r **Sender, -s/-** emiţător, post de emisie
e **Sendezeit, -/-en** *(radio, TV)* timp de emisie
r **Senf, -es/** muştar
senken *vt* **1.** a scufunda **2.** a coborî, a scădea
s **Serail,-s/-s** serai
setzen I. *v.t.* **1.** a aşeza, apune *(pe scaun)* **2.** a pune, a duce ‖ *das Glas an den Mund* ~ a pune/duce paharul la gură **3.** *(tipogr.)* a culege **4.** a planta, a sădi **II.** *v.r.* **1.** a se aşeza **2.** a se depune **III.** *v.i.* **(+über+A)** a sări peste
sieben *v.t.* **1.** a cerne ‖ *Mehl* a cerne faină **2.** a alege, a selecţiona
r **Siebenschläfer, -/- 1.** *(zool.)* pârş cenuşiu **2.** *(fam.)* mare somnoros **3.** Comemorare a şapte sfinţi din calendarul creştin (27 iunie)
r/s **Silvester,-s/-** Revelion
sinken* *(+is)* *v.i.* **1.** a scădea, a coborî *(d. termometru, barometru etc.)* **2.** a se scufunda
sinvoll *adj.* plin de sens
e **Sitte, -/-n 1.** obicei, datină **2.** moravuri
r **Sitz, -es/-e 1.** loc *(de stat jos)* **2.** sediu **3.** domiciliu **4.** *(auto)* banchetă
e **Softwarenfirma, -/-men** firmă de soft
solo *adv.* singur, solo
e **Sondermüllkippe, -/-n** basculantă specială pentru gunoi
e **Sorge, -/-n** grijă
sorgen I. *v.i.* (+für+A) a avea grijă de **II.** *v.t.* **(+um+A)** a fi îngrijorat de, a duce grija
sorgenlos *adj.* fară grijă, nepăsător
sorgsam *adj.* grijuliu
e **Spannung, -/-en 1.** încordare **2.** tensiune
sparsam *adj.* econom, cu economie
r **Spaß, -es/ ¨e** glumă, haz
speichern *v.t.* **1.** a înmagazina **2.** *(el.)* a acumula
über | streuen *v.t.* a presăra
speisen *v.i.* a lua masa, a mânca
spielen *v.t., v.i.* **1.** a (se) juca *die Kinder ~ im Hof* copiii se joacă în curte **2.** a juca, a interpreta **3.** a avea loc, a se petrece **4.** a cânta *(la un instrument)*
r **Spielfilm, -(e)s/-e** film artistic
e **Spinne, -/-n** păianjen
e **Spontaneität, -/** spontaneitate
s **Sprichwort, -(e)s/ ¨er** proverb
spüren *v.t.* **1.** a simţi **2.** a adulmeca
r **Stand, -(e)s/ ¨e 1.** stare *im ~ sein* a fi în stare **2.** situaţie, poziţie **3.** stadiu
stärken I. *v.t.* a fortifica, a întări **II.** *v.r.* a se fortifica, a se întări
statt | finden* *v.i.* a avea loc
r **Stau, -(e)s/-s; -e 1.** oprire, barare *(a unei ape)* **2.** *(auto)* ambuteiaj
stehen* *v.i.* **1.** a sta *(în picioare, vertical)* **2.** a fi, a sta **3.** a sta, a nu merge **4.** a se afla, a fi **5.** **(+für+A) a.** a fi de partea cuiva **b.** a ţine locul
e **Sterbeliste, -/-n** registru de decese
e **Steuer**[1], **-/-n** impozit, taxă
s **Steuer**[2], **-s/-** volan; cârmă
e **Steuerungstätigkeit, -/-en** *(auto, el.)* activitatea de comandă
stiften *v.t.* **1.** a fonda, a întemeia **2.** a dona **3.** a crea, a face **4.** *(fam.)* a face cinste
stimmen I. *v.t.* **1.** a acorda *(un instrument muzical)* **2.** a dispune ‖ *traurig ~* a indispune **II.** *v.i.* **1.** a vota **2.** a corespunde, a fi exact ‖ *die Rechnung stimmt* socoteala este exactă
r **Stock, -(e)s/-** etaj
e **Stoßstange, -/-n** *(auto)* bara de protecţie
r **Strauch, -es/ ¨er** arbust
s **Streichinstrument, -(e)s/-e** instrument cu coarde
s **Streichquartett, -(e)s/-e** cvartet de coarde

r **Streit, -(e)s/(e)**; *die* **Streitigkeiten** *(pl.)* ceartă
e **Streiterei, -/-en** ceartă, dispută, gâlceavă
r **Stress, -sses/-sse** stres
stricken *v.t.* a tricota (cu andrelele)
stromsparend *adj.* cu consum redus (de curent)
s **Stück, -(e)s/-e** **1.** bucată **2.** piesă *(de teatru/muzicală)*
s **Studienfach, -(e)s/-fächer** obiect de studiu
stürmen I. *v.t.* a lua cu asalt, a asalta **II.** *v.i.* **1.** *impers.* a fi furtună/vijelie **2.** *(+ist)* a se repezi, a da năvală
r **Süden, -s/** sud, miazăzi
e **Süßigkeiten** *(pl.)* dulciuri
r **Süßstoff, -(e)s/** îndulcitor *(zaharină etc.)*

T

e **Tafelmusik, -/** muzică cântată în timpul unui festin
e **Tagesdosis, -/-dosen** *(med.)* doză zilnică
e **Tageszeitung, -/-en** cotidian
e **Tanne, -/-n** brad
e **Tätigkeit, -/-en** activitate
r **Tatort, -es/-e** locul faptei
r **Teig, -(e)s/-e** aluat
e **Teilzeitarbeit, -/** serviciu cu jumătate de normă
r **Termin, -s/-e** termen, soroc
e **Terz,-/en** terţă
testen *v.t.* a testa
e **Theke, -/-n** tejghea
r **Tiefwert, -(e)s/-e** valoare minimă
s **Tier, -(e)s/-e** animal
toll *adj.* **1.** nebun, turbat **2.** grozav, teribil
tönen *v.i.* a (ră)suna, **2.** a nuanţa
töpfern *adj.* de lut, de argilă
töpfern *v.t., v.i.* a face olărie, a lucra ca olar
s **Tor, -(e)s/-e** **1.** poartă **2.** *(sport)* gol ‖ *ein ~ schießen a m*arca un gol
träge *adj.* leneş, indolent, inert
tragen* **I.** *v.t.* **1.** a purta **2.** a (sus)ţine *die Säulen tragen das Dach* coloanele (sus)ţin acoperişul **3.** a rodi **4.** a duce pe braţe **II.** *v.r.* a se purta
r **Traumberuf, -(e)s/-e** meserie mult visată
träumen *v.i.* **(+von+D)** a visa ‖ *ich träumte/ mir träumte, dass* am visat că
e **Traumfrau, -/-en** femeia mult visată
traut *adj.* intim, iubit, drag
treffen* *v.t.* **1.** a întâlni **2.** a lovi, a nimeri
r **Trend, -s/-s** linie, orientare, direcţie
trinken* *v.t.* a bea
r **Trip, -s/-s** călătorie
trocken *adj.* **1.** uscat ‖ *~ werden** a se usca **2.** sec **3.** fad, plictisitor **4.** secetos **5.** sterp
r **Tropfen, -s/-** picătură
trotz *prep.* **(+G)** în ciuda
trotzdem[1] *conj. coord. adv.* totuşi, cu toate acestea
trotzdem[2] *conj. subord.* deşi, cu toate că
r **Truthahn, -(e)s/ -hähne** curcan
e **Tugend, -/en** virtute
e **Tundra, -/-ren** tundră
r **Türsteher, -s/-** portar
e **Tüte, -/-n** pungă

U

e **Überdüngung, -/-en** f. *(agr.)* folosire excesivă a îngrăşămintelor
überdurchschnittlich *adj.* peste medie, ieşit din comun

über | gießen* *v.t.* **1.** a umple până la refuz, a turna până când dă pe dinafară **2.** a pritoci, a transvaza
übergießen *v.t.* **1.** a stropi, a uda superficial; a turna peste ceva ‖ *mit heißem Wasser* ~ a opări **2.** (*impers.; în expr.*) ‖ *es ergoss ihn purpurrot* s-a înroşit până în vârful urechilor
überholen *v.t.* **1.** a întrece **2.** *(auto)* a depăşi **3.** *(tehn.)* a face revizia
überleben *v.t.* a supravieţui
überlegen I. *v.t.* a reflecta, a medita asupra, a chibzui **II.** *v.i.* **(D) 1.** a se gândi mult, a reflecta *(la ceva)* **2.** a se răzgândi ‖ *ich habe es mir überlegt* m-am răzgândit
überlegen *adj.* **(+D+an+D)** superior ‖ *sie ist ihm an Bildung* ~ îi este superioară ca nivel cultural
überraschen *v.t.* **1.** a surprinde, a uimi **2.** a face o surpriză
e **Überschrift, -/-en** titlu
über | streuen *v.t.* a presăra
umarmen *v.t., v.r.* a (se) îmbrăţişa
e **Umfrage, -/-n** anchetă
r **Umfang, -(e)s/ ¨e 1.** *(geom.)* perimetru, circumferinţă **2.** volum, mărime **3.** proporţie
umfangreich *adj.* **1.** voluminos **2.** cuprinzător
e **Umgangsformen** *(pl.)* maniere, reguli de bună purtare
e **Umleitung, -/-en** drum deviat, ocolire
r **Umleitungsweiser, -s/-** indicator pentru un drum deviat
ums Leben kommen* a-şi pierde viaţa
umschließen* *v.t.* a cuprinde, a înconjura
r **Umstand, -(e)s/ ¨e** circumstanţă, *aici*: situaţie
umweltfreundlich *adj.* favorabil mediului ambiant
umweltverträglich *adj.* suportabil pentru mediul înconjurător
r **Umzug, -(e)s/ -züge** procesiune
unartig *adj.* prost crescut, necuviincios
unbekannt *adj.* necunoscut
unbescheiden *adj.* lipsit de modestie
r **Unfall, -(e)s/ -fälle** accident
unfreiwillig *adj., adv.* involuntar; forţat, fără voie
ungestört *adj.* nederanjat, netulburat
s **Unkraut, -(e)s/, ¨er** buruiană
s **Unkrautvertilgungsmittel, -s/-** erbicid
unnötig *adj.* nefolositor, inutil
e **Unterhaltung, -/-en 1.** întreţinere **2.** conversaţie
e **Unterlage, -/-en 1.** bază, suport **2.** *(în special la pl.)* document(aţie)
r **Unternehmer, -s/-** patron, întreprinzător
e **Unternehmerin, -/-nen** patroană, întreprinzătoare
unternehmungslustig *adj.* întreprinzător
e **Unterprima, -/** *(înv.)* penultima clasă de liceu în Germania
r **Unterricht, -(e)s/ 1.** învăţământ **2.** cursuri
unterrichten *v.t.* **1. (+in+D)** a preda, a da ore/lecţii **2. (+über+A/von+D)** a informa despre/în legătură cu
r **Unterschied, -(e)s/-e** deosebire
unterstreichen* *v.t.* a sublinia
e **Unterwelt, -/ 1.** infern **2.** *(fig.)* lume interlopă
r **Urlaub, -(e)s/-e** concediu
e **Ursache, -/-n** cauză, motiv

V

e **Veränderung, -/-en** schimbare
e **Veranstaltung, -/-en 1.** manifestare **2.** organizare
e **Verantwortung, -/-en** răspundere ‖ *auf eigener* ~ pe proprie răspundere
e **Verbindung, -/-en 1.** legătură *in Verbindung mit* în legătură cu **2.** relaţie
verbrauchen *v.t.* a consuma
verbringen* *v.t.* a petrece timpul
verbunden *adj.* **(+D)** îndatorat, obligat

r **Verdienst, -es/-e** venit, câştig
s **Verdienst, -es/-e** merit
r **Verein, -(e)s/-e 1.** asociaţie, uniune **2.** club
vereinbaren *v.t.* a stabili, a cădea de acord
verfügen I. *v.t.* a dispune, a da dispoziţie **II.** *v.i.* (**+über+A**) a dispune de
e **Verfügung, -/-en** dispoziţie || *ich stehe Ihnen zur ~* vă stau la dispoziţie
verführerisch *adj.* seducător, ademenitor
vergeblich *adj.* zadarnic, inutil
s **Vergnügen, s/-n** plăcere, amuzament, desfătare
e **Vergütung, -/-en 1.** compensaţie, despăgubire **2.** restituire *(a cheltuielilor)*
s **Verhalten, -s/** purtare, comportament
verheiraten *v.t., v.r.* a (se) căsători
verheißen* *v.t.* a făgădui, a promite
verhexen *v.t.* a vrăji
verkrampft *adj.* crispat
verletzen *v.t.* **1.** a răni **2.** a jigni, a ofensa **3.** a încălca *(legea)*
r **Verletzte, n/-n** persoană rănită
e **Verletzung, -/-en 1.** rană leziune **2.** ofensă **3.** încălcare *(a legii)*
verlieben *v.r.* (**+in+A**) a se îndrăgosti de
verloben *v.r.* a se logodi
verlockend *part. I adj.* ispititor
verlogen *adj.* mincinos; ipocrit
vermissen *v.t.* a simţi lipsa
s **Vermögen, -s/- 1.** avere **2.** capacitate, aptitudine
vermuten *v.t.* a presupune, a bănui
verordnen *v.t.* **1.** *(med.)* a prescrie **2.** a dispune
e **Verpackung, -/-en** ambalaj
verraten* *v.t.* a trăda
verrückt *adj.* nebun; smintit
versiegen *(+ist) v.i. (şi fig.)* a seca
verstecken *v.t.,v.r.* a (se) ascunde
versüßen *v.t.* a îndulci
e **Vertrautheit, -/-en** intimitate, familiaritate
vertreiben* I. a lunga a izgoni **2.** a vinde, a desface **II.** *v.r. sich* **(D)** *die Zeit ~* a-şi umple timpul
verursachen *v.t.* a cauza
r **Verursacher, -s/-** persoană care pricinuieşte, cauzează *(ceva)*
verweigern *v.t.* a refuza *(ceva)*
verzichten *v.i.* (**+auf+A**) a renunţa la
s **Verzieren, -/** ornamentare
e **Videoaufzeichnung, -/-en** înregistrare video
e **Videokonferenz, -/-en** videoconferinţă
vielleicht *adv.* poate
s **Violoncello, -s/-s** violoncel
e **Violine, -/-n** vioară
s **Volk, -(e)s/ ¨er** popor
s **Volkslied, -(e)s/-er** cântec popular
volkstümlich *adj.* popular
vorbehalten* *v.t.* a rezerva *alle Rechte ~* toate drepturile rezervate
e **Vorfahrt, -/** *(auto)* prioritate
r **Vorgang, -(e)s/ ¨e 1.** procedeu **2.** proces **3.** întâmplare
vorkommen*(+ist) *v.i.* **1.** a se întâmpla, a se petrece **2.** (**+D**) a i se părea **3.** a apărea
vorläufig *adj.* pentru moment, deocamdată
vor | machen *v.t.* (**+D**) **1.** a arăta cum se face **2.** a înşela, a minţi **3.** a duce pe nas pe cineva
vor | stellen I. *v.t.* a pune înainte **II.** *v.t., v.r.* a (se) prezenta **III.** *v.r.* **(D)** a-şi închipui, a-şi imagina
vor | tragen* *v.t.* **1.** a recita **2.** a ţine o conferinţă

W

wachen *v.i.* **1.** (**+bei+D**) a veghea la **2.** (**+über +A**) a avea grijă de, a veghea asupra
e **Wade, -/-n** *(anat.)* pulpă
e **Waffe, -/-n** armă
wählen *v.t.* **1.** (**+zu+D**) a alege, a vota || *wir ~ ihn zum Vorsitzenden* noi îl

alegem preşedinte **2.** a forma *(un număr de telefon)*

r **Wahnsinn, -(e)s/** nebunie, demenţă

e **Waldbiene, -/-n** *(entom.)* albină sălbatică

r **Waldmeistersaft, -(e)s/⸗e** suc de vineriţă

wälzen *v.t.* a tăvăli, a rostogoli

r **Wandel, -s/** schimbare, transformare

e **Wartung, -/** îngrijire, întreţinere

waschen* *v.t., v.r.* a (se) spăla *sich* **(D)** *die Hände ~* a se spăla pe mâini

e **Wäschereinigung, -/** curăţătorie

s **Waschmittel, -s/-** detergent

s **Wasser, -s/ 1.** apă *ein Glas ~* un pahar cu apă **2.** *(geogr.)* apă *fließendes/stehendes ~* apă curgătoare/stătătoare

r **Wegrand, -(e)s/⸗er** acostament, margine a drumului

weh I. *adj.* care doare **II.** *adv.* **(+tun*) (+D)** a durea ‖ *der Kopf tut mir ~* mă doare capul **III.** *interj.* vai ‖ *~ mir!* vai mie!

weich *adj.* moale

e **Weiche, -/-n** macaz ‖ *die ~ stellen* a schimba macazul

e **Weihnacht, -/**; *die* **Weihnachten** *(pl.)* *(bis.)* Crăciun

r **Wein, -(e)s/-e** vin

weinen *v.i.* **1. (+aus/+vor+D)** a plânge **2. (+um+A)** a plânge după

e **Weise, -/-n 1.** fel, mod(alitate) ‖ *auf diese ~* în acest mod; *in keiner ~* nicidecum **2.** melodie

e **Weißwurst, -/⸗e** fel de cârnat specific Bavariei

weiter *adj. atr., adv.* **1.** următor, alt, în plus ‖ *haben Sie noch ~e Fragen?* mai aveţi şi alte întrebări? **2.** mai departe, în continuare **3.** mai ‖ *~ oben/unten* mai sus/jos

r **Weizen, -s/** grâu

s **Weltbild, -(e)s/** imagine, concepţie despre lume

r **Weltmeister, -s/-** campion mondial

s **Werk, -(e)s/-e 1.** lucrare, operă **2.** uzină

r **Werktag, -(e)s/-e** zi de lucru

r **Wert, -(e)s/-e** valoare

wertlos *adj.* fără valoare

r **Wetterbericht, -(e)s/-e** buletin metereologic

e **Wettervorhersage, -/-n** prognoza vremii, timpul probabil

r **Wickel, -s/- 1.** ghem, sul **2.** bigudiu **3.** faşă **4.** compresă

widersprechen* *v.i.* **(+D)** a contrazice

e **Wiedergutmachung, -/-en 1.** reparare *(a unei greşeli)* **2.** despăgubire, compensare

e **Windschutzscheibe, -/-n** parbriz

winken *v.i.* a face semn *(cu mâna)*

r **Winter, -s/-** iarnă

r **Wipfel, -s/-** vârf *(al unui copac)*

wirken I. *v.i.* **1.** a activa, a lucra **2.** a fi eficace, a avea efect **II.** *v.t.* **1.** a face, a produce **2.** a tricota

e **Wirklichkeit, -/-en** realitate

wochentags *adv.* în zilele de lucru, în timpul săptămânii

wohlig *adj.* plăcut, agreabil

r **Wohlstand, -(e)s/** bunăstare, prosperitate

wohnen *v.i.* a locui

e **Wohnung, -/-en** locuinţă

r **Wohnwagen, -s/** rulotă

e **Wolke,-/-en** nor

wolkenlos *adj.* fără nori

wolkenverhangen *adj. acoperit cu nori*

wolkig *adj.* înnorat

wollen* *v. modal* a voi, a vrea *er will Medizin studieren* el vrea să studieze medicina

s **Wunder, -s/-** minune ‖ *~ wirken* a face minuni

s **Wunderkind,-(e)s/-er** copil minune

wünschen I. *v.t.* **1.** a dori **2. (+zu+D)** a ura (de/cu ocazia) **II.** *v.t.* **(D)(+zu+D),**

von+D) a-şi dori (de, de la) *ich wünsche mir (von meinen Eltern) ein Fahrrad (zum Geburtstag)* îmi doresc (de ziua mea) o bicicletă (de la părinţii mei)

e **Wurst, -/ ⸚e 1.** salam **2.** cârnat ‖ *es ist mir ~* mi-e absolut indiferent

e **Wüste, -/-n** deşert, pustiu

Y

e **Yogaübung, -/en** exerciţiu yoga

Z

r **Zahnarzt, -es/ -ärzte** dentist

s **Zanderfilet, -s/-s** *(cul.)* file de şalău

s **Zäpfchen, -s/- 1.** *(anat.)* uvulă, omuşor **2.** *(med.)* supozitor

e **Zauberflöte,-/-n** flaut fermecat

r **Zauberstab,-(e)s/ -stäbe** baghetă magică

s **Zeichen, -s/- 1.** semn **2.** semnal

r **Zeitdruck, -(e)s/** *(în expr.) unter ~ stehen* a fi presat de timp, de un termen

zergehen* *(+ist) v.i.* a se dizolva, a se topi

r **Zeuge, -n/-n** martor

s **Ziel, -(e)s/-e** destinaţie, scop

e **Zielscheibe, -/-n** *(tir)* ţintă

s **Zimmer, -s/-** cameră

r **Zollbeamte, -n/-n** vameş, fμnctionar vamal

e **Zubereitung, -/** preparare

e **Zugabe, -/-n** supliment, adaos

e **Zugangsberechtigung, -/ (+zu+D)** dreptul de acces

zugrunde *adv.* **1. (+gehen*) (+an+D)** a se prăpădi, a se distruge (din cauza) **2. (+legen)** a pune la baza **3. (+liegen*)** a sta la baza **4. (+richten)** a ruina, a distruge

zugunsten *prep.* **(+G)** în favoarea

zu | halten* *v.t.* a ţine închis, a astupa

zu | prosten *v.t.* a închina un pahar în cinstea cuiva

zurückziehen* I. *v.t.* a retrage **II.** *v.i. (+ist)* a se muta înapoi **III.** *v.r.* **(+von+D)** a se retrage (din)

zusammen *adv.* împreună, laolaltă

zusammenhängend *part. I adj.* coerent, legat

zusammenpassen *v.i.* a se potrivi

zusammen | schlagen* *v.t.* **1.** a lovi, a izbi unul de altul ‖ *die Hände ~* a bate din palme **2.** a îndoi, a împături ‖ *einen Teig ~* a împături un aluat **II.** *v.i.* a se lovi, a se izbi unul de altul

zusammen | stoßen* *(+ist) v.i. (şi fig.)* a se ciocni

zusammen | suchen *v.t.* a aduna

zusätzlich *adj.* suplimentar

r **Zuschauer, -s/-** spectator

r **Zustand, -(e)s ⸚ e** stare, situaţie

zu | treffen* *v.i.* a se potrivi, a se nimeri

zwingen* *v.t.* **(+zu+D)** a sili, a constrânge

zwischen *prep.* **(+D +A) I. (+D) 1.** *(stare)* între ‖ *das Kind sitzt ~ dem Vater und der Mutter* copilul stă între tata şi mama **2.** *(temp.)* între **3.** între, printre **II. (+A)** *(mişcare)* între *er setzte sich ~ mich und meinen Freund* (el) s-a aşezat între mine şi prietenul meu

Sumar

ack	Lecția		Track	Lecția		Track	Lecția	
1	0	ex. 3, pag. 15	29	4	ex. 13, pag. 70	57		ex. 21, pag. 230
2		ex. 5, pag. 15	30		ex. 15, pag. 70	58		ex. 22, pag. 230
3		ex. 15, pag. 23	31		ex. 17, pag. 71	59		ex. 23, pag. 230
4		ex. 21, pag. 25	32		ex. 22, pag. 72	60	17	ex. 25, pag. 243
5		ex. 27, pag. 28	33		ex. 23, pag. 73	61	18	ex. 21 (I), pag. 257
6		ex. 30, pag. 29	34	5	ex. 23, pag. 85	62		ex. 21 (II), pag. 257
7		ex. 32, pag. 30	35		ex. 26, pag. 86	63		ex. 22 (I), pag. 257
8	1	ex. 5, pag. 32	36		ex. 28 (dialog), pag. 86	64		ex. 22 (II), pag. 257
9		ex. 6, pag. 33	37		ex. 34, pag. 88	65		ex. 25, pag. 258
10		ex. 9, pag. 33	38	6	ex. 34, pag. 100	66	19	ex. 26 (dialog), pag. 269
11		ex. 10, pag. 33	39	7	ex. 29, pag. 114	67		ex. 28, pag. 270
12		ex. 11, pag. 33	40		ex. 39, pag. 117	68	22	ex. 23 (I), pag. 301
13		ex. 16 (I), pag. 34	41	8	ex. 25, pag. 128	69		ex. 23 (II), pag. 301
14		ex. 16 (II), pag. 35	42		ex. 27 (dialog 1), pag. 129	70	23	ex. 26, pag. 311
15		ex. 17 (I), pag. 35	43		ex. 27 (dialog 2), pag. 130	71		ex. 27, pag. 312
16		ex. 17 (II), pag. 35	44	11	ex. 28, pag. 161	72	24	ex. 22 (dialog), pag. 326
17		ex. 21 (I), pag. 36	45		ex. 30 (dialog 1), pag. 162	73	25	ex. 25, pag. 339
18		ex. 21 (II), pag. 36	46		ex. 30 (dialog 2), pag. 162	74	28	ex. 29 (dialog), pag. 389
19		ex. 22, pag. 37	47		ex. 31, pag. 163	75		ex. 30 (dialog), pag. 390
20		ex. 30, pag. 39	48	12	ex. 24, pag. 175	76	30	ex. 23 (dialog), pag. 415
21	2	ex. 11, pag. 46	49		ex. 26, pag. 176	77	31	ex. 15, pag. 427
22		ex. 12, pag. 47	50		ex. 27, pag. 176	78	32	ex. 18 (dialog), pag. 441-442
23		ex. 20 (I), pag. 50	51	13	ex. 32, pag. 191	79	33	ex. 26, pag. 457
24		ex. 20 (II), pag. 50	52	14	ex. 11, pag. 196	80	34	ex. 18, pag. 472
25		ex. 25 (I), pag. 51	53		ex. 32, pag. 203	81	35	ex. 21, pag. 486
26		ex. 25 (II), pag. 52	54	15	ex. 33, pag. 217	82	37	ex. 26, pag. 516
27	3	ex. 18, pag. 60	55	16	ex. 18, pag. 229	83		Mozart, *Mica Serenadă*
28		ex. 20 (dialog), pag. 61	56		ex. 20, pag. 230			

LIMBA GERMANĂ

Format: 13x20
Pagini: 172
ISBN 973-568-862-X

Titlu: GERMANA PENTRU ÎNCEPĂTORI
(KLETT)

Distractiv și motivant, cursul permite o învățare sigură și rapidă a limbii germane. Cursul conține 9 lecții cuprinzând dialoguri, listă de cuvinte, gramatică, vocabular minimal, exerciții, precum și informații despre Germania. CD-ul care însoțește cartea este foarte util atât pentru o pronunție corectă, cât și pentru o asimilare cât mai ușoară a limbii.

Format: 13x20
Pagini: 352
ISBN 973-568-675-9

Titlu: GERMANA PRACTICĂ *pentru viața de zi cu zi*
(LAROUSSE)
Autori: **Jürgen Boelcke, Bernard Straub, Paul Thiele**

Germana practică este compusă din:

- 40 de secțiuni a câte 8 pagini care ilustrează anumite aspecte specifice vieții cotidiene din Germania;
- o listă ce cuprinde o serie de expresii-tip însoțite de traducere și vocabular, pentru fiecare situație în parte;
- teste și exerciții de verificare însoțite de cheie.

Format: 16x23
Pagini: 272
ISBN 973-568-279-6

Titlu: GRAMATICA LIMBII GERMANE
(LANGENSCHEIDT)
Autori: **Gerhard Helbig, Joachim Buscha**

O carte unică și deosebit de valoroasă, ce poartă girul științific al unei prestigioase edituri germane, recunoscută pentru lucrările în domeniul limbilor străine.

Format: 13x20
Pagini: 144
ISBN 973-568-564-7

Titlu: GRAMATICA LIMBII GERMANE
pe înțelesul tuturor
(COMPACT)
Autori: **Christoph Haas, Reinhold Zellner**

Lucrarea de față prezintă, într-un limbaj accesibil, o imagine sintetică și comprehensivă a structurii gramaticale a limbii germane. Numărul mare de exerciţii și rezolvările acestora vă oferă posibilitatea de a vă testa în mod activ cunoştinţele acumulate.